	기해일	경자일	신축일	임인일	계묘일
1국	327	389	449	511	575
2국	332	394	454	516	580
3국	337	399	459	521	585
4국	342	404	464	526	590
5국	347	409	469	531	595
6국	352	413	474	536	600
7국	357	418	479	541	605
8국	362	423	483	546	610
9국	367	428	488	551	615
10국	372	433	493	557	620
11국	377	437	498	562	625
12국	382	442	503	567	630

○ 묘성과, 리괘, 호랑이가 사람을 무는 상
구관은 길하고, 나머지 정단은 모두 흉하다. 특히 출행, 병재, 관재가 흉하다.

○ 벌색과, 음란의 싱, 불완전의 상
혼인과 가정에서 음란이 발생한다. 모든 일에서 불완전하다.

○ 팔전과, 동인괘, 협력동심의 상
근친상간의 상으로서 가정이 음란하다. 유실물은 안에 있다.

○ 반음과, 진괘, 경천동지의 상
길사는 불성하고, 흉사는 사라진다. 혼인과 가정과 직장과는 절연된다.

○ 복음과, 간괘, 수구대신의 상
구관(求官)은 길하고, 나머지 정단은 모두 흉하다. 질병은 수술수가 있다.

즉문즉답
대육임직지

인사(人事)를 궤뚫다

갑오순

우산愚山 이수동李洙銅

1963 경북 백두대간 황악산 남쪽 산자락에서 출생
1991 한국기공연합회 기공사, 감사 역임
2005 『운명 바꿀 것인가 따를 것인가』에
    한국의 대표 역학인 10人에 소개
2006 『육임입문』 1·2·3 출간
2009 『육임실전』 1 출간
2010 『대육임필법부 평주』 출간
2013 원광대학교 한국문화학과 졸업, 문학박사
2014 『육임실전』 2(「육임지남주해」) 출간
2018 「육임의 혼인점단 이론체계 연구」, 실천민속학회, 2018
2019 『대육임직지』 6권 완간
2019 『육임을 알면 미래가 보인다』
전직) 서라벌대학교 풍수명리학과 강사, 공주대학교 동양학과 강사
현재) 원광디지털대학교 동양학과 강사, 원광대학교 대학원 강사,
    동국대학교 미래융합교육원 강사
    (학술단체) 고려육임학회 학회장.
    네이버에서 고려육임학회 카페 http://cafe.naver.com/taotemple
    이메일 : gigong@naver.com

대유육임시리즈 10 대육임직지 ❹ 갑오순

- 초판 2쇄 2022년 4월 5일
- 주해 우산 이수동
- 편집 이연실 윤치훈
- 발행인 윤상철 · 발행처 대유학당 since1993
- 출판등록 2002년 4월 17일 제305-2002-000028호
- 주소 서울 성동구 아차산로17길 SK V1 센터 1동 814호
- 전화 (02)2249-5630~1
- ISBN 978-89-6369-097-1   03180
- 정가 **34,000원**

- 이 도서의 국립중앙도서관 출판예정도서목록(CIP)은
  서지정보유통지원시스템 홈페이지(http://seoji.nl.go.kr)와
  국가자료공동목록시스템(http://www.nl.go.kr/kolisnet)에서
  이용하실 수 있습니다. (CIP2019021160)

즉문즉답
대육임직지

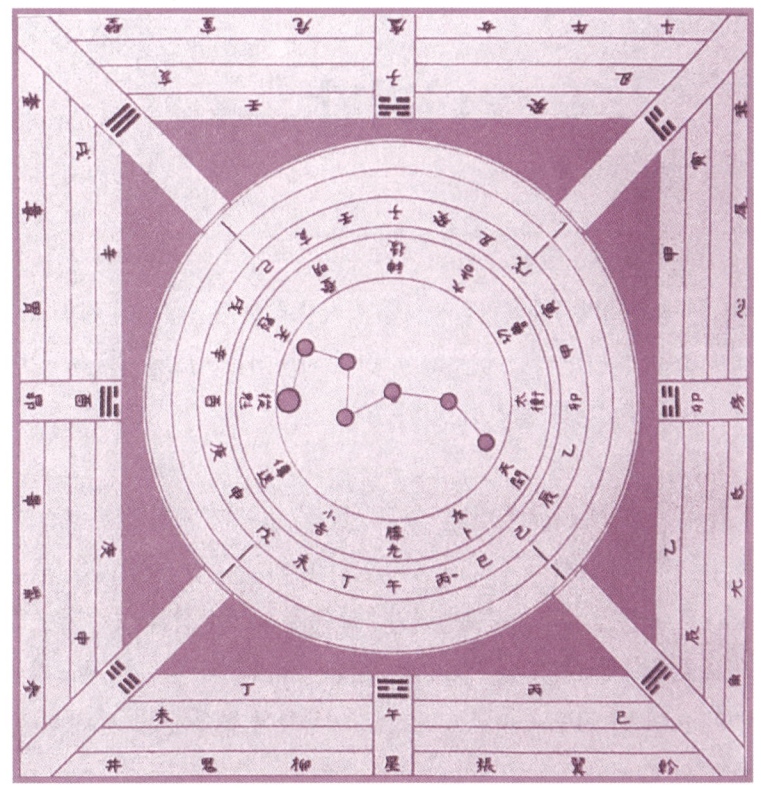

낙랑군 우왕묘에서 출토된 육임식반의 복원도

○ 육임식반은 하늘을 뜻하는 원형(圓形)의 천반과 땅을 상징하는 방형(方形)의 지반으로 구성되어 있다.

□ 원형(동그라미)의 한 가운데에는 북두칠성이 그려져 있고, 동그라미 테두리에는 육임의 12월장 및 10간 12지가 적혀 있으며, 그 바깥의 방형의 네모에도 10간 12지와 팔괘 그리고 이십팔수가 적혀 있다.

△ 이 유물을 통해 육임식반이 널리 사용됐고, 육임점(六壬占)이 널리 성행했음을 알 수 있다.

머리말

　무술년 중추절에 『대육임직지』 중 갑자순·갑술순·갑신순의 720과 주석서가 출간되었고, 금년에는 그 후편에 해당하는 갑오순·갑진순·갑인순의 720과 주석서를 출간하게 되었다.

　육임은 720개의 〈육임식반〉을 보고 사안의 길흉(吉凶)과 성부(成否)를 예측하는 학문으로서 정확성과 자세함이 타의 추종을 불허한다. 육임을 제대로 활용할 수 있는 모범적인 720과 주석서가 상담업 종사자 및 육임 애호가에게 절실히 필요하다. 수많은 독자들이 이러한 필요성을 말했고, 10여 년 전부터 자료를 모으고 연구하며 집필해서 이제서야 완간하게 된 것이다.

　이 책에는 가정(양택), 구관(시험, 승진), 혼인, 임신·출산, 귀인 알현(면접), 구재(장사, 사업), 질병, 출행(여행), 귀가, 쟁송(관재)을 비롯하여 날씨, 음택(산소), 전쟁 등에 관한 길흉과 그 이유를 비교적 자세하게 설명하였다.

　각 사안의 정답은 육임 고전에 기록된 정답을 사용하였고, 부족하다고 생각되는 것은 연구하여 첨가하였다. 그러한 정답이 도출된 이유를 『대육임필법부』를 비롯한 육임의 여러 고전에 근거하여 설명했으므로, 이 『대육임직지』는 육임의 여러 고전이 융합된 성격의 책이라고 말할 수 있다. 아울러 자부하자면, 육임 720과 주석서로서는 최초 출간이라는 '육임학사'적 의미를 부여할 수 있다.

　예로부터 "낙수가 바위를 뚫는다."는 말이 있다. 만약 매일같이 일진의 열두 국을 정독하고 사색하기를 계속하면, 어느 순간 홀연히 '즉문즉답' 할 수 있는 경지가 열릴 것이다. 아무쪼록 이 책이 육임을 연구하는 학자, 상담 현장에서 상담하는 술사, 그리고 일반인에게 도움이 되길 기원한다.

2019년 여름에
빛고을 光明에서 우산 이수동 삼가 적음

일러두기

❶ 본고의 근본은 『대육임입성대전검』, 『육임직지』, 『육임요결』에 두었다.

❷ 과체

매 국의 과체에서 ' // ' 이전의 것은 고전의 것이고, ' // ' 이후의 것은 고전 이외의 것으로써 저자가 보완하였다.

❸ 귀인접지법

구분 십간	주야 현대		청나라 이전 ~명나라	
	낮	밤	낮	밤
甲	未	丑	丑	未
乙	申	子	子	申
丙	酉	亥	亥	酉
丁	亥	酉	亥	酉
戊	丑	未	丑	未
己	子	申	子	申
庚	丑	未	丑	未
辛	寅	午	午	寅
壬	卯	巳	巳	卯
癸	巳	卯	巳	卯

본고에서는 현대인의 활용을 위해 아래와 같이 현대의 귀인접지법을 적용하였다.

갑일의 낮 귀인은 未이고 밤 귀인은 丑이다.

을일의 낮 귀인은 申이고 밤 귀인은 子이다.

병일의 낮 귀인은 酉이고 밤 귀인은 亥이다.

신일의 낮 귀인은 寅이고 밤 귀인은 午이다.

임일의 낮 귀인은 卯이고 밤 귀인은 巳이다.

❹ 갑오순의 섭해과 삼전은 '섭해법(涉害法)' 곧 '사과 중 극의 수가 많은 곳을 발용으로 정하는 방법'을 취해서 삼전을 정하고 이론을 전개하였다. 갑오일 제3국, 기해일 제9국, 계묘일 제3국이 그 예로서, 육임의 고전인 『대육임입성대전검』·『육임직지』·『육임요결』 등에서의 삼전과는 다르다.

❺ 귀인알현

이 항목은 공무원이나 직장인이 그들의 상급자에게 청탁하거나 혹은 서민이 관청의 공무원 혹은 귀인을 만나서 부탁할 때에 적용된다.

❻ 가정

원문에서의 '가택'이다. 가정사와 가상(양택) 항목이다. 만약 회사를 정단하면 회사가 되고, 가게를 정단하면 가게가 된다. 따라서 회사 또는 가게의 좋고 나쁜 상황을 알 수 있다.

❼ 쟁송과 관재

쟁송은 원고와 피고가 정해진 상황에서 승소와 패소를 예측하는 것이고, 관재는 법법을 저지른 뒤 죄의 경중을 예측하는 것이다.

❽ 원문에서 10개 '괘'로 표기되어 있는 것을 '과'로 바꾸었다. 예를 들어 '원수괘'를 '원수과'로 바꾸었다.

❾ 본문의 동그라미 표시(O)는 고전의 원문, 화살 표시(➜)는 저자의 주석, 우산그림(☂)은 원문에는 없지만 꼭 필요하다고 생각하여 저자가 추가한 것이다. 가령 갑자일 제1국에서 '☂ **알현**' 항목을 저자기 보충히여 항목의 기장 뒤편에 수록하였다.

『대육임직지』의 특징

❶ 이 책의 원저는 『대육임입성대전검』, 『육임직지』, 『육임요결』이다.

❷ 이 책은 인사의 주요 질문에 대한 답을 직지(直指)한 책이다. 따라서 육임의 최종 결과물이라고 할 수 있다.

❸ 이 책은 과체(課體), 과의(課義), 해왈(解曰), 단왈(斷曰), 12개 사안, 그리고 『대육임필법부』와 『과경』을 비롯한 육임의 주요 문헌에서의 720과 해설로 구성되어 있다. '과의'는 '핵심'으로, '해왈'은 '분석'으로, '단왈'은 '정단'으로 변경하였다.

❹ 사안별 정단은 12개 사안 혹은 10개의 사안으로 구성되어 있다. 가령 갑자일 제1국의 12개 사안은 천시(날씨), 모망, 가택, 혼인, 질병, 임신·출산, 구재, 포획, 유실, 행인, 출행, 정벌이다. 그러나 일진에 따라 일부가 빠지고 이를 대신하여 공명, 실탈(失脫), 쟁송이 추가되어 있다. 본문의 일부에서는 공명이 사환(仕宦)으로 되어 있거나 혹은 정벌(征伐)이 병전(兵戰)으로 기술되어 있으며 혹은 쟁송이나 실탈(유실)이 빠져있기도 하다.

정단에 필요한 도표

<표 1> 국수

월장 중기 점시	亥 우수~	戌 춘분~	酉 곡우~	申 소만~	未 하지~	午 대서~	巳 처서~	辰 추분~	卯 상강~	寅 소설~	丑 동지~	子 대한~
子	2	3	4	5	6	7	8	9	10	11	12	1
丑	3	4	5	6	7	8	9	10	11	12	1	2
寅	4	5	6	7	8	9	10	11	12	1	2	3
卯	5	6	7	8	9	10	11	12	1	2	3	4
辰	6	7	8	9	10	11	12	1	2	3	4	5
巳	7	8	9	10	11	12	1	2	3	4	5	6
午	8	9	10	11	**12**	1	2	3	4	5	6	7
未	9	10	11	12	1	2	3	4	5	6	7	8
申	10	11	12	1	2	3	4	5	6	7	8	9
酉	11	12	1	2	3	4	5	6	7	8	9	10
戌	12	1	2	3	4	5	6	7	8	9	10	11
亥	1	2	3	4	5	6	7	8	9	10	11	12

● 국수를 찾는 방법과 점시, 월장, 행년

　가령 2019년 6월 26일 낮 12시에 정단할 경우, 일진은 甲午이고 점시는 午이며 월장은 未이다. 점시 란의 午와 월장 란의 未가 만나는 지점에 12가 적혀있으므로, 본문 중 갑오일의 제12국을 펴서 궁금한 항목을 읽으면 된다. 점시는 〈표 2〉를 참조하면 되고, 월장은 〈표 3〉을 참조하면 되며, 한국나이에 따른 행년은 〈표 4〉를 참조하면 된다.

〈표 2〉 12점시(기준 : 표준시)

점시	시간(대략)
자시(子時)	밤 11시 32분~01시 31분
축시(丑時)	밤 01시 32분~03시 31분
인시(寅時)	밤 03시 32분~05시 31분
묘시(卯時)	새벽 05시 32분~07시 31분
진시(辰時)	아침 07시 32분~09시 31분
사시(巳時)	낮 09시 32분~11시 31분
오시(午時)	낮 11시 32분~1시 31분
미시(未時)	낮 1시 32분~3시 31분
신시(申時)	낮 3시 32분~5시 31분
유시(酉時)	저녁 5시 32분~7시 31분
술시(戌時)	밤 7시 32분~9시 31분
해시(亥時)	밤 9시 32분~11시 31분
※ 점시의 기준은 매일 조금씩 달라진다.	

〈표 3〉 월장이 바뀌는 날짜(기준 : 양력)

월장	12기	양력	월장	12기	양력
亥	우수(雨水)	2월 18일~20일	巳	처서(處暑)	8월 22일~23일
戌	춘분(春分)	3월 20일~22일	辰	추분(秋分)	9월 22일~24일
酉	곡우(穀雨)	4월 20일~21일	卯	상강(霜降)	10월 23일~24일
申	소만(小滿)	5월 20일~21일	寅	소설(小雪)	11월 22일~23일
未	하지(夏至)	6월 21일~23일	丑	동지(冬至)	12월 21일~23일
午	대서(大暑)	7월 22일~23일	子	대한(大寒)	1월 20일~21일

※ 월장이 바뀌는 일시분(日時分)은 매년 달라진다. 신뢰성 있는 만세력을 참조할 것.

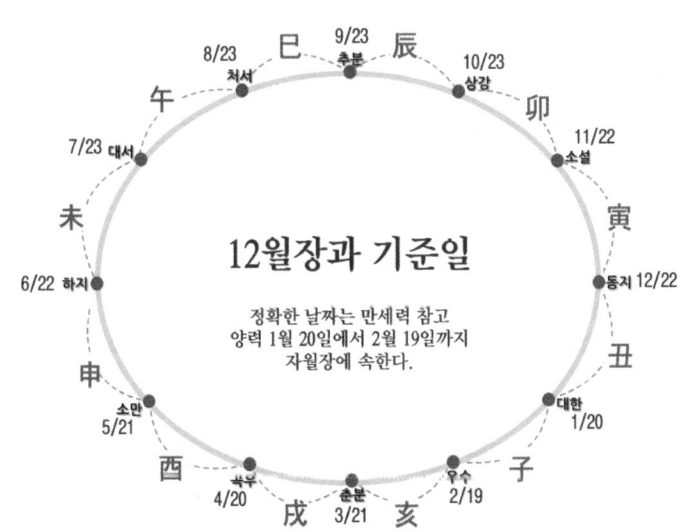

12월장과 기준일

정확한 날짜는 만세력 참고
양력 1월 20일에서 2월 19일까지
자월장에 속한다.

〈표 4〉 행년표

나이	1세	2세	3세	4세	5세	6세	7세	8세	9세	10세
남자	丙寅	丁卯	戊辰	己巳	庚午	辛未	壬申	癸酉	甲戌	乙亥
여자	壬申	辛未	庚午	己巳	戊辰	丁卯	丙寅	乙丑	甲子	癸亥

나이	11세	12세	13세	14세	15세	16세	17세	18세	19세	20세
남자	丙子	丁丑	戊寅	己卯	庚辰	辛巳	壬午	癸未	甲申	乙酉
여자	壬戌	辛酉	庚申	己未	戊午	丁巳	丙辰	乙卯	甲寅	癸丑

나이	21세	22세	23세	24세	25세	26세	27세	28세	29세	30세
남자	丙戌	丁亥	戊子	己丑	庚寅	辛卯	壬辰	癸巳	甲午	乙未
여자	壬子	辛亥	庚戌	己酉	戊申	丁未	丙午	乙巳	甲辰	癸卯

나이	31세	32세	33세	34세	35세	36세	37세	38세	39세	40세
남자	丙申	丁酉	戊戌	己亥	庚子	辛丑	壬寅	癸卯	甲辰	乙巳
여자	壬寅	辛丑	庚子	己亥	戊戌	丁酉	丙申	乙未	甲午	癸巳

나이	41세	42세	43세	44세	45세	46세	47세	48세	49세	50세
남자	丙午	丁未	戊申	己酉	庚戌	辛亥	壬子	癸丑	甲寅	乙卯
여자	壬辰	辛卯	庚寅	己丑	戊子	丁亥	丙戌	乙酉	甲申	癸未

나이	51세	52세	53세	54세	55세	56세	57세	58세	59세	60세
남자	丙辰	丁巳	戊午	己未	庚申	辛酉	壬戌	癸亥	甲子	乙丑
여자	壬午	辛巳	庚辰	己卯	戊寅	丁丑	丙子	乙亥	甲戌	癸酉

갑오일

甲午日의 길신(구보)과 흉살(팔살)				
일덕	寅		형	
일록	寅		충	
역마	申		파	
장생	亥		해	
제왕	卯		귀살	申酉
순기	子		묘신	未
육의(六儀)	甲午		패신 / 도화	子 / 卯
귀인	주	未	공망	辰巳
	야	丑	탈(脫)	巳午
합(合)			사(死)	午
태(胎)	酉		절(絶)	申

대육임직지

갑오순 | 갑오일 | 1국

공망 : 辰·巳
낮 : 왼쪽 천장, **밤** : 오른쪽 천장

| 甲午일 제1국 |

壬	○	丙
青 寅 蛇	朱 巳 勾	后 申 白
寅	巳 ○	申
壬	壬	甲	甲
青 寅 蛇	青 寅 蛇	蛇 午 青	蛇 午 青
甲 寅	寅	午	午

朱 ○巳巳	勾 蛇午午	貴 乙未未	空 后丙申申白
合 ○辰辰	合 癸卯		陰 丁酉酉 常
勾 癸卯 朱			玄 戊戌戌 玄
青 壬寅寅 蛇	空 辛丑丑 貴	白 庚子子 后	常 己亥亥 陰

- □ **과체** : 복음(伏吟), 자임(自任), 원태(元胎) ∥ 침해(侵害), 형상(刑傷), 덕경(德慶), 복덕(福德), 마상호귀(馬上虎鬼), 간지상합(干支相合), 최관사자(催官使者/밤), 사화백(蛇化白/밤).

- □ **핵심** : 나의 식록을 지키지 않고 앞으로 가면 텅 빈 골짜기에 이른다. 밤에는 말전에 역마가 백호귀살을 태우고, 낮에는 천후가 타고 있다.

- □ **분석** : ❶ 甲의 일록인 寅이 일간에 임한 뒤에 발용이 되었으니 일록을 지키면 잃지 않는다. 그러나 만약 일록을 포기하고 앞으로 가서 중전에 이르면 巳가 공망되었고, 다시 전진하여 말전의 申을 만나면 일간의 귀살에 밤에는 백호가 타고 있으니 재난과 화를 면하기 어렵다.

  ❷ 일덕과 일록을 지키면 이것이 나의 몸을 보호하니 서절로 편안하다.

- □ **정단** : ❶ 복음과(伏吟課)의 자임(自任)이고 원태(元胎)이다. 엎드려서 일어나지 못하고 구부려서 펴지 못하는 상이지만, 말전에 역마가 보

이니 가만히 있다가 움직이게 된다.

❷ 중전이 공함되어 허리가 부러져서 '절요(折腰)'이니 모든 일은 반드시 중간에서 막힌다.

❸ 백호가 귀살인 申금에 타고 있어서 공무원이 빨리되는 뜻이 있는 '최관부(催官符)'이니 속히 공무원이 되지만 일반인에게는 좋지 않다.

❹ 일지가 일간 甲의 기운을 탈기하고 지상에는 등사가 타고 있으니 두렵다. 다만 일지인 午가 관귀효인 申을 제압하니 화는 면하지만 꾀하는 모든 일은 이롭지 않다.

───────────────

○ **날씨** : 바람이 불고 흐린 날씨와 맑은 날씨가 반복되니 날이 고르지 않다.

→ 초전이 寅이니 바람이 불고, 말전이 申이니 흐리며, 중전이 巳이니 맑다.

○ **가정** : 가만히 있으면 이롭고 움직이면 이롭지 않다.

→ 일간은 사람, 일지는 가정이다. 간상에 일록 寅이 임하고 일간과 일지가 상합하니 가만히 있으면 이롭다. 그러나 만약 움직이면 삼전이 삼형이고 특히 말전에 귀살이 임하니 이롭지 않다.

○ **혼인** : 밤에 정단하면 혼인이 가능하다. 중간에 장애가 생기는 것을 예방해야 한다.

→ 일간은 나, 일지는 상대이다. 기궁인 寅과 일지인 午가 상합하고 간상신 寅과 지상신 午가 상합하며 다시 일간과 일지가 교차상합하니 혼인이 가능하다. 특히 밤에는 지상에 길장인 청룡이 타고 있어서 길하지만 중전이 공망되었으니 중도에 장애가 발생하는 것을 예방해야 한다. 그리고 낮에는 지상에 등사가 타고 있으니 혼인이 흉하다. ● 만약 연애나 혼담을 정단할 경우, 중전이 공망되고 삼전이

삼형이니 연애와 혼담 모두 불성할 우려가 있다.
- ○ **임신·출산** : 10월에 정단하면 사사로운 임신이다. 하녀(여종업원)나 첩의 임신이다.
  - → 酉는 하녀·첩이고 또한 일간의 태신이며 또한 10월의 생기이니 10월에 정단하면 혼외의 임신이다. 일간과 일지가 상합하니 태아가 안전한 상이다.
- ○ **구관** : 사월(巳月)에 정단하면 길하고 나머지 달에 정단하면 장애가 생긴다. 관직을 정단하면 전근을 간다.
  - → 사월(巳月)에 정단하면 공망된 중전의 巳가 풀려서 삼전이 삼형을 완성하니 구관에 길하다. 관성은 관직, 역마는 승진 혹은 전근이다. 말전의 申이 일간의 관성이고 다시 일지 午의 역마이니 승진하거나 혹은 전근을 간다. 만약 밤에 정단하면 관성에 백호가 타고 있으니 매우 길하다.
- ○ **구재** : 분수를 지키면서 자족해야 한다. 만약 경거망동하여 구재하면 손실이 생긴다.
  - → 간상의 寅은 일록이다. 이것을 지키면 안전하지만 만약 움직여서 삼전으로 가면 삼전이 삼형이고, 또한 중전이 공망되었으며 다시 말전이 귀살이니 재물을 구하면 손실이 생긴다.
- ○ **질병** : 간에 화(火)가 있다. 밤에 정단하면 흉하지만 흉이 풀린다.
  - → 백호승신 申이 목의 오행을 극하니 목에 해당하는 간에 화가 있다. 밤에 정단하면 백호승신이 일간을 극하니 매우 흉하지만 지상의 午가 이것을 제극하니 흉이 풀린다. 다만 복음과이니 병이 오래 간다.
- ○ **유실** : 집을 벗어나지 않았다. 도망치더라도 멀리 도주하시 못한나.
  - → 복음과는 태산이 앞을 가로막고 있는 상이니, 물건이나 도둑 혹은 가족이 집을 벗어나지 않았고 도망치더라도 멀리 도주하지 못한다.

○ **출행** : 나쁘다. 부임을 가는 사람에게 장애가 생긴다.
→ 중전은 출행의 중도이다. 부임을 가는 사람은 물론이고 모든 출행에서 중도에 장애가 발생하며, 설령 공망되지 않았더라도 삼전이 삼형이니 역시 장애가 발생한다. 특히 말전이 귀살이니 더욱 흉하다.

○ **귀가** : 도중에 장애가 생긴다. 4월에 정단하면 즉시 도착한다.
→ 말전은 귀가를 위한 출발지, 중전은 중도, 초전은 도착지이다. 중전이 공망되었으니 중도에 장애가 발생한다. 사월(巳月)에 정단하면 공망된 중전이 메꿔지니 즉시 도착한다.

○ **쟁송** : 화해하는 것이 좋다. 화해하지 않으면 흉하다.
→ 일간은 나, 일지는 상대이다. 일간(기궁) 寅과 일지 午가 상합하고 간상신 寅과 지상신 午가 상합하며 다시 일간과 일지가 교차상합하니 화해하는 것이 좋다. 만약 화해하지 않으면 삼전이 삼형이니 형을 받게 되고 또한 복음과이니 오랫동안 흉하다. ● **승패** : 일간은 나, 일지는 상대이다. 일간이 일지로 탈기되고 초전이 말전으로부터 극을 당하니 내가 불리하다.

○ **전쟁** : 밤에 정단하면 불리하고, 낮에 정단하면 길하다.
→ 밤에 정단하면 삼전에 흉장이 많으니 불리하고, 낮에 정단하면 삼전에 길장이 많으니 길하다.

□ 『**필법부**』 : 〈제89법〉 자임과 자신에 정마가 타면 모름지기 행동한다.
→ 복음과는 본래 부동의 상이지만 말전에 역마가 타니 행동한다. 〈제7법〉 왕록(旺祿)이 일간에 임하면 망령된 행동을 해서는 안 된다.
→ 비록 간상의 寅이 제왕은 아니지만 제왕으로 해석하였다. 일간에 일록이 임하면 현재의 직장에 만족하고 움직이지 않아야 한다.
〈제91법〉 백호가 일간의 귀살에 타면 귀살의 흉이 대단히 빠르다.

→ 백호가 말전에서 일간의 관귀효인 申에 타고 있으니 귀살의 흉이 매우 빠르다. 만약 관직자가 정단하면 부임이나 승진이 매우 빠르다.

□ 『수중금』 : 여섯 갑일의 복음에 일록이 있고 역마가 있다. 삼전의 앞에는 삼형(三刑)이 있고 뒤에는 충(沖)이 있으며, 파(破) 속에 합(合)이 있고 흉(凶) 속에 길(吉)이 있다. 화(禍)와 복(福)이 일어나고 가라앉으니 하나로만 추리하면 안 된다.

□ 『신장론』 : 등사에 난 뿔은 寅에 있고, 구진이 받들고 있는 도장은 巳에 있으며, 백호가 물고 있는 문서는 申에 있다.

→ 밤에 정단하면 등사가 초전의 寅에 타고, 구진은 중전의 巳에 타며, 백호는 말전의 申에 탄다. 寅은 청룡이다. 등사가 寅에 타면 등사가 청룡이 되는 상이니 구관에 길하다.

甲午일 제 2 국

공망 : 辰·巳 ○
낮 : 왼쪽 천장, 밤 : 오른쪽 천장

庚	己	戊	
白子后	常亥陰	玄戌玄	
丑	子	亥	
辛	庚	○	○
空丑貴	白子后	朱巳勾	合辰合
甲寅	丑	午	巳○

○合辰巳	○朱巳午	甲午未	乙未申 空
勾癸卯辰○	朱		丙申酉 后白
青壬寅卯	蛇		丁酉戌 陰常
空辛丑寅	白庚子丑 貴	己亥子 后常	戊戌亥 陰玄玄

- **과체** : 지일(知一), 퇴여(退茹), 삼기(三奇) // 중음(重陰/子亥戌), 복덕(福德), 사호귀정(蛇虎鬼丁/낮), 괴도천문(魁度天門), 교차육해(交叉六害).

- **핵심** : 물러나면 살고 전진하면 공허해진다. 낮에는 백호둔귀를 만나니 재앙이 생긴다.

- **분석** : ❶ 寅이 卯 위에 임했다. 전진하면 辰을 만나 공망된 지반에 임하고 후퇴하면 丑과 子를 만난다.
  ❷ 일간음신의 子가 일간을 생한 뒤에 발용이 되었고 중전은 장생이며 말전이 재신이니 아름답다고 할 수 있다. 다만 낮에 정단하면 초전의 子에 백호가 타고 둔간의 귀살이 몰래 일간을 극하니 재난과 우환이 닥친다.

- **정단** : ❶ 지일과이다. 일간과 일지가 교차육해(交叉六害)를 하니 은혜 속에 해가 있고 화합 속에 이별이 있다.
  ❷ 삼전의 윤하(潤下)가 일간을 생하지만 일지 午를 극하니 자손에게 불리하고, 모든 일에서 후퇴하면 이롭고 전진하면 불리하다.

→ 오행에서 수를 '윤하(潤下)'라고 한다. 초중전이 子와 亥이니 윤하이다.

❸ 삼기인 子가 일간을 생한다. 이것이 발용이 되어 일간상신 丑과 육합하니 낮에 점단하면 길하다. 밤에 관직을 점단하면 이롭고 나머지를 점단하면 흉하다.

○ **날씨** : 발이 젖을 정도의 비가 온다.
→ 오행의 수는 강우를 뜻한다. 삼전이 윤하의 일종이니 발이 젖을 정도로 비가 온다.

○ **가정** : 쟁투와 구설과 노비(종업원)의 간음을 예방해야 한다. 이사해야 한다.
→ 일간은 사람, 일지는 가정, 구진은 쟁투이고 주작은 구설, 戌은 노비이다. 밤에는 지상에 구진이 타니 쟁투를 예방해야 하고, 낮에는 주작이 타니 구설을 예방해야 하며, 말전의 戌에 현무가 타니 노비의 간음을 예방해야 한다. ● 일지의 음양이 모두 공망되어 가정이 공허하니 이사해야 하며, 또한 삼전의 윤하가 일지 午를 극하여 가정이 파괴되는 상이니 다시 이사해야 한다. ● 공망된 지상의 巳가 일간의 자손효이니 자녀에게 특히 나쁜 가상이다. ● 삼전의 윤하가 일지를 극하니 편안하게 거주할 집이 없다.

○ **혼인** : 나쁘다.
→ 일간은 나, 일지는 상대이다. 지상이 공망되어 가진 것이 없으니 나쁘다. 낮에 점단하면 흉장인 주작이 타고 있으니 좋지 않고, 밤에 점단하면 역시 흉장인 구진이 타고 있으니 좋지 않다. ● 제4과가 공망되었으니 상대의 집안은 가진 것이 없다. ● 혼처를 구할 경우, 지일과이니 주위에서 혼처를 구하면 된다.

○ **임신·출산** : 안전하다.

➜ 일간은 태아, 일지는 임신부이다. 출산정단을 하면 일지가 공망되어 임신부가 출산하는 상이니 안전하다. 만약 임신정단을 하면 초전이 삼기이니 귀한 자식을 임신한다.

○ **구관** : 고시생에게 뜻밖의 좋은 일이 있다. 혹은 타인으로부터 보이지 않는 도움을 받거나 혹은 조부의 음덕을 받는다.

➜ 초전의 子는 갑오순의 삼기이다. 초전이 삼기(三奇)이니 고시생에게는 합격이라는 뜻밖의 좋은 일이 있다. 낮에 고시정단을 하면 염막귀인 丑이 간상에 임하니 숨어서 도움을 주는 귀인으로부터 도움을 받거나 혹은 조부의 음덕을 받는다. 그러나 낮에 정단하면 임명직공무원이 정단하면 간상에 염막귀인이 임하니 퇴직할 우려가 있다.

○ **구재** : 얻는다.

➜ 밤에 정단하면 재성인 丑이 일간에 임하니 재물을 얻는다. 그러나 말전에 있는 재성 戌에는 현무가 타고 있으니 이 재물은 얻지 못한다. ● 지일과이니 개업할 경우에는 가까운 곳에서 개업하고 가까운 사람을 고용하는 것이 좋다. ● 사업장을 정단하면 사업장을 뜻하는 일지가 공망되었으니 이 사업장에서 개업하면 안 된다.

○ **질병** : 낮에 정단하면 매우 흉하다. 다행히 삼기가 풀어 준다.

➜ 백호는 질병, 귀살은 우환이다. 낮에 정단하면 백호가 초전의 천반에 타고 그 둔반에 귀살이 임하니 지극히 흉하다. 그러나 다행히 초전이 삼기이니 기이한 의사를 만나 병이 치료된다. 그리고 삼전이 퇴여(退茹)이니 점차 병세가 약화되고 또한 일지가 공망되었으니 병이 저절로 낫는다.

○ **유실** : 찾으면 얻는다.

➜ 재성은 재물이다. 밤에 정단하면 재성이 일간에 임하니 찾으면 얻는다.

○ **출행** : 부임에는 좋다. 나머지 일에는 나쁘다.

→ 관직자가 정단하면 간상에 천을귀인이 타고 다시 초전이 삼기이니 부임에는 좋다. 그러나 나머지 일로 정단하면 여행지를 뜻하는 일지가 공망되고 다시 말전에 현무가 타고 있으니 불리하다.

O **귀가** : 먼저 연락이 온다.
→ 주작은 통신, 일지는 가정이다. 낮에 정단하면 지상에 주작이 타니 연락이 온다. 연락이 오는 시기는 공망된 주작승신 巳가 메워지는 다음 순이다. 그리고 삼전이 퇴여이니 곧 귀가한다.

O **쟁송** : 패소하지 않는다.
→ 일간은 나, 일지는 상대이다. 일지가 공망되었으니 쟁송에서 내가 패소하지 않는다. 또한 삼전의 수국이 일간을 생하고 일지를 극하니 내가 승소한다.

O **전쟁** : 이익이 없다.
→ 재성은 경제적인 이익이다. 말전의 재성 戌에 주야 모두 현무가 타고 있으니 주야 모두 경제적인 이익이 없다.

O **분묘** : 옛 구덩이일 우려가 있고 조산(朝山)이 비어 불길하다.
→ 제3과는 묘, 제4과는 혈이다. 제3과와 제4과가 공망되었으니 옛 구덩이일 우려가 있고 조산이 비어 불길하다.

☐ **『필법부』** : 〈제69법〉 백호가 둔간귀살에 타면 재앙이 얕지 않다.
→ 낮에는 백호가 초전의 천반에 있고 그 둔반에는 일간의 귀살이 임하니 재앙이 깊다.

〈제5법〉 육양수가 갖춰지면 모름지기 공적으로 써야 한다.
→ 괴전이 모두 양이니 육양을 갖췄다. 구괸에 최길하다.

☐ **『과경』** : 삼전이 일간을 생하고 일지를 극하면 사람은 왕성하지만 편안하게 거주할 집이 없다. 이것이 바로 '인왕기택격(人旺棄宅格)'이다.

→ 삼전의 子亥戌은 일종의 윤하이다. 윤하가 일간 甲목을 생하지만 일지 午화를 극하니 사람은 왕성하지만 편안하게 거주할 집이 없다.

□ 『**육임지남**』: 壬午년의 7월에 손님이 와서 자리에 앉고는 말이 없다. 정단하여 말하기를 귀인이 일간에 임했으니 반드시 고시에 합격하고 성씨는 '전(田)'이 아니면 '왕(王)'이다. 귀인승신 丑이 일간 乙목으로부터 극을 당하고 오년의 세파(歲破)인 子가 발용이며 과전이 퇴여(退茹)이니 반드시 국가에 죄를 지은 일이 있다. 밤에는 초전과 중전에 천후와 태음이 타서 은택을 입으니 큰 화는 없다. 과연 그는 형주의 '지부(知府)'이고, 성씨는 '왕(王)'이며, 甲戌년에 진사가 되었고, 그 뒤에 성(城)을 잃어 문책은 당했지만 나중에는 죄를 벗었다.

| 갑오순 | 갑오일 | 3국 |

공망 : 辰·巳 ○
낮 : 왼쪽 천장, 밤 : 오른쪽 천장

甲午日　제 3 국

壬	庚	戊	
青寅蛇	白子后	玄戌玄	
辰 ○	寅	子	
庚	戊	○	壬
白子后	玄戌玄	合辰合	青寅蛇
甲寅	子	午	辰 ○

癸卯巳	○合辰午	○合巳未	甲午申
勾　朱	朱	勾	蛇　青
壬寅辰 ○ 青　蛇			乙未酉 貴　空
辛丑卯 空　貴			丙申戌 后　白
庚子寅	己亥丑	戊戌子	丁酉亥
白　后	常　陰	玄　陰	陰　常

□ **과체** : 섭해(涉害), 퇴간전(退間傳), 참관(斬關), 여덕(勵德) // 고진(孤辰), 명음(冥陰/寅子戌), 재공(財空), 덕경(德慶), 삼기(三奇), 육양(六陽), 사호귀정(蛇虎鬼丁/낮).

→ 『대육임입성대전검』·『육임직지』·『육임요결』 등에는 갑오일 제3국의 삼전이 戌申午이다. 사과의 제2과는 두 번 극하였고 제4과는 여섯 번 극하였다. 섭해법을 따르면 극의 수가 많은 제4과가 발용이 된다. 따라서 삼전은 寅子戌이다.

□ **핵심** : 낮에는 子에 백호가 타고 밤에는 申에 백호가 타니 주야 모두 흉하다. 육양이 갖춰졌다. 암손(暗損)을 예방해야 한다.

□ **분석** : ❶ 낮에는 간상의 둔귀 庚에 백호가 타고, 밤에는 천반 申에 백호가 탄다. 낮에 정단하면 庚이 두렵고 밤에 정단하면 申이 두렵다. 그 이유는 백호기 흉장이기 때문이다.

❷ 과전이 모두 양이니 육양이 갖춰졌다. 공적인 일에는 이롭고 사적인 일에는 해롭다.

❸ 삼전의 寅戌 화국에서 중전의 자양(子陽)이 어둠으로 드니 양이

발현되지 않는다. 음흉한 사람이 앞에 있으니 암손(暗損)을 예방해야 되는 상이다.
□ **정단 : ❶** 섭해과는 처음은 어렵고 나중은 쉽다.

❷ 삼전이 사이를 띄우면서 물러난다. 寅戌 화국에서 중전의 자양(子陽)이 어둠으로 들어 양이 발현되지 않는 '명음격(冥陰格)'이지만, 화국이 완성되는 오년(午年)이나 오월(午月)이나 오일(午日)에는 모든 일이 이루어지고 맺어진다.

❸ 삼전이 물러나니 모든 일에서 지체되지만, 생기와 삼기인 子가 일간에 임하니 화가 변하여 복이 된다.

❹ 귀인이 卯酉에 임하면 여덕(勵德)이다. 고위직 공무원에게는 기쁨이 있고 하위직 공무원에게는 재앙이 있다.

○ **날씨 :** 처음에는 비가 오고 나중에는 갠다.

→ 초전은 처음, 중전은 중간, 말전은 나중이다. 초전에 청룡이 타고 중전이 子수이니 비가 오다가 말전이 戌토이니 갠다.

○ **가정 :** 불필요한 지출이 많다. 집을 고쳐야 한다. 토신에 기도하고 감사해야 한다.

→ 일간은 사람, 일지는 가정이다. 지상의 재성 辰이 일지인 午를 탈기하고 다시 공망되었으니 불필요한 지출이 많다. ● 丑은 땅이며 부동산이고, 卯는 대문과 집이다. 丑이 卯에 가한 곳에 천공이 타니 집을 고쳐야 한다. ● 사람과 집이 불안하니 토신에 기도하고 감사해야 한다. ● 밤에 정단하면 간상에 천후가 타고 지상에 육합이 타고 있어서 '음일격'이니, 간음을 예방해야 한다.

○ **혼인 :** 부정(不正)하다.

→ 일간은 나, 일지는 상대이다. 일지가 공망되었으니 바르지 못한 상태이고, 특히 처재효가 공망되어 처를 취하지 못하는 상이니 혼

인은 불성하며, 다시 일지음신이 공망되었으니 상대의 집안은 좋지 않다. 그리고 섭해과이니 연애와 혼담 모두 어렵다. ● 낮에 정단하면 간상에 백호가 타니 몸에 병이 있고, 밤에 정단하면 길장이 삼기인 子에 타니 귀한 사람이다.

○ **임신·출산** : 임신은 안전하고 출산은 이롭지 않다.

→ 일간은 태아, 밤에 정단하면 길장인 천후가 삼기인 子에 타고 있으니 귀한 자식이다. 그러나 낮에 정단하면 흉장인 백호가 타고 다시 둔반의 귀살이 일간을 극하니 건강하지 않은 태아이다. ● 일지는 임신부이다. 출산을 정단하면 지상이 괴강의 하나인 辰이니 난산이다.

○ **구관** : 고위직에 있는 사람은 승진하고 하위직에 있는 사람은 질책을 당한다.

→ 주야 귀인이 모두 酉와 卯에 임하여 '여덕(勵德)'이니, 고위직에 있는 사람은 승진하고 하위직에 있는 사람은 그렇지 않다. ● 밤에 정단하면 길장인 천후가 삼기에 타서 일간에 임하니 구관에 길하다. 다만 삼전의 寅戌 화국에서 중전의 자양(子陽)이 어둠으로 들어 양이 발현되지 않아 암손(暗損)이 있으니 암손을 예방해야 하며, 관직자가 정단하면 최흉하다.

○ **구재** : 재물을 취득하면 어두워지고 타인에게 말할 수 없다. 장사를 하여 본전을 잃고 후회하는 것을 예방해야 한다.

→ 재성은 재물이다. 지상의 재성은 공망되었고 말전의 재성에는 현무가 타서 재물을 취하는 일이 어두우니 이것을 남에게 말할 수 없다. 장사를 해서 본전을 잃고 후회하는 것을 예방해야 하며, 삼전이 녕음(冥陰)이니 타인에 의한 암해를 예방해야 한다.

○ **질병** : 지나친 방사로 인한 병이다. 지극히 위험하지만 질병이 풀린다.

→ 일간은 환자, 일지는 질병이다. 간상의 子는 규방으로서 침실이

고, 여기에 밤에는 천후가 타니 지나친 방사로 인해 병이 생겼다. 다행히 간상의 子가 부모효이고 다시 일지가 공망되었으니 질병이 낫는다.

○ **유실** : 남자종업원이나 군인이 훔쳐갔다.

※ 『육임직지』 원문에서는 "부녀자 혹은 어린이가 훔쳐갔다."고 하였다.

→ 도둑은 현무승신으로 알 수 있다. 주야 모두 현무가 戌에 타고 있으니 戌이 뜻하는 남자종업원, 군인, 폭력배가 도둑이다.

○ **출행** : 부임이 길하지만 손실을 예방해야 한다.

→ 일간은 나, 일지는 근무지, 삼전은 여정이다. 간상이 삼기이니 길하다. 다만 지상의 재성이 공망되었고 말전의 재성에 현무가 타니, 출행 도중에 재물을 잃는 것을 예방해야 한다.

○ **귀가** : 곧 온다.

→ 삼전이 퇴간전(退間傳)이니 곧 온다.

○ **쟁송** : 법정에 서는 것이 이롭지 않으니 화해가 이롭다.

→ 일간은 나이다. 일간 둔반의 귀살 庚이 일간을 극하고 있어서 법정에 서는 것이 이롭지 않으니 화해가 가능하다. ● **승패** : 일간은 나, 일지는 상대이다. 일간은 튼실하고 일지는 공허하니 내가 유리하다.

○ **전쟁** : 출병을 꺼린다.

→ 일간은 아군이다. 일간의 둔반에 귀살 庚이 임한다. 출병하면 화를 입으니 출병을 꺼린다.

□ 『**필법부**』 : (제5법) 육양수가 갖춰지면 모름지기 공적으로 써야 한다.

→ 과전이 모두 양의 십이지이니 육양격이다. 주로 구관(求官)에 적

용된다.

〈제66법〉 일지의 묘신과 재신이 나란히 보이면 여정을 다시 생각해야 된다.

→ 말전의 戌은 일지의 묘신이며 동시에 일간의 재신이다. 죽은 재물이니 이 재물을 추구하지 않아야 한다. 이 과전에서는 재성에 현무가 타니 더욱 나쁘다.

〈제91법〉 백호가 일간의 귀살에 타면 귀살의 흉이 대단히 빠르다.

→ 백호는 질병과 사고를 주관하는 천장이다. 밤에 정단하면 이 백호가 일간의 귀살인 申에 타니, 관재와 질병 정단에서 대흉하다. 만약 관직자가 정단하면 부임이나 승진이 매우 빠르다.

〈제40법〉 천후와 육합은 혼인정단에서 중매인을 쓰지 않아도 된다.

→ 밤에 정단하면 간상에는 천후가 타고 지상에는 육합이 타고 있으니 연애결혼을 한다.

□ 『지장부』: 戌申午는 정도에 어긋나는 뜻이 있는 '패려(悖戾)'이니 나중에 후회하는 마음이 생긴다. 이것은 戌午 화국의 중간이 申이기 때문이다. 申이 오히려 화국으로부터 극을 당하는 상이니 패려(悖戾)이다. ● 현무가 戌에 타면 '조수(遭囚)'이다. 『신장론』에서 말하기를 "현무가 戌에 타면 구금당하는 뜻이 있는 '조수'라고 하여 머뭇거리고 늦어지며, 성사되는 것은 적고 실패하는 것은 많다."고 하였다.

→ 『육임직지』 원문의 삼전이 戌申午이니 패려격에 해당한다.

甲午일 제4국

공망 : 辰·巳 ○
낮 : 왼쪽 천장, 밤 : 오른쪽 천장

丙	○	壬
后 申 白	朱 巳 勾	青 寅 蛇
亥	申	巳 ○
己	丙	癸	庚
常 亥 陰	后 申 勾	卯 朱	白 子 后
甲 寅	亥	午	卯

壬寅巳 青	癸卯午 蛇 勾 朱	○辰未 合 合 朱	○巳申 勾
辛丑辰○ 空 貴			甲午酉 蛇 青
庚子卯 白 后			乙未戌 貴 空
己亥寅 常 陰	戊戌丑 玄 玄	丁酉子 陰 常	丙申亥 后 白

□ **과체** : 요극(遙剋), 호시(蒿矢), 원태(元胎) // 침해(侵害), 주객형상(主客刑傷), 구생(俱生), 우로균점(雨露均霑), 태상간생(太常干生), 사호귀정(蛇虎鬼丁), 주작폐구(朱雀閉口), 불행전(不行傳), 귀인입옥(貴人入獄), 의약신 공망.

□ **핵심** : 申은 화살이다. 명중하면 나쁘다. 밤에는 백호귀살이 역마를 타고 있으니 우환을 벗어나기 어렵다.

□ **분석** : ❶ 본래 호시(蒿矢)는 무력하다. 申이 발용이 되었으니 쇠붙이가 달려 있는 화살촉이다. 설령 목표물에 화살이 명중되더라도 길상하지 않다. 하물며 申이 일간의 귀살이고 다시 申이 역마를 타고 있으니 귀살로 인한 우환이 깊고 빨리 나타난다. 낮에 정단하면 무난하지만, 밤에 정단하면 백호가 申에 타고 있으니 그 흉이 매우 심해서 우환을 면하기 어렵다.

□ **정단** : ❶ 요극과의 호시(蒿矢)는 화와 복이 모두 가볍고, 격명이 병태(病胎)이니 근심이 있다.

➜ 삼전이 모두 사맹이니 원태(元胎)이다. 삼전의 천반이 모두 병지

(病地)에 앉아 있으니 원태격의 일종인 병태이다.

❷ 백호가 일간의 귀살인 申에 타서 발용이 되었으니 지극히 흉하지만, 다행히 중·말전이 공망되었으니 흉이 사라진다. 다만 관직을 구하는 정단을 하면 나쁘다.

❸ 만약 사계 곧 토왕절에 정단하면 亥가 무기(無氣)하지만, 귀살 申이 亥를 생하니 불행 중 다행이다. 겸손하게 기다리면 일간에 임한 장생 亥가 금의 기운을 훔쳐서 일간을 돕는다.

○ **날씨** : 비가 온 뒤에 춥다. 해가 나오려고 하다가 나오지 않는다. 대풍이 부는 상이다.

→ 申이 수모(水母)이고 여기에 수의 오행인 천후가 타고 있으니 비가 온다. 중전의 巳가 공망되었으니 해가 나오려고 하다가 나오지 않는다. 말전이 寅이니 대풍이 분다.

○ **가정** : 집에 벙어리가 있다. 집에 아직 낫지 않은 환자가 있다. 문서와 쟁투에 관련된 사건을 예방해야 한다.

→ 지상에서 癸卯가 午에 가해서 폐구(閉口)가 되었으니 집에 벙어리가 있다. ● 밤에 정단하면 백호가 申에 타니 집에는 아직 낫지 않은 환자가 있다. ● 택상에 주작과 구진이 타고 있어서 문서 및 쟁투와 관련된 일이 있으니 행동을 삼가야 한다. ● 낮에 정단하면 간상의 장생에 태상이 타고 있으니 혼사가 있거나 혹은 생업이 발달한다.

○ **혼인** : 화합의 기운이 보이지만 장애가 생긴다.

→ 일간은 나, 일지는 상대방이다. 일간(기궁) 寅과 일지 午가 상합하고 간상신 亥와 지상신 卯가 싱합하니 화합하는 기운이 보인다. 삼전은 연애 혹은 혼담이 진행되는 과정이다. 중전이 공망되었고 삼전이 삼형이니 도중에 장애가 생긴다. ● 주야 모두 지상에 흉장이 타니 길하지 않다.

○ **임신·출산** : 편안하고 길하다. 벙어리를 예방해야 한다.

→ 일간은 태아, 일지는 임신부이다. 일간(기궁) 寅과 일지 午가 상합하고 간상신 亥와 지상신 卯가 상합하니 임신이 길하다. 다만 지상이 폐구(閉口) 되었으니 벙어리를 예방해야 한다.

○ **구관** : 사년(巳年)과 사월(巳月)에 정단하면 대길해서 고위직 공무원이 되는 임명장을 받는다.

→ 삼형은 권력과 고위직이다. 사년(巳年)과 사월(巳月)에 정단하면 공망된 중전의 巳가 풀려서 삼형을 온전히 갖추니 대길하다. 고위직 공무원이 되는 임명장을 받는다.

○ **구재** : 놀라는 일이 많다. 재물을 조금만 획득해야 이롭다.

→ 일간은 나, 일지는 영업장이다. 낮에 정단하면 간상의 장생에 태상이 타니 옷이나 요식업을 하면 길하고, 밤에는 태음이 타니 여성용품으로 생업을 하면 길하다. ● 지상에 주야 모두 흉장인 주작과 구진이 타니 영업장에서 구설과 쟁투로 인해 놀라는 일이 많으니 근신해야 한다.

○ **질병** : 인후와 관련된 증상이다. 사월이나 유월이나 축월에 정단하면 피고름이 생기는 병환이 있다.

→ 일간은 환자, 일지는 질병이다. 지상이 폐구되었으니 입이나 목구멍이 막힌 질병으로서 편도와 갑상선 및 식체와 관련된 질병이다. ● 삼전이 申巳寅 삼형이니 수술수가 있다. ● 백호승신 申은 4월의 혈기와 8월의 혈지이니, 4월과 8월에 정단하면 피고름이 생긴다.

○ **유실** : 현무가 천을귀인의 본가인 丑에 임했고 다시 구진이 낙공되었으니 잡지 못한다.

→ 현무는 도둑, 천을귀인은 공무원, 구진은 경찰이다. 현무가 戌에 타서 지반 丑에 임하니 관리가 도둑을 숨겨주는 상이고, 특히 밤에는 구진이 巳에 타서 공망되어 경찰이 무능하니 도둑을 잡지 못한다.

○ **출행** : 출행한 뒤에 반드시 되돌아온다.
→ 삼전은 여정이다. 중전과 말전이 공망되어 전진할 수 없으니 출행하면 반드시 되돌아온다.

○ **귀가** : 귀가 도중에 장애가 생긴다.
→ 말전은 귀가를 하기 위한 출발지, 중전은 중도, 초전은 근지이다. 말전과 중전이 공망되었으니 귀가 도중에 장애가 생긴다.

○ **쟁송** : 주(主)에게는 유리하고 객(客)에게는 불리하다. 귀인에게 부탁하더라도 도움을 받지 못한다.
→ 주는 피고, 객은 원고이다. 요극(遙剋)의 호시(蒿矢)이니 주(主)에게는 유리하고 객(客)에게는 불리하다. 주야의 귀인이 戌과 辰에 임하여 입옥(入獄)되었으니 귀인에게 부탁하더라도 귀인의 도움을 받지 못한다. ● **관재** : 삼전이 삼형이다. 삼형에는 수형(受刑)의 뜻이 있다. 관재를 정단하면 초전이 귀살이어서 흉하지만 중·말전이 공망되었으니 흉이 점차 사라진다.

○ **전투** : 근신해야 한다.
→ 삼전이 삼형이다. 진군하면 흉하니 근신해야 한다.

___

□ 『**필법부**』 : 〈제75법〉 손님과 주인이 다투지 않아도 형벌이 이미 있다.
→ 삼전의 申巳寅이 삼형이니 주객이 서로 다툰다. 주로 혼인, 매매, 동업, 교역, 교섭, 회담에서 쓰인다.
〈제38법〉 폐구(閉口)는 두 가지로 나눠서 추리한다.
→ 폐구에는 록폐구와 재폐구가 쓰인다. 이 둘은 식록사 정단에 니쁘다. 만약 임신을 정단하면 선천성 언어장애가 우려되고, 소송을 정단하면 불리한 판결을 받는다.

□ 『**과경**』 : 亥가 寅에 가한 곳에 낮에는 태상이 일간의 장생에 타고 있

다. 따라서 나에게 오는 사람은 반드시 혼인을 묻거나 혹은 은혜를 받는 일 그리고 의복과 음식에 관한 일로 온다.

□ 『신장론』: 卯에 구진이나 천공이 타면 승려 혹은 수도자이다. 일간이 발용이 되면 승려로서 품행이 바르지 않은 경우가 많다. 그리고 천후가 申에 타면 갑일에는 천연적인 호수나 인공적인 못이다.

➜ 卯에 구진이나 천공이 타면 승려 혹은 수도자이고, 卯에 귀인이 타면 술사(術士)이다.

갑오순 | 갑오일 | 5국

甲午일   제 5 국

공망 : 辰·巳 ○
낮 : 왼쪽 천장, 밤 : 오른쪽 천장

戊	甲	壬
合 戌 合	后 午 白	白 寅 后
寅	戌	午

戊	甲	壬	戊
合 戌 合	后 午 白	白 寅 后	合 戌 合
甲 寅	戌	午	寅

辛丑巳 空貴	壬寅午 白	癸卯未 常陰	○辰申 玄玄
庚子辰○ 青蛇			○巳酉 陰常
己亥卯 勾朱			甲午戌 后白
戊戌寅 合合	丁酉丑 朱勾	丙申子 蛇青	乙未亥 貴空

□ **과체** : 중심(重審), 염상(炎上), 참관(斬關), 교동(狡童) // 화미(和美), 육의(六儀), 록현탈격(祿玄脫格/낮), 권섭부정(權攝不正), 역허(歷虛), 복덕(福德), 회환(回還), 조지(朝支), 육양(六陽), 지묘재성(支墓財星), 환혼채(還魂債), 초전협극(初傳夾剋), 자묘전생(自墓傳生), 신장·살몰·귀등천문(낮), 자손효현괘, 불비(不備).

□ **핵심** : 사람은 쇠하고 집은 왕성하다. 내가 오히려 상대를 따른다. 소송에서 상대를 따라야 한다. 부모상을 당한다.

□ **분석** : 삼전의 화국이 일간은 탈기하고 일지와는 비화(比和)되니, 사람은 쇠하고 집은 왕성하다. 다시 말하면 타인이 나에게 와서 손실을 입히고, 나는 타인에게 손실을 입는다. 타인이 손실을 끼칠 마음을 갖고 있다는 것을 알고는 있지만, 나는 상대와 마주하려고 한다. 소송을 점단하면 일지가 일간의 생을 받으니 나의 뜻을 굽히고 상대에게 복종한다. 질병을 점단하면 일간이 손실을 입어 심신이 허약해진다.

□ **정단** : ❶ 중심과이며 염상(炎上)이다. 모든 일에서 불순한 경우가 많

고, 밝은 가운데에서 어두운 일이 있으며, 순리를 따르면 길하고 위를 범하면 흉하다.

❷ 삼전과 사과가 寅午戌 삼방을 벗어나지 못하니 되돌아오는 것이 끝이 없다. 매사 성사하고 싶지만 불성하고, 매듭을 짓고 싶지만 매듭짓지 못한다.

❸ 상대에게는 이익이 되고 나에게는 손실이 되어, 나에게는 헛된 일이 끝이 없다. 삼전의 앞에 육합이 있고 뒤에 천후가 있으니 교동(狡童)이다. 삼전이 교동이니 부정의 뜻이 있다.

❹ 戌이 간상과 초전에 임하니 참관(斬關)이다. 참관은 편안하게 거주하는 상이 아니지만 근신하지 않으면 안 된다.

○ 날씨 : 가물다가 때때로 비가 오고 또한 바람이 불며 우레가 친다.
→ 염상은 가뭄, 육합은 우레, 백호는 바람의 천장이다. 삼전이 염상이니 가물다. 중전과 말전에 수의 천장인 천후가 타고 있으니 때때로 비가 오고, 삼전에 백호와 육합이 타고 있으니 바람이 불고 우레가 친다.

○ 가정 : 사람이 쇠약하다. 종업원의 도주를 예방해야 한다.
→ 일간은 사람, 일지는 가택이다. 일간이 일간의 상하와 일지의 상하와 삼전의 화국으로부터 크게 설기를 당하니 사람이 매우 쇠약하다. 그리고 종업원을 뜻하는 戌에 도망을 뜻하는 육합이 타고 있으니 종업원의 도주를 예방해야 한다.

● 질병 : 낮에 정단하면 백호가 지상에 타고 있으니 가족에게 질병이 있다. ● 음란 : 초전에 육합이 타고 말전에 천후가 타고 있으니 교동이다. 삼전이 교동이니 가정에 음란사가 발생한다. ● 가상 : 기궁이 지상으로 가서 일지로 탈기되니 손실이 많은 가상이다.

○ 혼인 : 혼인하지 않아야 한다.

→ 일간은 나, 일지는 상대이다. 기궁 寅이 지상으로 가서 일지 午로 탈기되는 것은 혼인하면 손실이 매우 크다는 뜻이니 혼인하지 않아야 한다. 또한 사과는 물론이고 삼전이 교동이어서 혼인에 매우 나쁘니 혼인하지 않아야 한다. ● 또한 과전이 삼합해서 상관국을 이루어서 남자를 해치는 상이니 혼인하면 안 된다. ● 중심과 : 혼인을 심사숙고해야 한다. ● 일간이 일간의 상하와 일지의 상하 그리고 삼전이 삼합하여 계속하여 일간이 탈기되어 손실이 매우 많은 혼사이니 혼인하지 않아야 한다.

○ **임신·출산** : 난산이다. 임신부는 건강하지만 태아는 약하다.
→ 일간의 상하와 일지의 상하 그리고 삼전이 삼합하는 것은 태아가 임신부의 자궁을 떠나지 않는 상이니 출산을 정단하면 난산이다. 임신정단을 하면 일지의 화국으로 일간이 탈기되니 임신부는 건강하지만 태아는 약하다.

○ **구관** : 관청에서 급여를 받는 관직이지만 반듯한 관직이 아니다.
→ 과전에 일록인 寅이 있으니 관록이 있는 관직이다. 그러나 일록이 지상으로 갔으니 승진을 정단하면 승진하지 못하고, 고시를 정단하면 합격하지 못한다. 더군다나 과전의 상관살이 관성을 극살(剋殺)하니 관직에서 최흉하다.

○ **구재** : 빚을 받는 일에는 좋고 장사에는 나쁘다. 집안을 다스리는 일에서 비용이 많이 들거나 혹은 타인에게 손실이 많다.
→ 삼전의 화국이 간상의 재성을 생하니 빚을 받는 일에는 좋다. 그러나 장사를 하면 일간과 일지와 삼전이 일간을 크게 탈기하니 손실이 막대하다. 이와 같으니 집안을 다스리는 일에서 비용이 많이 든다.

○ **질병** : 기운이 허하여 몸이 상했다. 염증이 심하다.
→ 일간과 일지와 삼전이 일간을 탈기하니 기운이 허하며, 과전이 모두 염상이니 염증이 심하다.

○ **유실** : 집안의 경사로 인한 유실이거나 혹은 종업원의 간음에 의한 유실이다.

→ 사과와 삼전이 삼합하니 혼인으로 인한 유실이거나 혹은 종업원을 뜻하는 戌에 결합을 뜻하는 육합이 타고 있으니 종업원의 간음에 의한 유실이다.

○ **출행** : 피난이나 도망에 이롭다. 나머지 출행에서는 낭비와 손실을 예방해야 한다.

→ 과전이 참관(斬關)이니 피난과 도망에 이롭다. 그러나 나머지 출행에서는 일간이 과전으로 탈기되니 낭비와 손실을 예방해야 한다.

○ **귀가** : 근행한 사람은 묘일(卯日)에 귀가하고, 원행한 사람은 인일(寅日)이나 오일(午日)에 귀가한다.

※『육임직지』원문에서는 "丙午日에 온다."고 하였다.

→ 근행한 사람은 초전과의 육합일에 오니 묘일(卯日)에 오고, 원행한 사람은 초전과의 삼합일에 오니 인일(寅日)과 오일(午日)에 온다.

○ **쟁송** : 화해한다.

→ 일간과 일지와 삼전이 모두 삼합하니 화해한다. ● 삼전이 일간을 탈기해서 일지와는 비화되니 나는 불리하고 상대는 유리하다. ● 중심과이니 소송을 재심해야 이롭다. ● 승패 : 일간은 나, 일지는 상대이다. 삼전의 화국이 일간을 탈기해서 일지와 비화(比和)하니 내가 불리하다.

○ **전쟁** : 관문을 건너는 것이 이롭다. 전쟁을 멈추고 화해해야 한다.

→ 일간에 戌이 임하여 참관(斬關)이니 관문(關門)을 건너는 일에서 이롭다. 일간과 일지와 삼전이 삼합하여 화미격이니 화해하는 것이 이롭다.

○ **분묘** : 병룡(丙龍)에 곤향(坤向)이면 길하여서 사람이 발복한다.

→ 제4과의 지반 寅은 좌(坐)이고 寅과의 대충인 申은 향(向)이니 인좌신향(寅坐申向)이 길하다.

□ 『필법부』: 〈제8법〉 일록이 일지에 임하면 임시직이니 정당한 자리가 아니다.
　→ 일간은 높고 일지는 낮다. 일록이 일지에 임하니 임시직이다. 이미 관직에 있는 사람이 정단하면 좌천될 우려가 있다.
　〈제40법〉 천후와 육합은 혼인정단에서 중매인을 쓰지 않아도 된다.
　→ 삼전의 앞에 육합이 있고 뒤에 천후가 있으니 연애혼인을 한다. 만약 가정을 정단하면 가정에 간음이 있다고 해석한다.
　〈제85법〉 초전이 협극(夾剋)되면 뜻대로 되지 않는다.
　→ 초전 천반의 戌이 戌에 타고 있는 육합승신인 卯목과 지반의 寅목으로부터 동시에 극을 받고 있다. 따라서 초전이 협극된다.
　〈제66법〉 일지의 묘신과 재신이 나란히 보이면 여정을 다시 생각해야 된다.
　→ 간상과 초전의 戌은 일간의 재성이면서 동시에 일지의 묘신이다. 이것은 죽은 재물이니 구재를 위한 여정을 포기해야 한다.
□ 『삼거일람』: 삼전이 일간을 탈기하여 오히려 간상의 재신을 생하면 '환혼채(還魂債)'이다. 그리고 일간이 일지에 가하는 경우에 집을 구하면 반드시 득하지만 일지로 탈기되니 비록 당장 집은 얻지만 나중에는 무익하다.

甲午일 제 6 국

공망 : 辰·巳 ○
낮 : 왼쪽 천장, 밤 : 오른쪽 천장

	丁	○	己
朱 酉 勾	玄 辰 玄	勾 亥 朱
	寅	酉	辰 ○
	丁 ○	辛	丙
朱 酉 勾	玄 辰 玄	空 丑 貴	蛇 申 靑
	甲 寅	酉	午	丑

庚子 靑 巳○ 蛇	辛丑 空 午 貴	壬寅 白 未 后	癸卯 常 申 陰
勾 己亥 朱 辰○ 合 戌 卯			玄 辰○ 玄 酉 陰 巳○ 常 戌
朱 丁酉 寅 勾	蛇 丙申 丑 靑	貴 乙未 子 空	后 甲午 亥 白

- □ **과체** : 원수(元首), 사절(四絶) // 형상(刑傷), 재공(財空), 부귀(富貴/ 밤), 교차상극(交叉相剋), 무음(蕪淫), 아괴성(亞魁星), 태수극절(胎受剋絶).

- □ **핵심** : 현무가 탄 재성이 중전에 있고, 일간이 말전의 亥로부터 생을 받지만 亥가 공망에 앉아 있다. 정신이 귀살을 움직이니 거듭 흉하다.

- □ **분석** : ❶ 중전의 辰이 일간의 재성이지만 현무가 타고 다시 공망되었으니 어찌 손실이 없겠는가?

  ❷ 말전의 장생 亥가 공망과 묘신에 드니 어찌 이익이 있겠는가?

  ❸ 귀살 酉가 정신(丁神)에 타서 일간에 임한 뒤에 발용이 되었으니 매우 흉하고, 신속을 뜻하는 丁을 간상과 초전에서 거듭 만났으니 매우 두렵다.

- □ **정단** : ❶ 원수과는 모든 일이 남자로부터 일어나며 먼저 거동해야 이롭다.

  ❷ 일간 甲(寅)이 甲의 묘지인 未에 앉아 있으니 생각 없이 들어가면

반드시 속는다.

❸ 관귀효 酉가 정신(丁神)을 타고서 발용이 되었고, 지상의 丑토가 관귀인 酉를 생하니 관직자가 해치거나 혹은 집의 귀신이 반드시 식구를 해친다.

❹ 辰과 酉는 육합하고 삼전은 자형(自刑)이니 어려움을 끝마치기가 어렵다.

○ **날씨** : 비록 흐리지만 비가 오지는 않는다.

→ 酉는 음습을 주관한다. 초전이 酉이지만 중전과 말전이 공망되었으니 흐리기만 하고 비가 오지는 않는다.

○ **가정** : 집은 길하며 관운이 일어난다. 재앙을 예방해야 한다.

→ 재성은 재물이다. 지상에 재성인 丑이 임하여 집에 재물이 쌓이니 집이 길하다. ● 원수과이며 지상의 귀인승신 丑이 지반의 午로부터 생을 받으니 관운이 일어난다. ● 주작과 구진은 관재를 주관하고 귀살은 재앙을 주관한다. 주작과 구진이 간상과 초전의 귀살에 타고 있으니 재앙을 예방해야 한다.

○ **혼인** : 성사되기 어렵고 쉽게 깨진다.

→ 일간은 나, 일지는 상대이다. 비록 일간(기궁) 寅과 일지 午가 상합하고 간상의 酉와 지상의 丑이 상합(相合)하니 혼인이 성사되는 상이지만, 일간 甲이 지상의 丑을 극하고 일지 午가 간상의 酉를 극하여 간지가 교차상극(交叉相剋)하니 혼인이 성사되기 어렵고 설령 성사되더라도 혼인이 깨진다. ● 그리고 지상의 둔반에 귀살 辛이 임하여 일간 甲을 극하니, 상대와 배우자 인연을 맺으면 그로부터 재앙을 당하니 이것을 예방해야 한다.

○ **임신·출산** : 부모를 닮지 않은 자식을 예방해야 한다. 바로 낳는다.

→ 酉는 일간의 태신이며 첩이니 부모를 닮지 않은 자식을 낳는 것

을 예방해야 한다. 다만 출산을 정단하면 바로 낳는다.
○ **구관** : 얻는다. 변경하면 암해가 생긴다.

→ 밤에 정단하면 지상의 귀인승신 丑이 지반의 午로부터 생을 받아 '부귀(富貴)'이니 관직을 얻는다. 주작과 구진은 관재, 귀살은 재앙을 주관한다. 주작과 구진이 간상과 초전의 귀살인 酉에 타서 일간 甲을 극하니 암해를 예방해야 한다. ● 비록 초전이 관성이지만 중전과 말전이 공망되었으니 관로가 밝지 않다.

○ **구재** : 재앙과 화가 생기는 것을 예방해야 한다. 결국 재앙과 화가 사라진다.

→ 주작과 구진은 관재, 귀살은 재앙을 주관한다. 주작과 구진이 간상과 초전의 귀살에 타니 재앙을 예방해야 한다. 중전과 말전이 공망되었으니 결국 재앙과 화가 사라진다. ● 삼전의 재성은 미래의 생업, 사과의 재성은 현업이다. 중전으로 가면 재성 辰이 공망되어 허탕을 치니 현업의 재성 丑에 만족하는 것이 좋다.

○ **질병** : 대흉하다. 귀살인 酉가 발용이 되었고 申은 묘지의 밖에 있지만 귀살이다.

→ 귀살은 질병정단에서 병재를 뜻한다. 주작과 구진이 귀살 酉에 타서 일간에 임한 뒤에 발용이 되었으니 대흉하다. ● 초전은 현재, 중전은 미래, 말전은 미래의 미래이다. 초전이 비록 흉하지만 중전과 말전이 공망되었으니 병세가 점차 약해지고 사라진다. ● 질환 : 귀살의 오행인 금으로부터 극을 받는 목의 장부인 간담질환이 우려된다. ● 처의 질병을 정단하면 처재효 辰이 공망되었으니 위독하다.

○ **유실** : 찾기 어렵다.

→ 재성은 재물이다. 재성이 중전에서 공망되었으니 찾기 어렵다.

○ **출행** : 이롭지 않고 결과도 없다.

→ 초전은 출행의 초기, 중전은 중기, 말전은 말기이다. 재성인 중전의 辰과 장생인 말전의 亥가 공망되었으니 이롭지 않고 결과도 없

다.
○ **귀가** : 정신이 발용이 되었으니 출행한 사람이 즉시 도착한다.
→ 정신(丁神)에는 이동의 뜻이 있다. 정신이 초전에 있고 다시 간상에 있으니 출행한 사람이 즉시 도착한다.
○ **쟁송** : 먼저 소송을 거는 쪽이 승소한다. 결국 해결된다.
→ 원수과는 먼저 소송을 거는 쪽이 승소한다. 초전은 쟁송의 초기, 중전은 쟁송의 중기, 말전은 쟁송의 말기이다. 초전이 비록 귀살이어서 흉하지만 중전과 말전이 공망되었으니 결국 해결된다. ● 승패 : 일간은 나, 일지는 상대이다. 일간은 간상과 초전으로부터 극을 받고 일지는 상하가 상생하니 내가 불리하다.
○ **전쟁** : 근신해야 한다.
→ 귀살은 피해이다. 일간과 초전에 귀살인 酉가 임하니 전쟁에서 근신해야 한다.

□ 『**필법부**』 : 〈제11법〉 비록 귀살이 무리를 짓더라도 전혀 두렵지 않다.
→ 이 과전에서는 귀살이 무리를 짓지 않는다. 다만 간상과 초전에 귀살이 거듭 보일뿐이다.
〈제82법〉 삼전이 나아가지 못하는 불행전(不行傳)은 초전을 살펴야 한다.
→ 중전의 辰과 말전의 亥가 공망되었으니 초전의 酉로 길흉을 정단해야 한다.
□ 『**고감**』 : 주작이 일간의 귀살에 티시 일간에 가했으니 '작귀격(雀鬼格)'이다. 다시 일간과 일지가 서로의 상신을 극하니 '진해리(眞解離)'이다.
→ 일간 甲은 지상의 丑을 극하고 일지 午는 간상의 酉를 극한다. 남

녀가 모두 해를 입어 이별하는 상이다.
- □ 『지장부』: 卯酉가 간상이나 지상에 임하면 이별한 사람은 합치고 합친 사람은 이별한다.
  - → 이 과전은 이와 무관하다.
- □ 『정온』: 午시 丑월장으로 귀가를 정단한다. 천반의 寅은 행년이며 귀인이다. 역행해서 지반의 寅으로 돌아오면서 문을 뜻하는 卯의 위를 지나니 卯 위에 戌이 보인다. 戌 속의 辛이 일간을 극하고 다시 행년 寅을 극한다. 다시 寅 위의 酉로부터 일간 甲이 극을 당하니 돌아오지 못하는 것으로 보아야 한다.

| 甲午일 | | 제 7 국 |

공망 : 辰·巳 ○
낮 : 왼쪽천장, 밤 : 오른쪽 천장

壬	丙	壬
白寅后	蛇申青	白寅后
申	寅	申
丙	壬	庚	甲
蛇申青	白寅后	青子蛇	后午白
甲寅	申	午	子

己亥 勾巳○	庚子 朱午	辛丑 蛇未	壬寅 空 貴白申
戊戌 合辰○	合		癸卯 常酉陰
丁酉 朱卯	勾		辰○ 玄戌玄
丙申 蛇寅	乙未 青貴丑	甲午 空后子	巳○ 白陰亥常

□ **과체** : 반음(返吟), 무의(無依), 섭해(涉害), 원태(元胎), 절태(絶胎) //
형상(刑傷), 멸덕(滅德), 록현탈(祿玄脫), 회환(回還), 명암이귀(明暗二鬼), 귀인상가(貴人相加), 구극(俱剋), 화귀살등사주작극택격(가을/밤).

  → 과전도의 천지반이 상충하니 반음과이다. 다만 제2과와 제4과의 지반이 각각 그 천반을 극(剋)하여서 극의 수를 따져서 발용이 되니 섭해과의 과상이 숨어 있다.

□ **핵심** : 일지와 일간이 천반으로부터 모두 상하고, 일지와 일간은 극(剋)하는 지반에 앉아 있다. 버릴 수도 없고 취할 수도 없으니 모두에게 좋지 않다.

□ **분석** : 甲은 申으로부터 극을 당하고 午는 子로부터 극을 당하니 일간과 일지가 모두 상한다. 寅은 나시 申에 앉아 있고 午는 나시 子에 앉아 있어서 모두 극지(剋地)에 앉아 있으니 이곳과 저곳 모두 좋지 않다. 따라서 버릴 수도 없고 취할 수도 없으니 좋은 것이 하나도 없다. 이와 같으니 물러날 수도 없고 나아가서 취할 수도 없다.

□ **정단** : ❶ 무의(無依)는 거듭 불안하고 어려움이 많으며 타인과는 조화롭지 못하다.

❷ 삼전의 일록 寅과 역마 申이 모두 움직이니 희망적인 것 같지만, 이들이 모두 절지(絶地)에 임했고, 장생인 亥가 공망된 지반에 앉아 있으며, 일간과 일지가 모두 극을 받으니, 오직 두문불출하고 잠자코 있으면 재앙이 생기는 것을 면할 수 있다. 힘써 구하더라도 길한 조짐이 아니다.

❸ 만약 가을에 정단하면 子가 화귀(火鬼)가 되어 일지인 午를 극하니 불씨에 의한 가택의 화재를 예방해야 한다.

―――――――――――――――

○ **날씨** : 바람과 비가 일정하지 않고 수시로 왔다 갔다 한다.
→ 백호와 寅은 바람을 부르는 신, 申과 청룡은 비를 부르는 신이다. 삼전의 백호와 寅은 바람을 부르고 申과 청룡은 비를 부르니 바람과 비가 일정하지 않고 수시로 왔다 갔다 한다.

○ **가정** : 사람은 쇠해지고 집은 황폐해진다. 따라서 다른 사람과 집을 바꾸고 현재 거주하고 있는 집과의 인연을 끝맺는 것이 이롭다.
→ 甲은 申으로부터 극을 당하고 午는 子로부터 극을 당하며, 다시 일간의 천지반이 상충하고 일지의 상하가 상충하여 사람은 쇠해지고 집은 황폐해지니, 다른 사람과 집을 바꾸고 집과의 인연을 끝맺어야 이롭다. ● 만약 계속하여 이 집에 거주할 경우 가정 내외의 모든 일이 잘 풀리지 않고 가운은 쇠해져서 가족이 생사이별 할 우려가 있다. ● **화재** : 가을의 밤에 정단하면 지상의 子가 화귀가 되어 일지 午를 극하니 화재를 예방해야 한다.

○ **혼인** : 성사는 되지만 번복되는 경우가 많다.
→ 일간은 나, 일지는 상대이다. 일간(기궁)과 일지가 상합하고 간상신과 지상신이 상합하니 혼인이 성사되는 상이지만, 일간과 일지

의 상하가 각각 상하로 상충하니 번복되는 일이 많다. ● 낮에 정단하면 지상에 길장인 청룡이 타고 있으니 흉장이 타고 있는 밤 정단에 비해 나은 편이다. ● 연애나 혼사를 강행할 경우 지상의 둔귀 庚이 일간을 극하니 상대로 인한 화를 입을 우려가 있다.

○ **임신·출산** : 불안하다.
→ 일간은 태아, 일지는 임신부 혹은 출산부이다. 일간의 상하가 상충하니 임신정단을 하면 유산될 우려가 있으니 불안하다. 그러나 출산정단을 하면 바로 출산하니 무방하다.

○ **구관** : 직위를 바꾸고 옮긴다.
→ 일간은 물론이고 일지와 삼전의 천반이 절신에 임하니 직위를 바꾸고 옮긴다. 만약 임명직공무원이나 면책을 받은 공무원이 정단하면 퇴임할 우려가 있다.

○ **구재** : 힘만 들고 소득이 없다.
→ 식록을 뜻하는 일록 寅이 초전과 말전에 있지만 절지에 앉아 있고 일간의 처재효는 아예 과전에 보이지 않으니 힘만 들고 소득이 없다.

○ **알현** : 화합하지 못한다.
→ 천을귀인은 귀인이다. 주야의 귀인인 丑과 未가 모두 충지에 앉아 있으니 귀인과 화합하지 못한다.

○ **질병** : 한 가지 병증이 아니다. 수시로 나왔다가 수시로 재발한다.
→ 반음과는 한 가지 병증이 아니다. 초전이 중전에서 잠복한 뒤에 말전에 다시 나타났으니 수시로 나왔다가 수시로 재발한다.

○ **유실** : 찾기 어렵다. 먼 곳으로 도망쳤다.
→ 재성은 재물이다. 재성이 과전에 없으므로 찾기 어렵다. 그리고 반음과이니 먼 곳으로 도망쳤다.

○ **출행** : 출행한 뒤에 되돌아온다.
→ 회환격이니 출행한 사람이 되돌아온다.

○ **귀가** : 가까운 곳으로 가려고 하다가 먼 곳으로 간다.

→ 반음과는 천반과 지반이 가장 먼 과이므로 원방의 뜻이 있다. 따라서 가까운 곳으로 가려고 하다가 먼 곳으로 간다.

○ **쟁송** : 서로 해를 입으니 쟁송을 멈추는 것이 좋다.

→ 일간은 나, 일지는 상대이다. 일간 甲이 간상의 申으로부터 극을 받고, 일지 午가 지상의 子로부터 극을 받아, 나와 상대 모두 해를 입으니 쟁송을 멈추는 것이 좋다.

○ **전쟁** : 이롭지 않다.

→ 일간은 아군, 일지는 적군이다. 일간 甲이 간상의 申으로부터 극을 받으니 이롭지 않은데, 특히 낮에 정단하면 삼전이 계속하여 외전(外戰)되니 전쟁에서 이롭지 않다. 외전에는 적의 공격을 받는 뜻이 있다.

□ 『**필법부**』 : 〈제63법〉 서로 상하니 양쪽 모두 방비해야 한다.

→ 일간 甲이 간상의 申으로부터 극을 받고 일지 午가 지상의 子로부터 극을 받아 서로 상하니, 양쪽 모두 화를 막아야 한다.

〈제45법〉 주야귀인이 서로 가하면 양 귀인에게서 구하면 된다.

→ 낮 귀인 未가 밤 귀인 丑에 가하고 있으니 공무원이 정단할 경우 양 귀인에게서 구하면 된다. 그러나 서민이 귀인을 알현하는 정단에서는 반드시 귀인을 만나지 못한다. 그 귀인은 다른 귀인을 만나러 갔으므로 가정에 있지 않은 경우가 많고, 설령 집에 있더라도 귀인들이 모여 연회 중이니 만나지 못한다.

□ 『**고감**』 : 申이 甲에 가하고 庚이 일지에 가하니 명암이귀(明暗二鬼)이다. 양일의 반음은 일덕이 죽고 일록이 끊기며, 반음의 사맹(寅巳申亥)은 네 개 모두 끊긴 원태 곧 사절원태(四絕元胎)이다.

□ 『**수중금**』 : 반음과의 음양이 각각 그의 위치를 바꾼다. 하늘과 땅이

어긋나며 멀어지고 남과 북이 서로 어긋나며 子午에 등사가 타고 있으니 관재와 병재로 인해 흉하다. 청룡이 寅申에 타면 담 너머에 화가 있다.

→ 지상의 子는 일지 午의 귀살이다. 밤에 정단하면 등사가 子에 타서 일지 午를 극하니 가정에 등사와 관련된 화가 닥친다. 신월(申月)에 정단하면 지상의 子가 사기이고 유월(酉月)에 정단하면 사신이니 가정에 환자나 사상사가 발생할 우려가 있다.

☐ 『**지장부**』: 寅은 공조(功曹)로서 목기와 문서이다. 申은 전송(傳送)으로서 여정과 소식이다. 전송 위에 청룡이 타면 자손과 재물이 손상된다.

甲午일 제 8 국

공망 : 辰·巳
낮 : 왼쪽천장, 밤 : 오른쪽 천장

庚	○	戊
青 子 蛇	陰 巳 常	合 戌 合
未	子	巳 ○
乙	庚	己 ○
貴 未 空	青 子 蛇	勾 亥 朱	玄 辰 玄
甲 寅	未	午	亥

戊戌巳 合○	己亥午 勾	庚子未 青 蛇	辛丑申 空 貴
丁酉辰 朱 勾 ○			壬寅酉 白 后
丙申卯 蛇 青			癸卯戌 常 陰
乙未寅 貴 空	甲午丑 后 白	○巳子 陰 常	戊辰亥 玄 玄

□ **과체** : 지일(知一), 삼기(三奇), 주인(鑄印), 인종(引從) // 침해(侵害), 복덕(福德), 인종지신(引從支神), 묘신부일(墓神覆日), 불행전(不行傳), 교차육합(交叉六合).

□ **핵심** : 서로 교차육합하지만 양쪽 모두에게 불리하다. 낮에는 귀인으로부터 해를 입고, 소송을 당하면 관청의 해를 입는다.

□ **분석** : ❶ 일간과 일지의 상하인 午未와 寅亥가 교차육합(交叉六合)을 한다. 그러나 일간의 묘신인 未가 일간을 덮고 지상의 亥가 일지를 극하니 나와 상대 모두에게 이익이 없다.

❷ 낮에는 일간에 임한 귀인승신 未를 초전의 子가 육해하니 소송에서 나에게 바른 이치가 있지만 반드시 그릇된 판결을 받는다.

□ **정단** : ❶ 지일과는 은혜 속에 해가 있고 화합 속에 이별이 있다. 일간은 묘지에 묻혔고, 일지 午는 지상의 亥로부터 극을 당하며, 귀인은 용신으로부터 관통상을 입는다.

❷ 중·말전이 공망되었으니 주인격(鑄印格)을 이루지 못한다. 다행히 삼기(三奇)가 발용이 되었고 지상의 亥를 초전의 子와 말전의 戌

이 인도하니, 하늘의 감옥(天獄)이 풀려서 흉을 만나더라도 길로 변화하는 상이다.

○ **날씨** : 비는 오지만 발이 젖지 않을 정도의 비이다.
➜ 오행의 수는 비이다. 초전이 비록 子이지만 중전과 말전이 巳와 戌이고 다시 공망되었으니 발이 젖지 않을 정도의 비가 온다.

○ **가정** : 지상을 인종하니 집을 옮기거나 수리한다.
➜ 일지는 집이다. 지상신을 초전의 子가 이끌고 말전의 戌이 따르니 집을 옮기거나 수리한다. ● 지상의 亥가 일지 午를 극하니 집에 우환이 닥치는 것을 예방해야 한다. 낮에는 주작이 타니 문서와 구설수, 밤에는 구진이 타니 쟁투와 관재이다. ● 일간은 이 집에 거주하는 사람이다. 묘신이 일간을 덮었으니 사람이 하는 모든 일이 어둡다.

○ **혼인** : 결혼하고 싶지만 이별하게 된다.
➜ 일간은 나, 일지는 배우자감이다. 일간(기궁)인 寅과 일지인 午가 상합하고 간상신 未와 지상신 亥가 상합하며, 다시 기궁과 지상신이 상합하고 일지와 간상신이 상합하니 남녀가 결혼하는 상이다. 그러나 일간이 묘지 속에 갇혔고 초전과 간상신이 육해하며 다시 중전과 말전이 공망되었으니 남녀가 이별하게 된다. ● 지일과이니 혼처를 구할 경우 지인의 소개를 받는 것이 좋고, 배우자감이 여러 명 있을 경우에는 착한 사람과 가까운 사람을 선택하면 된다.

○ **임신·출산** : 태아가 튼튼하지 못하게 되는 것을 예방해야 한다. 출산을 점단히면 즉시 낳는다.
➜ 일간은 태아이다. 간상의 未가 초전의 子로부터 육해를 당하니 태아가 튼튼하지 못하게 되는 것을 예방해야 하고, 출산을 점단하면 즉시 낳는다. 초전이 구보의 하나인 삼기(三奇)이니 귀아를 낳는

다.
○ **구관** : 마음이 맞는 사람을 만나지만 실제하지 않는다.
→ 일간은 나, 일지는 근무하는 관청이다. 간지와 간지의 상신이 상합하고 일간과 일지가 교차상합하니 마음이 맞는 사람을 만난다. 그러나 초전의 삼기가 상하로 육해하고 다시 중전과 말전이 공망되었으니 실제하지 않는다.
○ **구재** : 처음에는 이롭지만 결국은 공허해지고 손실이 발생한다.
→ 재성은 재물이다. 재성이 간상에 임하니 처음에는 이로워 보이지만 이것이 재성 겸 묘신이니 작고 죽은 재물일 뿐이다. 또한 중전과 말전이 공망되었으니 공허해진다.
○ **알현** : 겉으로는 화합하지만 실제로는 친하지 않다.
→ 간상의 未가 낮 귀인이지만 일간의 묘신이니 나를 속이는 귀인일 뿐이고, 다시 초전의 子와는 육해하니 실제로는 친하지 않다.
○ **질병** : 급병은 길하고 구병은 흉하다.
→ 간상의 未가 일간의 묘신이니 사람이 땅에 매장되는 상이다. 따라서 구병을 정단하면 사망하는 상이니 흉하다.
○ **유실** : 찾기 어렵다.
→ 재성은 유실물이다. 간상이 재성이지만 일간의 묘신이니 찾기 어렵다.
○ **출행** : 결과가 없다.
→ 초전은 여행의 초기, 중전은 중기, 말전은 말기이다. 중전과 말전이 공망되었으니 결과가 없다.
○ **귀가** : 먼저 소식을 접한다.
→ 주작은 통신이다. 밤에 정단하면 주작승신이 일지에 임하니 소식이 온다.
○ **쟁송** : 그릇된 판결을 받아 패소하는 것을 예방해야 한다.
→ 간상의 귀인승신 未가 초전의 子와 육해하니 그릇된 판결과 및

묘신이 일간에 임하여 일간이 묘지 속으로 걸어서 들어가는 상이니 패소하는 것을 예방해야 한다.
O **전쟁** : 근신하면 길하다.
  → 일간은 아군이다. 간상에 묘신이 임하니 근신하면 길하다.

□ 『**필법부**』 : 〈제1법〉 앞과 뒤에서 이끌고 따르면 승진과 이사에서 길하다.
  → 초전의 子와 말전의 戌이 지상의 亥를 인종하니 이사나 집수리에 이롭다.
  〈제43법〉 천을귀인이 올바르지 못하면 소송에서 비록 나의 이치가 바를지라도 왜곡된 판결을 받게 된다.
  → 낮에 정단하면 간상의 귀인승신 未가 초전의 子와 육해하니 왜곡된 판결을 받게 된다. ● 쟁송 참조.
□ 『**지장부**』 : 삼기가 발용이 되면 의혹이 풀려서 기쁨이 생긴다. 일진을 인종하면 가정이 반드시 흥하고 사람은 왕성하다.
□ 『**고험**』 : 壬午년 12월에 사마(司馬, 병조판서)가 출병 정단을 한다. 초전의 子가 세파(歲破)되고 다시 내전(內戰)되었으며 본명 卯 위에서는 청룡과 역마가 아래를 극하니 공명이 오래가지 못하는 상이다. 반드시 재상이 기뻐하지 않으니 스스로 물러나기를 요청한다. 내년 가을 초에 부임을 간다. 두강(辰)이 일간의 장생에 임하여 장생을 묶고 다시 묘지에 타고 있는 귀인이 일간에 임하니 흉하다. 일간에는 묘신이 임하고 일지에는 절신이 임하니 일간과 일지 모두 나쁘다. 다행히 삼기인 천사(天赦)가 발용이 되었고 주작이 지싱에 임하니 임금의 조서의 은택을 받아 임금이 내린 온화한 윤음으로 인해 조정으로 돌아간다. 나중에 과연 정단한 것과 동일하였다.
  ※ **세파(歲破)** : 태세와의 충이 되는 글자가 '세파'이고 세파를 당하

면 임금과 국가로부터 불이익을 당하여 관직에 불리한데, 다시 子수가 子에 타고 있는 등사의 오행인 화를 극하여서 내전되니 더욱 길하지 않다.

※ 청룡 : 청룡은 문관직자이다. 청룡이 지반을 극하면 문관직에 불리하다.

※ 천사

계절 신살	봄	여름	가을	겨울
천사(天赦)	戊寅	甲午	戊申	甲子

| 갑오순 | 갑오일 | 9국 |

| 甲午일 | | 제 9 국 |

공망 : 辰·巳 ○
낮 : 왼쪽 천장, 밤 : 오른쪽 천장

壬	甲	戊
白 寅	后 午	白 戌
戌	寅	午
甲	戊	戊	壬
后 午	白 戌	白 戌	白 寅
甲 寅	午	午	戌

丁 朱 酉 巳○	勾 戊 合 戌 朱 午	己 合 亥 勾 未	庚 青 子 朱 申	蛇
丙 蛇 申 青 辰○			辛 空 丑 青 酉	貴
乙 貴 未 空 卯			壬 白 寅 戌	后
甲 后 午 寅	白 巳○ 陰 丑	玄 辰○ 玄 子	癸 常 卯 亥	陰

□ **과체** : 원수(元首), 염상(炎上), 여덕(勵德), 일녀(泆女) // 덕경(德慶), 화미(和美), 육의(六儀), 록현탈(祿玄脫), 귀총(歸寵), 복덕(福德), 회환(回還), 맥월(驀越), 합중범살(合中犯殺), 간지상합(干支相合), 자손효현괘.

□ **핵심** : 여러 번 잃는다. 가을과 겨울에는 급하고 거칠다. 사람은 재앙을 입고, 집에서는 여러 번 도둑을 맞는다.

□ **분석** : ❶ 삼전의 화국이 순환하면서 일간을 탈기(脫氣)하니 손실이 크다.

→ 겨울과 봄에 정단하면 일간이 왕성하니 해가 작고, 여름과 가을에 정단하면 일간이 쇠약하니 손실이 크다.

❷ 낮에는 寅에 백호가 타고 밤에는 午에 백호가 탄다. 봄과 여름에는 목이 왕기(旺氣)이고 화가 상기(相氣)여서 무방하지만, 가을과 겨울에는 굶주린 귀신이고 굶주린 백호이니 대흉하다.

❸ 밤에는 일간이 백호로부터 재앙을 당하고, 일지는 묘신과 탈기이니 반드시 여러 번 도둑을 맞는다.

□ **정단 : ❶** 원수과와 순조로운 염상(炎上)이니 모든 일에서 순조로운 이익이 있고 광명이 있는 상이다. 다만 탈기(脫氣) 위에 탈기가 임하니 손실이 많다. 다행히 탈기가 戌을 생하니 전생의 채무를 돌려받는 재물을 뜻하는 '환혼지채(還魂之債)'를 취할 수 있다.

※ 환혼채(還魂債) : 여기서는 빌려주었던 돈을 돌려받는 돈이다. 사업정단에서는 투자한 돈을 회수하는 뜻이 있다.

❷ 주야 모두 여덕(勵德)이니 일반인에게 재앙이 있다.

❸ 밤에는 초전에 천후가 타고 말전에 육합이 타니 '일녀(泆女)'이다. 일녀는 간음으로 인해 추해지니 늘 근신해야 한다.

○ **날씨 :** 맑은 날은 많고 비가 오는 날은 적다.

→ 삼전의 寅午戌은 염상으로서 맑은 날은 많고 비가 오는 날은 적다.

○ **가정 :** 낭비와 손실을 예방해야 하고 또한 종업원(노비)의 간음을 예방해야 한다.

→ 일간은 나, 일지는 가정이다. 일지의 음양이 화국을 이루어서 일간을 설기하니, 가정에서 낭비와 손실을 예방해야 한다. 戌은 종업원이고 육합은 음란의 천장이다. 지상의 戌에 육합이 타고 있으니 종업원(노비)의 간음을 예방해야 한다.

○ **혼인 :** 바르지 못하니 매우 꺼린다.

→ 천후가 앞에 있고 육합이 뒤에 있으면 여자가 음란한 '일녀'이다. 낮에는 사과에서 일녀이고 밤에는 삼전에서 일녀여서 여자가 부정하니 혼인을 꺼린다. ● 일지인 午가 간상으로 와서 일간을 설기하고 다시 일지의 음양이 화국을 이루어서 일간을 설기하니 상대로 인한 손실이 많다. ● 밤에 정단하면 간상에 백호가 타고 있으니 몸

에 병이 생기는 것을 예방해야 한다.
- **임신·출산** : 태아는 안전하다. 출산은 이롭지 않다.
    → 일간은 태아, 일지는 임신부이다. 일지가 간상으로 오는 것은 어머니가 태아에게 와서 태아를 보살피는 상이니 태아가 안전하다. 출산정단을 하면 일간의 음양과 일지의 음양과 삼전이 모두 삼합하여 출산이 지연되니 이롭지 않다.
- **구관** : 무익하다.
    → 관귀효는 관직, 자손효는 관성을 파괴하는 신이다. 일간과 일지와 삼전이 삼합하여 자손국을 이루니 관직을 정단하면 무익하며, 특히 낮에 정단하면 초전의 일록에 백호가 타고 있어서 '록현탈격'이니 더욱 흉하다. ● 초전이 장생이고 말전이 묘신이니 관직자의 전정이 밝지 못하다.
- **구재** : 장사하여 이익이 없다. 수입이 지출에 비해 적어서 감당하기 어려우니 장사하지 않는 것이 좋다.
    → 자손효는 지출이고 재성은 수입이다. 사과와 삼전이 자손국을 이루니 투자는 많고 처재효가 약해서 이익이 없으니 장사하지 않는 것이 좋다.
- **질병** : 주로 허증이고 또한 화증이다.
    → 사과와 삼전이 탈기국을 이루어서 일간을 크게 설기하니 심한 허증이고, 사과와 삼전이 삼합하여 염상국이니 화증(火症)이다. ● 오행의 화가 지나치게 왕성해서 오행의 수에 해당하는 신장과 방광이 약하니 이것을 보해야 한다.
- **유실** : 여러 번 당하지만 잡기 어렵다.
    → 일간의 음양과 일지의 음양이 삼합하여 일간을 탈기히고 다시 삼전이 삼합하여 일간을 탈기하니 여러 번 도난을 당하지만 잡기 어렵다.
- **출행** : 친척에게 가고 가까운 사람에게 가는 것이 이롭다.

➔ 삼합에는 친인척 혹은 가까운 사람의 뜻이 있다. 사과와 삼전이 삼합하니 친척에게 가고 가까운 사람에게 가는 것이 이롭다.

○ **귀가** : 늦게 귀가한다.

➔ 화합하기 위해서는 시간이 소요되니 삼합에는 지체의 뜻이 있다. 사과와 삼전이 삼합하니 늦게 귀가한다.

○ **쟁송** : 나와 상대 모두 손실이 많다. 화해하기 위해 상대가 나에게 온다.

➔ 일간 甲은 나, 일지 午는 상대이다. 사과와 삼전이 일간을 탈기하니 나에게 손실이 많고, 일지 午는 지상으로 탈기되니 상대 또한 손실이 많다. 일지인 午가 간상으로 와서 일간과 삼합하니 화해하기 위해 상대가 나에게 온다. 만약 화해하지 않으면 일간과 일지와 삼전이 삼합하니 쟁송이 오래간다. ● **승패** : 삼전의 화국이 일간을 설기해서 일지를 생하니 내가 불리하다.

○ **전쟁** : 군수품이 많이 소모된다. 신중해야 한다.

➔ 일간의 음양과 일지의 음양이 삼합하여 일간을 탈기하고 다시 삼전이 삼합하여 일간을 탈기하여 군수품이 많이 소모되니 신중해야 한다. 만약 전투를 할 경우 원수괘이니 선제공격하는 것이 이롭다.

□ 『**필법부**』 : 〈제15법〉 (일간) 위에서 탈기하고 다시 탈기하면 헛된 속임을 예방해야 된다.

〈제40법〉 천후와 육합은 혼인정단에서 중매인을 쓰지 않아도 된다.

➔ 낮에는 사과에 그리고 밤에는 삼전에 천후와 육합이 타고 있다. 만약 가정을 정단하면 가정에 불륜이 생기는 것을 예방해야 한다.

□ 『**과경**』 : 일지가 일간으로 전해졌으니 집이 와서 사람을 따르는 뜻이 있다. 따라서 집을 매입하는 것이 힘들지 않다.

□ 『고감』: 辛酉년에 출생한 사람이 己酉년에 월장 寅을 점시 戌에 가한 뒤에 현령을 알현하는 일을 정단한다. 삼합하여 일간의 기운을 훔치고 일지는 일간을 탈기하니 먼 곳으로 가는 일에서 힘이 든다. 일녀이니 음란하고 말전의 재성이 묘신에 앉으니 많이 지출되며 방탕하고 무뢰하다.

→ 행년상에서 등사가 검을 물고 있고, 귀인은 뒤에 머물면서 지반의 卯로부터 극을 당하여 분노하니, 반드시 나중에 원한을 사게 된다. 그 사람이 말하기를, 그가 나를 부르니 가지 않을 수 없다. 그곳에 도착하여 처음 서로 만났는데, 마음이 잘 맞았고 그로부터 큰 선물을 받았다. 나중에 친구를 만나 같이 기생집으로 가서 소유하고 있던 돈을 써버렸다. 현령이 그것을 알았고 그로인해 견책을 당하게 되었으므로 나중에 초라하게 되어 귀가했다.

→ 등사가 오행의 申금에 타고 있으니 등사가 검(劍)을 물고 있다고 하였다.

甲午일   제 10국

공망 : 辰·巳 ○
낮 : 왼쪽 천장, 밤 : 오른쪽천장

	丙	己	壬	
	蛇 申 青	勾 亥 朱	白 寅 后	
	巳 ○	申	亥	
	○	丙	丁	庚
	陰 巳 常	蛇 申 青	朱 酉 勾	青 子 蛇
	甲 寅	巳 ○	午	酉

丙 蛇 申 巳 ○	丁 青 朱 酉 午	戊 朱 合 戌 未	己 合 勾 亥 申 朱
乙 貴 未 空 辰 ○			庚 青 子 蛇 酉
后 甲 午 白 卯			辛 空 丑 貴 戌
○ 陰 巳 常 寅	○ 玄 辰 玄 丑	癸 常 陰 卯 子	壬 白 寅 后 亥

- **과체**: 지일(知一), 원태(元胎), 생태(生胎) // 형상(刑傷), 침해(侵害), 복덕(福德), 절신가생(絶神加生), 탈상봉탈(脫上逢脫/밤), 호입상여(虎入喪輿), 사화백(蛇化白), 고진(孤辰), 귀인입옥(貴人入獄).

- **핵심**: 일간이 탈기(脫氣)되고 공망되며 다시 파쇄(破碎)가 되었다. 지상에는 정마와 귀살이 달리고, 초전에는 역마와 귀살이 달린다. 장생인 亥와 일록인 寅을 만나니 나중에는 태평하다.

- **분석**: ❶ 巳는 갑오순의 공망이고 다시 일지의 파쇄(破碎)인데 지금 간상에 임해서 일간 甲의 기운을 탈기(脫氣)하니 가만히 있을 수 없고, 지상의 酉가 일간의 귀살이고 둔간은 丁인데 지금 지상에 임했으니 취할 수 없다.

  ❷ 초전으로 가서 귀살과 역마인 申을 만났지만 다행히 공망에 앉아 있으니 큰 해가 되지는 않는다. 중전과 말전으로 가서 장생인 亥를 만나고 일덕과 일록인 寅을 만나니 나중에는 안정이 된다.

- **정단**: ❶ 지일과이고 장생으로 이어진 원태(元胎)이니 모든 일에서 먼저는 어렵고 나중은 쉽다.

❷ 巳가 비록 공망과 파쇄(破碎)이지만 귀살을 제압할 수 있다.
→ 巳가 공망되었으니 실제로는 귀살을 제압하지 못한다.
❸ 삼전이 차례로 생을 하여 말전의 일덕과 일록인 寅을 돕는다. 따라서 巳화는 공망으로 논하지 않으며 사실상 구제신이다. 다만 양 귀인이 모두 수모를 당해서 귀인이 일을 처리하지 못하니 귀인에게 무리하게 부탁하면 안 된다.

○ **날씨** : 맑은 날씨를 원하면 개이지 않고, 비를 원하면 비가 오지 않는다.
→ 초전이 수모(水母)인 申이고 중전이 亥이니 맑은 날씨를 원하면 개이지 않고, 말전이 寅이니 비를 원하면 바람이 불어 비가 오지 않는다.
○ **가정** : 편안하지 않다. 쟁투와 구설을 예방해야 하고, 화재로 놀라는 일이 있으며, 사람은 왕성하지 않다.
→ 일지는 가정이다. 지상에 귀살이 임하니 편안하지 않다. 지상의 귀살에 낮에는 주작이 타고 있으니 구설을 예방해야 하고, 밤에는 구진이 타고 있으니 쟁투를 예방해야 한다. 특히 여름의 낮에 정단하면 지상의 귀살 酉가 화귀이고 여기에 주작이 타고 있으니 집에 화재가 발생하는 것을 예방해야 한다. ● 일간은 집에 거주하는 사람이다. 간상의 巳가 일간을 탈기하고 다시 공망되었으니 사람이 왕성하지 못하다.
○ **혼인** : 밤에 정단하면 화합한다. 남자집안에서 안타까워한다.
→ 일간(기궁) 寅과 일지 午가 삼합하고 간상신 巳와 지상신 酉기 삼합하니 화합하는 기운인데, 특히 밤에 정단하면 간상에 태상이 타고 있으니 더욱 화합한다. 다만 용신의 지반이 공망되어 '고진'이니 혼인이 불성하여 남자집안에서 안타까워한다. ● 일지는 여자이다.

지상이 귀살인 酉이니 남자에게 해를 끼치는 여자인데, 주야 모두 흉장인 주작과 구진이 타고 있으니 더욱 불길하다.

○ **임신·출산** : 태아가 상하는 것을 예방해야 한다.

→ 태신은 태아이다. 일간의 태신인 酉가 酉의 패신인 午에 앉아 있으니 태아가 상하는 것을 예방해야 하고 또한 일간이 공망되었으니 더욱 흉하다.

○ **구관** : 늦게 관직을 득하거나 혹은 근무지가 바뀐다.

→ 관성은 관직이다. 관성인 申이 공망에 앉아 있으니 공망이 메워지는 시기에 관직을 득하거나 혹은 근무지가 바뀐다. 다행히 말전의 寅이 일록이니 늦게 관직을 얻는다. ● 복직 : 일간의 절신인 申이 申의 장생인 巳에 임하니 복직된다.

○ **구재** : 아직은 이익이 생기지 않는다.

→ 재성은 재물이다. 재성이 과전에 보이지 않으니 아직은 이익이 생기지 않는다. 다만 연명이 辰·未·戌인 사람은 그 상신이 재성인 未戌丑이니 재물을 얻는다.

○ **알현** : 귀인이 좋아하지 않는다.

→ 낮 귀인 未는 辰에 앉아 입옥이 되었고 밤 귀인 丑은 戌에 앉아 입옥이 되어 귀인의 상황이 나쁘니, 귀인에게 청탁하면 귀인이 좋아하지 않는다.

○ **질병** : 급병은 쉽게 낫고 구병은 불길하다.

→ 일간은 환자이다. 일간이 공망되고 의약신이 공망되었으니, 급병은 쉽게 낫고 구병은 불길하다. ● 申은 백호, 巳는 상여이다. 초전에서 申이 巳에 가했으니 상(喪)을 예방해야 한다.

○ **유실** : 현무가 구진을 극하니 도둑을 잡기 어렵다.

→ 현무는 도둑, 구진은 경찰이다. 낮에 점단하면 현무승신인 辰토가 구진승신인 亥수를 극하니 도둑을 잡기 어렵고, 밤에 점단하면 현무승신인 辰토가 구진승신인 酉금을 생하여 도둑과 경찰이 결탁

하니 도둑을 잡기 어렵다.
- ○ **출행** : 반드시 일정을 수정해야 한다.
  - → 일간은 여행객, 초전은 출행의 출발시기이다. 일간이 공망되고 다시 초전이 공망되었으니 반드시 일정을 수정해야 한다. 그리고 지일과이니 가까운 곳으로 출행하거나 혹은 지인이 있는 곳으로 출행하는 것이 좋다.
- ○ **귀가** : 근행한 사람은 사일(巳日)에 귀가하고, 원행한 사람은 자일(子日)이나 진일(辰日)에 귀가한다.
  - ※ 『육임직지』 원문에서는 "인일(寅日)에 도착한다."고 하였다.
  - → 근행한 사람은 초전 申과의 육합일에 오니 사일(巳日)에 귀가하고, 원행한 사람은 초전과의 삼합일에 오니 자일(子日)이나 진일(辰日)에 귀가한다.
- ○ **쟁송** : 권세가에게 의지하면 이롭지 않다. 화해해야 한다.
  - → 주야의 두 귀인이 모두 입옥이 되었으니 권세가의 도움을 받지 못한다. ● 일간과 일지가 상합하고 다시 간상신과 지상신이 상합하니 화해해야 한다. ● 승패 : 만약 화해하지 않으면 일간은 공허하고 일지는 튼실하니 내가 불리하다. ● 관재 : 초전이 공망되었으니 가벼운 관재는 사라지고, 일간이 공망되었으니 무거운 관재는 중형을 받는다.
- ○ **전쟁** : 먼저는 어렵고 나중은 쉽다. 근신해야 한다.
  - → 삼전은 전쟁과정이다. 초전의 귀살이 공망되었으니 먼저는 어렵고, 중전이 인성이니 나중은 쉽다. 특히 밤에는 일간이 '탈상봉탈'이니 근신해야 한다.

- □ **『필법부』** : 〈제46법〉 귀인에게 차질이 생기면 나에게 차질이 생긴다. 이른바 낮 귀인이 밤 지반에 임하고 밤 귀인이 낮 방위에 임하면 '귀

인차질'이다.

→ 이 과전은 여기에 해당하지 않는다.

□ 『찬요(纂要)』: 간상이 巳인데 밤에 정단하면 태상이 이곳에 타고 있다. 일간이 그 상신을 생하고, 상신은 다시 천장오행을 생한다. 모든 정단에서 잃고 소모되며, 허위는 많고 부실은 많다. 다시 백호가 상여인 巳에 가해서 곧 申이 巳에 가해서 발용이 되었으니 질병을 정단하면 두렵다.

□ 『회함(匯函)』: 甲일의 申에 청룡이 타고 있으니, 돈이 도로로 나가거나 혹은 우송한 물건이 온다는 전갈이 온다. 그리고 청룡이 申에 타서 사맹인 巳에 가했으니 은세공 기술자이거나 대장장이, 혹은 승려이다.

갑오순 갑오일 11국

甲午일 제 11 국

공망 : 辰·巳
낮 : 왼쪽 천장, 밤 : 오른쪽 천장

○	甲	丙	
合辰合	蛇午青	后申白	
寅	辰○	午	
○	甲	丙	戊
合辰合	蛇午青	后申白	玄戊玄
甲寅	辰○	午	申

乙未巳 貴空	丙申午 后白	丁酉未 陰常	戊戌申 玄玄
甲午辰 蛇青			己亥酉 常陰
○巳卯 朱勾			庚子戌 白后
○合辰寅 合	癸卯丑 勾朱	壬寅子 青蛇	辛丑亥 空貴

- □ **과체** : 섭해(涉害), 참관(斬關), 진간전(進間傳), 등삼천(登三天/辰午申), 교동(狡童) // 형상(刑傷), 재공(財空), 육의(六儀), 복덕(福德), 회환(回還), 조지(朝支), 육양(六陽), 과수(寡宿), 강색귀호(罡塞鬼戶), 귀인공망(貴人空亡/낮), 간지상합(干支相合), 신장·살몰·귀등천문(神藏·殺沒·貴登天門/밤).

- □ **핵심** : 빈 재물이나마 취하려고 하니 역마를 타고 있는 백호귀살이 노려보고 있다. 밤 귀인은 천문(亥)에 앉아 있고, 천강(辰)은 귀신의 출입문(寅)을 눌러서 막고 있다.

- □ **분석** : ❶ 간상의 辰이 비록 일간의 재성이지만 갑오순의 공망이고 다시 협극(夾剋)을 당한다. 재성이 일간에 임한 뒤에 발용이 되었으니 가서 재물을 취하고 싶지만 소득이 없다.

  ❷ 중진의 午는 일긴의 기운을 빼앗고, 밤에는 말전의 백호귀살이 역마를 타고 달려오니 그 속도가 매우 빠르다.

  ❸ 밤 귀인은 천문(亥)에 오르고 천강(辰)은 귀호(寅)를 막고 있으니 수험생과 관직자에게는 매우 길한 조짐이고, 일반인에게는 백호귀

살이 두려우니 경솔하게 앞으로 가면 안 된다.
□ **정단 :** ❶ 섭해과의 삼전이 사이를 띄우고서 순조롭게 나아가는 진간전(進間傳)이다. 용이 하늘로 비상하는 뜻이 있는 '등삼천(登三天)'이지만 어려움과 액을 많이 겪어 의지할 곳이 없다.
❷ 두강(辰)이 일간에 가한 뒤에 발용이 되었으니 격명이 '참관(斬關)'이고 청룡과 육합이 삼전에 들며 신장살몰(神藏煞沒)이니 재앙과 난을 피하는 도망과 음모에 좋다.
❸ 고진(孤辰)이 발용이 되었으니 승려와 수도자에게 이롭다. 스스로 일간이 일지로 전해져서, 나를 비우고 타인의 뜻을 취하니 소리만 무성하고 실속은 없다.
→ 간상이 초전이 되었지만 말전이 지상으로 가버리니 조지(朝支)이다. 조지일 경우 나는 불리하고 상대는 유리하다.

○ **날씨 :** 비가 오려고 하다가 오지 않는다.
→ 삼전 辰午申은 등삼천으로서 용이 하늘로 비상하여 비를 뿌리는 상이지만, 삼전이 공망되었으니 비가 오려고 하다가 오지 않는다.
○ **가정 :** 주인이 외출할 때에 가족의 음란사와 도망치는 일을 예방해야 한다.
→ 낮에 정단하면 간상에는 육합이 타고 지상에는 천후가 타고 있어서 교동(狡童)이니 주인이 외출할 때에 가족의 음란사와 도망치는 일을 예방해야 한다. ● 낮에 정단하면 초전에 육합이 타고 말전에 천후가 타고 있어서 남자가 음란하다는 뜻이 있는 '교동'이니, 가정의 내외에서 음란사가 발생하는 것을 예방해야 한다. ● 밤에 정단하면 지상의 귀살에 백호가 타고 있으니 가족에게 질병이 발생하는 것을 예방해야 하고, 특히 진월(辰月)과 사월(巳月)에 정단하면 이 申이 사기와 사신이니 생명이 위험하다. ● 일지음신의 戌에는 주야

모두 현무가 타고 있으니 도난이나 손실을 예방해야 한다.

○ **혼인** : 마땅하지 않다. 이루지 못한다.
→ 일간은 나, 일지는 상대이다. 비록 일간(기궁)인 寅과 일지인 午가 상합하고 다시 간상신 辰과 지상신 申이 상합하니 좋아 보이지만 지상의 申이 일간을 극하니 혼인이 마땅하지 않다. 그리고 일간의 음양이 모두 공망되고 다시 초전의 천반이 공망되어 과수이니 혼인을 이루지 못한다.

○ **임신·출산** : 출산 예정일을 넘긴다. 난산이다.
→ 섭해과이니 출산 예정일을 넘기며 또한 난산이다. 섭해과의 일간에 천강(辰)이 임하니 더욱 난산이다. ● 임신을 정단하면 태아를 뜻하는 일간이 공망되었으니 유산될 우려가 있다.

○ **구관** : 처음은 어렵고 나중은 쉽다. 무에서 유가 생긴다.
→ 초전이 공망되었으니 처음은 어렵고 말전이 튼실하니 나중은 쉽다. 만약 진년(辰年)이나 진월(辰月)이나 진월장(辰月將, 추분~상강) 기간에 정단하면 공망된 등삼천이 메워지니 수험생과 관직자에게 매우 길해서 무에서 유가 생긴다.

○ **구재** : 밝고 환한 재물이 아니다. 존재하지 않는다.
→ 재성은 재물이다. 초전의 재성이 공망되었으니 밝고 환한 재물이 아니며 존재하지도 않는다. ● 사업 : 섭해과이니 어려움이 많이 닥치고 재성이 공망되었으니 소득이 전혀 없다. 만약 연명이 巳이면 그 상신이 묘신 겸 재성이니 조금의 재물을 얻고, 만약 연명이 亥이면 그 상신이 재성인 丑이니 재물을 얻는다.

○ **질병** : 간이 상했다. 오래된 병이나 어린이의 병은 흉하다. 폐를 사(瀉)하는 약을 복용해야 한다.
→ 귀살은 병재이다. 밤에 정단하면 말전의 백호승신 申이 오행의 목을 극하니 목의 장부인 간이 상했다. 이와 같이 금의 오행이 원인이니 금의 장부인 폐의 기운을 사하는 약을 먹어야 한다. ● 어린이

의 질병을 정단하면 자손효인 午가 공망되었으니 생명이 위험하다.
O **유실** : 찾기 어렵다. 도망친 사람을 붙잡지 못한다.
　→ 재성은 재물이다. 재성이 공망되었으니 찾기 어렵다. 그리고 삼전이 등삼천이니 이미 도둑이 먼 곳으로 도망쳤다.
O **출행** : 도망과 피난에 이롭지만 결과가 없다.
　→ 두강(辰)이 일간에 가한 뒤에 발용이 되었으니 격명이 '참관(斬關)'이고, 청룡과 육합이 삼전에 들며 신장살몰(神藏煞沒)이니 재앙과 난을 피해 도망가는 일과 비밀스러운 음모에 길하다.
O **귀가** : 약속을 어기고 오지 않는다.
　→ 삼전의 등삼천이 공망되었으니 약속을 어기고 오지 않는다.
O **쟁송** : 반드시 원방으로부터의 소송이다. 소송이 해소되어 이루지 못한다.
　→ 초전은 근방, 말전은 원방, 관귀효는 관재이다. 말전에 관귀효가 있으니 반드시 원방으로부터의 소송이다. 그러나 초전이 공망되었고 말전의 관귀효 申이 지반의 午로부터 극을 받아 파손되었으니 소송이 해소된다. ● 승패 : 일간은 나, 일지는 상대이다. 일간은 공허하고 일지는 튼실하니 내가 불리하다. 또한 조지격(朝支格)이니 내가 불리하다.
O **전쟁** : 봄에는 길하다. 나머지의 계절에는 이롭지 않다.
　→ 등삼천인 삼전의 辰午申에서 공망된 辰이 메워지는 진월(辰月)에는 길하고 나머지 계절에는 이롭지 않다.

□ 『**필법부**』 : 〈제24법〉 내가 타인에게 일을 구하는 격이다. 초전이 간상에서 일어나고 말전이 지상으로 돌아오는 것이다. 모든 일에서 강제로 타인에게 고개를 숙여서 구함을 면치 못하고, 또한 타인의 압력으로 스스로 굴신하기 어렵다.

→ ○ 쟁송 참조.

〈제91법〉 백호가 일간의 귀살에 타면 귀살의 흉이 매우 빠르다.

→ 밤에 정단하면 백호가 일간의 귀살인 申에 타서 일간을 극한다. 만약 관직자가 정단하면 부임이나 승진이 매우 빠르다.

〈제52법〉 천강(辰)이 귀신문(寅)을 막으면 임의로 도모할 수 있다.

→ 천강(辰)이 寅에 임한다. 삼전에 있고 없고를 막론하고 재난을 피하는 일, 음모, 사적인 기도, 문상, 문병, 약 짓기, 부적 쓰기에 좋다. 만약 甲·戊·庚일이면 더욱 좋다.

☐ 『류신(類神)』: 육합과 천후가 동시에 삼전에 들면 '교동(狡童)'이다. 사람을 정단하면 부정이 많고 간음하는 폐단이 있다. 육합이 일지에 임하면 살기를 주관하여 예를 어긴다는 뜻의 '위례(違禮)'라고도 하고, 수건을 잡는다는 뜻의 '지건(持巾)'이라고도 한다.

☐ 『괘낭부』: 안에서 밖으로 나가서 스스로 구한다. 그리고 양인이 음인으로 인하여 상대에게 묶이게 된다.

→ 간상이 초전이 되었지만 말전이 지상으로 가버리니 조지(朝支)이다. 따라서 나는 불리하고 상대는 유리하다. 여기서는 일간은 양인, 일지는 음인으로 논했다. ○ 쟁송 참조.

甲午일   제 12 국

공망 : 辰·巳 ○
낮 : 왼쪽 천장, 밤 : 오른쪽 천장

	○	○	甲
合 辰 合	朱 巳 勾	蛇 午 青	
	卯	辰 ○	巳 ○
癸	○	乙	丙
勾 卯 朱	合 辰 合	貴 未 空	后 申 白
甲 寅	卯	午	未

蛇 甲午 巳 青	貴 乙未 午 空	后 丙申 未 白	陰 丁酉 申 常
朱 ○巳 辰 勾			玄 戊戌 酉 玄
合 ○辰 卯 合			常 己亥 戌 陰
勾 癸卯 寅 朱	青 壬寅 丑 蛇	空 辛丑 子 貴	白 庚子 亥 后

□ **과체** : 중심(重審), 진여(進茹), 과수(寡宿) // 승계(升階/辰巳午), 침해(侵害), 초전협극(初傳夾剋), 재공(財空), 의약신공망, 부귀(富貴), 복덕(福德), 나거취재(懶去取財), 삼전개공(三傳皆空), 주작폐구(朱雀閉口), 구진폐구(勾陳閉口), 간지상합(干支相合), 천라지망(天羅地網).

□ **핵심** : 일간과 일지가 삼전을 끼고 있다. 공망과 탈기가 있으니 가고 싶지만 갈 수 없다. 손실과 도난이 있다.

□ **분석** : ❶ 간상의 卯와 지상의 未가 삼전의 辰巳午를 꿰어 옥구슬을 만들었으니 모든 일이 성사되는 상이다. 다만 재성인 초전이 공망되었고 중전과 말전으로 가면 탈기(脫氣)와 공망과 파쇄(破碎)이니 터럭만큼의 이익도 없다.

※ 파쇄 : 중전의 巳가 맹일(寅巳申亥)이니 일지의 파쇄이다.

❷ 辰未는 모두 묘신이며 다시 일간의 재성이다. 未가 일지를 덮고 辰이 발용이 되었으니 일지의 무덤과 일간의 재성이 같이 있다는 뜻의 '지분재(支墳財)'이다.

❸ 삼전이 비록 진여(進茹)이지만 전진하기 어렵다. 만약 전진하면

공망을 만나고 다시 탈기(脫氣)를 만나니 속이 타서 안절부절못하는 것을 면할 수 없다.
- □ **정단**: ❶ 중심과이고 순으로 전진하는 연여(連茹)이며 하나의 하적(下賊)이니 순조로운 것은 적고 거스르는 것은 많다.

 ❷ 용전(龍戰)이니 의혹스럽고, 고진(孤辰)이니 의지할 곳이 없어서 외로우며 설령 취득하더라도 잃게 된다.

 → '용전'이라고 하였지만 용전이 아니다. 묘일(卯日)에 卯가 발용이 되지 않았기 때문이다.

 ❸ 지망(地網)과 양인(羊刃)은 일간과 일지를 덮고 백호귀살은 일간의 묘지인 未에 임하니, 가더라도 조금만 나가야 하며 나가는 것이 가만히 있는 것만 못하다.

 ❹ 만약 밖에서 장사하면 반드시 본전을 잃고 재물을 없애니 오랫동안 타향에서 머물면서 한숨을 쉬게 된다.

○ **날씨**: 비를 바라면 비가 오지 않고, 맑은 날씨를 바라면 맑지 않다.

 → 삼전이 공망되었으니 비를 바라면 비가 오지 않고 맑은 날씨를 바라면 맑지 않다.

○ **가정**: 공허한 손실이 있다. 구설수를 예방해야 한다.

 → 일간은 나, 일지는 가정이다. 초전의 재성이 공망되었고 다시 밤에 정단하면 지상의 재성에 천공이 타고 있으니 공허한 손실이 발생한다. 낮에 정단하면 간상의 양인(羊刃)에 구진이 타니 쟁투가 발생하는 것을 예방해야 하고, 밤에 정단하면 간상의 양인에 주작이 타니 구설수를 예방해야 한다. ● 회목 : 일간과 일지가 상합하고 간상신과 지상신이 상합하니 가족이 화목하다. ● 지상이 묘신인 未이니 가정이 어둡다.

○ **혼인**: 이루지 못한다.

➔ 일간은 나, 일지는 상대이다. 일간과 일지가 상합하고 간상신과 지상신이 상합하니 혼인이 성사되는 상이지만, 초전의 천반이 공망되었으니 불성하고, 또한 여자를 뜻하는 처재효가 공망되었으니 다시 이루지 못한다. ● 궁합 : 일간과 일지가 상생하고 간상신과 지상신이 상합하니 좋다. ● 상대 : 지상의 未가 묘신이니 암매한 사람이고, 밤에 정단하면 묘신에 천공이 타고 있으니 불길한 사람이다. ● 중심과이다. 겨울이나 봄에 정단하면 초전의 지반이 왕성하니 드센 여자이다.

○ **임신·출산** : 임신을 정단하면 나쁘고, 출산을 정단하면 즉시 낳는다.
➔ 일간은 태아이다. 일간이 폐구되어 벙어리이거나 말이 늦는 아이일 우려가 있으니 나쁘다. 출산을 정단하면 초전이 공망되었으니 즉시 낳는다.

○ **구관** : 이루지 못한다. 임금(대통령)으로부터 임명직을 받는다.
➔ 삼전에 관성이 없으니 이루지 못한다. 낮에 정단하면 귀인이 택상에 임했다. 지상의 묘신 未 속에 申이 들어있으니 조상의 연줄로 관직에 특서(特敍)되거나 혹은 임금(대통령)이 관직을 내려준다.

○ **구재** : 얻지 못한다.
➔ 재성은 재물이다. 중전과 말전이 초전의 재성을 생하니 얻을 수 있을 것 같지만 초전이 공망되었으니 얻지 못한다.

○ **질병** : 흉하다.
➔ 삼전이 모두 공망되었으니 구병을 정단하면 사망한다.

○ **유실** : 노비(종업원)가 훔쳐갔다. 낮에 정단하면 잡을 수 있다.
➔ 노비(종업원)가 훔쳐갔다. 구진은 경찰이고 현무는 도둑이다. 낮에 정단하면 구진승신 卯가 현무승신 戌을 극하니 도둑을 잡을 수 있다.

○ **출행** : 문득 먼 곳으로 가서 방황한다.
➔ 辰이 초전에 임하여 참관격이니 먼곳으로 간다. 삼전이 모두 공

망되었으니 외로운 나그네가 되어 끝없이 방황한다.
○ **귀가** : 상대에게 머물고 있다.
→ 일간은 나, 일지는 상대이다. 간지가 상합하니 상대에게 머물고 있다.
○ **쟁송** : 하가 상을 거역하여 이롭지 않으니 화해해야 한다.
→ 지반은 하이고 천반은 상이다. 하적상하여 발용이 되어 존장에게 이롭지 않으니 화해해야 한다. ● 천반은 부모, 지반은 자녀이다. 하적상하여 발용이 되었으니 부모와 자녀가 쟁송하면 어른에게 이롭지 않다. ● 승패 : 일간은 나, 일지는 상대이다. 간상의 卯가 지상의 未를 극하니 내가 승소한다.
○ **전쟁** : 신중해야 한다.
→ 일간은 아군이다. 간상에 일간의 양인인 卯가 임하여 유혈이 발생하는 상이니 전쟁에서 신중해야 한다. 삼전이 모두 공망되었으니 전진하여 이익이 전무하니 신중해야 한다.

□ 『**필법부**』 : 〈제17법〉 진여가 공망되면 후퇴가 옳다.
→ 삼전이 순으로 배열되면 진여이다. 만약 삼전이 공망되면 전진할 수 없으니 후퇴해야 한다.
〈제55법〉 천라지망(天羅地網)을 만나면 모망사에서 졸렬함이 많다.
→ 매일의 제12국은 천라지망이다. 마치 사람이 그물에 걸린 상이니 장애가 많다.
□ 『**찬요**』 : 삼전이 모두 공망되었으니 물러나는 것이 이롭다. 甲목은 화로(火爐)가 아니다. 일지와 일간의 앞뒤가 협정공탈(夾定空脫)이니 모두 소실되어서 끝나는 시기가 보이지 않는다. 만약 연명이 丑이면 물러나서 일록을 취하면 된다.
→ 삼전의 공망과 일간의 탈기신이 간지에 의해 끼어있으니 협정공

탈이다.

- 『**옥화략(玉華略)**』: 목이 세 번 공망을 만나면 과부살이다.
  → 목일인 甲일에 정단하여 삼전이 모두 공망되었으니 과부살이다.

을미일

乙未日의 길신(구보)과 흉살(팔살)				
일덕	申		형	
일록	卯		충	
역마	巳		파	
장생	亥		해	
제왕	卯		귀살	申酉
순기	子		묘신	未
육의(六儀)	甲午		패신 / 도화	子 / 子
귀인	주	申	공망	辰巳
	야	子	탈(脫)	巳午
합(合)			사(死)	午
대(胎)	酉		절(絶)	申

공망 : 辰·巳 ○
낮 : 왼쪽 천장, 밤 : 오른쪽 천장

	乙未일	제 1 국	
○	乙	辛	
勾 辰 勾	蛇 未 白	白 丑 蛇	
辰 ○	未	丑	
○	○	乙	乙
勾 辰 勾	勾 辰 勾	蛇 未 白	蛇 未 白
○乙 辰	辰 ○	未	未

○巳 合 巳	甲午 朱 午	乙未 蛇 未	丙申 貴 申 常
勾 辰 勾 辰 ○			后 丁酉 玄 酉
青 癸卯 合 卯			陰 戊戌 陰 戌
空 壬寅 寅	朱 辛丑 丑	蛇 庚子 常 子 貴	玄 己亥 后 亥

□ **과체** : 복음(伏吟), 자신(自信), 참관(斬關/공망), 가색(稼穡), 유자(遊子)/6·12월) // 형상(刑傷), 재공(財空), 전국(全局), 고진과수(孤辰寡宿).

□ **핵심** : 삼전이 곧 일진이니 사방이 재성이다. 丑未는 백호이고 丑의 둔간은 辛이다.

□ **분석** : ❶ 삼전이 순토이고 일진의 음양도 모두 일간의 재성이다. 과전을 살펴보니 온 천지에 재성만 있으니 재물을 취하려고 하면 끝이 없다. 그러나 발용이 공망되었으니 공허하고 부실한 상이다.

❷ 밤의 未와 낮의 丑에는 백호가 탄다. 말전 丑의 둔간이 귀살인 辛이며 밤에는 천반에 백호가 타니 그 흉이 매우 심하다. 따라서 어찌 해가 없다고 할 수 있겠는가?

□ **정단** : ❶ 자신(自信)이고 가색(稼穡)이다. 두강(辰)이 일간에 임한 뒤에 발용이 되었으니 참관(斬關)이다.

❷ 삼전이 모두 사계이고 다시 유자(遊子)이다. 가만히 있으면 숨어서 모습을 감추고는 떠나지 않고, 움직이면 어렵고 막혀서 불안하다.

→ 6월과 12월에만 '유자'이다.

❸ 백호가 말전의 둔귀에 타고 있으니 반드시 재물로 인해 소송이 닥치거나 음식으로 인해 몸이 상한다. 군자는 이 재물을 포기하고 서둘러서 용퇴해야 허물이 없고 영원히 곧은 사람임을 기약할 수 있다.

○ 날씨 : 고온다습하고 비가 오지 않는다. 나중에 바람이 불고 우레가 친다.

→ 오행의 토는 습이다. 삼전이 모두 토여서 다습하지만 비는 오지 않는다. 삼전에 백호가 타고 있으니 바람이 불고 우레가 친다.

○ 가정 : 밤에 정단하면 집에 복시가 있고, 낮에 정단하면 뱀이나 쥐구멍이 많다.

→ 밤에 정단하면 지상의 묘신에 백호가 타고 있으니 집에 복시(伏屍)가 있고, 낮에 정단하면 지상의 묘신에 등사가 타고 있으니 뱀이나 쥐구멍이 많다. ● 가택 : 지상이 묘신이고 이곳에 등사와 백호가 타고 있으니 식구의 질병을 예방해야 한다. 묘월(卯月)과 진월(辰月)에 정단하면 지상의 未가 사기와 사신이니 생명이 위험하다. ● 사람 : 일간은 사람이다. 간상의 재성이 발용이 되어 공망되었으니 재운이 약하다.

○ 혼인 : 이루지 못한다.

→ 일간은 나, 일지는 상대이다. 일간이 공망되었고 다시 초전이 공망되었으며 초전과 간상이 자형(自刑)이니 혼인을 이루지 못한다. ● 상대 : 지상이 일간의 묘신이니 상대의 운세가 좋지 않다. 주야 모두 흉장인 등사와 백호가 타고 있으니 혼인이 불길하다.

○ 임신·출산 : 태아가 엎드려서 움직이지 않는다. 나중에 갑자기 불안해지니 낙태를 예방해야 한다.

→ 복음과는 하늘과 땅이 맞붙어 있는 상이니 태아가 엎드려서 움직이지 않는다. 일간은 태아, 일지는 임신부이다. 일간이 공망되었으니 낙태를 예방해야 한다. ● 농아 : 복음과는 선천성 언어장애자 혹은 말이 늦는 아이가 될 우려가 있다. ● 밤에 점단하면 태신인 酉에 현무가 타니 사생아이다.

○ 구관 : 돈을 주고 하위직 공무원을 얻는 것이 이롭다. 혹은 땅을 개간해야 한다.

→ 과전의 천반에 재성은 있고 관성은 없으니 돈을 주고 하위직공무원을 얻는 것이 이롭고, 과전이 가색(稼穡)이니 농업에 종사하는 것이 좋다. ● 과전이 순토이니 토목건축이나 부동산에 관련된 공직을 추구하는 것이 좋다.

○ 구재 : 처음에는 얻는 것이 없고 나중에는 화가 있다.

→ 재성은 재물이다. 그리고 초전은 처음, 중전은 중도, 말전은 나중이다. 재성인 초전의 辰이 공망되었으니 처음에는 얻는 것이 없고, 중전의 未는 묘신 겸 재성이니 얻는 것이 거의 없으며, 말전의 둔반에 귀살인 辛이 임하니 나중에 재물로 인해 화가 닥친다. ● 사업 : 과전이 순토이니 토목건축이나 부동산에 관련된 사업을 추구하는 것이 좋다. 다만 초전이 공망되고, 중전은 묘신을 겸한 재성이며, 말전의 둔반에는 귀살이 임하니 사업이 순조롭지 못하다.

○ 질병 : 비장병이다. 처음에는 무방하지만 나중에는 불길하다.

→ 오행의 토는 비위이다. 과전이 순토이니 처음에는 비장병이고, 수가 순토의 극을 받으니 나중에는 신장과 방광에도 병이 난다. ● 일간은 환자이다. 일간이 공망되었으니 구병이면 생명이 위험하다.

○ 유실 : 획득하기 어렵다.

→ 재성은 재물이다. 초전의 재성인 辰이 공망되었으니 유실물을 획득하기 어렵다.

○ 출행 : 출행을 머뭇거리니 미정이다.

→ 辰은 동신으로서 辰이 공망되었으니 출행이 미정이다. 만약 출행한다면 복음과이니 근거리 출행이 길하다.

○ **귀가** : 타향을 유랑하면서 돌아오지 않는다.

→ 사과는 물론이고 삼전이 순가색(順稼穡)이니 타향을 유랑하면서 돌아오지 않는다. 초전의 辰은 춘토, 중전의 未는 하토, 말전의 丑은 동토이니 순가색이다. 만약 미월(未月)과 축월(丑月)에 점단하면 초전의 辰이 천마이니 더욱 더 타향을 유랑하면서 돌아오지 않는다.

○ **쟁송** : 부동산으로 인한 쟁송이다. 화해하여 푸는 것이 좋다.

→ 과전이 순토이고 간상과 초전의 辰에 쟁투의 천장인 구진이 타고 있으니 부동산으로 인한 쟁송이다. 간상의 辰과 지상의 未가 동일한 오행이니 화해하여 쟁송을 푸는 것이 좋다. ● 화해하지 않으면 말전의 둔반에 귀살이 임하니 나에게 이롭지 않다.

○ **전쟁** : 둔전을 고수하면 이롭고 교전하면 이익이 없다.

→ 복음과이니 둔전(屯田)을 고수하면 이롭고, 일간과 초전이 공망되고 말전에 귀살이 임하니 교전하면 이익이 없다.

□ 『**필법부**』 : 〈제27법〉 삼전의 재신이 귀살로 변하면 재물을 구하면 안된다.

→ 초·중전은 재신인 辰과 未이고 말전의 둔간은 귀살인 辛이다.
〈제62법〉 묘신백호가 일지에 임하면 엎드린 시신인 복시가 있다.
→ 본문의 가정 참조.
〈제88법〉 일간과 일지에 묘신이 임하면 모두가 혼미해진다.
→ 지상에 일간의 묘신인 未가 임한다. 여기에 등사와 백호가 타고 있으니 더욱 혼미하다.

□ 『**과경**』 : 이 과는 구재에 나쁘다. 돈을 빌리는 일과 빚을 갚는 일 모두 어둡다.

→ 일간은 약하고 과전의 재성은 강하니 구재가 나쁘다. 다만 일간이 왕성해지는 겨울과 봄에 정단하면 일간이 왕성하고 재성은 이미 왕성하니 구재가 좋다.

□ 『정와』: 유자(遊子)와 참관(斬關)은 발자취가 남지 않는다.
→ 삼전이 모두 토이고 삼전에 천마나 정마가 임하면 유자격이다. 그리고 간상과 지상과 초전에 辰이나 戌이 임하면 참관격이다. 따라서 천리만리 길을 떠나는 상으로서 종적이 없다.

□ 『지규』: 과전이 사계인 가색이고 辰이 오양을 재촉한다. 백호가 (지상에) 타고 있으니 상복을 입지만 을일(乙日)에는 무방하다. 백호와 등사가 있으니 허비한다.

乙未일 제 2 국

공망 : 辰·巳
낮 : 왼쪽 천장, 밤 : 오른쪽 천장

戊	癸	甲	
陰 戌 陰	青 卯 合	朱 午 空	
亥	辰 ○	未	
癸	壬	甲 ○	
青 卯 合	空 寅 朱	朱 午 空 合 巳 青	
○ 乙 辰	卯	未	午

勾 辰 巳 ○	勾 合 巳 午 ○	甲 朱 午 未 空	乙 蛇 未 申 白
青 癸 卯 合 辰 ○			貴 丙 申 酉 常
空 壬 朱 寅 卯			后 丁 酉 戌 玄
白 辛 蛇 丑 寅	蛇 庚 常 子 貴 丑	己 玄 亥 后 子	戊 陰 戌 陰 亥

□ **과체** : 묘성(昴星), 동사엄목(冬蛇掩目), 여덕(勵德/낮) // 육의(六儀), 왕록임신(旺祿臨身), 록폐구(祿閉口), 복덕(福德), 일순주편(一旬週遍), 괴도천문(魁度天門), 퇴여(退茹).

□ **핵심** : 지상은 순수(旬首)이고 간상은 순미(旬尾)이다. 순미가 되돌아온다. 호시(蒿矢)는 두렵다.

□ **분석** : ❶ 순수인 午가 지상에 임하고 순미인 卯가 간상에 임해서 끊임없이 간지가 순환한다. 따라서 재앙을 당하면 재앙을 벗어나기 어렵다. 게다가 격명이 '호시(虎視)'이니 더욱 흉하다.

❷ 폐구(閉口)된 일록을 지킬 수 없고 묘성의 재물을 취할 수 없어서, 간지상으로 가서 묘신에 앉아 괴롭게 지킬 뿐이다.

□ **정단** : ❶ 묘성과이고 동사엄목(冬蛇掩目)이니 암매하고 두려운 우환이 있는 상이다.

❷ 봄에 정단하면 일록인 卯가 정녕 왕성하니 자신의 본분을 알고 자족하면 저절로 편안하다. 더군다나 지상에는 일간의 사기가 임하니 자족해야 한다.

❸ 卯가 비록 왕록이지만 '폐구(閉口)'가 되었고 다시 기궁 辰과는 육해(六害)가 되었다. 밤에는 간상에 육합이 타고 있으니 스스로 혼자서 애태우고 있다. 다행히 말전의 午가 초전의 재성 戌을 돕고 있더라도 경거망동하면 안 된다.

○ **날씨** : 날이 흐리고 어두우며 춥다. 오랜 시간이 지나면 날이 갠다.
→ 초전이 오행의 토이니 날이 흐리고 어둡다. 말전이 오행의 화이니 오랜 시간이 지나면 날이 갠다.

○ **가정** : 집에서 토목공사를 한다. 대청(거실)에 먼지와 티끌이 많고, 관청으로부터의 괴이한 시비가 발생한다.
→ 간상의 卯와 지상의 午가 파(破)가 되어 가옥이 파괴되었으니 집에서 토목공사를 한다. ● 일지는 가옥이다. 대청을 뜻하는 지상의 午를 수리하니 먼지가 날린다. ● 낮에 정단하면 지상에 관재를 뜻하는 주작이 타고 있으니 관청으로부터의 시비가 발생하고, 밤에 정단하면 지상의 午가 일간을 설기하고 여기에 천공이 타고 있으니 가정에 손재수가 발생한다. ● 일간은 가장이다. 간상의 일록이 폐구되었으니 가장의 직업운이 나쁘다.

○ **혼인** : 장애가 발생하며 혼인을 이루지 못한다.
→ 戌이 亥에 가해서 발용이 되면 '괴도천문'이라고 하여 풍파와 장애가 발생하며 혼인을 이루지 못한다. ● 궁합 : 일간은 나, 일지는 상대이다. 간상의 卯와 지상의 午가 파(破)를 하니 궁합이 나쁘다. ● 지상의 午가 일간을 설기하니 상대로 인해 손실이 발생하고 지상에 주야 모두 흉장이 타고 있으니 혼인이 불길하다.

○ **임신·출산** : 첩(비녀)이 사사롭게 임신했다.
→ 酉는 태괘로서 소녀와 첩을 뜻하고 酉는 일간의 태신이니 첩이 사사롭게 임신했다. ● 밤에 정단하면 태신인 酉에 현무가 타니 사

생아이다.
○ **구관** : 관직자는 승진하지 못하고, 수험생은 합격하지 못한다.
※ 『육임직지』 원문에서는 "공무원은 승진하고 봉록이 오른다. 나머지는 이롭지 않다."고 하였다.
→ 戌이 亥에 가하면 괴도천문이고 일록 위에 癸가 임하면 록폐구(祿閉口)이다. 초전이 괴도천문이고 다시 일록이 폐구되었으니 관직자는 승진하지 못하고, 수험생은 합격하지 못한다.

○ **구재** : 얻는다. 종업원의 도움을 받아 얻는다. 결국 잃는 것을 예방해야 한다.
→ 재성은 재물, 戌은 남자종업원이다. 초전이 戌이니 종업원의 도움을 받아서 재물을 얻는다. 그러나 초전의 미래를 뜻하는 중전이 공망되었으니 나중에 잃는 것을 예방해야 한다. ● 사업 : 일록이 폐구되었으니 폐업할 우려가 있고, 묘성과이니 위험한 사업이다.

○ **질병** : 허리와 등골이 상한다. 허증이다.
→ 중전은 허리이다. 중전이 공망되었으니 허리와 등골이 상한다. 일간은 환자이다. 오행의 수가 일간을 생하지 않고 일간이 공망되었으니 허증이다.

○ **유실** : 얻는다.
→ 재성은 재물이다. 초전이 재성인 戌이니 유실물을 얻는다.

○ **출행** : 역마가 제4과에 임하니 갑자기 원행한다.
→ 역마는 이동의 신, 戌이 초전에 임하면 '참관(斬關)'이다. 역마가 제4과에 임하니 집을 떠나 출행하고 참관이니 원행한다. 그러나 초전이 괴도천문(魁度天門)이니 출행 초기에 장애가 발생하고, 묘성과이니 사고가 날 우려가 있다.

○ **귀가** : 귀가에 장애가 발생한다.
※ 『육임직지』 원문에서는 "즉시 도착한다."고 하였다.
→ 괴도천문이니 귀가에 장애가 발생한다.

○ **쟁송** : 풀린다.
→ 초전은 쟁송의 초기, 중전은 중기, 말전은 말기이다. 묘성과이고 초전이 괴도천문(魁度天門)이어서 흉하지만 중전이 공망되었으니 쟁송이 풀린다. 그리고 간지상에 순수와 순미가 모두 있어서 '일순주편(一旬週遍)'이니 법원을 바꿔야 한다.

○ **전쟁** : 이익이 적다. 辰을 만나면 길하다.
→ 일록은 군수품이다. 일록이 폐구(閉口) 되었으니 이익이 적다. 그리고 초전이 괴도천문이어서 흉하지만 장수의 연명이 巳이면 그 상신인 辰이 초전의 戌을 충해서 흉을 없애니 길하다.

□ 『**필법부**』: 〈제2법〉 순수(旬首)와 순미(旬尾)가 마주 보이면 처음부터 끝까지 좋다. 소송정단에서는 관청을 바꿔야 한다.
→ ○ **쟁송** 참조.

〈제80법〉 사람과 가택이 모두 일간의 사신(死神)이면 사람과 가택이 쇠해지고 파리해진다.
→ 지상의 午는 일간의 사신, 간상의 卯는 일지 未의 사신이다. 간상의 卯를 일지 未의 사신으로 본 것은 '수토동궁설'을 적용했기 때문이다.

〈제7법〉 왕록(旺祿)이 일간에 임하면 망령된 행동을 해서는 안 된다.
→ 간상의 卯는 일간의 제왕이면서 동시에 일록이다. 직장인은 전직과 이직을 하면 안 되고, 자영업자는 사업을 확장하면 안 된다.

〈제51법〉 하괴(河魁)가 천문(天門)을 건너면 도로가 막힌다. 戌은 천괴(하괴)이고 亥는 천문이다. 戌이 亥에 기히여 발용이 되면 모망시는 모두 막히고 불통한다.

□ 『**단험(斷驗)**』: 丁丑년 6월에 월장 未를 점시 申에 가한 뒤에 변경 지역을 개방하여 유통을 활성화시키는 것을 요청하는 직업정단을 한

다. 묘성과이고 등사와 백호가 삼전에 들지는 않지만 가만히 지키는 것이 이롭다. 귀인승신 子가 귀인의 본위인 丑에 거주하고, 역마인 巳가 갑오순의 공망이 되었고, 하괴(戌)가 천문을 가로막고 있고, 중전이 공망되어 다리가 잘렸다. 따라서 모든 일에서 장애가 있으니 거동하면 이롭지 않다. 하물며 주작승신인 寅이 태세인 丑을 침범하니 윗분으로부터 노함을 산다. 그리고 일간이 사지(死地)에 임하고 辰이 패지(敗地)에 임하니 나중에 반드시 화를 입는다. 상부의 관청에 보고한 뒤에 변방으로 귀양을 가게 되는데, 壬午년부터 변방에서 노역하면서 정해진 형량을 채운다.

乙未일   제 3 국

공망 : 辰·巳 ○
낮 : 왼쪽 천장, 밤 : 오른쪽 천장

己	壬	○
玄亥后	空寅朱	合巳青
丑	辰 ○	未
壬	庚	○	癸
空寅朱	常子貴	合巳青	青卯合
○乙辰	寅	未	巳○

癸卯 青巳	○ 合辰 勾午	○ 勾合巳 未	甲午 朱申空
壬 空寅 辰○ 朱			乙未 蛇 酉 白
辛 白丑 卯 蛇			丙 貴申 常 戌
庚 常子 貴 寅	己 玄亥 后 丑	戊 陰戌 陰 子	丁 后酉 玄 亥

- □ **과체** : 묘성(昴星), 동사엄목(冬蛇掩目), 원태(元胎) // 충파(沖破), 복덕(福德), 형상(刑傷), 침해(侵害/ 피차시기).
- □ **핵심** : 원태(元胎)가 쇠약해지는 이유는 사맹이 사계에 임하기 때문이다. 일지가 공망되었다. 장생은 무기(無氣)하다.
- □ **분석** : ❶ 원태(元胎)는 본래 사맹이 서로 가하는 것으로서, 원태에는 생태와 병태와 절태가 있다. 이 격의 삼전이 모두 쇠지(衰地)에 앉아 있고 사맹이 사계에 앉아서 발용이 되었으니, 간지의 상신을 취하지 않을 수 없다.

  ❷ 巳는 자식이다. 일지에 임하여 공함되었으니 허탈하다.

  ❸ 亥가 비록 일간의 장생이지만 묘성이 발용이 되었으니 무기력하고 다시 쇠한 지반인 丑토로부터 제극당하니 丑을 의지하기 어렵다.

- □ **정단** : ❶ 묘성과 음일의 격명은 '동사엄목(冬蛇掩目)'이다. 놀라고 근심하는 일이 많고 진퇴할 수 없는 상이니, 시작은 순조로워 보이지만 나중에는 어긋나게 된다.

❷ 삼전의 천반이 모두 극(剋)과 탈기(脫氣)에 앉아 있으니 왕상한 기운이 전무하다. 좋은 것은 주야 모두 초전에 수의 천장인 현무(癸亥수)와 천후(壬子수)가 타고 있어서 천장의 오행이 亥를 도와 일간을 보(補)하는 것이다.

○ **날씨** : 오랫동안 비가 오고 개이지 않는다. 비가 오기를 원하는 정단을 하면 곧 비가 온다.
　→ 초전이 오행의 수이고 여기에 주야 모두 수의 천장인 현무와 천후가 타고 있으니 오랫동안 비가 오고 개이지 않는다. 만약 비가 오기를 원하는 정단을 하면 곧 비가 온다.
○ **가정** : 재물이 나간다. 자손의 경사로 인한 지출이 많다.
　→ 일간은 나, 일지는 가정이다. 지상의 巳가 일간 乙을 설기하고 다시 공망이 되었으니 재물이 나가고, 지상의 巳가 자손효이고 여기에 낮에는 육합이 타고 밤에는 청룡이 타고 있으니 혼사로 인해 지출된다. ● 혼사가 없더라도 지상이 일간을 탈기하고 다시 지상이 공망되었으니 가정에 지출이 많다. ● 일간은 나이고 간상에 형제효가 임한다. 낮에는 천공이 타고 있으니 형제나 친구로 인한 손재수를 예방해야 하고, 밤에는 주작이 타고 있으니 형제나 친구로 인한 구설수를 예방해야 한다.
○ **혼인** : 밤에 정단하면 길하지만 남자 집안에서 여자를 취하려고 하지 않는다.
　→ 일간은 남자, 일지는 여자이다. 밤에 정단하면 지상에 길장인 청룡이 타고 있으니 길하지만 지상이 공망되었으니 남자집안에서 여자를 취하려고 하지 않는다. ● 궁합 : 간상의 寅과 지상의 巳가 서로 형(刑)을 하고 해(害)를 하니 궁합이 나쁘다. ● 일간 乙이 지상의 巳로 설기되니 혼인을 강행할 경우 남자에게 손재수가 뒤따른다. ●

혼인 : 지상이 공망되었으니 혼인이 불성할 우려가 있다.
○ **임신·출산** : 임신부에게 병이 많다. 출산이 신속하다.
→ 천후와 일지는 임신부이다. 밤에 정단하면 초전의 천후승신 亥가 지반의 丑토로부터 극을 받았으니 임신부에게 병이 많다. ● 지상이 공망되었으니 출산이 신속하다. ● 사맹에는 태아의 뜻이 있다. 삼전의 사맹이 지반으로부터 극을 당하고 다시 공망되었으며 또다시 탈기되는 지반에 앉아 있으니 태아의 건강이 나쁘다. ● 밤에 정단하면 태신인 酉에 현무가 타니 사생아를 예방해야 한다.
○ **구관** : 밤에 정단하면 부모의 음덕을 받거나 혹은 문자의 힘을 얻는다.
→ 장생은 부모이다. 초전이 일간의 장생이니 부모의 음덕을 받는다. 밤에 정단하면 간상에 주작이 타고 있으니 문자의 힘을 얻는 상이지만, 일간이 공망되었으니 문서를 받지 못한다.
○ **구재** : 이익이 되지 않는다.
→ 재성은 재물이다. 과전에 재성이 없으니 재물을 얻지 못하고, 오히려 간상에 형제효가 임하니 손재수가 생긴다. 다만 초전의 둔반에 둔재 己가 있으니 작은 재물을 얻을 뿐이다. 만약 연명이 酉 혹은 子 혹은 卯이면 그 상신이 일간의 처재효인 未 혹은 戌 혹은 丑이니 재물을 얻을 수 있다.
○ **질병** : 안전하지 않다. 구병은 나쁘다.
→ 묘성과는 질병정단에서 안전하지 않다. 더욱이 삼전의 사맹이 극지(剋地)와 공망지와 탈지(脫地)에 임하니 더욱 안전하지 않아서 구병은 나쁘다.
○ **유실** : 잡지 못한다.
→ 낮에는 초전의 현무승신인 亥가 중전의 寅과 상생하니 잡지 못하고, 밤에는 현무가 과전에 없으니 잡지 못한다.
○ **출행** : 놀람과 근심이 생긴다.

→ 묘성과는 놀라고 근심이 생긴다. 다행히 삼전에 등사와 백호가 없으니 놀람과 근심이 작은 편이다.

○ **귀가** : 지체되고 있다.

→ 말전은 귀가 출발시기, 중전은 중도, 초전은 도착시기이다. 말전이 쇠지(衰地)에 임하며 공망이 되었고, 중전은 공망이 되었으며, 초전은 극지(剋地)에 앉아 있으니 귀가가 지체되고 있다.

○ **쟁송** : 쉽게 풀린다.

→ 묘성과는 쟁송정단에서 흉하다. 그러나 이 과전에서는 삼전에 등사나 백호가 보이지 않고 또한 중전과 말전이 공망되었으니 쟁송이 쉽게 풀린다. ● 승패 : 일간 甲이 일지 未를 극하니 내가 승소한다. 그리고 간지의 상신이 삼형이니 화해가 되지 않는다.

○ **전쟁** : 적군이 빈 군영을 남기고 가버린다.

→ 일간은 아군, 일지는 적군이다. 지상이 공망되었으니 적군이 빈 군영을 남기고 가버린다.

□ 『**필법부**』 : 〈제82법〉 삼전이 나아가지 못하는 불행전(不行傳)은 초전을 살펴야 한다.

→ 초전은 튼실하고 중전과 말전은 공망되었다. 매사 전진하기 어렵다.

□ 『**지장부**』 : 묘성과는 음양 모두에 극이 없는 과이다. 음의 장소를 치고 나와서 소식이 오고, 구부려서 아래를 보니 가까운 곳에 근심이 있다.

□ 『**고감**』 : 월장 丑을 점시 卯에 가한 뒤에 도둑정단을 한다. 현무가 일간을 극하니 반드시 손재수가 생기고, 청룡이 酉를 극하니 도둑이 잡힌다. 왕성한 초전의 亥가 말전의 巳를 제극하니 도둑이 물에 숨는다. 戌은 오는 길이고 亥는 가는 길인데 모두 서북방에 있다. 酉가

도둑의 본가이니 반드시 닭띠이다. 酉는 6, 亥는 4, 둔간의 乙은 8, 丁은 6이다. 酉가 무기하니 배수를 쓰지 않는다. 따라서 24리 밖의 문 앞에 나무가 있고 집 뒤에는 물이 있는 곳에서 도둑을 잡는다. 나중에 모두 적중했다.

乙未일 제 4 국

공망 : 辰·巳 ○
낮 : 왼쪽 천장, 밤 : 오른쪽 천장

辛	戊	乙
青丑蛇	朱戌陰	后未白
辰 ○	丑	戌
辛	戊	○ 辛
青丑蛇	朱戌陰	常辰勾 青丑蛇
○乙辰	丑	未 辰○

壬寅 空巳 朱	癸卯 合午 白	○ 常辰未 勾	○ 玄巳申 青
辛丑辰 青 蛇○			陰午酉 空
庚子卯 勾 貴			后乙未戌 白
己亥寅 合	戊戌丑 后朱	丁酉子 蛇玄	丙申亥 貴常

□ **과체** : 중심(重審), 가색(稼穡), 여덕(勵德/밤), 유자(遊子/3·9월) // 전국(全局), 형상(刑傷), 충파(沖破), 재공(財空), 무음(蕪淫), 고진(孤辰), 간전지(干傳支), 신장·살몰·귀등천문(神藏·殺沒·貴登天門), 불비(不備).

□ **핵심** : 일간이 일지를 취한다. 재물을 급히 취해야 한다. 조금이라도 지체하면 어두워진다. 丑 위의 辛이 두렵다.

□ **분석** : 乙의 기궁은 辰이다. 辰이 일지를 취하는 것은 내가 재물을 취하는 상이니 빨리 취해야 한다. 만약 머뭇거리면 반드시 未가 묘신이니 암매해지고 지체된다. 하물며 丑의 둔간이 귀살인 辛이다. 이것이 일간에 임한 뒤에 발용이 되어 재물로 인해 화가 닥치는 상이니 두렵다.

□ **정단** : ❶ 중심과의 가색(稼穡)이다. 모든 일이 순조롭지 못하고 고생을 많이 해야 한다. 순리대로 행하면 형통하고 상(上)을 범하면 불길하다.

❷ 묘신은 사과를 덮고, 사과는 불비(不備)이며, 삼전은 삼형이다. 밤에 정단하면 등사가 둔반의 귀살에 타고 있으니 놀라고 두려워서

불안하다. 다행히 말전의 未에 백호가 타고서 묘신인 丑을 충(沖)을 하여 흉으로써 흉을 제압하니 평안해진다.
❸ 금은보석을 쥐고서 귀인에게 부탁하거나 곡식을 상납하여 관직을 구하는 일에서 길하다.

○ **날씨** : 습하고 무더우며 흙비가 오고 안개가 낀다. 맑고 흐린 날씨가 일정하지 않다.
→ 삼전이 순토이니 습하고 무더우며 안개가 끼니 맑고 흐린 날씨가 일정하지 않다.
○ **가정** : 사람이 집을 취하며 어둡고 편안하지 않다.
→ 기궁이 지상으로 갔으니 사람이 집으로 이사를 들어가는 상이고, 지상이 공망되었으니 어둡고 편안하지 않다. ● **가계** : 일지 음양의 재성이 모두 공망되었으니 집에 재물이 없다. ● **화목** : 일간은 부모, 일지는 자녀이다. 간상의 丑과 지상의 辰이 파(破)를 하니 부모와 자식이 화목하지 않다. ● **음란** : 제1과와 제4과가 동일한 글자이다. 하나의 음과 두 양이어서 무음(蕪淫)이니 가정이 음란해지는 것을 예방해야 한다.
○ **혼인** : 낮에 정단하면 결합한다. 다시 형(刑)과 충(沖)이 보인다.
→ 일간은 남자, 일지는 여자이다. 일간(기궁)이 지상으로 갔으니 남자가 여가로 장가드는 상이다. 다만 제4과의 상신과 파(破)를 하니 여자집안과 유정하지 않다. ● **혼담** : 삼전이 삼형이어서 남녀가 다투는 상이니 순조롭게 진행되지 않는다. 만약 혼인하면 삼전이 삼형이어서 남녀가 평생 싸우니 가정이 화목하지 않다. ● 중심과이니 혼인을 심사숙고해야 한다.
○ **임신·출산** : 부실하다.
→ 일간은 태아, 일지는 임신부이다. 임신을 정단하면 일간이 공망

되었으니 유산되고, 출산을 정단하면 지상이 공망되어 출산 후 임신부의 배가 비어있는 상이니 즉시 출산한다. ● 밤에 정단하면 태신인 酉에 현무가 타니 사생아이다.

○ **구관** : 낮에 정단하면 전리품을 얻는다. 돈을 써서 관직을 사서 관직을 얻는다.

→ 군인이 정단하면 삼전이 재성이니 전리품을 얻는다. 그리고 삼전에 재성이 있고 초전의 둔반에 관성이 임하니 돈을 써서 관직을 득하면 된다. 국가고시 수험생이 정단하면 삼전이 순토이니 토목건축과 경찰, 군(軍)에 관련된 관직을 취득하는 것이 이롭다.

○ **구재** : 기회를 봐서 신속하게 취해야 한다. 머뭇거리면 재앙이 생긴다.

→ 초전에 재성이 있지만 공망이 되었으니 기회를 봐서 신속하게 취해야 한다. 다만 초전의 둔반에 귀살이 임했으니 재앙이 생기는 것을 예방해야 한다. ● 종목 : 삼전이 순토이니 부동산에 관련된 토목건축과 부동산중개업 등의 사업이 좋다. ● 일간은 쇠약하고 재성은 왕성하니 일간이 왕성해지는 봄이나 겨울에 정단하면 큰 재물을 얻는다.

○ **질병** : 신에게 빌면 길하다. 존장의 병을 예방해야 한다.

→ 밤에 정단하면 귀인이 卯에 임하여 여덕격이니 신에게 빌어야 한다. 그리고 사과와 삼전이 순토이고 재국이다. 재국이 강하니 이의 극을 받는 인성이 쇠약해지니 존장(부모)의 병을 예방해야 한다. ● 병증 : 과전이 순토이여서 위장이 굳은 상이니 비위병이고 또한 강한 토의 극을 받는 오행이 수이니 수에 해당하는 신장과 방광의 병이다.

○ **유실** : 잡기 어렵다.

→ 과전이 가색이어서 먼 곳으로 도망쳤으니 잡기 어렵다.

○ **출행** : 결과가 없다.

→ 일간은 나, 일지는 여행지이다. 지상이 공망되었으니 여행지에서 아무런 소득이 없다.
O **귀가** : 도착한다.
→ 삼전이 역가색이니 도착한다. 초전 丑은 겨울 토이고, 중전 戌은 가을 토이며, 말전 未는 여름 토이니 역가색이다.
O **쟁송** : 처와 재물로 인하여 발생한 쟁송이거나 혹은 술과 음식으로 인해 발생한 쟁송이다.
→ 삼전이 재국이니 처와 재물로 인한 쟁송이고 또한 낮에 정단하면 지상에 음식을 뜻하는 태상이 타고 있으니 음식으로 인해 발생한 쟁송이다. ● 중심과이니 심사숙고해서 나중에 대응하는 쪽이 이롭고 재심이 유리하다. ● 천반은 손위, 지반은 손아래이다. 만약 손위와 손아래가 쟁송할 경우, 하적상하여 발용이 되었으니 손아래가 유리하다.
O **전쟁** : 복병을 방어해야 한다.
→ 삼전의 토는 땅이고 초전 丑의 둔간이 일간의 귀살인 辛이니 복병을 예방해야 한다.

□ 『**필법부**』 : 〈제75법〉 손님과 주인이 다투지 않아도 형벌이 이미 있다.
→ 삼전이 삼형이니 주객이 서로 다툰다. 주로 혼인, 매매, 동업, 교역, 교섭, 회담에서 쓰인다.
〈제27법〉 삼전의 재신이 귀살로 변하면 재물을 구하면 안 된다.
→ 초전의 친빈에는 재신이 있고 그 둔빈에는 귀살이 있으니 이 재물을 구하면 안 된다.
□ 『**과경**』 : 삼전이 모두 토이니 형제가 서로 상한다. 기세에 의한 형이다.

□ 『단험(斷驗)』: 庚辰년에 출생한 사람이 戊申년에 월장 戌을 점시 丑에 가한 뒤에 재산 정단을 한다. 간상에 재성인 丑이 보이고 이곳에 청룡이 타고 있으며 다시 이것이 행년에 임해서 부동산이 들어오니, 구태여 돈을 주고 사지 않아도 된다. 중전에 주작이 타고 있으니 타인과 다투게 되고, 말전의 未에 천후가 타고 있으니 아버지 쪽의 친척에게 재산을 돌려준다. 일간이 재물을 취하고 많은 재물을 얻는다. 다만 문 앞에 있는 무덤이 경계선을 침범하여 소송에 이르게 되니 재물이 변하여 재앙이 된다. 만약 봄에 정단하지 않으면 乙이 왕성하지 못하여서 재물을 득하지 못하고 오히려 자신에게 재물이 깨지는 일이 발생한다. 나중에 모두 이와 같았다.

| 갑오순 | 을미일 | 5국 |

癸	己	乙	
白 卯 合	合 亥 后	后 未 白	
未	卯	亥	
庚	丙	癸	己
勾 子 貴	貴 申 常	白 卯 合	合 亥 后
○乙 辰	子	未	卯

```
乙未일   제 5 국
```

공망 : 辰·巳 ○
낮 : 왼쪽 천장, 밤 : 오른쪽 천장

辛丑巳 青蛇	壬寅午 空朱	癸卯未 白合	○辰申 常勾
庚子辰 勾貴 ○			○巳酉 玄青
己亥卯 合后			甲午戌 陰空
戊戌寅 朱陰	丁酉丑 蛇玄	丙申子 貴常	乙未亥 后白

- □ **과체**: 원수(元首), 곡직(曲直), 음일(淫泆) // 형상(刑傷), 합환(合歡), 화미(和美), 전국(全局), 록현탈(祿玄脫), 록폐구(祿閉口), 권섭부정(權攝不正), 합중범살(合中犯殺), 침해(侵害/피차시기), 교차육해(交叉六害), 귀인입옥(貴人入獄/밤), 귀인공망(貴人空亡/밤), 천을신기(天乙神祇), 형제효현괘.

- □ **핵심**: 일간에는 귀인이 임하고 일지에는 일록이 임한다. 그러나 자세히 보니 주객이 무례하고 서로 반목한다.

- □ **분석**: 밤 귀인 子는 일간에 임하고 일록 卯는 지상에 임하니 언뜻 보면 좋다. 그러나 간지의 상하를 교차해서 보면 子와 未, 卯와 辰이 서로 육해하고, 또한 간상의 子와 지상의 卯가 무례지형이어서 서로 반목하니 나쁘다.

- □ **정단**: ❶ 원수과이니 높은이가 낮은이를 다스린다.
  ❷ 삼전이 일간과 비화(比和)하고 주야의 귀인이 일간의 음양에 임했으며, 일록인 卯와 장생인 亥가 일지의 음양에 임했으니 길하지 않은 곳이 없다. 일간과 일지가 교차육해(交叉六害)를 하고 간지상의

子와 卯는 무례하며 천후와 육합이 부정(不正)하니 먼저는 길하지만 나중은 흉하다.

❹ 왕신 겸 일록이 지상에 임하여 밤에는 육합이 타고 낮에는 백호가 타서 목국이 일지를 극하니, 사람은 비록 왕성하지만 집은 반드시 쇠해진다.

○ **날씨** : 바람이 많이 불고 비가 온다.
→ 오행의 목은 바람, 수는 비이다. 삼전이 목국이니 바람이 많이 불고, 목국에 수의 천장인 천후가 타니 비가 온다. 따라서 심은 곡식은 잘 자라지만 병충해로 인해 곡식의 품질이 낮아진다.

○ **가정** : 가정에 간음이 생긴다. 가정이 암매해지는 것을 막아야 한다.
※ 『육임직지』 원문에서는 "복시(伏屍)가 있다."고 하였다. 그러나 지상의 卯가 일지의 묘신이 아니므로 '복시'라고 할 수 없다.
→ 주야 모두 사과는 물론이고 삼전에 육합과 천후가 타고 있으니 간음으로 인해 가정이 암매해지는 것을 예방해야 한다. 낮에 정단하면 백호가 일지의 귀살인 卯에 타서 일지 未를 극하니 환자가 발생한다. 만약 자월(子月)이나 축월(丑月)에 정단하면 卯가 사신과 사기이니 위독하다. ● 일간은 가장, 일지는 가정이다. 간상의 子와 지상의 卯가 형이어서 서로 다투는 상이고, 다시 간지가 교차육해하니 가정이 화목하지 않다.

○ **혼인** : 혼인하지 않아야 한다.
→ 궁합이 나쁘니 혼인하지 않아야 한다. 일간은 나, 일지는 상대이다. 간상의 子와 지상의 卯가 삼형이어서 서로 싸우는 상이니 궁합이 나쁘다. 또한 기궁 辰과 지상의 卯가 육해하고 일지 未와 간상의 子가 육해여서 서로 해를 입히는 상이니 더욱 궁합이 나쁘다. ● 사과와 삼전에 육합과 천후가 동시에 임하여 음일(淫泆)이어서 음란

하니 혼인하지 않아야 한다. ● 지상이 폐구(閉口) 되었으니 상대방은 운이 막힌 사람이고, 특히 낮에 정단하면 지상에 백호가 타고 있으니 몸에 병이 있고 드세다.

○ **임신·출산** : 태아는 안전하다. 난산을 예방해야 한다.

→ 임신정단을 하면 과전이 삼합하니 임신이 잘 되는 상이고, 출산정단을 하면 태아가 자궁에서 나오지 않는 상이니 난산이다. ● 밤에 정단하면 태신인 酉에 현무가 타니 사생아이다.

○ **구관** : 귀(貴)를 득하고 관록을 얻는다. 다만 좋다가도 부족하게 된다.

→ 일간의 음양에 천을귀인과 염막귀인이 동시에 임하니 귀(貴,공명)를 취득하고 국가의 록을 받는다. 다만 일록이 폐구(閉口) 되었으니 좋다가도 부족하게 된다.

○ **구재** : 록이 있는 사람은 이롭지 않다.

→ 원수과는 모든 일에서 길한 과이다. 그러나 일록이 폐구(閉口) 되었으니 재산을 가지고 있는 사람은 이롭지 않고, 일지의 음양과 삼전이 형제국을 이루고 있으니 더욱 이롭지 않다. 만약 개업하면 일지의 음양과 삼전이 형제국이어서 겁재(劫財)의 작용이 지대하여 폐업하게 되니 나쁘다.

○ **질병** : 무방하다. 그러나 완치되기 어렵다.

→ 일간의 음양이 삼합하여 일간을 생하니 무방하다. 그러나 일록이 폐구(閉口) 되었으니 중증 환자는 절식사(絶食死)할 위험이 있다. 특히 낮에 정단하면 지상에 백호가 타고 있으니 더욱 나쁘다.

○ **유실** : 목기 안에 있거나 혹은 숲속에 있다.

→ 삼전이 목국이니 목기 안에 있거나 혹은 숲속에 있다.

○ **출행** : 길하다. 배를 이용하는 것이 이롭다.

→ 일간의 음양에 주야귀인이 모두 있으니 관직자와 서민 모두 대체로 길하다. 일간은 여행객, 일지는 여행지이다. 일간의 둔반에 귀

살이 임하니 여행객의 신상에 예상하지 못했던 우환이 생기고, 낮에 정단하면 지상에 백호가 타니 여행지에서 병을 예방해야 한다.

○ **귀가** : 즉시 귀가한다.

→ 삼전이 목국이고 다시 일지의 음양이 목국이니 즉시 귀가한다.

○ **쟁송** : 풀리기 어렵다.

→ 일간의 음양이 삼합하고, 일지의 음양이 삼합하며, 삼전이 다시 삼합하니 쟁송이 풀리기 어렵다. ● 일간은 나, 일지는 상대이다. 간상의 子와 지상의 卯가 삼형(三刑)이어서 서로 싸우는 상이고, 다시 기궁 辰과 지상의 卯가 육해(六害)이며 일지인 未와 간상의 子가 육해하여 일간과 일지가 교차육해하니 쟁송이 풀리기 어렵다. ● 승패 : 삼전의 목국이 일간과는 동류이고 일지 未를 극하니 내가 승소한다.

○ **전쟁** : 승전한다. 군량미로 적을 유인하는 것이 좋다.

→ 일간은 아군, 일지는 적군이다. 일간의 음양에 주야귀인이 모두 임하고 다시 삼전의 목국이 일간과 비화하고 일지를 극하니 아군이 승전한다. 지상의 일록이 폐구되어 적군에게 군량미가 부족하니 군량미로 적군을 유인하는 것이 좋다.

□ 『**필법부**』 : 〈제8법〉 일록이 일지에 임하면 임시직이니 바른 직위가 아니다.

→ 일록인 卯가 지상에 임한다. 일간은 높고 일지는 낮다. 관록을 뜻하는 일록이 지상에 임하면 바른 직위가 아니다.

〈제47법〉 귀인이 비록 감옥에 있더라도 일간에 임하면 무방하다.

→ 비록 기궁이나 일지가 辰이나 戌일지라도, 귀인이 일간이나 일지에 임하면 귀인입옥으로 취급하지 않는다.

〈제75법〉 손님과 주인이 다투지 않아도 형벌이 이미 있다.

→ 간상의 子와 지상의 卯가 서로 형을 하니 주객이 다툰다. 주로 혼인, 매매, 동업, 교역, 교섭, 회담에서 쓰인다.

〈제76법〉 서로 시기하여 모두에게 화가 미친다.

→ 『필법부』〈제75법〉 참조.

〈제84법〉 합 속에 살을 범하면 꿀 속에 비상이 있다.

→ 비록 삼전이 상합하지만 초전의 卯와 간상의 子가 형을 하니 꿀 속에 비상이 있다.

☐ 『**육임지남**』: 己丑년에 월장 未를 점시 亥에 가한 뒤에 지방의 안부를 점단한다. 유도(遊都)인 子가 일간에 임했고, 적부(賊符)인 卯는 일지에 임했다. 발용의 목국이 배이니 적이 탄 배가 동쪽에서 온다. 초전과 중전은 휴수(休囚)이고 말전은 태양(월장)과 월건이니 성읍을 걱정하지 않아도 된다. 己亥일이 되니 과연 적이 동쪽에서 수로와 육로로 왔으므로 사람들이 놀라 도망쳤지만, 관병이 나타나니 적이 달아났다.

※ 유도

일간 신살	甲	乙	丙	丁	戊	己	庚	申	壬	癸
유도 (遊都)	丑	子	寅	巳	申		丑	子	寅	巳	申

※ 적부(賊符): 과전 천반의 巳·申·子·卯는 적부.

乙未일 제 6국

공망 : 辰·巳 ○
낮 : 왼쪽 천장, 밤 : 오른쪽 천장

	甲	辛	丙
	陰午空	青丑后	貴申勾
	亥	午	丑
己	甲	壬	丁
合亥蛇	陰午空	空寅陰	蛇酉合
○乙辰	亥	未	寅

庚子巳	辛丑午	壬寅未	癸卯申
勾 貴	青 后	空 陰	白 玄
己亥辰 ○			○辰酉
合 蛇			常 常
戊戌卯			○巳戌
朱 朱			玄 白
丁酉寅	丙申丑	乙未子	甲午亥
蛇 合	貴 勾	后 青	陰 空

□ **과체** : 중심(重審), 육의(六儀), 사절(四絶) // 복덕(福德), 사호귀정(蛇虎鬼丁), 은다원심(恩多怨心), 태수극절, 체생(遞生), 간지상합(干支相合), 귀인공망(貴人空亡/밤), 명암이귀(明暗二鬼), 천을신기(天乙神祇/낮).

□ **핵심** : 지키면 살길이 생기고 우환꺼리가 해결되며 의혹이 풀린다. 밤 귀인은 공망되고 낮 귀인은 묘지에 임한다.

□ **분석** : ❶ 일간의 장생인 亥가 일간에 임하니 가만히 있으면 이익이 있다.

❷ 삼전으로 간다. 초전의 午가 일간의 기운을 빼앗는다. 우환을 정단하면 밤에는 천공과 탈기의 신이니 우환이 풀린다. 중전의 재성 丑의 둔간이 귀살인 辛이니 丑을 취할 수 없다. 말전의 낮 귀인 申은 묘신에 앉아 있고 밤 귀인 子는 공망에 앉아 있으니 주야 모두 귀인을 의지하기 어렵다.

□ **정단** : ❶ 중심과이니 순조롭지 못한 일이 많고 모든 일이 소인에게서 일어나지만 삼전이 체생(體生)해서 일간을 생하니 좋다.

❷ 육의인 甲午가 발용이 되었고 지의(支儀)인 申이 말전에 앉아 있다. 흉을 만나더라도 길로 변하며 생각하지 못했던 기이한 조화가 있다.

❸ 격명이 사절(四絕)이니 옛일을 결절하는 일에는 이롭다. 다만 낡은 것을 버리고 새롭게 시작하면 안 된다.

※ 지의

일지\신살	子	丑	寅	卯	辰	巳	午	未	申	酉	戌	亥
지의(支儀)	午	巳	辰	卯	寅	丑	未	申	酉	戌	亥	子

○ **날씨** : 맑은 날과 비 오는 날이 알맞다.

→ 삼전의 초전이 午화이고 중전은 丑토이며 말전이 申금이어서 맑은 날과 비 오는 날이 많으니 풍년을 바랄 수 있다.

○ **가정** : 늙은 여자로 인한 손실이 생기며 집의 왼쪽 면에 있는 골목이 무너진다.

→ 태음은 첩이다. 밤에는 태음승신 寅이 寅의 묘지인 未에 임했으니 늙은 여자이다. 태음승신이 겁재(劫財)인 寅이니 늙은 여자로 인한 손실이 발생한다. ● 탈기는 손실이다. 제2과의 午가 일간을 탈기하니 집의 왼쪽 면이나 골목이 붕괴된다. ● 삼전이 일간을 체생(遞生)하여 오니 가정이 원만하나. 즉 초전의 午화가 중전의 丑토를 생하고, 중전이 말전의 申금을 생하며, 말전이 간상의 亥수를 생하여 일간 乙목을 생하여 오니 가정이 원만하다. ● 형제효는 손재(損財)의 신이다. 지상에 형제효 寅이 임하니 가정에 지출이 많다.

○ **혼인** : 대체로 나쁘다.

※ 『육임직지』 원문에서는 "데릴사위가 좋다."고 하였다.

→ 간상의 亥와 지상의 寅은 합(合)을 하면서 동시에 파(破)를 한다.

따라서 처음에는 화합하지만 나중에는 헤어지는 상이니 대체로 나쁘다. ● 궁합 : 간지의 상신이 육합과 육파이니 보통이다. ● 중심과 이다. 가을과 겨울에 정단하면 초전의 지반이 왕성하고 천반은 휴수하니 성정이 드센 여자이다.

○ **임신·출산** : 여종(첩)이 임신한다.
→ 酉가 첩과 태신을 뜻하니 첩이 임신한다.

○ **구관** : 기이한 인연을 만난다. 10월에 정단하면 길하다.
→ 초전의 甲午는 기인한 인연을 뜻하는 육의(六儀)이다. 초전의 午화가 중전의 丑토를 생하고, 중전이 말전의 申금을 생하며, 말전이 간상의 亥수를 생해서 亥수가 일간 乙목을 생하여 오니 기이한 조화로 공명을 얻는다. 만약 10월에 정단하면 간상의 亥수가 일간 乙목을 생하여 오니 더욱 길하다.

○ **구재** : 재물로 인해 우환이 닥치는 것을 예방해야 한다.
→ 재성은 재물, 귀살은 재앙이다. 중전의 재성이 초전의 생을 받았으니 재물을 얻는다. 다만 중전의 재성에 귀살인 辛금이 임하고, 다시 중전의 재성이 말전의 귀살 申을 생하니 재물로 인해 우환이 닥치는 것을 예방해야 한다.

○ **질병** : 몸이 약하다. 음식으로 인해 몸이 상하는 것을 예방해야 한다.
→ 일간은 몸이다. 일간이 초전의 午로 탈기되니 몸이 약하지만 간상의 亥가 일간을 생하여 오니 나중에는 강해진다. ● 음식을 뜻하는 중전의 재성에 귀살이 임하니, 음식으로 인해 몸이 상하는 것을 예방해야 한다. ● 육합은 화합의 천장, 등사는 경공의 천장이다. 낮에는 간상에 육합이 타니 결합의 기쁨에 의해 병이 발생하고, 밤에는 등사가 타니 놀람으로 인해 병이 발생한다. ● 삼전이 일간을 차례로 생하여 오니 점차 병이 낫는다. ● 천을신기(天乙神祇) : 낮에 정단하면 천을귀인이 申에 타서 일간 乙을 극하여서 귀수가 있으니, 수법을 행사할 수 있는 법사의 도움을 받아야 병이 낫는다.

○ **유실** : 잡기 어렵다.
→ 현무는 도둑이다. 낮에 정단하면 현무가 공망되었으니 잡기 어렵다.

○ **출행** : 귀인을 알현하는 일이 나쁘다. 나머지에서도 이롭지 않다.
→ 천을귀인은 귀인이다. 낮 귀인 申은 일간을 극하여 오고 밤 귀인 子는 공망되었으니 귀인을 만나는 일이 나쁘다. 귀인 외의 일에서는 일간은 나, 일지는 상대이다. 간상의 亥와 지상의 寅이 파(破)이어서 만남이 깨지는 상이니 이롭지 않다.

○ **귀가** : 즉시 도착한다.
→ 초전은 도착지, 일지는 가정이다. 초전의 午가 일지 未와 육합하니 즉시 도착한다.

○ **쟁송** : 나는 승소하고 상대방은 패소한다.
→ 간상의 亥가 일간 乙을 생하니 나는 승소하고, 지상의 寅이 일지 未를 극하니 상대는 패소한다. 그리고 초전은 나이고 말전은 상대이다. 초전의 午가 말전의 申을 극하니 내가 승소한다. ● 중심과이니 서류를 완비한 뒤에 소송에 대비해야 하고 재심이 유리하다. ● **관재** : 삼전이 일간을 차례로 생하여 오니 관재가 가벼워지고 사라진다.

○ **전쟁** : 뜻밖의 승전을 거둔다. 다만 그 뒤에 근신해야 한다.
→ 초전의 午화가 중전의 丑토를 생하고, 중전이 말전의 申금을 생하며, 말전이 간상의 亥수를 생하여서 일간 乙을 생하니 승전한다. 다만 중심과이니 그 뒤에 근신해야 한다.

□ **『필법부』** : 〈제1법〉 앞과 뒤에서 이끌고 따르면 승진에 길하다.
→ 초전이 午이고 말전이 申이다. 연명이 子인 사람은 초전과 말전이 연명상신 未를 인종하니 고시와 승진에 길하다.

□ 『고감』: 丁巳년에 출생한 어느 한 현령이 월장 寅을 점시 未에 가한 뒤에 전정을 정단한다. 간상의 亥가 비록 일간을 생하지만 亥에 타고 있는 등사가 어지럽힌다. 지상의 공조(寅)에 태음이 타서 간상의 亥와 육합하니 관청의 관리는 간악하고, 초전의 午화가 절지 亥에 임하였고 천공이 午에 타니 처에게 재앙이 발생한다. 관귀효인 申의 숫자가 7이니 7개월 만에 장기간 객지에 머무는데, 운사(運使)를 만나 풀린다. 귀인이 子에 타고서 그의 본명인 巳 위에 가하니 배로 운송하는 뜻이 된다.

□ 『육임지남』: 내감(內監)이 체포되었으므로 월장 戌을 점시 卯에 가한 뒤에 정단한다. 간상이 황은(皇恩)이고, 지상에 천사(天赦)와 태세를 만나며, 귀인이 일간을 생하고, 본명상신 子를 초전과 말전이 끌고 밀어주니 반드시 전화위복이 된다. 나중에 과연 죄를 면한 뒤에 원래의 직장으로 복귀되었다.

※ 천사 : 갑오일 제8국 참조.

乙未일 제 7 국

공망 : 辰·巳 ○
낮 : 왼쪽 천장, 밤 : 오른쪽 천장

戊	○	戊
朱 戌 朱	常 辰 常	朱 戌 朱
辰 ○	戌	辰 ○
戊	○	辛	乙
朱 戌 朱	常 辰 常	青 丑 后	后 未 青
○乙辰	戌	未	丑

己亥巳 合蛇	庚子午 勾貴	辛丑未 青后	壬寅申 后空 陰
戊戌辰 朱朱 蛇			癸卯酉 白玄
丁酉卯 蛇合			○辰戌 常常
丙申寅 貴勾	乙未丑 勾后	甲午子 后陰 青空	○巳亥 玄白

- □ **과체** : 반음(返吟), 무의(無依), 가색(稼穡), 유자(遊子/3·6·9·12월), 참관(斬關) // 고진(孤辰), 형상(刑傷), 재공(財空), 전국(全局), 오양(五陽), 삼전개공(三傳皆空).

- □ **핵심** : 사방에 빈 재물만 있다. 가면 오지 못한다. 가택에 둔귀(遁鬼)가 임한다. 처로 인해 재앙이 발생한다.

- □ **분석** : ❶ 삼전이 모두 재성이지만 공망되었으니 쓸모가 적다.

  ❷ 반음과는 왕래하고 반복하는 과이다. 모든 십이지가 공망과 절지(絶地)에 임했으니 가면 오지 못한다.

  ❸ 재성인 丑이 지상에 있고 둔간이 귀살인 辛이니 재성이 乙목을 상하게 한다. 丑은 乙의 처로서 이곳에 밤에는 천후가 타고 있으니 처로 인해 화가 닥친다.

- □ **정단** : ❶ 빈음과의 무의(無依)이며 과전이 순도이다. 과전이 합을 하여 가색(稼穡)이니 변동과 불안 속에서 어려움과 고통의 의미가 담겨 있다.

  ❷ 삼전이 모두 공망되었으니 모든 일은 소리만 나고 실속은 없다.

설령 얻더라도 반드시 잃게 되고, 길하더라도 길이 되지 못하고 흉하더라도 흉이 되지 않는다.

❸ 온 사방이 모두 재물이어서 재물을 취하고 싶지만 취득하지 못하고, 취하지 않으면 그것을 탐낸다. 마치 보물이 있는 산으로 들어가서 빈손으로 돌아오는 상이다.

─────────────────────────

○ **날씨** : 비가 오지 않는다.

※ 『육임직지』 원문에서는 낮에 정단하면 청룡이 타니 비가 온다고 하였다.

➔ 삼전이 토국이니 흐리고 비가 오지 않는다.

○ **가정** : 집이 가난하며 부부는 화목하지 않다.

➔ 일지는 집이다. 지상의 재성이 상하좌우로 충(沖)을 당했으니 집이 가난하다. 일간은 남편, 일지는 아내이다. 간상의 戌과 지상의 丑이 형(刑)을 하여 부부가 서로 싸우는 상이니 부부가 화목하지 않다. 심한 경우 과전의 모든 천반과 지반이 상충(相沖)하니 부부가 생사이별 할 우려가 있다.

○ **혼인** : 나쁘다. 이루지 못한다.

➔ 일간은 나, 일지는 상대방이다. 간상의 戌과 지상의 丑이 삼형이니 혼인이 나쁘다. 천반은 남자의 상, 지반은 여자의 상이다. 사과 삼전의 천반과 지반이 상충하니 혼인이 더욱 나쁘다. ● 삼전은 혼담이 진행되는 과정이다. 삼전이 모두 공망되었으니 혼인이 불성하며, 처를 뜻하는 재성이 공망되었으니 다시 이루지 못한다. 혼인을 강행할 경우 나중에 생사이별 할 우려가 있다.

○ **임신·출산** : 임신은 흉하고 출산은 길하다.

※ 『육임직지』 원문에서는 '쌍둥이'라고 하였다.

➔ 반음과의 모든 천반과 지반이 상충하니 임신은 흉하고 출산은

길하다.
○ **구관** : 성취되는 것이 없다.
→ 관성은 관직이다. 과전에 관성이 없으므로 승진되지 않고 고시에 불합격한다.
○ **구재** : 얻기 어렵다.
→ 재성은 재물, 공망은 공허의 신이다. 비록 삼전이 모두 재성이지만 공망되어 찢어진 그물로 물고기를 잡는 상이니 얻기 어렵다.
○ **질병** : 당뇨병이다. 구병은 흉하다.
→ 물을 많이 마셔도 오줌량이 보통인 것을 '상소(上消)', 오줌량이 적고 붉은색을 띤 것을 '중소(中消)', 오줌이 탁한 것을 '하소(下消)'라 하며, 이 셋을 '삼소(三消)'라고 한다. 소갈증은 현대의 당뇨병이다. 당뇨병은 비장에 딸려있는 췌장의 병으로서 일간의 음양과 삼전의 모든 토가 공망되어 비위와 췌장에 탈이 났으니 소갈증이다. 일간은 환자이다. 일간이 공망된 것은 환자가 없는 상이니, 구병을 점단하면 흉하다. 또한 초전이 공망되어 고진과수이니 더욱 흉하다.
○ **유실** : 찾기 어렵다.
→ 재성은 재물이다. 삼전의 모든 재성이 공망되었으니 찾기 어렵다.
○ **출행** : 결과가 없다.
→ 삼전은 여정, 재성은 재물이다. 삼전의 재성이 모두 공망되었으니 결과가 없다.
○ **귀가** : 아직은 오지 않는다.
→ 말전은 출발지, 중전은 중도, 초전은 도착지이다. 삼전이 모두 공망되었으니 아직은 오지 않는다.
○ **쟁송** : 빈 재물을 다투다가 원고와 피고 모두 재산을 잃는다.
→ 일간은 나, 일지는 상대이다. 간상의 戌과 지상의 丑이 서로 형을 하니 나와 상대가 쟁송하는 상이다. 그러나 삼전의 모든 재성이 공

망되었으니 빈 재물을 다투다가 원고와 피고 모두 재산을 잃는다.
○ **전쟁** : 아직은 이익이 없다.
　→ 삼전의 모든 재성이 공망되었으니 아직은 이익이 없다.

□ 『**필법부**』 : 〈제74법〉 거듭하여 공망되면 일을 추구하지 않아야 한다. 이른바 삼전이 모두 공망되는 것이다.
　〈제90법〉 오고 감이 모두 공망이니 어찌 움직이는 것이 옳겠는가? 반음과에서 삼전이 모두 공망되면, 비록 움직이려는 뜻은 있지만 실제로는 절대로 움직이지 못한다.
□ 『**과경**』 : 순미(旬尾)에 밤에는 현무가 타고 낮에는 일록에 백호가 타니 폐구(閉口)가 되었다. 반드시 순미가 순수(旬首)에 가할 필요는 없다.
　→ 천지반도의 유궁(酉宮)에서 卯의 위에 癸가 임하니 癸卯는 갑오순의 끝 글자이다. 비록 卯의 아래가 갑오순의 첫 글자인 순수가 아닐지라도 폐구로 본다. 지금은 유궁의 천반 卯가 일록이니 '록폐구(祿閉口)'이다. 연명이 酉인 사람은 록폐구의 우환이 닥친다.
□ 『**고감**』 : 丁丑년에 월장 亥를 점시 巳에 가한 뒤에 회시를 정단한다. 삼전과 연명과 괴강(戌辰)이 모두 공망되었으니 甲의 성적으로 합격한다고 말할 수 없다. 다만 丑년 未일에는 丑과 未가 합쳐져서 '괴(魁)'가 되니 합격한다. 나중에 관직을 맡은 지 얼마 안 되어 부모상을 당하는데, 그 이유는 과전의 모두 재성이 인성을 극하기 때문이다. 나중에 과연 그러하였다.
　※ 회시(會試) : 조선의 대과에 해당하는 고시로서, 지방고시에 합격한 사람이 서울에서 치르는 최종 고시이다.
　※ 갑방(甲榜) : 고시에서 합격한 사람을 세 등급으로 나눠서 성적순으로 발표한다. 1등급으로 합격한 사람은 갑방, 2등급으로 합격한

사람은 을방, 3등급으로 합격한 사람은 병방이다.

※ 괴(魁) : 丑에는 '두(斗)'가 있고 未에는 '귀(鬼)'가 있다. 丑과 未가 서로 가하면 '괴(魁)'이다. 괴(魁)는 곧 북두칠성을 뜻하고 북두칠성은 우주를 지휘하며, 이러한 역할을 하는 것이 인간세상에서의 공무원이니 괴(魁)는 곧 공무원이라고 말할 수 있다.

乙未일 제8국

공망 : 辰·巳
낮 : 왼쪽 천장, 밤 : 오른쪽 천장

- **과체** : 지일(知一), 주인(鑄印), 장도액(長度厄), 여덕(勵德/낮) // 과수(寡宿), 복덕(福德), 록현탈격(祿玄脫格), 맥월(驀越), 명암이귀(明暗二鬼), 아괴성(亞魁星), 침해(侵害), 귀인수극(貴人受剋/밤).
- **핵심** : 등사가 丁酉를 타고, 초전과 중전는 열매가 없다. 일록인 卯에 현무와 백호가 타고 있다.
- **분석** : ❶ 丁에 타고 있는 酉는 일간의 귀살이다. 낮에 정단하면 이곳에 등사가 타서 일간에 임하니 근신과 의혹이 있다.
  ❷ 초전이 공망되고 중전이 공함에 임하니 모든 일이 공허하고 부실하다.
  ❸ 말전의 卯가 비록 일록이지만, 밤에는 현무가 훔쳐가고 낮에는 백호에 의해 내전(凶戰)이 되었으니, 취할지라도 '주인(鑄印)'이라는 허울 좋은 이름만 있을 뿐이다.
- **정단** : ❶ 지일과이고 주인(鑄印)이다. 애석하게도 초전과 중전이 공함되고 12신과 12천장도 좋지 않아서, 은혜 속에 해가 있고 놀람과 의혹이 있다.

❷ 격명이 장도액(長度厄)이니 존장에게 불리하다. 군자에게는 공허한 소리가 나고 결실이 없어서 관록이 안전하지 못하다. 그리고 역마인 巳가 공망되어 관인(官印)이 깨진다. 따라서 비 관직자는 고독하며 성사되는 일이 없고, 질병과 소송을 예방해야 하며 가족과는 이별하게 된다.

❸ 공무원이 巳년과 巳월에 정단하면 형통하고 이롭다.

❹ 일간의 상하는 육합하고 일지의 상하는 육해하니, 밖에서는 화합하고 안에서는 불화한다.

→ 일간은 외사문, 일지는 내사문이다. 가정 밖의 일은 화합하고 가정 안의 일은 불화한다.

○ **날씨** : 바람이 불고 우레가 치지만 비는 적게 온다.

→ 백호는 바람, 卯는 우레이다. 백호가 초전과 말전에 나타났으니 바람이 불고, 卯가 말전에 있으니 우레가 친다. 그러나 비의 신장이 삼전에 없으니 비가 거의 오지 않는다.

○ **가정** : 낮에 정단하면 사람과 집이 모두 안전하지 않다.

→ 일간은 사람, 일지는 집이다. 낮에 정단하면 간상에 경공의 천장인 등사가 귀살인 酉에 타고 있으니 사람이 안전하지 않고, 지상에는 쟁송의 천장인 구진이 암귀(暗鬼)인 庚에 타고 있으니 가정이 안전하지 않다.

● 밤에 정단하면 육합이 간상에서 귀살인 酉에 타고 있으니 매매와 자녀와 관련된 일로 안전하지 않고, 지상에는 공무원을 뜻하는 귀인이 암귀인 庚에 타고 있으니 가정에 관재가 우려된다. ● **화목** : 일간은 부모, 일지는 자녀이다. 간상의 酉와 지상의 子가 파(破)이니 부모와 자식이 화목하지 않다. 더군다나 세 곳의 지반이 세 곳의 천반을 극하여 아랫사람이 웃어른에게 패역하는 상이니 더욱 나쁘다.

○ **혼인** : 이루지 못한다. 혼인하더라도 이롭지 않다. 늦춰서 혼인해야 한다.

→ 일간은 나, 일지는 상대이다. 간상의 酉와 지상의 子가 파(破)이니 혼인이 불성하고 또다시 초전의 천반이 공망되어 과수(寡宿)이니 혼인을 이루지 못한다. 만약 혼인할 경우 간지의 상신이 파(破)이니 파혼 또는 이혼할 우려가 있고, 초전이 과수이니 과부가 될 우려가 있으므로 혼인하더라도 이롭지 않다. 따라서 지금은 적기가 아니므로 시기를 늦춰서 혼인해야 한다.

● **궁합** : 간지상의 酉와 子가 서로 파(破)를 하니 나쁘다. 그리고 천반은 남자의 상이고 지반은 여자의 상이다. 사과 세 곳의 지반이 그 천반을 극해서 남자가 해를 입으니 궁합이 나쁘다. ● **길흉** : 일지는 배우자감이다. 지상 둔반의 귀살이 일간을 극하니 혼인을 강행할 경우 상대로 인해 예상하지 못했던 암해를 입는다.

○ **임신·출산** : 출산에는 이롭고 임신에는 이롭지 않다.

→ 일간은 태아이다. 간지상의 酉와 子가 서로 파(破)를 하니 출산에는 이롭고 임신에는 이롭지 않다. 만약 사월(巳月)에 정단하면 간상의 酉가 사기이니 태아가 사망할 우려가 있다. ● 말전에서 손을 뜻하는 卯가 발을 뜻하는 戌에 가했으니 역산(逆産)을 예방해야 한다.

○ **구관** : 고시는 늦어진다. 아직은 관로가 안전하지 않다. 사년(巳年)이나 사월(巳月)에는 길하다.

→ 삼전의 巳戌卯가 주인격(鑄印格)이지만 초전과 중전이 공망되었으니, 합격은 늦어지고 관직자는 승진되지 않고 발탁되지 않는다. 사년(巳年)이나 사월(巳月)에 정단하면 주인격이 완성되니 고시에 합격하고 관직자는 승진한다.

○ **구재** : 왕래하더라도 아무런 쓸모가 없다. 가만히 있으면 오히려 얻는다.

→ 초전과 중전이 공망되었으니 왕래하더라도 아무런 쓸모가 없다.

가만히 있으면 일지가 재성인 未이니 재물을 얻는다.
- **알현** : 귀인을 만나는 일이 나쁘다.
  → 낮 귀인 申은 일간을 극하고 밤 귀인 子는 子를 극하는 지반에 앉아 있으니 귀인을 만나는 일이 나쁘다.
- **질병** : 어린이의 급경풍(急驚風)이다. 입을 다물고서는 음식을 먹지 못한다. 구병은 매우 나쁘다.
  → 子는 어린이다. 子수가 지반의 未토로부터 극을 받았으니 어린이에게 병이 발생한다. ● 일록은 음식이다. 일록인 卯가 폐구(閉口) 되었으니 음식을 먹지 못하며 구병환자는 사망할 위험이 있다. ● 말전에서 손을 뜻하는 卯가 발을 뜻하는 戌에 가했으니 중풍을 예방해야 한다.
- **유실** : 찾기 어렵다. 본 사람이 말을 하지 않는다.
  → 재성은 유실물이다. 재성인 중전의 戌이 공망되었으니 찾기 어렵다. 일록이 폐구되었으니 본 사람이 말을 하지 않는다.
- **출행** : 여정을 변경한다.
  → 일간은 나, 초전은 지금이다. 일간이 공망되었고 다시 초전이 공망되어 지금은 출발할 수 없으니 여정을 변경해야 한다.
- **귀가** : 오랫동안 기다려도 도착하지 않는다.
  → 말전은 귀가출발지, 중전은 중도, 말전은 도착지이다. 중전과 초전이 공망되었으니 오랫동안 기다려도 도착하지 않는다.
- **쟁송** : 왜곡된 판결을 예방해야 한다.
  → 밤에 정단하면 지상의 귀인승신 子가 지반 未와 육해하니 왜곡된 판결과 패소를 예방해야 한다.
- **전쟁** : 아직은 이롭지 않다.
  → 주인격(鑄印格)이어서 길해 보이지만 초전과 중전이 공망되어 주인격이 불성하니 아직은 이롭지 않다.

□ 『필법부』: 〈43법〉 천을귀인이 올바르지 못하면 소송에서 비록 나의 이치가 옳을지라도 왜곡된 판결을 받게 된다.
   ➜ 귀인승신 子가 지반의 未와 육해하니 왜곡된 판결을 받는다.
   〈제81법〉 삼전이 묘신으로 전해지고 묘신에 들면 증오와 사랑으로 나눠진다.
   ➜ 초전의 巳가 중전과 말전에서 巳의 묘신인 戌로 전해진다. 자식의 질병을 정단하면 자손효가 묘지로 전해지니 사망한다.
   〈제99법〉 일반인은 길상을 만나더라도 길하게 작용하지 않는다.
□ 『정와』: 여름의 巳시와 午시 혹은 등사와 주작이 지나치게 왕성하거나 혹은 공망되면 반드시 관인(官印)이 깨지고 도장의 끈이 상한다.
   ➜ 주인격은 쇠를 연단하여 관인을 만드는 상이다. 여름의 巳시 혹은 午시는 화가 태왕하여 관인이 녹는 상이니 구관에 불리하다.
□ 『지장부』: 사과의 세 곳이 하적상을 하면 '장도액(長度厄)'이다. 바다를 건너려고 하는데 배가 파손되는 상이다.

| 갑오순 | 을미일 | 9국 |

乙未일   제 9 국

공망 : 辰·巳
낮 : 왼쪽 천장, 밤 : 오른쪽 천장

己	癸	乙
合亥蛇	白卯玄	后未青
未	亥	卯
丙	庚	己	癸
貴申勾	勾子貴	合亥蛇	白卯玄
○乙辰	申	未	亥

丁蛇酉巳○	戊朱戌午	己合亥未	庚勾子申貴
丙貴申辰○			辛青丑酉后
乙后未卯青			壬空寅戌陰
甲陰午寅	○巳玄丑白	○辰常子常	癸白卯亥玄

□ **과체** : 중심(重審), 곡직(曲直), 교동(狡童/낮) // 침해(侵害), 덕경(德慶), 귀덕임신(貴德臨身/낮), 화미(和美), 전국(全局), 록현탈격(祿玄脫格), 구절(俱絶/간지봉절), 귀인입옥(貴人入獄), 천을신기(天乙神祇/낮), 형제효현괘.

□ **핵심** : 장생이 묘고로 전해지니 처음은 밝고 나중은 어둡다. 낮 귀인은 辰에 임하고 밤 귀인은 일간을 보호한다.

□ **분석** : ❶ 亥는 일간의 장생이고 未는 일간의 묘고이다. 초전이 亥이고 말전이 未이니 장생이 묘고가 된다. 〈경〉에서 말하기를 "묘고가 생으로 전해지면 먼저는 혼미하고 나중은 밝다."고 하였다. 그러나 지금은 이와는 정반대이다.

❷ 양 귀인이 모두 일간의 음양에 임하지만 낮 귀인이 辰에 임하고 귀실이니 乙을 상하게 한다. 밤 귀인 子가 乙을 생하고 다시 申을 탈기해서 귀인과 일덕이 함께 도우니 귀인에게 부탁하고 신에게서 구하면 매우 좋아서 몰래 나를 보호해준다.

□ **정단** : ❶ 이 중심과의 삼전은 곡직(曲直)이다. 밤에는 염막귀인이 일

간에 임하고 장생이 발용이 되었으니, 봄에 정단하면 목이 왕성해서 반드시 부귀영화를 누리고 관록이 온다. 다만 합 속에 형(刑)과 해(害)가 있으니 처음에는 성사되지만 나중에는 막히며 형제와 연루되는 것을 예방해야 한다.

❷ 간상의 申과 지상의 亥가 일간과 일지의 절신(絶神)이니 귀인에게 요청하여 옛일을 끝맺어야 한다.

○ **날씨** : 바람이 많이 불고 비가 많이 오니 나무가 무성하다.
→ 목은 바람, 청룡은 강우의 천장이다. 삼전이 목국이니 바람이 많이 불고, 삼전에 청룡이 타고 있으니 비가 많이 와서 초목이 무성하다.

○ **가정** : 낮에 정단하면 음란을 예방해야 한다.
→ 낮에 정단하면 초전에는 육합이 타고 말전에는 천후가 타니 음란을 예방해야 한다. 일지음양이 겁재국이니 가정에 손실이 많다. 특히 밤에는 장생인 亥에 등사가 타니 부모에게 놀랄 일이 발생하는 것을 예방해야 한다.

○ **혼인** : 낮 정단에서는 혼인하면 안 된다.
→ 낮 정단에서는 초전에 육합이 타고 말전에 천후가 타고 있어서 음일격(淫泆格)이니 혼인하면 안 된다. 다만 연애결혼을 하면 중매인이 필요하지 않다. ● **궁합** : 일간은 나, 일지는 상대이다. 간상의 申이 지상의 亥를 생하니 좋고, 다시 간상 둔반의 丙이 지상 둔반의 己를 생하니 다시 궁합이 좋다. 여름에 정단하면 초전의 지반이 왕성하고 그 천반은 쇠약해서 드센 여자이니 혼인을 심사숙고해야 한다.

○ **임신·출산** : 태아가 공망과 장생에 앉아 있으니 키우지 못하는 것을 예방해야 한다.

→ 태신은 태아이다. 태신인 酉가 酉를 극하는 지반에 앉아 있고 다시 지반이 공망되었으니 유산될 우려가 있다.
○ **구관** : 겨울과 봄에 정단하면 대길하다. 낮에 정단하면 고시에 응시하여 높은 성적으로 합격한다.
→ 겨울과 봄에 정단하면 삼전의 목국이 왕성하니 고시와 관직 모두 대길하다. 낮에 정단하면 공무원을 뜻하는 천을귀인과 관직을 뜻하는 관성과 군자를 뜻하는 일덕귀인이 함께 있으니 공무원 임용고시에서 높은 성적으로 합격한다.
○ **구재** : 재물을 얻을 수 있다.
→ 재성은 재물이다. 말전의 未가 일간의 재성이니 재물을 얻을 수 있다. 만약 사업을 정단하면 말전이 비록 재성이지만 이 재성이 일간의 묘신이면서 다시 일지의 음양과 삼전이 형제국이니 반드시 실패한다.
○ **알현** : 두 곳 중의 한 곳에서만 도움을 받는다.
→ 밤 귀인이 子에 타서 일간 乙을 생하니 밤에 정단하면 귀인의 도움을 받는다. 그러나 낮에 정단하면 귀인승신 申이 일간을 극하니 귀인의 도움을 받지 못한다.
○ **질병** : 주로 비장에 병이 있어서 소식한다. 낫기 어렵다.
→ 삼전의 목국이 오행의 토를 극하니 토의 장부인 소화기 계통에 병이 들어 낫기 어렵다. ● 낮에 정단하면 천을귀인이 申에 타서 일간 乙을 극하여 귀수가 있으니, 수법을 행사할 수 있는 법사의 도움을 받아야 병이 낫는다.
○ **유실** : 구진이 현무를 극하니 반드시 잡는다.
→ 구진은 경찰, 현무는 도둑이다. 낮에 정단하면 구진승신 子가 현무승신 巳를 극하니 도둑을 잡고, 밤에 정단하면 구진승신 申이 현무승신 卯를 극하니 도둑을 잡는다.
○ **출행** : 배를 이용해야 한다.

→ 현대에서는 일간은 나, 일지는 여행지이다. 일간이 공망되었으니 갈 수 없고, 지상의 亥가 일간의 장생이니 안전한 여행지가 아니다.

○ **귀가** : 즉시 도착한다.

→ 초전은 도착지이다. 초전의 亥와 일지 未가 삼합하니 즉시 도착한다.

○ **쟁송** : 처음에는 바르지만 나중에는 바르지 않다. 판사에게 화해를 요청해야 한다.

→ 亥는 일간의 장생, 未는 일간의 묘고이다. 초전이 亥이고 말전이 未이다. 장생이 묘지로 전해지니 처음에는 바르지만 나중에는 바르지 않다. 밤 정단에서는 귀인승신 子가 일간을 생하니 판사에게 화해를 요청해야 한다. ● 중심과이니 소송서류를 철저하게 완비해야 하고 또한 상급의 법원에서 재심하는 것이 유리하다.

○ **전쟁** : 낮에 정단하면 길하다.

→ 낮에 정단하면 간상에 길장이 타니 길하다.

□ 『**필법부**』 : 〈제47법〉 귀인이 비록 감옥에 있더라도 일간에 임하면 좋다.

→ 낮에는 귀인이 기궁인 辰에 임한다. 따라서 귀인입옥으로 논하지 않는다.

〈제76법〉 서로 시기하여 모두에게 화가 미친다.

→ 간상의 申과 지상의 亥가 육해하니 서로 시기하여 모두에게 화가 미친다. 주로 혼인, 매매, 계약, 거래, 회담에 활용된다.

□ 『**과경**』 : 장생이 묘고로 전해지니 처음에는 꾀하는 일이 마치 꽃과 비단과도 같지만 나중에는 오히려 아리송하게 된다.

→ 초전의 亥는 목국의 장생이고 말전의 未는 목국의 묘신이다.

□ 『**육임지남**』: 戊子년에 월장 亥를 점시 未에 가한 뒤에 어느 한 공무원이 자신의 행장(行藏)을 정단한다. 삼전의 목국이 무성하고 뱀이 용으로 변하는 상이니, 반드시 배와 관련된 직무로서 나중에 관직과 명성이 원대해진다. 염막귀인이 공망에 앉아 있으니 고시가 마음먹은 대로 되지는 않는다.

인성인 亥가 발용이 되었고 말전이 인월의 황은(皇恩)인 未이니 조상의 음덕으로 관직에 특서되는 '문음(門蔭)'이다. 정관인 申이 일간에 임하고 인성인 亥가 일지에 앉아 있으니, 처음에는 지부(知府)에 오르고 나중에는 사도(司道)가 된다. 과연 공부(工部)에서 재임하다가 얼마 뒤에 지부로 승진했다.

※ 황은대사(皇恩大師)

신살＼월건	寅	卯	辰	巳	午	未	申	酉	戌	亥	子	丑
황은대사	未	酉	亥	丑	卯	巳	未	酉	亥	丑	卯	巳

乙未일 제 10국

공망 : 辰·巳
낮 : 왼쪽 천장, 밤 : 오른쪽 천장

	乙		戊		辛	
蛇	未	靑	陰	戌	朱	白	丑	后
	辰○		未		戌	

乙	戊	戊	辛
蛇未靑	陰戌朱	陰戌朱	白丑后
○乙辰	未	未	戌

丙申巳 貴 勾	丁酉午 后 合	戊戌未 陰 朱	己亥申 玄 蛇
蛇 乙未辰○ 靑			常 庚子酉 貴
朱 甲午卯 空			白 辛丑戌 后
合 ○巳寅 白	勾 ○辰丑 常	靑 癸卯子 玄	空 壬寅亥 陰

- **과체** : 중심(重審), 가색(稼穡), 불비(不備), 무음(蕪淫), 췌서(贅壻) // 유자(遊子/3·9월), 고진(孤辰), 전국(全局), 회환(回還), 절신가생(絶神加生/연명:巳), 묘신부일(墓神覆日), 화개부일(華蓋覆日), 주객형상(主客刑傷), 사화백(蛇化白/낮), 귀인공망(貴人空亡/낮), 여덕(勵德/밤).

- **핵심** : 辛이 귀살이고 그 뒤가 묘지이니 부동산을 매입하면 안 된다. 삼형이 끝이 없으니 재물로 인해 고생한다.

- **분석** : 말전의 丑이 일간의 재성이니 부동산에 관련된 일이다. 丑의 둔간이 귀살인 辛인데 귀살과 묘신이 삼전의 뒤에서 일간 乙을 상하게 하니 재물이 귀살로 변한다. 만약 위험을 무릅쓰고 중전의 재물을 취하면 순환하는 삼형으로부터 벗어나지 못하여, 반드시 재물이 발단이 되어 고초를 당하게 된다. 특히 낮에 정단하면 초전이 등사이고 말전이 백호이니 그 흉이 더욱 심하다.

- **정단** : ❶ 중심과이고 과전이 모두 사계(四季)이니 가색(稼穡)이다. 더욱이 일간과 일지를 묘신(墓神)이 덮었으니 모든 일이 어렵고 고생이 많아 깊은 수렁에 빠진다.

❷ 천지에 널려있는 것이 재물이만 함부로 구하면 재앙과 후회를 자초하고, 순리를 따르면 반드시 이익이 저절로 온다.
❸ 낮 귀인 申이 장생인 巳에 앉아 있으니 부귀한 사람은 더욱 번영하지만 아랫사람은 꺼린다.
❹ 재성인 일지 未가 간상으로 왔으니 이 재물을 속히 취해야 한다. 만약 늦추면 묘지로 변하기 때문이다.

○ **날씨** : 날이 흐려서 해가 보이지 않는다.
  ➔ 삼전이 토국이니 날이 흐려서 해가 보이지 않는다.
○ **가정** : 집을 구입하는 일이 힘들지 않다. 사나운 개가 사람을 문다.
  ➔ 일간은 사람, 일지는 집이다. 일지인 未가 간상으로 온 것은 집이 사람에게 온 상이니 집을 구하는 일이 힘들지 않다. 그리고 밤에 정단하면 주작이 戌에 타서 未에 가하니 사나운 개가 사람을 문다.
  ● 사과가 하나의 양과 두 음이니 남자의 음란을 예방해야 한다. ●
  일간은 부모, 일지는 가족이다. 간상의 未와 지상의 戌이 삼형이니 가족이 화목하지 않다.
○ **혼인** : 첩을 들인다. 혹은 혼인했던 부인이 남편과 헤어진 뒤에 자식을 거느리고 다른 남자와 혼인한다. 밤에 정단하면 길하다.
  ➔ 재성은 여자이다. 간상에 재성인 未가 임하고 지상에도 재성인 戌이 임한다. 지상의 戌은 본 부인이고 간상으로 온 재성은 첩으로 해석할 수 있으니, 남자가 첩을 들이거나 혹은 혼인했던 부인이 남편과 헤어지고 나서 자식을 거느리고 다른 남자와 혼인한다. ● 밤에 정단하면 간상의 未에 길장인 청룡이 디고 있으니 길히다.
○ **임신·출산** : 태아가 손상되는 것을 예방해야 한다.
  ➔ 태신은 태아이다. 태신인 酉가 酉의 패지(敗地)인 午에 임하고 태신이 극을 당하니 태아가 손상되는 것을 예방해야 한다.

O **구관** : 재물을 써서 관직을 득할 수 있다. 어려움과 고통을 겪은 뒤에 아랫사람에 의해 문책이나 좌천되는 것을 예방해야 한다.

→ 사과와 삼전에 재성이 많으니 재물을 써서 관직을 득할 수 있다. 특히 연명이 巳나 午인 사람은 그 상신이 관성인 申이나 酉이니 더욱 확실하다. 중심과의 삼전이 삼형이니 아랫사람으로 인한 면책과 좌천을 예방해야 한다.

O **구재** : 스스로 들어오는 재물을 서둘러서 취해야 한다. 가서 구하면 화가 닥친다.

→ 재성인 일지가 간상으로 왔으니 굴러들어 오는 재물을 서둘러서 취해야 한다. 만약 삼전으로 가서 재물을 취하려고 하면 초전의 재성 未는 공망되었으니 취하지 못하고, 중전의 戌과 말전의 丑은 삼형이며 다시 말전의 둔반이 귀살이니 이 재물을 취하면 화가 닥친다. ● **개업** : 과전의 모든 재성이 토이니 부동산에 관련된 사업을 하면 된다. 다만 일간은 쇠하고 재물은 왕성하니, 일간이 왕성해지는 봄이나 겨울에 개업하는 것이 가장 이롭다.

O **질병** : 중도에 음식을 먹지 못한다. 오한과 한열(寒熱)로 인해 안전하지 못하다.

→ 재성에는 재물과 음식의 뜻이 있다. 사과는 물론이고 삼전의 재성은 태왕하고 일간은 쇠약하니 오히려 음식을 먹지 못한다. 그나마 봄이나 겨울에는 일간이 왕성해지니 길한 편이다. ● **구병** : 일간이 공망되었으니 구병은 생명이 위독하다.

O **유실** : 청룡과 주작이 묘신에 들면 문서를 유실한다.

→ 밤에 점단하면 청룡이 일간의 묘신인 未에 타니 문서를 유실한다. 지금은 청룡의 지반이 공망되었으니 되찾지 못한다.

O **출행** : 반드시 출행하지 못한다.

→ 일간은 출행인이다. 간상에 일간의 묘신인 未가 임하니 반드시 출발하지 못한다. 다만 묘신 未를 충을 하는 축일(丑日)이나 축월(丑

月)에는 출행할 수 있다.
○ **귀가** : 목적지에서 뜻대로 되지 않아서 아직은 귀가하지 못한다.
→ 재물에 관련된 일로 출행한 경우, 말전의 재성 丑 위에 귀살 辛이 임하고 다시 초·중전과는 삼형이니 목적한 일이 뜻대로 되지 않는다. 따라서 아직은 귀가하지 못한다.
○ **쟁송** : 부동산에 관련된 재물이 발단이 되었다.
→ 삼형은 쟁송과 관재, 오행의 토는 부동산이다. 삼전의 未戌丑이 삼형이고 다시 부동산이니 부동산에 관련된 재물이 발단이 되었다.
● 일간은 나, 일지는 상대방이다. 간지의 상신인 未와 戌이 삼형이니 합의하기 어렵다. ● 승패 : 간상으로 온 일지 未가 乙의 극을 받고 다시 일간이 일지를 극하니 내가 유리하다.
○ **전쟁** : 적군이 침입하면 승전하고, 내가 공격하면 불길하다.
→ 일간은 아군, 일지는 적군이다. 일지가 간상으로 와서 일간으로부터의 극을 받으니 적군이 아군에게 오면 아군이 승전한다. 그러나 아군이 적군에게 가면 삼전에서 삼형을 만나니 불길하다.

□ 『**필법부**』 : 〈제59법〉 화개가 일간을 덮으면 사람이 어두워진다.
→ 일간을 덮고 있는 未는 일간의 묘신이면서 일지의 화개이다.
〈제65법〉 일간의 묘신이 관신(關神)을 아우르면 사람과 가택이 황폐해지는 허물이 있다. 관신은 봄에는 丑, 여름에는 辰, 가을에는 未, 겨울에는 戌이다.
→ 간상의 未는 일간의 묘신이고 가을에 점단하면 관신이다.
〈제69법〉 백호가 둔간귀살에 타면 재앙이 얕지 않다.
→ 낮에 점단하면 말전의 천반에 백호가 타고 그 둔간은 귀살인 辛이다.
〈제75법〉 손님과 주인이 다투지 않아도 형벌이 이미 있다.

➜ 간상의 未와 지상의 戌이 서로 형을 하고 있다. 주로 혼인, 매매, 동업, 교역, 교섭, 회담에서 쓰인다.

□ 『**지요**』: 삼전이 가색(稼穡)이니 부동산에서 머무는 것을 생각해야 하고, 네 계절의 재물을 맞이하니 옛것을 지켜야 한다.

□ 『**지장부**』: 일지가 간상에 임한 뒤에 일간으로부터 극을 당하여 '췌서(贅婿)'이니 자립할 수 없다.

갑오순 | 을미일 | 11국

乙未일 제 11 국

공망 : 辰·巳 ○
낮 : 왼쪽 천장, 밤 : 오른쪽 천장

	丙		戊		庚	
	貴 申 勾	陰	戌 朱	常	子 貴	
	午		申		戌	
	甲		丙		丁	己
朱 午 空	貴 申 勾		后 酉 合	玄 亥 蛇		
○乙 辰		午		未		酉

乙 未 巳 蛇 青	丙 申 午 貴 勾	丁 酉 未 后 合	戊 戌 申 陰 朱
甲 午 辰 朱 空 ○			己 亥 酉 玄 蛇
○巳 卯 合 白			庚 子 戌 常 貴
○辰 寅 勾 常	癸 卯 丑 青 玄	壬 寅 子 空 陰	辛 丑 亥 白 后

- **과체** : 중심(重審), 섭삼연(涉三淵/申戌子), 진간전(進間傳) // 덕경(德慶), 삼기(三奇), 복덕(福德), 오양(五陽), 양귀수극(兩貴受剋), 귀인입옥(貴人入獄/밤), 간지구탈(干支俱脫), 탈상봉탈(脫上逢脫/밤), 천을신기(天乙神祇/낮), 강색귀호(罡塞鬼戶).

- **핵심** : 귀살이 정마를 타고 집으로 온다. 지출이 하나가 아니다. 귀인에게 부탁하면 귀인이 나를 가엾게 여기지 않는다.

- **분석** : ❶ 지상의 酉는 일간의 귀살이고 그 위의 둔간은 丁이다. 지금 택상에 거주하면서 일지 未의 기운을 훔치니 지출이 하나가 아니다.
  ❷ 기궁 辰과 지상의 酉가 상합하고 일지 未와 간상의 午가 상합하여 일진의 상하가 교차상합(交叉相合)하니 교섭에 이롭다.
  ❸ 다만 밤 귀인이 감옥에 들고 낮 귀인이 극을 받아 귀인이 스스로를 생각해보니 도울 능력을 갖추지 못해, 귀인이 나를 연민하는 것을 기대할 수 없다. 따라서 그에게 간청하더라도 나에게 무익한 것이 확실하다.

- **정단** : ❶ 중심과이고 순간전(順間傳)이다. 일간과 일지가 모두 탈기

(脫氣)를 당하고 양 귀인이 극을 당하니 일에 차질이 생긴다. 따라서 모든 꾀하는 일은 이루기 어렵고, 마음은 있지만 무력하며, 겉으로는 좋지만 속으로는 어긋난다. 희망하는 일은 천천히 성사되고 재앙을 만나면 풀리기 어렵다.

❷ 申子와 일간의 기궁인 辰이 합을 하여 수국이다.

❸ 중전이 戌토이니 산이 있는 상이다. 삼전이 모두 밤의 12지로 들어가니 여자는 정절을 지켜야 하고, 산수는 자연스럽고 나뭇잎은 길상하다.

○ **날씨** : 오랫동안 화창했으니 비가 온다.
  ➔ 申은 수모(水母), 子는 강우이다. 초전이 수모이고 말전이 子이니 비가 온다.
○ **가정** : 손실이 많다. 노비(남자종업원, 여자종업원)의 간음을 예방해야 한다.
  ➔ 일간은 나이다. 일간 乙이 간상의 午로 탈기하니 손실이 많다. 특히 밤에 정단하면 午에 타고 있는 천공의 오행인 토가 午를 설기하니 더욱 손실이 많다. ● 일지는 가정이다. 일지 未가 지상의 酉로 탈기되니 손실이 많다. 낮에 정단하면 천후가 타니 부인에 의한 손실, 밤에 정단하면 육합이 타니 접대에 의한 손실이나 혹은 자녀에 의한 손실이다. ● 酉는 여자종업원 혹은 아가씨이다. 지상의 酉에 주야 모두 음란의 천장인 천후와 육합이 타니 여자종업원 혹은 아가씨에게 음란이 발생하는 것을 예방해야 한다. ● 가정을 뜻하는 지상에 정마가 타니 이사수가 있다.
○ **혼인** : 며느리를 부양하고 사위를 부양한다. 먼저 정(情)이고 나중이 예(禮)이다.
  ➔ 간상의 午는 자손효이다. 일간 乙이 간상으로 탈기되니 자식을

부양하는 상이다. ● 삼전이 섭삼연(涉三淵)이니 혼인이 순조롭지 않다. ● 궁합 : 일간은 나, 일지는 배우자감이다. 일간 辰과 지상의 酉가 상합하고 일지 未와 간상의 午가 상합하니 궁합이 좋다. ● 길흉 : 비록 일간과 일지가 교차상합하지만 간지가 모두 탈기되니 양측 모두에게 손실이 많은 연애와 혼담이다. ● 중심과이다. 여름이나 봄에 정단하면 초전의 지반 午가 강하게 천반 申을 극하니 기가 드센 여자인데, 지상의 酉가 일간 乙을 극하여 오니 이러한 성향이 더욱 강하다.

O **임신·출산** : 혼외의 임신이다. 딸이다.

→ 일지는 가정, 酉는 첩과 일간의 태신이다. 지상에 酉가 임하니 첩이 임신한다. 곤괘의 상인 중심과이니 딸이고, 일간의 상하가 모두 음이니 다시 딸이며, 지상의 酉가 태괘이니 또다시 딸이다. ● 임신을 원하는 경우, 일간의 태신인 酉가 월신살의 생기가 되는 해월(亥月)에 가능하다.

O **구관** : 돈을 많이 쓰지만 관직을 득하기 어렵다. 3월에 정단하면 관직을 얻는다.

→ 재성은 돈, 관성은 관직이다. 중전의 재성이 초전의 관성을 생하니 관직을 득하기 위해 돈을 쓰지만, 관성이 지반 午로부터 극을 당하여 관성이 상했으니 관직을 득하는 일을 이루기 어려운데, 간상의 午가 다시 관성 申을 극하니 더욱 어렵다. 다만 진월(辰月)에 정단하면 초전의 申과 말전의 子와 월건 辰이 삼합하여 일간을 생하니 관직을 얻는다. ● 명예직 공무원이나 퇴임기의 공무원은 삼전이 섭삼연(涉三淵)이니 낙향하여 산림에서 은둔해야 한다.

O **구재** : 수입에 비해 지출이 많다.

→ 비록 말전의 子가 일간을 생하지만 간상의 午가 일간을 탈설하니 수입에 비해 지출이 많다. ● 재성은 재물이다. 간상에는 자손효인 午가 임하고 중전에는 재성인 戌이 임하니 투자하여 돈을 버는 상이

다. 만약 여름에 개업하면 중전의 재성 戌이 왕상하니 가장 길하다.
- ㅇ **알현** : 귀인을 만나더라도 무익하다.

  → 천을귀인은 귀인이다. 밤 귀인 子는 감옥인 戌로 들고 낮 귀인 申은 지반의 午로부터 극을 받아 몸이 상했으니 주야 모두 귀인을 만나더라도 무익하다.

- ㅇ **질병** : 상체가 허약하다. 신에게 기도해야 한다.

  → 일간은 상체, 일지는 하체이다. 일간이 간상의 午로 탈기되니 상체가 허약하다. ● 낮 귀인 申이 일간을 극하고 밤 귀인 또한 子의 둔반이 귀살인 庚이어서 '귀수(鬼祟)'가 있으니, 수법을 행사할 수 있는 법사의 도움을 받아야 병이 낫는다. ● 의약신이 화의 오행인 午이니 뜸이나 방사선 치료 등 열을 이용하여 치료하면 되고, 의약신 午가 임한 진방(辰方) 곧 동남방에서 양약과 양의를 구해서 치료하면 낫는다.

- ㅇ **유실** : 주야 모두 도둑을 잡을 수 있다.

  ※『육임직지』원문에서는 "구진이 현무를 생하니 경찰이 도둑을 놓아 주는 것을 막아야 한다."고 하였다.

  → 낮에 정단하면 구진승신 辰이 현무승신 亥를 극하지만 구진이 공망되었으니 도둑을 잡지 못한다. ● 밤에 정단하면 구진승신 申이 현무승신 卯를 극하니 주야 모두 도둑을 잡을 수 있다.

- ㅇ **출행** : 사월(巳月)에 북방으로 출행하면 이롭다.

  → 말전의 子는 북방이고 이 子가 일간을 생하여 오니 북방으로 출행하면 이롭다. 사월(巳月)에는 공망된 역마 巳가 메워지고 건왕(建旺)해지니 사월에 출행하는 것이 이롭다.

- ㅇ **귀가** : 귀가한 뒤에 다시 출행할 우려가 있다.

  → 네 묘신이 네 맹신에 임하면 재발의 뜻이 있다. 따라서 귀가한 뒤에 다시 출행할 우려가 있다.

- ㅇ **쟁송** : 쟁송으로 인한 손실이 많다. 상대가 충동질한다. 쉽게 맺어지

지만 풀기 어렵다.

→ 일간은 나, 자손효는 손실이다. 일간 乙이 간상의 午로 탈기되니 쟁송으로 인한 손실이 많다. 재성은 충동질하는 사람, 관귀효는 관재이다. 중전의 재성 戌이 초전의 관귀효 申을 생하니 충동질하는 사람이 있다. 일간과 일지가 교차육합(交叉六合)하니 화해의 기미가 보이지만 화해하지 않으면 쟁송이 오래간다. 더군다나 삼전이 연못을 건너는 상의 '섭삼연(涉三淵)'이니 간난(艱難)이 우려된다. ● 중심과이니 상급의 법원에서 재심하는 것이 유리하다. ● 관재 : 귀살 酉는 관재이다. 귀살을 제압하는 午가 간상에 있고 다시 흉화위길의 신인 일덕 申이 초전에 있으니 관재가 가벼워진다. 다만 삼전이 섭삼연이니 관재가 빠른 시일 안에 끝나지는 않는다.

○ **전쟁** : 무익하다. 봄에는 길하다.

→ 일간은 아군이다. 일간 乙이 간상의 午로 탈기되니 무익하다. 다만 봄에는 일간이 왕성하니 길하다. 그리고 삼전이 말을 타고 빙판을 달리는 상이니 흉하다.

○ **분묘** : 진방(辰方)으로 물이 흘러가면 길하다. 그리고 신용(辛龍)이 지반의 亥로 드니 무성하다.

→ 초전의 申과 말전의 子와 기궁인 辰이 삼합한 수국이 일간을 생하니 진방(辰方)으로 물이 흘러가면 길하다.

□ **『필법부』** : 〈제16법〉 천공 위가 다시 공망이면 이룰 수 없다.

→ 밤에 정단하면 일간 乙이 간상의 午로 탈기되고 다시 천공이 타니 탈상봉공(脫上逢空)이다.

〈제48법〉 귀살에 천을귀인이 타면 곧 하늘 귀신과 땅 귀신의 해가 있다.

→ 낮에 정단하면 일간의 귀살인 申에 귀인이 탄다.

〈제21법〉 교차상합은 왕래에서 이롭다.

→ 기궁 辰은 지상의 酉와 상합하고 일지 未는 간상의 午와 상합한다. 혼인, 매매, 교역, 거래, 회담 등에 적용된다.

〈제35법〉 사람과 가택이 실탈을 당하면 두 곳 모두에서 도적을 초래한다.

→ 일간 乙은 간상의 午로 탈기되고 일지 未는 지상의 酉로 탈기된다.

□ 『과경』 : 자형 속의 午酉는 사승살(四勝煞)이다. 모든 정단에서 그 능력을 자부하여 모두가 자신의 공을 높이려고 한다.

→ 간상이 午이고 지상이 酉이니 사승살이다.

□ 『지장부』 : 申戌子는 섭삼연(涉三淵)이다. 귀향하여 산림에서 은둔해야 한다.

→ 주로 관직정단에서 나쁘다.

乙未일   제 12 국

공망 : 辰·巳 ○
낮 : 왼쪽 천장, 밤 : 오른쪽 천장

	丁	戊	己	
后	酉 玄	陰 戌 陰	玄 亥	后
	申	酉	戌	
	○	甲	丙	丁
合	巳 青	朱 午 空	貴 申 常	后 酉 玄
	○乙辰	巳○	未	申

甲午巳 朱貴	乙未午 蛇空	丙申未 貴白	丁酉申 玄后
○巳辰 合青○			戌 陰戌酉 陰
○辰卯 勾勾			己亥戌 玄后
癸卯寅 青	壬寅丑 合空	辛丑子 朱白	庚子亥 蛇常 貴

□ **과체** : 요극(遙尅), 호시(蒿矢), 진여(進茹) // 주인(鑄刃/酉戌亥), 덕경(德慶), 복덕(福德), 가귀(家鬼), 맥월(驀越), 교차절신(交叉絶神), 천을신기(天乙神祇/낮), 천라지망(天羅地網).

➜ 수토동궁설을 적용해서 간상의 巳를 일지 未의 절신으로 보았다.

□ **핵심** : 간상은 공망과 탈기(脫氣)이다. 관귀효가 튼실하니 일반인은 매우 두렵고 관직자는 좋다. 삼기(三奇)가 나란히 있다.

□ **분석** : ❶ 일간은 공망되고, 일간을 탈기하는 巳가 일간에 임하며, 튼실한 귀살 申이 일지에 임하니, 비 관직자에게는 질병과 소송으로 인한 손실이 생기니 두렵다.

❷ 관직자는 역마 巳와 관성 申이 간지상에 임하고 다시 삼전을 '원둔(元遁)'하여 乙丙丁 삼기를 갖췄으니 매우 길한 과이다.

➜ 원둔은 시둔법을 가리킨다.

□ **정단** : ❶ 요극과의 연여(連茹)이니 화와 복이 모두 가볍다. 또한 모든 일을 쉽게 결정하지 못하고 꾀하는 일은 성사되지 않는다.

❷ 오직 삼전이 연주삼기이고 밤에는 염막귀인이 가택에 드니 고시

에 매우 이롭다. 관직자는 반드시 기이한 조화를 만나며 일반적인 보통의 부귀가 아니다.

❸ 요극의 호시(蒿矢)이니, 집에 손님이 오면 집에 머물게 하면 안 되고, 또한 서남방으로부터의 구설수를 예방해야 한다.

───────────────

○ **날씨** : 비가 많이 오고 춥다.
  → 초전이 酉이니 흐리고, 중전이 戌이니 구름이 끼며, 말전이 亥이니 비가 온다. 가을이나 겨울에 정단하면 춥다.
○ **가정** : 여러 손님을 접대하려고 하니 지출이 많다. 여자종업원이나 첩(妾)의 간음을 예방해야 한다.
  → 육합은 연회, 자손효는 지출이다. 육합이 자손효인 申에 타서 일지 未를 탈기하니 여러 손님을 접대하는 지출이 많다. ● 酉는 여종업원 또는 첩이다. 제4과의 酉가 발용이 되었고 이곳에 주야 모두 천후와 현무가 타고 있으니 간음을 예방해야 한다.
○ **혼인** : 혼인하면 안 된다.
  → 일간은 나, 일지는 배우자감이다. 지상의 음양이 두 번이나 일간을 극하여 와서 나에게 해를 입히니 혼인하면 안 된다. ● 궁합 : 비록 간상의 巳와 지상의 申이 합을 하지만 형(刑)과 극(剋)과 파(破)를 하니 나쁘다. ● 지상의 申이 일덕귀인이니 배우자감은 덕망이 있는 집안의 사람이다.
○ **임신·출산** : 딸을 낳는다.
  → 일간은 태아, 일지는 임신부이다. 일간의 음양이 모두 음이니 딸이고, 태신인 酉가 소녀를 뜻하는 태괘이니 다시 딸이다. ● 밤에 정단하면 태신인 酉에 현무가 타니 사생아이다.
○ **구관** : 기이한 인연을 만나 부귀영화를 누리는 날을 기대해도 된다.
  → 일지 未의 역마인 巳와 일간 乙의 관성인 申이 간지상에 임하고

다시 삼전을 '원둔(元遁)'하여 乙丙丁 삼기를 갖췄으니 부귀영화를 누리는 날을 기대해도 된다.

○ **구재** : 손실로 인해 타격을 받는다.

→ 일간은 사람이다. 일간 음양의 巳와 午가 일간을 탈기하고 다시 모두 공망되었으니 재물 손실로 인해 타격을 받는다. 중전에 재성인 戊와 戌이 임하니 재물을 얻게 된다.

○ **질병** : 불길하다. 한 가지 증상에 그치지 않는다.

→ 관귀효는 병재이다. 일지 음양의 두 귀살 申酉와 초전의 酉가 귀살이니 하나의 병이 아니다. 그리고 일간이 일간의 음양으로 탈기되니 몸이 허약한데 다시 공망이 되었으니 원기가 바닥난 상태이다. ● 낮에 정단하면 천을귀인이 申에 타서 일간 乙을 극하여 귀수가 있으니, 수법을 행사할 수 있는 법사의 도움을 받아야 병이 낫는다.

○ **유실** : 반드시 여종이 도둑이다.

→ 酉는 여종, 현무는 도둑이다. 일지음신의 酉에 현무가 타니 여종이 도둑이다.

○ **출행** : 시험을 보러가거나 관직자가 부임하기 위한 출행은 길하다. 나머지 출행은 이롭지 않다.

→ 귀인은 수험생 및 공무원이다. 낮에는 지상에 귀인이 타니 고시생이 시험을 보러 가거나 혹은 공무원의 부임에는 길하다. 그러나 일반인이 사적으로 출행할 경우에는, 일간의 음양이 일간을 설기하고 다시 공망되었으니 이롭지 않다.

○ **귀가** : 갑자기 도착한다.

→ 초전의 酉가 지상으로 돌아오니 갑자기 도착힌다.

○ **쟁송** : 쟁송이 풀리기 어렵다. 양측 모두에게 손실이 생긴다.

→ 지상 申 ⋯ 초전 酉 ⋯ 중전 戌 ⋯ 말전 ⋯ 亥로 이어져서 마치 쇠사슬이 길게 연결된 상이니 쟁송이 풀리기 어렵다. 그리고 간상

의 巳가 일간 乙을 설기하고 지상의 申이 일지 未를 설기하니 양측 모두에게 손실이 발생한다.
○ **전쟁** : 가을과 겨울은 이롭지 않다.

→ 일간은 아군, 일지는 적군이다. 일간의 음양이 일간을 탈설하고 다시 공망되었으니 아군에게 불리하다. 그리고 요극(遙剋)의 호시(蒿矢)는 나중에 대응하는 전술이 이롭다.

□ 『**필법부**』 : (제70법) 귀살이 제3·4과에 임하면 소송에 의한 재앙이 뒤따른다.

→ 제3과 위의 申과 제4과 위의 酉는 모두 일간의 귀살이다. 낮에 정단하면 지상의 申에 귀인이 타니 관재를 예방해야 하고, 밤에 정단하면 태상이 타니 상(喪)을 예방해야 한다.

□ 『**육임지남**』 : ❶ 丁丑년에 월장 亥를 점시 戌에 가한 뒤에 회시(會試) 정단을 한다. '황은(皇恩)'과 일간의 관귀효인 酉가 발용이 되었고, 중전의 하괴(戌)는 천희(天喜)이며, 말전의 亥는 장생과 태양(월장)이고, 지상에는 염막귀인과 관성이 보인다. 그리고 주작승신 午가 태세신 丑을 생하니 답안지의 문장이 화려하여 고득점으로 합격하는 것을 의심하지 않아도 된다. 간상과 지상이 일지와 일간의 절신이니 관직에서 빛을 보기는 어렵다. 과연 나중에 진사(進士)가 되고 정치를 한다.

※ 황은 : 乙未일 제9국 참조.

❷ 甲申년에 월장 申을 점시 未에 가한 뒤에 어느 현령이 현령의 진퇴를 정단한다. '세귀(歲貴)'와 '겁적(劫賊)'이 일지에 임하고 '적부(賊符)'와 역마가 일간에 가하니 병사의 어지러힘이 있다. 다행히 일간의 망(網)이 공망을 만났으니 반드시 벗어난 뒤에 물가의 마을로 가니 안전하다.

※ 세귀(歲貴) : 천을귀인을 가리킨다.
※ 겁적(劫賊) : 겁살(劫煞)을 가리킨다.
※ 적부(賊符) : 과전 천반의 巳·申·子·卯.

❸ 己丑년에 월장 午를 점시 巳에 가한 뒤에 질병정단을 한다. 일간(기궁)이 卯에 가하면 관(棺)이다. 다시 간상에 역마가 임하며, 다시 간상과 지상이 일지와 일간의 절신이고 다시 청룡과 태상이 각각 간상과 지상에 타니 상복(喪服)이 된다. 戌이 酉에 가하면 '지전살(紙錢煞)'이 되니 술월(戌月)에 사망한다. 나중에 모두 적중했다.

※ 지전살(紙錢煞) : 청룡과 태상이 역마와 천마에 타서 일간과 일지 위에 임하는 것이다.
※ 『육임수언』 「질병」, "紙錢殺 龍常乘二馬, 加臨干支上也."

병신일

丙申日의 길신(구보)과 흉살(팔살)

일덕	巳	형	
일록	巳	충	
역마	寅	파	
장생	寅	해	
제왕	午	귀살	亥子
순기	子	묘신	戌
육의(六儀)	甲午	패신 / 도화	卯 / 酉
귀인	주	酉	공망	辰巳
	야	亥	탈(脫)	辰戌丑未
합(合)		사(死)	酉
태(胎)	子	절(絶)	亥

대육임직지

丙申일 제 1 국

공망 : 辰·巳
낮 : 왼쪽 천장, 밤 : 오른쪽 천장

	○	丙	壬
勾 巳 空	蛇 申 玄	白 寅 合	
巳 ○	申	寅	
○	○	丙	丙
勾 巳 空	勾 巳 空	蛇 申 玄	蛇 申 玄
○丙巳	巳○	申	申

○ 勾 巳 巳	甲 合 午 午	乙 朱 未 未	丙 蛇 申 玄 申
○ 青 辰 青 辰○			丁 貴 酉 陰 酉
空 癸 勾 卯 卯			戊 后 戌 后 戌
白 壬 合 寅 寅	辛 常 丑 朱 丑	庚 玄 子 蛇 子	己 陰 亥 貴 亥

□ **과체** : 복음(伏吟), 자임(自任), 원태(元胎), 여덕(勵德), 고진과수(孤辰寡宿) // 형상(刑傷), 덕경(德慶/공망), 체극(遞剋).

□ **핵심** : 일덕과 일록이 공망되었다. 중전의 재성에 밤에는 현무가 타고, 말전의 장생에 낮에는 백호가 타며, 寅의 위에는 둔간 壬이 있다.

□ **분석** : ❶ 간상과 초전의 巳가 일덕과 일록이지만 밤에는 천공이 타고 공망이 되었다.

❷ 중전의 申이 비록 일간의 재성이지만 밤에는 현무가 타니 오히려 손실이 생긴다. 다행히 말전의 寅이 일간의 장생이니 이것을 의지할 수 있다.

❸ 낮에 정단하면 말전에 백호가 타고 둔간은 귀살인 壬이다. 생하는 가운데에서 오히려 손상을 입으니, 차라리 택상에 있는 재물을 지키는 것이 망동하는 것에 비해 오히려 낫다.

□ **정단** : ❶ 자임(自任)이고 일간과 일지의 상하가 교차상합하니 격명이 화합해서 아름답다는 뜻의 '화미(華美)'이다. 윗분의 도움으로 꾀하는 일이 성사된다. 다만 합을 하는 가운데에서 형(刑)과 파(破)가

되니 좋다가도 부족한 것이 있다.

―――――――――――――――――――

○ **날씨** : 만리의 하늘에 구름 한 점 없다.
　➜ 일간은 하늘이다. 간상의 巳화는 공망이 되었고 다시 이곳에 밤에는 천공이 타니 만리의 하늘에 구름 한 점 없다.
○ **가정** : 사람과 집이 모두 편안하다. 밤에는 택상에 현무가 타고 있으니 손실을 예방해야 한다.
　➜ 일간은 나, 일지는 가정이다. 일간(기궁) 巳와 일지 申이 상합하고 다시 간상의 巳와 지상의 申이 상합하니 나와 가정이 모두 화합한다. 지상의 申은 재물이고 밤에는 이곳에 현무가 타고 있으니 재물을 도난당하는 것을 예방해야 한다. ● 일간은 나, 일록은 직업이다. 간상의 일록이 공망되었으니 직업운이 약해서 만약 직장의 진퇴를 물으면 퇴직하게 되고, 사업의 진퇴를 물으면 폐업하게 된다.
○ **혼인** : 간지가 교차상합 하니 취할 수 있다.
　➜ 일간은 상이고 일지는 하, 일간은 나이고 일지는 배우자감이다. 일간 巳와 일지 申이 교차상합하니 배우자감을 취할 수 있다. 다만 공망된 간상의 巳가 풀리는 사년(巳年)이나 사월(巳月)이나 사월장(巳月將) 기간에 가능해진다. ● **궁합** : 나쁜 편이다. 일간 巳와 일지 申이 상합하니 궁합이 좋지만, 巳와 申이 형(刑)과 파(破)를 하니 처음에는 결합하는 상이지만, 나중에는 형의 작용으로 인해 다투게 되고 파의 작용으로 깨지게 된다. ● 배우자감을 뜻하는 지상에 주야 모두 흉장인 등사와 현무가 타고 있으니 길하지 않다.
○ **임신·출산** : 임신부는 튼실하고 태아는 공허하다. 출산을 정단하면 길하지 않다.
　➜ 일간은 태아, 일지는 임신부이다. 일간의 상하가 공망되었으니 태아가 부실하고, 일지가 공망되지 않았으니 임신부는 튼실하다. 일

간이 공망되었으니 유산을 예방해야 한다.
○ **구관** : 관직정단에서 불길하다.
→ 일덕은 공무원, 일록은 공무원이 받는 급여이다. 오늘의 일록은 巳이고 일덕 또한 巳인데, 이들이 모두 공망되어 관록을 잃는 상이니 관직정단을 하면 불길하다. 간상과 초전의 巳에 낮에는 구진이 타고 있으니 면책을 예방해야 한다.
○ **구재** : 자신의 재물을 지켜야 하고 타인의 재물을 넘보지 않아야 한다.
→ 말전에 백호가 타고 둔간은 귀살인 壬이다. 일간을 생하는 가운데에서 오히려 일간을 손상시키니, 차라리 택상에 있는 재물을 지키는 것이 망동해서 타인의 재물을 탐하는 것에 비해 오히려 낫다.
● **개업** : 복음과이니 가만히 호기를 기다려야 한다. 일록은 사업이다. 개업하면 일록이 공망되었으니 실패한다.
○ **질병** : 폐기가 부족하다. 의사의 도움을 받지 못한다.
→ 지상과 중전의 申은 오행의 금으로서 폐에 해당한다. 이 申이 일간의 음양과 초전의 巳로부터 극을 받아 약해졌으므로 폐기가 약하다. ● 일간은 환자이다. 일간이 공망된 것은 환자가 사라지는 상이니 구병환자가 정단하면 사망한다.
○ **출행** : 속히 출행하면 갈 수 있고, 늦추면 가기 어렵다.
→ 일간은 여행객, 일지는 여행지, 삼전은 여정이다. 일간이 공망되고 삼전이 다시 삼형이니 과전이 흉하다. 이러하니 늦추면 출행하기 어렵고 속행하면 갈 수 있다.
○ **귀가** : 역마가 말전에 거주하니 곧 도착한다.
→ 말전은 귀가 출발지, 중전은 중도, 초전은 도착지이다. 그리고 역마는 자동차나 배, 비행기와 같은 교통수단이다. 역마가 말전에 있어서 차를 타고 출발했으니 곧 도착한다.
○ **쟁송** : 내가 패소한다.

→ 일간은 나, 일지는 상대이다. 일간은 공허하고 일지는 튼실하니, 나는 패소하고 상대방은 승소한다. 만약 사년(巳年)이나 사월(巳月)이나 사월장(巳月將) 기간에 정단하면 공망된 巳가 메워져서 온전한 힘으로 지상의 申을 극살하니 내가 승소한다.

○ **전쟁** : 아직은 이로운 것이 보이지 않는다.

→ 일간은 아군, 일지는 적군이다. 일록인 간상과 초전의 巳가 공망되어 아직은 이롭지 않지만 공망이 메워지면 이롭다.

□ 『**필법부**』 : 〈제16법〉 천공 위에 공망이 타면 일을 이룰 수 없다.

→ 밤에 정단하면 간상에 천공이 타고 다시 공망이 되었다.

〈제69법〉 백호가 둔간귀살에 타면 재앙이 얕지 않다.

→ 낮에 정단하면 말전의 둔간귀살 壬에 백호가 탄다. 둔반의 귀살은 천반의 귀살에 비해 재앙이 크다.

□ 『**육임지남**』 : 1. 월장 酉를 점시 酉에 가한 뒤에 말을 하지 않지만 궁금한 것에 대해 정단한다. 본명 위가 태양(월장)과 귀인이니 반드시 재상이다. 다만 복음과이고 삼전이 체극하니 반드시 탄핵이 생긴다. 태양이 서산으로 지니 반드시 오랫동안 재상에 머물지 못한다. 나중에 재상을 대신해서 점을 친 것임을 알았고, 과연 탄핵을 당해 해임되어 고향으로 낙향했다.

→ 월장 곧 태양이 밤의 12지인 酉에 가했으니 태양이 서산으로 졌다.

2. 월장 巳를 점시 巳에 가한 뒤에 두 사람을 정단한다. 두 사람 모두 재상이 되지 못하며 오히려 탄핵을 당한 뒤에 돌아간다. 그 이유는 삼전이 계속해서 형(刑)과 극(剋)을 하여 화합의 기운이 전혀 없기 때문이다. 강일의 복음에 역마가 보이니 돌아가는 상이지만, 두 사람 모두 자신의 뜻을 굽히지 않았으므로, 한 사람은 탄핵을 당하

고 한 사람은 감옥에 갇힌다. 본명에 지망(地網)을 보면 화가 더욱 심하다.

丙申일 제 2 국

공망: 辰·巳 ○
낮: 왼쪽 천장, 밤: 오른쪽 천장

癸	壬	辛
空 卯 勾	白 寅 合	常 丑 朱
辰 ○	卯	寅

○	癸	乙	甲
青 辰 青	空 卯 勾	朱 未 常	合 午 白
○ 丙 巳	辰 ○	申	未

○青 辰 巳 ○	○勾 巳 午	甲 合 午 未	乙 朱 未 申 常
空 卯 辰 ○	勾 ○		蛇 丙 申 玄
壬 白 寅 卯 合			丁 貴 酉 戌 陰
辛 常 丑 寅	庚 朱 子 丑 玄	己 蛇 亥 子 陰	貴 后 戌 亥 后

□ **과체**: 원수(元首), 퇴여(退茹), 참관(斬關) // 연방(聯芳/卯寅丑), 고진(孤辰), 침해(侵害), 인중삼기(人中三奇), 복덕(福德), 일순주편(一旬週遍), 귀인입옥(貴人入獄), 답각공망(踏腳空亡).

□ **핵심**: 물러나면 살 곳을 만나고 전진하면 공허한 곳을 만난다. 집안에 일이 닥친다. 백호귀살이 역마를 타고 온다.

□ **분석**: ❶ 전진하면 공허한 곳으로 들어가고, 물러나면 寅卯의 생지로 들어간다.

❷ 卯는 문호이다. 卯가 발용이 되었으니 가정의 일이다.

❸ 중전의 寅은 역마이고, 둔간 壬은 귀살이며, 백호귀살이 역마를 타고 오니 흉한 화가 반드시 신속하게 닥친다. 관직자는 길하고 일반인은 그렇지 않다.

□ **정단**: ❶ 퇴여(退茹)는 모든 일에서 전진이 나쁘다. 특히 발용이 공망되었으니 메아리만 있을 뿐이다.

❷ 일간과 일지의 음신에 순수(旬首)와 순미(旬尾)가 마주 보이니 꾀하는 모든 일이 성취된다.

❸ 일간의 두 과는 모두 공망되었고 일지의 두 과는 모두 튼실하니, 외사(外事)는 공허하고 내사(內事)는 튼실하다.

→ 가정을 정단하면 가정 밖의 일은 외사, 가정 안의 일은 내사이다.

❹ 일간과 일지 모두에 사계가 임하니 모든 일이 혼미하고 통쾌하지 못하다.

○ **날씨** : 비가 많이 오지 않는다.

→ 간상에 청룡이 타고 천강(辰)이 巳를 가리키고는 있지만, 일간과 일지의 음양이 모두 토이니 비가 많이 오지 않는다.

○ **가정** : 일지의 음양이 상합하여 일지를 생하고, 일지의 음양이 서로 화합하여 그 기운이 서로 어우러지니 상서로운 상이다.

→ 일지는 가정이다. 제3과의 상신인 未와 제4과 상신인 午가 상합하니 가족이 화목하다. 더군다나 지상의 未가 일지 申을 생하니 가정이 다복하다. 낮에는 지상의 주작이 일지를 생하니 문서와 관련된 기쁜 일이 있고, 밤에는 지상의 태상이 일지를 생하니 의식(衣食)과 관련된 기쁜 일이 있다. ● 일간은 나이다. 주야 모두 청룡이 간상의 辰에 타서 일간을 설기하고 다시 공망이 되었으니 손재수를 예방해야 한다. 간상의 辰과 그 음신 卯가 육해하니 주변인으로부터 해를 입는 것을 예방해야 한다.

○ **혼인** : 신랑감을 정단하면 불길하다.

→ 일간은 남자이다. 비록 원수과이지만 일상이 모두 공망되었으니 신랑감을 정단하면 불길하다. ● 궁합 : 일간은 나, 일지는 배우자감이다. 간상의 辰과 지상의 未가 비화(比和)하지만 기궁 巳와 일지 申이 형(刑)과 파(破)이니 보통이다. ● 혼인 : 일간이 공망되었고 다시 초전의 지반이 공망되어 고진(孤辰)이니 혼인이 성사되기 어렵다. ●

상대 : 지상의 未가 일간의 기운을 훔쳐가니 나에게 이롭지 않은 사람이다.

○ **임신·출산** : 아들이다. 출산을 정단하면 이롭지 않다.

→ 초전의 천반 卯가 초전의 지반 辰을 극하고 있어서 위는 강하고 아래가 약하니 아들이고, 삼전의 두 음인 卯와 丑이 하나의 양인 寅을 감싸고 있으니 다시 아들이다. 임신부는 공망되지 않았지만 태아가 공망되었으니, 출산을 정단하면 이롭지 않다.

○ **구관** : 청룡이 일간에 임하고 둔반의 관성에 백호가 타니 공명에 크게 이롭다.

→ 청룡은 문관의 류신, 백호는 권위와 권력의 천장, 일간은 나이다. 주야 모두 청룡이 일간에 임하니 문관(文官)을 득하는 상이고, 낮에 정단하면 백호가 둔반의 관성인 壬에 타고 있으니 권위와 권력을 잡는 상이니, 고시와 관직자의 승진이나 발탁에 길하다. 그러나 간상의 청룡승신 辰이 공망되었으니 모든 것이 불발한다. 다만 진년(辰年)이나 진월(辰月)이나 진월장(辰月將) 기간에 정단하면 공망이 풀리니 성취한다.

○ **구재** : 청룡이 탈기(脫氣)에 타면 취득하는 것은 없고 잃는 것은 있다.

→ 청룡은 재물의 류신, 탈기는 손실의 신이다. 간상에서 청룡이 탈기에 타고 있으니 사업하여 취득하는 재물이 없고, 이 과전에서는 청룡승신이 공망되었으니 더욱 나쁘다. ● 그러나 말전이 재성의 묘고인 丑이고 그 둔반은 재성인 辛이며 이 辛이 일간을 간합하여 오니 재물을 얻는다.

○ **질병** : 둔반의 귀살에 백호가 타고 있으니 비위가 상했다.

→ 백호는 질병, 귀살은 병재이다. 낮에 정단하면 백호가 寅에 타서 오행의 토를 극하니 토에 해당하는 비위가 상한 증상이다. 다행히 백호승신 寅이 일간을 생하니 위중하지는 않다. 만약 구병이면 환자

를 뜻하는 일간이 공망되었으니 생명이 위험하다.
- ○ **출행** : 수로와 육로 모두 길하지 않고 이롭지도 않다.
  → 일간은 육로, 일지는 수로이다. 일간이 공망되었으니 육로가 길하지도 않고 이롭지도 않으며, 지상의 未가 일간을 설기하니 수로 또한 길하지도 않고 이롭지도 않다. ● 일간이 공망되고 초전이 다시 공망되었으니 다음 순에 출행이 가능하다.
- ○ **귀가** : 천강(辰)이 사맹(巳)에 가했으니 아직 출발하지 않았다.
  → 천강(辰)은 동신(動神)이다. 천강이 사맹인 巳에 가했으니 아직 출발하지 않았다.
- ↑ **쟁송** : 패소할 우려가 있다.
  → 일간은 나, 일지는 상대방이다. 일간은 간상으로 탈기되며 공망되었고, 일지는 지상의 未로부터 생을 받았으니 내가 패소할 우려가 있다.
- ○ **전쟁** : 낮에 정단하면 매우 흉하니 근신해야 한다.
  → 낮에 정단하면 백호가 귀살에 타서 일간을 극하니 근신해야 한다.

- □ 『**필법부**』 : 〈제69법〉 백호가 둔간귀살에 타면 재앙이 얕지 않아서, 모든 정단에서 두렵고 재앙이 매우 깊어서 그것이 사라지기 어렵다. 설령 공망되더라도 여전히 구할 수 없다.
  → 주로 관재와 질병 정단에서 흉하다.
  〈제16법〉 천공 위에 공망이 타면 일을 이룰 수 없다. 이른바 천반에 순 내의 공망이 보이고 다시 천공이 디면 빈 똣괴 빈말이 되고 전혀 실상이 없다.
  → 이 과전에서는 간상의 辰이 일간 丙을 탈기하고 다시 일간이 공망되었다.

- 『**과경**』: 백호가 순의 둔간에 타면 일간의 귀살이다. 정단하는 모든 일에서 두려워서 그 죄가 매우 크고 설령 공망이 될지라도 두려움을 구하지 못한다.
  → 낮에 정단하면 중전에서 백호가 둔반의 귀살 壬에 타서 일간 丙을 극한다.
- 『**지장부**』: 卯寅丑 '연방(聯芳)'은 후퇴하는 상이지만 불운이 극에 이르면 행운이 온다.
- 『**괄낭부**』: 오행의 목에 구진과 백호가 타면 마룻대가 부러지고 서까래가 무너지는 뜻이 되어 반드시 삼형이 발생한다.
  → 낮에 정단하면 중전의 寅목에 백호가 타고 있다.

| 甲午순 | 병신일 | 3국 |

공망 : 辰·巳
낮 : 왼쪽 천장, 밤 : 오른쪽 천장

辛	己	丁
勾丑朱	朱亥貴	貴酉陰
卯	丑	亥

癸	辛	甲
空卯勾	勾丑朱	玄午白 白辰青
○丙巳	卯	申 午

癸卯巳 空勾	○辰午 白青	○巳未 常空	甲午申 玄白
壬寅辰 青合○			乙未酉 陰常
辛丑卯 勾朱			丙申戌 后玄
庚子寅 合蛇	己亥丑 朱貴	戊戌子 蛇后	丁酉亥 貴陰

□ **과체** : 중심(重審), 퇴간전(退間傳), 극음(極陰/丑亥酉) // 복덕(福德), 일순주편(一旬週遍), 간지개패(干支皆敗), 오음(五陰), 귀인수극(貴人受剋/밤), 천을신기(天乙神祇/밤), 신장·귀등천문(神藏·貴登天門/낮).

□ **핵심** : 간상은 순미(旬尾)이고 지상은 순수(旬首)이다. 귀인을 만나 부탁하는 일에서 좋다.

□ **분석** : ❶ 간상의 卯는 갑오순의 끝이고 지상의 午는 갑오순의 처음이니, '주이복시격(周而復始格)' 또는 '일순주편격(一旬周遍格)'이다. 모든 일에서 손실이 없고 성사된다.

❷ 주야의 귀인이 서로 가해서 중전과 말전에 임하니 귀인에게 부탁하는 일에서 매우 좋다.

□ **분석** : ❶ 사이를 띄고서 물러나니 전진하기 어렵고, 다시 극음(剋陰)이니 모든 정단에서 혼미하며 막힌다.

❷ 주야 두 귀인이 삼전에 드니 고시에 매우 길하다. 귀인을 알현하는 일에서는 반드시 두 귀인이 서로 가하니 뜻을 이루지만, 쟁송과 질병과 구설수 등 근심과 의혹스러운 일을 푸는 데에는 오히려 좋지

않다.

❸ 일지의 양신에 밤에는 백호가 타서 일지를 극(剋)하고, 일지의 음신에 낮에는 백호가 타서 일지를 탈기(脫氣)하니 가정이 불안한 상이다.

❹ 일지에 묘신백호가 타고 있으니 '복시(伏屍)'로 논한다.
→ 일지음신의 辰은 일간 혹은 일지의 묘신이 아니니 '복시'가 아니다.

○ **날씨** : 천강(辰)이 양을 가리키고 필수(酉)가 亥에 임하며 삼전이 극음(剋陰)이다. 낮에 정단하면 맑고, 밤에 정단하면 비가 온다.
→ 천강(辰)은 대각성으로서 양의 12지인 午에 임하니 맑은 상이다. 그러나 酉가 亥에 임하고 삼전이 음의 12지로 구성되어 있는 '극음'이니 비가 오는 상이다. 낮에 정단하면 삼전의 천장 오행이 토와 화이니 맑고, 밤에 정단하면 삼전의 천장 오행이 화와 토와 금이니 비가 온다.

○ **가정** : 형상(刑傷)을 예방해야 한다. 낮에 정단하면 손실을 예방해야 한다.
→ 일지는 가택, 양인(羊刃)은 혈광지신이다. 지상의 午가 양인이니 혈광사를 비롯한 형상(刑傷)을 예방해야 한다. 낮에는 현무가 타고 있으니 도난을 예방해야 하고, 밤에는 백호가 타고 있으니 사고나 질병을 예방해야 한다. ● 일지음신 辰이 일간을 설기하니 가정에 손실이 발생한다. 낮에는 백호가 타고 있으니 사고수가 발생하고, 밤에는 청룡이 타고 있으니 손재수가 발생한다. ● 간상의 卯는 일간의 패신이고 지상의 午는 일지의 패신이니 가정의 내외사 모두 실패하는 상이다.

○ **혼인** : 불길하다.

→ 일간은 나, 일지는 상대방이다. 기궁 巳와 일지 申이 삼형이고 다시 간상의 卯와 지상의 午가 서로 파(破)를 하니 불길하다. ● 지상이 양인(羊刃)이니 상대방은 드센 사람인데, 낮에는 현무가 타고 있으니 바르지 못하고, 밤에는 백호가 타고 있으니 병약하며 포악하다. 그리고 일지음신 辰이 공망되었으니 상대의 집안이 공허하다. ● 삼전이 '극음(極陰)'으로서 주색에 빠지는 상이니 불길하다. ● 궁합 : 간지가 상형(相刑)하고 간지의 상신이 상파(相破)하니 나쁘다.

○ **임신·출산** : 딸이다. 출산을 정단하면 불길하다.

→ 초전의 아래가 위를 극해서 아래는 강하고 위는 약하니 딸이고, 삼전이 극음(剋陰)이니 다시 딸이다. 임신부는 튼실하고 태아는 폐구(閉口)가 되었으니 출산을 정단하면 불길하다. ● 장애 : 일간이 폐구되었으니 선천성언어장애가 우려된다.

○ **구관** : 양 귀인이 삼전에 드니 공명이 가능하다. 다만 간상과 지상이 모두 패신(敗神)이니 나중에 유지하기 어렵다.

→ 귀인은 공무원이다. 낮 귀인 酉는 말전에 들고 밤 귀인 亥는 중전에 드니 공명이 가능하다. 다만 간상의 卯가 일간의 패신이고 지상의 午가 일지의 패신이니 공명을 그르칠 우려가 있다.

○ **구재** : 마땅히 귀인의 재물을 얻는다.

→ 천을귀인은 공무원, 재성은 재물이다. 낮에 정단하면 천을귀인이 일간의 재성인 酉에 타고 있으니 귀인이나 관청을 통해 재물을 얻는다. ● 사업 : 자손효는 투자, 재성은 재물이다. 초전이 자손효이고 말전이 재성이니 투자해서 재물을 얻는다. 다만 간상의 卯가 일간의 패신이고 지상의 午가 일지의 패신이니 주색에 의한 화를 예방해야 한다.

○ **질병** : 화증(火症)이다. 질병은 튼실하고 사람은 공허하니 만약 연명에서 구하지 못하면 병석에서 일어나지 못할 우려가 있다.

→ 밤에 정단하면 백호가 오행의 午화에 타고 있으니 화가 병인(病

囚)이다. ● 일간은 환자, 일지는 질병이다. 일간은 폐구(閉口)되어 약하고 일지는 튼실하니, 환자는 약하고 병세가 강하다. 만약 연명이 丑이나 寅이면 그 상신 亥나 子가 백호승신을 극하여서 제압하니 병이 낫는다. ● 간상이 패신(敗神)이니 기혈이 쇠패하다. ● 천을신기(天乙神祇) : 밤에 정단하면 천을귀인이 亥에 타서 일간 丙을 극하여 귀수가 있으니, 수법을 행사할 수 있는 법사의 도움을 받아야 병이 낫는다.

○ **출행** : 육로는 조금 길하고 수로는 대흉하다.
→ 일간은 육로, 일지는 수로이다. 간상의 卯가 일간을 생하니 육로는 조금 길하고, 지상의 午가 양인이니 수로는 대흉하다.

○ **귀가** : 천강(辰)이 사중(午)에 가하니 아직 도로에 있다.
→ 천강(辰)은 동신(動神)이다. 천강이 사맹에 가하면 아직 출발하지 않았고, 사중에 가하면 오는 중이며, 사계에 가하면 곧 도착한다. 지금은 천강(辰)이 사중(午)에 가하니 아직 도로에 있다.

○ **쟁송** : 나와 상대 모두 벌을 받는다.
→ 일간은 나, 일지는 상대이다. 일간에는 일간의 패신인 卯가 임하고 지상에는 일지의 패신인 午가 임하니 나와 상대 모두 벌을 받는다. 일간이 공망되었으니 내가 더 불리하다.

○ **전쟁** : 묘월(卯月)은 길하다. 나머지 계절에는 이득이 적다.
→ 일간은 아군이다. 묘월(卯月)에는 간상의 卯가 일간을 생하니 묘월에 정단하면 길하다. 그러나 나머지 계절에 정단하면 이득이 적다.

□ 『**필법부**』 : 〈제48법〉 귀살에 천을귀인이 타면 곧 하늘 귀신과 땅 귀신의 해가 있다.
→ 밤에 정단하면 일간의 귀살인 亥에 귀인이 타서 일간을 극한다.

○ **질병** 참조.

〈제36법〉 일간과 일지가 모두 패신(敗神)이면 형세가 기울고 무너진다. 이른바 간상과 지상 모두에 패신을 만나는 것이다. 몸에 관한 정단이면 기혈이 쇠패하고, 가택 정단이면 가옥이 무너지니, 날이 갈수록 낭패이다.

〈제2법〉 순수(旬首)와 순미(旬尾)가 마주 보이면 처음부터 끝까지 좋다. 간상에 순미가 있고 지상에 순수가 있으면 모든 일이 이탈되지 않고 도모하는 일은 모두 이루어진다.

→ 간상은 卯이고 지상은 午이다. 일간과 일지에 패기(敗氣)가 임한다. 파패(破敗)가 가택에 임하니 반드시 가족에게 이롭지 않아서 점차 가정이 쇠잔해진다.

□ 『**임수경(壬髓經)**』: 문 앞에 높은 땅이 가로막으니 문 앞을 나서면 장애가 생긴다.

□ 『**지장부**』: 丑亥酉는 극음(極陰)이다. 은둔한 곳에서 나올 뜻이 없다.

丙申일 제 4 국

공망 : 辰·巳 ○
낮 : 왼쪽 천장, 밤 : 오른쪽 천장

	○	壬	己	
常 巳 空	青 寅 合		朱 亥 貴	
	申	巳 ○	寅	
	壬	己	○	壬
青 寅 合	朱 亥 貴	常 巳 空	青 寅 合	
○丙巳	寅	申	巳	

壬寅巳 青合	癸卯午 空	○辰未 勾白 青	○巳申 常 空
辛丑辰○ 勾朱			甲午酉 玄 白
庚子卯 合蛇			乙未戌 陰 常
己亥寅 朱貴	戊戌丑 蛇后	丁酉子 貴陰	丙申亥 后玄

□ **과체** : 원수(元首), 원태(元胎), 병태(病胎), 과수(寡宿), 불비(不備), 무음(蕪淫) // 형상(刑傷), 침해(侵害), 췌서(贅婿), 덕경(德慶), 권섭부정(權攝不正), 간지록마(부귀격), 일록공망, 영화(榮華), 회환(回還), 천을신기(天乙神祇/밤).

□ **핵심** : 사람이 재물이 있는 곳으로 가서 재물을 취한다. 삼전이 사과를 떠나지 않는다. 두려운 일이 닥친다.

□ **분석** : ❶ 申은 일간의 재성이다. 기궁인 巳가 申에 가했으니 사람이 가서 재물을 취한다.

❷ 삼전이 사과를 떠나지 않으니 걱정과 의혹이 풀리지 않는다.

❸ 재성인 申을 취하고 싶지만 그 재물이 귀살 방위에 앉아 있으니 재물을 취하면 화가 닥친다.

❹ 일간이 말전 亥수의 극을 받으므로 귀살이 두렵다. 이 귀살을 제압하지 못하니 귀살의 해가 반드시 들이닥친다.

□ **정단** : ❶ 원태(元胎)는 모든 일을 새롭게 시작한다.

❷ 일간(기궁)인 巳가 일지인 申에 가해서 상합하며 일간과 일지가

서로 만나니 회합하는 일에서 좋다.
❸ 巳는 공망이 되었고 밤에는 천공이 타니 빈손으로 돌아온다.
❹ 일지의 상하는 상합(相合)하고 일간의 상하는 육해(六害)하며 관귀가 말전에 있으니, 나 자신은 속이 타고 타인은 즐겁다.
❺ 청룡이 寅에 타서 월내의 생기이면 '용가생기(龍加生氣)'라고 하여 서서히 발복한다.

○ 날씨 : 밤에 정단하면 맑고, 낮에 정단하면 비가 온다.
→ 밤에 정단하면 초전과 중전이 공망되었고 말전이 비록 오행의 수이지만 여기에 토의 천장오행이 亥수를 극하니 비가 오지 않고 맑다. 낮에 정단하면 말전의 亥수가 주작의 오행인 丙午화와 상쟁하니 비가 온다.

○ 가정 : 사람과 가택이 모두 공망되었으니 번창하지 못한다.
→ 일간은 사람, 일지는 가택이다. 일간(기궁)이 공망되었으니 사람이 발달하지 못하고, 일지가 공망되었으니 가택이 발달하지 못한다. ● 일간은 나, 일지는 가족이다. 간상의 寅과 지상의 巳가 삼형과 육해하니 나와 가족이 화목하지 못하다. ● 일록이 지상에서 공망되었으니 가정에 재산이 없다. ● 장생은 존장이다. 장생인 寅이 일지음 신에서 공망되어 생명이 위험하니 건강검진을 해야 한다. ● 사과가 하나의 양과 두 음이어서 부부에게 음란이 발생할 우려가 있으니 간음을 예방해야 한다.

○ 혼인 : 나 자신에게 장애가 있다.
→ 일간은 나, 일지는 상대이다. 일간의 상하가 삼형과 육해하니 나 자신에게 어려움이 있다. ● 궁합 : 기궁 巳와 일지 申이 삼형과 육파이고, 간상의 寅과 지상의 巳가 삼형과 육해하니 궁합이 나쁘다. ● 음란 : 사과가 하나의 양과 두 음이어서 음란이 발생할 우려가 있으

니 흉하다. ● 상대방 : 지상의 일록이 공망되었으니 상대방은 직업이 없거나 재산이 없다. 특히 밤에 정단하면 지상에 천공이 타고 있으니 이러한 성향이 더욱 강하다. ● 데릴사위 : 나를 뜻하는 일간(기궁)이 지상으로 갔으니 상대방에게 장가드는 상이고, 지반과는 삼형과 파(破)이니 금슬이 나쁘다.

○ **임신·출산** : 아들이다. 임신과 출산 모두 흉하다.

※ 『육임직지』 원문에서는 "임신부는 길하고 태아는 흉하다."고 하였다.

→ 원수과는 건괘이고, 삼전은 태아가 생육되는 과정이다. 상극하고 발용이 된 원수과이니 아들이고, 삼전의 두 음이 하나의 양을 감싸니 아들이다. 그리고 일간과 일지가 모두 공망되었으니 임신과 출산 모두 흉하다.

○ **구관** : 공망된 일지와 일간을 메우면 부귀를 누릴 수 있다.

→ 일록은 관록이다. 기궁이면서 지상인 巳는 일록이다. 사년(巳年)이나 사월(巳月)이나 사월장(巳月將) 기간에 정단하면 공망된 巳가 메워지니 고시와 관직 모두 길하다. 특히 간상의 寅이 역마이고 지상의 巳가 일록이니 고시와 관직자의 승진이나 발탁에 더욱 길하다. 또한 밤에 정단하면 귀인이 말전에 있고, 일록은 지상에 있으며, 역마가 간상에 있어서 '영화격(榮華格)'이니 고시와 관직에 더욱 길하다.

○ **구재** : 청룡이 공망되었으니 재운이 박하다.

→ 청룡은 재물이다. 낮에 정단하면 간상과 중전의 청룡이 공망되었으니 재운이 약하다. 만약 연명이 亥나 子이면 그 상신이 재성인 申과 酉이니 재운이 강해서 만약 개업하면 재운이 좋다. ● 창업 : 삼전이 계절의 첫 월건인 사맹이니 창업의 길흉을 물을 가능성이 있고, 일간(기궁)이 공망되었으니 무자본으로 창업할 가능성이 있다. ● 사업자 : 이미 사업을 하고 있는 경우에는 초전의 일록이 공망되

었으니 폐업운이다.

○ **질병** : 치아가 아프다. 피를 토하거나 혹은 심경에 병이 있다. 신속하게 낫는다. 겨울에 점단하면 불길하다.

→ 지상이 巳이니 치통이 있고 피를 토하며, 오행의 화인 巳가 공망되었으니 심장경락에 병이 있다. 겨울에 점단하면 일간이 쇠약해지니 불길하다.● 천을신기(天乙神祇) : 밤에 점단하면 천을귀인이 亥에 타서 일간 丙을 극하여 귀수가 있으니, 수법을 행사할 수 있는 법사의 도움을 받아야 병이 낫는다.

○ **출행** : 수로와 육로 모두 길하다.

→ 일간은 여행객, 일지는 여행지, 삼전은 여정이다. 기궁이 공망되었으니 공망이 메워지는 갑진순에 출행할 수 있고, 기궁이 지상으로 가서 일지 申과 삼형이니 안전한 여행지가 아니다. 특히 말전의 귀살이 일간을 극하니 흉한데, 낮에는 주작이 타고 있으니 출행지에서 문서나 구설로 인한 해를 입고, 밤에는 귀인이 타고 있으니 출행지의 공무원으로 인해 구속받을 우려가 있다.

○ **귀가** : 출행인이 즉시 온다.

→ 천강(辰)은 동신이다. 천강이 사계인 未에 가하니 출행인이 즉시 온다.

○ **쟁송** : 나와 상대 모두 불리하다.

→ 일간은 나, 일지는 상대이다. 기궁이 공망되고 일지 또한 공망되었으니 나와 상대 모두 이롭지 않지만 지상의 巳가 일지 申을 극상하니 상대가 좀 더 불리하다. 원수과이니 소송을 먼저 거는 것이 이롭다.

○ **전쟁** : 이익이 보이지 않는다.

→ 일록은 군량미, 역마는 말과 전차이다. 일록인 巳와 역마인 寅이 모두 공망되었으니 전쟁에서 이익이 없다.

○ **분묘** : 흉지이다.

※ 『육임직지』 원문에서는 "금국이어서 甲寅이 낙맥(落脈)이니 壬丙의 좌향을 잡는 것이 좋다."고 하였다.

→ 일지양신은 묘이고 일지음신은 혈이다. 일지의 음양이 모두 공망되었으니 흉지이다.

□ 『필법부』: 〈제41법〉 간상과 지상에 일록과 역마를 만나면 부귀해진다.

→ 부귀격을 설명하고 있다. 구관 정단에서 최길하다.

〈제8법〉 일록이 일지에 임하면 임시직이니 정당한 자리가 아니다.

→ 일간은 높고 일지는 낮다. 따라서 일록이 일지에 임하면 임시직이다. 이미 관직에 있는 사람이 정단하면 좌천될 우려가 있다.

〈제76법〉 서로 시기하여 모두에게 화가 미친다.

→ 간상의 寅과 지상의 巳가 육해하니 주객이 서로 시기한다. 주로 혼인, 매매, 계약, 동업, 회담 등에서 활용된다.

□ 『과경』: 간상의 寅은 역마이고 지상의 巳는 일록인데, 초전의 巳는 상기(相氣)로서 申에 가하여 발용이 되었고, 말전의 亥는 귀인이다. 연명에서 다시 일록과 역마와 귀인을 만나면 '영화격'이다. 사람과 집이 모두 이롭고 출입하는 모든 일은 형통하다. 만약 출병하면 천리의 땅을 득하는 상이다.

丙申일 제 5 국

공망 : 辰·巳 ○
낮 : 왼쪽 천장, 밤 : 오른쪽 천장

庚 合 子 蛇	丙 后 申 玄	○ 白 辰 青
辰 ○	子	申
辛 勾 丑 朱	丁 貴 酉 陰	○ 白 辰 青 合 子 蛇
○ 丙 巳	丑	申	辰 ○

辛 勾 丑 巳	壬 朱 寅 午	癸 青 卯 未 合	○ 空 辰 申 白 勾
庚 合 子 辰 蛇 己 朱 亥 貴 卯			○ 常 巳 酉 空 甲 玄 午 戌 白 乙 陰 未 亥 常
戊 蛇 戌 寅	丁 后 酉 貴 丑	丙 陰 申 后 子 玄	乙 陰 未 亥 常

병신일 5국

- □ **과체** : 중심(重審), 윤하(潤下) // 고진(孤辰), 화미(和美), 전국(全局), 삼기(三奇), 복덕(福德), 가귀(家鬼), 맥월(驀越), 오양(五陽), 여덕(勵德), 관귀효현괘.
- □ **핵심** : 시작은 어렵지만 나중에는 이룰 수 있다. 마땅히 시어머니에게 기대해야 한다. 삼합과 육합이 나란히 보인다.
- □ **분석** : ❶ 삼전의 모든 수가 일간을 극하니 시작하기 어렵다.

  ❷ 삼전의 子申辰이 삼합하고 간상의 丑은 초전의 子와 육합하며, 巳와 申이 상합하고 辰과 酉는 상합한다. 〈경〉에서 말하기를 "삼육합이면 서로 기쁨을 보게 되니, 설령 악을 대동했을지라도 진노하지 않는다."고 하였다. 하물며 간상의 丑토가 삼전의 수를 충분히 대적할 수 있으니 꾀하는 모든 일을 성취한다. 다만 빨리 성공하려고 하면 안 되며 느긋하게 해야 가능하다.

- □ **정단** : ❶ 윤하(潤下)이고 삼전이 모두 관귀효이니, 관직정단만 이롭고 질병과 소송정단은 매우 두렵다.

  ❷ 일지음신의 귀살이 발용이 되었으니 이른바 집안의 귀신이 사람

을 상하게 한다. 다행히 일간에 구제신 丑이 있으니 재해를 없앤다. ❸ 구신이 어떤 신인지를 살펴야 한다. 만약 주작이 타고 있으면 반드시 문서의 도움을 얻고, 만약 귀인이 타면 반드시 관장(官長)의 도움을 받는다.

○ **날씨** : 밤에 정단하면 아침에는 해가 보이고, 오후에는 흐리며 비가 온다.

→ 일간은 하늘의 기상이다. 밤에 정단하면 화의 천장인 주작이 간상에 타고 있으니 아침에 해가 보인다. 삼전은 기간이다. 삼전이 윤하이니 오후에 흐리고 비가 온다. 다만 초전과 말전이 공망되었으니 많은 비가 오지는 않는다.

○ **가정** : 밤에 정단하면 기쁨이 있고, 낮에 정단하면 근심이 있다.

→ 일지는 가정이다. 지상에 밤에는 길장인 청룡이 타고 있으니 기쁨이 있고, 낮에는 백호가 타고 있어서 환자가 있으니 근심이 있다.

● 가정 : 일간은 나, 일지는 가정이다. 지상의 辰이 일간 丙을 탈기(脫氣)하니 가정에 손실이 발생한다. 낮에는 백호가 辰에 타서 일간을 설기하니 가족의 질병으로 인한 손실이고, 밤에는 청룡이 辰에 타서 일간을 설기하니 손재수이다.

● 가장 : 기궁이 공망되었고 다시 간상의 丑이 일간 丙을 설기하니 가장에게 손실이 많다. 낮에는 丑에 구진이 타고 있으니 쟁투나 소송으로 인한 손실이고, 밤에는 丑에 주작이 타고 있으니 문서로 인한 손실이다. ● 화목 : 일간은 남편, 일지는 아내이다. 간상의 丑과 지상의 辰이 파(破)이어서 가도가 깨지는 상이니 부부가 화목하지 않은데, 다시 간지의 음신인 酉와 子가 파이니 더욱 나쁘다.

○ **혼인** : 혼인이 반드시 성사되지만 辰이 공망되었으니 불길하다.

→ 일간의 음양이 상합하고, 일지의 음양이 삼합하며, 삼전이 삼합

하니 혼사가 반드시 성사되는 상이지만, 지상의 辰, 초전 지반의 辰, 말전 천반의 辰이 공망되었으니 혼사가 불길하다. 다만 진년(辰年)이나 진월(辰月)이나 진월장(辰月將) 기간에 정단하면 공망된 辰이 메워지니 혼사가 반드시 성사된다. ● 궁합 : 일간은 나, 일지는 상대이다. 기궁 巳와 일지 申이 삼형과 육해하고 간상의 丑과 지상의 辰이 파(破)를 하니 궁합이 나쁜 편이다. ● 상대방 : 지상의 辰이 일간 丙을 설기하니 상대방은 나에게 손실을 입히는 사람이다. 낮에 정단하면 백호가 타고 있으니 포악하며 병이 있고, 밤에 정단하면 청룡이 공망되었으니 재물이 없는 사람이다.

○ **임신·출산** : 딸이다. 순산한다.
→ 곤괘이고, 오행의 수는 음이다. 중심과이니 딸이고, 삼전의 윤하가 수국이니 다시 딸이다. 과전이 비록 삼합하지만 공망되어 삼합이 불성하니 순산하고, 다시 간상의 丑과 지상의 辰이 상파(相破)하니 순산한다.

○ **구관** : 삼전이 모두 관성이니 관직에 매우 이롭다.
→ 관성은 관직이다. 삼전이 관성국이니 공무원 임용고시와 공무원의 승진이나 발탁에 매우 이롭다. 다만 공망된 관성국의 辰이 풀리는 진년(辰年)이나 진월(辰月)이나 진월장(辰月將) 기간에 정단해야 길하며, 특히 이 기간의 가을이나 겨울에 정단하면 관성이 빛나니 더욱 길하다.

○ **구재** : 위험한 가운데에서 재물을 취한다.
→ 중전의 申은 재성이다. 이 재물이 삼전의 귀살국에 들어 있으니 위험 속에서 취하는 재물이다. ● 개업 : 일간은 나, 일지는 사업장이다. 일간이 공망되었으니 무지본으로 개업하려고 하며, 지상의 辰이 일간 丙을 탈기하니 돈이 새어나가는 터인데, 다시 일지의 음양이 공망되었으니 사업장이 공허해진다. ● 간상은 자손효이고 일간음신은 재성이다. 간상의 자손효에 낮에는 구진이 타고 있으니 부

동산에 투자하고, 밤에는 주작이 타고 있으니 광고에 투자해서, 일간음신의 재성을 생하여 재물을 얻는다. 낮에는 酉에 귀인이 타고 있으니 관청을 통한 재물이고, 밤에는 태음이 타고 있으니 금은보석과 관련된 재물이다.

○ **질병** : 신수(腎水)가 부족하거나 혹은 비장의 기가 새는 병이다. 멀지 않아 저절로 낫는다.

→ 삼전의 수국이 공망되었으니 신수가 부족하거나 혹은 토의 오행인 辰이 공망되었으니 비장의 기가 새는 병이다. 진년이나 진월이나 진월장 기간이 오면 공망된 辰이 풀리니 저절로 낫는다.

○ **출행** : 다음 순에 출행이 가능하다.

※ 『육임직지』원문에서는 "육로는 평안하다."고 하였다.

→ 일간이 공망되고 초전이 공망되었으니 다음 순에 출행이 가능하다.

○ **귀가** : 아직 출발하지 않았다.

→ 천강(辰)이 사맹(申)에 가했으니 아직 출발하지 않았다.

○ **도난** : 낮에는 숲 근처에 있고, 밤에는 물가에 있다.

※ 『육임직지』원문에서는 "도둑이 동남방에서 가축을 도살하는 집에서 여자와 결합하고 있다."고 하였다.

→ 도둑의 은닉처는 현무음신으로 알 수 있다. 낮에 정단하면 현무음신이 寅이니 대나무 숲이나 제방에 있다. 밤에 정단하면 현무음신이 辰이니 공동묘지, 수고(水庫) 근처 연못이 있는 곳, 언덕과 산봉우리 사이에 있는 분묘 근처 혹은 물가에 있다.

○ **쟁송** : 내가 불리하다.

→ 일간은 나, 일지는 상대이다. 삼전의 수국이 일지를 탈기해서 일간을 극상(剋傷)하니 내가 불리하다.

○ **전쟁** : 여러 적군이 연대하였으니 근신해야 길하다.

→ 삼전의 귀살국은 적이 연대한 것이니 근신해야 한다.

□ 『필법부』: 〈제11법〉 비록 귀살이 무리를 짓더라도 전혀 두렵지 않다.
　➜ 간상의 丑과 지상의 辰이 귀살을 제압하니 귀살이 두렵지 않다. 만약 관재를 정단하면 관재가 가벼워지고, 질병을 정단하면 병세가 가벼워진다.
　〈제83법〉 삼합과 육합을 하면 만사 기쁘다.
　➜ 일간음양과 일지음양과 삼전이 삼합한다. 모든 교섭에서 기쁘다.
　〈제28법〉 삼전의 귀살이 재신으로 변하면 구재가 위험하다.
　➜ 아래의 □『찬요(纂要)』참조.
□ 『찬요(纂要)』: 삼전의 모든 귀살이 비견을 제거하니 재물을 뺏는 신이 없다. 삼합하는 과의 모두가 일간의 귀살이고 두 과는 모두 공망이 되었다. 오직 한 글자의 재성만 남아 있으니 모든 귀살이 재물로 변하니 재물을 득하더라도 안정되지 못한다. 만약 연명상에 일간의 귀살이 타면 화가 발생하여 결국 재물이 되지 못한다.

丙申일 제 6 국

공망 : 辰·巳
낮 : 왼쪽 천장, 밤 : 오른쪽 천장

戊 蛇 戌 后	○ 常 巳 空	庚 合 子 蛇	
卯	戌	巳○	
庚	乙	癸	戊
合子蛇	陰未常	空卯勾	蛇戌后
○丙巳	子	申	卯

庚子巳 合 蛇	辛丑午 勾 朱	壬寅未 青 合	癸卯申 空 勾
己亥辰○ 朱 貴			○辰酉 白 青
戊戌卯 蛇 后			○巳戌 常 空
丁酉寅 貴 陰	丙申丑 后 玄	乙未子 陰 常	甲午亥 玄 白

- □ **과체** : 지일(知一), 사절(四絶), 주인(鑄印) // 삼기(三奇), 복덕(福德), 맥월(驀越), 형상(刑傷), 태수극절(胎受剋絶), 귀인공망(貴人空亡/밤), 귀인입옥(貴人入獄/밤), 자가사(子加巳).

- □ **핵심** : 서로 무례하니 입을 닫아야 한다. 일간과 일지가 모두 묘신에 임하니 혼미하다. 병이 들면 음식과 약을 먹지 못한다.

- □ **분석** : ❶ 간지상의 子와 卯가 상형(相刑)하니 나와 상대가 무례하고, 순의 끝 글자인 卯가 가택에 임하니 집에 거주하는 사람은 입을 닫아야 한다.

  ❷ 일간(기궁) 巳가 戌에 임하고 일지 申이 丑에 임하니 혼미해지는 것을 감수해야 한다. 병이 들면 지상의 卯가 폐구(閉口) 되었으니 음식과 약을 먹지 못한다.

- □ **정단** : ❶ 지일과이다. 기궁 巳가 일지 申과 상합하지만 간상의 子와 지상의 卯는 상형하니 부부반목의 상이다.

  ❷ 묘신이 발용이 되면 옛일이 재발한다.

  ❸ 과명이 주인(鑄印)이지만 공망이 되었다.

→ 중전에서 巳가 戌에 임하니 주인격이다. 巳에는 丙이 있고 戌에는 辛이 있다. 丙火가 辛金을 연단하여 주인을 만드는 상이니 주인격이다. 지금은 공망되었으니 주인격이 아니다.

❹ 록신인 중전의 巳가 공망을 만나 묘신에 들고 말전의 子로부터 극을 당하며 戌에 가려지니, 완전히 무력해서 관직자에게 매우 이롭지 않다.

○ **날씨** : 흐리고 비가 오지 않는다.
→ 오행의 수는 수신이다. 말전의 子가 공망되었으니 비가 오지 않는다.

○ **가정** : 가정에 시비가 발생하는 것을 예방해야 한다.
→ 폐구된 卯가 가택에 임했으니 가정에 시비가 발생하는 것을 예방해야 한다. ● 일간은 부모이고 일지는 자녀, 일간은 남편이고 일지는 아내이다. 간상의 子와 지상의 卯가 서로 형을 하니 가정에 시비가 발생하는 것을 예방해야 한다. ● 일간은 나이다. 간상의 子에 낮에는 육합이 타서 일간을 극하니 매매 혹은 자녀로 인한 고통이 발생한다. 밤에는 등사가 타서 일간을 극하니 경공사가 발생하는데, 만약 신월(申月)이나 유월(酉月)에 정단하면 간상의 子가 사신과 사기이니 생명이 위험하다.

○ **혼인** : 혼인이 길하지 않다.
→ 일간은 나, 일지는 상대이다. 간상의 子와 지상의 卯가 서로 형(刑)을 하여 싸우는 상이니 궁합이 좋지 않고 혼인이 이뤄지지 않는다. ● 삼전은 혼담이나 연애의 과정이다. 초전이 묘신이니 초기가 대흉하고, 중전과 말전이 공망되었으니 실패한다. ● **성정** : 지상은 상대방이다. 낮에는 지상에 악장인 천공이 타고 밤에는 악장인 구진이 타니 주야 모두 성정이 좋지 않다.

○ **임신·출산** : 딸이다. 출산이 이롭지 않다.

→ 삼전에서 두 양인 戌과 子가 하나의 음인 巳를 감싸고 있으니 딸이다. 일간은 태아, 일지는 어머니이다. 간지의 상신이 서로 형을 하니 출산이 이롭지 않다. 또한 일간의 태신인 子가 절지 巳에 앉아 있으니 낙태될 위험성이 있다.

○ **구관** : 관직을 구하는 일이 불길하다.

→ 관성은 관직, 일록은 관록이다. 관성인 子와 일록인 巳가 모두 공망되었으니 관직을 구하는 일이 불길하다. 그리고 중전이 비록 주인(鑄印)이어서 관직에 길한 상이지만 중전이 공망되어 주인격이 불성하니 고시와 승진 모두 흉하고 또한 간상의 子가 비록 갑오순의 삼기이지만 절지에 앉아 있으므로 다시 흉하다.

○ **구재** : 자신의 재물은 지키기 어렵고, 밖의 재물은 얻기 어렵다.

→ 일록은 관록과 재물이다. 중전의 일록이 공망되었으니 자신의 재물을 지키기 어렵고, 삼전의 재성이 약하니 밖의 재물을 얻기 어렵다.

○ **질병** : 심장과 간 계통의 병이다. 입을 닫고 음식을 먹지 못한다. 연명에서 구하면 산다.

→ 귀살은 병재이다. 귀살인 子가 오행의 화를 극하니 화의 장부에 해당하는 심장병이다. 그리고 지상에 순의 끝 글자가 임하여 폐구(閉口) 되었으니 음식을 먹지 못하여 생명이 위험하다. 만약 연명이 寅이면 그 상신인 酉가 폐구된 卯를 충을 하니 병이 낫는다. ● 오행의 목은 간이다. 일지에서 申에 가한 卯가 申으로부터 극을 당하니 간에 병이 든다. ● 신월과 유월에 정단하면 귀살인 子가 사신과 사기에 해당하니 생명이 위험하다. ● 치료법 : 의약신인 戌이 卯에 임하니 정동에서 의약을 구하면 된다.

○ **출행** : 육로는 불길하고 수로는 가능하다.

→ 현대에서는 간상이 귀살인 子이니 위험한 출행이고 초전이 다시

일간의 묘신인 戌이니 출행이 불길한데, 중전의 일록이 공망되었으니 재물을 잃을 우려가 있다.

○ **귀가** : 장애가 있다.

※ 『육임직지』 원문에서는 "오는 중이다." 라고 하였다.

→ 천강(辰)이 사중인 酉에 가하니 오는 중이다. 그리고 말전은 귀가를 위한 출발지, 중전은 중도, 초전은 도착지이다. 말전이 공망되었으니 출발에 장애가 있고, 중전이 공망되었으니 중도에 장애가 있으며, 초전이 묘신이니 다시 장애가 있다.

○ **유실** : 찾지 못한다.

※ 『육임직지』 원문에서는 "서방에 있으니 서방에서 찾으면 된다."고 하였다.

→ 일록에는 재물의 뜻이 있다. 일록인 巳가 공망되었으니 찾지 못한다.

↑ **쟁송** : 화해하기 어렵다.

→ 일간은 나, 일지는 상대이다. 간상의 子와 지상의 卯가 서로 형을 하니 화해하기 어렵다. ● 승패 : 일간 丙화는 간상의 子수로부터 극을 당하고 일지는 그렇지 않으니 내가 불리하다.

○ **전쟁** : 일간과 일지가 서로 형을 하니 아직은 이익이 없다.

→ 일간은 아군, 일지는 적군이다. 간상의 子와 지상의 卯가 서로 형을 하여 아군과 적군이 전투하는 상이니 아직은 이익이 없다.

□ **『필법부』** : (제75법) 손님과 주인이 다투지 않아도 형벌이 이미 있다.

→ 간지상의 子와 卯가 삼형을 하고 있다. 주로 혼인, 매매, 동업, 교역, 교섭, 회담에서 쓰인다.

(제82법) 삼전이 나아가지 못하는 불행전(不行傳)은 초전을 살펴야

한다.

→ 중전의 巳와 말전의 子가 공망되었으니 매사에서 전진할 수 없다.

〈제87법〉 사람과 가택이 묘신에 앉으면 불행을 부른다.

→ 기궁 巳는 巳의 묘지인 戌에 임하고, 일지 申은 申의 묘지인 丑에 임한다. 이 격은 앙구격(殃咎格)에 해당한다.

〈제65법〉 일간의 묘신이 관신을 아우르면 사람과 가택이 황폐해지는 허물이 있다. 관신은 봄에는 丑, 여름에는 辰, 가을에는 未, 겨울에는 戌이다.

→ 초전의 戌은 일간의 묘신이며 겨울에 정단하면 관신이다. 일지에서 발용이 되었으니 가택이 황폐해진다.

□ 『삼거일람』: 태신인 子가 간상에 가한다. 만약 정월에 정단하면 처가 임신한 것이 아니라 첩이 임신한 것으로서 子가 공함되었으니 반드시 부모를 닮지 않은 태아이고 유산된다.

□ 『육임심경』: 卯가 申에 가하거나 戌이 卯에 가하는 경우에 질병정단을 하면 반드시 손발을 들지 못하거나 혹은 손발을 다친다.

→ 卯는 손, 戌은 발, 申은 몸(身)이다. 戌이 卯에 가하면 수족이 불편한 중풍이다.

□ 『원찬의(原纂義)』: 戌이 卯에 가하면 귀가하는 과이다. 소인이 정단하면 즉시 도착한다.

丙申일 제 7 국

공망 : 辰·巳
낮 : 왼쪽 천장, 밤 : 오른쪽 천장

壬	丙	壬
青寅玄	后申合	青寅玄
申	寅	申
己 ○	壬	丙
朱亥貴 常巳空	青寅玄	后申合
○丙巳	亥	申	寅

己朱亥巳○	庚合子午	辛勾丑未	壬青寅申玄
蛇戊戌辰○			空癸卯酉常
貴丁酉卯朱			白○辰戌白
后丙申寅合	陰乙未丑勾	玄甲午子青	常○巳亥空

- □ **과체** : 반음(返吟), 원태(元胎), 절태(絶胎) // 무의(無依), 침해(侵害), 간지구절(干支俱絶), 회환(回還), 오양(五陽), 충파(沖破), 명암이귀(明暗二鬼), 교차육해(交叉六害), 귀인공망(貴人空亡/밤), 여덕(勵德/낮), 천을신기(天乙神祇/밤).

- □ **핵심** : 간지가 육해하니 서로 시기한다. 낮에는 귀살로부터 재앙을 입고, 밤에는 신으로부터의 괴이한 일을 당한다.

- □ **분석** : ❶ 일지와 일간이 상합하지만 巳와 寅, 申과 亥가 교차육해(交叉六害)하니 화목한 가운데에서 시기하고, 비록 화합하지만 시기하는 마음이 있다.

  ❷ 낮에 정단하면 亥수에 주작이 타서 일간을 극하니 주귀(朱鬼)의 해가 있고, 밤에 정단하면 천을이 귀살에 타서 일간을 극하니 신(神)의 괴이가 있다.

- □ **정단** : ❶ 반음과이니 모든 것이 정해져 있지 않다.

  ❷ 일간과 일지의 상하와 음양 및 과전에 합(合)이 있고 해(害)가 있으니 이랬다저랬다 한다.

❸ 亥가 丙에 가했으니 '명귀(明鬼)'이고 寅의 둔간이 壬이니 암귀(暗鬼)이다.

❹ 낮에는 주작이 귀살에 타서 일간에 임하니 탄핵이 두렵다. 밤에는 천을귀인이 타니 귀인에게 요청하여 옛일을 결절하는 일에서 좋다.

○ **날씨** : 바람과 비가 자주 오지 않는다.
  → 수신인 亥가 일간에 임하여 일간을 극하고, 바람을 뜻하는 寅이 삼전에 가하지만 모두 절지에 임하니, 바람과 비가 자주 오지 않는다.

○ **가정** : 존장(부모)이 편안하지 않다.
  → 장생은 존장(부모)이다. 일지에서 장생인 寅이 지반 申과 그 음신의 申으로부터 극을 받으니 존장이 편안하지 않다. 만약 술월(戌月)과 해월(亥月)에 존장의 생사를 정단하면 장생이 절지에 임하니 사망할 우려가 있다.
  ● 일간은 가장이다. 낮에는 주작이 귀살에 타서 일간을 극하므로 탄핵이나 관재나 구설수가 있지만, 주작승신이 절지에 임했으니 곧 끝이 난다. 그리고 밤에는 귀인이 귀살에 타서 일간을 극하므로 관재가 있지만 귀인승신이 절지에 임했으니 곧 끝이 난다.
  ● 일간은 남편, 일지는 아내이다. 간상의 亥와 지상의 寅이 상합하지만, 기궁 巳와 지상의 寅이 육해하고 일지 申과 간상의 亥가 육해하니 부부가 화목하지 않다.

○ **혼인** : 훌륭한 남녀이다. 다만 나중에 반목을 예방해야 한다.
  → 일간은 남자, 일지는 여자이다. 낮에 정단하면 지상에 길장인 청룡이 타고 있으니 훌륭한 여자이고, 밤에 정단하면 간상에 길장인 귀인이 타고 있으니 훌륭한 남자이다. ● **궁합** : 일간(기궁)인 巳와

지상의 寅이 육해하고 일지인 申과 간상의 亥가 육해하니, 남녀가 반목하는 것을 예방해야 하며 궁합이 나쁘다. ● 혼인 : 반음과이고 다시 일간과 일지가 교차육해를 하니 성립되지 않는다.

○ 임신·출산 : 아들이다. 순산한다.

→ 일간은 태아, 삼전은 태아의 생육과정이다. 일간이 양인 丙이고 간상이 음인 亥이며 그 음신이 다시 음인 巳이니 아들이다. 또한 삼전이 모두 양이니 아들이다. ● 반음과는 임신을 정단하면 낙태되는 상이니 흉하고, 출산을 정단하면 즉시 출산하는 상이니 길하다.

○ 구관 : 비록 귀인이 일간에 임하지만 일덕은 공망되고 일록은 절지에 임하니 관직을 정단하면 이롭지 않다.

→ 천을귀인 및 일덕귀인은 공무원, 일록은 관록이다. 비록 귀인이 일간에 임하지만 일덕 巳는 공망되고 일록 巳는 절지에 임하니 관직을 정단하면 이롭지 않다.

○ 구재 : 재물과 사람이 화합하니 구하지 않더라도 저절로 재물이 온다.

→ 일간은 나, 재성은 재물이다. 기궁인 巳와 재성인 申이 상합하니 구하지 않더라도 저절로 재물이 온다. 다만 재성이 충지에 앉아 있으니 취득한 뒤에 잃는 것을 예방해야 한다.

○ 질병 : 한기와 열기가 왕래하지만 곧 낫는다.

→ 일간은 환자이다. 기궁이 巳이니 열기이고 간상이 亥이니 한기이다. 巳와 亥가 서로 가하니 한열이 왕래한다. ● 천을신기(天乙神祇) : 밤에 정단하면 천을귀인이 亥에 타서 일간 丙을 극하여서 귀수(鬼祟)가 있으니, 수법을 행사할 수 있는 법사의 도움을 받아야 병이 낫는다.

○ 출행 : 과체가 움직인다. 그러나 간지의 상신이 상합하니 여정이 어긋난다.

→ 비록 반음과이지만 간상의 亥와 지상의 寅이 상합하니 여행을 떠

나기 어렵다.
- ○ **귀가** : 천강이 사계에 가하니 즉시 도착한다.
  - → 천강(辰)은 동신이다. 천강이 사계의 하나인 戌에 임하니 즉시 도착한다.
- ⛱ **쟁송** : 합의가 가능하다.
  - → 간상의 亥와 지상의 寅이 상합하니 합의가 가능하다. ● 승패 : 일간 丙화는 간상의 亥수로부터 극을 받고 일지는 그렇지 않으니 내가 불리하다. ● 관재 : 귀살인 亥가 亥의 절지인 巳에 임하니 관재가 곧 끝난다.
- ○ **전쟁** : 낮에 정단하면 청룡이 생기에 타고 있으니 승전한다.
  - → 낮에 정단하면 청룡이 일간의 장생인 寅에 타서 일간 丙을 생하니 승전한다.

- □ 『**필법부**』 : 〈제76법〉 서로 시기하여 모두에게 화가 미친다.
  - → 기궁인 巳는 지상의 寅과 육해하고 일지인 申은 간상의 亥와 육해하니 모두에게 화가 미친다.
  - 〈제48법〉 귀살에 천을귀인이 타면 곧 하늘 귀신과 땅 귀신의 해가 있다. 질병정단을 하면 반드시 하늘 신과 땅 신의 해코지가 있다. 만약 가택 위에 임하면 반드시 가정 내 사당의 신상에게 엄숙하지 못해서 온 병환이다. 따라서 공을 닦고 덕을 베풀어서 가택신을 편안하게 위로하면 일반인에게 거의 모든 재앙이 사라진다.
  - → 밤에 정단하면 천을귀인이 亥에 타서 일간 丙을 극하니 귀수가 있다.
  - 〈제79법〉 일간과 일지가 절신이면 모든 모망사는 끊긴다.
  - → 간상의 亥는 일간의 절신이고 지상의 寅은 일지의 절신이다.
- □ 『**과경**』 : 丙일에서 巳가 亥에 가했으니 '덕입천문(德入天門)'이다. 수

험생이 시험에 응시하면 반드시 높은 성적을 거둔다.

→ 일덕귀인이 亥에 임하면 덕입천문(德入天門)이다. 일간음신에서 일덕귀인이 천문에 드니 시험에 합격하는 상이지만 지금은 공망되었으니 불발한다. 또한 삼전의 천지반이 상충하니 관직생활을 오랫동안 하지 못하는 아쉬움이 있다.

□ 『옥성가』: 반음과로 정단할 경우에는 확약해서는 안 된다. 그리고 두 가지의 일로 인하여 왕복하는 일이 발생한다.

→ 반음과의 천지반이 상충(相沖)하니 확약할 수 없다. 초전 천반의 寅이 말전에 다시 나타났으니 왕복하는 일이 발생한다.

□ 『지요』: 반음과는 두 가지의 병이다.

→ 반음과의 특징은 두 가지 병이 발생하거나 혹은 구병이 재발한다. 초전 천반의 寅이 중전의 지반에 숨은 뒤에 말전의 천반에 다시 나타났으니 구병이 재발하는 상이다.

丙申일　제 8 국

공망 : 辰·巳
낮 : 왼쪽 천장, 밤 : 오른쪽 천장

	癸	丙	辛
	空 卯 常	后 申 合	勾 丑 陰
	戌	卯	申

戌	癸	辛	甲
蛇 戌 蛇	空 卯 常	勾 丑 陰	玄 午 靑
○丙巳	戌	申	丑

戌戌巳	己亥	庚子	辛丑
蛇 蛇	朱 貴	合 后	勾 陰
	亥午	子未	丑申
丁酉辰			壬寅酉
貴 朱			靑 玄
丙申卯			癸卯戌
后 合			空 常
乙未寅	甲午丑	○巳子	○辰亥
陰 勾	玄 靑	常 空	白 白

□ **과체** : 원수(元首), 참관(斬關) // 복덕(福德), 양사협묘(兩蛇夾墓), 묘신부일(墓神覆日), 구묘(俱墓), 형상(刑傷), 육편판(六片板/밤), 귀인입옥(貴人入獄/낮).

□ **핵심** : 나와 상대 모두에게 묘신이 임한다. 낮 귀인은 입옥(入獄)되고 밤 귀인은 사망한다. 申이 관(官)으로 들어간다.

□ **분석** : ❶ 丙의 묘신인 戌이 일간에 가하고 申의 묘신인 丑은 일지에 가해서 묘신이 일간과 일지를 덮쳤으니 일간과 일지 모두 어둡다.
❷ 귀인승신 酉가 辰에 임하여서 귀인이 입옥(入獄) 되었으니, 귀인을 만나서 부탁하면 반드시 진노를 산다.
❸ 申에 묘신인 丑이 임한다. 다시 卯로 가면 그 위에 육합이 타고 있으니 '육편판(六片板)'이다. 申이 곧 신(身, 몸)이어서 몸이 관 속으로 들어가니, 만약 밤에 질병을 정단하면 사망하는 것을 의심하지 않아도 된다. 특히 3월에 정단하면 申이 사기에 해당하니 더욱 확실하다.

□ **정단** : ❶ 일간에 戌이 임하니 참관(斬關)이다. 참관은 동요하여 불안

하다.

❷ 일간의 음신은 갑오순의 끝 글자이고 일지의 음신은 갑오순의 첫 글자이니 두루 미친다는 뜻의 '주편격(周遍格)'이다. 과전에 순수와 순미가 모두 모두 보여서 '수미상견(首尾相見)'이면 정단하는 일이 빗나가거나 벗어나지 않는다.

❸ 중전의 申은 처와 재성이다. 처의 질병을 정단하면 처의 몸(申=身)이 관(卯) 속으로 들어가는 상이니 매우 흉하다.

○ **날씨** : 묘신이 일간을 덮고 수가 위에서 운행되고 있으니 흐리고 비가 오는 상이다.
→ 일간은 하늘이다. 일간의 묘신인 戌이 일간을 덮고 다시 초전의 둔반에 癸수가 운행되니 비가 오는 상이다.

○ **가정** : 간상과 지상에 묘신이 임하니 사람과 집이 매우 어두운데, 또다시 형(刑)과 해(害)이니 가족의 상잔을 면하기 어렵다.
→ 일간은 나, 일지는 가정이다. 간상에는 일간의 묘신인 戌이 임하고 지상에는 일지의 묘신인 丑이 임하니 나와 가정이 모두 어둡다. 특히 간상의 묘신에는 주야 모두 등사가 타고 있으니 암 검진을 받아야 하며, 가족이 하는 모든 일에서 큰 어려움이 닥친다. 또다시 간상의 戌과 지상의 丑이 서로 형(刑)과 해(害)이니 가족이 다투고 상하는 것을 면하지 못한다.

○ **혼인** : 남자는 좋지 않고 여자는 길하지 않다.
→ 일간은 남자, 일지는 여자이다. 간상에 묘신이 임하니 남자는 좋지 않고, 지상에 묘신이 임하니 여자는 길하지 않다. ● 궁합 : 간상의 戌과 지상의 丑이 서로 형(刑)과 해(害)를 하니 남녀의 궁합이 최악이다. ● 다시 일간음신 卯와 일지음신 午가 서로 파(破)를 하니 양가의 집안이 부정적이다. 그리고 일간음신 卯가 지상신 丑을 극해서

남자의 부모가 여자를 상하는 상이니 또한 좋지 않다. ● 성정 : 주야 모두 지상의 丑에 흉장이 타고 있으니 좋은 편이 아니다.

○ **임신·출산** : 남아이다. 출산을 정단하면 지체되어 난산이다.

→ 초전의 위는 강하고 아래는 약하니 임신하면 남아이다. 간지의 상신이 모두 묘신이니 출산을 정단하면 반드시 출산이 지체되고 난산이다. ● 초전에서 손을 뜻하는 卯가 발을 뜻하는 戌에 가했으니 역산(逆産)을 예방해야 한다.

○ **구관** : 관성과 귀인은 보이지 않고 일덕과 일록은 공망되고 절지에 임하니 관직을 정단하면 불길하다.

→ 관성은 관직, 천을귀인과 일덕귀인은 공무원, 일록은 관록이다. 관성인 亥子와 천을귀인 酉亥가 과전에 보이지 않고 다시 일덕귀인 겸 일록인 巳가 낙공되고 다시 절지인 子에 임하니 관직정단을 하면 불길하다. ● 시험 : 간상에는 일묘인 戌이 임하고 지상에는 지묘인 丑이 임하며 다시 관성·귀인·일덕귀인·일록이 없으니 시험운이 나쁘다.

○ **구재** : 비록 재성이 보이지만 그 상신이 묘신이니 그것을 취하기가 매우 어렵다.

→ 중전의 申은 재물이다. 중전의 재성이 말전의 묘신인 丑으로 들고 다시 말전에서는 재성 위에 묘신이 임하니 이 재물을 취하기 어렵다.

○ **질병** : 비위와 복부의 질환으로서 적괴(암)가 있으니 어둡고 난치이다.

→ 양사협묘는 비장과 위장의 복부질환이며 또한 암이다. 등사가 일간의 묘신인 戌에 타고 다시 그 지반이 등사를 뜻하는 巳이어서 암이니 난치이다. 만약 연명이 亥이면 그 상신 辰이 등사승신 戌을 충하여 깨트리니 구사일생하지만 장수하지는 못한다. ● 초전에서 卯가 戌에 가했으니 중풍이 우려된다. ● 진월(辰月)에 정단하면 죽

은 몸(身)이 관 속으로 들어가는 상이니 사망한다.
- **출행** : 수로는 불길하고 육로는 더욱 흉하다.
  → 현대에서는 일간은 여행객, 일지는 여행지이다. 간상이 묘신이니 출행할 수 없다. 다만 연명이 亥이면 그 상신 辰이 묘신 戌을 충하여 깨트리니 출행할 수 있고 혹은 묘신을 충하는 진일(辰日)이나 진월(辰月)에 출행할 수 있다. ● 그리고 지상이 일지의 묘신인 丑이니 여행지는 사지이다.
- **귀가** : 천강이 사맹에 가하니 아직 출발하지 않았다.
  → 천강은 辰이다. 辰이 사맹인 亥에 가하니 아직 출발하지 않았다.
- **쟁송** : 나와 상대 모두 해롭다.
  → 일간은 나, 일지는 상대이다. 간상에는 일간의 묘신인 戌이 임하고 지상에는 일지의 묘신인 丑이 임하니 양측 모두 불리하다. ● 관재 : 간상과 지상에 묘신이 임하니 지은 죄가 가벼워지지 않는다. 중죄를 지은 경우에는 교도소에 수감되는 징역형을 받는다.
- **전쟁** : 봄에 정단하면 무방하고 나머지는 모두 불길하다.
  → 일간은 아군이다. 간상에 일간의 묘신인 戌이 임하니 어둡다. 다만 봄의 진월(辰月)에 정단하면 월건인 辰이 묘신인 戌을 충해서 깨트리니 무방하고, 나머지 계절에 정단하면 모두 불길하다.

□ 『**필법부**』 : 〈제53법〉 양 쪽의 등사에서 묘신을 끼면 흉을 면하기 어렵다. 만약 질병정단을 하면 반드시 배 속에 적괴(癌)가 있고, 이로 인하여 질병을 치료하지 못한다. 소송정단을 하면 반드시 수감되고, 모든 정단하는 일은 흉힌 화로 니디니니, 이를 벗어나서 흉을 면하기 어렵다. 출산정단은 흉하다.
  → 간상이 양사협묘(兩蛇夾墓)이다.
  〈제88법〉 간지에 묘신이 타면 매사 혼미하다. 그 사람은 마치 운무

속을 걸어가는 것과 같고, 그 가택은 피폐해져서 저절로 먼지로 더럽혀지고 어둠에 갇힌다.

➜ 간상의 戌은 일간의 묘신이고, 지상의 丑은 일지의 묘신이다.

□ 『신정경』: 戌이 일간에 가한다. 주야 모두 간상에 등사가 타고 지반이 巳여서 '양사협묘(兩蛇夾墓)'이니 흉한 난을 면하기 어렵다. 질병을 정단하면 반드시 적괴(암)이고 낫지 않는데, 만약 행년이나 본명이 戌이면 흉한 화가 더욱 급하다. 만약 연명이 亥이면 그 위에 천강(辰)이 임하고 辰에 타고 있는 백호가 등사승신 戌을 충해서 묘신을 깨트리니 수명이 조금 연장된다. 그러나 결국 구해지지 않는데 이는 백호가 공망되어 무력하기 때문이다.

➜ 간상이 일간의 묘신인 戌이고 여기에 주야 모두 등사가 타고 있으며 다시 지반이 등사를 뜻하는 巳이니 양사협묘이다.

| 갑오순 | 병신일 | 9국 |

丙申일　제 9 국

공망 : 辰·巳 ○
낮 : 왼쪽 천장, 밤 : 오른쪽 천장

丁	辛	○
貴酉朱	常丑陰	勾巳空
巳 ○	酉	丑

丁	辛	庚	○
貴酉朱	常丑陰	玄子后	青辰白
○丙巳	酉	申	子

丁貴酉巳	戊朱戌午	己蛇亥未	庚玄子申后
丙蛇申辰合			辛常丑酉陰
乙朱未卯勾			壬白寅戌玄
甲合午寅	○勾巳丑青	○青辰子白	癸空卯亥常

- **과체** : 중심(重審), 종혁(從革) // 고진(孤辰), 화미(和美), 전국(全局), 합중범살(合中犯殺), 복덕(福德), 천장생재(天將生財), 재성정마(財星丁馬), 오음(五陰), 양귀수극(兩貴受剋), 구사(俱死), 귀인공망(貴人空亡/낮), 귀인수극(貴人受剋/밤), 아괴성(亞魁星), 처재효현괘.

- **핵심** : 낮에는 간상에 귀인이 타고, 밤에는 재성이 파쇄(破碎)되었다. 낮에는 천장오행이 삼전의 재성을 생하니 재물을 빌려주는 일에 좋다.

- **분석** : ❶ 낮에 정단하면 丙 위에 가한 酉에 귀인이 타니 귀인에게 부탁할 수 있고, 밤에 정단하면 일간의 재성인 酉에 주작이 타지만 파쇄되었으니 반드시 재물이 깨진다.

  → 맹일(寅申巳亥)의 파쇄는 酉, 중일(子午卯酉)의 파쇄는 巳, 계일(辰戌丑未)의 피쇄는 丑이다.

  ❷ 낮에 정단하면 삼전에 타고 있는 천장이 순수한 토이다. 이곳에서 삼전의 재성을 생하여 일으키니 만약 꾸어주거나 꾸어오면 먼저 지출된 뒤에 취득하게 된다.

□ **정단 : ❶** 종혁격(從革格)은 처음에는 따르고 나중에는 개혁하며 헤어지는 상이다.

❷ 丁酉가 일간에 임한 뒤에 발용이 되었으니 반드시 처와 재물로 인한 움직임이다. 그러나 재신이 묘신으로 이어지니 손에 쥐는 재물이 늦어진다.

❸ 일간과 일지에 사신이 타니 휴식을 취하는 일에는 이롭지만 움직여서 꾀하는 일에는 나쁘다.

→ 간상의 酉는 丙의 사신, 지상의 子는 申의 사신이다. 이것을 구사(俱死)라고 한다.

❹ 삼전의 금국이 지상의 관귀효를 생하니 곡식을 바쳐서 관직을 얻는 일에 이롭다.

→ 관직자의 승진정단에 특히 이롭다.

○ **날씨 :** 필수(酉)가 일간에 임한 뒤에 발용이 되어 삼전이 금국을 이루어서 오행의 수를 생하니 갑오순을 벗어나면 반드시 큰 비가 온다.
　→ 오행의 금은 수를 생하고 수는 강우이다. 삼전이 금국을 이루어서 오행의 수를 생하니 다음 순에는 큰 비가 온다.

○ **가정 :** 사람과 집이 서로 파(破)를 한다. 낮에 정단하면 지상신이 일지를 탈기하고 다시 여기에 현무가 타고 있으니 가정이 깨지고 재물을 잃는 것을 면하기 어렵다.
　→ 일간은 사람, 일지는 집이다. 간상의 酉와 지상의 子가 서로 파(破)를 하니 가정이 깨지는 상이다. 다시 지상의 子가 일지 申을 탈기하니 가정에 손재수가 발생하는데, 특히 낮에는 이곳에 현무가 타고 있으니 가정에 도난과 사기에 의한 손재수를 예방해야 한다.

○ **혼인 :** 일지와 일간의 상하가 서로 합을 하지만 간지의 상신이 서로 파(破)를 하니 성사가 되어가다가 깨질 우려가 있다.

➜ 일간은 나, 일지는 상대이다. 기궁 巳와 일지 申이 상합(相合)하니 혼인이 성사되는 상이지만, 간상의 酉와 지상의 子가 상파(相破)하고 다시 삼전이 종혁(從革)이니 파혼한다. ● 궁합 : 기궁과 일지가 상합하지만 간상과 지상이 상파하니 보통이다. ● 상대방 : 지상의 子가 일간 丙을 극하니 나에게 해를 입히는 사람이며, 특히 낮에는 지상에 현무가 타고 있으니 바르지 못한 성정을 지닌 사람이다. 만약 봄과 여름에 정단하면 초전의 지반 巳가 왕성한 힘으로 천반 酉를 극하니 드센 여자이다.

○ **임신·출산** : 딸을 임신한다. 난산이다.
➜ 중심과이니 딸이고 삼전이 금국이니 다시 딸이다. 일간과 일지의 상하가 삼합하고 다시 삼전이 삼합하니 난산이다.

○ **구관** : 귀인과 일록이 모두 공망되고 다시 파쇄(破碎)를 만나지만 곡식을 바치면 길하다. 본명이 巳午인 사람은 확실하다.
➜ 귀인은 공무원, 일록은 관록이다. 낮에 정단하면 낮 귀인 酉가 공망되고 일록인 巳 또한 공망되었으며 다시 酉가 일지 기준의 파쇄이니 구관에 불리하다. 그러나 삼전의 금국이 관성인 지상의 子를 생하니 승진에는 이롭다. 특히 본명이 巳인 사람은 공망된 巳가 메워지니 더욱 확실하다.

○ **구재** : 삼전의 재물이 귀살로 변하니 화환을 방비해야 한다.
➜ 낮에 정단하면 삼전에 타고 있는 천장오행 토가 삼전의 재국을 생하니 토와 관련된 일로 큰돈을 벌 수 있다. 토가 부동산과 도로이니 이것과 관련된 사업에 투자하면 돈을 벌 수 있다. 다만 공망이 메워지는 사년이나 사월이나 사월장 기간에 정단하고 일간이 왕성해지는 봄이나 여름에 정단한 경우에만 가능하다.

○ **질병** : 밤에 정단하면 지상에 천후가 타고 있으니, 여자는 피가 부족하고 남자는 신장이 허하다. 아직은 병이 물러나지 않는다.
➜ 일간은 환자, 일지는 병증이다. 지상이 子이니 신장이 마른 병으

로서 남자는 신허증이고 여자는 경도가 막힌 증상이다. 특히 오행의 酉금이 공망되었으니 더욱 확실하며, 일간과 일지와 삼전이 국을 이루었으니 병이 쉽게 물러나지 않는다.

○ **출행** : 육로는 무익하고 수로는 불길하다.

➔ 현대에서는 일간은 여행객, 일지는 여행지이다. 일간이 공망되었으니 여행을 떠날 수 없고, 간상의 재성이 파쇄(破碎)가 되었으니 여행경비가 과다 지출된다. 그리고 지상의 子가 일간 丙을 극하니 가장 불길한 여행지이다. 특히 낮에 정단하면 子에 현무가 타고 있으니 도난이나 사기를 예방해야 한다.

○ **귀가** : 천강이 사중에 가했으니 아직 길에 있다.

➔ 천강(辰)은 동신이다. 천강이 사중인 子에 가했으니 아직 길에 있다.

☂ **쟁송** : 합의가 어렵다. 나중에 대응하는 것이 유리하고 또한 여러 번 심리해야 유리하다.

➔ 일간은 나, 일지는 상대이다. 간상의 酉와 지상의 子가 상파(相破)하니 합의하기 어렵다. ● 승패 : 삼전의 금국이 일지음양의 수국을 생해서 이 수국이 일간을 극하니 내가 불리하다. ● 중심과이니 재심(再審)이 유리하다. ● 관재 : 삼전의 재국이 지상의 귀살 子를 생해서 일간 丙을 극하니 죄가 가벼워지지 않는다.

○ **전쟁** : 삼전의 재성이 귀살을 생하니 아직은 많은 이익을 보지 못한다.

➔ 일간은 아군, 일지는 적군이다. 삼전의 재국(酉丑巳)이 지상의 귀살 子를 생해서 일간 丙을 극하니 많은 이익을 보지 못한다.

○ **분묘** : 수법(水法)이 매우 적합하며 산은 높다. 庚酉辛인 용(龍)을 쓰면 귀(貴)하게 된다.

➔ 일간은 후손, 일지는 분묘이다. 일지의 음양이 수국이니 수법(水法)이 매우 적합하다. 일지가 申이니 서방을 뜻하는 庚酉申 용을 쓰

면 공직자가 배출된다.

- □ 『필법부』: ⟨제49법⟩ 양 귀인이 극을 받으면 귀인에게 부탁하는 일에서 뜻을 성취하기 어렵다.
  → 낮 귀인 酉는 지반의 巳로부터 극을 당하고 밤 귀인 亥는 지반의 未로부터 극을 당한다.
  ⟨제80법⟩ 사람과 가택이 모두 사신이면 사람과 가택이 쇠해지고 파리해진다.
  → 간상의 酉는 일간의 사신, 지상의 子는 일지의 사신이다.
  ⟨제83법⟩ 삼합과 육합을 하면 만사 기쁘다.
  → 일간음양과 일지음양과 삼전이 모두 삼합하니 혼인, 매매, 동업 등 각종 교섭에 이롭다.
  ⟨제84법⟩ 합 속에 살을 범하면 꿀 속에 비상이 있다.
  → 삼전이 모두 삼합하지만 초전의 酉와 간상의 酉가 형을 하니 꿀 속에 비상이 있다.
- □ 『과경』: 子가 申에 가했으니 태아가 장생에 앉아 있다. 임신을 정단하면 이롭고, 출산을 정단하면 불리하다.
- □ 『지장부』: 酉丑巳는 칼날이 번뜩이는 '헌인(獻刃)'이다. 원근 모두 상한다.
- □ 『운소부』: 음인의 얼굴에 흉터가 있다. 붉은 뱀이 금문(金門, 巳加酉)에 들었으니 미녀에게 발성장애가 발생한다. 흰 꿩이 동남방으로 난 문(巽門)으로 날아서 들어온다.

丙申일 제 10 국

공망 : 辰·巳 ○
낮 : 왼쪽 천장, 밤 : 오른쪽 천장

丙	己	壬	
蛇 申 合	陰 亥 貴	白 寅 玄	
巳 ○		申	亥
丙	己	己	壬
蛇 申 合	陰 亥 貴	陰 亥 貴	白 寅 玄
○丙巳	申	申	亥

丙蛇申巳	丁合貴酉午	戊朱后戌未	己陰貴亥申
乙朱未辰○	勾		庚玄后子酉
甲合午卯	青		己常陰丑戌
○勾巳寅	○空辰丑	癸白空卯子	壬玄常寅亥

□ **과체** : 중심(重審), 원태(元胎), 생태(生胎), 불비(不備), 췌서(贅婿) // 절신가생(絶神加生/연명:申), 고진(孤辰), 침해(侵害), 초전협극(初傳夾尅/낮), 육양(六陽), 형통(亨通/체생), 귀인수극(貴人受尅/낮), 천을신기(天乙神祇/밤).

□ **핵심** : 장생과 귀인과 재성이 보인다. 낮에 정단하면 모든 일에서 길하지 않다. 모든 사람의 칭찬이 끝나지 않는다.

□ **분석** : ❶ 말전의 寅은 일간의 장생이고, 중전의 亥는 밤의 귀인이며, 초전의 申은 일간의 재성이니 밤에 정단하면 좋다. 그러나 낮에 정단하면 초전이 두 마리의 뱀으로부터 협극(夾尅)을 당하고, 중전은 일간의 귀살이며, 말전에는 백호가 타고 있으며 그 둔반이 다시 귀살이니 길이 흉으로 변한다.

❷ 초전이 중전을 생하고, 중전이 말전을 생하며, 말전이 일간을 생하니, 〈경〉에서 말하기를 "삼전이 체생하면 사람들이 나를 추천한다."고 하여, 사람들의 칭찬이 끝이 없다.

→ 지금은 초전이 공망되었으니 삼전이 일간을 체생하지 못한다.

다만 공망이 메워지면 가능하다.
□ **정단** : ❶ 중심과는 불순한 정황이 있는 과이고, 원태(元胎)에는 은복의 뜻이 있다.
　❷ 간상과 초전에서 申이 巳에 가하여 서로 육합하고, 일지와 일간이 서로 만나니 공동으로 도모하면 성공한다. 다만 일간이 일지를 극하여 申이 재성이고 지상신은 귀살로 변한다. 이러하니 위험 속에서 재물을 취한다. 비록 삼전이 일간을 체생(遞生)하지만 낮에는 흉하게 변하니 즐거움 속에 걱정이 있다.
　➔ 낮에는 삼전에 등사, 태음, 백호 등의 흉장이 탄다.

○ **날씨** : 수모(水母)가 일간에 임한 뒤에 발용이 되었고 천강이 음을 가리키니 비가 오지만, 삼전이 일간을 생하니 곧 갠다.
　➔ 수모는 申, 천강은 辰이다. 비록 수모가 발용이 되었고 천강이 음인 丑을 가리켜서 비가 오는 상이지만 삼전이 일간을 체생하니 곧 갠다.
○ **가정** : 편안하게 거주할 수 있는 집이 아니다.
　➔ 일간은 사람, 일지는 가정이다. 지상의 亥가 일지인 申을 설기하고 또한 일간을 극하니 편안하게 거주할 수 있는 집이 아니다. ● 사과가 하나의 음과 두 양이니 가정에 간음이 발생하는 것을 예방해야 한다. ● 중심과이니 예의가 없는 가정이고, 일간(기궁) 巳와 일지 申이 파·형·극(破·刑·剋)이고 간지상의 申과 亥가 육해하니 가정이 화목하지 않다. ● 일간은 가장이다. 간상의 재성이 공망되었으니 가장에게 손재수가 있다.
○ **혼인** : 여자가 남자를 취하니 반드시 성사된다.
　➔ 일간은 남자, 일지는 여자이다. 일지 申이 간상으로 온 것은 여자가 남자에게 시집가는 상이니 혼인이 반드시 성사되는 상이다.

다만 낮에 정단하면 초전에서 등사승신 巳와 지반 巳가 천반 申을 협극하니 혼인에서 장애가 발생한다. ● 봄과 여름에 정단하면 중심과 초전의 지반이 왕성하니 드센 여자이다.

○ **임신·출산** : 아래가 강하고 위가 약하며 두 양이 하나의 음을 감싸니 임신하면 딸이 된다. 다만 申과 亥가 육해(六害)하니 출산하면 반드시 아기가 상한다.

→ 중심과는 지반이 천반을 극해서 발용이 되었으니 딸이고, 삼전에서는 초전(申)과 말전(寅)의 두 양이 중전(亥)에 있는 하나의 음을 감싸고 있으니 다시 딸이다. 일간은 태아, 일지는 임산부이다. 간상의 申과 지상의 亥가 육해하니 반드시 태아가 상한다.

○ **구관** : 밤에 정단하면 대단히 길하다.

→ 밤에 정단하면 초전과 중전에 길장이 타고, 다시 삼전이 일간을 차례로 생하여오니 대단히 길하다. 다만 공망된 일간(기궁)과 초전의 지반이 메워지는 사년이나 사월이나 사월장 기간에만 대단히 길하다.

○ **구재** : 낮에 정단하면 귀인의 재물을 얻는 것이 마땅하고, 밤에 정단하면 상업으로 재물을 얻는 것이 마땅하다.

→ 귀인은 관청과 공무원, 육합은 상업이다. 낮에 정단하면 귀인이 재성인 酉에 타고 있으니 귀인의 재물을 득하는 것이 마땅하고, 밤에 정단하면 육합이 재성인 申에 타고 있으니 상업으로 재물을 득하는 것이 마땅하다. 다만 밤에 정단하면 재성인 申이 공함되었으니 그 지반의 巳가 메워져야 얻을 수 있다.

○ **질병** : 머리를 흔드는 병이거나 심장경락에 병이 들었다. 밤에 정단하면 쉽게 치료되고, 낮에 정단하면 완치되기 어렵다.

→ 지상이 亥이니 머리를 흔드는 병이다. 그리고 귀살의 오행인 수가 화를 극하니 화에 해당하는 심경에 병이 들었다. 밤에 정단하면 길장이 타고 있는 삼전이 일간을 체생(遞生)하니 쉽게 치료되고, 낮

에 정단하면 흉장이 삼전에 타고 있으니 완치되기 어렵다. ● 낮에 정단하면 백호승신 寅이 오행의 토를 극하니 토의 장부인 비위에 병이 든다.
● 천을신기(天乙神祇) : 밤에 정단하면 천을귀인이 귀살인 亥에 타서 일간을 극해서 '귀수(鬼祟)'가 있으니 법사의 도움을 받아야 병이 낫는다. ● 심경의 병은 수를 극하는 丑 아래의 술방(서북방)이나 未 아래의 진방(동남방)이 명의와 명약이 있는 방위이다. ● 申은 백호, 巳는 상여이다. 초전에서 申이 巳에 가했으니 상(喪)을 예방해야 한다.

○ **출행** : 육로는 매우 안전하고, 수로는 그 다음이다.
→ 현대에서는 일간은 나, 일지는 여행지이다. 일간이 공망되었으니 출행이 지연되고, 간지의 상신이 육해하니 안전한 여행지가 아니다.

○ **귀가** : 천강이 사계에 가했으니 즉시 온다.
→ 천강(辰)은 동신이다. 천강이 사계의 하나인 丑에 가했으니 즉시 온다.

↑ **쟁송** : 합의가 어렵다. 내가 유리하다.
→ 간상의 申과 지상의 亥가 육해하니 합의하기 어렵다. 삼전이 일간을 체생하니 내가 유리하고, 일지가 간상으로 와서 일간의 극을 받으니 다시 내가 유리하다. 그리고 중심과이니 여러 번 심리하는 것이 유리하다.

○ **전쟁** : 밤에 정단하면 길하다.
→ 밤에 정단하면 일간이 길장이 타고 있는 삼전의 생을 받으니 길하나.

□ 『**필법부**』 : 〈제48법〉 귀살에 천을귀인이 타면 곧 하늘 귀신과 땅 귀

신의 해가 있다. 질병정단을 하면 반드시 하늘 신과 땅 신의 해코지가 있다. 만약 가택 위에 임하면 반드시 가정 내 사당의 신상에게 엄숙하지 못해서 온 병환이다.

→ 밤에 정단하면 천을귀인이 귀살인 亥에 타서 지상에 임한다.

〈제69법〉 백호가 둔간귀살에 타면 재앙이 얕지 않다.

→ 밤에 정단하면 말전의 천반에 백호가 타고 그 둔반은 일간의 귀살인 壬이다.

〈제76법〉 서로 시기하여 모두에게 화가 미친다.

→ 간상의 申과 지상의 亥는 육해이다. 주로 혼인, 동업, 계약, 매매 정단에 활용된다.

□ 『고감』: 乙亥년에 출생한 사람이 월장 辰을 점시 丑에 가한 뒤에 전정을 정단한다. 격명이 '췌서(贅婿)'이니 반드시 정옥(正屋)이 없거나 혹은 처가에서 기거하고, 삼전에 등사와 백호가 보이니 반드시 상(喪)을 당한다. 寅은 공조(公曹)이다. 寅이 등사와 백호로부터 해를 입으니 관직이 사조(司曹)를 넘지 못한다. 그 사람이 나중에 부모상을 네 번이나 당하고 관직은 '강음지록(江陰知錄)'에 그쳤다.

→ 장생은 부모이다. 부모를 뜻하는 장생 寅에 백호가 타니 부모상을 당하고 다시 말전의 장생이 申으로부터 극을 당하니 부모상을 당한다.

丙申일 제 11 국

공망 : 辰·巳 ○
낮 : 왼쪽 천장, 밤 : 오른쪽 천장

庚	壬		○
玄子后	白寅玄	青辰白	
戌	子		寅
乙	丁	戊	庚
朱未勾	貴酉朱	后戌蛇	玄子后
○丙巳	未	申	戌

乙未巳朱	丙申午勾蛇	丁酉未合貴	戊戌申朱后蛇
甲午辰合青○			己亥酉陰貴
○巳卯勾空			庚子戌玄后
青辰寅	癸卯丑空常	壬寅子白玄	辛丑亥常陰

□ **과체** : 중심(重審), 참관(斬關), 진간전(進間傳), 삼양(三陽) // 향삼양(向三陽/子寅辰), 형상(刑傷), 침해(侵害), 삼기(三奇), 복덕(福德), 인귀생신(引鬼生身), 오양(五陽), 강색귀호(罡塞鬼戶), 여덕(勵德/밤), 귀인상가(貴人相加), 여덕(勵德/밤).

□ **핵심** : 귀살이 묘지에 앉아 있으니 환자가 발생한다. 낮에는 백호가 寅에 타니 寅에게 기대하면 안 된다.

□ **분석** : ❶ 子는 丙의 귀살이고, 戌은 丙의 묘신이며, 申은 丙의 병지이다. 귀살인 子가 戌에 임하고 묘신인 戌이 申에 임했으니, 마치 귀신이 묘지에 앉아서 환자를 부르는 듯하다.

❷ 중전의 寅목이 일간의 장생이니 의지할만하지만 둔간이 壬수이고 낮에 정단하면 백호가 타고 있어서 오히려 일간을 극하니 구신을 의시할 수 없다.

□ **정단** : ❶ 삼양격(三陽格)은 공적인 일에 이롭다. 다만 삼전이 사이를 띄우고서 전해서 나아가니 장애가 있다.

→ 주야 모두 귀인이 역행하니 삼양격의 제1조건에 부합하지 않는

다. 특히 낮에는 간지의 상신이 귀인의 뒤에 있으니 삼양격의 제2조건에 부합하지 않는다.

❷ 아래는 합(合)을 하고 위는 형(刑)을 하니, 좋다가도 부족한 것이 있는 상이다.

❸ 말전의 辰이 갑오순의 공망이 되었으니 귀살을 제압하지 못한다. 다행히 간상의 未가 子수를 막을 수 있고, 寅과 未가 그것을 제압할 수 있다. 가만히 지키고 있는 것은 이롭고 움직이는 것은 절대로 금해야 한다.

○ **날씨** : 천강은 양을 가리키고 수신이 묘지에 드니 비가 오지 않는다.
  → 천강은 대각성, 오행의 수는 비(雨)이다. 대각성인 辰이 양지 寅에 임하니 비가 오지 않고, 수신인 子가 일간의 묘지인 戌에 임하니 다시 비가 오지 않는다.

○ **가정** : 가택 위에 묘신이 임하니 가택이 혼미한 상이다.
  → 일지는 가택이고 묘신은 어둠과 혼미의 신이다. 일지에 일간의 묘신인 戌이 임하니 가정이 혼미하다. 특히 지상의 戌이 5월에는 사기이고 6월에는 사신이니 만약 두 달에 정단하면 가정에 병자가 생기거나 혹은 상을 당한다. 특히 밤에 정단하면 이곳에 등사가 타고 있으니 더욱 흉하다. ● **화목** : 일간(기궁) 巳와 일지 申이 비록 상합하지만 그 상신인 未와 戌이 상형(相刑)과 상파(相破)이니 부자와 부부가 화목하지 않다. ● 일지음신 子가 일간 丙을 극하여 오니 가정에 화가 발생한다. 낮에는 현무가 타고 있으니 도난이나 사기를 예방해야 하고, 밤에는 천후가 타고 있으니 부녀자로 인한 화를 예방해야 한다.

○ **혼인** : 일지와 일간이 서로 형(刑)을 하고 그 음신이 서로 파(破)를 하니 불길하다.

→ 일간양신(제1과)은 남자이고 일간음신(제2과)은 남자의 집안, 일지양신(제3과)은 여자이고 일지음신(제4과)은 여자의 집안이다. 간상의 未와 지상의 戌이 서로 형(刑)과 파(破)를 하여 남녀가 서로 싸우는 상이니 불길하고, 일간음신의 酉와 일지음신의 子가 서로 파(破)를 하여 파혼하는 상이니 다시 불길하다. ● 성정 : 일지는 여자이다. 지상이 일간의 묘신이니 어두운 상이다. 특히 밤에는 지상에 등사가 타고 있으니 더욱 불길하다.

○ **임신·출산** : 아래는 강하고 위는 약하니 임신하면 여아이다.
→ 아래가 위를 극하여 발용이 되었으니 임신하면 여아이다. 만약 여름에 정단하면 초전의 지반이 더욱 강성하니 반드시 여아이다.

○ **구관** : 관성이 발용이 되었다. 밤에 정단하면 길하다.
→ 관성은 관직, 천후는 왕후의 상이다. 밤에 정단하면 초전의 관성 子에 천후가 타고 있으니 길하다. 만약 가을과 겨울에 정단하면 초전의 子가 왕상하니 더욱 길하다.

○ **구재** : 마땅히 귀인의 재물을 얻는다.
→ 재성은 재물, 천을귀인은 귀인이다. 낮에 정단하면 일간음신 酉에 귀인이 타고 있으니 귀인의 재물을 얻으며, 만약 사업을 할 경우에는 관공서와 관련된 일로 재물을 얻는다. 그리고 밤에 정단하면 주작이 재성에 타고 있으니 문서나 문학이나 강의나 상담을 통해 재물을 얻는다.

○ **질병** : 낮에 정단하면 비장에 병이 들고, 밤에 정단하면 신수(腎水)가 고갈된다. 2월에 정단하면 매우 불길하다.
→ 백호승신의 극을 받는 오행의 장부에 병이 든다. 낮에 정단하면 백호승신 寅으로부터 토의 오행이 극을 받으니 비위에 병이 들고, 밤에 정단하면 백호승신 辰으로부터 수의 오행이 극을 받으니 신장과 방광에 병이 든다. 2월에 정단하면 간상의 未가 사기이고 未가 일간을 탈기하니 허탈증이 심하다.

● 낮에 정단하면 寅을 극하는 申 아래의 오방(午方, 정남)으로 가서 치료해야 하고, 밤에 정단하면 辰을 극하는 寅 아래의 자방(子方, 정북)으로 가서 치료해야 한다. 다만 밤에 정단하면 백호승신이 공망되었으니 저절로 낫는다.

○ **출행** : 육로는 유실을 예방해야 하고, 수로는 더욱 흉하다.

→ 현대에서는 일간은 여행객, 일지는 여행지이다. 간상과 지상이 서로 형(刑)을 하니 여행지에서 몸이 상할 우려가 있다. 특히 지상의 戌이 일간의 묘신이니 위험한 여행지이다.

○ **귀가** : 천강이 사맹에 가했으니 아직 출발하지 않았다.

→ 천강은 동신(動神)이다. 천강이 사맹에 가했으니 아직 출발하지 않았다.

○ **쟁송** : 합의하기 어렵다. 나중이 길하다.

→ 일간은 나, 일지는 상대이다. 간지의 상신이 상형(相刑)과 상파(相破)이니 나와 상대가 합의하기 어렵고, 중심과이니 재심이 유리하다. ● 일지 申, 초전 子, 말전 辰이 수국을 이루며 일간을 극하니 내가 불리하다.

○ **전쟁** : 밤에 정단하면 불길하고, 낮에 정단하면 더욱 흉하다.

→ 낮에 정단하면 적을 뜻하는 현무가 귀살 子에 타서 일간을 극하니 밤에 비해 더욱 흉하다.

○ **분묘** : 청룡이 공함되었으니 길한 기운이 길게 이어지지 않는다.

→ 분묘정단에서 청룡은 좌사(左沙) 곧 좌청룡이다. 낮의 청룡승신 辰과 밤의 청룡승신 午가 각각 공망되었으니 자손의 운이 길게 이어지지 않고 또한 후대에 관직자가 나오지 않으며 장남의 운세가 좋지 않다.

□ 『**필법부**』 : (제69법) 백호가 둔간귀살에 타면 재앙이 얕지 않다.

➔ 중전의 천반 寅에 낮에는 백호가 타고 그 둔반은 일간의 귀살인 壬이다. 모든 정단에서 두려운데 그 재앙이 매우 깊어서 사라지기 어렵다. 설령 공망되더라도 여전히 흉을 구할 수 없다.

《제52법》 천강(辰)이 귀신문(寅)을 막으면 임의로 도모할 수 있다.
➔ 비록 귀살이 일간을 극하지만 말전에서 천강(辰)이 寅에 임한다. 삼전에 있고 없고를 막론하고 재난을 피하는 일, 음모, 사적인 기도, 문상, 문병, 약 짓기, 부적 쓰기에 좋다. 만약 甲·戊·庚일이면 더욱 좋다.

□ 『지장부』: 삼전의 子寅辰은 향삼양(向三陽)이다. 광명을 소망할 수 있다.
➔ 말전이 공망되어 향삼양이 이뤄지지 않으니 미래가 어둡다.

□ 『삼재부』: 괴강(戌辰)이 임하는 곳에서 소송이 많이 발생하며, 申과 午가 서로 가하면 의혹이 빈번하게 발생한다. 다시 말하기를 천마와 역마가 들면 정단하는 일이 신속하다.
➔ 천마와 역마는 모두 동신(動神)이니, 일이 신속하다.

□ 『임수경(壬髓經)』: 말전이 초전을 극하면 강하고, 초전이 말전을 극하면 약하다.
➔ 이 과전에서는 말전의 辰이 초전의 子를 극하니 그 극하는 작용이 강한 상이지만, 지금은 말전이 공망되었으니 실제로는 극하지 못한다.

丙申일   제 12 국

공망 : 辰·巳 ○
낮 : 왼쪽 천장, 밤 : 오른쪽 천장

丁	戊	己
貴 酉 朱	后 戌 蛇	陰 亥 貴
申	酉	戌
甲	乙	丁	戊
合 午 青	朱 未 勾	貴 酉 朱	后 戌 蛇
○丙巳	午	申	酉

甲合午巳	乙朱未午	丙蛇申未	丁貴酉申朱
勾巳辰○	空○		后戌酉戌蛇
青辰卯○	白		陰己亥戌貴
空癸卯寅	白壬寅丑常	玄辛丑子陰	玄庚子亥后

□ **과체** : 요극(遙尅), 탄사(彈射), 연여(連茹), 진여(進茹) // 주인(鑄刃/酉戌亥), 구왕(俱旺), 천라지망(天羅地網), 재성정마(財星丁馬), 나거취재(懶去取財), 귀인입옥(貴人入獄/밤), 천을신기(天乙神祇/밤).

□ **핵심** : 사람과 집이 모두 왕성하다. 만약 움직이면 그물과 칼로 변한다. 귀인에게 의지하기 어렵다. 삼전이 12운성의 사·묘·절이다.

□ **분석** : ❶ 일간의 왕기인 午가 간상에 가했고 일지의 왕기인 酉가 지상에 가했으니, 사람과 가택이 모두 왕성하다. 그러나 움직이면 천라지망(天羅地網)과 양인으로 변해서 몸을 상하게 하니 옛것을 지켜야 한다.

❷ 귀인이 많으면 오히려 이롭지 않다. 귀인이 많으면 귀인의 의견이 일치하지 않으니 오히려 의지할 곳이 없다.

❸ 丙의 사(死)는 酉, 묘(墓)는 戌, 절(絶)은 亥이다. 삼전에 이들이 나란히 나타났으니 질병을 정단하면 나쁘다.

□ **정단** : ❶ 탄사(彈射)에 금이 있으니 화살촉이 있다.

❷ 연여(連茹)가 전진하여 삼음에 이르고, 먼 곳으로부터의 비호를

받으니 음으로 복을 받는 상이다. 다만 삼전이 모두 12운성의 사·묘·절이니 전진해서 탐해서는 안 되고, 물러나기 위해 움직여서도 안 된다. 오로지 현재의 상황을 고수해야 안전하다.

○ **날씨** : 필수가 발용이 되었고 청룡이 승천하며 천강이 음을 가리키니 비가 온다.

→ 필수는 酉, 천강은 대각성, 청룡은 감우의 천장이다. 초전이 오행의 수를 생하는 酉이고, 청룡이 하늘을 뜻하는 午에 타며, 천강이 음의 12지인 卯에 임하니 비가 온다.

○ **가정** : 낮에 정단하면 귀인이 가택에 임했으니 큰 재물을 득하는 기쁨이 있다.

→ 천을귀인은 관청과 귀인, 재성은 재물이다. 낮에 정단하면 귀인이 재성인 酉에 타고 있으니 관청과 귀인을 통해 큰 재물을 얻는다. 밤에는 酉에 주작이 타고 있으니 문서나 강의나 문학을 통해 재물을 얻는다. ● 간상의 午는 일간의 양인이고 지상의 酉는 일지의 양인이다. 경거망동하면 화를 입으니 근신해야 한다.

○ **혼인** : 남녀 모두 왕성하니 길하다.

→ 간상의 午는 일간의 왕신이고 지상의 酉는 일지의 왕신이니 남녀 모두 왕성하다. ● 요극과이니 기대에 미치지 못하는 연애와 혼담이다. ● 궁합 : 간상의 午가 지상의 酉를 극해서 남자가 여자를 살벌(殺伐)하는 상이니 궁합이 나쁘다. ● 성정 : 낮에는 지상에 길장인 천을귀인이 타고 있으니 귀한 여자이고, 밤에는 지상에 주작이 타고 있으니 말이 많은 여지이다.

○ **임신·출산** : 남아이다. 임신부와 태아 모두 길하다.

→ 일간은 태아, 삼전은 태아의 생육과정이다. 일간의 천지반이 모두 양이니 남아이고, 삼전에서는 초전 酉와 말전 亥 두 음이 중전의

하나의 양인 戌을 감싸니 아들이다.
- ○ **구관** : 귀인이 매우 많다. 귀인의 인도를 받아 길하다.
  → 丙의 귀인은 酉와 亥이다. 귀인이 과전의 다섯 곳에 보이니 매우 많다. 만약 연명이 酉이면 초전의 酉와 말전의 亥가 연명상신 戌을 인도하니 길하다.
- ○ **구재** : 문서와 귀인의 재물을 얻는다.
  → 귀인은 공무원과 관청, 주작은 문서와 문학과 강의이다. 낮에는 재성인 酉에 귀인이 타고 있으니 공무원과 관청을 통해 얻고, 밤에는 재성인 酉에 주작이 타고 있으니 문서와 문학과 강의를 통해 재물을 얻는다.
- ○ **질병** : 심경에 병이 들거나 혹은 해수로 인해 몸이 상한 증상이다.
  → 귀살의 극을 받는 오행의 장부에 병이 든다. 귀살이 亥에 타서 오행의 화를 극하니 심경에 병이 든다. 일지는 병증이다. 지상이 酉이니 해수나 폐결핵이다. ● 丙화의 사는 酉, 묘는 戌, 절은 亥이다. 지금 삼전에 이들이 나란히 나타났으니 질병을 정단하면 나쁘다. ● 자손효는 의약신이다. 의약신 未가 午에 가했으니 午가 뜻하는 남방으로 가서 의사나 약을 구하면 된다. 戌을 쓰지 않고 未를 쓴 이유는 귀살이 음지이므로 의약신도 음지를 사용했다. ● 천을신기(天乙神祇) : 밤에 정단하면 천을귀인이 亥에 타서 일간 丙을 극하여 귀수가 있으니, 수법을 행사할 수 있는 법사의 도움을 받아야 병이 낫는다.
- ○ **출행** : 육로는 매우 길하고 수로도 좋다.
  → 현대에서는 일간은 여행객, 일지는 여행지이다. 간상의 午가 지상의 酉를 극하니 안전한 여행지이다. 다만 요극과이니 기대에 미치지 못하는 여행지이다.
- ○ **귀가** : 천강이 사중에 가했으니 길에 있다.
  → 천강(辰)은 동신이다. 천강이 사중인 卯에 가했으니 도로에 있다.

↑ 쟁송 : 내가 승소한다.
→ 일간 丙이 일지 申을 극하고 다시 간상의 午가 지상의 酉를 극하니 내가 유리하다. 만약 봄과 여름에 정단하면 간상의 午가 왕성한 힘으로 지상의 酉를 극하니 승소가 더욱 확실하다. 다만 간상의 午가 일간의 양인이니 경거망동을 삼가야 한다. ● 관재 : 중전의 戌이 일간의 묘신이고 말전이 일간의 귀살이니 지은 죄가 가벼워지지 않을 우려가 있다.

○ 전쟁 : 아군이 적군을 충분히 정벌한다. 봄과 여름은 길하다.
→ 간상의 午가 지상의 酉를 극하니 아군이 승전한다. 봄과 여름에 정단하면 간상의 午가 왕성해지니 더욱 확실하다.

□ 『필법부』 : 〈제55법〉 천라지망(天羅地網)을 만나면 모망사에서 졸렬함이 많다. 그물로 몸과 가택을 옭아매니, 모든 정단에서 어찌 형통할 수 있겠는가?
→ 간상은 일간의 전1위의 12지이고 지상은 일지의 전1위이니 간지상 모두 천라지망(天羅地網)이다. 마치 사람과 집이 그물에 묶인 상이다.
〈제75법〉 손님과 주인이 다투지 않아도 형벌이 이미 있다.
→ 간상의 午와 지상의 酉는 자형이다. 주로 혼인, 매매, 동업, 교역, 교섭, 회담에서 쓰인다.
〈제78법〉 호왕(互旺)과 개왕(皆旺)은 앉아서 도모하는 것이 좋다.
→ 간상의 午는 일간의 왕이고 지상의 酉는 일지의 왕이니 구왕이다.

□ 『과경』 : 간지상의 午酉는 자형이다. 이른바 '사승살(四勝殺)'이니 서로 그 능력을 과시하려고 하며 공을 내세우고 모두 남의 공을 가로채서 과시하려고 한다. 관직자가 정단하여 천라를 만나면 부친상이

우려되고 지망(地網)을 만나면 모친상이 우려된다.
- 『찬요』: 丙丁일에서 丑이 子에 가하면 임신한다는 뜻의 '복태격(腹胎格)'이니, 방문한 이유는 반드시 처의 임신 때문이다. 출산정단을 하여 만약 丑이 공함을 만나면 반드시 신속하게 낳고 임신정단을 하면 낙태된다.
  ➔ 천지반도의 천반이 丑이고 그 아래는 일간의 태신인 子이다. 만약 연명이 子이면 임신정단이다.
- 『조담비결』: 청룡이 천라(天羅)에 들면 아버지가 오는 것을 묻는다.
  ➔ 밤에 정단하면 청룡이 천라인 간상에 타고 있다.

정유일

丁酉日의 길신(구보)과 흉살(팔살)			
일덕	亥	형	
일록	午	충	
역마	亥	파	
장생	寅	해	
제왕	午	귀살	亥子
순기	子	묘신	戌
육의(六儀)	甲午	패신 / 도화	卯 / 午
귀인	주	亥	공망	辰巳
	야	酉	탈(脫)	辰戌丑未
합(合)		사(死)	酉
태(胎)	子	절(絶)	亥

丁酉일 제 1국

공망 : 辰·巳 ○
낮 : 왼쪽 천장, 밤 : 오른쪽 천장

	丁	乙	辛
	陰酉貴	常未朱	朱丑常
	酉	未	丑
	乙	乙	丁	丁
	常未朱	常未朱	陰酉貴	陰酉貴
	丁未	未	酉	酉

○空巳	甲勾午	乙合未	丙玄申
○巳	午	未	申
○青辰			丁陰酉貴
辰○			酉
癸勾卯	空		戊后戌
卯			戌
壬合寅	辛朱丑	庚蛇子	己貴亥
寅	丑	子	亥

- **과체** : 복음(伏吟), 자신(自信), 여덕(勵德/밤), 두전(杜傳) // 용전(龍戰), 육음(六陰), 재성정마(財星丁馬), 신임정마(信任丁馬), 형상(刑傷), 귀등천문(貴登天門/낮).
- **핵심** : 먼 곳에 있는 귀인이 나에게 재물을 보내온다. 중전과 말전이 초전을 도우니 가정에 음재(陰災)가 생긴다.
- **분석** : ❶ 지상과 초전의 酉는 일간의 재신이다. 酉에 귀인이 타고 있으니 귀인의 재물이다. 재신이 정마를 타고 있으니 먼 곳의 재물이 나에게 온다.

  ❷ 중전과 말전의 두 토가 酉를 생하니 재물의 기운이 왕성하다. 비록 재물이 넉넉하지만 일지가 정신(丁神)으로부터 극을 당하고 다시 酉가 자형(自刑)이 되어 가택에 가한다. 낮에는 酉에 태음이 타니 여자와 어린이는 재앙을 면하지 못한다.
- **정단** : ❶ 복음과이고 다시 초전이 두전(杜傳)이니 모든 일이 반드시 중지되고 변경된다. 정신이 발용이 되었으니 고요한 가운데에서 처와 재물이 움직이는 상이다.

❷ 일지가 일간으로 전해졌으니 상대가 나에게 부탁한다.
→ 지상이 초전이 되고 중전이 간상으로 이어졌으니 조간격(朝干格)이다.
❸ 만약 연명이 申인 사람이 밤에 정단하면 시험에 응시하여 반드시 으뜸으로 합격한다.
→ 연명이 申이면 간지상의 未酉가 연명상의 申을 인종하니 고시생은 합격하고 관직자는 승진한다.

○ **날씨**: 과전이 모두 음이니 매우 흐린 상이다.
→ 양은 맑은 날씨, 음은 흐린 날씨이다. 과전이 육음이니 매우 흐리다.
○ **가정**: 일간을 탈기해서 일지를 생하니 집은 왕성하고 사람은 쇠하다. 특히 여자에게 이롭지 않다.
→ 중전의 未土와 말전의 丑土가 일간 丁을 설기해서 일지 酉를 생하니 집은 왕성하고 사람은 쇠한 가상이다. ● 지상의 酉가 재신이니 집에는 재물이 많다. ● 일지는 식구이다. 지상의 둔간 丁이 일지 酉를 극하니 식구에게 해가 닥친다. ● 유일(酉日)에 酉가 발용이 되어 용전호투(龍戰虎鬪)하니 가정이 화목하지 않다.
○ **혼인**: 중전과 말전이 일간을 탈기해서 일지를 생하니 여자에게는 이롭고 남자에게는 이롭지 않다.
→ 일간은 남자, 일지는 여자이다. 중·말전의 未土와 丑土가 일간 丁을 설기해서 일지 酉를 생하니 여자에게는 이롭고 남자에게는 이롭지 않다. ● 궁합: 간상의 未가 지상의 酉를 생한다. 남자가 여자를 아끼는 상이니 궁합이 좋다. 그러나 초전의 酉와 지상의 酉가 자형이고 다시 중전의 未와 말전의 丑이 서로 충을 하니 혼담이 깨지는 것을 예방해야 한다. ● 지상의 酉가 재성이니 재물이 많은 여자이

다. 낮에 정단하면 지상에 태음이 타고 있으니 바르지 못한 여자이고, 밤에 정단하면 지상에 귀인이 타고 있으니 귀한 여자이다.
○ **임신·출산** : 과전에 양이 없으니 임신하면 남자이다. 과전이 두전(杜傳)이니 출산이 지연된다.
→ 음은 여자이고 양은 남자이다. 과전이 모두 음이니 남자이다. 자형이 삼전에 나타나면 출산이 지체되는 상이다. 초전이 두전(杜傳)이니 출산이 지연된다.
○ **구관** : 천을귀인이 막혔으니 관직에 이롭지 않다.
→ 천을귀인은 공무원이다. 귀인이 초전의 酉에 타고 있지만 두전(杜傳)이어서 관로가 막혔으니 관직에 이롭지 않다. 이외에도 과전에 관성은 없고 파관신만 가득하니 구관에 이롭지 않다. ● 낮에 정단하여 연명이 申이면 간지상의 未와 酉가 연명상의 戌을 인종하니 시험에 응시하여 반드시 으뜸으로 합격한다. ● 연명이 亥이면 귀인이 천문에 오르니 승진수가 있다.
○ **구재** : 노력하지 않더라도 재물을 얻는다.
→ 일간의 음양 및 중전과 말전의 자손효 未丑이 초전과 지상의 재성 酉를 생하니 노력하지 않더라도 재물을 얻는다.
○ **질병** : 기침으로 몸이 상하며 허탈증이다. 대체로 무방하다.
→ 지상은 병증이다. 지상이 酉이니 기침을 수반하는 해수이다. 그리고 간상과 중·말전의 未丑이 일간 丁을 탈기하니 허탈증이다. ● 복음과이니 질병이 오래간다. ● 과전에 의약신인 未와 丑이 있으니 무방하다.
○ **출행** : 일간과 지상이 정신이니 마음이 들떠서 맹동하는 상이다.
→ 징신은 동신이다. 일긴이 정신이고 지상이 다시 정신이니 마음이 들떠서 맹목적으로 움직이는 상이다.
○ **귀가** : 가까이 있는 사람은 바로 도착한다.
→ 복음과는 가까운 곳에 있는 사람은 바로 도착하고, 먼 곳에 있는

사람은 언제 올지를 기약하기 어렵다.
○ **쟁송** : 내가 불리하다.
→ 일간은 나, 일지는 상대이다. 일간의 음양이신과 중·말전이 일간을 설기해서 일지를 생하니 내가 불리하다. ● 관재 : 복음과는 간괘로서 산, 삼형은 관재, 충은 깨지는 것을 뜻한다. 복음과여서 관재가 오래가지만 다행히 중전의 未와 말전의 丑이 상충하여 깨지니 지은 죄에 비해 관재가 가벼워진다.
○ **전쟁** : 복음과의 두전격(杜傳格)은 형통하지 않고 이롭지 않다.
→ 복음과의 삼전에 辰이나 午나 酉나 亥가 보이면 전해지는 것이 막힌다는 뜻이 있는 '두전'이다. 초전이 두전이니 전쟁이 형통하지 않고 이롭지도 않다.
○ **분묘** : 정용(丁龍)이 길하다.
→ 전설상의 용(龍)은 구불구불한 형상이다. 분묘가 있는 산이 마치 용처럼 구불구불하니 산을 '용'이라고 한다. 이 과전에서는 일지음양의 둔간이 丁이니 '정용'이라고 하였으며 길하다.

□ 『**필법부**』 : 〈제89법〉 자임과 자신에 정마가 타면 모름지기 행동한다.
→ 자임과 자신은 복음과를 뜻하고 복음과에는 부동의 뜻이 있다. 그러나 복음과의 초전에 정마가 내달리니 행동하게 된다.
〈제23법〉 타인이 나에게 일을 구하는 격이다.
→ 이 과전에서는 지상이 발용이 되었고 중전이 간상으로 온다. 매사 나에게 유리하고 상대에게 불리하다.
□ 『**과경**』 : 복음과의 자임과 자신을 무조건 은둔한다고 말하면 안 된다. 만약 삼전이나 간지상에 순(旬)의 정신이 보이거나 혹은 천마나 역마가 보이면 반드시 고요한 가운데에서 움직이게 된다.
→ 일지의 음양과 초전에 丁酉가 보이니 움직이게 된다.

※ 천마

월건 신살	寅	卯	辰	巳	午	未	申	酉	戌	亥	子	丑
천마(天馬)	午	申	戌	子	寅	辰	午	申	戌	子	寅	辰

※ 역마

일지	亥卯未	寅午戌	巳酉丑	申子辰
역마	巳	申	亥	寅

- □ 『**옥성가**』: 복음과는 거동이 뜻대로 되지 않는다.
  → 위의 『과경』 참조.
- □ 『**육임결(六壬訣)**』: 밖의 재물이 안으로 들어오면 가정에 재물이 많아지니 기쁘다.
  → 일간의 처재효는 외재(外財)이다. 일재인 酉가 지상으로 왔으니 밖의 재물이 집으로 들어온다. 가정정단을 하면 집밖에서 번 돈이 가정으로 들어오고, 교역정단을 하면 회사나 가게 밖에서 번 돈이 회사나 가게로 들어온다.

丁酉일 제 2 국

공망 : 辰·巳 ○
낮 : 왼쪽 천장, 밤 : 오른쪽 천장

丙	乙	甲	
玄申蛇	常未朱	白午合	
酉	申	未	
甲	○	丙	乙
白午合	空巳勾	玄申蛇	常未朱
丁未	午	酉	申

○青辰巳○	○空巳午	甲勾午未	乙常未申朱
勾癸卯辰○	空		玄丙申酉蛇
合壬寅卯白			陰丁酉戌貴
朱辛丑寅	常庚子丑蛇	貴己亥子陰	后戊戌亥后

□ **과체** : 요극(遙剋), 탄사(彈射), 연여(連茹) // 퇴여(退茹), 능음(凌陰/申未午), 육의(六儀), 왕록임신(旺祿臨身), 록현탈격(祿玄脫格), 복덕(福德), 회환(回還), 조간(朝干), 나거취재(懶去取財), 귀인입옥(貴人入獄/밤).

□ **핵심** : 일지가 일간으로 전해졌다. 모범이 되지 못한다. 낮에는 일록에 백호가 타고 있으니 참혹해진다.

□ **분석** : ❶ 지상이 초전이 되었고 말전이 간상으로 전해졌다.
→ 이것을 조간(朝干)이라고 한다. 상대가 나에게 머리를 조아린다.
❷ 지상의 申과 간상의 午가 丁의 안에 있는 未를 공협(拱夾)하니 모범이 되지 못한다.
❸ 丁의 식록은 午에 있다. 비록 왕록이 일간에 임하지만 낮에는 백호가 타니 일록을 지킬 수 없다.
❹ 초전으로 가면 낮에는 재성이 현무를 만나고 중전은 다시 일간을 탈기하며 간상의 일록은 백호로부터 상하니 반드시 참혹을 감당하기 어렵다. 다만 밤에 정단하면 길해서 이 예에 해당하지 않는다.

□ **정단 : ❶** 탄사의 재물을 삼전이 체생(遞生)해서 나를 도우니 반드시 재물을 크게 취득하는 기쁨이 있다.

❷ 삼전이 지상의 재성을 생하니 논밭과 가택을 사는 일에 크게 좋다. 이른바 사람과 가택이 모두 왕성하니 모두에게 이익이 생긴다.

→ 탄사격은 요극과에 속한 격으로서 탄사에는 기대에 미치지 못하는 뜻이 있다. 다만 이 과전에서는 말전의 午가 중전을 생하고 중전의 未가 초전의 재성 申을 생하니 재물을 크게 얻는 기쁨이 있다.

○ **날씨 :** 수모(水母)가 발용이 되었고 천강(辰)이 음을 가리키지만 중전과 말전이 토와 화이니 오랫동안 비가 오지 않는다.

→ 수모는 申으로서 비를 생하는 신, 천강(辰)은 대각성이다. 비록 초전이 수모이고 대각성이 음지인 巳를 가리키지만, 중전이 未토이고 말전이 午화이니 비가 오지 않는다.

○ **가정 :** 사람과 집이 모두 왕성하니 가정이 매우 화목하다.

→ 간상의 午는 일간의 왕신 겸 일록이고, 지상의 申이 일지 酉에 임하여 득지(得地)해서 사람과 집이 모두 왕성하니 가정이 매우 화목하다. ● 사람 : 일간은 사람이다. 낮에 정단하면 간상의 일록에 백호가 타고 있으니 직업이나 재산을 잃는 것을 예방해야 한다. 밤에 정단하면 왕록이 일간에 임하니 직업을 옮기거나 직장을 옮기면 불리하다. ● 가정 : 일지는 가정이다. 낮에 정단하면 지상의 재성에 현무가 타고 있으니 부인의 도망과 손재수를 예방해야 하고, 밤에 정단하면 등사가 타고 있으니 처와 재물로 인해 놀라는 일을 예방해야 한다.

○ **혼인 :** 간상과 지상에 왕기가 타고 있으니 남녀 모두 흥왕하다.

→ 간상의 午는 일간의 왕신이고 지상의 申은 득지(得地)해서 왕신인 셈이니 남녀 모두 흥왕하다. ● 신부감 : 일지와 재성은 신부감이

다. 밤에 정단하면 지상의 재성에 현무가 타고 있으니 신부감을 잃을 우려가 있다. ● 신랑감 : 낮에 정단하면 일록에 백호가 타고 있어서 '록현탈(祿玄脫)'이니 직업운이 나쁜 남자이다. ● 궁합 : 일간은 남자, 일지는 여자이다. 간상의 午가 지상의 申을 극살(剋殺)하니 궁합이 나쁘다. ● 요극과이니 마음에 흡족하지 않은 배우자감이다.

○ **임신·출산** : 백호가 임하니 출산이 신속하다. 임신하면 딸이다.

→ 백호는 혈광지신으로서 낮에 정단하면 백호가 간상에 타고 있으니 출산이 신속하다. 삼전은 태아의 생육과정이다. 삼전의 두 양이 하나의 음을 감싸니 딸이다.

○ **구관** : 왕록이 일간에 임하니 경거망동하면 안 된다. 백호가 간상에 타고 있으니 우환을 면하기 어렵다.

→ 왕(旺)은 양인(羊刃)으로서 혈광의 뜻이 있다. 왕록이 일간이나 본명이나 행년에 임하면 '왕록임신(旺祿臨身)'이라고 하여 망동하면 안 된다. 낮에 정단하면 백호가 간상의 왕록에 타고 있어서 '록현탈(祿玄脫)'이니 직위나 직장을 잃을 우려가 있다. ● 복직 : 만약 복직을 원할 경우에는 삼전의 신이 사과로 모두 되돌아오는 '회환(回還)'이니 복직이 가능하다.

○ **구재** : 재물운이 매우 왕성하니 구하지 않더라도 저절로 재물이 온다. 다만 현무가 타고 있으니 재물을 잃는 것을 면하기 어렵다.

→ 지상 및 초전의 재성이 말전과 중전으로부터 체생(遞生)되어 재기가 매우 왕성하니 재물이 온다. 다만 낮에 정단하면 재성인 申에 현무가 타니 사기꾼이나 지인으로부터의 손재수를 예방해야 한다.

○ **질병** : 폐에 병이 들었거나 혹은 입술과 치아 질환이다. 사람이 병을 극하니 치료하면 낫는다.

→ 백호승신으로부터 극을 받은 오행의 장부에 병이 든다. 낮에 정단하면 백호승신 午가 오행의 금을 극하니 금의 장부에 해당하는 폐병이 든다. 지상은 병증이다. 지상이 申이니 입술 및 치아 질환이

다. ● 일간은 환자, 일지는 질환이다. 간상의 午가 지상의 申을 극해서 환자가 병을 이기니 병이 낫는다.
○ **출행** : 합을 하니 지체되어 늦게 떠난다.
  → 일간은 출행인이다. 기궁과 그 상신이 육합하니 지체되어 늦게 출행한다.
○ **귀가** : 천강이 사맹에 가했으니 아직 출발하지 않았다.
  → 천강(辰)은 동신이다. 천강이 사맹인 巳에 가했으니 아직 집을 향해 출발하지 않았다.
↑ **쟁송** : 내가 유리하다.
  → 일간은 나, 일지는 상대이다. 간상의 午가 지상의 申을 극하니 내가 유리하다. 조간(朝干)이다. 즉 지상의 申이 초전이 된 뒤에 말전의 午가 간상으로 오니 상대가 나에게 머리를 숙이는 상이니 내가 유리하다.
○ **전쟁** : 실물(失物)로 인해 놀란다.
  → 처재효는 군수품이다. 낮에 정단하면 재성인 申에 현무가 타고 있으니 군수품을 잃은 뒤에 놀란다.

□ 『**필법부**』: 〈제78법〉 호왕(互旺)과 개왕(皆旺)은 앉아서 도모하는 것이 좋다.
  〈제23법〉 타인이 나에게 일을 구하는 격.
  → 지상의 申이 초전이 된 뒤에 말전의 午가 간상으로 오니 타인이 나에게 머리를 숙이게 된다. 쟁송에서 나에게 유리하다.
□ 『**과경**』: 간싱과 지상에 모두 왕신이 임히니 앉아서 기다리는 것은 이롭지만 움직이면 이롭지 않다. 만약 망동하여 구하려고 하면 나망(羅網)과 양인(羊刃)으로 돌변하고 재앙과 화로 돌변한다.
□ 『**지장부**』: 申未午는 '능음(淩陰)'이다. 험한 곳으로 가더라도 요행이

있다. 안전에 처한 사람은 위험해지고 위험에 처한 사람은 안전하다.

☐ 『**원찬의(原纂義)**』: 申酉가 서로 가하면 '암파(暗破)'라고 하여 모든 일이 성사되기 어렵다.

丁酉일 제 3 국

공망 : 辰·巳
낮 : 왼쪽 천장, 밤 : 오른쪽 천장

	辛	○	○
朱丑勾	空巳常		空巳常
	卯	未	未
○	癸	乙	○
空巳常	勾卯空	常未陰	空巳常
丁未	巳○	酉	未

癸卯巳	○ 辰午	○ 巳未	甲午申
勾 空	青	白 空	常 白 玄
壬寅辰 ○			乙未酉
合 青			常 陰
辛丑卯			丙申戌
朱 勾			玄 后
庚子寅	己亥丑	戊戌子	丁酉亥
蛇 合	貴 朱	后 蛇	陰 貴

□ **과체** : 별책(別責), 불비(不備), 무음(蕪淫) // 역허(歷虛), 복덕(福德), 간지공일록(干支拱日錄), 육음(六陰), 간전지(干傳支), 귀등천문(貴登天門).

□ **핵심** : 일간이 재성인 일지를 취하고, 파쇄(破碎)와 공망이 함께 있다. 흉한 기운이 세 번 겹쳤으니 정신이 산란하다.

□ **분석** : ❶ 丁의 기궁은 未이고 酉는 일간의 재성이다. 未가 酉에 임했으니 일간이 일지로 가서 재물을 취한다.

❷ 초전은 일간을 탈기하고, 중·말전과 일상신 巳는 파쇄(破碎)와 공망에 동시에 해당하며, 밤에는 천공이 타니 세 번 겹친다. 따라서 재물을 득하지 못하니 정신이 산란하다.

□ **정단** : ❶ 별책과(別責課)는 모든 일을 타인에게 의지해서 지름길로 행사하는 뜻이 있고, 사과가 불비(不備)여서 완전히지 못하니 반드시 결함이 있다.

❷ 巳와 丑이 합을 해서 삼전을 이루니 일을 결절(決絶)하지 못한다.

❸ 격명이 '무음(蕪淫)'이다. 남녀가 다툰 뒤에 별도로 이성을 구한

다. 만약 가정을 정단하면 음란의 수치가 있다.

○ **날씨** : 천강이 양을 가리키고 신장이 모두 화토이니 맑기만 하고 비가 오지 않는다.
　➔ 천강(辰)은 대각성이다. 대각성이 양지인 午를 가리키고 다시 삼전이 오행의 화와 토이니 맑기만 하고 비가 오지 않는다.

○ **가정** : 부녀자는 근신해야 한다. 사람은 적고 집은 넓은 상이다.
　➔ 제1과와 제4과가 동일하고 사과의 천지반이 상극하지 않으니 별책과(別責課)이며, 이명으로는 무음과(蕪淫課)이니 부녀자는 음란을 삼가야 한다. 과전이 육음(六陰)이니 음란이 더욱 심하다. ● 초전의 丑토가 일간을 탈기해서 일지를 생하니 사람은 적고 집은 넓은 상이다. ● 일간 丁(未)이 지상으로 가서 일지 酉로 탈기되니, 만약 이 집으로 이사를 들어가면 손재수가 많다. ● 일간은 사람이다. 간상이 형제효이고 다시 간상이 공망되었으니 손재수를 예방해야 한다.

○ **혼인** : 무음(蕪淫)과 불비(不備)이니 혼인이 매우 나쁘다.
　➔ 사과가 불비이면 남녀가 별도로 음인을 두는 상이니 혼인정단에서 가장 나쁘다. 다시 과전이 육음(六陰)이어서 음란한 상이니 더욱 나쁘다. ● 기궁 未가 지상으로 가서 일지 酉로 탈기되니 남자가 여자에게 장가든 뒤에 허탈해진다.

○ **임신·출산** : 과전이 모두 음이니 임신하면 남자가 된다. 과체가 별책이니 임신이 지연된다.
　➔ 음이 극에 이르면 양이 된다. 과전이 모두 음이니 여자가 된다. 그리고 별책과와 불비격이니 임신이 늦어진다.

○ **구관** : 귀인과 일록이 보이지 않으니 관직을 구하려고 하지만 얻기 어렵다.
　➔ 천을귀인은 공무원, 일록은 관청에서 받는 관록이다. 일간 丁의

천을귀인 亥와 酉가 과전에 보이지 않고 일록인 午 또한 보이지 않으니 관직을 얻기 어렵다.

○ **구재**: 가정의 재물은 있지만 가정 밖의 재물은 없다.
→ 가정의 재물은 일지 기준의 재성으로서 이 과전의 일간음신에 卯가 있다. 그러나 일간 기준의 재성인 申이나 酉가 과전에 없으므로 가정 밖의 재물은 없다. 다시 말하면 사람이 집밖에서 활동해서 득하는 재물이 없다.

○ **질병**: 상한 음식으로 인해 토하거나 혹은 허탈증이다. 신에게 기도하면 길하다.
→ 일지는 병증이다. 지상이 未이니 상한 음식으로 인해 토한다. 그리고 낮에 정단하면 지상의 未에 태상이 타고 있으니 식도가 막혀서 온 병이다. 낮에 정단하면 귀인이 귀살 亥에 타고 있으니 신에게 기도해야 병이 낫는데, 특히 연명이 丑인 사람은 그 위의 천을귀인이 일간을 극하니 반드시 신에게 기도해야 한다.

○ **출행**: 사람이 집을 그리워하는 뜻이 있으니 여행의 일정을 놓친다.
→ 일간은 출행인, 일지는 집이다. 일간(기궁) 未가 지상으로 갔으니 출행인이 집을 그리워하는 이유로 인해 일정을 놓치게 된다.

○ **귀가**: 천강(天罡)이 사중에 가했으니 아직 길에 있다.
→ 천강(天罡)은 辰으로서 곧 동신(動神)이다. 천강이 사중인 午에 가했으니 아직 길에 있다.

↑ **쟁송**: 불리하다.
→ 일간은 나, 일지는 상대이다. 일간은 공허하고 일지는 튼실하며, 기궁이 지상으로 가서 일지로 탈기되니, 나는 불리하고 상대는 유리하나. ● 별책과에서 부족한 깃이 많으니 변호사의 도움을 받아야 유리하다. ● 별책과이니 음란으로 인해 발생한 쟁송일 가능성이 높다.

○ **전쟁**: 주(主)에게는 이롭고 객(客)에게는 이롭지 않다. 근신해야 한

다.
→ 주(主)는 수비하는 군, 객(客)은 공격하는 군이다. 별책과의 음일이어서 일지 기준의 삼합 중 일지 다음 신이 발용이 되었으니, 주에게는 이롭고 객에게는 이롭지 않다. 따라서 거병하지 않고 근신하는 것이 이롭다.

□ 『**필법부**』: 〈제82법〉 삼전이 나아가지 못하는 불행전(不行傳)은 초전을 살펴야 한다. 초전으로만 길흉을 정단하면 된다.
→ 초전은 튼실하고 중전과 말전은 공망되었다. 따라서 매사에서 전진할 수 없다.
〈제77법〉 '호생(互生)'과 '구생(俱生)'은 모든 일에서 유익하다.
→ 호생은 간지가 교차하여 서로 생하는 것이고, 구생은 간상이 일간을 생하고 지상이 일지를 생하는 것이다. 이 과전에서는 간상의 巳는 일간 丁과 비화하고 지상의 未는 일지 酉를 생하고 있으니 구생에 가깝다고 할 수 있다.

□ 『**육임지남**』: 丁丑년 12월에 월장 丑을 점시 卯에 가한 뒤에 눈이 온 뒤에 날씨가 흐리므로 정단한다. 내일은 햇살이 비친다. 태양이 발용이 되었고 여기에 화의 천장인 주작이 타고 있으니 남방 화의 기세이며, 과전이 순음(純陰)이지만 음이 극에 이르면 양이 생기니 반드시 해가 보인다. 경일(庚日)의 미시(未時)가 되면 폭풍이 일어난다. 그 이유는 未는 풍백(風伯)인데 酉와 未가 만나고 다시 일록에 백호가 타고 이곳의 상하가 극하여서 외전(外戰)하기 때문이다. 나중에 모두 이러하였다.
→ 날씨 정단에서 未는 풍백, 酉는 음습(陰濕)을 주관한다. 未와 酉가 일지에서 서로 만나니 바람과 음습이 발생한다.

丁酉일 제4국

공망 : 辰·巳
낮 : 왼쪽 천장, 밤 : 오른쪽 천장

甲	癸	庚
白 午 玄	勾 卯 空	蛇 子 合
酉	午	卯
○	辛	甲	癸
青 辰 勾	白 朱 丑 勾	白 午 玄	勾 卯 空
丁 未	辰 ○	酉	午

壬寅巳 合青	癸卯午 勾空	○辰未 青白	○巳申 空常
辛丑辰○ 朱勾			甲午酉 白玄
庚子卯 蛇合			乙未戌 常陰
己亥寅 貴朱	戊戌丑 后蛇	丁酉子 陰貴	丙申亥 玄后

□ **과체** : 원수(元首), 고개승헌(高蓋乘軒, 軒蓋), 삼교(三交) // 삼기(三奇), 육의(六儀), 록현탈격(祿玄脫格), 권섭부정(權攝不正), 복덕(福德), 구진폐구(勾陳閉口), 천공폐구(天空閉口), 교차상합(交叉相合).

□ **핵심** : 주객이 서로 화목하다. 일록인 午에 낮에는 백호가 타고 밤에는 현무가 타니 나쁘다.

□ **분석** : ❶ 지상의 午와 일간(기궁) 未가 상합하고 간상의 辰과 일지인 酉가 상합하니 매우 화목하다.
→ 갑오순에는 간상신이 공망되어 간지가 상합하지 못하니 화목하지 않다. 다만 공망이 메워지면 화목하다.
❷ 초전의 午는 일간의 록신이다. 이곳에 낮에는 백호가 타니 흉하고, 밤에는 현무가 타니 식록을 잃는다.
❸ 삼전이 비록 체생(遞生)을 하지만 중전 卯와 말전 子가 무례지형이고, 또한 '고개승헌(헌개)'이지만 '삼교(三交)'로 변하여 좋지 못하니 점치지 말라고 한 것이다.

□ **정단** : ❶ 격명이 '헌개(軒蓋)'이니 공무원에게 이롭다. 지상에 일록이

있으니 보좌관 직급이지만 간지의 상신이 모두 자형(自刑)이다.

❷ 일록은 일지를 극할 수 있다. 다만 그 위의 卯가 폐구되었으니 모든 일에서 근신하며 입을 다물고 말을 삼가야 한다.

○ **날씨** : 청룡이 승천하고 천강이 음을 가리키니 흐리고 비가 오는 상이다.

→ 청룡은 감로수의 천장, 천강은 대각성이다. 낮에 정단하면 청룡이 간상에 타고 천강이 음지인 未를 가리키니 흐리고 비가 온다.

○ **가정** : 낮에 정단하면 백호승신이 가택을 극하니 흉사를 감당하기 어렵다. 밤에 정단하면 현무가 재성을 손상시키니 도난과 유실을 면하기 어렵다.

→ 일지는 가정이다. 낮에 정단하면 백호가 지귀(支鬼)인 午에 타서 일지를 극하니 가정에 질병이나 사고나 상을 당한다. 특히 인월(寅月)이나 묘월(卯月)에 정단하면 백호승신이 사기와 사신에 각각 해당하니, 중병이나 상(喪)을 당할 우려가 있다. 밤에 정단하면 현무승신이 일지를 극하니 도난이나 사기나 손재수를 당할 우려가 있다. ● 간상의 辰이 일간 丁을 탈기하니 사람에게 손실이 발생한다. 낮에 정단하면 청룡이 타니 손재수이고, 밤에 정단하면 백호가 타니 질병으로 인한 손실이다.

○ **혼인** : 간상과 지상이 모두 자형(自刑)이니 불길하다.

→ 간상이 辰이고 지상이 午이다. 간지상신이 모두 자형이어서 남녀의 주장이 지나치게 강하니 불길하다. 남녀 모두 스스로 형을 만드니 스스로 화를 부른다. ● 궁합 : 비록 간지가 교차상합하지만 간상이 공망되어 상합하지 못하니 좋지 않다. ● 혼인 : 비록 간지가 교차상합하지만 간상이 공망되었으니 불성할 우려가 있다.

○ **임신·출산** : 위는 강하고 아래는 약하니 임신하면 남자가 된다.

➜ 초전의 천반이 지반을 극해서 발용이 되었으니 남자가 된다. 만약 봄과 여름에 정단하면 초전의 천반이 왕성하니 더욱 더 확실하다. ● 출산 : 간지가 교차상합하니 난산이 우려된다.

○ **구관** : 과체는 좋지만 일록에 악장이 타고 있으니 완미(完美)하지는 않다.

➜ 원수과는 공무원에게 이로운 과체이다. 그러나 관록을 뜻하는 일록 午에 낮에는 백호가 타고 밤에는 현무가 타고 있어서 '록현탈(祿玄脫)'이니 관록을 잃는 상이다. ● 일록은 관록, 일지는 지방 혹은 청년이다. 일록인 午가 지상으로 갔으니 지방으로 발령을 받거나 혹은 감봉되거나 혹은 퇴직할 우려가 있다. ● 고위직 공무원인 경우에는 삼전이 헌개(軒蓋)이니 영화를 누린다.

○ **구재** : 자신의 재물을 지키기 어렵고 밖의 재물은 위험하다.

➜ 일록은 자신의 재물, 일간의 처재효는 밖의 재물이다. 일록인 午에 낮에는 백호가 타고 밤에는 현무가 타니 자신의 재물을 지키기 어렵다. ● 과전에 처재효가 없으니 밖의 재물을 구할 수 없다. 다만 연명이 亥子이면 그 상신이 재성이니 구할 수 있다.

○ **질병** : 폐에 병이 들었거나 혹은 심혈이 부족한 증상이다.

➜ 백호로부터 극을 받는 오행의 장부에 병이 든다. 낮에 정단하면 백호승신 午가 오행의 금을 극하니 폐에 병이 든다. 그리고 일지는 병증이다. 지상이 午이니 심장에 관련된 병증이다. ● 삼전이 헌개(軒蓋)이니 병이 오래 가며, 환자의 혼이 배회하니 중병 환자는 생명이 위험하다.

○ **출행** : 낮에 정단하면 육로가 조금 길하고 수로는 좋지 않다.

➜ 현대에서는 일간은 여행객, 일지는 여행지이다. 간상의 辰이 일간 丁을 탈기하니 손실이 많고, 지상의 일록에 백호와 현무가 타고 있으니 여행지에서 손재수가 발생한다.

○ **귀가** : 천강이 사계에 가하니 즉시 도착한다.

→ 천강(辰)은 동신이다. 천강이 사계인 未에 가하니 즉시 오고, 삼전이 헌개이니 곧 도착한다.
⬆ **쟁송** : 내가 불리하다.
→ 일간은 나, 일지는 상대이다. 일간은 공허하고 일지는 튼실하니, 나는 불리하고 상대는 유리하다.
○ **전쟁** : 낮에 정단하면 불리하고, 밤에 정단하면 좋지 않다.
→ 일간이 간상으로 탈기(脫氣)되니 주야 모두 손실이 많다.

□ 『**필법부**』 : 〈제8법〉 일록이 일지에 임하면 임시직이니 정당한 자리가 아니다.
→ ○ **구관** 참조.
〈제38법〉 폐구격은 두 가지로 나눠서 추리한다.
→ 중전에 순미인 癸가 卯에 임한다.
□ 『**과경**』 : 午가 酉에 가한 곳에서 상극하(上剋下)를 해서 발용이 되었다. 삼전에 태충(卯)과 신후(子)가 보이니 '삼교(三交)'이다. 삼교격은 주로 죄인을 은닉하고 집에는 간음이 있다.
□ 『**주후경**(『肘後經』)』 : 순도(順道)는 발용 및 삼전에서 모(母)가 자(子)의 앞에 있다. 만약 예의를 잃으면 다시 子가 모(母)로 전해지며 순(順)이 역(逆)이 되니 의혹스럽다. 이것이 삼전의 참된 비결이다.
→ 丁酉일 제4국은 역도에 해당한다.
□ 『**옥성가**』 : 삼교(三交)의 길흉은 모두 안에서 기인한다.
→ 삼교격은 가정 안에서 음란사가 발생한다. 삼교격은 패신 곧 子午卯酉를 소재로 만들어진 격이다. 일지는 酉, 지상은 午, 삼전은 午卯子이다.

| 갑오순 | 정유일 | 5국 |

丁酉일   제 5 국

공망 : 辰·巳 ○
낮 : 왼쪽 천장, 밤 : 오른쪽 천장

○	辛	丁	
空 巳 常	朱 丑 勾	陰 酉 貴	
酉	巳 ○	丑	
癸	己 ○	辛	
勾 卯 空 貴 亥 朱	空 巳 常	朱 丑 勾	
丁 未	卯	酉	巳 ○

辛丑巳 朱	壬寅午 勾合 青	癸卯未 勾 空青	○辰申 白
庚子辰 蛇合○			○巳酉 空 常
己亥卯 貴 朱			甲午戌 白 玄
○戌寅 后 蛇	丁酉丑 陰 貴	丙申子 玄 后	乙未亥 常 陰

□ **과체** : 종혁(從革), 원수(元首) // 화미(和美), 합중범살(合中犯殺), 전국(全局), 여덕(勵德/낮), 복덕(福德), 육음(六陰), 재성정마(財星丁馬), 과수(寡宿), 천을신기(天乙神祇/낮), 처재효현괘.

□ **핵심** : 파쇄(破碎)와 공망을 지상에서 모두 만난다. 집안의 재물이 이미 깨졌지만 천장의 도움의 받아 풍요롭다.

□ **분석** : ❶ 巳가 공망되었고 다시 파쇄(破碎)가 되었다. 이것이 택상에 앉아서 일지를 극한 뒤에 발용이 되었으니, 집의 재산이 어찌 깨지지 않겠는가?

❷ 다행히 삼전의 종혁이 재국이고 밤에 정단하면 천장의 오행인 순토가 삼전의 재물을 도우니 재물이 넉넉하다.

→ 다만 공망된 재성이 메워지는 사년(巳年)이나 사월(巳月)이나 사월장(巳月將) 기간의 봄과 여름에 정단한 경우에만 재물이 넉넉하다.

□ **정단** : ❶ 격명이 종혁(從革)이다. 종혁은 묵은 것을 버리고 새로운 것을 취하는 상이다. 일이 변경되어 번거로운 경우가 많다.

❷ 말전의 酉가 간상의 卯를 충극하는데, 卯는 문서와 부모이다. 이른바 삼전이 모두 재성이니 부모에게 근심이 생긴다.

────────────────────────────

○ **날씨** : 삼전이 종혁(從革)이니 비가 오는 상이지만 공망되었으니 오히려 맑다.

→ 오행의 목과 화는 맑은 날씨, 금과 수는 비오는 날씨이다. 삼전이 금국이니 비가 오는 상이지만 종혁의 초전과 중전이 공망되었으니 오히려 맑다.

○ **가정** : 택상이 가정을 파손시킨다. 공망된 형제효 巳가 일지를 극하니 형제로 인한 손재수를 예방해야 한다.

→ 일지는 가정, 형제효는 형제이다. 지상의 형제효 巳가 일지 酉를 극하니 형제로 인해 가정이 파손되는 것을 예방해야 한다. ● 일간은 사람이다. 간상이 패기(敗氣)이고 다시 폐구(閉口)가 되었으니 사람이 하는 일이 막힌다. 낮에는 구진이 타고 있으니 쟁투로 인해 운이 막히고, 밤에는 천공이 타고 있으니 공허한 일을 당해서 운이 막힌다. ● 사년이나 사월이나 사월장 기간에 정단하면 공망된 巳가 풀려서 재성이 지나치게 왕성하니 부모에게 좋지 않다.

○ **혼인** : 간지의 상신이 서로 생하니 혼인이 길하다. 다만 육합이 공망에 앉아 있으니 성사되지 않는다.

→ 일간은 나, 일지는 상대이다. 간상의 卯가 지상의 巳를 생하니 내가 상대를 사랑한다. 그러나 지상이 공망되어 이러한 뜻이 사라졌고 다시 밤에 정단하면 육합승신 子가 공망된 지반에 앉아 있으니 혼인이 성사되지 않는다. 또한 일지음양과 삼전의 삼합이 공망되었으니 혼인이 성사되지 않는다. ● 종혁격(從革格)은 설령 공망이 메워지더라도 혼인이 성사되지 않고 설령 약혼을 하더라도 파혼하며 설령 혼인하더라도 결국 이혼하게 된다.

○ **임신·출산** : 일상신이 음에 속하니 임신하면 반드시 여자가 된다. 삼합이 발용이 되어 삼전이 되었으니 출산이 쉽지 않다.

→ 일간은 태아, 삼전은 태아가 생육되는 과정이다. 일간의 상하가 모두 음이니 여자이고, 삼전이 금국이니 다시 여자이다. 그리고 일간의 음양과 일지의 음양과 삼전이 세 번이나 삼합하니 출산이 쉽지 않다.

○ **구관** : 관성이 일덕과 역마를 꿰차서 제2과에 있고 삼전은 체생(遞生)하며 관귀효가 간상의 문서를 생하니 관직자에게 이롭다.

→ 관성은 관직, 일덕은 공무원, 역마는 승진의 신이다. 이들이 제2과에 모여 있으니 관직자에게 이롭고 다시 초전이 중전을 생하고 중전이 말전을 생하니 다시 이롭고, 일간음신의 관성이 간상의 부모효를 생하니 더욱 이롭다. 삼전의 초전과 중전이 공망되어 체생하지 못하지만, 사년(巳年)이나 사월(巳月)이나 사월장(巳月將) 기간에 정단하면 공망이 메워지니 관직에 이롭다. ● 고시 : 초전이 공망되었으니 낙방하고, 인성이 폐구되었으니 다시 낙방한다.

☂ **구재** : 나중에 재물을 얻는다.

→ 초전과 중전이 공망되었고 말전이 재성이니 나중에 재물을 얻는다. 비록 말전에 재성인 酉가 보이지만 나쁘다. 사년이나 사월이나 사월장 기간에 정단하면 재국이 완성된다. 만약 일간이 왕성해지는 여름이나 봄에 정단하면 재물이 왕성하고 일간도 왕성하니 개업해서 큰돈을 번다. 그러나 이 외의 계절에 정단하면 재왕하고 신약하니 그렇지 않다.

○ **질병** : 심경에 속한 질병이다. 신병(新病)은 즉시 낫는다.

→ 오행의 화는 심경에 속한다. 오행의 화인 巳가 공망되었으니 심경에 속한 병이다. 초전은 당면사이니 초전은 곧 질병이다. 초전이 공망되었으니 신병은 즉시 낫는다. ● 만약 형제의 질병을 정단하면 형제효인 巳가 공망되었으니 대흉하고, 만약 부모의 질병을 정단하

면 삼전의 재국이 부모를 뜻하는 인성을 극하니 역시 대흉하다. ● 천을신기(天乙神祇) : 낮에 정단하면 천을귀인이 亥에 타서 일간 丁을 극하여 귀수가 있으니, 수법을 행사할 수 있는 법사의 도움을 받아야 병이 낫는다. ● 초전에서 巳가 酉에 가했으니 상(喪)을 예방해야 한다.

O **출행** : 간상이 지상을 생하니 반드시 간다.

→ 일간은 나, 일지는 여행지이다. 간상의 卯가 지상의 巳를 생하니 길지이다. 다만 이 과전에서는 지상이 공망되었으니 이러한 뜻이 사라졌다.

O **귀가** : 밤에 정단하면 주작이 역마인 亥에 타서 택상의 巳를 충하니 편지가 온다.

→ 주작은 통신, 일지는 가정이다. 주작이 亥에 타서 지상의 巳를 충하니 소식이 온다.

O **쟁송** : 내가 승소한다.

→ 일간은 나, 일지는 상대이다. 일간 丁이 일지 酉를 극하고 다시 일간은 튼실하고 일지는 공허하니 내가 유리하다. ● 관재 : 일덕귀인은 백 가지의 흉을 없애고 천 가지의 복을 부르는 신이다. 일간음신이 일덕귀인이고 다시 초전과 중전이 공망되었으니 지은 죄에 비해 형량이 가벼워진다.

O **전쟁** : 일간이 일지를 극하니 나는 승전하고 상대는 패전한다.

→ 일간은 나, 일지는 상대이다. 일간 丁이 일지 酉를 극하니 아군은 승전하고 적군은 패전한다. 또한 일간은 튼실하고 일지는 공허하니, 아군은 승전하고 적군은 패전한다.

O **분묘** : 지상이 파쇄(破碎)이니 파손을 예방해야 한다.

→ 일지양신은 묘(墓), 일지음신은 혈(穴)이다. 일지의 음양이 모두 공망되었으니 묘와 혈이 공허한 상이고 다시 지상의 巳가 일지의 파쇄이니 묘가 파손되는 것을 예방해야 한다.

- 『필법부』: 〈제95법〉 육효가 괘로 드러나면 그의 극을 예방해야 된다.
  〈제95-1법〉 처재효 괘로 드러나면 반드시 부모님이 우려된다.
  ➜ 삼전은 처재효 괘로 드러났다. 처재효 괘가 부모효 괘를 극하니 부모님의 건강이 우려된다.
  〈제84법〉 합 속에 살을 범하면 꿀 속에 비상이 있다.
  ➜ 삼전이 삼합한다. 말전의 酉와 간상의 卯가 상충하니 꿀 속에 비상이 들어 있다.
- 『달미옥편(達迷玉篇)』: 삼전은 모두 일간의 재성이다. 이것을 득하면 장상(웃어른)에게 닥칠 재앙이 우려된다.
- 『심인부』: 삼합이 서로 가한 뒤에 일상에 임했다. 간지의 상하가 하나이니 희사(喜事)와 혼사를 정단하면 가장 좋은 소식을 기대해도 된다.
- 『지장부』: 태을(巳)이 백호를 만나면 가정에 질병이 많다.
  ➜ 태을은 巳이다. 이 과전에서는 태을이 일지의 파쇄이니 가정에 불상사가 발생해서 가정이 깨지는 것을 예방해야 한다.

丁酉일 제6국

공망 : 辰·巳
낮 : 왼쪽 천장, 밤 : 오른쪽 천장

□ **과체** : 중심(重審), 참관(斬關) // 고진(孤辰), 멸덕(滅德), 육의(六儀), 록현탈격(祿玄脫格), 구생(俱生), 복덕(福德), 가귀(家鬼), 귀덕(貴德/공망), 맥월(驀越), 귀인입옥(貴人入獄/낮), 귀인공망(貴人空亡/낮), 천을신기(天乙神祇/낮).

□ **핵심** : 격명이 참관(斬關)이니 도망친 사람은 돌아오지 않는다. 일간과 일지 모두에 생기가 있다. 낮 귀인에게 부탁하면 부탁을 들어주지 않는다.

□ **분석** : ❶ 천강(辰)이 일지에 임하니 '참관(斬關)'이다. 辰이 酉에 가했다. 酉가 사문(私門)이니 도망친 사람이 오지 않는다.

❷ 간지상에 생기(生氣)가 타니 주객 모두에게 좋다.

→ 일간 丁은 간상 寅의 생을 받고, 일지 酉는 지상 辰의 생을 받는다. 이것을 '구생(俱生)'이라고 한다.

❸ 낮 귀인이 감옥에 갇히고 다시 공망에 앉았으니 어찌 귀인에게 부탁할 수 있겠는가?

→ 비록 지상의 辰이 일지 酉를 생하지만 지금은 공망이 되었으니

생하지 못한다. 다만 진년이나 진월이나 진월장 기간에 정단하면 공망된 辰이 메워지니 일지를 생할 수 있다.

□ **정단** : ❶ 중심과는 모든 일이 안에서 일어난다.

❷ 간상신은 일간을 생하고 지상신은 일지를 생하니 소위 '구생(俱生)'이라고 하여 양측이 자본금을 합쳐서 공동으로 경영하는 일에서 가장 좋다.

❸ 일덕인 亥가 발용이 되었고 간상의 寅은 장생이다.

❹ 일덕이 공망된 지반에 들지만 역마가 타면 움직이는 것으로 보고 공망이 아니다.

❺ 중전의 오마(午馬)는 왕록이고 낮에는 이곳에 백호가 타고 있다. 초전의 亥가 午를 극하며 해치고 다시 일록 午가 절지 亥로 드니 식록을 정단하면 좋지 않다.

○ **날씨** : 비가 오지 않는다.

→ 오행의 수는 비, 화는 맑은 날씨, 토는 비를 몰아낸다. 초전의 亥수가 공망되었으니 비가 오지 않고, 중전이 午화이니 비가 오지 않으며, 말전이 丑토이니 다시 비가 오지 않는다.

○ **가정** : 택상에 천강이 보이고 밤에 정단하면 택상에 백호가 타고 있으니 이롭지 않다.

→ 천강(辰)은 재액을 부르는 신, 일지는 가택, 백호는 주로 질병과 사고를 뜻한다. 천강이 지상에 임하니 가정에 재액이 발생한다. 밤에 정단하면 백호가 타니 질병이나 사고가 발생한다. 일지는 한 달을 뜻하고, 낮에는 청룡이 드니 손재수를 예방해야 한다. 한 달 안에 이러한 재액이 발생한다.

○ **혼인** : 일간이 일지를 극하고 지상신이 공망되었으니 성사되기 어렵다. 성사되더라도 해로하지 못한다.

→ 일간은 나, 일지는 상대이다. 일간 丁이 일지 酉를 극살하여 내가 상대를 해치는 상이니 혼인이 불성하고, 다시 지상이 공망되었으니 혼인을 이루지 못한다. 만약 혼인하면 상대를 뜻하는 지상이 공망되고 다시 남편을 뜻하는 관성이 공망되었으니 백년해로를 하지 못한다.

○ **임신·출산** : 여아이다. 산액이 우려된다.

→ 중심과이니 여아이다. 일간은 태아, 일지는 임산부이다. 지상에 천강이 임하니 산액이 우려된다.

○ **구재** : 낮에 정단하면 청룡이 문에 임하고, 밤에 정단하면 청룡이 일간에 임하니 반드시 재물을 얻는다.

→ 청룡은 재물을 뜻한다. 낮에 정단하면 청룡이 지상에 임하지만 공망되었으니 얻지 못한다. 밤에 정단하면 청룡이 장생인 寅에 타서 일간에 임하니 재물을 얻는다.

↑ **구관** : 승진하지 못한다.

→ 역마는 승진의 신, 일록은 공직자가 관청으로부터 받는 관록이다. 역마인 초전의 亥가 亥의 묘지인 辰에 임하여 땅에 매장되었고 다시 공함되었으니 승진하지 못하고 또다시 관록을 뜻하는 일록인 午가 중전에서 하적상을 받고 주야 모두 백호와 현무가 타니 승진하지 못한다. ● 고시 : 낙방한다.

○ **질병** : 지상과 초전의 귀살이 모두 공망되었으니 낫는다.

→ 일지는 질병, 귀살은 질병을 일으키는 원인이다. 일지가 공망되었으니 질병이 저절로 낫고, 초전의 귀살 또한 공망되었으니 질병이 저절로 낫는다. ● 낮에 정단하면 중전의 午에 백호가 타서 오행의 금을 극하니, 금의 장부에 속하는 폐대장과 관련된 질환이 생긴다. ● 천을신기(天乙神祇) : 낮에 정단하면 천을귀인이 亥에 타서 일간 丁을 극하여 귀수가 있으니, 수법을 행사할 수 있는 법사의 도움을 받아야 병이 낫는다.

○ **귀가** : 오지 않는다.
  → 辰이나 戌이 일간과 일지와 발용에 보이면 참관(斬關)이다. 참관 격은 오히려 피신과 은둔하는 상이므로 오지 않는다.
○ **도둑** : 낮에 정단하면 일간이 현무를 제극하니 도둑을 쉽게 잡는다.
  → 일간은 주인, 현무는 물건을 훔친 도둑이다. 낮에는 일간 丁화가 현무승신 申금을 제극하니 도둑을 쉽게 잡는다.
↑ **쟁송** : 내가 승소한다.
  → 일간은 나, 일지는 상대이다. 일간은 튼실하고 일지는 공허하니 내가 유리하다. 중심과이니 여러 번의 심리를 거쳐서 장기전을 해야 유리하다. ● **관재** : 초전이 공망되었으니 지은 죄에 비해 형량이 가벼워진다.
○ **전쟁** : 나는 승전하고 상대는 패전한다.
  → 일간은 아군, 일지는 적군이다. 일간은 튼실하고 일지는 공망되어 공허하니, 나는 승전하고 적군은 패전한다.

□ 『**필법부**』 : 〈제77법〉 호생(互生)과 구생(俱生)은 모든 일에서 유익하다.
  → 호생(互生)은 간상이 일지를 생하며 지상이 일간을 생하는 것이고, 구생(俱生)은 간상이 일간을 생하며 지상이 일지를 생하는 것이다. 아 과전은 구생에 해당한다.
  〈제77-2법〉 구생은 일간과 일지가 모두 생을 받는 격이다.
  → 이 과전에서는 비록 지상의 辰이 일지 酉를 생하지만 辰이 공망되었으니 구생에 해당하지 않는다. 디만 진년이나 진월이나 진월장 기간에 정단하면 공망이 메워지니 구생이 성립된다.
□ 『**과경**』 : 戌이 卯에 가한 경우에 승진을 정단하면 승진하지 못하고 직위를 물러난다. 역마 亥가 묘지 辰에 앉아 있고 일록 午는 절지 亥

에 앉아 있다. 하물며 삼전이 역행하며 본명상의 관성과 천을귀인이 천라(天羅)인 辰을 밟으며 본명상의 등사가 일간의 귀살이니 여름에 풍파가 생기지만, 다행히 관귀가 모두 공망되었으니 직위를 물러나더라도 큰 재앙은 없다. 다만 나중에 탄핵을 당해 직위를 물러났다. 그리고 한 태원(台垣)이 이 과전으로 정단했는데 체포되어 문책을 당했다.

→ 역마는 승진의 신, 일록은 공직자가 관청으로부터 받는 관록이다. 역마 겸 일록인 亥가 초전에서 亥의 묘지인 辰에 임하여 매장되었으니 승진하지 못하고 관록을 받지 못한다. 그리고 일간의 관귀효는 관직정단에서 관재를 뜻한다. 관귀효가 공망되었으니 큰 재앙이 없다.

□ 『옥성가』 : 일덕이 작용하면 길한 기운이 따라다닌다. 그러나 일록이 극을 당하고 형을 당하면 오히려 위험하다.

→ 일덕귀인은 백 가지의 흉을 없애고 천 가지의 길을 부르는 신이다. 초전의 일덕귀인 亥가 지반의 辰으로부터 극을 당했다.

丁酉일　제 7국

공망 : 辰·巳 ○
낮 : 왼쪽 천장, 밤 : 오른쪽 천장

癸	丁	癸
常卯空	朱酉貴	常卯空
酉	卯	酉
辛	乙	癸	丁
陰丑勾	勾未陰	常卯空	朱酉貴
丁未	丑	酉	卯

己貴亥巳○	庚朱子午	辛陰丑未	壬勾寅申玄青
戊蛇戌辰○蛇			癸常卯酉空
丁朱酉卯貴			○白辰戌白
丙合申寅	乙勾未丑后	甲青午子陰	○空巳亥常玄

□ **과체** : 반음(返吟), 무의(無依), 용전(龍戰), 여덕(勵德/밤) // 호생(互生), 복덕(福德), 착륜(斲輪), 육음(六陰), 재성정마(財星丁馬), 회환(回還), 귀인공망(貴人空亡/낮), 천을신기(天乙神祇/낮).

□ **핵심** : 모두 귀인이고 모두 재성이다. 여러 정마가 왕래한다. 모든 일에서 벗어날 수가 없다. 출행인은 즉시 돌아온다.

□ **분석** : ❶ 밤 귀인 酉가 과전에 들고 다시 재성의 둔간이 丁이어서 반복해서 서로 가하니 멈추지 않고 왕래한다.

❷ 卯酉는 문호(門戶)이다. 삼전이 모두 卯酉이니 가정을 벗어나지 못한다. 정신이 절지에 왕래하여 귀가하는 상이니 행인이 즉시 온다.

➔ 卯는 문(門)이고 酉는 호(戶)이니 卯酉는 결국 가정을 뜻한다.

□ **정단** : ❶ 무의(無依) 곧 반음과이고 다시 삼교(三交)이니 반복해서 교섭한다. 모든 정단에서 반드시 여러 번 뒤집히니 가정이 편안하지 않다.

❷ 지상과 초전의 卯가 비록 일간의 생기이지만 酉로부터 충극을 당

하니 진퇴양난에 빠지는 것을 면하기 어렵고, 초·말전의 태상이 卯로부터 내전(內戰)되니 주식(酒食)과 재백으로 인한 다툼이 발생한다.

→ 낮에 정단하면 태상승신 卯가 卯를 타고 있는 태상의 오행인 미토를 극하니 내전한다.

○ **날씨** : 과체가 반음(返吟)이다. 오행의 수와 화가 자리를 바꾸니, 맑은 뒤에는 비가 오고 비가 온 뒤에는 맑다.

→ 반음과는 음과 양 그리고 수와 화가 서로의 자리를 바꾸는 상이니, 맑은 뒤에는 비가 오고 비가 온 뒤에는 맑다.

○ **가정** : 일지와 일간의 상하가 충(沖)과 극(剋)을 하니 사람과 집이 안전하지 않다.

→ 일지는 가택, 일간은 가택에 거주하는 사람이다. 일지의 상하가 충극(沖剋)하니 가택의 안전이 깨지는 흠이 있고, 일간의 상하가 충극하니 사람의 안전이 깨지는 흠이 있다. ● 유일(酉日)에 정단하여 酉가 발용이 되어 '용전(龍戰)'이다. 남녀가 서로 다투고 부부가 이별하는 상이니 가족이 헤어지는 것을 예방해야 한다.

○ **혼인** : 혼담이 뒤집혀서 불안하다. 결국 혼인이 맺어지기 어렵다.

→ 천반은 양이고 남자, 지반은 음이고 여자이다. 반음과의 천반과 지반이 상충하니 남녀가 서로 충돌하여 연애, 혼담, 혼인이 깨지는 상이다. 더군다나 유일(酉日)에 酉가 발용이 되어 용과 호랑이가 서로 싸우니 연애, 혼담, 혼인이 깨진다.

○ **임신·출산** : 위는 약하고 아래가 강하니 임신하면 반드시 여자가 된다. 일지와 일간이 서로 교차생을 하니 출산을 정단하면 매우 길하다.

→ 지반은 음이며 여자, 천반은 양이며 남자이다. 지반이 천반을 극

하여 발용이 되어 아래는 강하고 위가 약하니 여자가 된다. 그리고 간상의 丑은 일지 酉를 생하고, 지상의 卯는 일간 丁을 생하니 출산이 매우 길하다. 그리고 반음과는 임신정단은 흉하고 출산정단은 길하다.

○ **구관** : 천을귀인이 丁에 타고 있으니 지극한 동(動)이고 지극한 원(遠)이니 임기를 채우기 어려울 우려가 있다.

→ 반음과는 육처의 천반에 아무리 좋은 길신이 있더라도 지반과 상충하여 깨지니 흉하다. 따라서 반음과의 과전에 丁이 타지 않더라도 반음과는 임기를 채우지 못하고 퇴직하는 뜻이 있다. 이 과전에는 丁이 타고 있으니 퇴직이 더욱 빠르다.

○ **구재** : 낮에 정단하면 문서에 의한 재물을 득하고, 밤에 정단하면 귀인의 재물을 얻는다.

→ 酉는 금은보석이다. 그리고 주작은 문서와 언어와 교육과 상담이고, 천을귀인은 관청과 공무원과 귀인이다. 주야 모두 재성이 酉이니 보석으로 얻으면 된다. 그리고 낮에 정단하면 주작이 재성인 酉에 타고 있으니 문서와 언어와 교육과 상담을 통해 얻으면 되고, 밤에 정단하면 귀인이 재성에 타니 관청과 공무원과 귀인을 통해 얻으면 된다.

○ **질병** : 가슴에 바람이 많다. 심장과 소장에 병이 들었지만 낫기 어렵다.

→ 일간은 환자, 일지는 병증이다. 지상이 卯이니 가슴에 바람이 많아서 가슴과 옆구리가 아프다. 그리고 지상과 초전과 말전의 癸수가 오행의 화를 극하니, 화에 해당하는 심장과 소장에 병이 든다. ● **치료방위** : 오행의 수를 극하는 丑 아래의 미방(未方, 서남방)이나 未 아래의 축방(丑方, 동북방)이 양약과 양의가 있는 방위이다.

○ **출행** : 수로는 매우 길하고, 육로는 이로움에 흠이 있다.

→ 현대에서는 일간은 여행객, 일지는 여행지이다. 지상의 卯가 일

간 丁을 생하니 대체로 좋은 여행지이다. 다만 지상의 卯가 지반과 상충하니 여행지에서 교통사고를 예방해야 한다. 지상의 卯는 자동차, 배, 비행기 등의 교통수단을 뜻한다.

○ **귀가** : 천강이 사계에 가하니 출행인이 즉시 온다.

→ 천강(辰)은 동신이다. 그리고 사맹(寅巳申亥)은 출행의 초기, 사중(卯午酉子)은 중기, 사계(辰未戌丑)는 말기이다. 천강이 사계인 戌에 가하니 출행인이 즉시 온다.

↑ **쟁송** : 합의하기 어렵다.

→ 유일(酉日)에 酉가 발용이 되어서 용과 호랑이가 서로 싸우는 상이니 합의하기 어렵다. 일간은 나, 일지는 상대이다. 지상의 卯가 간상의 丑을 극하니 나는 불리하고 상대는 유리하다.

○ **전쟁** : 길과 흉이 반씩이다. 근신해야 길하다.

→ 간지가 교차하여 생을 하니 길과 흉이 반씩이다. 반음과에는 잠시도 쉬지 않고 움직이더라도 꾀하는 일이 깨지는 뜻이 있다. 따라서 근신해야 길하다.

□ 『**필법부**』 : 〈제77법〉 호생(互生)과 구생(俱生)은 모든 일에서 유익하다.

→ 호생은 간상이 일지를 생하며 지상이 일간을 생하는 것이고, 구생은 간상이 일간을 생하며 지상이 일지를 생하는 것이다. ● 이 과전은 지상의 卯가 일간을 생하고 간상의 丑이 일지를 생하니 호생에 해당한다.

〈제77-2법〉 호생격은 간상신은 일지를 생하고 지상신은 일간을 생하는 것이다. 호생에는 양쪽이 상대는 서로 생하는 뜻이 있다. 이 과전에서는 호생이 이루어지지 않는다. 왜냐하면 간상의 丑이 비록 일지 酉를 생하는 것으로 보이지만 丑이 酉의 묘신이므로 생을 하지 못하기 때문이다.

〈제15법〉 (일간) 위에서 일간을 탈기하고 다시 (천장이) 탈기하면 헛된 속임을 예방해야 된다.

→ 낮에 정단하면 간상의 丑이 일간 丁을 탈기하고 다시 丑에 타고 있는 천장오행 태음금이 丑을 탈기한다.

☐ 『과경』: 간상의 丑이 비록 일지 酉를 생하지만 일지의 묘신이고, 지상의 卯가 비록 일간을 생하지만 일간의 패신이다. 따라서 생왕의 이름만 있고 오히려 많이 쇠패해진다.

→ 위에서 기술한 『필법부』 제77법에 비해 『과경』의 해석이 옳다.

☐ 『지요』: 낮에 정단하면 丑에 태음이 타고 태음의 오행인 辛酉金이 간상의 丑土를 탈기한다. 모든 일은 허위이고 부실하니 유실을 예방해야 한다. 과체에서 말하기를 정유일의 반음과는 卯가 酉에 가해서 발용이 되었고 착륜(斲輪)이다.

丁酉일 제 8 국

공망 : 辰·巳
낮 : 왼쪽 천장, 밤 : 오른쪽 천장

乙	庚	○
勾未陰	后子合	空巳常
寅	未	子
庚	○	壬	乙
后子合	空巳常	玄寅靑	勾未陰
丁未	子	酉	寅

戊戌巳 蛇	己亥午 貴	庚子未 朱 后 合	辛丑申 勾 陰
丁酉辰 朱 貴 ○			壬寅酉 玄 靑
丙申卯 合 后			癸卯戌 常 空
乙未寅 勾 陰	甲午丑 靑 玄	○巳子 空 常	○辰亥 白 白

- **과체** : 섭해(涉害), 장도액(長度厄) // 침해(侵害), 삼기(三奇), 복덕(福德), 회환(回還), 명암이귀(明暗二鬼), 양사협묘(연명:巳), 귀인공망(貴人空亡/밤), 귀인입옥(貴人入獄/밤), 맥월(驀越).
- **핵심** : 삼전이 내전(內戰)되니 가정에 해롭다. 파쇄(破碎)와 공망이 병존하니 돈과 재물이 모두 흩어진다.
- **분석** : ❶ 삼전의 하가 상을 극하니 '내전(內戰)'이다.

  ❷ 寅이 未를 극해서 발용이 되었고 이것이 되돌아 와서 子가 일간 丁을 극해서 일간을 상하게 하여 보금자리를 범하니 추성이 집 밖에 퍼진다.

  ❸ 초전이 차례로 극하여 말전에 이르고, 巳화가 酉금을 극하며, 다시 巳가 갑오순의 공망이며 파쇄(破碎)인데, 여기에 낮에는 천공이 타니 돈과 재물이 나가고 흩어지는 것을 알 수 있다.
- **정단** : ❶ 장도액(長度厄)은 어린 사람이 윗사람을 능멸함으로써 가정이 불길하며 가족이 서로 어긋난다.

  ❷ 子는 드러난 귀살이고 寅의 둔간인 壬은 드러나지 않은 귀살이

다. 모두가 일간을 극하니 우환이 풀리기 어렵다.

❸ 만약 일간이 왕상하고 다시 길장이 타면 윗사람이 아랫사람의 도움을 받아 상하의 사이가 좋은 조짐이다.

○ **날씨** : 수운이 위에 있고 천강이 음을 가리키니 자연히 비가 온다.
→ 일간은 하늘, 천강(辰)은 대각성이다. 오행의 수인 子가 하늘에 있으니 비가 오고 다시 천강이 음지인 亥를 가리키니 비가 온다.
○ **가정** : 일간의 장생이 극을 받으니 부모를 정단하면 두렵다.
→ 일간의 장생은 부모이다. 丁의 장생인 寅이 지반의 酉로부터 극을 받으니 부모의 건강을 정단하면 나쁘다. 특히 술월이나 해월에 정단하면 寅이 사기와 사신에 해당하니 더욱 나쁘다. 더군다나 寅이 그의 음신에서 寅의 묘신인 未로 드니 더욱 더 나쁘다. ● 사과 세 곳의 천반이 그 지반으로부터 극을 받아 가정의 어른이 어린사람으로부터 액을 당하는 상이니 가정의 법도가 문란하다.
○ **혼인** : 남자가 여자보다 낫다. 밤에 정단하면 처를 취한다.
→ 일간은 남자, 일지는 여자이다. 간상의 子는 갑오순의 삼기이니 좋고 지상은 일간의 장생이니 역시 좋다. 삼기가 공무원과 행운을 뜻하니 남자가 여자에 비해 낫다. 밤에 정단하면 지상의 寅에 길장인 청룡이 타고 있으니 처를 취해도 된다. ● 궁합 : 간상의 子가 지상의 寅을 생하니 궁합이 좋고 혼인도 성사된다. 다만 섭해과이니 다소의 어려움을 겪은 뒤에 성사된다.
○ **임신·출산** : 아래는 강하고 위는 약하니 여자가 된다.
→ 시반은 음이며 여자, 친반은 양이며 남자이다. 아래가 위를 극하여 발용이 되었으니 여자가 된다. 출산정단을 하면 섭해과이니 기일을 넘겨서 출산한다.
○ **구관** : 관성이 일간에 임했고 밤에 정단하면 지상의 청룡이 일간을

생하니 관직을 기대할 수 있다.

→ 관성은 관직, 청룡은 문관이다. 관성이 일간에 임했으니 관직을 누리는 상이다. 밤에 정단하면 지상의 청룡승신 寅이 일간 丁을 생하니 관직을 기대할 수 있다. 다만 섭해과이니 조금 늦춰진다.

○ **구재** : 자신의 재물은 취할 수 있고, 밖의 재물은 얻기 어렵다.

→ 밖의 재물은 사업으로 얻는 재물이다. 과전에 일간의 처재효가 없으니 밖의 재물을 얻기 어렵다.

○ **질병** : 심장이 상했거나 혹은 간담과 비위의 질병이다. 오래가지 않아서 저절로 낫는다.

→ 귀살의 극을 받는 오행의 장부에 병이 든다. 일간의 귀살인 子가 오행의 화를 극하니 화의 장부에 해당하는 심경에 병이 난다. 그리고 일지는 질병이다. 지상이 寅이므로 복통과 비위에 관련된 질환이다. ● 치료방위 : 귀살을 극하는 丑 아래의 신방(申方, 서남방)이나 未 아래의 인방(寅方, 동남방)이 양의와 양약이 있는 방위이다. ● 연명이 巳인 사람은 양사협묘(兩蛇夾墓)이니 암 검진을 받아야 한다.

○ **출행** : 밤에 정단하면 수로가 매우 길하고, 낮에 정단하면 모두 이롭지 않다.

→ 현대에서는 일간은 여행객이고 일지는 여행지이다. 지상이 일간을 생하니 대체로 안전한 여행지이며, 간상의 子가 지상의 寅을 생하니 여행이 길하다. 그리고 섭해과이니 대체로 고된 여행이 된다.

⬆ **쟁송** : 오래간다. 손아래의 사람에게 유리하다.

→ 섭해과이니 쟁송이 오래간다. 장유가 쟁송할 경우에는 사과의 세 곳 천반이 그 지반으로부터 극을 당하여서 '장도액(長度厄)'이니 손위의 사람에게 불리하다. 또한 중심과의 상이니 피고에게 유리하다.

○ **귀가** : 천강이 사맹에 가했으니 아직 출발하지 않았다.

→ 천강(辰)은 동신이다. 천강이 사맹인 亥에 임했으니 아직 목적지

에서 집으로 출발하지 않았다.
○ **전쟁** : 시작은 있지만 결과는 없다. 이익이 보이지 않는다.
→ 초전은 튼실하고 말전은 공허하니, 시작은 있지만 결과가 없다. 과전에 재성이 보이지 않으니 전리품이 없다.
○ **분묘** : 청룡에 반드시 결함이 있다. 사람이 잘 된다.
→ 청룡은 산의 왼편과 장남과 문관을 뜻한다. 낮에 정단하면 청룡 승신 午가 지반 丑과 육해이고 밤에 정단하면 청룡승신 寅이 지반 酉로부터 극을 당하니 청룡에 결함이 있다. 간상과 중전에 삼기인 子가 임하니 사람이 발달하여 후손의 제2대에서 공직을 누리는 공무원이 배출된다.

□ 『**필법부**』 : 〈제53법〉 양 쪽의 등사가 묘신을 끼면 흉을 면하기 어렵다.
→ 연명이 巳인 사람이 정단하면 지반이 뱀을 뜻하는 巳이고 천반에 타고 있는 주야의 천장이 모두 등사이니 양사협묘(兩蛇夾墓)이다. 〈제32법〉 삼전이 차례로 극하면 대중이 나를 기만한다. 이 예에는 두 가지가 있다. 첫째, 초전은 중전을 극하고, 중전은 말전을 극하며, 말전은 일간을 극하는 것이다. 둘째, 말전은 중전을 극하고, 중전은 초전을 극하며, 초전은 일간을 극하는 것이다.
→ 이 과전에서는 초전이 중전을 극하고 중전이 말전을 극하니 첫째에 해당한다.
□ 『**과경**』 : 戌이 巳에 가하고 戌에 주야 모두 등사가 타고 있으니 양사협묘(兩蛇火墓)이다. 질병을 정단하면 반드시 적괴(암)가 배에 있으니 목숨을 구할 수 없는 지경에 이른다.
→ 연명이 亥인 사람이 정단하면, 亥의 상신인 辰이 등사가 타고 있는 戌을 충하니 조금은 이롭다.

□ 『찬요』 : 연명이 만약 寅에 있으면 寅 위의 未토가 子수를 대적할 수 있으니, 그 이름이 여우의 위세를 빌린 호랑이의 상인 '호가호위(狐假虎威)'이다. 절대로 도모하지 않아야 한다.

| 갑오순 | 정유일 | 9국 | 243 |

丁酉일 제 9국

공망 : 辰·巳 ○
낮 : 왼쪽 천장, 밤 : 오른쪽 천장

己	癸	乙
貴亥陰	常卯空	勾未朱
未	亥	卯

己	癸	辛	○
貴亥陰	常卯空	陰丑常	空巳勾
丁未	亥	酉	丑

丁朱酉巳○	戊蛇戌午	己貴陰亥未	庚后子申玄
丙合申辰○蛇			辛陰丑酉常
乙勾未卯朱			壬玄寅戌白
甲青午寅合	○空巳勾丑	○白辰青子	癸常卯空亥

- □ **과체** : 원수(元首), 곡직(曲直) // 형상(刑傷), 멸덕(滅德), 화미(和美), 전국(全局), 복덕(福德), 인귀생신(引鬼生身), 귀덕임신(貴德臨身/낮), 양귀수극(兩貴受剋), 천을신기(天乙神祇/낮), 교차탈기(交叉脫氣), 부모효현괘.

- □ **핵심** : 일간은 극을 당하고 일지는 매장된다. 주야의 두 귀인이 극을 받는다. 낮의 천장이 일간을 훔치고, 삼전은 도둑을 제압한다.

- □ **분석** : ❶ 간상의 亥는 일간을 극하고 지상의 丑은 가택을 매장한다. 밤 귀인 酉는 巳로부터 극을 당하고 낮 귀인 亥는 未로부터 극을 당하니 귀인을 기대하기 어렵다.

  ❷ 낮에는 삼전의 모든 천장오행 토가 일간의 기운을 훔치지만 삼전의 목국이 일간을 생하니 도둑을 제압할 수 있다.

  → 낮에 정단하면 초전의 귀인은 己丑土, 중전은 己未土, 구진은 戊辰土이다.

- □ **정단** : ❶ 곡직(曲直)의 삼전이 삼합해서 일간을 생하지만 일상에 귀살이 보이니 이롭지 않다. 다만 낮에는 천을귀인과 일덕귀인이 일간

에 임하니 흉이 길로 변한다.
❷ 과전이 육음(六陰)이니 매사 어둡다.

○ **날씨** : 수신이 일간을 극하니 자연히 비가 온다. 삼전이 목국이니 바람이 불고 비가 그친다.
→ 간상과 초전의 수신 亥가 일간을 극하니 비가 온다. 삼전이 亥卯未 목국이니 바람이 분 뒤에 비가 그친다.
○ **가정** : 丑이 묘신이 되어 가택을 덮쳤으니 가족이 편안하지 않다.
→ 묘신은 암매와 어둠의 신이다. 일지 酉의 묘신인 丑이 가택을 덮치니 가족이 편안하지 않다. 만약 유월과 술월에 정단하면 각각 사기와 사신에 해당하니 가족이 '상(喪)' 당하는 우환을 예방해야 한다. 만약 형제를 정단하면 일지음신의 巳가 공망되었으니 생명이 위험하다. ● 일간은 나이다. 간상에 일덕귀인 亥가 임하니 큰 어려움은 없다. 특히 낮에는 천을귀인이 타니 더욱 길하다.
○ **혼인** : 낮에 정단하면 남자가 길하다.
→ 일간은 남자, 일지는 여자이다. 간상신이 일덕귀인이니 남자가 길한데, 특히 낮에 정단하면 간상에 천을귀인이 타서 천을귀인 겸 일덕귀인이니 더욱 더 남자가 길하다. ● 일간 丁이 지상의 丑으로 탈기되고 일지 酉가 간상의 亥로 탈기되니, 남녀 모두 혼담이나 혼인에서 손실이 많다. ● 궁합 : 비록 일간의 음양과 일지의 음양과 삼전이 삼합하니 좋아 보이지만, 일간 丁이 일지 酉를 극하고 지상의 丑이 간상의 亥를 극하니 보통이다. ● 일간의 음양과 일지의 음양과 삼전이 삼합하니 혼인할 확률이 절반이다.
○ **임신·출산** : 딸을 임신한다. 난산이다.
→ 일간의 상하가 모두 음이니 딸을 임신한다. 일간의 음양과 일지의 음양과 삼전이 삼합하니, 임신은 길하고 출산은 난산이다.

○ **구관** : 천을귀인과 일덕귀인이 일간에 임하니 관직정단에서 최길하다.
→ 관성은 관직, 천을귀인과 일덕귀인은 공무원이다. 나를 뜻하는 일간에 두 귀인이 관성 亥에 타고 있으니 관직정단에서 최길하다. 또한 삼전의 인성이 국을 이루어서 일간을 생하여 오니 더욱 좋은데, 만약 봄에 정단하면 왕성한 인성국이 일간 丁을 생하니 더욱 좋다.

○ **구재** : 집에 재물이 있지만 묘신이 재성을 덮었으니 취하기 어렵다.
→ 일지는 집이다. 일지가 재성인 酉이지만 그 위에 酉의 묘신인 丑이 덮쳤으니 이 재물을 취하기 어렵고, 다시 그 음신이 공망되었으니 더욱 더 취하기 어렵다.

○ **질병** : 심혈이 부족하다. 머지않아 나을 수 있다.
→ 오행의 화는 심장이다. 낮에 정단하면 일간 丁화가 삼전의 토국으로 탈기되니 심장이 허해서 심혈이 부족하다. ● 천을신기(天乙神祇) : 낮에 정단하면 천을귀인이 亥에 타서 일간 丁을 극하여 귀수가 있으니, 수법을 행사할 수 있는 법사의 도움을 받아야 병이 낫는다.

↑ **출행** : 손실이 발생한다.
→ 일간은 나, 일지는 여행지이다. 일간 丁이 지상의 丑으로 탈기되니 여행지에서 손실이 발생한다. 낮에는 태음이 타고 있으니 음인에 의한 손실이고, 밤에는 태상이 타고 있으니 음식이나 옷으로 인한 손실이다.

↑ **귀가** : 도로에 있다.
→ 천강(辰)이 사중인 子에 임했으니 도로에 있다.

↑ **쟁송** : 합의가 가능하다.
→ 일간의 음양과 일지의 음양과 삼전이 삼합하니 합의가 가능하다. 만약 합의하지 않을 경우에는 세 곳이 합을 하여 국을 이루었으니 쟁송이 오래간다. 일간은 나, 일지는 상대이다. 일간이 삼전 목

국의 생을 받으니 내가 유리하다.
- O **전쟁** : 최길하다.
  → 간상신이 일덕귀인 겸 천을귀인이니 길하고 삼전이 인성국이니 더욱 좋아서 최길하다.
- ↑ **알현** : 뜻을 이루지 못한다.
  → 천을귀인은 관청의 공무원과 직장의 높은 사람 혹은 사회의 귀한 신분자이다. 천을귀인은 내가 만나려고 하는 귀인이다. 낮 귀인 亥는 지반의 未로부터 극을 당하고, 밤 귀인 酉는 지반의 巳로부터 극을 당해서 귀인의 신상이 불안하니 내 뜻을 이루지 못한다.
- ↑ **분묘** : 혈맥(穴脈)이 끊겼다.
  → 일지는 혈이다. 일지음신의 巳가 일지의 파쇄이니 혈맥이 끊겼다.

- □ 『**필법부**』: 〈제49법〉 양 귀인이 극을 받으면 귀인에게 부탁하는 일에서 뜻을 성취하기 어렵다.
  → 낮 귀인 亥는 지반의 未로부터 극을 당하고, 밤 귀인 酉는 지반의 巳로부터 극을 당한다.
  〈제48법〉 귀살에 천을귀인이 타면 곧 하늘 귀신과 땅 귀신의 해가 있다.
  → 낮에 정단하면 천을귀인이 귀살인 亥에 타서 일간 丁을 극한다. 질병정단을 하면 반드시 하늘 신과 땅 신의 해코지가 있다.
- □ 『**육임지남**』: 丁丑년 4월에 휴가를 내어 집에 가서 부모를 뵙는 정단이다. 천마는 생을 연연해하고 관귀는 일간을 극하여 오니 일이 뜻대로 되지 않고, 주작이 공망에 드니 문서를 취하지 못한다. 태세인 丑이 일지 酉를 생하지만 일지가 묘지에 묻혔으니 반드시 은혜로운 명이 중간에서 멈춘다. 나중에 과연 그러했다.

□ 『고감』: 정월에 전정을 정단한다. 30세의 행년 위에 申이 보이고 申이 亥수 관성을 생하니 시험에 합격하지만, 亥수가 일간을 극하니 몸에 큰 병이 든다. 다만 삼전의 곡직이 귀살의 오행인 수를 탈기(脫氣)해서 일간을 생하니 죽음에 이르지는 않는다. 卯가 6이니 육임(六任)이다. 목국은 풍(風)을 생기게 하고 말전에서 묘지와 사지로 드니 중풍에 걸려서 부임하지 못한다. 나중에 과연 그러하였다.

□ 『단험』: 해년(亥年)에 출생한 사람이 본인의 신위(身位)를 정단한다. 亥는 4이고 未는 8이니 32이다. 금년에 49세이니 관성은 이미 지났다. 나중에 일간의 절신(絶神)인 亥가 일간을 극하니 辛亥년에 사망한다. 집의 왼쪽 아래에 사람이 매장되어 있어서 맥이 끊겼으니 가정이 깨지고 사람이 죽는다. 그 이유는 묘신인 丑이 왼쪽에 있고 그 위에 파쇄(破碎)가 임하기 때문이다. 이와 같이 하나의 과인데 본명에 수의 오행 하나가 보태지니 이와 같이 판이하게 달라진다.

丁酉일   제 10 국

공망 : 辰·巳
낮 : 왼쪽 천장, 밤 : 오른쪽 천장

庚	癸	甲
后子玄	常卯空	青午合
酉	子	卯
戊	辛	庚	癸
蛇戌后	陰丑常	后子玄	常卯空
丁未	戊	酉	子

丙申巳合	丁酉午蛇朱	戊戌未貴蛇	己亥申貴陰
乙未辰勾朱			庚子酉后玄
甲午卯青合			辛丑戌陰常
○巳寅空	○辰丑勾白	癸卯子常空	壬寅亥玄白

- **과체** : 요극(遙剋), 호시(蒿矢), 참관(斬關), 고개승헌(高蓋乘軒) // 삼기(三奇), 육의(六儀), 복덕(福德), 가귀(家鬼), 간지공귀인(干支拱貴人)(낮), 묘신부일(墓神覆日), 절신가생(絶神加生/연명:申), 삼교(三交), 귀인수극(貴人受剋/밤).

- **핵심** : 일간은 묘지에 묻히고 일지는 탈기(脫氣)되니, 사람과 집이 모두 공허하고 위태하다. 밤에 정단하면 잃는다. 폐구되어 돌아온다.

- **분석** : ❶ 일간 丁은 戌에 의해 묘지에 묻히고 일지 酉는 子에 의해 탈기되니, 사람은 캄캄하고 집은 공허하다.

  ❷ 밤에는 초전의 子에 현무가 타서 일간을 극하니 도난을 당하고, 중전의 卯가 폐구(閉口)가 되었으니 입을 닫고 시비를 막아야 한다.

  ❸ 유일(酉日)에 子가 酉에 가하고 子에 천후가 타고 있으니 집에 여승이 출입한다.

- **정단** : ❶ 호시(蒿矢)는 화와 복이 모두 가볍다.

  ❷ 초전의 子는 일간의 귀살이다. 비록 체생(遞生)하지만 과전이 삼

교(三交)와 형극(刑克)이니 매우 두렵다.

❸ 간상의 戌이 중전의 卯와 육합하고 말전의 午와는 삼합한다. 戌이 귀살인 子수를 제압하니 소위 불행 중 다행이다.

○ **날씨** : 子수가 발용이고 천강이 음을 가리키니 자연히 비가 온다.
→ 오행의 수는 비, 천강은 대각성이다. 초전이 子이니 비가 오고 천강이 음지인 丑을 가리키니 비가 온다.

○ **가정** : 헛된 지출이 매우 많으니 불안이 심하다.
→ 일지는 가정이다. 일지인 酉가 지상의 子로 탈기되니 지출이 많다. 지상에 낮에는 천후가 타고 있으니 부녀자에게 지출되고, 밤에는 현무가 타고 있으니 도난을 당한다. ● 일간이 지상의 子로부터 극을 당하니 가정에 우환이 있다. 낮에는 지상에 천후가 타니 부녀자로 인한 우환이고, 밤에는 지상에 현무가 타니 도난에 의한 우환이다. ● 일간은 사람이다. 일간이 묘지에 묻혔으니 사람이 하는 모든 일이 어두운데, 특히 낮에는 등사가 타니 더욱 어둡다.

○ **혼인** : 여자의 품행이 바르지 않을 우려가 있다.
→ 사중일에 정단하여 사중(子午卯酉)이 지상에 임하고 다시 사중이 발용이 되어 '삼교(三交)'이니 여자의 품행이 바르지 않다. 다시 지상의 子에 음란의 천장인 천후와 현무가 타고 있으며, 또다시 일지 음신의 卯와는 삼형(三刑)이니 더욱 바르지 않다. ● 궁합 : 일간은 나, 일지는 상대이다. 간상의 戌이 지상의 子를 극하니 궁합이 나쁘고, 다시 간지가 교차육해하니 더욱 나쁘다. 기궁 未는 지상의 子와 육해하고 일지 酉는 간상의 戌과 육해하니 간지가 교차육해를 한다.

○ **임신·출산** : 두 양이 하나의 음을 감싸니 임신하면 여자가 된다.
→ 삼전은 태아의 생육과정이다. 초전과 말전의 두 양인 子와 午가 중전의 하나의 음인 卯를 감싸고 있으니 여자가 된다.

○ **구관** : 관귀효가 발용이 되었고 말전에 일록이 있으니 관직정단을 하면 매우 이롭다.

→ 관귀효는 관직, 일록은 관직자가 받는 급여이다. 초전에는 관귀효인 子가 있고 말전에는 일록인 午가 있으니 매우 이로운데, 특히 초전의 子가 갑오순의 삼기이니 더욱 이롭다. ● 시험 : 일간 丁이 묘지 戌에 묻혔으니 이번의 시험에는 낙방한다.

○ **구재** : 자신의 재물을 지키기 어렵다. 밖의 재물을 취득할 수 없다.

→ 밖의 재물은 일간의 처재효를 말한다. 과전에 처재효가 없으니 밖의 재물을 취득할 수 없다. 다만 연명이 巳나 午인 사람은 그 상신이 일간의 처재효인 申과 酉이니 밖의 재물을 취득할 수 있다.

○ **질병** : 심경(心經)이 허약하다. 병으로 인해 대흉하다.

→ 초전의 子수가 오행의 화를 극하니 심경이 허약하고, 일간이 묘지에 묻혔으니 대흉하다. 만약 연명이 丑인 사람이 정단하면 그 상신 辰이 간상의 戌을 충하여 깨트리니 구사일생한다. ● 치료방위 : 네 개의 의약신 중 양지인 子를 극하는 辰 아래의 축방(丑方, 동북방)에 양의와 양약이 있다.

○ **유실** : 밤에 정단하면 현무가 일간을 극하니 도둑을 잡기 어렵다.

→ 현무는 도둑이다. 밤에 정단하면 현무승신 子가 일간 丁을 극하니 도둑을 잡기 어려운 상이지만, 간상의 戌이 현무승신 子를 극하니 잡을 수 있다.

○ **출행** : 수로와 육로 모두 불길하다.

→ 현대에서는 일간은 여행객, 일지는 여행지이다. 일간이 묘신에 묻혔으니 출행하기 어렵지만, 묘신을 충하는 진월(辰月)이나 진일(辰日)에는 출행할 수 있다. 그리고 지상의 子가 일간 丁을 극하니 안전한 여행지가 아니다.

○ **귀가** : 천강이 사계에 가하니 즉시 온다.

→ 천강(辰)은 동신이다. 辰이 사계의 하나인 丑에 임하니 즉시 온

다.
○ **쟁송** : 내가 불리하다.
  → 일간은 나, 일지는 상대이다. 간상이 일간의 묘신인 戌이니 내가 불리하고, 다시 지상과 초전의 子가 일간을 극하니 더욱 불리하다.
○ **전쟁** : 일간과 일지가 모두 탈기(脫氣)되니 주객 모두 이익이 없다.
  → 일간은 아군, 일지는 적군이다. 일간 丁은 간상의 戌로 탈기되고 일지 酉는 지상의 子로 탈기되니, 아군과 적군 모두 손실이 많다.
○ **분묘** : 임향(壬向)이나 병향(丙向)은 길하다. 수세가 매우 왕성하다. 귀(貴)가 발현되지만 식구는 적다.
  → 壬은 곧 亥이고 亥에 귀인이 타니 귀(貴)가 발현되지만 亥가 일간을 극하니 인정(人丁)이 왕성하지는 않다. ● 음택론에서 壬癸亥子는 수세이다. 지상과 초전과 중전이 오행의 수이니 수세가 왕성하다. 초전이 관성이고 삼기이니 후손의 제1대에서 귀(貴)가 발현된다.

□ 『**필법부**』: 〈제65법〉 일간의 묘신이 관신(關神)을 아우르면 사람과 가택이 황폐해지는 허물이 있다. 이른바 일간의 묘신이 네 계절의 관신을 만들어서 발용이 되면 이 격이다. 관신은 봄에는 丑, 여름에는 辰, 가을에는 未, 겨울에는 戌이다.
  → 겨울에 정단하면 간상의 戌은 관신과 일간의 묘신이다.
□ 『**육임지남**』: 己巳년 11월에 월장 丑을 점시 戌에 가한 뒤에, 어느 마을에 도둑이 난을 일으켰으므로 이 과로 정단한다. 일지와 일간 위에 사(死)와 묘(墓)가 타고 현무승신이 절지에 임하며 일상신이 현무를 제압하니 오늘 잡힌다.
  가택의 안부는 어떠한가? 한사람은 戊子년에 출생한 사람이고, 또 한사람은 乙亥년에 출생한 사람이다. 子년에 출생한 사람은 甲으로 합격한 사람이고, 亥년에 출생한 사람은 공명은 있지만 완성하지 못한 사람이다. 모두 타향으로 이사하여 걱정이 없다. 머지않아서 난을 범한 사람은 과연 잡혔고 집은 안전했다.

➔ 현무승신이 酉에 임했으니 패지(敗地)에 임한다.

丁酉일 제 11국

공망 : 辰·巳 ○
낮 : 왼쪽 천장, 밤 : 오른쪽 천장

	丁	己	辛
朱 酉 貴	貴 亥 陰	陰 丑 常	
	未	酉	亥
	丁	己	己	辛
朱 酉 貴	貴 亥 陰	貴 亥 陰	陰 丑 常
丁 未	酉	酉	亥

勾 未 巳 ○	朱 丙 申 合 午	蛇 丁 酉 朱 未	蛇 戊 戌 后 申
青 甲 午 辰 ○	合 ○		貴 己 亥 陰 酉
空 ○ 巳 卯	勾		后 庚 子 玄 戌
白 ○ 辰 寅	青 常 癸 卯 空 丑	玄 壬 寅 白 子	陰 辛 丑 常 亥

- **과체** : 중심(重審), 불비(不備), 진간전(進間傳), 췌서(贅婿), 응음(凝陰/酉亥丑) // 형상(刑傷), 덕경(德慶/중전), 부귀(富貴/밤), 복덕(福德/말전), 용전(龍戰), 회환(回還), 육음(六陰), 재성정마(財星丁馬), 강색귀호(罡塞鬼戶), 여덕(勵德/낮), 천을신기(天乙神祇/낮), 아괴성(亞魁星).

- **핵심** : 사람과 집이 모두 귀인이다. 끝없이 순환한다. 재물이 스스로 온다. 말전이 다시 재물을 돕는다.

- **분석** : ❶ 일간에는 밤 귀인 酉가 타고 일지에는 낮 귀인 亥가 타니 사람과 집에 양 귀인이 있다.

  ❷ 삼전이 사과를 벗어나지 않으니 순환이 끝이 없다.

  ❸ 일간의 재성인 酉가 일간에 임했으니 굴러온 재물을 취한다. 하물며 말전의 丑이 초전의 재성을 생하여 재물이 왕성하니 어찌 이보다 좋을 수 있겠는가?

- **정단** : ❶ 췌서(贅婿)이고 다시 응음(凝陰)이니, 음적으로 꾀하는 일에는 이롭고 공적으로 꾀하는 일에는 이롭지 않다.

  ❷ 일간은 丁이고 지상은 역마인 亥이다. 삼전의 재성이 관성으로

변하니 보석을 쥐고 귀인에게 가서 귀인에게 부탁하는 일에 좋다.
→ 삼전의 酉亥丑이 사과로 돌아오니 삼전이 사과를 벗어나지 않는다. 이것을 '회환'이라고 한다.
❸ 연명이 申인 사람은 그 상신 戌을 간지의 상신이 인종하니 높은 성적으로 시험에 합격한다.

○ **날씨** : 흐리고 비 오는 날씨가 계속 이어진다.
→ 필수(畢宿)는 酉로서 비를 오게 하는 신이다. 필수가 발용이 되었고 과전이 육음이니 흐리고 비 오는 날씨가 계속 이어진다.
○ **가정** : 천을귀인이 관귀효에 타서 집에 있으니 신의 해코지가 있다.
→ 천을귀인은 귀신, 귀살은 해침, 일지는 집이다. 낮에 정단하면 천을귀인이 귀살 亥에 타서 지상에 임하니 집에 신의 해코지가 있다. 밤에 정단하면 태음이 귀살 亥에 타서 일간 丁을 극하니 음인에 의한 해가 있다. ● 사과가 불비(不備)이니 가정에 음란사가 발생하는 것을 예방해야 한다. ● 삼전 酉亥丑이 응음(凝陰)이니 우환이 풀리기 어렵고 간음과 도난이 생기는 상이다.
○ **혼인** : 양가의 집안이 엇비슷하다. 좋다가도 부족하게 된다.
→ 일간은 남자, 일지는 여자이다. 일지 酉가 간상으로 온 것은 여자가 남자에게 시집가는 상이니 혼인이 성사되지만 사과가 불비여서 무음이니 좋다가도 부족하게 된다. ● 궁합 : 간상으로 온 酉가 일간의 기궁인 未와 생하는 관계이니 좋은 편이다.
○ **임신·출산** : 아들이다.
※ 『육임직지』 원문에서는 "과전에 양이 없으니 임신하면 여자가 된다."고 하였다.
→ 음이 극에 이르면 양이 되니 아들이다. 출산을 정단하면 일간은 태아, 일지는 임신부이다. 일지가 간상으로 와서 태아를 보살피는

상이니 출산이 순조롭다.
- **구관** : 귀인이 많으니 귀하지 않다.
  → 丁의 귀인은 亥와 酉이다. 이 酉와 亥가 과전에 지나치게 많으니, 높은 분의 도움을 받지 못하여 승진하기 어려우니 귀하게 되지 못한다. 또한 과전이 육음(六陰)이니 공적으로 꾀하는 일에서 이롭지 않고, 다시 삼전이 酉亥丑 '응음(凝陰)'이니 미래가 밝지 못하다. ●
  고시 : 낮에는 초전의 재성이 중전의 관성을 생하니 합격한다. 만약 연명이 申이면 그 상신 戌을 간지상신에서 인종하니 반드시 합격한다.
- **구재** : 밤에 정단하면 귀인의 재물을 얻는다.
  → 재성은 재물, 천을귀인은 공무원이나 귀한 신분자이며, 주작은 문서·문학·통신·강의·상담이다. 밤에 정단하면 귀인이 재성인 酉에 타고 있으니 귀인이나 공무원을 통해 재물을 얻는다. 낮에 정단하면 재성에 주작이 타고 있으니 문서·문학·통신·강의·상담으로 재물을 얻는다.
- **질병** : 심장에 병이 들었다. 두통이 있다.
  → 귀살의 극을 받은 오행의 장부에 병이 든다. 귀살의 오행인 亥수가 오행의 화를 극하니 화의 장부에 속하는 심경에 병이 든다. 그리고 지상은 병증이다. 지상이 亥이니 두통이 있다. ● 양의와 양약이 있는 방위는 귀살을 제극하는 丑 아래의 해방(亥方, 서북방)이다. ●
  천을신기(天乙神祇) : 낮에 정단하면 천을귀인이 亥에 타서 일간 丁을 극하여 귀수가 있으니, 수법을 행사할 수 있는 법사의 도움을 받아야 병이 낫는다.
- **유실** : 현무가 보이지 않으니 여종이나 첩이 잃있다.
  → 현무는 도둑이다. 현무가 과전에 보이지 않으니 도둑맞은 것이 아니다. 간상과 초전의 酉가 첩과 여종을 뜻하니 이들에 의해 물건을 잃었다.

○ **출행** : 육로는 매우 길하고, 수로는 손실을 예방해야 한다.
→ 현대에서는 일간은 여행객, 일지는 여행지이다. 지상의 亥가 비록 관귀효이지만 일덕귀인에 해당하니 여행이 안전하다. 그러나 일지음신 丑이 일간 丁을 설기하니 여행지에서 손실을 예방해야 한다.

○ **귀가** : 천강이 사맹에 가하니 아직 출발하지 않았다.
→ 천강(辰)은 동신이다. 辰이 사맹인 寅에 가하니 아직 집을 향해 출발하지 않았다.

↑ **쟁송** : 나중에 대응하는 것이 유리하다. 장기전이 유리하다.
→ 중심과는 나중에 대응하는 것이 유리하고 또한 장기전이 유리하다. ● 삼전이 응음(凝陰)이니 쟁송이 어둡다.

○ **전쟁** : 흉(凶)과 험한 것이 많지 않다. 가을에 정단하면 길하다.
→ 일간은 아군, 일지는 적군이다. 일간 丁이 일지 酉를 극하니 아군에게 흉과 험한 것이 많지 않다.

□ **『필법부』** : (제44법) 과전이 모두 귀인이면 도리어 의지할 곳이 없게 된다.
→ 과전의 일곱 곳에 귀인이 있으니 귀인이 가득하다.
(제45법) 주야귀인이 서로 가하면 양 귀인에게서 구하면 된다. 공무원(귀인)에게 요청하여 일을 구하는 정단에서는 양 귀인이 참견하여 성취한다. 그러나 서민이 귀인을 알현하는 정단에서는 귀인을 만나지 못한다.

□ **『고감』** : ❶ 壬戌년에 출생한 사람이 월장 午를 점시 辰에 가한 뒤에 소송을 정단한다. 곳곳에 귀인이 가득하니 관귀가 바뀐다. 행년 子 위의 寅이 일간의 부모인데 이곳에서 연명을 극하니 존장이 나에게는 귀(鬼)이다. 丑에 태음이 타고 있으니 불명(不明)한 논밭으로 인해 다툰다. 모두 말한 바와 같았다.

❷ 소공단(邵公斷)이 가택을 정단한다. 丁은 독족이고 酉는 소녀이다. 酉가 丁으로부터 극을 당하니 집에 있는 어린 여자아이가 사신(邪神)으로부터 침해를 당한다. 과연 그러하였다.

❸ 월장 寅을 점시 子에 가한 뒤에 양아들을 정단한다. 가택인 酉에 丁이 숨겨져 있다. 丁은 동(動)을 뜻하고 酉는 丁의 처이며 亥는 酉의 자식이다. 처에게는 이미 자식이 있었으니 어찌 동정할 수 있겠는가? 다행히 한 늙은 여인이 자식을 돌보고 있지만 그 늙은 여인이 사망하면 반드시 그 자식은 간다. 과연 그러하였다.

丁酉일 제 12국

공망 : 辰·巳 ○
낮 : 왼쪽 천장, 밤 : 오른쪽 천장

己	庚	辛
貴亥陰	后子玄	陰丑常
戌	亥	子
丙	丁	戊	己
合申蛇	朱酉貴	蛇戌后	貴亥陰
丁未	申	酉	戌

甲午巳 青合	乙未午 勾朱	丙申未 合蛇	丁酉申 朱貴
空巳辰 ○勾○			蛇戌酉 后
白辰卯 ○青			貴亥戌 陰
常卯寅 癸	空玄 壬寅丑	白陰 辛丑子 常	后子亥 庚 玄

□ **과체** : 지일(知一), 진여(進茹), 참관(斬關) // 용잠(龍潛/亥子丑), 침해(侵害), 덕경(德慶), 연주삼기(連珠三奇), 복덕(福德), 가귀(家鬼), 간지공귀인(연명:申), 맥월(驀越), 천을신기(天乙神祇/낮), 천라지망(天羅地網).

□ **핵심** : 삼전이 절신과 묘신에 드니 장사하지 않아야 한다. 모든 것을 노복(종업원)에게 의지해야 고생을 면할 수 있다.

□ **분석** : ❶ 丁의 절신인 亥가 일간의 묘지인 戌로 드니 모든 일에서 거동하면 안 되고, 간상의 재성 申이 귀살로 변하니 밖으로 나가서 장사하면 안 된다. 만약 물러나서 현재를 고수하면 지상 戌토의 기운에 의지해서 모든 귀살을 제압할 수 있다.

❷ 戌은 노복(종업원)이다. 노복이 나를 위해 재앙을 막을 수 있으니 고생을 면할 수 있다.

□ **정단** : ❶ 삼전이 삼기(三奇)이며 앞으로 계속 전진한다. 낮에는 귀인이 발용이 되었고 재성인 申이 일간에 임하니 재물의 기쁨이 있다. 다만 일간에는 천라(天羅)가 타고 일지에는 지망(地網)이 타니 분수

를 지켜야 하며 함부로 행동하면 안 된다.
❷ 관성인 子가 왕지인 亥에 임하니 관직에 뛰어나게 좋다.
❸ 지상이 묘신인 戌과 귀살인 亥이니 가정이 쓸쓸하다.
❹ 일간 丁의 묘지인 戌이 일지인 酉에 임하니 분묘문이 열린다는 뜻의 '묘문개격(墓門開格)'이다. 질병을 점단하면 가장 불길하다.
→ 오월(午月)의 낮에 점단하면 등사가 탄 戌이 사기이니 대흉하다.

○ **날씨** : 삼전의 모든 수가 일간을 극하니 흐리고 비 오는 날씨가 계속 이어진다.
→ 오행의 수는 강우이다. 삼전의 수가 계속 이어졌으니 흐리고 비 오는 날씨가 계속 이어진다.
○ **가정** : 양 귀인이 이웃에 있고 자식이 집을 생하니 마을 어귀의 문이 크다.
→ 일지는 집이다. 왼편에는 낮 귀인이 있고 오른편에는 밤 귀인이 있다. 지상에 있는 일간의 자손효인 戌이 일지를 생하니 집이 번창한다. 다만 지상의 戌이 일간의 묘신이니 가정에 암울한 일이 발생한다. 낮에는 묘신에 등사가 타고 있으니 사고나 질병으로 인한 경공사가 발생하는 것을 예방해야 하고, 밤에는 천후가 타고 있으니 부녀자에게 우환이 발생하는 것을 예방해야 한다.
○ **혼인** : 간지상신이 묘(墓)와 병(病)이니 혼인에 이롭지 않다.
→ 일간은 나, 일지는 상대이다. 간상에는 12운성의 병인 申이 임하니 나의 신상이 나쁘고, 지상에는 12운성의 묘인 戌이 임하니 상대의 신상 또한 나쁘다. 따라서 혼인이 이롭지 않다. ● **궁합** : 지상의 戌이 간상의 申을 생하니 대체로 좋은 편이다. ● **혼처** : 지일과이니 근처 혹은 지인으로부터 구하면 된다. ● **성정** : 일지는 상대이다. 지상에 낮에는 흉장인 등사가 타고 있으니 나쁘고, 밤에는 길장인

천후가 타고 있으니 좋다.

○ **임신·출산 :** 아래는 강하고 위는 약하니 임신하면 여자가 된다. 천라지망(天羅地網)이 서로 가하니 출산이 매우 어렵다.

➜ 지반은 음이고 여자, 천반은 양이고 남자이다. 지반이 천반을 극하여 발용이 되었으니 임신하면 여자가 된다. 그리고 천라와 지망이 간지에 가하니 출산을 정단하면 매우 어렵다. 천라는 간상이 일간의 전1위이고, 지망은 지상이 일지의 전1위이다.

○ **구관 :** 삼기(三奇)가 삼전에 드니 존경을 받는다.

➜ 갑오순의 삼기는 子이다. 子가 중전에 임하니 관직에서 혹은 일반직장에서 존경을 받는다. 특히 삼전의 亥子丑이 '연주삼기(連珠三奇)'이니 관직정단에서 더욱 길하다. ● 겨울에 정단하면 삼전의 연주삼기가 흥왕하니, 수험생은 합격하고 공무원은 승진한다.

○ **구재 :** 자신의 재물을 지켜야 한다. 밖의 재물은 구할 수 없다.

➜ 간상의 申은 자신의 재물이고, 삼전은 밖이다. 이 과전에서는 삼전에 재성이 없을 뿐만 아니라 오히려 귀살이 많으니 밖의 재물을 구하지 못하고 오히려 재앙을 입는다.

○ **질병 :** 복통과 설사 및 심경(心經)이 허약한데 연명이 酉나 亥이면 더욱 흉하다.

➜ 지상은 병증이다. 지상이 戌이니 복통과 설사증이다. 그리고 삼전의 수국이 오행의 화를 극하니 화와 관련된 심경이 허약하다. 연명이 酉이면 그 상신이 일간의 묘신인 戌이니 건강이 매우 나쁘고, 연명이 亥이면 그 상신이 귀살의 하나인 子이니 역시 건강이 매우 나쁘다. ● 천을신기(天乙神祇) : 낮에 정단하면 천을귀인이 亥에 타서 일간 丁을 극하여 귀수가 있으니, 수법을 행사할 수 있는 법사의 도움을 받아야 병이 낫는다.

○ **출행 :** 수로는 좋지 않다.

➜ 현대에서는 일간은 여행객, 일지는 여행지이다. 묘신에는 암매

와 장애의 뜻이 있다. 지상에 일간의 묘신인 戌이 임하니 여행지가 나쁘다.
- **귀가** : 천강이 사중에 가하니 중도에 있다.
  → 천강(辰)은 동신이다. 천강이 卯에 임하니 중도에 있다.
- **쟁송** : 합의하는 것이 이롭다.
  → 지일과는 합의하는 것이 이롭다. ● 승패 : 삼전의 수국이 일지를 탈기해서 일간을 극하니 내가 불리하다. ● 관재 : 천라와 지망이 간지를 덮었으니 관재가 풀리기 어렵다. 또한 삼전에 귀살이 이어져 있으니 관재가 끝나지 않는 상이지만 지상의 戌이 귀살을 제극하니 결국 관재를 면한다.
- **전쟁** : 오직 근신하면서 지켜야 한다. 움직이면 이롭지 않다.
  → 간상이 일간의 전1위이니 천라(天羅)이고, 지상이 일지의 전1위이니 지망(地網)이다. 이와 같이 간지의 상신이 천라지망이고 다시 삼전이 귀살국이니 오직 근신하면서 지켜야 하며 만약 움직이면 이롭지 않다.
- **분묘** : 24좌향 중 건방(乾方)에서 용(龍)이 내려오고 丙이나 丁을 향하며 귀인이 묘신에 임하니, 묘지로 통하는 길이 나면 귀(貴)를 누린다.
  → 제4과 지반이 戌이니 건방에서 용이 내려오는 묘지이다. 낮에 점단하면 귀인이 묘지인 戌에 임하니, 묘지로 통하는 길이 나면 귀(貴)를 누린다.

- □ 『**필법부**』 : 〈제42법〉 삼전에서 삼기(三奇)를 갖추면 명예가 높아진다.
  → 삼전에 삼기인 亥子丑을 모두 갖췄다.

  〈제55법〉 천라지망(天羅地網)을 만나면 모망사가 졸렬해진다.
  → 매일의 제12국은 천라지망(天羅地網)이다. 사람이 그물에 걸린

상이니 매사 자유롭지 못한다.

(제11법) 비록 귀살이 무리를 짓더라도 전혀 두렵지 않다.

→ 삼전의 亥子丑이 무리를 짓고 있지만 지상의 戌이 이를 제압하니 두렵지 않다.

□ 『과경』: 子는 태신, 丑은 배(腹)이다. 丑이 子에 가했으니 복태격(腹胎格)이다.

→ 복태격은 임신부가 임신한 상이다.

□ 『옥성가』: 일간의 관귀효가 일지의 두 과에 임하면 관리가 나의 집에 온다. 또한 덕신이 움직이는 곳에 길한 기운이 따르지만, 극(魁)과 형(刑)을 만나면 오히려 위험하다.

□ 『지장부』: 태상과 귀인이 모두 관향에 들면 조정에 들어가서 정치를 한다.

→ 태상은 무관, 귀인은 관리이다. 태상이나 귀인이 관귀효에 타면 관직자가 되는 상이다.

□ 『광명경(光明經)』: 괴강이 酉를 만나면 호랑이를 그리고 용을 조각하는 상이다. 그리고 귀인과 천후가 辰에 임하면 천강을 밟고 북두칠성을 걷는 사람이다.

→ 일지에서 괴강의 하나인 戌이 酉에 가한다.

무술일

戊戌日의 길신(구보)과 흉살(팔살)			
일덕	巳	형	
일록	巳	충	
역마	申	파	
장생	寅	해	
제왕	午	귀살	寅卯
순기	子	묘신	戌
육의(六儀)	甲午	패신 / 도화	卯 / 卯
귀인	주	丑	공망	辰巳
	야	未	탈(脫)	申酉
합(合)		사(死)	酉
태(胎)	子	절(絶)	亥

戊戌일 　제 1 국			

공망 : 辰·戌 ○
낮 : 왼쪽 천장, 밤 : 오른쪽 천장

○	丙		壬
勾 巳 朱	白 申 后		蛇 寅 青
巳 ○	申		寅
○	○	戊	戌
勾 巳 朱	勾 巳 朱	玄 戌 玄	玄 戌 玄
○ 戊 巳	巳 ○	戌	戌

(오른쪽 천반지반표)

- **과체** : 복음(伏吟), 자임(自任), 원태(元胎), 참관(斬關), 고진과수(孤辰寡宿) // 덕경(德慶), 양면도(兩面刀), 복덕(福德), 인귀생신(引鬼生身), 신임정마(信任丁馬), 형상(刑傷), 삼전체극(三傳遞剋), 간지동류(干支同類).

- **핵심** : 초전이 말전까지를 계속하여 침범한다. 낮에는 구진과 백호와 등사이지만, 밤에는 사나운 화를 면할 수 있다.

- **분석** : ❶ 초전이 중전을 극하고 중전이 말전을 극하며 말전이 일간을 극하여서 삼전이 일간을 체극(遞剋)하니 많은 사람들이 나를 멸시한다.

  ❷ 낮에는 등사와 백호가 타고 있으니 그 흉을 말로 표현할 수 없다. 밤에는 천후와 청룡이 중전과 말전에 있으니 사나운 화를 걱정하지 않아도 된다.

- **정단** : ❶ 복음과의 발용이 공망되었으니 근신하면서 거동하면 안 되는 상이다.

  ❷ 말전의 寅목이 초전의 巳화를 도와서 일간과 일지를 생하지만 세

번이나 일간을 체극하니 소위 '양면도(兩面刀)'라고 한다. 다행히 공망되어 무력하고 여름에 정단하면 길하다.

❸ 주야 모두 지상에 현무가 타니 유실을 면하기 어렵다.

○ 날씨 : 일상의 巳는 공망이 되었고 寅申은 상충하니 바람과 비가 밤에 일어난다.

→ 오행의 巳는 맑은 날씨, 寅은 바람을 일으키는 천장, 申은 수모(水母)이다. 巳가 공망되었고 寅과 申이 상충하니 맑은 날씨가 사라진 뒤에 바람과 비가 일어난다.

○ 가정 : 낮에는 백호가 일간을 탈기하니 어린 사람(卑幼)이 이윤을 뺏는다.

→ 낮에 정단하면 백호가 申에 타서 일간을 탈기하니 손실이 발생한다. ● 지상의 戌이 일간 戌의 묘신이니 가정이 암흑처럼 어둡다. 또한 현무가 지상에 타고 있으니 가정에서 도난당하는 것을 예방해야 하는데, 특히 지상의 戌이 형제와 종업원을 뜻하니 이들로부터의 손실을 예방해야 한다. ● 일간은 사람이다. 간상의 일록 巳가 공망되었으니 식록을 잃는 것을 예방해야 한다.

○ 혼인 : 간상의 일덕이 공망되었으니 불길하다.

→ 간상의 巳는 일덕과 일록, 일간은 남자이고 일지는 여자이다. 간상의 일덕이 공망되었으니 군자의 덕을 잃고, 간상의 일록이 공망되었으니 식록을 잃은 남자이다. 또한 나를 뜻하는 일간이 공망되었으니 혼인할 형편이 되지 못하거나 또는 의사가 없다. ● 상대를 뜻하는 지상에 일간의 묘신인 戌이 임하니 상대는 어려운 상황에 놓여있는 사람이다. ● 성혼 : 삼전은 일의 진행과정이다. 삼전의 巳申寅이 삼형이니 연애나 혼담이나 혼인이 성사되지 않는 상이다.

○ 임신·출산 : 자식은 양에 속한다. 임신부는 튼실하고 자식은 공허하

니 이롭지 않다.

→ 일간은 태아, 일지는 임신부이다. 일간이 공허하니 임신정단을 하면 낙태될 우려가 있다. 그리고 寅巳申亥는 원태이고 원태에는 태아의 뜻이 있다. 간상과 초전의 원태가 공망되었으니 임신정단을 하면 낙태될 우려가 있다.

○ **구관** : 일록이 공망되었으니 관직을 정단하면 길하지 않다. 다행히 말전이 초전을 도우니 자신의 명(命)은 조금 길하다.

→ 간상과 초전의 巳는 일록으로서 관록을 뜻한다. 일록이 공망되면 관록을 잃는다는 뜻이 되니 관직이 길하지 않다. ● 삼전의 삼형은 권력을 뜻한다. 공망된 초전이 채워지는 사년(巳年)이나 사월(巳月)이나 사월장(巳月將) 기간에 승진이 가능하거나 혹은 공망된 巳를 충하는 해년(亥年)이나 해월(亥月)이나 해월장(亥月將) 기간에 승진이 가능하다.

○ **구재** : 오히려 손실을 예방해야 한다.

→ 재성은 재물, 일록은 사업체이다. 일간의 처재효인 亥子가 과전에 임하지 않으니 득재할 수 없고, 일지 戌이 형제효이니 손실을 예방해야 하며, 일록인 巳가 공망되었으니 나의 사업체를 잃는 것을 예방해야 한다. 다만 연명이 亥나 子이면 그 상신이 재성인 亥나 子이니 득재가 가능하다.

○ **질병** : 복통과 설사증이다. 일록이 공망되었으니 불길하다.

→ 지상신으로 질병의 증상을 알 수 있다. 지상신이 戌이니 복통과 설사증이다. 그리고 일록은 질병정단에서 음식이다. 일록인 巳가 공망되었으니 구병 환자를 정단하면 음식을 먹지 못하여 사망할 위험이 있고, 또한 흰자를 뜻하는 일간이 공망되었으니 구병을 정단하면 역시 사망할 위험이 있다. ● 묘신인 지상의 戌에 현무가 타니 염라대왕이 혼을 거두어들인다.

○ **출행** : 육로는 조금 가능하고 수로는 불길하다.

→ 일간은 여행객, 일지는 여행지이다. 일간이 공망되었으니 정해진 날짜에 떠나지 못하고, 지상에 일간의 묘신인 戌이 임하니 흉한 여행지이다. 그리고 삼전이 삼형이니 여정이 순탄하지 않다. 특히 낮에 정단하면 등사가 말전 寅에 타서 일간 戌를 극하니 놀라는 일을 예방해야 한다. 주야 모두 지상에 현무가 타고 있으니 여행지에서 손실을 예방해야 한다.

○ 유실 : 온 사방이 모두 현무이다. 집에서 도난을 예방해야 한다.
→ 일지는 집이다. 지상에 현무가 타고 있으니 집에서 도난당하는 것을 예방해야 한다.

○ 귀가 : 근처로 간 사람은 즉시 오고, 먼 곳으로 간 사람은 도로에 있다.
→ 복음과는 근처로 간 사람은 즉시 오고, 먼 곳으로 간 사람은 아직 오지 않는다.

↑ 쟁송 : 불리하다.
→ 일간은 나, 일지는 상대이다. 일간은 공허하고 일지는 튼실하니 나는 불리하고 상대는 유리하다. ● 관재 : 삼형은 관재이다. 형살이 공망되었으니 지은 죄에 비해 죄가 조금 가벼워진다.

○ 전쟁 : 낮에 정단하면 나쁘다.
→ 낮에 정단하면 삼전에 흉장인 구진과 백호와 등사가 타고 있으니 나쁘다.

□ 『필법부』 : 〈제89법〉 자임과 자신에 정마가 타면 모름지기 행동한다. 자임과 자신은 복음과를 말한다. 삼전과 간지 위에 순내 정신이 있거나 또는 천마와 역마가 타면, 고요하게 있다가 움직이게 되니 이것을 몰라서는 안 된다.
〈제32법〉 삼전에서 차례로 나를 극하면 대중이 나를 기만한다.

→ 초전의 巳는 중전의 申을 극하고 중전은 말전의 寅을 극하고 말전은 일간 戊를 극한다.

□ 『과경』: 삼전이 차례로 극을 하니 교대로 나를 극해하는 사람이 있거나 혹은 많은 사람들이 이구동성으로 모두가 나를 기만한다. 관청에 근무하는 공무원은 스스로를 점검하고 탄핵당하는 것을 예방해야 한다.

→ 초전 巳 → 중전 申 → 말전 寅 → 일간 戊를 차례로 극한다. 다만 초전이 공망되었으니 무방하다.

□ 『영할경(靈轄經)』: 戊戌일이 십악대패인 이유는 일록이 공망되었기 때문이다.

→ 일록은 관록, 식록이다. 戊의 일록인 巳가 공망되었으니 백사에서 대패하는 상이다.

□ 『비요(祕要)』: 일간 戊와 일지 戌이 동일한 오행이니 구재가 어렵고 재물을 쟁탈당할 우려가 있다.

→ 간지가 동일한 날은 '간지동류'라고 하여 구재와 구관 등 경쟁에 관련된 모든 일에서 불리하다.

□ 『금란략(金蘭略)』: 고진이 상극하니 고독하다. 그리고 거듭하여 백호가 申에 타고 있으니 밖에서 재앙을 당한다.

戊戌일 제 2 국

공망: 辰·巳 ○
낮: 왼쪽 천장, 밤: 오른쪽 천장

癸	壬	辛
朱 卯 勾	蛇 寅 靑	貴 丑 空
辰 ○	卯	寅
○	癸	丁	丙
合 辰 合	朱 卯 勾	常 酉 陰	白 申 后
○ 戊 巳	辰 ○	戊	酉

○合辰巳合	○勾巳午朱	甲靑午未蛇	乙空未申貴
朱癸卯辰勾			白丙申酉后
蛇壬寅卯靑			常丁酉戌陰
貴辛丑寅空	后庚子丑白	陰己亥子常	玄戊戌亥玄

- **과체**: 원수(元首), 퇴여(退茹), 참관(斬關) // 연방(聯芳·卯寅丑), 고진(孤辰), 침해(侵害), 인중삼기(人中三奇), 복덕(福德), 주작폐구(朱雀閉口), 구진폐구(勾陳閉口), 답각공망(踏脚空亡).

- **핵심**: 물러나면 귀살이고 전진하면 공망이다. 현재의 상황을 유지하면 어둡다. 집안의 담장이 무너진다.

- **분석**: ❶ 물러나서 寅卯를 만나보니 모두가 귀살이고 전진해서 辰巳를 만나보니 모두가 공망이다.

  ❷ 현재의 상황을 유지하면 일간의 묘신이 일간에 임하고 패기가 가택에 임하니, 신상이 어둡고 집의 담장이 무너진다.

- **정단**: ❶ 삼전이 퇴여(退茹)이니 모든 일에서 물러나야 하고 흉이 많고 길도 많다. 전진하면 공망을 만나고 물러나지 않으면 왕(旺)을 취하게 된다.

  ❷ 간상의 辰토와 지상의 酉금이 육합하지만 간상의 酉와 일지 戌이 육해하니 가정에 우환이 있다.

  ❸ 삼전의 전국이 관귀효이다. 봄과 여름에 정단하면 관귀를 만나

이른바 귀살과 도적이 때를 만나니 두려워하거나 거리낄 것이 없고, 가을과 겨울에 정단하면 재앙이 잠시 있는 것이 아니다.
→ 귀살은 왕상하면 흉하지 않고, 휴수사하면 흉하다는 이론이다.

○ **날씨** : 일상에서 공망을 만나니 태양이 뜬다. 화는 위에 있고 수는 아래에 있으니 당연히 비가 오지 않는다.
→ 일간은 하늘, 일지는 땅이다. 간상이 공망되었으니 해가 뜬다.
○ **가정** : 태상이 패기에 타서 가택을 탈기하니 주색으로 인해 가업이 쇠미해진다.
→ 태상은 음식과 술, 패신은 패가망신살, 일지는 가정이다. 낮에 정단하면 태상이 일간의 패신인 酉에 타서 일지 戌을 탈기하니 주색으로 인해 가업이 쇠미해지고, 밤에 정단하면 태음이 일간의 패신인 酉에 타서 일지 戌을 탈기하니 음란사로 인해 가업이 쇠미해진다. 여기에서의 패신은 戌와 戌을 수토동궁설을 적용해서 지상의 酉가 일간과 일지의 패신이다.
● 낮에 정단하면 일지음신 申에 백호가 타서 일간을 설기하니 가족의 병으로 인한 손실이 있고, 밤에 정단하면 일지음신 申에 천후가 타서 일간을 설기하니 부녀자로 인한 손실이 있다. ● 일간은 이 집에 거주하는 사람이다. 일간이 공망되었으니 이 집에 거주하는 사람에게 손실이 많다. ● **이사** : 지상에 정마가 타고 있으니 이사수가 있다.
○ **혼인** : 일간과 일지의 상신이 상합하니 공망이 메워지면 혼인이 성사된다.
→ 일간은 나이고 일지는 상대, 상합에는 결합의 뜻이 있다. 간상의 辰과 지상의 酉가 상합한다. 공망된 辰이 진년(辰年)이나 진월(辰月)이나 진월장(辰月將) 기간에 풀리니 이때 혼인이 성사된다. ● 궁

합 : 간상과 지상이 상합하니 좋다. ● 성정 : 일지는 상대이다. 지상의 酉가 일간의 패신인데, 낮에는 이곳에 태상이 타고 있으니 음식과 술을 좋아하고, 밤에는 이곳에 태음이 타고 있으니 색을 좋아하는 사람이다. ● 원수과이니 양가 모두 상류의 집안이다.

○ **임신·출산** : 위는 강하고 아래는 약하며, 두 음이 하나의 양을 감싸니 임신하면 아들이다. 임신부는 튼실하고 자식은 공허하다. 어머니의 배를 그리워하니 불길하다.

→ 천반은 양이며 남자, 지반은 음이며 여자이다. 천반의 오행 卯가 지반의 오행 辰을 극하여서 발용이 되었으니 아들의 상이다. 그리고 삼전은 태아의 생육과정이다. 초전과 말전의 두 음이 중전의 하나의 양을 감싸고 있으니 임신하면 아들이다. ● 일간이 공허하니 임신을 정단하면 낙태될 우려가 있다. ● 간상과 지상이 상합하니 만약 출산을 정단하면 태아가 어머니의 자궁을 그리워하므로 난산이 우려된다.

○ **구관** : 초전과 중전이 모두 관성이고 말전에 귀인이 있으니 관직을 정단하면 최길하다.

→ 관성은 관직, 천을귀인은 공무원이다. 초전 卯와 중전 寅이 관성이며 말전에는 천을귀인이 타고 있으니 최길하고 다시 원수과이니 더욱 길하다. 또한 삼전의 둔간인 辛壬癸가 인중삼기이니 더욱 길하다. ● 고시 : 초전이 공망되었으니 이번 시험에서 낙방한다.

○ **구재** : 처재효가 나타나지 않았고 청룡이 귀살에 타고 있으니 구하더라도 재물을 얻지 못한다.

→ 처재효와 청룡은 모두 재물을 뜻한다. 戊의 처재효인 亥子가 과전에 나타나지 않았고, 특히 밤에 정단하면 청룡이 중전에 나타났지만 청룡승신 寅이 일간 戊를 극하니 구재를 하더라도 얻지 못한다. 만약 연명이 子丑이면 그 상신이 처재효인 亥子이니 재물을 얻는다.

○ **질병** : 주색이 도를 지나쳐서 비토가 상했거나 혹은 해수로 인해 몸이 상한 증상이다. 사람은 공허하고 질병은 튼실하니 질병이 낫기 어려울 우려가 있다.

→ 낮에 정단하면 주색을 뜻하는 태상이 패가망신을 뜻하는 패신 酉에 타고 있으니 주색으로 인해 발병했다. ● 지상으로도 병증을 알 수 있다. 지상이 酉이니 해수와 폐결핵이 발생했으며, 지상의 둔반에 정마가 달리니 질병이 심해지고 또한 환자를 뜻하는 일간이 공허하니 병이 낫기 어렵다.

○ **유실** : 집안의 식구가 도둑이다. 하녀(여종업원)가 아니면 사내종(남종업원)이다.

→ 지상의 酉는 여종업원을 뜻하고, 일지 戌은 남종업원을 뜻한다. 가정을 뜻하는 일지의 상하가 酉戌이니 이들이 도둑이다.

○ **출행** : 사람과 집이 상합하니 일정대로 출행하지 못한다.

→ 일간은 출행인, 일지는 집이다. 간상의 辰과 지상의 酉가 상합하니 일정대로 출행하지 못한다. ● 공망된 간상의 辰이 풀리는 다음 순(갑진순)에는 출행할 수 있다.

○ **귀가** : 천강이 사맹에 가하니 아직 출발하지 않았다.

→ 천강(辰)은 동신이다. 천강이 사맹인 巳에 가했으니 집을 향해 아직 출발하지 않았다.

↑ **쟁송** : 불리하다.

→ 일간은 나, 일지는 상대이다. 일간은 공허하고 일지는 튼실하니 나는 불리하고 상대는 유리하다.

○ **전쟁** : 앞뒤에서 핍박하니 아직 이익이 보이지 않는다.

→ 물러나면 寅卯를 만나니 모두 귀실이고 진진하면 辰巳를 만나니 모두 공망이다. 따라서 아직 이익이 보이지 않는다.

○ **분묘** : 패신과 사(死)의 기운이 있으니 불길하다.

→ 일간양신(제1과)은 묘(墓), 일지음신(제4과)은 혈(穴)이다. 지상의

酉가 일간의 패신(敗神)이고 다시 12운성의 사(死)이니 불길한 분묘이다.

□ 『필법부』: 〈제59법〉 화개가 일간을 덮으면 사람이 혼미해진다. 이른바 지진의 화개가 일간의 묘신을 만들어서 간상에 임하여 발용이 되는 것이다.
　※ 화개 : 寅午戌일 : 戌, 亥卯未일 : 未, 巳酉丑일 : 丑, 申子辰일 : 辰.
　〈제76법〉 손님과 주인이 다투지 않아도 형벌이 이미 앞서 있다.
　→ 이 과전은 여기에 해당하지 않는다.
　〈제11법〉 비록 귀살이 무리를 짓더라도 전혀 두렵지 않다.
　→ 아래의 『과경』 참조.

□ 『과경』: 삼전이 모두 목신이다. 모두가 일간을 극하니 진정 흉하지만, 지상의 酉金이 귀살을 충분히 물리치니 흉하지 않다. 이것은 반드시 집의 식구가 화를 푸니 '식구가 화를 푸는 격'이다.

□ 『지장부』: 삼전이 모두 관귀효이면 형제에게 재앙이 생긴다.
　→ 형제와 나에게 재앙이 생긴다. 재앙의 종류는 형제효에 타고 있는 천장으로 알 수 있다.

공망 : 辰·巳
낮 : 왼쪽 천장, 밤 : 오른쪽 천장

□ **과체** : 중심(重審), 여덕(勵德), 극음(極陰/丑亥酉) // 교차육합(交叉六合), 퇴간전(退間傳), 오음(五陰), 간지동류(干支同類), 주작폐구(朱雀閉口), 구진폐구(勾陳閉口).

□ **핵심** : 일진이 상합한다. 상대는 좋고 나는 나쁘다. 초전에서 파쇄(破碎)를 만난다. 폐구는 두렵다.

□ **분석** : ❶ 간상의 卯와 일지 戌이 상합하고 기궁 巳와 지상의 申이 상합하니 교섭에 좋다. 다만 申은 장생이고 卯는 관귀효인데, 상대는 申의 장생을 받지만 나는 卯의 극을 받으니 극을 꺼린다.

→ 수토동궁설을 적용하면 일지 戌은 수이고 수의 장생은 申이다.

❷ 초전의 丑은 일지의 파쇄(破碎)로서 卯에 임한 뒤에 발용이 되었고, 간상의 卯는 폐구된 귀살로서 여기에 주작이 타서 일간을 극하니 어찌 두렵지 않겠는가?

□ **정단** : ❶ 삼전이 극음(剋陰)이고 발용은 파쇄(破碎), 중전은 재성, 말전은 패신(敗神)이다. 깊고 어두운 곳으로 물러나니 모든 일에서 억눌리고 펴지지 않는 상이다.

→ 수토동궁설을 적용하면 말전의 酉는 일간의 패신이다.

❷ 폐구(閉口)가 일간에 임하니 입을 다물고 말을 삼가서 명철하게 자신을 보호해야 이롭다.

❸ 주작이 일간의 귀살에 타면 탄핵을 예방해야 하고, 특히 상부에 보고하거나 억울한 일을 호소하는 일에서 나쁘다.

○ **날씨** : 필수가 丁을 꿰차고 우사가 발용이 되었으니 비가 온다.
→ 필수(畢宿)인 酉와 우사(雨師)인 丑은 강우의 신이다. 丑이 발용이 되었고, 필수가 丁을 꿰차서 말전에 있으니 비가 온다.

○ **가정** : 낮에 정단하면 주작이 卯에 타서 일간을 극하니 쟁송이 있다. 백호가 가택에 임하니 상(喪) 당하는 일을 예방해야 한다.
→ 주작과 구진은 관재의 천장, 귀살은 재앙이다. 낮에 정단하면 주작이 귀살 卯에 타서 일간을 극하니 관재가 발생하고, 밤에 정단하면 구진이 귀살 卯에 타서 일간을 극하니 또한 관재가 발생한다. 낮에 정단하면 지상에 백호가 타고 있으니 가족에게 병이 든다. 만약 진월(辰月)에 정단하면 지상의 申이 사기와 효복이니 상(喪) 당하는 일을 예방해야 한다.

○ **혼인** : 파쇄가 발용이 되었으니 길하지 않다.
→ 파쇄는 파탄의 신이다. 일지의 파쇄인 丑이 발용이 되었으니 길하지 않다. ● 중심과이니 여자의 성정이 드세다. ● 궁합 : 일간은 나, 일지는 상대이다. 비록 일간(기궁) 巳와 지상의 申이 상합하고 일지 戌과 간상의 卯가 상합하지만, 지상의 申이 간상의 卯를 극하니 보통의 궁합이다. ● 삼전이 극음이니 혼사가 어두워진다.
→ 맹일(寅申巳亥)의 파쇄는 酉, 중일(子午卯酉)의 파쇄는 巳, 계일(辰戌丑未)의 파쇄는 丑이다.

○ **임신·출산** : 일간이 간상신으로부터 극을 받으니 태아는 보호받기 어

렵다.

→ 일간은 태아이다. 일간 戊가 간상의 卯로부터 극을 받아 태아의 몸이 상하니 태아는 보호받기 어렵다. 그리고 일간이 폐구되었으니 선천성언어장애자가 될 우려가 있다.

○ **구관** : 주작이 귀살에 타서 일간에 임하니 공무원은 탄핵을 예방해야 한다.

→ 주작이 귀살에 타면 관재와 탄핵의 뜻이 된다. 간상의 주작이 귀살 卯에 타서 일간 戊를 극하니 관재와 탄핵을 예방해야 한다. ● 관성인 卯가 폐구되었고 주작이 폐구되었으며 일간이 주작승신으로부터 극을 당했으니 관직에 해롭다.

○ **구재** : 주식(酒食)으로 돈을 번다.

→ 태상은 주식(酒食), 재성은 재물이다. 밤에 정단하면 중전의 亥에 태상이 타고 있으니 주식으로 돈을 벌고, 낮에 정단하면 중전에서 태음이 亥에 타고 있으니 보석이나 아가씨용품으로 돈을 번다.

○ **질병** : 폐병이고 매우 위독하다.

→ 백호가 申금에 타고 있으니 폐병이다. 삼전의 丑亥酉는 극음이고, 일록은 巳로서 음식을 뜻한다. 삼전이 극음인 丑亥酉이고 일록인 巳가 공망되었으니 매우 위독하다. 다행히 지상의 申이 귀살을 제극하니 병이 낫는다. 여자의 도움 혹은 길을 걷다가 좋은 의사를 만난다.

○ **출행** : 정마가 말전에 있으니 여정이 매우 신속하다.

→ 정마에는 동신(動神)과 자동차의 뜻이 있다. 丁이 말전에서 달리니 여행일정이 매우 신속하다.

○ **귀가** : 백호가 역마를 디고 집으로 오니 즉시 귀가한다.

→ 역마는 자동차, 백호는 도로이다. 지상의 申이 일지 戌의 역마이고 다시 여기에 백호가 타고 있으니 즉시 귀가한다. 寅午戌일에는 申, 申子辰일에는 寅, 巳酉丑일에는 亥, 亥卯未일에는 巳가 역마이다.

○ **쟁송** : 주작이 폐구되었으니 소송에서 억울한 일을 풀기 어렵다.

→ 주작은 언어와 소송, 폐구에는 막히는 뜻이 있다. 간상의 주작이 폐구되었으니 소송에서 억울한 일을 풀기 어렵지만, 지상의 申이 간상의 주작승신 卯를 극하니 나중에는 소송이 풀린다. 그리고 중심과이니 상급의 법원에 청하여 재심해야 유리하다.

○ **전쟁** : 지켜야 한다.

→ 중심과이니 지키는 것이 유리하다.

○ **분묘** : 지상이 장생이니 후손이 번창한다.

→ 장생에는 발전의 뜻이 있다. 지상이 일간의 장생이니 후손이 번창한다.

□ 『**필법부**』 : 〈제68법〉 귀살을 제압하는 자리가 병을 고치는 의사나 약이 있는 곳이다.

→ 이 과전에서는 의약신 申酉가 戌亥에 임했으니 서북방이 병을 고치는 약이나 의사가 있는 방위이다.

□ 『**고감**』 : 유년(酉年)에 출생한 사람이 丑을 卯에 가한 뒤에 평생을 정단한다. 삼전의 丑亥酉는 극음이다. 토의 사(死)는 卯이고 패신은 酉이다. 酉는 6이고 亥는 4이니 그 사람은 46세까지 산다. 초전에 귀인이 타고 있으니 아버지의 음덕을 누리고, 중전에서 관성 亥가 丑에 임했으니 다시 아버지의 식록을 누린다. 그러나 말전의 작용이 일간에 미쳐서 파괴된다. 중전의 亥수와 말전의 酉금이니 주색으로 인해 패가망신한다. 나중에 과연 이와 같았다.

→ 육임은 한 가지 사안의 길흉을 주로 정단하는 학문이지만 이 예에서와 같이 일생을 추명할 수도 있다. 본문에서 토의 사(死)가 卯인 이유와 패신이 酉인 이유는 일간 戊土를 수토동궁설을 적용하여 수로 보았기 때문이다.

※ 선천대연수

	간지	수(數)					
		9	8	7	6	5	4
선천수	십간	甲己	乙庚	丙辛	丁壬	戊癸	·
	십이지	子午	丑未	寅申	卯酉	辰戌	巳亥

戊戌일 제4국

공망 : 辰·巳 ○
낮 : 왼쪽 천장, 밤 : 오른쪽 천장

壬	己	丙
蛇 寅 靑	陰 亥 常	白 申 后
巳 ○	寅	亥
壬	己	乙 ○
蛇 寅 靑	陰 亥 常	空 未 貴 / 合 辰 合
○ 戊 巳	寅	戌 / 未

壬寅巳 蛇青朱	癸卯午 朱勾	○辰未 合勾	○巳申 合朱
辛丑辰 貴空 ○			甲午酉 青蛇
庚子卯 后白			乙未戌 空貴
己亥寅 陰常玄	戊戌丑 玄常	丁酉子 常陰	丙申亥 白后

- **과체** : 원수(元首), 원태(元胎), 병태(病胎) // 고진(孤辰), 복덕(福德), 간지동류(干支同類), 삼전체생(三傳遞生), 사화백(蛇化白).
- **핵심** : 청룡이 타고 있는 寅을 간상과 초전에서 두 번 만났다. 낮에는 비록 申이 이것을 제압하지만 백호에는 흉한 작용이 있다.
- **분석** : ❶ 청룡이 寅에 타서 한 번은 간상에서 보이고 한 번은 초전에서 보여서 일간의 귀살을 두 번 만나지만 말전의 申금이 이것을 제압한다.
  ❷ 낮에는 백호가 타서 관성인 寅을 생하니 관직자는 한 해에 아홉 번이나 승진하지만, 관직이 없는 사람은 오히려 흉하다.
- **정단** : ❶ 원태(元胎)는 만사의 초기의 싹이다. 만약 고시를 정단하면 낮에는 합격한다.
  → 다만 지금은 초전의 관성이 공망되었으니 불합격이다.
  ❷ 밤에는 길장인 청룡이 관성에 타니 축복 속에 재앙이 생긴다.
  ❸ 백호승신 申이 귀살인 寅을 제압하니 재앙 속에서 도움을 받는다. 다만 주야귀인이 모두 감옥에 드니 귀인으로부터의 은덕을 받지

못하고 또한 어둠과 장애를 물리칠 수도 없다.

○ **날씨** : 천강이 음을 가리키고 밤에 정단하면 청룡이 일간을 극하니 비가 온다.
→ 천강(辰)은 대각성이다. 대각성이 음에 임하면 비가 오고 양에 임하면 맑다. 교각성이 음지인 未에 임하고 다시 비를 부르는 청룡이 간상과 초전에 임하니 비가 온다.

○ **가정** : 밤 귀인이 가택에 임하여 입옥되었지만 귀인에게 부탁하는 일은 이롭다. 그리고 술과 음식에 의한 화를 예방해야 한다.
→ 밤에 정단하면 천을귀인이 未에 타서 지반의 戌에 임하여 입옥되었으니 '귀인입옥'이다. 그러나 귀인이 일간이나 일지에 들면 귀인입옥으로 논하지 않으니 무방하다. ● 일지양신과 일지음신에 두 형제효 未辰이 보이니 가정에 지출이 많다. ● 일간은 부모이고 일지는 자녀, 일간은 남편이고 일지는 아내이다. 비록 원수과이지만 간상의 寅이 지상의 未를 극하니 가족이 화목하지 않다. ● 만약 부모에게 병이 있을 경우, 장생인 寅이 낙공되었으니 생명이 위험하다.

○ **혼인** : 낮에 정단하면 불리하고, 밤에 정단하면 매우 길하다.
→ 일간은 나이고 일지는 상대이다. 낮에 정단하면 지상에 흉장인 천공이 타고 있으니 불리하고, 밤에 정단하면 지상에 길장인 천을귀인이 타고 있으니 매우 길하다. ● 궁합 : 간상의 寅이 지상의 未를 극하니 궁합이 나쁘다. ● 혼인 : 초전의 지반이 공망되어 고진이니 혼인이 불성하는 상이다.

○ **임신·출산** : 여아이다. 순산한다.
→ 삼전의 두 양이 하나의 음을 감싸고 있으니 여아이다. ● 병태격이니 병약한 태아로 성장하거나 혹은 병태격의 초전이 낙공되었으니 임신초기에 낙태될 우려가 있다. ● 출산을 정단하면 원수과이고

다시 지상에 천공이 타고 있으니 순산한다.

○ **구관** : 관성이 극을 당했으니 이롭지 않다.

→ 관성은 관직이다. 관성인 寅이 말전의 申으로부터 극과 충을 당했으니 이롭지 않고 다시 공망되었으니 더욱 이롭지 않다. 만약 사년이나 사월이나 사월장 기간에 정단하면 공망된 巳가 풀리니 이롭고, 다시 말전의 申이 중전의 亥를 생하고 중전이 초전의 寅을 생하니 더욱 이롭다. ● 낮에 정단하여 연명이 戌이면 그 위에 염막귀인 未가 임하니 퇴직의 상이고, 밤에 정단하여 연명이 辰이면 그 위에 염막귀인이 임하니 퇴직의 상이다.

○ **구재** : 낮에 정단하면 부녀자의 재물을 얻어야 하고, 밤에 정단하면 주식(酒食)으로 재물을 얻어야 한다.

→ 태음은 부녀자·금은보석·아가씨, 태상은 주식(酒食)이다. 중전의 재성에 낮에는 태음이 타고 있으니 부녀자로부터 재물을 얻어야 하고, 밤에는 태상이 타고 있으니 주식으로 재물을 얻어야 한다. 다만 중전의 재성 亥가 간상의 귀살 寅을 생하니 화를 예방해야 한다. ● 삼전이 병태(病胎)이니 사업이 번창하지 못한다.

○ **질병** : 위장병이 있고 간이 손상됐다. 말전이 귀살을 제극하니 양의를 만난다.

→ 귀살은 병을 일으키는 원인이다. 귀살이 寅에 타서 오행의 토를 극하니 토의 장부에 해당하는 위장병이 있고, 낮에는 백호가 申금에 타서 오행의 목을 극하니 목의 장부에 해당하는 간병이 있다. ● 초전의 귀살을 말전의 申이 제극하니 위장병이 낫고, 다시 초전의 귀살이 공망되었으니 병이 쉽게 낫는다. ● 치료 방위 : 초전의 귀살을 제극하는 申 아래의 해방(亥方, 서북방)에서 명의와 명약을 구하면 된다.

○ **출행** : 수로와 육로 모두 평탄하지 않다.

→ 일간은 여행객, 일지는 여행지이다. 간상의 寅이 지상의 未를 극

하니 대체로 안전한 여행지이다. 다만 간상의 寅이 일간의 귀살이니 흉사를 예방해야 하고, 지상의 둔귀 乙이 일간을 극하니 여행지에서 예상하지 못했던 해를 입는 것을 예방해야 한다.

○ **유실** : 집안의 식구가 도둑이다.
→ 현무가 과전에 나타나지 않아서 도둑이 집밖에서 오지 않았으니 집안의 식구가 도둑이다.

○ **귀가** : 즉시 온다.
→ 천강(辰)은 동신이다. 천강이 사계인 未에 임하니 즉시 온다.

○ **쟁송** : 내가 유리하다.
→ 일간은 나, 일지는 상대이다. 간상의 寅이 지상의 未를 극하니 내가 유리하다. ●**관재** : 귀살은 관재이다. 초전의 귀살이 공망되었으니 관재가 사라지는 상이고 지은 죄에 비해 형이 가볍다.

○ **전쟁** : 이롭지 않다.
→ 귀살은 적군이다. 귀살이 일간에 임하고 다시 초전에 임하니 이롭지 않다.

□ **『필법부』** : 〈제3법〉 염막귀인은 높은 성적으로 장원급제를 한다. 낮에 정단하면 밤귀인이 염막귀인이고, 밤에 정단하면 낮귀인이 염막귀인이다. 관직자가 정단하여 이것을 얻으면 관직을 사직하는 상이다.
→ 연명이 戌인 사람이 낮에 정단하면 연명상에 염막귀인이 임하니, 고시생은 높은 성적으로 합격하고 관직자는 사직한다. 또한 연명이 辰인 사람이 밤에 정단히면 연명상에 염막귀인이 임하니, 고시생은 높은 성적으로 합격하고 관직자는 사직한다.

□ **『과경』** : 간상의 寅은 일간의 명귀(明鬼)이고 지상의 乙은 일간의 암귀이다. 먼저 누군가가 약속한 뒤에 뒤돌아보지 않으며, 겉으로는

무정하고 속으로는 의리가 없으며, 서로 악의를 품고 있다.

☐ **『옥녀통신결(玉女通神訣)』**: 순수한 도는 발용과 삼전에서 어머니가 자식의 앞에 있는 것으로서, 예의를 잃으면 다시 자식이 어머니로 전해진다. 순(順)은 화(和)이고 역(逆)은 의혹이다. 이것이 삼전의 참된 결어이다.

→ 이 과전에서는 말전의 申이 중전의 亥를 생하고 중전이 초전의 寅을 생하니 삼전이 역조(逆調)이다.

갑오순 | 무술일 | 5국

戊戌일 제 5 국

공망 : 辰·巳 ○
낮 : 왼쪽 천장, 밤 : 오른쪽 천장

	壬	戊	甲
后	寅 白	合 戌 合	白 午 后
	午	寅	戌
	辛	丁	甲	壬
	貴 丑 空	勾 酉 朱	白 午 后	后 寅 白
○	戊 巳	丑	戌	午

辛 丑 巳 貴 空	壬 寅 午 后 白	癸 卯 未 陰 常	○ 辰 申 玄 玄
蛇 庚 子 辰 青 ○			常 ○ 巳 酉 陰
朱 己 亥 卯 勾			白 甲 午 戌 后
合 戊 戌 寅 合	勾 丁 酉 丑 朱	青 丙 申 子 蛇	空 乙 未 亥 貴

□ **과체** : 요극(遙剋), 호시(蒿矢), 염상(炎上) // 침해(侵害), 전국(全局), 화미(和美), 육의(六儀), 가귀(家鬼), 맥월(驀越), 간지동류(干支同類), 신장·살몰·귀등천문(神藏·殺沒·貴登天門/밤), 부모효현괘, 백의식시(白蟻食尸/낮).

□ **핵심** : 화국이 일간을 생한다. 밤에는 백호가 午에 탄다. 말전은 지상과 동일하다. 간상과 지상의 丑午는 흉신이다.

□ **분석** : ❶ 삼전의 화국이 일간을 생하니 본래는 길한 조짐이다. 다만 밤에는 백호가 寅에 타고, 낮에는 백호가 일간의 귀살인 甲에 탄다. ❷ 지상의 午는 일간의 양인(羊刃)이고 간상의 丑은 파쇄(破碎)이다. 丑과 午가 육해하니 흉을 다 표현할 수 없다.
→ 사맹일(寅申巳亥)의 파쇄는 酉, 사중일(子午卯酉)의 파쇄는 巳, 사계일(辰戌丑未)의 파쇄는 丑이다.

□ **정단** : ❶ 호시(蒿矢)는 작용하는 힘이 가볍다. 일지와 일간이 상해(相害)하니 서로 시기한다.
❷ 염상(炎上)은 허는 많고 실은 적으니, 모든 정단에서 좋다가도 부

족한 것이 있는 상이다.

❸ 낮에 정단하면 말전에 백호가 타니 모든 일의 시작이 우려되고, 밤에 정단하면 초전에 백호가 타니 모든 일의 시작이 우려된다.

○ 날씨 : 삼전의 화국이 일간을 생하고 천강은 양을 가리키니 자연히 날씨가 맑다.

→ 삼전이 화국이니 맑고, 대각성(辰)이 양의 12지 申에 임하니 다시 맑다.

○ 가정 : 부모가 학대를 받으니 매우 불안하다.

→ 일간은 부모, 일지는 자녀이다. 일지음신의 寅이 일간 戊를 극하니 부모가 학대를 받는다. 다행히 일지음신의 귀살 寅이 발용이 되었지만 寅이 인성국으로 변했으니 나중에는 무방하다. ● 백호는 질병, 관성은 남편이다. 낮에는 부모효인 지상의 午에 백호가 타고 있으니 부모의 건강이 우려되고, 밤에는 관성인 일지음신 寅에 백호가 타니 남편의 질병이 우려된다.

○ 혼인 : 일간과 일지가 상해(相害)하니 혼인을 정단하면 불길하다.

→ 일간은 나, 일지는 상대이다. 간상의 丑과 지상의 午가 서로 해치니 혼인이 불길하다. ● 궁합 : 비록 삼전이 삼합하여 화미(華美)한 상이지만 간상과 지상이 서로 해치니 좋은 점과 나쁜 점이 병존한다. ● 요극과 : 기대에 미치지 못하는 연인이거나 배우자감이다. ● 성정 : 지상에 낮에는 백호가 타니 몸에 병이 있거나 드센 상대이고, 밤에는 천후가 타고 있으니 선량한 상대이다.

○ 임신·출산 : 임신은 길하고 출산은 흉하다.

※ 『육임직지』 원문에서는 "낮에 정단하면 태신에 백호가 타고 있으니 매우 흉하고, 밤에 정단하면 두렵지 않다. 다만 酉가 자손효이

니 출산하면 딸을 낳는다."고 하였다.
→ 과전이 삼합하니, 임신을 정단하면 대체로 길하고 출산을 정단하면 흉하다. 일간은 태아, 일지는 임신부이다. 간지의 상신 丑과 午가 상해(相害)하니 태아와 임신부 모두 몸이 상할 우려가 있다.

○ **구관**: 낮 귀인은 일간에 임하고 밤 귀인은 하늘로 오르니, 관직을 정단하면 희망이 있다.
→ 일간은 나, 귀인은 공무원이다. 낮에 정단하면 귀인이 일간에 임하니 공무원이 되는 상이니 희망이 있고, 밤에 정단하면 귀인이 亥에 임하여서 궁궐로 들어 고위직공무원이 되는 상이니 희망이 있다. 더군다나 삼전이 일간을 생하니 더욱 길한데, 여름이나 봄에 정단하면 인성국이 왕상하니 더욱 길하다. ● 밤에 정단하면 일간에 염막귀인 丑이 임하니, 임명직 공무원이나 공기업 직원은 퇴직할 우려가 있다.

○ **구재**: 재성이 나타나지 않았고 청룡이 다시 숨었으니 얻지 못한다.
→ 재성과 청룡은 모두 재물을 뜻한다. 과전의 천반에 일간의 재성인 亥子와 청룡이 나타나지 않았으니 재물을 얻지 못한다. 다만 연명이 卯辰인 사람은 그 상신이 亥子이니 재물을 얻는다.

○ **질병**: 심장경락에 병이 있고 또한 폐 계통의 병환이 깊다. 낮에 정단하면 낫기 어렵다.
→ 오행의 화는 심장이다. 일지의 음양이 화국인데 다시 삼전이 화국이니 심장경락의 병이고, 화국이 금을 극하니 금의 장부에 배속된 폐 계통의 질환이 깊다. 낮에 정단하면 말전에 백호가 타고 있으니 낫기 어렵지만, 요극과이니 병세가 점차 약해이고, 또한 삼전의 인성국이 일간을 생하여 오니 점차 병이 낫는다. ● 지료방위: 의약신 酉가 丑에 임했으니 축방(丑方, 동북방)에 명의와 명약이 있다.

○ **출행**: 육로행이 낮에는 유리하고 밤에는 불리하다. 수로행이 밤에는 유리하고 낮에는 불리하다.

➜ 일간은 여행객, 일지는 여행지, 삼전은 여정이다. 간상의 丑과 지상의 午가 육해하니 길한 여행이 아니다. 삼전이 삼합하니 장기출행이거나 혹은 일정이 늦어지거나 혹은 여행지에서 화합사가 있다. ● 낮에는 백호가 지상의 甲午에 타고 있으니 여행지에서 병이 들고, 밤에는 백호가 일지음신의 寅에 타고 있으니 여자로부터의 화를 예방해야 한다.

○ **유실** : 물건을 도둑이 훔쳐간 것이 아니라 비첩(여종업원)이 유실한 것이다.

➜ 과전에 현무가 없으니 물건을 도둑이 훔쳐간 것이 아니라 일간음신이 酉이니 여종업원이 유실한 것이다.

○ **귀가** : 천강이 사맹에 가했으니 아직 출발하지 않았다.

➜ 천강(辰)은 동신이다. 천강이 사맹인 甲에 가했으니 아직 출발하지 않았다.

↑ **쟁송** : 내가 불리하다.

➜ 일간은 나, 일지는 상대이다. 일간의 금국이 일지음양과 삼전의 화국으로부터 제극을 받으니 내가 불리하다. 그리고 일간과 일지와 삼전이 각각 삼합하니 합의가 가능하지만, 만약 합의하지 않으면 쟁송이 오래 간다. ● 관재 : 요극과이니 점차 가벼워지고 삼전의 인성국이 일간을 생하니 순리대로 해결된다.

○ **전쟁** : 주야 정단 모두 매우 이롭지 않다.

➜ 일간은 아군, 일지는 적군이다. 간지의 상신이 육해인 丑과 午이니 주야 정단 모두 이롭지 않다. ● 과전이 삼합하니 휴전이 가능하다. 다만 휴전하지 않으면 전쟁이 오래 간다.

□ 『**필법부**』: 〈제69법〉 백호가 둔간귀살에 타면 재앙이 얕지 않다.

➜ 낮에는 둔간의 귀살 甲에 백호가 타고 있다.

〈제84법〉 합 속에 살을 범하면 꿀 속에 비상이 있다.

→ 삼전이 비록 삼합하지만 중전의 戌과 간상의 丑이 삼형(三刑)이고 말전의 午는 간상의 丑과 육해(六害)이다. 화기로운 가운데 화가 숨어 있다.

□ 『과경』: 午가 戌에 가하고 부모효에 백호가 타며 다시 묘지에 앉아 있으니 부모의 무덤 속에 흰개미가 생겼거나 혹은 화가 발생한다. 만약 부모가 생존할 경우에는 부모에게 병재가 있고 만약 월내의 사기나 사신이면 매우 흉하다. 〈신장론〉에서 "未가 亥에 가하면 귀인이 천문(亥)에 오르고 신장살몰(神藏煞沒)이니 형통하지 않은 것이 없다."고 하였다.

→ 낮에는 살몰만 해당하고, 밤에는 신장과 살몰과 귀등천문에 해당된다. 그리고 부모효인 午가 사기가 되는 달은 인월(寅月), 사신이 되는 달은 묘월(卯月)이다. 이 두 달에 정단하면 부모의 병세가 더욱 심하다.

□ 『지장부』: 寅戌午는 밝음(화명, 華明)이 하늘 밖(천표, 天表)까지 빛나는 것이 뚜렷하다.

□ 『옥성가』: 요극과는 삼전의 먼 곳에서 찾아야 한다.

→ 요극과에는 아득히 멀고 '요원(遙遠)'하다는 뜻이 있으니 처음보다는 나중에도모하고 나중을 기약해야 한다.

戊戌일 제 6국

공망 : 辰·巳
낮 : 왼쪽 천장, 밤 : 오른쪽 천장

- **과체** : 중심(重審), 불비(不備), 무음(蕪淫) // 고진(孤辰), 덕경(德慶), 삼기(三奇), 권섭부정(權攝不正), 역허(歷虛), 사절(四絶), 자가사(子加巳), 록공망(祿空亡).
- **핵심** : 내가 상대에게 간다. 양측의 뜻이 맞는다. 밤에는 백호가 寅에 타지만 낮에는 두려울 것이 없다.
- **분석** : ❶ 일간은 나, 일지는 상대이다. 일간(기궁) 戊(巳)가 지상으로 가니 내가 상대에게 간다.

❷ 일지의 천반은 巳이고 지반은 戌이다. 巳의 丙과 戌의 辛이 합을 하니 양측의 뜻이 맞는다.

❸ 일간의 귀살인 寅이 말전에 임한다. 밤에 정단하면 이곳에 백호가 타니 두렵고, 낮에 정단하면 이곳에 천후가 타지만 묘지에 앉아 있어서 귀살의 작용이 매우 약해졌으니 두려울 것이 없다.

- **정단** : ❶ 불비격(不備格)은 매사 완전하지 않아서 결함이 있다.

❷ 삼전의 모든 천반이 지반을 극하고 子가 절지(絶地)에 임하여 상했으니 재물이 손상되고 일간에 임한 재물을 취할 경우에는 공포를

예방해야 한다. 낮에는 초전과 말전이 낮 귀인 丑을 인도하니, 귀인에게 부탁하는 일에 이로운 과이다. 밤에 정단하면 관성인 寅에 백호가 타고 있어서 관리가 되는 것을 재촉하는 뜻의 '최관부(催官符)'이니 부임이 매우 신속하지만, 오행이 묘지 속으로 들어가니 구사(舊事)를 끝맺어야 한다.

→ 寅은 寅의 묘지인 未로 들어가고, 巳는 巳의 묘지인 戌로 들어가고, 申은 申의 묘지인 丑으로 들어가고, 亥는 亥의 묘지인 辰으로 들어간다.

○ **날씨** : 청룡이 물을 품고 승천하지만 삼전이 子를 체극하니 비가 많이 오지는 않는다.

→ 청룡과 오행의 수는 비를 뜻한다. 비록 청룡이 子에 타고는 있지만 중전의 未가 청룡승신 子를 극하니 비가 많이 오지는 않는다.

○ **가택** : 사람이 집으로 들어가서 집을 생하니 이 집에 거주하면 웅장하고 아름답다.

→ 일간은 사람, 일지는 집이다. 기궁 巳가 지상으로 가서 일지 戌을 생하니 이 집에 거주하면 가정이 발복한다. 발복하는 시기는 공망된 巳가 풀리는 사년, 사월, 사월장 기간이다. ● 중심과이다. 만약 여름에 정단하면 초전 지반의 戌(巳)가 천반의 子를 강하게 극을 하니 가정의 법도가 서 있지 않다. ● 사과가 하나의 양과 두 음이어서 '무음격'이니 가정에 음란사가 발생하기 쉽다.

○ **혼인** : 남편이 처를 취한다. 공망이 메워지면 대단히 길하다.

→ 일간은 남자, 일지는 여자이다. 기궁 巳가 지상으로 갔으니 남자가 여자에게 장가드는 상이다. ● 사과가 한 남자가 두 여자와 교제하는 상의 무음격이어서 남녀가 음란하니 혼인이 흉하다. ● 천반은 남자, 지반은 여자이다. 여름에 정단하면 지반 戌(巳)가 그 천반 子

를 극하여 발용이 된 중심과이니 성정이 드센 여자이다. ● 궁합 : 기궁인 已(丙)가 지상으로 가서 일지인 戌(辛)와 상합하니 좋은 편이다. ● 지상으로 간 기궁 巳가 일지 戌로 탈기되니, 남자가 여자에게 장가든 뒤에 고생하고, 이와는 반대로 여자는 남자로부터 생을 받으니 안락하다.

○ **임신·출산** : 아래는 강하고 위는 약하니 딸을 낳는다.

→ 천반은 남자, 지반은 여자이다. 지반이 천반을 극하여 발용이 되었으니 딸이고, 삼전의 두 양이 하나의 음을 감싸고 있으니 딸을 낳는데, 특히 여름에 정단하면 지반이 매우 왕성하니 딸이다.

○ **구관** : 밤에 정단하면 백호가 '최관사자(催官使者)'를 만들고 청룡과 귀인이 모두 간상에 타고 있으니 관직을 얻는다.

→ 백호는 권력과 권위의 천장, 관성은 공무원이다. 밤에 정단하면 백호가 말전의 관성 寅에 타고 있으니 관직을 얻는다. 청룡은 문관, 귀인은 공무원이다. 청룡이 나를 뜻하는 일간에 임하고 귀인이 일간음신에 임하니 관직을 얻는다. ● 전근 : 일록은 관록, 일지는 타 지역이다. 일록 巳가 지상으로 갔으니 타 지역으로 전근을 가거나 혹은 좌천된다.

○ **구재** : 재물이 사람을 따르니 구하지 않더라도 저절로 재물이 나에게 온다.

→ 재성은 재물, 일간은 나이다. 초전의 재성 子가 간상으로 오니 구하지 않더라도 재물이 저절로 나에게 온다. 다만 공망된 재성의 지반이 풀리는 사년(巳年)이나 사월(巳月)이나 사월장(巳月將) 기간에 오며, 이 기간의 겨울에 정단하면 재성이 왕성하니 더욱 좋다.

○ **질병** : 심경(心經)에 병이 들었거나 혹은 치아의 병이다. 밤에 정단하면 비위(脾胃)에 병이 들었다.

→ 오행의 화는 심경이다. 巳가 공망되었으니 심경에 병이 든다. ● 귀살과 백호는 병을 일으키는 원인이다. 밤에 정단하면 백호가 말

전의 寅에 타서 오행의 토를 극하니 토의 장부에 해당하는 비위에 병이 든다. ● 지상은 병증이다. 지상이 巳이니 치아에 병이 있다. ● 만약 말기암이나 중증의 교통사고 환자를 정단하면 일간이 공망되었으니 생명이 위험하다. ● 처의 질병을 정단하면 처재효인 子가 공망되었고 다시 처재효가 절지에 임했으니 낫기 어렵다. 그리고 부모의 질병을 정단하면 부모효인 巳가 공망되었고 다시 부모효가 묘지로 들어가니 낫기 어렵다. 더욱이 子가 巳에 가하여 발용이 되었으니 더욱 나쁘다.

○ **출행** : 육로는 매우 안전하고 수로는 길하다.
  → 현대에서는 일간은 여행객, 일지는 여행지이다. 일간(기궁)이 공망되었으니 기일에 떠나지 못하고 떠나더라도 지상이 공망되었으니 공허한 일을 당한다.

○ **귀가** : 아직 길에 있다.
  → 천강은 辰이고 辰은 동신, 사중은 중도이다. 천강이 사중인 酉에 가했으니 아직 길에 있다.

↑ **쟁송** : 내가 불리하다.
  → 일간(기궁)은 나, 일지는 상대이다. 기궁 巳가 지상으로 가서 일지 戌로 탈기되고 다시 묘지에 임하니 내가 불리하다. ● 관재 : 기궁이 지상으로 가서 묘지에 가한 것은 사람이 교도소로 들어가는 상이니 지은 죄에 비해 형량이 중하다.

○ **전쟁** : 낮 정단에서는 길하고, 밤 정단에서는 흉하다.
  → 관귀효 寅에 낮에는 길장인 천후가 타고 있으니 길하고, 밤에는 흉장인 백호가 타고 있으니 흉하다.

□ **『필법부』** : 〈제8법〉 일록이 일지에 임하면 임시직으로서 정당한 자리가 아니다.

→ 일록 巳가 지상에 임한다. 일간은 높고 일지는 낮다. 따라서 일록이 일지에 임하면 임시직이다. 이미 관직에 있는 사람이 정단하면 좌천될 우려가 있다.

〈제79법〉 일간과 일지가 절신이면 모든 모망사는 끝긴다.

→ 이 과전은 여기에 해당하지 않는다.

□ 『과경』: 子가 巳에 가하고 정월에 정단한다. 임신의 기쁨이 있지만 결국 불길하다. 태신 子가 일간에 가해서 절지에 임하며 다시 일간 戊로부터 극을 받았으니 낙태를 예방해야 한다. 오직 출산을 정단하면 당일에 출산한다고 말할 수 있다.

→ 초전과 간상의 子는 일간의 처재효이면서 동시에 12운성의 태신이니 처가 태아를 임신하거나 임신한 상이다. 그러나 태신 子가 子의 절지인 巳에 앉아 있어서 낙태되는 상인데 다시 태신 子가 戊로부터 극을 당했으니 낙태를 예방해야 한다.

□ 『주후경(肘後經)』: 용신이 귀인을 극하면 흉이 예상된다.

→ 용신인 子가 일간음신에 있는 귀인승신 未를 극한다. 공무원을 뜻하는 귀인이 극을 당해 손상되었으니 관직정단에서 흉하다.

戊戌일 제 7 국

공망 : 辰·巳 ○
낮 : 왼쪽 천장, 밤 : 오른쪽 천장

- **과체** : 반음(返吟), 원태(元胎), 절태(絶胎), 무의(無依), 참관(斬關), 고진(孤辰) // 형상(刑傷), 회환(回還), 귀인상가(貴人相加), 사과개공(四課皆空), 삼전개공(三傳皆空), 간지동류(干支同類), 덕입천문(德入天門/공망).

- **핵심** : 나는 가고 상대는 절(絶)이다. 모든 일이 소멸한다. 질병과 소송은 모두 흉하다. 출행하면 장애가 생긴다.

- **분석** : ❶ 토의 장생은 寅이고 절신은 亥, 수토의 장생은 申이고 절신은 巳인데, 巳가 亥에 가해서 스스로 절지(絶地)로 들어간다. 하물며 삼전이 모두 공망되었으니 길과 흉 모두 소멸된다.

   ❷ 巳는 일덕과 일록과 생기이지만 공망되었고 다시 절(絶)과 극(克)을 당하니 식록사는 흉하다.

   ❸ 삼전이 모두 절(絶)로 들어가니 출행한 사람에게 장애가 생긴다.

- **정단** : ❶ 반음과이고 일진의 상신이 자형(自刑)이며 다시 스스로 충을 하니 주객이 불화한다.

   ❷ 중전이 일간에 거주하고 초전과 말전은 타향에 있으며 절지로

왕래하니, 이른바 '거절반음(去絶反吟)'이라고 하여 모든 정단에서 불길하다. 오직 승려와 수도자에게는 이로운데 그 이유는 사과가 모두 공망되었기 때문이다.

───────────────

○ **날씨** : 크고 높은 하늘이 해맑다. 천지가 상통하니 만리에 구름 한 점 없는 상이다.
　→ 일간은 하늘이다. 일간이 공망되어 크고 높은 하늘이 해맑아서 구름 한 점 없다. 亥는 하늘이고 巳는 땅이다. 亥와 巳가 서로 가했으니 천지가 상통하여 만리나 되는 하늘에 구름 한 점 없다.

○ **가정** : 집이 매우 가난해서 집안이 텅 비어 있다.
　→ 일간은 사람, 일지는 집이다. 일간이 공망되었으니 사람에게 돈이 없고, 일지가 공망되었으니 집이 매우 가난하다. 다시 삼전이 공망되었으니 미래에도 재산이 없다. ● 과전의 모든 천반과 지반이 상충하니, 부모와 자식이 불화하고 남편과 아내가 불화하니 가정이 편안하지 않다.

○ **혼인** : 남녀 모두 공허하니 혼약을 지키기 어렵다.
　→ 일간은 남자, 일지는 여자이다. 일간이 공망되고 일지가 공망되었으니 혼약을 지키기 어렵다. ● 천반은 양이며 남자의 상, 지반은 음이며 여자의 상이다. 설령 혼인을 하더라도 과전의 모든 천반과 지반이 상충하니 혼인초기에 이혼하게 된다. ● 성정 : 지상은 상대이다. 지상이 괴강의 하나인 辰이고 다시 하가 상을 극하여 발용이 되었으니 성정이 드센 사람이다. ● 궁합 : 과전의 모든 천반과 지반이 상충하니 궁합이 나쁘고, 지상의 辰이 간상의 亥를 극하니 다시 궁합이 나쁘다.

○ **임신·출산** : 태아가 낙태된다. 산모는 길하다.
　→ 반음과는 임신을 정단하면 낙태되고, 출산을 정단하면 길하다.

다시 일간이 공망되었으니 태아가 낙태되고, 삼전의 사맹이 모두 공망되어 낙태되는 상이다. ● 출산을 정단하면 일지가 공망되어 출산한 뒤에 임산부의 배가 비어 있는 상이니 길하다.

O **구관** : 관성이 보이지 않고 일덕과 일록이 모두 공망되었으니 관직을 정단하면 불길하다.

→ 관성은 관직, 일덕은 공무원, 일록은 관록이다. 관성인 寅卯가 과전에 나타나지 않았으니 불길하고, 일덕과 일록인 巳가 공망되었으니 다시 불길하며, 과전의 모든 천반과 지반이 상충하니 또다시 불길하다. 또한 일간과 일지가 동일한 오행이니 고시와 승진에 불리한 점이 있다.

O **구재** : 재효가 공절(空絶)이니 재물을 구하더라도 얻지 못한다.

→ 재효는 재물이다. 재효인 亥가 공망되고 다시 재효가 절지인 巳에 앉으니 재물을 추구하더라도 얻지 못한다. ● 개업 : 빠른 시일 안에 실패한다.

O **질병** : 비위가 상했다. 신병은 길하고 구병은 흉하다.

→ 비위는 소화기 계통의 장부로서 일간 戊土가 공망되었으니 비위에 병이 들었다. 그리고 일간은 환자이다. 일간이 공망되었으니 구병 환자는 생명이 위험하다. ● 반음과의 병은 옛 병이 도지거나 혹은 낫더라도 재발하는 특징이 있는데, 그것은 초전의 천반이 중전의 지반에 숨었다가 말전의 천반에 다시 나타나기 때문이다. ● 처의 질병을 정단하면 처재효인 亥가 절지에 임하고 다시 공망이 되었으며 다시 미월(未月)의 사기이니 위독하다.

O **출행** : 빈말일 뿐이다.

→ 일간은 여행객, 일지는 여행지이다. 간지가 모두 공망되었으니 출행한다는 말은 빈말일 뿐이다. 여행지를 뜻하는 지상의 辰이 형제효이니 재물을 소비하고 다시 여기에 현무가 타니 손재수가 발생한다.

○ **유실** : 현무가 가택에 임했으니 집에서 도난을 막기 어렵다. 현무가 구멍을 뚫으니 잡지 못할 우려가 있다.

→ 현무는 도둑과 도난, 일지는 집이다. 현무가 택상에 임하고 다시 공망되어 도둑이 구멍을 뚫고 침입하는 상이니 도난을 막기 어렵다.

○ **귀가** : 천강이 사계에 가했으니 출행인이 즉시 도착한다.

→ 천강(辰)은 동신, 사계는 여행의 말기이다. 천강이 사계인 戌에 가했으니 즉시 도착한다.

⬆ **쟁송** : 공허하게 된다.

→ 사과와 삼전이 모두 공망되었으니 공허하게 된다. ● **관재** : 사과와 삼전이 모두 공망되었으니 관재가 사라지거나 혹은 지은 죄에 비해 형벌이 가벼워진다.

○ **전쟁** : 공(功)을 세우지 못한다.

→ 일간은 장수, 일지는 병영, 삼전은 전쟁의 과정이다. 일간과 일지가 공망되고 삼전이 모두 공망되었으니 장수가 공을 세우지 못한다.

□ 『**필법부**』 : 〈제74법〉 거듭하여 공망되면 일을 추구하지 않아야 한다.

→ 사과가 모두 공망되고 삼전도 모두 공망되었다.

〈제90법〉 오고 감이 모두 공망이니 어찌 움직이는 것이 옳겠는가?

→ 왕래를 뜻하는 삼전이 모두 공망되었으니 움직일 수 없다.

□ 『**비요(秘要)**』 : 삼전이 모두 공망된 과전은 귀살이 공망되니 매우 좋지만 귀살을 제극하는 것도 좋다. 그렇지 않으면 헛된 방해를 받는 흉이 있는데, 그 이유는 내가 상대의 상(象)을 보기 어렵기 때문이다.

□ 『육임심경』 : 사과가 무형이니 명성이 나지 않고 설령 명성이 나더라도 공허한 명성이다.
→ 사과는 체(體)이다. 사과가 모두 공망되었으니 명성이 나지 않는다.

□ 『광명경(光明經)』 : 오행의 수가 '손호(巽戶)'에 임하면 허리에 재앙이 생기고, 오행의 화가 亥에 임하면 도망치는 것을 예방해야 한다.
→ 초전과 말전의 亥가 巳에 임하니 허리가 아프고, 중전의 巳가 亥에 임하니 도망을 예방해야 한다.

戊戌일 제 8 국

공망 : 辰·巳 ○
낮 : 왼쪽 천장, 밤 : 오른쪽 천장

丙	辛	甲
青申蛇	貴丑空	白午后
卯	申	丑

戊	癸	癸	丙
合戌合	陰卯常	陰卯常	青申蛇
○戊巳	戊	戊	卯

戊合戌巳○	己合朱亥○	庚勾蛇子午未	辛青貴丑申空
勾丁朱酉○辰			后壬白寅酉
青丙蛇申卯			陰癸常卯戌
空乙玄未寅	貴甲白午后丑	常○巳陰玄子	玄辰亥

- **과체** : 지일(知一), 참관(斬關), 불비(不備), 무음(蕪淫) // 육의(六儀/말전), 복덕(福德), 인귀생신(引鬼生身), 유도액(幼度厄), 맥월(驀越), 지전간(支傳干), 육편판(六片板).

  → 『육임직지』에는 원수과로 기재되어 있다. 그러나 사과 두 곳의 상극하 중에서 한 곳의 천반은 양이고 한 곳의 천반은 음이니 지일과이다.

- **핵심** : 낮에는 백호가 甲午에 탄다. 申은 가장 괴롭다. 밤에는 귀인이 집권한다. 초전과 말전이 귀인을 인종한다.

- **분석** : ❶ 午 위의 둔반이 甲목이고, 낮에 정단하면 백호가 타서 일간 戊를 극하며 다시 초전의 申을 극한다.

  ❷ 장생인 申은 午로부터 극을 당하고 다시 묘지인 丑으로 들어가니 매우 고통스럽다.

  → 수토동궁설을 적용하면 초전의 申은 일간의 장생이다.

  ❸ 밤에 정단하면 귀인승신 未가 화의 생지인 寅에 임하니 귀인의 권세가 강한데 다시 초전과 말전의 申과 午가 다시 밤 귀인 未

를 인종하니 관직을 정단하면 길한 것을 알 수 있다.

□ **정단 : ❶** 원수과는 정당해야 만사형통하다.

❷ 말전의 午가 중전의 丑을 생하고, 중전의 丑이 초전의 申을 생하며, 초전의 申이 지상의 卯를 극하고, 지상의 卯가 일지 戌을 극하고 다시 말전 午의 암귀인 甲으로 인해 다시 화가 깊다.

❸ 일간의 장생인 申이 申의 묘지인 丑으로 드니 웃어른에게 재앙이 발생한다.

→ 초전의 申을 '수토동궁설'을 적용하면 일간의 장생이고 적용하지 않으면 자손효이다.

❹ 말전의 午가 자손효인 초전의 申을 극하니 자식이 재산을 탕진하고, 격명이 불비(不備)이니 모든 일에서 결함이 있다.

→ 초전의 자손효가 말전으로부터는 극을 당하고 중전에서는 묘지로 드니 자손에게 재앙이 생긴다. 특히 질병을 정단하면 매우 나쁘다.

○ **날씨 :** 천강이 음을 가리키고 수운이 위에 있으니 비가 온다.

→ 천강(辰)은 대각성이다. 천강이 음의 12지인 亥를 가리키니 비가 오고, 초전의 申이 수모(水母)이고 여기에 청룡이 타고 있으니 비가 온다.

○ **가정 :** 집과 그 상신이 상합하니 가업을 이룬다.

→ 일지 戌은 집이다. 戌과 그 상신 卯가 상합하여 가족이 화목하니 가업을 이룬다. ● 일지의 도화인 지상의 卯가 일간을 극하니 가정에 화기 닥친다. 낮에는 대음이 타고 있으니 음란사가 빙생하고, 밤에는 태상이 타고 있으니 주색사가 발생한다. ● 일간의 묘신인 일지 戌이 간상으로 와서 일간을 덮치니, 사람이 하는 일이 어둡고 장애가 발생한다. ● 낮에는 말전의 둔반이 귀살이고 이곳의 천반에

백호가 타고 있으니, 장차 질병이 발생하는 것을 예방해야 한다. ● 가상 : 집터를 뜻하는 일지인 戌이 묘신으로 돌변해서 일간을 덮쳤으니 사람의 운세를 어둡게 하는 집터이고, 사과가 불비이니 가정에 음란사가 발생하는 가상이다.

○ **혼인** : 일간과 일지가 상합하니 혼인한다.

→ 일간은 나, 일지는 상대이다. 간상의 戌과 지상의 卯가 상합하고 다시 일지 戌이 간상으로 오니 혼인이 성사된다. 다만 사과가 음불비이고 지상이 일지의 도화이니 정숙한 여자가 아니다. ● 일간의 묘신인 일지 戌이 간상으로 오니 남자의 인생이 어두워진다.

○ **임신·출산** : 여자를 임신한다. 속히 출산한다.

→ 삼전은 태아가 자라는 과정이다. 삼전의 두 양(申, 午)이 하나의 음(丑)을 감싸고 있으니 여자를 임신한다. 출산을 정단하면 일간은 태아이고 일지는 임신부이다. 일지 戌이 간상으로 와서 일간 戌를 굽어보니 속히 출산지만 사과가 불비이니 미숙아를 낳을 가능성이 있다. ● 임신의 길흉을 정단하면 사과 세 곳의 천반이 지반을 극하니 임신이 잘 되지 않을 우려가 있다. ● 일지에서 손을 뜻하는 卯가 발을 뜻하는 戌에 가했으니 역산(逆産)을 예방해야 한다.

○ **구관** : 청룡이 발용이 되었고 '최고관리자'의 상이니 관직을 정단하면 매우 좋다.

→ 청룡과 백호에는 고위직공무원의 뜻이 있다. 낮에 정단하면 청룡이 초전의 申에 타고 다시 백호가 둔반의 관성 甲에 타고 있어서 고위직공무원의 상이니 매우 이롭다. ● 고시 : 간상의 戌이 일간의 묘신이고 다시 일간이 공망되었으니 시험에 떨어진다. ● 연명이 寅이면 초전의 申과 말전의 午가 연명상의 未를 인종하니 승진이나 발탈의 기쁨이 있다.

○ **구재** : 청룡이 비록 발용이 되었지만 丑에 의해 매장되고 午로부터 극을 당하니 얻지 못한다.

→ 청룡과 처재효는 재물이다. 낮에 정단하면 청룡이 발용이 되었지만 청룡승신 申이 중전에서 묘지로 변하니 얻지 못하고, 다시 초전의 청룡승신 申이 말전의 午로부터 극을 당했으니 얻지 못하며, 다시 과전의 천반에 처재효가 없으니 얻지 못한다. 다만 연명이 午未이면 그 상신이 처재효인 亥子이니 재물을 얻는다.

○ **질병** : 폐경에 병이 들었다. 봄에 정단하면 불길하다.

→ 백호승신으로부터 극을 받는 오행의 장부에 병이 깃든다. 낮에 정단하면 말전의 백호승신 午로부터 극을 받는 폐경에 병이 든다. 만약 인월이나 묘월에 정단하면 말전의 午가 사기와 사신에 해당하니 위험하다. ● 卯는 손, 戌은 발이다. 일지의 상하가 卯戌이니 중풍을 예방해야 한다. ● 초전의 자손효가 말전으로부터는 극을 당했고 중전에서는 묘지로 드니 자손의 질병을 정단하면 매우 나쁘다. ● 진월(辰月)에 정단하면 죽은 몸(身, 申)이 관(卯) 속으로 들어가는 상이니 사망한다.

○ **출행** : 출행인이 집을 그리워하니 출발날짜를 놓친다.

→ 일간은 출행인, 일지는 집이다. 간상의 戌과 지상의 卯가 상합하여 출행하는 사람이 집을 그리워하니 출발날짜를 놓친다.

○ **유실** : 현무가 나타나지 않았으니 길에서 잃은 것이다.

→ 현무는 도둑이다. 현무가 과전에 나타나지 않았으니 도둑이 훔쳐간 것이 아니라 잃은 것이다.

○ **귀가** : 천강이 사맹에 가했으니 아직 출발하지 않았다.

→ 천강(辰)은 동신이다. 천강이 사맹인 亥에 가했으니 아직 출발하지 않았다.

↑ **쟁송** : 힙의가 가능하다. 합의하지 잃으면 내가 불리하나.

→ 지일과이고 간지의 상신인 卯와 戌이 상합하니 합의가 가능하다. 일간은 나이고 일지는 상대이다. 만약 합의하지 않으면 지상의 卯가 간상의 戌을 극하고, 일간은 묘지에 매장되며, 말전의 午가 초전의

申을 극하니 내가 불리하다. ● 사과가 불비(不備)이니 쟁송의 서류를 갖춰야 한다.
- ○ **전쟁** : 낮에 정단하면 매우 이롭다. 나중에는 근신해야 한다.
    → 낮에는 초전에 길장인 청룡이 타고 있으니 이롭다. 상극하하여 발용이 되었으니 나중에는 근신해야 한다.

- □ 『**필법부**』: 〈제69법〉 백호가 둔간귀살에 타면 재앙이 얕지 않다.
    → 낮에 정단하면 말전의 둔간 甲에 백호가 탄다.
    〈제81법〉 삼전이 묘신으로 전해지고 묘신에 들면 증오와 사랑으로 나눠진다.
    → 초전의 申이 중전과 말전에서 申의 묘신인 丑으로 들어간다. 만약 자식의 질병을 정단하면 자손효인 申이 중·말전에서 묘지로 드니 위험하다.
- □ 『**찬요(纂要)**』: 戌이 巳에 가하거나 卯가 戌에 가하여서 일간과 일지가 서로 만나는 경우에는 공동으로 꾀해서 성공한다.
    → 일지인 戌이 간상으로 와서 일간인 戌를 만나니 주객이 만나는 상이니 공동으로 꾀하는 일에서 이롭다.
- □ 『**비요(秘要)**』: 태상이 일간의 귀살에 타서 가택에 들어서 가택을 극한다. 만약 10월에 정단하면 모친상을 당한다.
    → 태상에서의 '상(常)'이 사기와 결합되면 '상(喪)'이 된다. 10월에는 지상의 卯가 사기에 해당하니 모친상을 당한다.
- □ 『**옥성가**』: 묘신이 일간에 가하면 몸에 재앙이 생기고 모든 일이 지체된다. 일지가 일간에 임하면 행하는 일이 위험해진다. 또한 일간의 귀살이 일진의 양과에 임하면 공무원이 집에 온다.
- □ 『**지장부**』: 천공이 丑에 타면 난쟁이고 申에 타면 승려이다.
    → 밤에는 중전의 丑에 천공이 타니 키가 작은 난쟁이다.

戊戌일 제9국

공망 : 辰·巳 ○
낮 : 왼쪽 천장, 밤 : 오른쪽 천장

	壬	甲	戊
	后 寅 白	白 午 后	合 戌 合
	戌	寅	午
	丁	辛	壬	甲
	勾 酉 朱	貴 丑 空	后 寅 白	白 午 后
	○戌 巳	酉	戌	寅

丁勾酉巳○朱合	戊合戌午朱	己合亥未勾蛇	庚青子申貴
青丙申辰○蛇			貴辛丑酉空
空乙未卯貴			后壬寅戌白
白甲午寅	后○巳丑常	常○辰子陰玄	陰癸卯亥常

- **과체** : 원수(元首), 여덕(勵德), 일녀(泆女) // 화미(和美), 전국(全局), 염상(炎上), 육의(六儀/중전), 복덕(福德), 가귀(家鬼), 인귀생신(引鬼生身), 아괴성(亞魁星), 간지동류(干支同類), 교차육해(交叉六害), 자생전묘(自生傳墓), 부모효현괘, 최관사자(催官使者)

- **핵심** : 주야에 寅과 甲午에 백호가 탄다. 酉가 이것을 구해준다. 화국이 불태운다.

- **분석** : ❶ 지상과 초전의 寅은 일간의 귀살이고 중전 午의 둔간도 일간의 귀살인데, 주야에 백호가 타서 일간을 극한다.

  ❷ 간상의 酉가 귀살을 제압하지만 삼전의 모든 화가 불태워버리니, 관직 이외의 정단에는 길한 조짐이 아니다.

- **정단** : ❶ 원수과는 본래 순조롭다. 다만 일간의 음양이 금국을 이루고 일지의 음양이 화국을 이루었는데 화가 금을 제압하니, 모든 정단에서 어린 사람에게는 이롭고 어른에게는 이롭지 않으며, 타인에게는 이롭고 자신에게는 이롭지 않다.

  ❷ 일간과 일지가 교차육해(交叉六害)하니 겉과 속이 다른 것을 예

방해야 한다.
➜ 일간(기궁) 巳는 지상의 寅과 육해, 일지 戌은 간상의 酉와 육해하다.
❸ 삼전이 염상(炎上)이고 장생이 발용이 되었지만 삼전이 모두 부모이니 편안을 구하지 않더라도 절로 편안하다.
❹ 정단하는 사람은 편안한 상황에 놓여 있을 때에 위험을 생각하면 나쁜 일이 없다.

○ 날씨 : 삼전이 모두 화이고 필수(畢宿)가 제극되니 바람만 불고 비는 오지 않는다.
➜ 오행의 화는 맑은 날씨이고 필수는 酉로서 오행의 수를 생한다. 일지의 음양과 삼전이 모두 염상이니 날씨가 맑고, 酉가 염상의 극을 받으니 비가 오지 않는다.
○ 가정 : 밤에 정단하면 백호가 가택을 극하고, 낮에 정단하면 둔귀백호가 일간을 극하니 우환을 막기 어렵다.
➜ 백호는 질병과 사고를 주로 뜻한다. 밤에 정단하면 백호가 지상의 寅에 타서 일간과 일지를 극하니 우환이 발생하고, 낮에 정단하면 백호가 중전의 甲에 타서 일간과 일지를 극하니 흉한 화를 막기 어렵다. ● 술월(戌月)이나 해월(亥月)에 정단하면 백호승신 寅이 사기와 사신에 해당하니 큰 병이 생긴다. ● 주야 모두 삼전의 앞에는 천후가 타고 뒤에는 육합이 타고 있어서 일녀(泆女)이니 부녀자의 음란을 예방해야 한다. ● 간상의 酉가 일간의 기운을 훔치니 첩에게 손실을 입는 것을 예방해야 한다.
○ 혼인 : 여자의 집이 너무 왕성하니 배필감으로 맞지 않다.
➜ 일지는 신부감, 일지음신은 신부의 집안이다. 일지음양의 화국이 일간음양의 금국을 극하여서 여자의 집이 너무 왕성하니 배필감

으로 맞지 않다. ● 주야 모두 삼전의 앞에는 천후가 타고 뒤에는 육합이 타고 있어서 일녀(泆女)이니 연애결인을 한다. ● 성정 : 낮에는 지상에 선장인 천후가 타고 있으니 선하고, 밤에는 지상에 악장인 백호가 타고 있으니 악하다.

● 궁합 : 일간은 남자이고 일지는 여자, 육해에는 해치는 뜻이 있다. 기궁 巳와 지상의 寅이 육해하고 일지 戌과 간상의 酉가 교차육해하니 궁합이 나쁘다. 또한 일지음양의 화국이 일간음양의 금국을 극하니 나쁘고, 간상의 酉금이 지상의 寅목을 극하니 다시 나쁘다.

● 삼전이 부모국이니 혼인한 뒤에 자녀운이 약하다.

○ **임신·출산** : 위는 강하고 아래는 약하니 아들을 출산한다.

→ 천반은 양이며 남자, 지반은 음이며 여자이다. 초전의 천반이 지반을 극하니 아들이다. 출산을 정단하면 일간의 음양과 일지의 음양과 삼전이 각각 삼합하니 난산이다.

○ **구관** : 최관사자(催官使者)가 발용이 되었으니 관직을 정단하면 매우 길하며 권위를 겸한다.

→ 백호는 권력·권위의 천장, 관성은 관직이다. 낮에 정단하면 백호가 관성인 甲에 타고 있어서 '최관사자'이니 권력과 권위를 겸하고, 밤에 정단하면 백호가 관성인 寅에 타고 있어서 '최관사자'이니 역시 권력과 권위를 겸하는데, 만약 봄과 여름에 정단하면 삼전의 인성국이 왕상하니 고시와 승진에 최길하다.

○ **구재** : 재효가 나타나지 않았으니 재물을 추구하더라도 구하지 못한다.

→ 재효와 청룡은 재물이다. 일간의 재효인 亥와 子가 과전에 나타나 있지 않고 청룡 또한 나타나지 않았으니 재물을 득하지 못한다. 다만 연명이 未와 申이면 그 상신이 재효인 亥와 子이니 재물을 얻는다.

○ **질병** : 낮에 정단하면 폐경의 병이 깊으니 낫기 어렵고, 밤에 정단하

면 비경의 병이 얕으니 위장병이 쉽게 낫는다.

→ 백호의 극을 받는 오행의 장부에 병이 든다. 낮에 정단하면 백호가 午화에 타서 오행의 금을 극하니 폐경에 병이 들고, 백호승신 화국이 강하게 금을 극하니 폐병이 낫기 어렵다. 밤에 정단하면 백호가 寅목에 타서 오행의 토를 극하니 비경에 병이 들지만 백호승신 寅목이 화국으로 변해서 약하게 토를 극하니 위장병이 쉽게 낫는다.

○ **출행** : 육로는 매우 안전하고 수로는 가기 어렵다.

→ 현대에서는 일간은 출행하는 사람, 일지는 여행지이다. 간상의 酉가 지상의 寅을 극하니 안전한 여행지이다. ● 주야 모두 삼전이 일녀이니 미혼자는 연인과 함께 여행하지만, 기혼자는 혼외의 사람과 여행하는 것을 예방해야 한다.

○ **유실** : 현무가 보이지 않으니 비첩이 잃었다.

→ 현무는 도둑, 酉는 비첩(婢妾, 여종과 첩)이다. 현무가 과전에 나타나지 않았으니 도난이 아니고, 간상이 酉이니 여종업원이 잃은 것이다.

○ **귀가** : 천강이 사중에 가했으니 도로에 있다.

→ 천강(辰)은 동신이다. 천강이 사중인 子에 가했으니 도로에 있다.

↑ **쟁송** : 먼저 움직이는 것이 유리하다.

→ 원수과는 먼저 움직이는 것이 유리하다. 일간과 일지가 모두 삼전의 화국으로부터 생을 받는다. 한편 일간은 일간음양의 금국으로 탈기되고 일지는 일지음양의 화국으로부터 생을 받으니 내가 불리하다. ● **관재** : 비록 초전과 중전에 귀살이 임하지만 삼전의 인성국이 귀살을 설기해서 일간을 생하니 지은 죄에 비해 형이 가벼워진다.

○ **전쟁** : 주야 모두 길하지 않다.

→ 일간은 아군이다. 주야 모두 간상에 흉장이 타고 있으니 길하지 않다. 일간이 일간음양의 금국으로 탈기되니 군인과 군수품 손실이

많다.

- 『**필법부**』: 〈제69법〉 백호가 둔간귀살에 타면 재앙이 얕지 않다.
  ➜ 낮에 정단하면 백호가 둔간 甲에 타서 일간을 극한다. 둔간귀살은 예상하지 못했던 귀살이니 천반의 귀살에 비해 흉이 깊다.
  〈제70법〉 귀살이 제3·4과에 임하면 소송에 의한 재앙이 뒤따른다.
  ➜ 일간의 귀살인 寅이 지상에 임하고 있다. 밤에는 지상에 백호가 타니 질병이 발생한다.
- 『**과경**』: 子가 申에 가한 것은 곧 태신이 장생에 앉아 있는 것이니 태아가 엄마의 자궁을 그리워한다. 임신을 정단하면 이롭고, 출산을 정단하면 이롭지 않다.
  ➜ 임신·출산 정단에서 子는 태아를 뜻하는 태신이다.
- 『**지장부**』: 寅午戌이 염상(炎上)이니 명예가 발달하고 빛난다.
  ➜ 이 과전에는 화국이 일간을 생하니 더욱 좋다.
- 『**심인부**』: 일지가 삼합했으니 곧 친척이다. 연내에 음인(陰人)과 이별한다.
  ➜ 일간과 일지가 동일한 오행이고 글자이니 혼인을 정단하면 먼 친척 혹은 가세가 엇비슷하다.
- 『**운소부(雲霄賦)**』: 화의 기세가 금을 극하니 국경의 최전방에서 뛰는 자식이다.
- 『**삼재부(三才賦)**』: 신장(神將)이 목욕에서 만나니 모든 일의 비밀이 드러난다.

戊戌일　제 10 국

공망 : 辰·巳 ○
낮 : 왼쪽 천장, 밤 : 오른쪽 천장

	己	壬	○
朱亥勾	后寅白	常巳陰	
	申	亥	寅
	丙	己	辛 ○
青申蛇	朱亥勾	貴丑空	玄辰玄
○戌巳	申	戌	丑

丙申巳 青 ○	丁酉午 勾	戊戌未 合	己亥申 勾 朱
乙未辰 空 貴 ○			庚子酉 蛇 青
甲午卯 白 后			辛丑戌 貴 空
○巳寅 常 陰	辰丑 玄 玄	癸卯子 陰 常	壬寅亥 后 白

- □ **과체** : 요극(遙剋), 탄사(彈射), 원태(元胎), 생태(生胎) // 침해(侵害), 피차시기, 형통(亨通), 체생(遞生/공망), 복덕(福德), 인귀생신(引鬼生身/공망), 절신가생(絶神加生), 간지동류(干支同類), 귀인입옥(貴人入獄).
- □ **핵심** : 반드시 장생을 포기해야 한다. 재성이 관귀효를 생한다. 낮에는 귀인이 가정에 들고, 밤에는 지상이 파쇄(破碎)이다.
- □ **분석** : ❶ 수토의 장생인 申이 일간에 임했으니 일간을 지킬 수 있다. 다만 요극과의 탄사의 재물을 탐하면 재물이 중전의 귀살로 변하니 재물로 인해 화가 닥친다.

    ❷ 낮에는 귀인이 가택에 드니 모든 살을 굴복시킬 수 있고, 밤에는 파쇄인 丑이 가택에 임해서 소모와 지출이 끝이 없으니 앉아서 지켜야 한다. 특히 낮에는 간상의 申에 길장 청룡이 타고 있어서 귀살 寅을 물리칠 수 있으니 편안하다.
- □ **정단** : ❶ 요극과이니 원방에 재물이 있다.

    → 요극(遙剋)에는 요원(遙遠)의 뜻이 있다.

❷ 수토동궁설을 적용하면 申이 일간의 장생이지만 일간을 생하지 못할 뿐만 아니라 오히려 일간을 탈기하며, 비록 삼전이 체생(遞生)하지만 申이 공함되고 말전이 공망되었으니 도저히 결실을 맺지 못한다.

○ **날씨** : 청룡과 수모(水母)가 승천하지만 공함되었다. 순을 벗어나면 비가 온다.
  → 청룡은 강우의 신, 申은 비를 오게 하는 수모(水母)이다. 낮에 정단하면 청룡과 수모가 하늘을 뜻하는 간상에 임하지만 지반이 공함되었으니 비가 오지 않는다. 그러나 갑오순을 벗어나면 공망이 풀리니 다음 순에는 비가 온다.

○ **가정** : 낮에는 귀인이 집에 오니 집에 소송이 생긴다.
  → 귀인은 관청이고 관리이다. 낮에 정단하면 지상에 귀인이 입택하여 일지 戌과 삼형이니 소송이 생기는 것을 예방해야 한다. 밤에 정단하면 천공이 지상에 타고 있으니 손재수가 발생하는 것을 예방해야 한다. ● 지상이 형제효인 丑이니 손재수가 생기는 가상이고, 다시 그 음신이 형제효인 辰이니 손재수가 생기는 가상이다.

○ **혼인** : 낮에 정단하면 청룡이 공함되었다. 만약 연명에서 공망을 풀면 성사가 가능하다.
  → 만약 연명이 巳이면 공함된 巳를 푸니 성사된다. 또한 사년(巳年)이나 사월(巳月)이나 사월장(巳月將) 기간에 정단하면 혼인성사가 가능하다. 공망이 풀리면 삼전이 일간을 체생하니 혼인성사가 가능하다. ● 요극괴이니 기대에 미치지 못하는 배우지감이다. ● 궁합 : 일간은 나, 일지는 상대이다. 지상의 丑이 간상의 申을 생하니 좋아 보이지만 지상의 丑이 간상 申의 묘신이니 그렇지 않다.

○ **임신·출산** : 남아이다. 임신부는 튼실하고 자식은 공허하다. 출산을

정단하면 불길하다.

→ 일간은 태아, 삼전은 태아의 생육과정이다. 일간의 상하가 모두 양이니 아들이고, 삼전의 두 음이 하나의 양을 감싸고 있으니 다시 아들이다. ● 임신 : 일간이 공망되었으니 유산될 위험이 있다. ● 출산 : 일간이 공망되었으니 유산이 우려된다.

○ **구관** : 청룡과 일덕과 일록이 모두 공망되었으니 불길하다.

→ 청룡은 문관, 일덕은 공무원, 일록은 관록이다. 戌의 일덕과 일록인 巳가 말전에서 공망되고 낮에 정단하면 청룡이 간상에서 공함이 되었으니 불길하다. ● 공망된 巳가 풀리는 사년이나 사월이나 사월장 기간에 정단하면 초전의 재성 亥가 중전의 관성 寅을 생하고 다시 말전의 巳가 일간 戌를 생하니 승진과 고시에서 뜻을 이룬다.

○ **구재** : 재효가 비록 출현했지만 재효를 취하면 우환이 닥친다.

→ 재효는 재물, 관귀효는 재앙이다. 재효인 초전의 亥를 취하면 중전이 일간의 귀살인 寅이므로 재앙이 닥친다. ● 일간 戌와 일지 戌과 일지음양의 丑과 辰이 일간과 동일한 오행이니 구재에 불리하다. ● 지상의 음양이 형제효이니 손재수가 있는 가게이다. ● 사업하는 과정에서 중전의 寅에 백호가 타서 일간을 극하니 병을 얻는다.

○ **질병** : 비위에 병이 들었거나 혹은 기가 부족하다. 병을 구하려고 하지만 구하지 못하고, 병세가 심해서 안전하지 못하다.

→ 백호와 귀살은 질병을 일으키는 원인이다. 초전의 생을 받은 중전의 寅이 오행의 토를 극하니 토에 해당하는 소화기 계통의 비위에 병이 든다. ● 간상의 申이 일간 戌를 설기하니 원기가 약하다. ● 申은 백호, 巳는 상여이다. 간상에서 申이 巳에 가했으니 상(喪)을 당할 염려가 있다. ● 의약신인 申이 공함되었으니 병을 고치기 어렵다. ● 치료방위 : 의약신인 酉가 午에 임하니 오방(午方, 정남)에 명의와 명약이 있다.

○ **출행** : 수로와 육로 모두 낮에 정단하면 출행할 수 있다.

→ 현대에서는 일간은 출행하는 사람, 일지는 여행지이다. 일간이 공망되었으니 일정에 차질이 생겨서 가지 못하고, 만약 출행하면 지상이 형제효이니 지출이 많다.

○ **유실** : 현무가 보이지 않으니 스스로 길에서 잃었다.
→ 현무는 도둑이다. 현무가 과전에 나타나지 않았으니 스스로 길에서 잃었다.

○ **귀가** : 천강이 사계에 가했으니 출행인이 즉시 도착한다.
→ 천강(辰)은 동신이다. 천강이 사계인 丑에 가했으니 즉시 도착한다.

↑ **쟁송** : 내가 불리하다.
→ 일간은 나, 일지는 상대이다. 일간은 공허하고 일지는 튼실하니, 나는 불리하고 상대는 유리하다. ● **관재** : 재성은 귀살을 생하고 인성은 공망되었으니, 지은 죄에 대한 형량이 가벼워지지 않는다.

○ **전쟁** : 낮에 정단하면 무방하다. 밤에 정단하면 매우 흉하다.
→ 일간은 아군이다. 낮에 정단하면 간상에 길장인 청룡이 타고 있으니 무방하고, 밤에 정단하면 간상에 흉장인 등사가 타고 있으니 매우 흉하다.

□ 『**필법부**』 : ⟨제15법⟩ 간상이 일간을 탈기하고 다시 간상을 간상에 타고 있는 천장오행이 탈기하면 속임을 예방해야 한다.
→ 간상의 申이 일간 戊를 탈기하고 있다. 그러나 申의 기운을 설기하는 천장은 타고 있지 않다.

⟨제92법⟩ 청룡이 생기에 디면 길한 직용이 나중에 나타난다.
→ 수토동궁설을 적용하면 일간 戊는 수이다. 청룡이 간상의 申에 타서 일간을 생하고 있다.

□ 『**과경**』 : 간상의 申금에 낮에는 청룡이 타고 있다. 9월에 정단하면

청룡이 생기에 타서 일간을 생한다. 비록 지금은 뛰어나지 않지만 점차 발복한다.

※ 생기

월건 신살	寅	卯	辰	巳	午	未	申	酉	戌	亥	子	丑
생기 (生氣)	子	丑	寅	卯	辰	巳	午	未	申	酉	戌	亥

- □ 『**옥녀통신결(玉女通神訣)**』: '순도(順道)'는 삼전에서 어머니의 전(前)에 자식이 있는 것이지만, 예의를 잃으면 자식의 전에 어머니가 있다. 순은 화(和)이고 역은 의(疑)이니 이것이 삼전의 참된 비결이다.
  → 초전 亥의 자식은 寅, 중전 寅의 자식은 巳이다.
- □ 『**천관회함(天官匯函)**』: 주작이 亥에 타면 시비가 길어진다. 오행의 수와 화가 서로 형을 하니 부부가 상한다.
  → 낮에 정단하면 초전의 亥에 화의 천장인 주작(丙午)이 타고 있으니, 처재효인 亥가 내외전 된다. 따라서 부부가 불화하니 부부가 상한다..

戊戌일 제 11 국			
庚 后子白	壬 蛇寅青	○ 合辰合	
戌	子		寅
乙 空未貴	丁 常酉陰	庚 后子白	壬 蛇寅青
○戌巳	未	戌	子

공망 : 辰·巳 ○
낮 : 왼쪽 천장, 밤 : 오른쪽 천장

乙未巳 空貴○	丙申午 白后	丁酉未 常陰	戊戌申 玄玄
甲午辰 青蛇○			己亥酉 陰常
○巳卯 勾朱			庚子戌 后白
○辰寅 合合	癸卯丑 朱勾	壬寅子 蛇青	辛丑亥 貴空

□ **과체** : 중심(重審), 진간전(進間傳), 일녀(泆女), 향삼양(向三陽/子寅辰) // 침해(侵害), 피차시기(彼此猜忌), 삼기(三奇), 오양(五陽), 강색귀호(罡塞鬼戶), 나거취재(懶去取財)(懶去取財), 신장·살몰·귀등천문(神藏·殺沒·貴登天門/낮).

□ **핵심** : 밤 귀인은 내 곁에 있고, 두 자식은 해롭다. 천강(辰)은 귀호(寅)를 막고, 낮에는 귀인이 등천한다.

□ **분석** : ❶ 밤 귀인 未가 일간에 임하여 지상과 발용의 두 子와 육해이다. "천을귀인이 올바르지 못하여 소송에서 나의 이치가 바를지라도 왜곡된 판결을 받게 된다."에 해당한다.

❷ 辰은 천강이고 寅은 귀신의 출입문이다. 辰이 寅 위에 가했으니 천강이 귀(鬼)의 출입문을 막는다.

❸ 丑은 귀인이고 亥는 천문이다. 丑이 亥에 가했으니 귀인이 등천(登天)하여, 귀신이 숨고 살(殺)이 몰(沒)하니 모든 일에서 뜻을 이루지 못할 것이 없다.

□ **정단** : ❶ 낮에는 격명이 일녀(泆女)이니 음사(陰私)가 있다.

❷ 간지의 상신이 육해하여 불화하니 나와 상대 모두 시기하는 마음을 품는다.

❸ 백호가 왕성한 재성 子에 타서 발용이 되어 중전의 귀살 寅을 생하니 재물로 인해 재앙이 생긴다. 낮에는 등사승신 寅이 일간을 극하니 놀람과 걱정을 면하기 어렵다.

❹ 말전에서 묘신에 들고 다시 갑오순의 공망이 되었으니 나중에는 매우 적은 이익이 있다.

→ 수토동궁설을 적용하면 말전의 辰은 일간의 묘신이다.

○ **날씨** : 천강이 寅에 가하고 子수가 극을 당하니, 바람은 불지만 비는 오지 않는다.

→ 천강(辰)인 대각성이 양에 임하면 맑고 음에 임하면 비가 온다. 천강이 寅에 가하고 초전의 子수가 지반의 戌토로부터 극을 당했으니 비가 오지 않는다.

○ **가정** : 일지와 일간의 상신이 육해이니 사람과 집이 모두 불안한 상이다.

→ 일간은 사람, 일지는 집이다. 간상의 未와 지상의 子가 육해하니 사람과 집 모두 불안하다. ● 일간의 처재효인 지상의 子가 지반의 戌토로부터 극을 당했으니 처가 상한다. 지상의 子에 낮에는 천후가 타고 있으니 처에게 우환이 있고, 밤에는 백호가 타고 있으니 처에게 병이 생긴다. ● 초전에는 천후가 타고 말전에는 육합이 타고 있어서 '일녀'이니 부녀자의 음란을 예방해야 한다. ● 중심과이니 가정의 모든 일은 처와 자식으로 인해 발생하고 가정에 예의가 없다.

○ **혼인** : 간지의 상신이 육해하니 불길하다.

→ 일간은 나이고 일지는 상대, 육해에는 상해의 뜻이 있다. 간상의 未와 지상의 子가 육해하니, 궁합은 나쁘고 혼인을 이루지 못한다.

● 상대 : 중심과이니 유순하지 않은 여자이다. 낮에는 지상에 음란한 천후가 타고서 발용이 되어 '일녀'이니 음란한 여자이고, 밤에는 흉장인 백호가 타고 있으니 몸에 병이 있거나 성정이 드세다.
○ **임신·출산** : 아래는 강하고 위는 약하니 딸을 낳는다.
→ 지반은 여자, 천반은 남자이다. 지반의 戌이 천반의 子를 극하여 발용이 되었으니 딸을 낳는다. 만약 여름이나 토왕절에 정단하면 초전의 지반이 왕성하니 딸이 틀림없다. ● 일간은 태아, 일지는 임신부이다. 간지의 상신이 육해하니 태아와 임신부 모두 몸이 상할 우려가 있다.
○ **구관** : 밤 귀인은 일간에 임하고 낮 귀인은 등천하니 공명을 득할 수 있다.
→ 귀인은 공무원이다. 밤 귀인은 未에 타서 일간에 임하니 공무원이 되는 상이고, 낮 귀인은 丑에 타서 등천하니 공명(직위와 명예)을 얻는 상이다. 더욱이 초전의 재성이 중전의 관성을 생하니 공명에 더욱 이롭다.
○ **구재** : 낮에 정단하면 여자의 재물을 얻고, 밤에 정단하면 흉악한 사람의 재물을 얻는다.
→ 천후는 여자, 백호는 질병이나 사고이다. 초전의 子에 낮에 정단하면 천후가 타고 있으니 여자로부터 재물을 득하고, 밤에 정단하면 백호가 타고 있으니 교통사고나 상(喪)에 의한 재물을 얻는다.
○ **질병** : 간경(肝經)이 상하고 심경(心經)이 약하다. 고치지 못한다.
→ 낮에 정단하면 백호승신 申이 오행의 목을 극하니 간경이 상하고, 밤에 정단하면 백호승신 子가 오행의 화를 극하니 심경이 약하다. ● 긴병의 명의와 약은 백호승신 申을 극하는 午의 시반인 신방(辰方)에 있고, 심장병의 명의와 약은 백호승신 子를 극하는 戌의 지반인 신방(申方)에 있다.
○ **출행** : 밤에 정단하면 육로가 매우 길하고, 낮에 정단하면 수로로 갈

수 있다.
→ 현대에서는 일간은 여행객, 일지는 여행지이다. 일간(기궁)이 공망되어 준비가 되지 않았으니 정해진 날짜에 갈 수 없고, 간상의 未와 지상의 子가 육해하니 안전에 유의해야 한다. ● 음란 : 부녀자가가 출행할 경우, 초전에 천후가 타고 말전에 육합이 타고 있어서 '일녀'이니 여행 중 음란이 발생할 우려가 있다.

○ 유실 : 집안의 노비(남자종업원, 여자종업원)가 도둑이다. 동남방으로 가면 도둑을 잡을 수 있다.
→ 현무는 도둑, 戌은 남자종업원이다. 현무가 戌에 타고 있으니 남자종업원이 도둑이다.

○ 귀가 : 천강이 사맹에 가했으니 아직 출발하지 않았다.
→ 사맹에는 초기의 뜻이 있다. 천강(辰)이 사맹인 寅에 가했으니 아직 출발하지 않았다.

↑ 쟁송 : 내가 불리하다.
→ 일간은 나, 일지는 상대이다. 일간은 공허하고 일지는 튼실하니, 나는 불리하고 상대는 유리하다. ● 관재 : 밤에 정단하면 간상의 귀인승신 未가 초전의 子와 육해하니 불리한 판결을 받는다. 비록 중전이 귀살이지만 말전이 공망되고 다시 일간음신의 酉가 귀살을 제압하니 관재가 가벼워진다.

○ 전쟁 : 낮에 정단하면 좋고, 밤에 정단하면 불길하다.
→ 초전에 낮에는 길장인 천후가 타고 있으니 좋고, 밤에는 흉장인 백호가 타고 있으니 불길하다.

□ 『필법부』 : 〈제76법〉 서로 시기하여 모두에게 화가 미친다.
→ 간상의 未와 지상의 子는 육해이다. 따라서 주객이 서로 시기하니 모두에게 화가 미친다.

〈제43법〉 천을귀인이 올바르지 못하면 소송에서 비록 나의 이치가 바를지라도 왜곡된 판결을 받게 된다.
→ 간상의 未와 초전의 子가 육해하니 왜곡된 판결을 받는다.
〈제52법〉 천강(辰)이 귀신문(寅)을 막으면 임의로 도모할 수 있다.
→ 말전의 천반 辰이 지반 寅을 막고 있다. 삼전에 있고 없고를 막론하고 재난을 피하는 일, 음모, 사적인 기도, 문상, 문병, 약 짓기, 부적 쓰기에 좋다. 만약 甲·戊·庚일이면 더욱 좋다.

□ 『지장부』 : 子寅辰 향삼양은 바라는 일에서 광명이 있다.
→ 子는 깊은 밤, 寅은 새벽, 辰은 아침 시간이다. 밤이 새벽을 거쳐서 아침이 되니 매사 밝다.

□ 『신장론』 : 子에 천후가 타서 戌에 임한 뒤에 발용이 되면 부인에게 음사(陰私)가 있다. 부인을 정단하지 않은 경우에는 사통(私通)하는 일이 있다.
→ 子와 천후는 부녀자, 戌은 남자이다. 부녀자와 남자가 위와 아래에 있으니 부녀자가 사통하는 상이다.

□ 『찬요』 : 삼전이 子寅辰이면 처음에는 화합하지만 나중에는 화를 내며, 음사와 내란과 구설이 빈번하게 발생한다.
→ 앞의 □ 『지장부』 참조.

戊戌일　제 12 국

공망 : 辰·巳 ○
낮 : 왼쪽 천장, 밤 : 오른쪽 천장

	己	庚	辛	
	陰亥常	后子白	貴丑空	
	戌	亥	子	
	甲	乙	己	庚
	青午蛇	空未貴	陰亥常	后子白
	○戌巳	午	戌	亥

甲午巳 青蛇 ○	乙未午 空貴	丙申未 白后	丁酉申 常陰
勾巳辰 朱 ○			玄戌酉 玄
合辰卯 合 ○			陰亥戌 常
朱卯寅 蛇	壬寅丑 青貴	辛丑子 貴空	后子亥 白

- □ **과체** : 중심(重審), 진여(進茹), 삼기(三奇) // 용잠(龍潛/亥子丑), 앙구(怏咎), 초전협극(初傳夾尅/밤), 천라지망(天羅地網), 재국(財局), 복태(腹胎), 간지동류(干支同類).

- □ **핵심** : 그물이 몸을 감고 집을 감으니, 움직이면 액을 당한다. 재물이 집에 있다. 재물을 지나치게 많이 탐하면 피곤해진다.

- □ **분석** : ❶ 간상의 午는 戌의 하늘그물이고 지상의 亥는 일지 戌의 땅그물이다. 간지를 하늘그물과 땅그물이 휘감으니 형통하지 못하다. 가만히 있으면 왕성하고 움직이면 칼날(刃)이 된다.

  ❷ 亥는 일간의 재성으로서 일지에 임한 뒤에 발용이 되었다. 만약 택상의 재물을 지키면 충분히 자력으로 생활할 수 있다. 그러나 만약 재물을 욕심 부리면 재물이 지나치게 많아서 몸이 약해지는 것을 면하지 못한다.

- □ **정단** : ❶ 삼전이 진여(進茹)와 삼기(三奇)이니 순조롭지 않은 것이 없다. 다만 일지와 일간의 상신인 午와 亥가 각각 자형(自刑)이고 일지와 일간의 음신인 未와 子가 육해(六害)여서 주객이 불화하고 나와

상대가 서로 꺼리니 근신해야 한다.
　❷ 삼전이 모두 재성이니 음식을 절제해야 한다. 재물로 인해 화가 닥치고 음식으로 인해 병이 발생할 우려가 있기 때문이다.

○ **날씨** : 청룡이 승천하고 삼전은 모두 수이며 천강이 음을 가리키니, 수시로 많은 비가 오는 상이다.
　→ 청룡은 비를 부르는 신이고, 천강(辰)이 음의 12지에 임하면 비가 오며, 오행의 수는 강우이다. 청룡이 하늘을 뜻하는 午에 타서 승천하니 비가 오고, 천강이 음지인 卯에 임하니 비가 오며, 삼전이 모두 수이니 많은 비가 온다.

○ **가정** : 근신하면 재앙과 우환이 저절로 사라진다.
　→ 간상의 午는 戌의 하늘그물이고 지상의 亥는 일지 戌의 땅그물이니 나와 내 집이 형통하지 못하다. 근신하면 재앙과 우환이 저절로 사라진다. ● 일지는 가정, 재성은 재물이다. 지상에 재성인 亥子가 임했으니 가정에 재물이 많다. ● 중심과이니 '장유유서'해야 하고 '부부유별'해야 하며 매사 심사숙고해야 한다.
　● 낮에는 지상의 처재효 亥가 지반의 戌토로부터 극을 받았으니 처의 건강을 조심해야 하고, 밤에는 태상이 지상의 재성에 타고 있으니 의식이 넉넉하다. ● 중심과의 지상이 간상을 극하니 가정이 화목하지 않다. ● 천라지망(天羅地網)이 간지를 덮고 있으니 경거망동하면 화를 입을 우려가 있다.

○ **혼인** : 간지의 상신이 자형이니 불길하다.
　→ 자형에는 다투고 싸우는 뜻이 있다. 간상의 午와 지상의 亥가 각각 자형이어서 남녀가 다툴 우려가 있으니 불길하다. ● **궁합** : 지상의 亥가 간상의 午를 극살하니 궁합이 나쁘다. ● **청혼** : 지반 戌이 천반 亥를 극하여 발용이 되었으니 여자가 청혼하는 상이다. ● 상

대 : 지상의 처재효 亥가 지반의 戌토로부터 극을 받았으니 여자의 신상이 안전하지 않다. ● 낮에는 지상에 태음이 타고 있으니 성정이 좋지 못하고, 밤에는 지상에 태상이 타고 있으니 음식과 음악을 잘하는 여자이다. 지상의 둔간이 일간의 겁재이니 서둘러서 처를 취해야 한다.

○ **임신·출산** : 아래는 강하고 위는 약하니 임신하면 딸이 된다.

→ 아래는 여자, 위는 남자이다. 지반이 천반을 극하여 발용이 되어, 하는 강하고 상은 약하며 음은 강하고 양은 약하니 임신하면 딸이다. 만약 초전의 지반이 왕성해지는 여름이나 토왕절에 정단하면 지반이 더욱 왕성하니 반드시 딸이다. ● 丑은 배이고 子는 일간의 태신이다. 말전에서 丑이 子에 가했으니 복태(腹胎)이다. 子가 생기가 되는 인월(寅月)에 정단하면 임신의 기쁨이 있다.

○ **구관** : 삼가야 한다. 부모상을 당할 우려가 있다.

→ 간상의 午는 戌의 하늘그물이고 지상의 亥는 일지 戌의 땅그물이다. 만약 움직이면 그물에 걸려서 장애가 발생하니 삼가고 조심하는 것이 매우 이롭다. 그리고 간지가 천라지망(天羅地網)이니 부모상을 당할 우려가 있다. ● 고시 : 겨울에 정단하면 삼전의 연주삼기(亥子丑)가 왕성하니 합격한다. ● 승진 : 겨울에 정단하면 승진한다.

○ **구재** : 집의 재물은 지킬 수 있고, 밖의 재물은 얻기 어렵다.

→ 일지는 집이고 지상의 亥는 집의 재물이니, 집의 재물은 지킬 수 있다. 그러나 삼전의 亥子丑 재국을 탐하면 일간은 약하고 재물은 강하니 얻기 어렵다. 만약 일간이 왕성해지는 여름이나 토왕절에 재물을 구하면, 일간이 왕성하고 재물도 왕성하니 삼전의 재물을 충분히 득할 수 있다.

○ **질병** : 신장경락과 방광에 병이 들거나 혹은 심혈이 부족하다.

→ 오행의 수는 신방광, 화는 심장이다. 이 과전에서는 수는 지나치게 강하고 화는 지나치게 약하니, 수에 관련된 신장·방광에 병이 들

거나 혹은 심장에 병이 든다. ● 부모의 질병을 정단하면 삼전의 재국 亥子丑이 인성 午를 극하니 낫기 어렵다.

○ **출행** : 낮에 정단하면 육로로 갈 수 있고, 밤에 정단하면 수로로 갈 수 있다.

→ 현대에서는 일간은 여행객이고 일지는 여행지이다. 일간 戊토가 지상의 亥수를 극하니 비교적 안전한 여행지이다. ● 중심과 : 여자나 아랫사람과 동행할 가능성이 있다.

○ **도난** : 집의 남종(奴,남자종업원)이 훔쳤다. 서북방으로 가면 도둑을 잡을 수 있다.

※ 『육임직지』에서는 "정남으로 가면 도둑을 잡을 수 있다."고 하였다.

→ 현무는 도둑, 戊은 남자종업원이다. 현무가 戊에 타고 있으니 남자종업원이 도둑이다. ● 도둑은 현무의 음신 방위에 숨어 있다. 주야 모두 현무의 음신이 亥이니 서북방으로 가면 도둑을 잡을 수 있다.

○ **귀가** : 천강이 사중에 가하니 아직 길에 있다.

→ 천강이 사중인 卯에 가했으니 아직은 도로에 있다.

↑ **쟁송** : 내가 불리하다.

→ 일간은 나, 일지는 상대이다. 일간이 공망되었으니 내가 불리하고, 지상의 亥가 간상의 午를 극하니 다시 내가 불리하다. ● 관재 : 간상에 양인이 덮쳤으니 근신해야 한다. 다행히 삼전이 삼기이니 지은 죄에 비해 형량이 가벼워진다.

○ **전쟁** : 근신하면서 유지해야 한다. 경거망동하면 안 된다.

→ 간상과 지상이 간지의 천라지망(天羅地網)이니 근신하면서 유지해야 하며, 또한 중심과이니 수성(守城)하는 것이 이롭다.

□ 『**필법부**』: 〈제55법〉 천라지망(天羅地網)을 만나면 모망사가 지리멸렬해진다.

→ 천라가 일간을 덮치고, 지망이 일지를 덮쳤으니 장애가 많다.

〈제42법〉 삼전에서 삼기를 만나면 명예가 높아진다.

→ 삼전 亥子丑은 연주삼기이다. 공무원임용고시와 공무원의 승진에 특히 길하다.

〈제75법〉 손님과 주인이 다투지 않아도 형벌이 이미 있다.

→ 간상과 지상에 자형인 午와 亥가 임한다. 주로 혼인, 매매, 동업, 교역, 교섭, 회담에서 쓰인다.

□ 『**지장부**』: 亥子丑은 '용잠(龍潛)'이다. 양광이 아래에 있으니 빈 보물을 품고서 미혹하게 한다. 그리고 삼전에 처재가 보이면 이익이 많다. 또한 삼전의 모든 처재가 부모를 극해한다.

→ 용잠은 물에 잠겨있는 용이니 아직은 용이 승천하지 못한다. 삼전의 재국이 부모를 극하니 부모가 상한다.

□ 『**심인부**』: 子丑이 서로 가했으니 일이 성사된다. 길장을 만나면 더욱 기쁘게 된다.

→ 子에는 직녀, 丑에는 견우가 있으니 남녀의 혼인에 길하다.

기해일

己亥日의 길신(구보)과 흉살(팔살)			
일덕	寅	형	
일록	午	충	
역마	巳	파	
장생	寅	해	
제왕	午	귀살	寅卯
순기	子	묘신	戌
육의(六儀)	甲午	패신 / 도화	卯 / 子
귀인	주	子	공망	辰巳
	야	申	탈(脫)	申酉
합(合)		사(死)	酉
태(胎)	子	절(絶)	亥

己亥일 제 1 국

공망 : 辰·巳 ○
낮 : 왼쪽 천장, 밤 : 오른쪽 천장

己	乙	辛
后亥玄	白未蛇	蛇丑白
亥	未	丑

乙	乙	己	己
白未蛇	白未蛇	后亥玄	后亥玄
己未	未	亥	亥

青巳巳○ 合	甲午午 空朱	乙未未 白蛇	丙申申 常貴
勾辰辰○ 勾			玄酉酉 后丁
合癸卯卯 青			陰戌戌 陰戊
朱壬寅寅 空	辛丑丑 蛇白	庚子子 貴常	后亥亥 玄己

- **과체** : 복음(伏吟), 자신(自信), 두전(杜傳) // 형상(刑傷), 맥월(驀越), 육음(六陰), 교차육합(交叉六合), 간지상합(干支相合), 상문조객(태세: 酉).

- **핵심** : 현무가 재성에 타니 도난이 발생한다. 백호와 등사가 未로 날 아드니 남모를 슬픔이 있다.

- **분석** : ❶ 지상과 초전의 亥는 일간의 재성이다. 택상에 재성이 중중하지만 여기에 현무가 거듭 보이니 여러 번 도난을 당한다.

❷ 己(未)는 나 자신이다. 己의 둔반에 암귀 乙이 있고 다시 흉장인 등사와 백호가 탄다.

❸ 과전이 삼형이다. 비록 일간을 극하는 십이지가 보이지는 않지만 남모르는 슬픔이 있다.

- **정단** : ❶ 자신(自信)이고 과선이 모두 음이니, 사석으로 꾀하는 일에는 이롭고 공적으로 꾀하는 일에는 불리하다.

❷ 발용의 亥가 두전(杜傳)이니 모든 일에서 장애가 발생하는 것을 예방해야 하고 계획을 변경하면 성취한다. 그리고 중전과 말전에 주

야 모두 등사와 백호가 탄다. 지상의 재성 亥를 여러 토가 빼앗으니 욕심을 버리고 분수를 지키는 것이 이롭다.

○ **날씨** : 천지가 부동하다. 맑은 날씨를 원하는 정단을 하면 맑고, 비를 원하는 정단을 하면 비가 온다.
  → 과전의 천반과 지반이 동일하니 천지가 부동하다. ● 丑은 우사(雨師), 未는 풍백(風伯)이다. 초전이 亥이고 이곳에 천후와 현무가 타고 있으니 처음에는 비가 오고, 중전이 풍백인 未이고 이곳에 백호가 타고 있으니 중간에는 바람이 불며, 말전이 우사(雨師)인 丑이니 마지막에는 비가 온다.
○ **가정** : 집안에 도둑이 많으니 재물이 모이지 않고 불안하다.
  → 재성은 재물과 처, 현무는 도둑, 일지는 가정이다. 밤에 정단하면 현무가 일지의 음양에 타고 있으니, 집안에 도둑이 재물을 훔쳐가거나 혹은 사기를 당해 재물을 잃거나 혹은 처를 잃는 것을 예방해야 하며 더욱이 일간의 음양과 중전과 말전에 형제효가 거듭하여 보이니 더욱 불안하다. ● 유년(酉年)에 정단하면 지상의 亥와 간상의 未가 유년의 상문과 조객이니 가정에서 상을 당하는 일을 예방해야 한다.
○ **혼인** : 흉장이 타고 있으니 불길하다.
  → 일지는 상대이다. 밤에 정단하면 지상에 흉장인 현무가 타고 있으니 불길하며, 낮에 정단하면 지상에 길장인 천후가 타고 있으니 길하다. ● 일간은 나이다. 간상에 주야 모두 흉장인 백호와 등사가 타고 있으니 신상이 불길하다. ● 궁합 : 비록 일간과 일지가 교차상합하지만 일간 己가 일지 亥를 극하고 간상의 未가 다시 지상의 亥를 극하니 보통이다. ● 혼담 : 일간 己가 일지 亥를 극하고 다시 중전과 말전이 상충하니 혼담이 깨지는 상이다. ● 과전에 형제효가

지나치게 많으니 신부감을 잃는 것을 예방해야 한다.
○ **임신·출산** : 음이 극에 이르면 양이 생긴다. 하물며 태신이 양신에 타고 있으니 아들을 낳는다.
→ 음이 극에 이르면 양이 되니 아들이고, 태신 子가 중남을 뜻하니 다시 아들이다. ● 복음과이니 선천성 언어장애자를 출산할 우려가 있다. ● 일간은 태아이다. 낮에 정단하면 간상에 백호가 타고 있으니 태아에게 병이 발생하고, 밤에 정단하면 등사가 타고 있으니 태아로 인해 놀랄 일이 발생한다. ● 삼전은 태아의 생육과정이다. 중전과 말전에 백호가 타고 있으니 태아에게 병이 우려된다.
○ **구관** : 귀인과 일록이 보이지 않으니 성사되지 않는다.
→ 귀인은 공무원, 일록은 공무원이 받는 급여이다. 이들이 과전에 나타나지 않았으니 구관에 불리하다. 오히려 과전에 형제효가 많으니 승진 기회를 타인에게 빼앗길 우려가 있다.
○ **구재** : 여러 사람이 재물을 훔쳐가는 상이니 밤에 정단하면 잃는 것을 예방해야 한다. 만약 여자의 재물인 경우에는 낮에 정단하면 득할 수 있다.
→ 재성은 재물, 현무는 도둑이다. 밤에 정단하면 재성 亥에 현무가 타고 있으니 오히려 재물을 도난당하는 것을 예방해야 하고, 낮에 정단하면 부녀자를 뜻하는 천후가 재성 亥에 타고 있으니 여자의 재물을 득할 수 있다.
○ **질병** : 방광이 상했거나 혹은 신장경락에 습증(濕症)이 있지만 무방하다.
→ 주야 모두 백호가 오행의 未토와 丑토에 타서 오행의 수를 극하니 수 장부에 속한 신장에 문세가 발생하여 그것이 습증으로 나타나지만 백호승신이 귀살이 아니므로 무방하다. ● 만약 연명이 寅이나 卯이면 그 상신이 백호승신 未와 丑을 극하니 병이 빨리 낫는다. 의약신인 申酉가 申酉에 임하고 있으니 신방(申方, 서남방)이나 유방

(酉方, 정서)에서 명의와 명약을 구하면 된다. ● 유년(酉年)에 정단하면 지상의 亥와 간상의 未가 유년의 상문과 조객이니 상을 당한다.

○ **출행** : 등사와 백호가 길에 있으니 도둑이 길에 가득하다.
→ 일간은 나, 삼전은 여정이다. 삼전에 등사와 백호가 거듭 보이니 여행을 하다가 도난을 당하고, 주야 모두 삼전에 백호가 있으니 여행에서 병이 발생한다.

○ **귀가** : 정마가 보이지 않으니 출행인이 오지 않는다.
→ 정마와 역마는 자동차를 뜻한다. 이들이 과전에 없으니 출행인이 오지 않는다.

⬆ **쟁송** : 내가 유리하다.
→ 일간은 나, 일지는 상대이다. 일간 己가 일지 亥를 극하고 다시 간상의 未가 지상의 亥를 극하니 내가 유리하다.

○ **전쟁** : 서로 속임수를 쓴다. 수비를 해야 이롭다.
→ 일간과 일지가 교차상합하지만 간지가 상극하니 서로 속임수를 쓴다. 복음과는 산을 뜻하는 간괘로서 부동의 상이니 수비를 해야 이롭다. ● 승패 : 일간은 아군, 일지는 적군이다. 일간 己가 일지 亥를 극하고 간상의 未가 지상의 亥를 극하니 아군이 승전한다.

○ **분묘** : 정용(丁龍)이 오른쪽에서 입수(入首)하면 길하다. 수가 지나치게 왕성하니 혈(穴) 속에 물이 들어 있다.
→ '정용(丁龍)'이라고 한 이유는 丁의 기궁이 未이기 때문이다. 용(龍)이 우(右)에서 입수(入首)하면 巳午여서 화가 토를 생하니 길하다. 그러나 좌(左)에서 입수하면 申酉여서 일간을 탈기하니 후손이 쇠해진다. 제3과는 묘이고 제4과는 혈이다. 두 곳에 亥수가 흐르니 묘와 혈의 속에 물이 들어 있다.

□ 『필법부』: 〈제69법〉 백호가 둔간귀살에 타면 재앙이 얕지 않다.
→ 낮에 정단하면 일간과 중전의 천반에는 백호가 있고 둔반에는 귀살인 乙이 있다.
〈제89법〉 자임과 자신에 정마가 타면 모름지기 행동을 한다.
→ 복음과는 본래 부동의 상이지만 말전에 역마가 타니 행동한다.

□ 『과경』: 辰이 辰에 가했으니 두 구진이 묘신을 끼고 있다.
→ 구진의 오행은 辰, 수토동궁설을 적용하면 일간의 오행은 수이다. 구진이 辰에 타니 구진이 묘신을 끼고 있다. 만약 연명이 辰이면 관재에 나쁘다.

□ 『찬요(纂要)』: 밤 귀인은 역행하고 백호는 丑에 타고 있어서 귀인이 진노하는 상이니 귀인을 만나면 안 된다. 그 이유는 丑이 천을귀인의 본가여서 백호를 보는 것이 이롭지 않기 때문이다.

□ 『임경(壬經)』: 복음의 간지는 각각 자신의 자리에 거주한다. 일진에 오직 두 과만 있다. 일간을 쓰면 음을 버리고 일지를 쓰면 양을 버린다. 천지가 갖춰지지 않아서 음양이 홀로 형(刑)을 하니 실(實)이 부족한 과체이다.

己亥일 제2국

공망 : 辰·巳
낮 : 왼쪽 천장, 밤 : 오른쪽 천장

戊	丁	丙
陰戌陰	玄酉后	常申貴
亥	戌	酉

甲	○	戊	丁
空午朱	青巳合	陰戌陰	玄酉后
己未	午	亥	戌

	○辰 勾巳	○午 青巳 勾午	甲午 合未	乙未 蛇申
	癸卯 合辰○ 青			丙申 常酉 貴
	壬寅 朱卯 空			丁酉 玄戌 后
	辛丑 蛇寅 白	庚子 白丑 貴	己亥 常子 后玄	戊戌 陰戌亥 陰

- **과체** : 원수(元首), 퇴여(退茹), 역연주(逆連珠), 참관(斬關), 여덕(勵德/밤) // 반가(返駕/戌酉申), 왕록임신(旺祿臨身), 복덕(福德), 괴도천문(魁度天門), 간지상합(干支相合), 귀인수극(貴人受剋/낮), 상문조객(태세:申).

- **핵심** : 일록을 포기해야 이롭다. 장애가 있으니 비천하다. 천괴(戌)가 택상에 거주하니 의지할 곳이 없다.

- **분석** : ❶ 간상의 午는 일록이다. 낮에는 천공이 타니 일록을 포기하고 다른 것을 구하는 것이 낫다.

  ❷ 천괴(戌)가 亥에 가해서 발용이 되었으니 '괴도천문(魁度天門)'이다. 모든 일에서 장애가 발생하며, 다시 주야에 태음이 타고 있으니 비천한 상이다.

  ❸ 일지 亥를 천괴(戌)가 막으니 의지할 곳이 한 곳도 없다.

- **정단** : ❶ 퇴여(退茹)의 일간과 일지가 삼전을 끼고 있고 파패(破敗)인 酉가 그 가운데에 있으니 물러나서 일록 午를 지키는 것이 유익하다.

❷ 밤에는 진주작이 일간에 임하니 관직과 시험을 정단하면 매우 이롭다.

→ 수토동궁설을 적용하면 중전의 酉는 일간의 패신이니 '파패(破敗)', 주작이 주작 본래의 오행인 午에 타니 '진주작(眞朱雀)'이다.

○ **날씨** : 간상에 천공이 타고 있지만 수모(水母)와 필수(畢宿)가 서로 가했으니 밤에 정단하면 흐리고 비가 온다.

→ 일간은 하늘, 수모는 申, 필수는 酉이다. 낮에 정단하면 간상에 하늘을 뜻하는 천공이 타고 있지만 필수인 酉와 수모인 申이 중전과 말전에 가했으니 흐리고 비가 온다.

○ **가정** : 파패(破敗)가 중전에 머물고 있으니 번창할 조짐이 아직은 보이지 않는다.

→ 패신(敗神)은 패가망신을 뜻한다. 일간의 패신인 酉가 제4과와 중전에 머물고 있어서 주색으로 인해 패가망신하는 상이니 집안이 번창하지 못한다. ● 낮에는 도망을 뜻하는 현무가 丁酉에 타고 있으니 자식이 도망치는 것을 예방해야 하고, 밤에는 부녀자를 뜻하는 천후가 丁酉에 타고 있으니 부녀자가 도망치는 것을 예방해야 한다. ● 지상에 일간의 묘신인 戌이 임했으니 가정의 모든 일이 어두운데, 戌이 발용이 되어 천문(亥)을 막고 있으니 모든 일에서 장애가 발생한다. ● 신년(申年)에 정단하면 지상의 戌과 간상의 午가 신년의 상문과 조객이니 가정에서 상을 당하는 일을 예방해야 한다.

○ **혼인** : 중매가 성립되기 어렵다.

→ 중전은 중매장이다. 중전이 일간의 패신이니 중매가 되기 어렵다. ● 궁합 : 일간은 나, 일지는 상대이다. 비록 간상의 午와 지상의 戌이 상합하지만 일간(기궁) 未와 지상의 戌이 삼형이고 일지 亥가 간상의 午를 극하니 궁합이 나쁜 편이다. ● 초전이 괴도천문이니

혼담에 장애가 발생한다. ● 성정 : 지상의 戌이 천괴이니 드센 사람인데 다시 주야 모두 흉장인 태음이 타고 있으니 바르지 못한 사람이다.

○ **임신·출산** : 임신을 정단하면 딸이다. 출산을 정단하면 난산이며 지체된다.

→ 삼전은 태아가 자궁에서 생육되는 과정이다. 삼전의 두 양인 戌과 申이 하나의 음인 酉를 감싸고 있으니 딸인데, 만약 초전의 지반인 亥가 왕상해지는 가을과 겨울에 정단하면 딸이 확실하다. 출산을 정단하면 괴도천문이고 다시 삼전이 퇴여이며 또다시 지상이 하괴(戌)이니 난산이다.

○ **구관** : 관록이 일간에 임하니 길하다.

→ 일록은 관청에서 받는 봉록, 일간은 나이다. 일록이 일간에 임하는 것은 내가 관청의 봉록을 받는 상이니 구관에 길하다. 다만 초전이 괴도천문이고 삼전이 퇴여이니 관로가 밝지는 않다. ● 직장인은 왕록이 일간에 임하니 현재의 직장을 유지하는 것이 이로우며, 초전이 괴도천문이니 이동에 장애가 발생한다. ● 고시 : 낮에는 간상의 천공이 일간을 생하니 합격하고, 밤에는 고시의 류신인 주작이 일간을 생하니 반드시 합격한다.

○ **구재** : 관격(關隔)이 재성에 임하니 제물이 손에 들어오지 않는다.

→ 관격은 戌, 재성은 재물이다. 戌이 재성인 亥에 임했으니 재물이 손에 들어오지 않는다. 다만 연명이 子丑이면 그 상신이 일간의 재성인 亥와 子이니 재물을 얻는다.

○ **질병** : 비위에 병이 들어 음식이 정체되어 있고 기(氣)가 막혀 있다. 비록 시일은 걸리지만 무방하다.

→ 戌이 亥에 가하면 '괴도천문'이라고 하여 음식과 기운이 막혀 있으니 위장병이 있거나 갑상선과 인후에 관련된 질환이 발생한다. 백호가 戌에 타지 않고 다시 삼전이 퇴여이니 시일은 걸리지만 무

방하다. ● 신년(申年)에 정단하면 지상의 戌과 간상의 午가 신년의 상문과 조객이니 상을 당한다.

○ **출행** : 관문이 막히고 육로는 소통된다.

→ 관문은 현대의 공항의 출입국 관리사무소 검문소이다. 戌이 亥에 가했으니 출입에 장애가 생긴다.

○ **귀가** : 괴도천문이니 막힘이 있다.

→ 戌이 亥에 가하여 발용이 되면 하괴가 천문을 건넌다는 뜻의 '괴도천문'이라고 하여 막힘이 있다.

↑ **쟁송** : 합의하는 것이 이롭다.

→ 일간은 나, 일지는 상대이다. 간상의 午와 지상의 戌이 상합하니 합의하는 것이 이롭다. 합의하지 않을 경우 초전이 괴도천문이니 쟁송에서 장애가 많다. 일간 己는 간상신 午의 생을 받고 일지 亥는 지상신 戌의 극을 받으니 내가 유리하다. ● **관재** : 낮에 정단하면 간상에 천공이 타고 있으니 교도소에 입소할 우려가 있고, 밤에 정단하면 간상의 午가 양인이니 구속될 우려가 있다.

○ **전쟁** : 오직 근신하면서 지켜야 하며 먼 곳을 습격하면 안 된다.

→ 초전이 괴도천문이어서 장애가 많으니 먼 곳을 습격하면 안 된다.

□ 『**필법부**』 : 〈제7법〉 왕록이 일간에 임하면 망령된 행동을 해서는 안 된다.

→ 구관 참조.

〈제51법〉 하괴가 천문을 건너면 관문이 막힌다.

→ 분석 ❷ 참조.

□ 『**고감**』 : 1. 월장 巳를 점시 午에 가하여 육임식반을 조식한 뒤에 정단한다. 점시 午와 일간 己(未)가 육합하니 외사이다. 본명인 酉의 위

에 태상이 타고 삼전의 자손효는 휴기를 얻었으니, 그의 자식이 밖에서 주식(酒食)을 지나치게 섭취한 것으로 인해 병이 생긴다.

2. 丁卯년에 출생한 사람을 정단한다. 본명과 발용이 합을 하는 것이 보이고 중전의 酉에는 현무가 타고 있으니, 타인의 비첩(婢妾)과 사통한 것으로 인해 병이 생긴다. 酉는 비첩으로서 현무가 酉에 타면 집을 엿보는 뜻이 있다. 일간은 己토가 중전의 酉로부터 손실을 입고 상하니 몸이 여위고 약해진다.

3. 壬戌년에 출생한 사람이 정단한다. 戌은 남종이고 酉는 여종이다. 현무가 酉에 타니 현무가 집을 엿보는 것이고, 참관격을 득했으니 도망가는 상인데 집안의 노비가 도망간다. 그러나 마(馬)씨 성인 사람이 서방에서 잡는다. 그 이유는 간상의 午가 마씨 성을 뜻하고 일간과 서로 도와서 酉를 극하며, 午가 서방의 酉를 극하기 때문이다.

己亥일 제 3국

공망 : 辰·巳
낮 : 왼쪽 천장, 밤 : 오른쪽 천장

癸	辛	己	
合 卯 青	蛇 丑 白	后 亥 玄	
巳 ○	卯	丑	

○	癸	丁	乙
青 巳 合	合 卯 青	玄 酉 后	白 未 蛇
己 未	巳 ○	亥	酉

癸卯巳 合	○辰午 勾	○巳未 勾青	甲午申 空朱
壬寅辰 朱空○			乙未酉 白蛇
辛丑卯 蛇白			丙申戌 常貴
庚子寅 貴常	己亥丑 后玄	戊戌子 陰陰	丁酉亥 玄后

□ **과체** : 요극(遙剋), 호시(蒿矢), 퇴간전(退間傳), 단간(斷澗/卯丑亥) // 구생(俱生), 음일(교동/낮), 복덕(福德), 우로균점(雨露均霑/공망), 간지상합(干支相合), 귀인입옥(貴人入獄/밤), 육음(六陰), 고진(寡宿), 상문조객(태세:未).

□ **핵심** : 육음을 갖췄다. 공망과 탈기(脫氣)로 인해 좌절된다. 丁酉가 파패(破敗)이니 자식과 첩으로 인해 시달린다.

□ **분석** : ❶ 과전이 육음을 갖췄으니 매우 어둡고, 간상의 巳는 공망되었고 지상의 酉는 일간을 탈기하니 뜻이 좌절된다.

❷ 지상의 酉는 己의 패신(敗神)과 일지의 파쇄(破碎)인데 둔간에는 丁이 솟아 있다. 이것이 가택 위에 임했으니 자식이 파패(破敗)되거나 혹은 여종이나 첩이 사치하니, 어찌 이들에 의해 시달리는 것을 면할 수 있겠는가?

→ 酉는 자식, 수토동궁설을 적용하면 지상의 酉는 일간의 패신, 酉에는 첩의 뜻이 있으니 자식이 주색으로 인해 패가망신한다.

□ **정단** : 요극과에서 일간의 재성 亥가 초전의 귀살 卯를 도와서 일간

己를 극하니, 돈으로 인해 화를 부르는 상이다. 다행히 호시(蒿矢)여서 무력하고 발용의 귀살이 공망에 앉아 있으니 두렵지 않다. 연명상신이 토이면 토가 재성 수를 제극하니 길하고, 만약 연명상신이 수를 생하면 흉하다. 말전의 亥가 비록 재성이지만 초전을 도우니 재물이 화근이 된다.

○ **날씨** : 육음이 이어지니 비가 온다.
→ 비를 뜻하는 음의 12지가 과전에 가득하니 비가 온다.

○ **가정** : 패기가 가택에 임했으니 가정이 점차 쇠미해진다.
→ 일지는 집, 패기는 패가망신을 뜻한다. 패기가 택상에 임했으니 가정이 점차 쇠미해지고, 다시 지상의 酉가 일지의 파쇄이니 더욱 나쁘다. 지상의 酉를 패기로 본 이유는 수토동궁설에 의해 일간 己를 수로 보았기 때문이며, 일지 亥의 파쇄는 酉이다. ● 낮에 정단하면 초전에 육합이 타고 말전에 천후가 타고 있어서 '교동격'이니 남자의 음란을 예방해야 한다.
● 육음 : 과전이 육음이니 가정이 어둡다. ● 정마 : 酉는 젊은 여자 혹은 첩이다. 지상이 丁酉이니 젊은 여자 혹은 첩이 가출한다. 혹은 지상이 정마이니 이사운이 있다. ● 미년(未年)에 정단하면 지상의 酉와 간상의 巳가 미년의 상문과 조객이니 가정에서 상을 당하는 일을 예방해야 한다.

○ **혼인** : 낮에 정단하면 청룡이 공망되었고 밤에 정단하면 육합이 공망되었으니 모두 불길하다.
→ 청룡은 남자, 육합은 결합의 천장이다. 낮에 정단하면 청룡이 공망되었으니 남자를 취하지 못하고, 밤에 정단하면 육합이 공망되었으니 혼인을 이루지 못한다. ● 요극과이니 기대에 미치지 못하는 상대이고 혼담이 불성할 우려가 있다. ● 삼전이 '단간(卯丑亥)'이어

서 컴컴한 밤으로 드니 혼인이 어둡다. ● 혼인시기 : 공망된 간지의 상신이 메워지는 사년이나 사월이나 사월장 기간에 혼담이 무르익는다. ● 성정 : 낮에는 지상에 현무가 타고 있으니 곧지 못하고, 밤에는 천후가 타고 있으니 여성적이다.

○ **임신·출산** : 과전이 육음이니 아들이다. 임신부는 튼실하고 태아는 공허하다.

→ 음이 극에 이르면 양이 되는 이치에 의해 아들이다. 일간은 태아이고 일지는 임신부인데, 일간이 공허하니 유산될 우려가 있다. 사월이나 사월장 기간에 정단하면 공망된 간상의 巳가 메워지니 흉이 사라진다.

○ **구관** : 관성과 청룡이 모두 공망되었으니 불길하다.

→ 관성은 관직, 청룡은 문관 혹은 고위직공무원이다. 초전의 관성 卯가 공망되었으니 고시와 승진 모두 불길하고 밤에는 청룡이 공망되었으니 더욱 불길하다. ● 삼전이 단간(斷澗, 卯丑亥)이어서 컴컴한 밤으로 드니 관로가 어둡다.

○ **구재** : 낮에 정단하면 부녀자의 재물을 득할 수 있고, 밤에 정단하면 이롭지 않다.

→ 재성은 재물, 천후는 부녀, 현무는 도난의 천장이다. 말전의 재성에 낮에 정단하면 천후가 타고 있으니 부녀자를 통해 득재하고, 밤에 정단하면 재성에 현무가 타고 있으니 재물을 잃는다. ● 요극과이니 소득이 없는 상인데, 말전의 둔간이 형제효이니 손재수를 예방해야 한다.

○ **질병** : 주색을 지나치게 취한 것으로 인해 폐경락이 상했고 낫기 어렵다.

→ 지상의 酉는 패신으로서 주색과 패가망신을 뜻하니 주색으로 인해 병이 들었고, 이 酉가 일지의 파쇄이니 몸이 크게 상했으니 낫기 어렵다. ● 주야 모두 백호가 오행의 토에 타서 수를 극하니 신장이

상한다. ● 일간은 환자이다. 일간이 공망된 것은 환자가 사라지는 상이니 구병을 정단하면 사망할 우려가 있다. ● 미년(未年)에 정단하면 지상의 酉와 간상의 巳가 미년의 상문과 조객이니 상을 당한다.

○ **출행** : 수로와 육로 모두 불길하다.

→ 현대에서는 일간은 여행객, 일지는 여행지이다. 일간이 공망되었으니 가지 못하고, 지상이 패기이니 여행지에서 주색을 삼가야 한다. 출행할 수 있는 시기는 공망된 巳가 메워지는 갑진순이나 사월(巳月)에 가능하다.

○ **유실** : 계모가 숨겼다. 술을 마시던 곳에 있거나 혹은 여종(여종업원)이 훔쳐갔다.

→ 酉는 계모 혹은 여종, 자손효는 손실을 뜻한다. 지상이 酉이니 계모가 숨겼거나 여종이 훔쳐갔다.

○ **귀가** : 길에 있다.

→ 辰은 동신이고 사중은 중도이다. 辰이 사중인 午에 가했으니 출행한 사람이 길에 있다.

↑ **쟁송** : 불리하다.

→ 일간은 나, 일지는 상대이다. 일간은 공허하고 일지는 튼실하니, 나는 불리하고 상대는 유리하다. ● **관재** : 관재를 뜻하는 초전의 귀살 卯가 공망되었으니 관재가 사라지거나 약해진다. 중죄를 지은 경우에는 일간이 공망되어 빈방에 거주하는 상이니 교도소에 수감된다.

○ **전쟁** : 변경되는 일이 많다. 매복병을 예방해야 한다.

→ 초전이 귀살이니 매복병을 예방해야 한다.

□ 『**필법부**』 : 〈제40법〉 천후와 육합은 혼인 정단에서 중매인을 쓰지 않

아도 된다.

→ 낮에 정단하면 초전에 육합이 타고 있고 말전에는 천후가 타고 있다. 남녀가 연애를 하거나 연애혼인을 하는 상이다.

〈제6법〉 육음이 서로 이어지면 혼미해진다.

→ 과전의 모든 곳이 음의 12지이니 육음이다. 음은 양의 반대로서 음은 밤, 어둠, 혼미로 해석할 수 있다. 더군다나 과전이 모두 음이니 고시, 승진, 선거, 관청의 일 등 공적인 일에서 혼미하다.

□ 『육임단결(六壬斷訣)』: 간상에 역마가 탔고 지상에 정마가 탔으니, 음식을 배불리 먹지 못하고 잠을 충분히 자지 못한다.

→ 역마와 정마는 모두 동신(動神)이다. 간지상에 두 신이 임하니 일상이 매우 바쁘다.

□ 『지장부』: 삼전의 卯丑亥는 산의 계곡물을 뜻하는 '단간(斷澗)'이니 의(義)와 이(利)가 분명하다.

□ 『조담비결』: 음양이 간격을 두고 극을 하면서 전해지는 과이니 내외의 일이 마음에 걸리고 걱정된다.

→ 삼전의 卯丑亥가 하나의 간격을 두면서 전해지고, 초전의 卯는 중전의 丑을 극하며 중전의 丑은 말전의 亥를 극한다.

□ 『중황경(中黃經)』: 역마가 巳亥이면 길에 있다.

→ 巳와 亥에는 도로의 뜻이 있다. 참고로 巳와 亥에는 쌍(双)의 뜻도 있다.

己亥일 제4국

공망 : 辰·巳
낮 : 왼쪽 천장, 밤 : 오른쪽 천장

	○	壬	己
青巳玄	朱寅空	后亥合
	申	巳○	寅
	○	辛	丙	○
勾辰常	蛇丑青	常申貴	青巳玄
	己未	辰○	亥	申

朱 壬寅巳	空	合 癸卯午	白	勾 辰未 ○	常	青	玄 巳申 ○
蛇 辛丑辰	青 ○					空	陰 甲午酉
貴 庚子卯	勾					白	后 乙未戌
后 己亥寅	合	陰 戊戌丑	朱	玄	蛇 丁酉子	常	丙申亥	貴

□ **과체** : 원수(元首), 참관(斬關), 여덕(勵德), 과숙(寡宿) // 충파(沖破), 침해(侵害), 덕경(德慶), 묘신부일(墓神覆日), 형통(亨通), 체생(遞生), 복덕(福德), 인귀생신(引鬼生身), 병태(病胎), 간지상합(干支相合), 신장·귀등천문(神藏·貴登天門), 상문조객(태세:午).

□ **핵심** : 간상은 묘신이다. 말전이 차례로 일간을 생하여 오니 빼앗으려고 하더라도 빼앗기지 않는다. 가정을 지켜야 한다.

□ **분석** : ❶ 일간의 묘신인 辰이 일간을 매장하니 혼미하고 지체된다. ❷ 스스로 삼전의 亥수가 차례로 일간을 생하여 오니 추천을 받는 기쁨이 있지만, 초전의 역마 巳가 공망이 되었으니 이 소식을 믿기 어렵다. 지상의 申금이 일간의 기운을 빼앗으려고 하지만, 다행히 申에 타고 있는 태상(己未토)과 귀인(己丑토)이 일간과 서로 비화(比和)되어 일간을 도우니 빼앗기지 않는다. ❸ 장생인 申이 지상에 앉아 있고, 다시 태상과 귀인이 申을 생한 뒤에 일지를 생하니, 문을 닫고 근신하면 나중에 저절로 번창해진다.

□ **정단** : ❶ 원수과와 참관(斬關)이니 순응해서 움직여야 한다.

❷ 지상에는 장생이 타지만 일간에는 묘신이 임하니, 집은 왕성하지만 사람은 쇠한 상이다.

❸ 삼전이 묘신을 생해서 일간을 양육하니 부흥할 수 있다.

→ 초전의 巳가 공망되었으니 묘신인 간상의 辰을 생하지 못한다.

❹ 밤에는 태상이 묘신을 끼고서 일간에 임하지만 다행히 공망이 되었으니 크게 어둡지는 않다.

○ **날씨** : 묘신이 일간에 가했고 청룡이 승천하니 많은 비가 온다.

→ 일간은 하늘, 묘신은 어둠의 신이다. 묘신이 일간에 가했으니 맑지 않고, 감우의 천장인 청룡이 하늘을 뜻하는 巳에 타서 승천하니 많은 비가 온다.

○ **가정** : 근신하면서 가업을 지켜야 한다. 다른 곳에 한눈을 팔면 안 된다.

→ 일지 亥가 일간 己의 재성이니 가업을 지켜야 한다. 만약 밖의 재물을 탐하면 초전과 중전이 공망되어 허탕치기 십상이니 한눈을 팔면 안 된다. 그러나 나중에는 말전의 亥가 일간의 처재효인 亥이니 장사해서 돈을 벌 수 있다. ● 오년(午年)에 정단하면 지상의 申과 간상의 辰이 오년의 상문과 조객이니 가정에서 상을 당하는 일을 예방해야 한다.

○ **혼인** : 낮에 정단하면 보통이고, 밤에 정단하면 길하다.

→ 일간은 나, 일지는 상대이다. 지상에 낮에는 태상이 타고 있으니 보통이고, 밤에는 귀인이 타고 있으니 길하다. ● 혼인 : 일간이 공망되었고 초전의 巳가 일지 亥와는 충(沖)을 하고 지상의 申과는 파(破)를 하니 혼인이 깨지는 것을 예방해야 하며, 또한 초전이 공망되어 과수이니 혼인이 불성할 우려가 있다. ● 궁합 : 기궁 未와 일

지 亥가 삼합하고 간상의 辰과 지상의 申이 삼합하지만, 일간이 공망되어 결합하는 기운이 사라졌으니 궁합이 좋지 않다.
○ **임신·출산** : 위는 강하고 아래는 약하며 다시 두 음이 하나의 양을 감싸고 있으니 출산하면 아들이다.

→ 천반은 남자, 지반은 여자이다. 천반이 지반을 극하여 양의 기운이 강하니 남자이다. 그리고 삼전은 태아의 생육과정이다. 초전과 말전의 두 음인 巳와 亥가 중전의 하나의 양인 寅을 감싸고 있으니 다시 아들이다. ● 삼전이 병태(病胎)이니 병약한 태아가 되는 상이고 다시 병태가 공망되었으니 유산하는 상이니 매우 흉하다.

○ **구관** : 관성과 청룡이 공망되었으니 이롭지 않다.

→ 관성은 관직, 청룡은 문관 혹은 고위직공무원이다. 관성인 寅이 중전에서 공망되었고 다시 지상의 申으로부터 극상을 당했으며, 청룡은 초전에서 공망되었으니 고시와 승진 모두 이롭지 않다. ● 고시 : 낙방한다. ● 승진 : 안 된다.

○ **구재** : 부녀자의 재물을 득해야 한다.

→ 천후는 부녀자, 재성은 재물이다. 낮에 정단하면 천후가 말전의 재성 亥에 타고 있으니 부녀자의 재물을 득해야 한다. 사업을 할 경우, 재성에 천후가 타고 있으니 부녀자용품을 매매해서 돈을 벌면 된다.

○ **알현** : 낮에 정단하면 무관직자를 만날 수 있고, 밤에 정단하면 문관직자를 만날 수 있다.

→ 일간은 나이고 일지는 상대, 태상은 무관이고 귀인과 청룡은 문관이다. 낮에 정단하면 지상에 태상이 타고 있으니 무관직자를 만날 수 있고, 밤에 정단하면 지상에 귀인이 타고 있으니 문관직자를 만날 수 있다.

○ **질병** : 신병은 낫고 구병은 위험하다.

※ 『육임직지』 원문에서는 "폐병이 들었다. 비토가 극을 받으니 약

을 쓰지 않더라도 낫는다."고 하였다.
→ 일간과 발용이 공망되었으니, 신병(新病)은 낫고 구병(久病)은 생명이 위험하다. 그리고 삼전이 병태이고 다시 공망되었으니 점차 몸이 병들어간다. ● 오년(午年)에 정단하면 지상의 申과 간상의 辰이 오년의 상문과 조객이니 상을 당한다.

○ **출행** : 육로는 막히며 지체되고, 수로는 매우 길하다.
→ 현대에서는 일간은 여행객, 일지는 여행지이다. 일간이 공망되었으니 여행객이 기일에 떠나기 어렵고, 지상의 申이 일간 己를 설기하니 여행지에서 손실이 생긴다.

○ **유실** : 낮에 정단하면 찾을 수 있고, 밤에 정단하면 집안의 식구가 훔쳐갔다.
→ 낮에 정단하면 현무가 과전에 없으니 찾을 수 있다. 밤에 정단하면 집을 뜻하는 제4과의 천반에 현무가 타고 있으니 집안의 식구가 훔쳐갔다.

○ **귀가** : 천강이 사계에 가했으니 출행인이 즉시 온다.
→ 천강(辰)은 동신(動神), 사계는 귀가의 말기이다. 천강이 사계 未에 가했으니 출행인이 즉시 온다.

↑ **쟁송** : 불리하다.
→ 일간은 나, 일지는 상대이다. 일간은 공허하고 일지는 튼실하니, 나는 불리하고 상대는 유리하다. ● **관재** : 관재를 뜻하는 중전의 귀살 寅이 공망되었으니 관재가 사라지거나 약해진다.

○ **전쟁** : 주가 객을 이긴다. 적이 스스로 멀리 도망간다.
→ 주는 수성하는 군대이고 객은 공격하는 군대, 일간은 객이고 일지는 주이다. 일간은 공허하고 일시는 튼실하니 객은 지고 주는 이기며, 초전이 역마이니 적이 도망친다.

○ **분묘** : 금국을 이루었다. 丑에서 수가 나오니 후손이 왕성해진다.
→ 수토동궁설을 적용할 경우, 지상의 申이 일간을 생하니 후손이

왕성해진다.

☐ 『**필법부**』: 〈제59법〉 화개가 일간을 덮으면 사람이 혼미해진다.
　➜ 지금은 辰이 일지 亥의 묘신일 뿐이다.
☐ 『**지장부**』: 삼전이 일간을 생하면 백사가 길하고, 일간이 삼전을 생하면 재원(財源)이 소모된다.
　➜ 이 과전은 전자에 가깝다.
☐ 『**태을경(太乙經)**』: 사람을 만나는 정단을 하는 경우, 천강(辰)이 일진에 임하면 사람을 만날 수 있다.
　➜ 辰이 동신(動神)의 뜻으로 쓰였으며 곧 '참관격'이라는 뜻이다.

| 갑오순 | 기해일 | 5국 |

己亥일 제 5 국

공망 : 辰·巳 ○
낮 : 왼쪽 천장, 밤 : 오른쪽 천장

乙	癸	己	
白 未 后	合 卯 白	后 亥 合	
亥	未	卯	

癸	己	乙	癸
合 卯 白	后 亥 合	白 未 后	合 卯 白
己 未	卯	亥	未

辛丑巳 蛇 青	壬寅午 朱 空	癸卯未 合 勾	○辰申 白 常
庚子辰○ 貴 勾			○巳酉 青 玄
己亥卯 后 合			甲午戌 空 陰
戊戌寅 陰 朱	丁酉丑 玄 蛇	丙申子 常 貴	乙未亥 白 后

- □ **과체** : 섭해(涉害), 곡직(曲直), 유도액(幼度厄), 불비(不備) // 췌서(贅婿), 화미(和美), 전국(全局), 회환(回還), 육음(六陰), 일녀(泆女/밤), 명암이귀(明暗二鬼), 구극(俱剋), 간지상합(干支相合), 상문조객(태세:巳), 관귀효현괘.

- □ **핵심** : 양측 모두 어긋난다. 해를 무릅쓰고 재물을 취하면 안 된다. 과체가 순환한다. 재앙이 닥친다.

- □ **분석** : ❶ 간상의 卯는 일간 己를 극하고 지상의 未는 일지 亥를 극하니 양측 모두 해를 입는다.

  ❷ 卯를 무릅쓰고 亥를 취하면 비록 재물을 얻을 수는 있지만 해를 입는다.

  ❸ 이 과전은 순환한다. 밤에는 卯에 백호가 타니 백호가 와서 사람을 문다.

- □ **정단** : 회환(回還)은 길한 기운과 흉한 기운 모두 흩어지지 않으니, 길사도 성사되고 흉사도 성사된다. 모든 일이 늦어지고 의혹스러우며 장애가 있다. 만약 연명상신이 금인 申酉이면 흉을 제압할 수 있

다.
→ 연명이 子와 丑이면 그 상신은 申酉이다.

―――――――――――――

○ **날씨** : 수가 卯에 탈기되니 바람은 거세지만 빗줄기는 약하다.
→ 오행의 수는 비, 목은 바람이다. 중전 둔반의 癸수가 삼전의 목국으로 탈기되니 바람은 거세고 빗줄기는 약하다.
○ **가정** : 논밭에 재앙이 발생한다. 많은 사람들이 나에게 해를 끼친다.
→ 오행의 토는 논밭과 산과 건물이다. 일간 己토가 과전의 목국으로부터 극을 받으니 논밭 등 부동산에 재난이 발생하고 또한 사람들이 나에게 해를 끼친다. ● 일간은 사람, 일지는 가정이다. 일간 己토는 간상의 卯목으로부터 극을 받고 일지 亥수는 지상의 未토로부터 극을 받았으니, 사람과 가정 모두 해를 입는다.
● 사람 : 낮에 정단하면 간상에 육합이 타고 있으니 자식이나 결합이나 매매로 인한 해를 입고, 밤에 정단하면 간상에 백호가 타고 있으니 병으로 인한 해를 입는다. ● 가정 : 낮에 정단하면 지상에 백호가 타고 있으니 병으로 인한 해를 입고, 밤에 정단하면 지상에 천후가 타고 있으니 부녀자로 인한 해를 입는다.
● 음란사 : 밤에 정단하면 초전에는 천후가 타고 말전에는 육합이 타고 있으니 부녀자에게 음란사가 발생한다. ● 사년(巳年)에 정단하면 지상의 未와 간상의 卯가 사년의 상문과 조객이니 가정에서 상을 당하는 일을 예방해야 한다.
○ **혼인** : 천후와 육합이 많으니 불길하다.
→ 밤에 정단하면 초전에 천후가 타고 말전에 육합이 타고 있어서 여자가 음란하니 혼인이 불길하고 다시 과전이 육음이니 더욱 음란하다. ● 일간은 남자, 일지는 여자이다. 일간(기궁) 未가 지상으로 갔으니 남자가 여자에게 장가드는 상이다. ● 궁합 : 과전이 삼합하

고 다시 일간(기궁) 未가 지상으로 가서 일지 亥와 상합하니 좋은 편이다.

○ **임신·출산** : 음이 극에 이르면 양이 발생하니 아들이다.
→ 음은 여자의 상, 양은 남자의 상이다. 과전이 육음이니 음극양의 이치에 의해 아들이 된다. ● 과전이 삼합하니 임신은 길하지만 출산은 길하지 않고, 섭해과이니 출산이 길하지 않다.

○ **구관** : 관성이 국을 이루어서 왕상이 지나치니, 연명상에 화신이 있어야 비로소 길하다.
→ 관성은 관직이다. 일간의 상하와 일지의 상하와 삼전이 삼합하여 관성국을 이루었으니 관성이 매우 왕성하다. 만약 연명이 戌이면 그 상신이 午이고, 이 午가 관성의 기운을 설기하여 일간을 이롭게 하니 비로소 길하다. ● 여름에 정단하면 길하다. 여름은 오행의 화에 해당하고 화가 목국을 설기해서 일간을 생하기 때문이다. 만약 연명이 卯나 辰이면 그 상신이 亥수와 子수이니 더욱 길하다.

○ **구재** : 재성이 목국으로 설기되니 재물이 모이지 않는다.
→ 재성은 재물, 목국은 귀살이다. 재성이 목국으로 설기되니 재물이 모이지 않는다.

↑ **질병** : 위장병이다. 중병이다.
→ 일간의 상하와 일지의 상하와 삼전이 삼합하여 목국을 형성해서 토를 극하니 토의 장부에 해당하는 위장병이 생긴다. 낮에는 백호가 未에 타서 귀살국을 이루어서 일간을 극하고, 밤에는 백호가 卯에 타서 귀살국을 이루어서 일간을 극하니, 주야 모두 중병이다. ● 연명이 戌이면 그 위의 午가 귀살의 기운을 설기하니 병세가 점차 약해지고, 만약 연명이 子丑이면 그 위에 의약신인 申酉금이 귀살국을 제압하니 병을 고칠 수 있다. ● 의약신 : 금이니 침이나 수술 요법이 좋다. ● 사년(巳年)에 정단하면 지상의 未와 간상의 卯가 사년의 상문과 조객이니 상을 당한다.

○ **유실** : 도둑이 훔쳐간 것이 아니다. 길에서 잃은 것이다.
　➜ 현무는 도둑이다. 현무가 과전에 나타나지 않았으니 도둑이 물건을 훔쳐간 것이 아니라 길에서 잃은 것이다.
○ **귀가** : 천강이 사맹에 가했으니 아직 귀가하지 않는다.
　➜ 천강(辰)은 동신(動神), 사맹은 초기에 해당한다. 천강이 사맹의 하나인 申에 가했으니 아직 귀가하지 않는다.
↑ **쟁송** : 서로 불리하다.
　➜ 일간 己토는 간상의 卯목으로부터 극을 받고 일지 亥수는 지상의 未토로부터 극을 받으니 서로 불리하다. 특히 일간이 과전의 목국으로부터 극을 받으니 내가 좀 더 불리하다.
○ **전쟁** : 주객이 모두 상하고 서로 불리하다.
　➜ 일간 己토는 간상의 卯목로부터 극을 받고 일지 亥수는 지상의 未토로부터 극을 받으니, 아군과 적군 모두 상하고 불리하다.

□ 『**필법부**』 : 〈제63법〉 양측이 모두 상하니 양쪽 모두 해를 예방해야 한다.
　➜ 일간 己는 간상의 卯로부터 극을 당하고, 일지 亥는 지상의 未로부터 극을 당한다.
〈제91법〉 백호가 귀살에 타면 귀살의 흉이 매우 빠르다. 만약 관직자가 정단하면 부임이나 승진이 매우 빠르다.
□ 『**육임지남**』 : 壬午년의 10월에 월장 卯를 점시 未에 가한 뒤에 육임식반을 만들어서 자식의 공명을 정단한다. 일간이 일지로 가고 다시 삼전의 신이 역행하니 동방에 있는 성(省)으로 되돌아가서 공명을 구해야 한다. 삼전은 모두 귀살이다. 노도(魯都)와 백호귀살이 일지를 극하고 적부(賊符)와 장성(將星)이 일간을 극하여서, 귀지(貴地)에 며칠 안에 병사가 와서 성을 공격하는 일이 발생하니, 가족을 다른

곳으로 피신시켜야 하며 또한 도난을 예방해야 한다.

묻기를 노모의 90수 연회 뒤에 이사하려고 하는데 어떨까요? 대답하기를 노모의 수명은 89세이다. 그 이유는 乙이 발용이 되었고 지반 巳 글자와의 합으로 판단하기 때문이다. 나중에 그 사람이 도난을 당한 뒤에 다시 와서 물었으므로 말해주기를, 현무가 일간의 탈기인 酉에 타서 본명 丑에 임했으니 낭군의 물건을 도난당했다. 그리고 과전이 회환이니 그 도둑이 다시 온다. 나중에 정단한 것과 같았다.

※ 유도·적부(賊符) : 을미일 제5국 참조.

※ 노도

일간 신살	甲	乙	丙	丁	戊	己	庚	辛	壬	癸
노도 (魯導)	未	午	申	亥	寅	未	午	申	亥	寅

□ 『요람(要覽)』 : 亥에 천후가 타고서 卯 및 未와 합을 하면 부인에게 사정(私情)이 있다.

→ 말전의 亥에 천후가 타고서 중전의 卯와 초전의 未와 삼합하고 있다.

己亥일 제 6 국

공망 : 辰·巳
낮 : 왼쪽 천장, 밤 : 오른쪽 천장

	甲	辛	丙
	空午陰	后丑靑	勾申貴
	亥	午	丑
壬	丁	甲	辛
陰寅空	合酉蛇	空午陰	后丑靑
己未	寅	亥	午

	庚子巳	辛丑午	壬寅未	癸卯申
	貴勾	后靑	陰空	玄白
蛇合	己亥辰			常辰酉 常
朱朱	戊戌卯			白巳戌 玄
合	丁酉寅	丙申丑	乙未子	甲午亥
	蛇	勾貴	靑后	空陰

□ **과체** : 중심(重審), 육의(六儀), 사절(四絶) // 삼전체생(三傳遞生), 권섭부정(權攝不正), 복덕(福德), 교차육합(交叉六合), 간지상합(干支相合), 귀인공망(貴人空亡/낮), 삼전체생(三傳遞生), 상문조객(태세:辰), 백의식시(白蟻食尸/낮).

□ **핵심** : 교제하면 화합하고 록신은 이미 끝났다. 자식과 장생을 정단하면 나쁘다.

□ **분석** : ❶ 간상의 寅과 일지 亥가 상합하고 지상의 午와 기궁 未가 상합한다. 육합은 서로 왕래하는 것이니 화순하지 않을 수 없다.

❷ 초전의 午가 亥에 가해서 식록이 절지(絶地)에 들고, 다시 낮에는 천공이 타며, 지반의 亥로부터 극을 당하니 식록은 이미 사라지고 없다.

❸ 수토동궁설을 적용하면 말전의 申은 己의 장생이고 다시 己의 자손이다. 초전의 午가 말전의 申을 극하고 丑이 申의 묘지이니 후회하게 되고 인색하게 된다.

□ **정단** : ❶ 육의(六儀)는 모든 정단에서 흉을 길로 변화시키는 작용을

한다.
❷ 간상의 일덕 寅이 일간에 임했지만 己가 寅으로부터 극을 받으니 좋다가도 부족한 것이 있다.
❸ 일록이 일지에 임하면 존대해지기 어렵다.
❹ 午가 亥에 가했으니 '사절(四絕)'이다. 옛일을 매듭짓는 일에는 이롭고, 새로운 것을 꾀하는 일에는 이롭지 않다.
❺ 寅이 비록 관귀이지만 묘지인 未에 앉아 있으니 일간을 극하지 못한다.
❻ 일간의 부모효인 巳에 백호가 타서 묘지에 드니 부모의 무덤에 재앙이 있다.
→ 부모효에 백호가 타는 경우에 부모가 생존하면 병이 들고, 사망했으면 부모의 무덤에 흰 개미가 있다.

○ **날씨** : 수운은 위에 있고 청룡은 승천하며 천강이 음을 가리키니 비가 오는 상이다.
→ 청룡이 丑에 타고 있으니 비가 오고, 辰이 음의 12지인 酉에 임했으니 비가 온다.
○ **가정** : 록신이 가택에 임하니 집이 저절로 부유해진다.
→ 일록은 재산이다. 록신이 가택에 임하니 집에 재산이 많아져서 집이 저절로 부유해진다. ● 간지와 그 상신이 상합하고 다시 간지가 교차육합(交叉六合)하니 가족이 화목하다. 만약 부모의 질병을 점단하면 부모효인 午가 절지에 가했으니 절명할 우려가 있다. ● 진년에 점단하면 지상의 午와 간상의 寅이 진년의 상문과 조객이니 가정에서 상을 당하는 일을 예방해야 한다.
○ **혼인** : 일덕과 일록이 일진 위에 거주하니 가문이 엇비슷하다.
→ 일덕은 공무원, 일록은 관록이다. 간상에는 일덕이 임하여 공무

원 집안이고 지상에는 일록이 임하여 관록이 있는 집안이니 가문이 엇비슷하다. ● 궁합 : 일간은 나, 일지는 상대이다. 일간 己(未)와 일지 亥가 상합하고 간상의 寅과 지상의 午가 상합하니 궁합이 좋고, 다시 기궁과 지상이 상합하고 일지와 간상이 상합하니 더욱 궁합이 좋다. ● 중심과이니 여자의 성정이 드센 편이다.

○ **임신·출산** : 아래는 강하고 위는 약하며 다시 두 양이 하나의 음을 감쌌으니 임신하면 여아이다.

→ 지반은 음과 여자, 천반은 양과 남자이다. 지반이 천반을 극하여 발용이 되었으니 여자이다. 그리고 삼전은 태아가 생육되는 과정이다. 초전과 말전의 두 양인 午와 申이 중전의 하나의 음인 丑을 감싸고 있으니 다시 여아이다. ● 출산 : 간지와 그 상신이 상합하고 다시 간지가 교차육합(交叉六合)하니 임신은 길하고 출산은 흉하다. ● 임신 : 남편과 아내를 뜻하는 간지상의 寅과 午가 왕상해지는 봄이 적기이다.

○ **구관** : 관성이 일간에 임하고 일록이 일지에 임했으니 공명을 정단하면 최길하다.

→ 관성은 관직, 일록은 공무원이 받는 급여이다. 간상과 지상에서 이들을 모두 갖췄으니 관직을 정단하면 최길하다. 다만 말전의 申이 간상의 寅을 극상하는 박관살이니 관직을 얻은 뒤에 잃을 우려가 있다. ● 일록이 지상으로 갔으니 지방으로 파견되거나 혹은 좌천될 우려가 있고, 일록이 절지에 임했으니 퇴직할 우려가 있다.

○ **알현** : 귀인에게서 다치지 않으면 귀인에게 손실을 입는다.

→ 낮에 정단하면 귀인승신 子가 일간의 재성이니 귀인으로부터의 이익이 있고, 밤에 정단하면 귀인승신 申이 일간을 탈기하니 귀인으로부터의 손실을 입는다.

○ **구재** : 집안에 재물이 있으니 반드시 밖에서 구하지 않아도 된다.

→ 일록은 재물, 일지는 집안이다. 일록이 지상에 임했으니 회사 혹

은 가게에 재물이 있으니 구태여 밖에서 구하지 않아도 된다. 그리고 삼전에 재성이 없으니 밖에서 재물을 구하더라도 득재하지 못한다. 다만 연명이 辰巳이면 그 상신이 일간의 재성인 亥子이니 밖에서 재물을 구하면 재물을 얻는다.

○ **질병** : 비장 계통의 질병이거나 혹은 심장이 상했다. 봄에 정단하면 두렵다.

→ 귀살은 병을 일으키는 원인이다. 귀살이 寅에 타서 오행의 토를 극하니 토에 해당하는 비위계통에 병이 든다. 그리고 초전에서 午가 亥에 가한 것은 午가 절지에 임한 것이니 심장계통의 기능이 약하다. 만약 봄에 정단하면 귀살의 오행인 목이 극왕해지니 두렵다.
● 특히 부모의 질병을 정단하면 일간의 부모효인 초전의 午가 午의 절지인 亥에 가했으니 절명할 위험이 있다. ● 의약신이 금이니 침이나 수술요법이 적합하고, 의약신 申이 丑에 가하니 동북방에 명의와 명약이 있다. ● 진년(辰年)에 정단하면 지상의 午와 간상의 寅이 진년의 상문과 조객이니 상을 당한다.

○ **출행** : 육로는 매우 안전하고 수로 또한 좋다.

→ 현대에서는 일간은 여행객, 일지는 여행지이다. 비록 지상의 午가 일간 己를 생하지만 그 위의 둔간이 甲이니 여행지에서 암해를 예방해야 한다. 낮에는 천공이 타니 사기를 예방해야 하고, 밤에는 태음이 타니 소인에 의한 해를 막아야 한다.

○ **유실** : 도둑이 훔쳐간 것이 아니라 도중에 잃은 것에 불과하다.

→ 과전에 현무가 나타나지 않았으니 도난당한 것이 아니라 도중에 잃은 것이다.

○ **모망** : 모든 일이 길하다.

→ 일간은 나, 일지는 모망사이다. 지상의 午가 일간을 생하니 모든 일이 길하다.

○ **귀가** : 중도에 있다.

- → 천강(辰)은 북두칠성이고 사중(子午卯酉)은 중기이다. 천강(辰)이 사중의 하나인 酉에 임했으니 중도에 있다.
- ↑ **쟁송** : 나중이 유리하다.
    - → 중심과는 나중이 유리한 상이니 수 회 심리하는 것이 유리하다.
    - ● 인간은 나, 일지는 상대이다. 일지가 삼전으로부터 체생(遞生)되니 상대가 유리하다.
- ○ **전쟁** : 헛된 속임수를 예방해야 한다.
    - → 일간은 아군, 일지는 적군이다. 비록 일간과 일지가 상합하지만 일지 둔반의 甲이 일간 己를 극하니 헛된 속임수를 예방해야 한다.

- □ 『**필법부**』 : (제8법) 일록이 일지에 임하면 임시직으로서 정당한 자리가 아니다.
    - → 일간은 높고 일지는 낮다. 따라서 일록이 일지에 임하면 임시직이다. 이미 관직에 있는 사람이 정단하면 좌천될 우려가 있다.
- □ 『**육임지남**』 : 乙酉년의 정월에 월장 子를 점시 巳에 가하여 육임식반을 조식한 뒤에 질병정단을 한다. 비록 비장에 병이 들었지만 걱정하지 않아도 된다. 목의 오행이 토의 비장을 극하기 때문에 비장병이니 위장을 편안하게 하고 마음을 다스려야 하며, 비장과 폐를 치료해야 하는 것을 잊어서는 안 된다. 일록 午는 절지 亥에 임하고, 역마 巳는 묘지 戌에 들었으며, 다시 卯가 申에 임하여 목이 금에 의해 깎였으니 병자에게 나쁘다. 그리고 행년 申 위의 패신 卯가 일간을 극하니 7월에 사망한다. 과연 그러하였다.
    - → 일간의 패신이면서 귀살인 卯의 지반이 申이므로 신월(申月)에 사망한 것으로 정단했다.

갑오순 | 기해일 | 7국

己亥일 제7국

공망 : 辰·巳 ○
낮 : 왼쪽 천장, 밤 : 오른쪽 천장

	○	己	○
	白巳玄	蛇亥合	白巳玄
	亥	巳○	亥
	辛	乙	○	己
	后丑青	青未后	白巳玄	蛇亥合
	己未	丑	亥	巳○

己亥巳○ 蛇 合	庚子午 貴 勾	辛丑未 后 青	壬寅申 陰 空
戊戌辰○ 朱 朱			癸卯酉 玄 白
丁酉卯 合 蛇			○辰戌 常 常
丙申寅 勾 貴	乙未丑 青 后	甲午子 空 陰	○巳亥 白 玄

□ **과체** : 반음(返吟), 원태(元胎), 과수(寡宿) // 무의(無依), 앙구(怏咎), 초전협극(初傳夾剋/밤), 회환(回還), 나거취재(懶去取財), 삼전개공(三傳皆空), 간지상합(干支相合/불성), 축미상가(丑未相加), 상문조객(태세:卯).

□ **핵심** : 삼전이 모두 공허하다. 웃어른에게 흉하다. 첩과 하인이 집에서 늘 소란을 피운다.

□ **분석** : ❶ 巳는 己의 부모이다. 巳가 공망이 되었고 다시 亥로부터 제극을 당하니 웃어른에게 재앙이 있다.

❷ 亥는 己의 처재이다. 낮에는 등사가 타서 巳와 서로 충돌한다.

❸ 巳는 두 여자이다. 巳가 충을 하고 다시 공망되었으니 집의 처와 첩이 어찌 편안하고 화목하겠는가?

□ **정단** : ❶ 무의(無依)의 삼전이 모두 공허하고 재성이 절지(絶地)에 임했으니 돈을 함부로 쓰면 안 된다.

❷ 丑과 未가 서로 가했으니 고시를 정단하면 최길하다.

❸ '과수(寡宿)'이니 가족이 이별하는 것을 예방해야 하지만 오직 승

려와 수도자는 그렇지 않다.

❹ 巳에 백호가 타서 亥에 가하면 어린이의 인후에 질환이 있다.
→ 亥는 어린이다. 孩는 子와 亥가 합쳐져서 만들어진 한자이므로 亥에는 어린이의 뜻이 있다. 또한 해월(亥月)의 땅속에는 새로운 생명이 봄을 기다리고 있으니 亥를 어린이로 해석하기도 한다.

○ **날씨** : 巳와 亥가 서로 가했으니 천지가 상통한다. 낮에 정단하면 바람이 불고, 밤에 정단하면 비가 온다.
→ 巳는 지호(地戶)이고 亥는 천문(天門)인데, 巳와 亥가 서로 가했으니 천지가 상통한다. 낮에 정단하면 발용에 백호가 타고 있으니 바람이 불고, 밤에 정단하면 초전에 수의 천장인 현무가 타고 있으니 비가 온다.

○ **가정** : 집안이 공허하다. 집안에 허는 많고 실은 적다.
→ 일지는 집이다. 일지의 음양이 공망되어 집안이 온통 공허하니 허는 많고 실은 적다. 낮에 정단하면 지상에 백호가 타고 있으니 질병을 예방해야 하고, 밤에 정단하면 지상에 현무가 타고 있으니 도난을 예방해야 한다. ● 묘년(卯年)에 정단하면 지상의 巳와 간상의 丑이 묘년의 상문과 조객이니 가정에서 상을 당하는 일을 예방해야 한다.

○ **혼인** : 남자는 튼실하지만 여자는 공허하니 길하지 않다.
→ 일간은 남자, 일지는 여자이다. 일간은 공망되지 않았으니 남자는 튼실하고, 일지는 공망되어 공허하니 혼인이 길하지 않다. ● 궁합 : 과전의 천반과 지반이 상충하니 궁합이 나쁘다. ● 혼인 : 과수이니 이루지 못한다. ● 巳와 亥에는 쌍의 뜻이 있다. 초전의 천지반이 巳와 亥이니 혼인을 결정하지 못하는 상태이다.

○ **임신·출산** : 과전이 모두 음이니 아들이다. 삼전이 모두 공허하니 귀

태(鬼胎)가 될 우려가 있다.

→ 음이 극에 이르면 양이 되는 이치에 의해 아들이 된다. 삼전의 사맹은 원태로서 태아를 뜻한다. 삼전이 모두 공망되었으니 귀태(鬼胎)이며 계속하여 낙태된다. '귀태'란 태아가 자궁에서 사라지는 것을 말한다.

○ **구관** : 관록이 나타나지 않았으니 그것을 추구하더라도 관직을 득하는 것이 매우 어렵다.

→ 관록을 뜻하는 午가 과전에 나타나지 않았으니 고시와 승진 모두 흉하다. ● 고시 : 丑未가 서로 가하면 '魁(괴)'가 된다. 丑에는 이십팔수의 斗가 있고 未에는 鬼가 있으니, 丑未가 서로 가하면 '魁'가 되어 고시에 합격한다. 특히 일간과 본명과 행년에서 丑未가 서로 가해야 합격하며, 세 곳의 괴(魁)가 발용이 되면 더욱 좋다.

○ **구재** : 재효가 공허하니 실속이 없다.

→ 재성은 재물이다. 일간의 재성인 중전의 亥가 공망되었으니 재물을 취득하지 못하지만, 공망이 메워지는 해년이나 해월이나 해월장 기간에 정단하면 재물을 얻는다.

○ **질병** : 폐경의 병이거나 혹은 심장이 허하거나 혹은 치통이다. 머지않아 저절로 낫는다.

→ 백호가 巳에 타서 오행의 금을 극하니 금에 해당하는 폐에 병이 들거나 혹은 오행의 화에 해당하는 巳가 공허하니 심장이 허하거나 혹은 지상이 巳이니 치통이 있다. ● 부모의 질병을 정단하면 부모효인 巳가 공망되었으니 사망할 우려가 있고, 처의 질병을 정단하면 처재효인 亥가 공망되었으니 사망할 우려가 있다. ● 의약신인 酉가 卯에 임하니 정동방에서 양약과 양의를 구하면 된다. ● 묘년(卯年)에 정단하면 지상의 巳와 간상의 丑이 묘년의 상문과 조객이니 상을 당한다.

○ **출행** : 육로로 갈 수 있다. 수로는 불길하다.

➜ 일지가 공망되었으니 안전한 여행지가 아니다.
○ **유실** : 현무가 공망되었으니 잡을 수 없다.
➜ 밤에 정단하면 현무가 공망되었으니 잡을 수 없다.
○ **귀가** : 천강이 사계에 가했으니 즉시 도착한다.
➜ 천강은 지시등, 사계는 여행의 끝이다. 천강이 사계의 하나인 戌에 가했으니 즉시 도착한다.
○ **쟁송** : 내가 유리하다.
➜ 일간은 나, 일지는 상대이다. 일간은 튼실하고 일지는 공허하니 내가 유리하다. ● **관재** : 삼전이 공망되었으니 관재가 사라진다.
○ **전쟁** : 적이 허세를 부린다.
➜ 일간은 아군, 일지는 적군이다. 지상이 공망되었으니 적이 허세를 부린다.

□ 『**필법부**』 : (제90법) 오고 감이 모두 공망이니 어찌 움직이는 것이 옳겠는가?
➜ 초전의 巳와 중전의 亥와 말전의 巳가 공망되었다.
(제74법) 거듭하여 공망되면 모든 일을 추구하면 안 된다.
➜ 초전의 巳와 중전의 亥와 말전의 巳가 공망되었다.
□ 『**조담비결**』 : 하늘이 서북쪽으로 기울었으니 해와 달이 따르고, 땅이 동남쪽으로 꺼졌으니 강과 바다가 그곳으로 모인다. 巳亥의 가운데에 결함이 있으니, 신중하게 구하고 작은 것을 득해서 임금에게 보고해야 한다.
□ 『**중황경**』 : 역마인 巳亥가 보이면 길에 있다.
➜ 귀가를 정단하면 삼전이 모두 巳亥이니 사람이 길에 있다.
□ 『**과경**』 : 반음과이다. 3월에 정단하면 생기인 寅이 일간을 극하니 다행 중의 불행이고, 9월에 정단하면 사기인 寅이 일간을 생하니 불행

중의 다행이다.

※ 사기, 생기

월건 신살	寅	卯	辰	巳	午	未	申	酉	戌	亥	子	丑
사기 (死氣)	午	未	申	酉	戌	亥	子	丑	寅	卯	辰	巳
생기 (生氣)	子	丑	寅	卯	辰	巳	午	未	申	酉	戌	亥

□ 『**신장회함(神將匯函)**』: 巳에 백호가 타서 亥에 가하면 목기구의 궤짝 위에 붙어 있는 자물쇠가 녹슬었으니 교환해야 길하다.

己亥일 제 8 국

공망 : 辰·巳
낮 : 왼쪽 천장, 밤 : 오른쪽 천장

	戊	癸
白巳玄	朱戌朱	玄卯白
子	巳 ○	戌
庚	○	丁
貴子勾	白巳合	酉蛇
	常辰常	
己未	子	亥	辰 ○

戊 朱 戌 巳	己 蛇 亥 合 午	庚 貴 子 勾 未	辛 后 丑 青 申
丁 合 酉 蛇 辰 ○			壬 陰 寅 空 酉
丙 勾 申 貴 卯			癸 玄 卯 白 戌
乙 青 未 后 寅	甲 空 午 陰 丑	○ 白 巳 玄 子	常 辰 常 亥

- □ **과체** : 지일(知一), 주인(鑄印), 참관(斬關), 여덕(勵德/밤) // 과수(寡宿), 인종지신(引從支神), 전묘입묘(傳墓入墓), 간지상합(干支相合), 귀인수극(貴人受剋/낮), 과수(寡宿), 상문조객(태세:寅).
- □ **핵심** : 집이 묘지에 묻히고 이웃에는 백호와 현무가 있다. 낮에는 귀인의 재물인 子가 일간에 임한다.
- □ **분석** : ❶ 일간의 묘신인 辰이 일지에 임하여 가정이 묘지에 묻혔으니 가정이 혼미하지 않을 수 없다.

  ❷ 초전의 巳와 말전이 卯가 지상의 辰을 인종하지만, 주야 모두 백호와 현무가 나의 이웃에 있으니 움직이면 화(禍)를 입는다.

  ❸ 낮에 정단하면 귀인의 재성인 子가 일간에 임하니 이 재물을 지키는 것이 최선이다.
- □ **정단** : ❶ 삼전이 巳戌卯이면 주인격이다. 巳가 공망되었으니 관청의 도장이 파손되었다.

  ❷ 비록 말전의 卯가 초전의 巳를 생하지만 초전과 중전이 공함되었으니 꾀하는 모든 일이 어렵다.

❸ 일지를 덮고 있는 묘신 辰을 중전의 戌이 충을 해서 일지를 구하지만 애석하게도 공망이 되었으니 구하지 못한다.
❹ 앞뒤에서 지진을 인종하니 가택 이사와 수리에 이롭다.

○ **날씨** : 수운이 위에 있으니 午未일에 비가 온다.
  → 비가 오는 날짜는 수 오행이 임한 날이다. 수 오행인 亥子가 임한 午未일에 비가 온다.
○ **가정** : 현무와 백호가 지상의 묘신에 타서 일지를 극하지만 공연한 걱정이다.
  → 현무는 도둑, 백호는 질병, 묘신은 어둠과 장애의 신이다. 지상의 辰이 일간과 일지의 묘신이며 또한 일지의 귀살이지만 이것이 공망되었으니 공연한 걱정이다. 만약 진년(辰年)에 정단하면 공망된 辰이 풀리고, 다시 진년의 자월(子月)에 정단하면 辰이 사기에 해당하니 집에서 상(喪)을 당하는 일을 예방해야 한다. ● 기궁과 일지가 상합하고 다시 그 상신이 상합하니 가족이 화목하다. ● 인년(寅年)에 정단하면 지상의 辰과 간상의 子가 인년의 상문과 조객이니 가정에서 상을 당하는 일을 예방해야 한다.
○ **혼인** : 낮에 정단하면 남자는 길하고, 여자를 정단하면 주야 모두 흉하다.
  → 일간은 남자이고 일지는 여자, 길장은 길하고 공망은 흉신이다. 낮에 정단하면 간상의 子에 길장인 귀인이 타고 있으니 남자는 길하고, 여자를 정단하면 지상의 辰이 공망되었으니 주야 모두 흉하다. ● 가부 : 비록 일간 未와 일지 亥가 상합하고 간상의 子와 지상의 辰이 상합하지만 지상이 공망되었으니 혼인을 이루지 못한다. ● 궁합 : 간지와 그 상신이 상합하니 좋은 편이지만 일지가 공망이 되었으니 길하지 않다. ● 혼처 : 지일과이니 지인을 통해 구하거나 근

처에서 구하면 된다.
- ○ **임신·출산** : 두 음이 하나의 양을 감싸고 있으니 임신하면 아들이다.
  → 삼전은 태아가 생육되는 과정이다. 초전과 말전의 두 음이 중전에 있는 하나의 양을 감싸고 있으니 임신하면 아들이다. ● 말전에서 손을 뜻하는 卯가 발을 뜻하는 戌에 가했으니 역산(逆産)을 예방해야 한다.
- ○ **구관** : 흉하다.
  ※ 『육임직지』 원문에서는 "낮에 정단하면 만난다."고 하였다.
  → 비록 고시와 승진에 이로운 주인격이지만 초전과 중전이 공망되었으니, 고시와 승진 모두 길하지 않다. 다만 공망된 주인격의 巳가 풀리는 사년이나 사월이나 사월장 기간에 정단하면 고시와 승진 모두 길하다.
- ○ **구재** : 귀인의 재물을 얻는다.
  → 낮에 정단하면 귀인이 재성인 子에 타고 있으니 귀인의 재물을 얻고, 밤에 정단하면 구진이 재성인 子에 타고 있으니 부동산이나 경찰관이나 군인의 재물을 얻는다.
- ○ **질병** : 낮에 정단하면 폐병이고, 밤에 정단하면 비위병이다. 혹은 술과 음식으로 인해 위장이 상했지만 머지않아 저절로 낫는다.
  → 주인격은 불로 쇠를 녹이는 상이니 폐병이고, 오행의 토에 속한 戌과 辰이 공망되었으니 비위병이다. 지상은 병증이다. 지상이 辰이니 비위병이지만 지상이 공망되었으니 머지않아 저절로 낫는다. ● 말전에서 卯가 戌에 가했으니 중풍이 우려된다. ● 의약신 酉가 임한 정동방에서 의약을 구하면 되고, 의약신의 오행이 금이니 침이나 수술로 치료하면 된다. ● 인년(寅年)에 정단하면 지상의 辰과 간상의 子가 인년의 상문과 조객이니 상을 당한다.
- ○ **출행** : 낮에 정단하면 육로가 매우 길하지만 밤에 정단하면 보통이다.

→ 지상이 공망되었으니 안전하지 않은 여행지이다.
○ **귀가** : 아직 출발하지 않았다.
→ 천강(辰)은 동신(動神)이다. 천강이 사맹의 하나인 亥에 임했으니 아직 출발하지 않았다.
↑ **쟁송** : 나는 유리하고 상대는 불리하다.
→ 일간이 튼실하니 나는 유리하고, 일지가 공망되었으니 상대는 불리하다. ● **관재** : 주인격은 관재로 인해 사망하는 상이지만, 주인격이 공망되었으니 형량이 가벼워진다.
○ **전쟁** : 주(主)는 약하고 객(客)은 강하다.
→ 주는 일지이고 객은 일간이다. 일지가 공망되었으니 주는 약하고, 일간은 튼실하니 객이 강하다.

___

□ 『**필법부**』 : 〈제1법〉 앞과 뒤에서 사람을 인도하면 승진에 길하다.
→ 연명이 亥이면 초전의 巳와 말전의 卯가 연명상의 辰을 인종하니 승진에 길하다.
〈제81법〉 삼전이 묘신으로 전해지고 묘신에 들면 증오와 사랑으로 나눠진다.
→ 초전은 巳, 중전은 戌, 말전의 지반은 戌이다. 초전의 巳가 중전 천반의 戌로 전해지고 다시 말전 지반의 戌로 이어진다. 초전의 巳가 부모효이니 부모의 질병을 정단하면 사망한다. 만약 생업을 정단하면 생계가 사라지니 흉하다.
□ 『**점험**』 : ❶ 월장 寅을 점시 酉에 가한 뒤에 육임식반을 조식하여 개업정단을 한다. 일지는 재성이고 지상은 재성의 창고이다. 간상에는 귀인의 재물이 있고 지상에는 재물을 쌓아 두는 창고가 있다. 간상의 재신이 가택 위의 창고로 돌아가니 이익이 많다. 다만 초전의 巳가 가게인데 이곳에 현무가 타고 있으니 가게를 수리하는 일로 인해

지출이 많다. 중전이 다시 '점고(店庫)'여서 재물창고가 중중한데 이 것을 말전의 卯목이 극한다. 9년 후에 타인에게 뺏기는데, 이것은 巳가 4이고 戌이 5이니 9년 후가 된다.

❷ 한 사람이 집을 빌려서 개업하려고 하는데 개업이 어떠할지를 물었다. 이 집은 기울어지고 무너져 있으므로 많은 돈을 들여서 수리해야 하며, 집을 빌린 뒤의 5년 뒤로부터 6년 안에 가게에 굉장히 많은 돈이 쌓인다. 그 뒤의 9년째 되던 해에 저당을 되찾으려다 분쟁이 생겨서 재물을 빼앗긴다. 나중에 과연 그러하였다.

| 갑오순 | 기해일 | 9국 |

己亥일 제 9 국

공망 : 辰·巳 ○
낮 : 왼쪽 천장, 밤 : 오른쪽 천장

己	癸	乙
蛇 亥 合	玄 卯 白	青 未 后
未	亥	卯

己	癸	癸	乙
蛇 亥 合	玄 卯 白	玄 卯 白	青 未 后
己 未	亥	亥	卯

丁 酉 巳 合 蛇	戊 戌 午 朱 朱	己 亥 未 蛇 合	庚 子 申 貴 勾
丙 申 辰 勾 貴 ○			辛 丑 酉 后 青
乙 未 卯 青 后			壬 寅 戌 陰 空
甲 午 寅 空 陰	○ 巳 丑 白	○ 辰 子 玄 常	癸 卯 亥 常 白

□ **과체** : 섭해(涉害), 곡직(曲直), 불비(不備), 무음(蕪淫), 췌서(贅壻) // 형상(刑傷), 위중취재(危中取財), 육음(六陰), 간지상합(干支相合), 회환(回還), 최관사자(催官使者/밤), 사화룡(蛇化龍/낮), 교동(狡童/밤), 귀인공망(貴人空亡/밤), 귀인입옥(貴人入獄/밤), 상문조객(태세:丑), 관귀효현괘.

→ 『대육임입성대전검』・『육임직지』・『육임요결』 등에는 기해일 제9국의 삼전이 未亥卯이다. 사과의 제1과는 세 번의 수극이고 제3과는 여섯 번의 수극이다. 섭해법을 따르면 극의 수가 많은 제1과가 발용이 된다. 따라서 삼전은 亥卯未이다.

□ **핵심** : 돈이 나에게로 오지만 이 돈에 집착하면 흉하다. 빨리 포기해야 도난을 면할 수 있다.

□ **분석** : 재성인 일지 亥를 취할 수는 있다. 다만 亥의 상신이 일간의 귀살인 卯이니, 빨리 포기하지 않으면 지상의 卯가 목국을 형성하여 일간을 상하니 화를 면하지 못한다. 하물며 卯에 현무가 타고 있으니 도둑을 맞는다. 亥卯未가 합을 하여 도둑과 내통하니 얻은 재물이

어찌 무탈하겠는가?
- □ **정단 :** ❶ 일지가 간상으로 왔으니 '췌서(贅壻)'이고 사과는 '불비(不備)'이다. 지상의 목국이 일지 亥수를 탈기하니 거주할 수 있는 집이 없고 남에게 고개를 숙이는 상이다.

  ❷ 과전이 '회환(回還)'이다. 길과 흉 모두 성립하고 근심과 의혹을 푸는 일에서 가장 나쁘다.

  ❸ 목국인 삼전의 귀살에 재물이 임하니, 귀인에게 재물을 바쳐서 귀인에게 부탁하는 일이 가능하지만 곡식을 바쳐서 명예를 얻는 것이 낫다.

- ○ **날씨 :** 비는 적게 오고 바람은 많이 분다.

  → 청룡과 오행의 수는 강우, 목은 바람이다. 亥가 발용이 되었지만 수가 일간으로부터 극을 당하고 삼전이 목국이니, 비는 적게 오고 바람은 많이 분다.

- ○ **가정 :** 과전의 관성국으로부터 일간이 극을 당하지만 공무원은 오히려 서민을 다스린다.

  → 일간의 상하와 일지의 상하와 삼전이 삼합하여 일간을 극하니, 서민 가정에는 우환이 있지만 공무원 가정에는 경사가 있다. ● 일지는 가정이다. 서민의 가정은 지상의 귀살 卯에 낮에는 현무가 타고 있으니 도난이나 사기를 당하고, 밤에는 백호가 타고 있으니 질병이 발생한다. ● 공무원의 가정은 지상의 귀살 卯에 낮에는 현무가 타고 있으니 관운이 약하고, 밤에는 백호가 타고 있으니 승진수가 있다. ● 승진시기 : 여름에는 관성국인 삼전의 목국의 기운을 설기해서 일간을 생하니 여름에 승진한다. ● 축년(丑年)에 정단하면 지상의 卯와 간상의 亥가 축년의 상문과 조객이니 가정에서 상을 당하는 일을 예방해야 한다.

○ **혼인** : 12신은 길하고 12천장은 흉하니 혼인이 성사되더라도 불미스럽다.

→ 일간은 나이고 일지는 상대, 합(合)에는 화합의 뜻이 있다. 일간의 상하와 일지의 상하와 삼전이 삼합하니 혼인이 성사되는 상이지만, 주야 모두 지상의 卯에 흉장인 현무와 백호가 타고 있으니 혼인이 성사되더라도 불미스러우며, 사과가 불비이니 정숙하지 못하다. ● 일지 亥가 간상으로 와서 기궁과 삼합하여 상대가 나에게 와서 혼인을 간청하는 상이니 혼인이 성사된다. ● 섭해과이므로 혼인에서 많은 어려움이 뒤따른다.

○ **임신·출산** : 남자를 낳는다.

→ 과전이 육음이다. 음이 극에 이르면 양이 생기니 남자를 낳는다. 과전의 세 곳이 삼합하니 임신은 길하고 출산은 흉하다. ※『육임직지』에서는 "과전이 순음(純陰)이고 다시 불비(不備)이니 딸을 낳는다."고 하였다.

○ **구관** : 관성이 매우 왕성하고 다시 문서를 얻으니 완전히 좋다.

→ 관성은 관직, 문서는 임명장이다. 일간과 일지와 삼전이 각각 관성국을 형성하니 관운이 왕성하고, 만약 연명이 寅이면 그 위의 午가 관성의 기운을 조절하여 일간을 생하니 관운이 더욱 좋다. 그리고 목국인 삼전의 귀살에 재성인 亥가 있으니, 재물로 귀인에게 승진을 부탁하면 관운이 더욱 좋아진다.

● 승진시기 : 여름의 화기가 관성국을 설기하여 일간을 생하니 여름에는 최길하고, 봄에는 목국이 왕성하니 차길하다. 특히 낮에는 초전의 등사가 말전의 용으로 변화하니 더욱 길하다.

○ **구재** : 재물을 탐하는 마음을 금해야 한다. 서민에게는 먼 곳에 해기 있다.

→ 재성은 재물, 귀살은 각종 재앙이다. 초전에 있는 재물을 탐하면 이 재물이 귀살국으로 변하므로 재앙이 닥친다. ● 일간의 귀살 卯

에 낮에는 현무가 타니 도난이나 사기를 당하는 것을 예방해야 하고, 밤에는 백호가 타니 질병이 발생하여 목숨이 위험해지는 것을 예방해야 한다. ● 겨울에는 재성의 오행인 수가 왕성해지니 구재에서 최길하다.

○ **질병** : 밤에는 백호가 卯에 타고 있으니 비위에 병이 든다. 과전이 모두 귀살이니 병이 낫기 어렵다.

→ 백호는 질병, 귀살은 재앙, 토는 위장이다. 밤에 정단하면 백호가 귀살국의 卯에 타서 오행의 토를 극하니 토의 장부인 비장과 위장에 병이 든다. 일간과 일지와 삼전의 세 귀살국이 일간을 극하여 오니 병이 낫기 어렵다. ● 중병인 경우에는 재운에 해당하는 겨울에 귀살이 매우 왕성해지니 이때 사망할 우려가 있다. ● 축년(丑年)에 정단하면 지상의 卯와 간상의 亥가 축년의 상문과 조객이니 상을 당한다.

○ **출행** : 육로는 가능하고 수로는 불길하다.

→ 현대에서는 일간은 여행객, 일지는 여행지이다. 일지의 상하가 귀살국을 형성하여 일간을 강하게 극하니 위험한 여행지이다. 낮에는 지상에 현무가 타고 있으니 도난을 예방해야 하고, 밤에는 지상에 백호가 타고 있으니 질병을 예방해야 한다.

○ **유실** : 현무가 가택을 탈기하니 도난과 유실을 면하기 어렵다. 도둑의 무리가 지나치게 왕성하니 잡기 어렵다.

→ 현무는 도둑, 일지는 가택이다. 현무가 지상의 卯에 타서 일지를 탈기하니 도난과 유실을 면하기 어렵고, 현무승신 卯가 삼합하니 도둑떼를 잡기 어렵다.

○ **귀가** : 천강이 사중에 가하니 아직 길에 있다.

→ 천강(辰)은 동신(動神), 사중은 중도이다. 천강이 사중인 子에 가했으니 아직 길에 있다.

↑ **쟁송** : 불리하다.

→ 일간이 귀살국의 극을 받으니 내가 불리하다. ● **관재** : 일간과 일지와 삼전의 귀살국이 일간을 극하여 오니 대흉하다.

○ **전쟁** : 서로 번갈아가면서 초대하면 서로 손님과 주인이 된다. 명성이 손상을 입는다.
→ 일간의 음양이 목국이고 일지의 음양도 목국이니 서로 초대하면 친구가 될 수 있다. 다만 과전이 목국이니 명성에 흠이 있다.

□ 『**필법부**』 : 〈제85법〉 초전이 협극(夾剋)되면 모든 일이 뜻대로 되지 않는다.

□ 『**육임지남**』 : 청룡이 발용이 되었고 과전이 관성국을 만드니 찾아 온 목적은 관직에 관한 일이다. 6월에 임금으로부터의 부름이 있는데, 그 이유는 봄에 진기와 왕성한 목기를 득하였기 때문이다. 즉 봄에는 가지가 무성하고 잎이 빽빽하니 장래가 원대하다.

묻기를, 왜 6월이라고 설명한 것인가? 그 이유는 태세와 황은이 발용이고 중전에는 천조(天詔)가 있으니 6월에 기쁜 소식이 있다고 한 것이다. 피점자의 신상을 나중에 알게 되었지만, 그는 조흔성의 형제였다. 과연 그 달에 조서를 받들었는데, 서울에서 명나라의 중앙 수비군인 '경영'의 제독에 제수되었고, 甲申년에는 다시 '경영(京營)' 및 군사에 대한 정치를 하는 '융정(戎政)'으로 벼슬이 올랐다.

※ 황은(皇恩) : 乙未일 제9국 참조.

※ 천조(天詔)

월건 신살	寅	卯	辰	巳	午	未	申	酉	戌	亥	子	丑
천조 (天詔)	亥	子	丑	寅	卯	辰	巳	午	未	申	酉	戌

己亥일 제 10 국

공망 : 辰·巳
낮 : 왼쪽 천장, 밤 : 오른쪽 천장

	壬	○	丙	
陰寅空	白巳合		勾申貴	
	亥		寅	巳 ○
	戊	辛	壬	○
朱戌陰	后丑	陰寅空	白巳合	
	己未	戌	亥	寅

丙勾申巳	丁貴酉午	戊合戌未	己朱亥申
乙青未辰 ○			庚蛇子酉
甲蛇午卯			辛玄丑戌
○空巳寅	○白辰丑	癸勾卯子	壬陰寅亥
白	合	常	玄青 陰 空

- **과체** : 요극(遙剋), 호시(蒿矢), 원태(元胎), 생태(生胎), 여덕(勵德/낮), 참관(斬關) // 덕경(德慶), 덕입천문(德入天門), 복덕(福德), 가귀(家鬼), 삼전불행전(不行傳), 절신가생(絶神加生/연명:申), 묘신부일(墓神覆日), 교차상극(交叉相剋), 간지상합(干支相合), 귀인공망(貴人空亡/밤), 상문조객(태세:子).

- **핵심** : 巳는 활이고 申은 화살이다. 활을 잃고 화살이 떨어졌으니 공(功)이 없다.

- **분석** : 巳의 상신이 활이지만 공망이 되었고, 申의 상신이 화살이지만 공함이 되어, 활과 화살이 모두 사라졌으니 어찌 공(功)을 세우겠는가? 따라서 공(功)이 없다.

- **정단** : ❶ 낮 귀인이 酉에 임하니 여덕(勵德)이다. 여덕은 군자에게 좋다.

❷ 관성 寅이 지상에 임하여 지반 亥수의 생을 받고 다시 둔간 壬수의 생을 받는다. 만약 봄과 겨울에 정단하면 관귀효 寅이 기운을 얻어 왕상이 극에 이른다. 관성은 몸을 보호하는 근본이고, 재성은 양

명(養命)의 근원이다. 寅이 득지(得地)하니 재성과 관성 모두 아름답다.

❸ 격명이 비록 호시(蒿矢)이지만 그 공이 매우 크다. 활과 화살이 비었다 하여 어찌 나쁘다고 말할 수 있겠는가?

❹ 간상의 戌이 기궁 未를 형(刑)하고 지상의 寅은 일지 亥와 합을 하니, 집밖에 있는 사람은 경영하고 집에 거주하는 사람은 안락하며, 나에게는 고통이 있지만 남은 놀면서 즐기고 있는 상이다.

○ **날씨** : 천강은 음을 가리키고 주작은 묘지에 타고 있으니 매우 흐리고 적은 비가 내린다.
→ 천강(辰)은 대각성이다. 대각성이 음의 12지인 丑에 가했으니 비가 오는 상이지만, 화의 천장인 주작이 일묘인 戌에 타고 있으니 매우 흐리고 적은 비가 내린다.

○ **가정** : 관귀효가 가택에 임했으니 가정에 재앙이 발생한다.
→ 관귀효는 재앙, 일지는 가정을 뜻한다. 관귀효 寅이 지상에 임했으니 가정에 재앙이 발생한다. 낮에 정단하면 태음이 타고 있으니 소인에 의한 해가 발생하고, 밤에 정단하면 천공이 타고 있으니 공허한 일이 발생한다. ● 일간은 나, 일지는 가정이다. 일간 己가 지상의 寅으로부터 극을 받고 일지 亥가 간상의 戌로부터 극을 받으니, 가정이 화목하지 못하며 부부가 음란하여 이별수가 있다. ● 일간인 己가 일간의 묘지인 戌에 매장되었으니 사람이 하는 모든 일이 어둡다. ● 자년(子年)에 정단하면 지상의 寅과 간상의 戌이 자년의 상문과 조객이니 가정에서 상을 당하는 일을 예방해야 한다.

○ **혼인** : 일지와 일간의 상하가 상합하니 혼인이 성사되는 상이다. 다만 여종과 첩(婢妾)이 처의 자리에 거주한다.
→ 일간은 나, 일지는 상대이다. 일간 己(未)는 일지 亥와 상합하고

간상의 戌은 지상의 寅과 상합하니 혼인이 성사되는 상이고, 지상이 일간을 극하고 간상이 일지를 극하여서 일진이 교차상극(交叉相剋)하니 혼인이 불성하는 상이니 혼인할 확률이 절반이다. ● 일지는 상대이다. 낮에는 지상에 태음이 타고 있으니 바르지 못한 사람이고, 밤에는 지상에 천공이 타고 있으니 허언하는 사람이다. ● 궁합 : 나쁘다.

○ **임신·출산** : 두 양이 하나의 음을 감싸니 임신하면 딸이다.
→ 삼전은 태아가 생육되는 과정이다. 초전과 말전의 두 양이 중전의 하나의 음을 감싸니 임신하면 딸이다.

○ **구관** : 관성이 지반의 기운을 얻었으니 낮에 점단하면 매우 좋다.
→ 관성은 관직이다. 일간의 관성인 寅이 지반의 亥수로부터 기운 얻었고 다시 일덕이 천문을 뜻하는 亥에 가하여 '덕입천문(德入天門)'이니 매우 좋다. ● 고시 : 일간이 묘지에 매장되었으니 낙방한다. ● 관로 : 초전의 관성이 중전과 말전에서 공망되었으니 관로가 어둡고 다시 요극과이니 더욱 어둡다.

○ **구재** : 재성이 나타났지만 재물을 취하면 매우 위험해진다.
→ 초전의 둔반에 재성인 壬이 나타났지만 그 아래의 천반 寅이 일간의 귀살이니 이 재물을 취하면 매우 위험해진다. ● 그리고 요극과이고 간상의 두 겁재 戊와 戌 그리고 그 음신이 丑이니 득재하지 못한다.

○ **질병** : 위장병이다. 금일(金日)에 낫는다.
→ 귀살은 질병의 원인이다. 귀살이 寅에 타서 토를 극하니 토의 장부에 해당하는 위장병이다. 의약신이 오행의 금이니 금일(金日,申酉)에 병이 낫는다. ● 중전의 백호가 공망되었으니 병으로 취급하지 않고, 백호승신 巳로부터 극을 받아서 폐병이 발생하지만 백호승신이 공망되었으니 저절로 낫는다. ● 부모의 질병을 점단하면 부모를 뜻하는 일간의 장생인 巳가 공망되었고, 만약

자년(子年)에 정단하면 지상의 寅과 간상의 戌이 자년의 상문과 조객이니 상을 당한다. ● 申은 백호, 巳는 상여이다. 말전에서 申이 巳에 가했으니 상(喪)을 조심해야 한다.

○ **출행** : 백호가 역마를 타고 있으니 출행이 매우 신속하다
→ 백호는 도로, 역마는 자동차이다. 백호가 중전의 巳에 타고 있으니 출행이 매우 신속한 상이지만, 이곳이 공망되었으니 오히려 출행에 장애가 생긴다.

○ **귀가** : 천강이 사계에 가했으니 출행인이 바로 도착한다.
→ 천강(辰)은 동신(動神), 사계는 귀가의 말기이다. 천강이 사계의 하나인 丑에 가했으니 출행인이 바로 도착한다.

↑ **쟁송** : 내가 불리하다.
→ 일간은 나, 일지는 상대이다. 지상의 寅이 간상의 戌을 극하고 다시 일간이 묘지에 매장되었으니 내가 불리하다. ● **관재** :
일간이 묘지에 매장되어 흉하지만, 중전과 말전이 공망되었으니 관재가 점차 사라진다.

○ **전쟁** : 주(主)가 객(客)에게 승전한다. 도난을 예방해야 한다.
→ 주는 수비하는 군대이고 객은 공격하는 군대, 일지는 주이고 일간은 객이다. 지상의 寅이 간상의 戌을 극하니 주가 객에게 승전한다.

□ **『필법부』** : 〈제64법〉 부부가 음란하여 각기 사통하는 일이 있다. 일간과 일지가 교차상극하여 무음(蕪淫)이니 부부가 사통한다.
→ ○ 가정, 혼인 참조.
〈제75법〉 손님과 주인이 다투지 않아도 형벌이 이미 있다.
→ 삼전이 寅巳申 삼형이니 다툼과 쟁송이 발생한다. 주로 혼인, 동업, 거래, 매매, 교역 등의 정단에서 활용된다.

- □ 『과경』: 지상과 초전의 寅이 일간을 극하지만 말전의 申이 寅을 충과 극을 하고 다시 말전의 申이 일간의 장생이니 고생은 끝나고 즐거움이 오는 상이다.

  → 말전의 申이 공망되었으니 귀살인 寅을 충과 극을 하지 못한다. 비록 공망은 되었지만 수토동궁설을 적용하면 말전의 申은 일간의 장생이다.

- □ 『옥성가』: 덕신이 움직이는 곳에 길한 기운이 따르지만 덕신이 극(剋)을 받고 형(刑)을 당하면 오히려 위험에 이른다.

  → 이 과전에서는 己의 덕신인 寅이 발용이 되었으니 길하다.

- □ 『심인부』: 쑥대로 만든 화살이 일간을 극하지만 구신이 귀살을 제압하니 길하다.

  → 쑥대로 만든 화살은 귀살 寅을 가리키고 구신은 말전의 申을 가리킨다. 초전의 寅이 비록 일간의 귀살이지만 일간의 덕신이니 흉한 작용을 하지 않는다.

己亥일 제 11 국

공망 : 辰·巳 ○
낮 : 왼쪽 천장, 밤 : 오른쪽 천장

辛	癸	○	
后 丑 白	玄 卯 青	白 巳 合	
亥	丑	卯	
丁	己	辛	癸
合 酉 后	蛇 亥 玄	后 丑 白	玄 卯 青
己 未	酉	亥	丑

乙未巳 青蛇	丙申午 勾貴	丁酉未 合后	戊戌申 朱陰
甲午辰 空朱 ○			己亥酉 蛇玄
○巳卯 白合			庚子戌 貴常
癸辰寅 常勾	癸卯丑 玄青	壬寅子 陰空	辛丑亥 后白

□ **과체** : 섭해(涉害), 진간전(進間傳), 견기(見機), 출호(出戶/丑卯巳) // 육음(六陰), 복덕(福德), 인귀생신(引鬼生身), 강색귀호(罡塞鬼戶), 간지상합(干支相合), 귀인입옥(貴人入獄/낮), 귀인수극(貴人受剋/밤), 교동(狡童/낮), 탈상봉탈(脫上逢脫/밤), 상문조객(태세:亥), 아괴성(亞魁星).

□ **핵심** : 파패(破敗)가 일간에 임하고 이곳에 다시 丁이 탄다. 육음이다. 모든 정단에서 어둡고 컴컴하다.

□ **분석** : ❶ 간상의 酉는 己의 패기(敗氣)와 일지의 파쇄(破碎)이며, 그 위의 둔간이 丁이니 소모와 지출을 면하기 어렵다.

❷ 과전이 모두 음이다. 낮에는 간상에 육합이 타고 밤에는 천후가 타고 있어서 주야 모두 음란의 천장이니, 하소연할 곳이 없다.

□ **정단** : ❶ 삼전은 귀인이 대문을 나서는 상인 '출호(出戶)'이다. 비록 어두운 곳으로부터 밝은 곳으로 향하지만 말진이 공망되었으니 어두운 곳과 은둔한 곳에서 나오지 못한다.

❷ 오직 천강(辰)이 귀신의 출입문(寅)을 막고 있으니 사적으로 꾀하는 일에서는 뜻을 이룬다.

❸ 비견인 丑이 가택을 극한 뒤에 발용이 되었으니, 집안에 보이지 않는 손실이 있다.

❹ 관귀효인 중전의 卯가 폐구(閉口)가 되었고 간상신 酉의 제압을 받아서 관귀효가 날뛰지 못하니 좋다. 집에는 방자하고 버릇없는 자식이 있지만 전화위복이 된다.

→ 간상의 酉는 일간의 자손효이며, 일간의 패신(敗)이고, 일지의 파쇄(破碎)이다. 이곳에 음사의 천장인 육합과 천후가 타니 자식이 주색으로 인해 패가망신하는 방자한 자손이다. 그러나 간상의 酉가 중전의 귀살 卯를 제압하여 복을 가져오니 전화위복이 된다.

○ **날씨** : 과전이 모두 음이고 필수(畢宿)가 일간에 임하니 비가 온다.
→ 음은 비(雨), 필수인 酉는 비를 부르는 신, 일간은 하늘이다. 과전이 육음이니 비가 오고, 필수가 일간에 임하니 하늘에서 비가 온다.

○ **가정** : 낮에 정단하면 처첩이 가정을 어지럽히고, 밤에 정단하면 형제에 의해 흉하다. 주야 모두 지출이 발생한다.
→ 천후는 처첩, 일지는 가정, 형제효는 형제이다. 낮에 정단하면 지상에 천후가 타서 일지를 극하니 처첩이 가정을 어지럽히고, 밤에 정단하면 지상에 백호가 타서 일지를 극하니 가족에게 질병과 사고가 발생한다. 지상의 丑이 일간의 비겁이니 주야 모두 가정에서 지출이 발생한다. ● 삼전이 음(丑)에서 양(卯,巳)으로 나아가니 점차 가정이 밝아진다. ● 간상의 酉는 일간의 자손효이며, 일간의 패신이고, 일지의 파쇄(破碎)이다. 여기에 음사의 천장인 육합과 천후가 타니 자식이 주색으로 인해 패가망신하는 것을 예방해야 한다. ● 해년(亥年)에 정단하면 지상의 丑과 간상의 酉가 해년의 상문과 조객이니 가정에서 상을 당하는 일을 예방해야 한다.

○ **혼인** : 혼인정단을 하여 천후와 육합이 보이면 성사되더라도 길하지

않다.

→ 일간(기궁) 未와 일지 亥가 상합하고 간상의 酉와 지상의 丑이 상합하니 혼인이 성사되는 상이다. 낮에 정단하면 간상에 육합이 타고 지상에 천후가 타고 있어서 교동격이니 남자가 음란하다. ● 섭해과는 혼인에서 장애가 많다. ● 궁합 : 간지와 그 상신이 상합하니 좋은 편이다.

O **임신·출산** : 아들이다. 낙태를 예방해야 한다.

→ 과전이 육음이다. 음이 극에 이르면 양이 되니 아들이다. ●일간은 태궁이다. 간상의 酉가 일간의 패신(敗神)이고 다시 일지의 파쇄이니 낙태를 예방해야 한다. 수토동궁설을 적용하면 간상의 酉는 일간의 패신이다. ● 간지와 그 상신이 상합하니 출산을 정단하면 난산이다.

※ 파쇄(破碎) : 사맹일(寅申巳亥) : 酉, 사중일(子午卯酉) : 巳, 사계일(辰戌丑未) : 丑.

O **구관** : 귀인과 일록이 나타나지 않았고 파패(破敗)가 일간에 가하니 불길하다.

→ 귀인은 공무원, 일록은 공무원이 받는 급여이다. 주야의 귀인인 子申과 일록인 午가 과전에 나타나지 않으니 불길한데, 다시 간상의 酉가 일간의 패신과 일지의 파쇄(破碎)이니 불길하다. 또한 중전의 관성이 폐구되었으니 불길하고 다시 육음격이니 더욱 불길하다.

O **구재** : 자신의 재물을 지키지 못한다. 반드시 밖에서 재물을 구하려고 하면 안 된다.

→ 일지는 안이다. 지상과 초전에 형제효인 丑이 거듭하여 보이니 자신의 재물을 지키지 못한다. ● 밖을 뜻하는 삼전에 癸가 있지만 그 지반이 귀살이어서 취할 수 없는 재물이니 재물을 구하려고 하면 안 된다. 다만 연명이 酉戌이면 그 상신이 재성인 亥子이니 구재가 가능하다.

○ **질병** : 신장과 폐의 병이며, 뱃속에는 덩어리(積塊)가 있다. 4월에 정단하면 더욱 흉하다.

→ 밤에 정단하면 백호승신 丑이 수를 극하니 수에 해당하는 신장병이 있고, 낮에 정단하면 백호승신 巳가 금을 극하니 금에 해당하는 폐병이 있다. 또한 밤에 정단하면 묘신의 하나인 丑에 백호가 타고 있으니 뱃속에 덩어리가 있다. 간상의 酉는 패신과 파쇄로서 4월에는 酉가 사기이니 4월에 정단하면 더욱 흉하고, 다시 과전이 육음이고 간지와 그 상신이 상합하여 병사가 몸을 떠나지 않는 상이니 대흉하다. ● 해년(亥年)에 정단하면 지상의 丑과 간상의 酉가 해년의 상문과 조객이니 상을 당한다.

○ **출행** : 수로는 불길하다.

→ 현대에서는 일간은 여행객, 일지는 여행지이다. 주야 모두 지상의 丑이 비겁이니 여행지에서 지출이 많고, 특히 밤에는 지상에 백호가 타고 있으니 여행지에서 병이 생기는 것을 예방해야 한다.

○ **귀가** : 천강이 사맹에 가했으니 아직 출발하지 않았다.

→ 천강(辰)은 동신(動神), 사맹은 귀가의 초기이다. 천강이 사맹의 하나인 寅에 가했으니 아직 출발하지 않았다.

↑ **쟁송** : 오래 끈다. 불리하다.

→ 간지와 그 상신이 상합하니 서로 합의가 가능하다. 만약 합의하지 않으면 섭해과이니 쟁송이 오래 간다. ● 승패 : 간상의 酉가 일간의 패신이고 일지의 파쇄이니 쟁송에서 내가 불리하다.

○ **전쟁** : 이익이 보이지 않는다.

→ 일간은 아군, 패신(神)과 파쇄(破碎)에는 패전의 뜻이 있다. 간상의 酉가 일간의 패신이면서 일지의 파쇄이니 이익이 보이지 않고 오히려 패전하는 상이다.

□ 『필법부』: 〈제40법〉 천후와 육합은 혼인정단에서 중매인을 쓰지 않아도 된다.
　→ 낮에 정단하면 육합과 천후가 간지상에 타고 있다. 다만 가정을 정단하면 가정의 불륜을 예방해야 한다.
　〈제49법〉 양 귀인이 극을 받으면 귀인에게 부탁하는 일에서 뜻을 성취하기 어렵다.
　→ 아래의 『과경』 참조.

□ 『과경』: 간상의 酉금이 일간을 탈기하고 밤에는 이곳에 천후가 타서 酉금을 탈기하니 두 번 탈기를 당하는 '탈상봉탈(脫上逢脫)'이다. 酉는 자손이고 또한 여종과 첩(婢妾)이다. 밤에는 酉에 천후가 타고 있으니 주색으로 인해 패가망신을 한다. 그리고 밤 귀인 申이 午에 가하고 낮 귀인 子가 戌에 가하여 주야의 두 귀인이 모두 지반으로부터 극을 당하니 귀인에게 일을 부탁하면 나쁘다. 귀인으로부터 복을 받지 못하고 오히려 화가 닥친다.

□ 『심인부』: 丑이 巳에 가하면 집을 나선다는 뜻의 '출호(出戶)'이다. 봄의 번개와 우레가 개구리를 땅밖으로 나오게 한다.

己亥日　제 12 국

공망 : 辰·巳 ○
낮 : 왼쪽 천장, 밤 : 오른쪽 천장

	辛	壬	癸
	蛇 丑 白	朱 寅 空	合 卯 青
	子	丑	寅
	丙	丁	庚	辛
	常 申 貴	玄 酉 后	貴 子 常	蛇 丑 白
	己 未	申	亥	子

甲 空 午 巳 ○ 朱	乙 白 未 蛇 午	丙 常 申 貴 未	丁 玄 酉 后 申
青 巳 辰 ○ 合			陰 戌 戌 陰 酉
○ 勾 辰 勾 卯			后 亥 玄 戌
合 癸 卯 青 寅	壬 朱 寅 丑	辛 空 丑 蛇 子	庚 白 貴 子 常 亥

- **과체** : 원수(元首), 진여(進茹), 삼기(三奇) // 장태(將泰/丑寅卯), 인중삼기(人中三奇), 귀등천문(貴登天門/낮), 복덕(福德), 맥월(驀越), 복태(腹胎), 귀부간지(貴覆干支), 간지상합(干支相合), 천라지망(天羅地網), 주귀(朱鬼/낮), 상문조객(태세:戌).

- **핵심** : 나와 내집에 귀인이 온다. 삼기(三奇)를 만나니 군자는 이롭고 일반인은 나쁘다.

- **분석** : ❶ 밤 귀인 申이 간상에 임하고 낮 귀인 子는 지상에 임했으니, 귀인이 나와 내 집에 온다.

  ❷ 삼전 丑寅卯의 둔간 辛壬癸를 서둔(鼠遁)으로 둔간을 정하면 乙丙丁 삼기이다. 군자가 정단하면 직위를 옮겨 벼슬이 오르는 기쁨이 있고, 서민이 정단하면 관사가 우려된다.

- **정단** : ❶ 연여(連茹)는 진군에 길하다.

  ❷ 초전의 丑토를 원둔하면 乙을 얻으니 숨은 귀살이고, 중전과 말전의 寅卯는 드러난 귀살이다. 삼전의 모든 귀살이 일간을 극하니 두렵지만, 申이 일간에 임하여 부모와 자손이어서 귀살을 충분히 제

압할 수 있으니 비록 귀살이 무리를 짓더라도 전혀 두렵지 않다.

○ **날씨** : 사과가 모두 수신에 속하지만 오히려 丑토로부터 극을 당하니 오랫동안 비가 내리지 않는다.

→ 일간은 하늘, 일지는 땅이다. 일지의 음양에 있는 亥子丑 수국을 제4과와 초전의 丑이 극하니 오랫동안 비가 내리지 않는다.

○ **가정** : 귀인과 태상이 일간과 택상에 임하고 삼기가 삼전에 임하니 부귀를 희망할 수 있다.

→ 귀인은 공무원, 태상은 무관직과 의식을 뜻한다. 이들이 지상에 가했으니 공무원이 되어 의식이 풍족한 상이다. 그리고 삼전에서 '인중삼기'인 辛壬癸를 두루 갖추었으니 부귀를 희망할 수 있다. ● 일지음신 또한 가정이다. 일지음신인 丑에 낮에는 등사가 타니 경공사가 발생하는 것을 예방해야 하고 밤에는 백호가 타니 질병이 발생하는 것을 예방해야 한다. ● 술년(戌年)에 정단하면 지상의 子와 간상의 申이 술년의 상문과 조객이니 가정에서 상을 당하는 일을 예방해야 한다.

○ **혼인** : 좋은 배필감이고 매우 길상하다.

→ 일지는 배필감이다. 낮에는 지상에 귀인이 타고, 밤에는 태상이 타니 좋은 배필감이다. 만약 가을에 정단하면 간상의 申은 왕기이고 지상의 子는 상기이니 더욱 좋은 배필감이다. ● 궁합 : 비록 간지가 교차육해하지만 일간(기궁) 未와 일지 亥가 상합하고 간상의 申과 지상의 子가 상합하며 다시 간상의 申이 지상의 子를 생하니 좋다. ● 혼인 : 간지와 그 상신이 상합하니 혼인한다.

○ **임신·출산** : 위는 강하고 아래는 약하며 두 음이 하나의 양을 감싸니 아들이다.

→ 천반은 양이며 아들, 지반은 음이며 딸이다. 강한 천반이 약한

지반을 극하여 발용이 되었으니 아들이다. 삼전은 태아가 생육되는 과정이다. 초전과 말전의 두 음이 중전의 하나의 양을 감싸고 있으니 다시 아들이다. ● 일간과 일지는 삼합하고 간지의 상신은 다시 삼합한다. 태아가 임신부와 결합하는 상이니 임신을 정단하면 길하고 출산을 정단하면 흉하다. ● 삼전이 인중삼기이니 귀아를 임신한다.

○ **구관** : 주야 모두 문무를 불문하고 높은 직위를 얻는다.
→ 삼전에 '인중삼기'인 辛壬癸를 갖췄으니 높은 직위를 얻고, 다시 간상과 지상에 귀인과 태상이 타고 있으니 구관에 더욱 좋다. ● 임명직공무원이나 탄핵받은 공무원이 정단하면 염막귀인이 일간에 임하니 퇴임을 예방해야 한다. ● 고시 : 합격한다.

○ **구재** : 귀인의 재물을 얻는다.
→ 귀인은 공무원과 귀인, 재성은 재물이다. ● 낮에 정단하면 귀인이 재성인 子에 타고 있으니 공무원·관청·귀인의 재물을 얻거나 상업을 할 경우에는 고가품을 취급하여 경영하는 것이 이롭다. ● 밤에 정단하면 태상이 재성인 子에 타고 있으니 무관직자의 재물을 얻거나 혹은 상업을 할 경우에는 옷과 음식에 관련된 제품을 취급하여 경영하는 것이 이롭다.

○ **질병** : 신장의 수(水)가 부족한 증상이거나 혹은 비장과 위장이 상했다. 머지않아 낫는다.
→ 밤에 정단하면 백호승신 丑토가 오행의 수를 극하니 수에 해당하는 신장의 수가 부족하고, 지상이 子이니 신수가 마른 병이다. 중·말전의 寅卯목이 왕성하니 이 오행의 극을 받는 비위에 병이 든다. ● 의약신이 申금이니 침술이나 수술요법으로 질병을 치료하면 되고, 申이 未에 가했으니 서남방에서 명의와 명약을 구하면 된다. ● 술년(戌年)에 정단하면 지상의 子와 간상의 申이 술년의 상문과 조객이니 상을 당한다.

○ **출행** : 육로는 매우 좋고 수로는 길하다.
→ 현대에서는 일간은 여행객, 일지는 여행지이다. 지상이 일간의 재성이고 이곳에 길장인 귀인과 태상이 타고 있으니 안전한 여행지이다. 다만 사과가 천라지망(天羅地網)이니 여행에서 장애가 발생하는 것을 예방해야 한다.

○ **귀가** : 천강이 사중에 가했으니 아직 길에 있다.
→ 천강(辰)은 동신(動神), 사중은 중도이다. 천강이 사중의 하나인 卯에 가했으니 아직 길에 있다.

↑ **쟁송** : 합의하는 것이 이롭다.
→ 일진과 일진상신이 상합하니 합의가 가능하며, 만약 합의하지 않을 경우에는 천라와 지망이 일간과 일지를 덮고 있어서 쟁송이 오래가니 합의하는 것이 이롭다. ● 승패 : 삼전의 목국이 일지를 탈기해서 일간을 극하니 내가 불리하다. ● 관재 : 일간음양에서는 귀살을 제압하는 복덕신 申酉를 갖추었고 삼전에서는 일덕인 寅과 인중삼기인 辛壬癸를 갖추었으니 지은 죄에 비해 형량이 가벼워진다.

○ **전쟁** : 간지가 천라지망(天羅地網)이니 고통을 겪을 우려가 있다.
→ 간상의 申은 일간 未의 앞 글자이고 지상의 子는 일지 亥의 앞 글자이니, 촘촘한 그물이 사람과 병영을 덮은 상이다. 따라서 고통을 겪을 우려가 있다.

□ 『**필법부**』: (제45법) 주야귀인이 서로 가하면 양 귀인에게서 구하면 된다.
→ 이 과전에서는 양 귀인이 서로 가하지 않는다.
(제42법) 삼전에서 삼기를 만나면 명예가 높아진다.
→ 본문의 구관 참조.

〈제55법〉 천라지망(天羅地網)을 만나면 모망사가 보잘 것 없게 된다.
➜ 아래의 『찬요』 참조.

☐ 『찬요』: 간지 앞의 일진이 간지 위에 임하면 '천라지망(天羅地網)'이라고 하여, 그물이 일간과 일지를 얽어매니 형통하지 못하다. 만약 연명상신이 간상과 지상의 그물을 충(沖)을 해서 깨트리면 화(禍)가 사라지고, 또한 일간과 일지가 공망되면 천라와 지망이 찢어지니 천라지망(天羅地網)이 있더라도 해가 되지 않는다.
➜ 연명이 丑이나 亥이면 그 위의 寅과 午가 천라인 申과 午를 찢으니 해가 되지 않는다.

☐ 『지장부』: 삼전이 모두 관귀이면 자신과 형제에게 재앙이 생긴다.
➜ 己亥일 제5국의 삼전 丑寅卯를 모두 귀살로 볼 수 있다. 丑이 비록 겨울의 월건이지만 丑월에 봄기운이 싹트니 봄의 목으로 볼 수 있기 때문이다.

경자일

庚子日의 길신(구보)과 흉살(팔살)				
일덕	申		형	
일록	申		충	
역마	寅		파	
장생	巳		해	
제왕	酉		귀살	巳午
순기	子		묘신	丑
육의(六儀)	甲午		패신 / 도화	午 / 酉
귀인	주	丑	공망	辰巳
	야	未	탈(脫)	亥子
합(合)			사(死)	子
태(胎)	卯		절(絶)	寅

대육임직지

庚子일 제 1 국

공망 : 辰·巳 ○
낮 : 왼쪽 천장, 밤 : 오른쪽 천장

	丙	壬	○
	白 申 后	蛇 寅 靑	勾 巳 朱
	申	寅	巳 ○
丙	丙	庚	庚
白 申 后	白 申 后	后 子 白	后 子 白
庚 申	申	子	子

勾 巳 ○ 朱 巳 ○	甲午 青午	乙未 蛇未	丙申 空貴 白申 后
合 辰 ○ 朱 辰 卯 合 勾 卯			常 酉 丁 陰 酉 玄 戌 戌 玄
蛇 寅 青 貴 壬寅 辛丑		空 后 庚子 白	陰 己 常 亥 亥

- □ **과체** : 복음(伏吟), 자임(自任), 원태(元胎) // 신임정마(信任丁馬), 덕경(德慶), 록현탈(祿玄脫/낮), 형상(刑傷), 상조전봉(태세:戌), 간지상합(干支相合), 명암이귀(明暗二鬼).

- □ **핵심** : 낮 백호는 식록에 임하고 말잔등에는 재물을 실었다. 말전은 공허하고 다시 파쇄(破碎)가 되었다. 밤에는 자손에게 질병이 생긴다.

- □ **분석** : ❶ 申은 庚의 식록이고 申의 둔간은 丙이다. 申이 일간에 임한 뒤에 발용이 되었고, 이곳에 낮에는 백호가 타고 있으니 식록을 지키지 못한다.

  ❷ 중전의 寅은 일간의 재성이고 다시 역마이다. 낮에는 이곳에 등사가 타고 있으니 놀라는 액이 있다. 말전의 巳는 庚의 장생으로서 공망이 되었고 다시 파(破)기 되어 깨졌다. 특히 밤에는 주작승신이 귀살이니 장생을 기대할 수 없다.

  ❸ 지상의 子는 庚의 자손으로서 밤에는 백호가 타고 있으니 자식의 병을 어찌 면할 수 있겠는가?

→ 만약 신월에 정단하면 子가 신월의 사기이니 대흉하다.
□ **정단 :** ❶ 삼전이 모두 사맹(申寅巳)이니 원태(元胎)이다. 왕록이 일간에 임했으니 모든 일은 옛것을 지켜야 하고 경거망동하면 안 된다.
❷ 과전에 일록 申과 역마 寅이 모두 나타났으니 관직자에게 길하다. 다만 말전의 관성이 공망되었으니 나중이 처음보다 좋지 못하다.
→ 공망된 말전의 巳가 메워지는 사년이나 사월이나 사월장(처서~추분) 기간에 정단하면 시종 길하다.

○ **날씨 :** 천지가 부동하니, 맑은 날씨에 정단하면 맑고 비가 오는 날씨에 정단하면 비가 온다.
→ 과전의 천반과 지반이 동일하여서 하늘과 땅이 움직이지 않으니 현재의 날씨가 오랫동안 지속된다.
○ **가정 :** 낮에 정단하면 집이 편안하고, 밤에 정단하면 자식에게 재앙이 있다.
→ 일지는 집, 자손효는 자식, 백호는 질병이다. 밤에 정단하면 지상의 자손효 子에 백호가 타고 있으니 자식에게 질병이 발생하며, 만약 신월(申月)에 정단하면 子가 사기에 해당하니 위험하다. ● 일간은 나이다. 낮에 정단하면 간상의 일록에 백호가 타고 있어서 직업운이 나쁘니 손실을 예방해야 한다. ● 만약 술년(戌年)에 정단하면 지상의 子와 간상의 申이 각각 상문과 조객이니, 집에서 상(喪)을 당하는 일을 예방해야 한다.
○ **혼인 :** 일지와 일간에 왕기가 타고 있다. 다만 낮에 정단하면 남자에게 질환이 있고, 밤에 정단하면 여자의 심신이 상했다.
→ 일간은 남자이고 일지는 여자, 백호는 질환이다. 낮에 정단하면 간상의 申에 백호가 타고 있으니 남자에게 질환이 있고, 밤에 정단

하면 지상의 子에 백호가 타고 있으니 여자에게 질환이 있다. ● 낮에 정단하면 지상에 천후가 타고 있으니 미인이고, 밤에 정단하면 간상에 천후가 타고 있으니 여성적인 남자이다. ● 궁합 : 비록 일간(기궁) 申과 일지 子가 상합하고 간상의 申과 지상의 子가 상합하지만 삼전의 申寅巳가 삼형이니 나쁜 면이 있다. ● 만약 혼인하면 말전의 관성이 공망되었으니 혼인 말기에 상부(喪夫)한다.

○ **임신·출산** : 아들이다. 순산하지 못한다.

※ 『육임직지』 원문에서는 "순산한다."고 하였다.

→ 일간은 태아, 일지는 임신부이다. 일간의 상하가 모두 양이니 아들이다. 간지와 그 상신이 삼합하고 다시 교차삼합하여 태아가 어머니의 자궁을 떠나지 않는 상이니 순산하지 못하고 삼전이 삼형이니 인공분만을 한다. ● 복음과는 자궁이 좁아진 상이니 태아의 생육이 나쁠 우려가 있거나 또는 농아가 될 우려가 있다.

○ **구관** : 공망된 관성이 메워지면 완전해진다.

→ 초전 천반의 申은 일록과 일덕이고 둔간의 丙은 관성이며, 중전의 재성 겸 역마인 寅은 관성 巳를 생하며, 말전의 관성이 간상의 申과 상합하니 구관에 매우 이로워 보이고 다시 삼전이 권력을 뜻하는 삼형살이니 구관에 더욱 이롭다. 그러나 애석하게도 말전이 공망되었으니 유시무종이다. 만약 공망된 巳가 메워지는 사년이나 사월이나 사월장(처서~추분) 기간에 정단하거나 혹은 이때가 되면 관직이 완전해진다. ● 특히 낮에는 일간에 임한 일록에 백호가 타고 다시 삼전이 삼형이니 이직에 불리하다.

○ **구재** : 먼 곳에 있는 재물을 구하면 얻을 수 있다.

→ 중전의 寅은 재성이고 다시 역마이다. 재성이 역마에 해당하니 먼 곳에서 재물을 구하면 얻을 수 있다. 다만 과전에 겁재 작용을 하는 申이 많으니 불리하다.

○ **질병** : 방광병이다.

※『육임직지』원문에서는 "곧 낫는다."고 하였다.

→ 지상은 병증이다. 지상이 子이니 신장과 방광에 관련된 병이 우려된다. ● 낮에 정단하면 백호가 申금에 타서 오행의 목을 극하니 간병이다. ● 환자를 뜻하는 일간과 질환을 뜻하는 일지가 상합하고 다시 교차상합하며 또다시 복음과이니 질환이 오래간다. 복음과는 주역의 간괘(艮卦)에 해당하고 간괘는 산(山)을 뜻하니 질환이 오래 간다. ● 삼전이 삼형이니 수술수가 있다. ● 자식 : 일간의 자손효인 子에 백호가 타고 있으니 자식의 병이 우려된다. ● 술년(戌年)에 정단하면 지상의 子와 간상의 申이 상문과 조객이니, 집에서 상(喪)을 당한다.

O **출행** : 낮에 정단하면 수로로 갈 수 있다.

→ 현대에서는 일간은 여행객, 일지는 여행지이다. 일간이 지상의 子로 탈기되니 여행지에서 손실이 발생한다. 낮에 정단하면 子에 천후가 타고 있으니 부녀자로 인한 손실이고, 밤에 정단하면 子에 백호가 타고 있으니 병으로 인한 손실이다.

O **귀가** : 역마가 중전에 있으니 반쯤 왔다.

→ 역마는 자동차, 중전은 중도이다. 역마가 중전에 있으니 출행한 사람이 반쯤 왔다.

↑ **쟁송** : 내가 불리하다.

→ 일간은 나, 일지는 상대이다. 일간 庚이 일지 子로 탈기되고 다시 간상신 申이 지상신 子로 탈기되며 또다시 일간의 둔반이 귀살이니 내가 불리하다. ● 관재 : 비록 삼전이 삼형이지만 말전이 공망되어 삼형이 불성하니 관재가 약해진다.

O **전쟁** : 일간이 일지로 탈기되니 나는 불리하고 상대는 이롭다.

→ 일간은 나, 일지는 상대이다. 일간 庚이 일지 子로 탈기되며 다시 간상의 申이 지상의 子로 탈기되니, 나는 불리하고 상대는 이롭다.

- □ 『필법부』: 〈제69법〉 백호가 둔간귀살에 타면 재앙이 얕지 않다.
    → 일간의 둔반에 둔간귀살이 임하고 천반에는 백호가 타고 있다.
  〈제7법〉 왕록이 일간에 임하면 망령된 행동을 해서는 안 된다.
    → 일간의 왕신 겸 일록인 申이 일간에 임한다. **○ 구관** 참조.
- □ 『비요(秘要)』: 백호가 둔반의 귀살에 타고 있으니 모든 정단에서 두려우며, 흉과 우환이 깊어서 풀리기 어렵다. 설령 공망되더라도 흉을 구제하지 못하는 작용이 마치 신(神)과 같다.
    → 앞의 『필법부』 〈제69〉법 참조.
- □ 『과경(課經)』: 경일(庚日)의 복음과에서 양 귀인이 묘신에 의해 협묘(夾墓)되고 있다.
    → 경일의 낮 귀인은 일간의 묘신인 丑에 타고 있고 다시 일간의 묘신인 丑에 앉아 있으니 귀인이 묘신에 의해 협묘되었다. 따라서 귀인과 관련된 모든 일에서 불리하다.

庚子일 제 2 국

공망 : 辰·巳 ○
낮 : 왼쪽 천장, 밤 : 오른쪽 천장

戊 玄戌玄	丁 常酉陰	丙 白申后	
亥		戌	酉
乙 空未貴	甲 青午蛇	己 陰亥常	戊 玄戌玄
庚申	未	子	亥

○合辰巳	○勾巳午	甲午未 蛇	乙未申 貴空
朱癸卯辰○	勾		丙申酉 后白
蛇壬寅卯	青		丁酉戌 陰常
辛丑寅 貴	庚子丑 空后	己亥子 白陰常	戊戌亥 玄玄

- **과체** : 원수(元首), 퇴여(退茹) // 반가(返駕/戌酉申), 형상(刑傷), 록현탈(祿玄脫/낮), 복덕(福德), 맥월(驀越), 금일정신(金日丁神), 막귀임간(幕貴臨干/낮), 교차육해(交叉六害), 괴도천문(魁度天門), 간지협정삼전, 간지상합(干支相合), 명암이귀(明暗二鬼), 상문조객(태세:酉).

- **핵심** : 낮 백호가 丙申에 타고 있으니 일록을 희망하기 어렵다. 밤에는 귀인의 도움을 받아야 이롭다. 처음에는 위축되고 나중에는 신장된다.

- **분석** : ❶ 말전의 申은 일간의 식록이다. 이곳에 백호가 타고 둔간이 귀살인 丙이니 식록을 가까이 하기 어렵다.
  ❷ 초전의 戌은 귀살인 巳의 묘신이고 중전의 酉는 제왕 겸 갈날을 뜻하는 양인(羊刃)이어서 이들을 수용할 수 없으니, 오직 밤 정단에서 간상에 있는 귀인의 도움을 받아야 이롭다.
  ❸ 지진인 子는 간상의 未와 육해하니, 처음에는 억울한 일을 당하지만 나중에는 일간인 庚이 子를 생하니 결국은 상황이 펴진다.

- **정단** : ❶ 삼전의 연여(連茹)에서 초전의 戌과 중전의 酉가 서로 육해

하며 다시 초전이 '괴도천문(魁度天門)'이니 모든 정단에서 막히고 불통해서 형통하지 못하다.

❷ 일간과 일지가 삼전을 끼고 있으니 일이 성사된다.

→ 간상 未 … 말전 申 … 중전 酉 … 초전 戌 … 지상 亥로 이어졌으니 삼전이 일간과 일지에 끼어 있다.

❸ 낮에는 말전에 백호가 타고 다시 일덕과 일록이 같이 있으니, 근심 속에 즐거움이 있고 좋다가도 부족한 것이 있는 상이다.

○ **날씨** : 천공이 일간에 임하고, 수모는 필수(畢宿)에 임하며, 발용이 관격이니 흐렸다 개이기를 반복하지만 비는 오지 않는다.

→ 일간과 천공은 하늘, 申은 수모(水母), 酉는 필수이다. 일간에 천공이 타고 있으니 맑고, 수모가 필수에 임하여서 비가 오는 상이니 흐렸다 개이기를 반복하지만 비는 오지 않는다.

○ **가정** : 지상의 음신에 주야 모두 현무가 타니 집이 어둡다. 도둑이 도둑질하기에는 가장 이로우니 도둑을 막아야 한다.

→ 일지의 음양은 모두 집이다. 일지음신의 戌에 주야 모두 현무가 타고 있으니 도난을 예방해야 한다. 일지양신의 자손효 亥에 낮에는 태음이 타고 있으니 음란으로 인한 손실을 예방해야 하고, 밤에는 태상이 타고 있으니 주색으로 인한 손실을 예방해야 한다.

● 일간은 가장이다. 낮에 정단하면 산상에 천공이 타고 있으니 공허한 일을 예방해야 하고, 밤에 정단하면 귀인이 타고 있으니 귀인의 도움을 받는다. ● 유년(酉年)에 정단하면 지상의 亥와 간상의 未가 유년의 상문과 조객이니 가정에서 상을 당하는 일을 예방해야 한다.

↑ **혼인** : 장애가 있다.

→ 비록 간지가 상합하지만 초전이 괴도천문(魁度天門)이니 혼인에

서 장애가 발생하고, 삼전이 퇴여(退茹)이니 혼인이 지체되며, 초전과 간상이 서로 형을 하니 혼인이 순조롭지 못하다. ● 궁합 : 일간이 일지를 생하고 간상이 지상과 상합하니 좋은 편이다. ● 원수과이니 남자가 구애하고 청혼하는 상이다.

○ **임신·출산** : 위는 강하고 아래는 약하니 임신하면 아들이다. 발용이 관격(關隔)이니 출산을 정단하면 고생한다.

→ 천반은 양이며 남자, 지반은 음이며 여자이다. 초전의 천반이 지반을 극했다는 것은 천반이 강하다는 뜻이니 임신을 정단하면 아들이다. ● 戌이 亥에 가해서 발용이 되어 '괴도천문(魁度天門)'이니 출산에 장애가 발생하며, 다시 삼전이 일간과 일지에 끼어 있으니 출산에 장애가 발생한다. 즉 간상 未 → 말전 申 → 중전 酉 → 초전 戌 → 지상 亥로 이어졌으니 삼전이 간지에 끼어 있다.

○ **구관** : 밤에 정단하면 귀인이 일간에 임하고 일덕과 일록이 삼전에 드니 최길한 상이다. 낮에 정단하면 이롭지 않다.

→ 관성과 귀인과 일덕은 공무원, 일록은 봉록이다. 중전과 말전의 둔간은 관성이고 말전은 일덕과 일록이며 특히 낮에는 관성에 백호가 타니 구관에 최길하다. 다만 삼전이 퇴여(退茹)이니 관직이 지체된다. ● 밤에 정단하면 간상에 귀인이 임했으니 고시생은 시험에 합격한다. ● 낮에 정단하면 염막귀인이 일간에 임한다. 공무원이 정단하면 퇴직하는 상이니 이롭지 않고, 고시생이 정단하면 염막귀인이 일간을 생하니 고시에 합격한다.

○ **구재** : 未 위의 둔간 乙이 일간과 상합하니 암재(暗財)를 얻는다.

→ 일간은 나, 둔반의 재성은 숨어있는 재물이다. 간상의 암재 乙이 일간 庚과 상합하니 암재를 얻는다. 그러나 천반에 재성이 없으니 사업에서 이익이 없다. 다만 연명이 卯이면 그 상신이 재성인 寅이니 이익이 있다. ● 삼전이 퇴여(退茹)이니 사업운이 퇴색하고, 낮에는 말전이 록현탈이니 손실을 예방해야 한다.

○ **질병** : 상하가 막혀서 음식을 먹지 못하는 병증이며 또한 간과 신장이 상했지만 연명에서 구하면 살 수 있다.
→ 戌은 하괴, 亥는 천문이다. 戌이 亥에 가하면 '괴도천문(魁度天門)'이라고 하여 식도와 위장이 막혀서 음식을 먹지 못한다. 연명이 巳이면 그 위의 辰이 戌을 충하여 깨트리니 병이 낫는다. ● 초전이 괴도천문이고 삼전이 일간과 일지에 끼어 있으니 질병이 쉽게 낫지 않는다. ● 유년(酉年)에 점단하면 지상의 亥와 간상의 未가 유년의 상문과 조객이니 상을 당한다.

○ **출행** : 육로는 가능하고, 수로로 가면 잃는 것을 예방해야 한다.
→ 현대에서는 일간은 여행객, 일지는 여행지이다. 일간이 지상의 亥로 기운이 빠지니 여행지에서 손실을 예방해야 하고, 일지음신에는 주야 모두 현무가 타고 있으니 여행지에서 도난을 예방해야 한다.

○ **귀가** : 천강이 사맹에 가했으니 아직 출발하지 않았다.
→ 천강(辰)은 동신(動神), 사맹은 초기이다. 천강이 사맹의 하나인 巳에 가했으니 아직 출발하지 않았다.

↑ **쟁송** : 쉽게 해결되지 않는다.
→ 초전이 괴도천문(魁度天門)이고 삼전이 일간과 일지에 끼어 있으니 쟁송이 쉽게 해결되지 않고 오래 끈다. ● **승패** : 간상의 未가 지상의 亥를 극하고 다시 일간 둔반의 乙이 일지 둔반의 己를 극하니 내가 유리하다.

○ **전쟁** : 아군과 적군이 서로 지키는 것이 이롭고, 길흉은 반반이다.
→ 간상 未 → 말전 申 → 중전 酉 → 초전 戌 → 지상 亥로 이어져서 아군과 적군이 그물에 묶여있는 상이니, 아군과 적군 모두 지키는 것이 좋고 길흉은 반반이다.

□ 『필법부』: 〈제51법〉 하괴가 천문을 건너면 도로가 막힌다. 戌은 하괴이고 亥는 천문이다. 무릇 戌이 亥에 가하여 발용이 되면 모든 모망사는 막히고 불통한다.

→ 아래의 □ 『찬의』 참조.

〈제69법〉 백호가 둔간귀살에 타면 재앙이 얕지 않다.

→ 말전의 둔귀(遁鬼)에 백호가 타서 일간을 극한다. 질병을 정단하면 병재가 심하고, 관재를 정단하면 관재가 심하니 재앙이 얕지 않다.

□ 『과경』: 일진이 삼전을 끼면 '협정격(夾定格)'이다. 모든 일에서 진퇴가 뜻대로 되지 않는다. 근심과 의혹을 푸는 정단을 하면 이롭지 않고, 교제와 결합하는 일을 정단하면 지극히 좋다. 그 이유는 범위를 벗어나지 않기 때문이다.

□ 『찬의(纂義)』: 천괴(戌)가 발용이 되면 근신해야 하고, 몰래 서로 침범하며 보고 듣기 어렵다.

→ 戌이 亥에 가해서 발용이 되면 '괴도천문(魁度天門)'이라고 하여 모든 일에 장애가 있으니 근신해야 한다.

庚子일 제 3 국

공망 : 辰·巳
낮 : 왼쪽 천장, 밤 : 오른쪽 천장

甲	○	壬
青午蛇合辰合蛇寅青		
申	午	辰 ○
甲 ○	戊	丙
青午蛇合辰玄戊玄白申后		
庚申	午	子	戌

癸卯巳 朱	○勾合辰午合勾	○巳未合朱	甲午申 青蛇
壬寅辰 蛇青○			乙未酉 空貴
辛丑卯 貴空			丙申戌 白后
庚子寅 后白	己亥丑 陰常	戊戌子 玄玄	丁酉亥 常陰

□ **과체** : 섭해(涉害), 참관(斬關), 퇴간전(退間傳), 육의(六儀), 여덕(勵德), 천망(天網) // 고조(顧祖/午辰寅), 형상(刑傷), 록현탈(祿玄脫/낮), 육양(六陽), 불행전(不行傳), 구극(俱剋), 간지상합(干支相合), 명암이귀(明暗二鬼), 상문조객(태세:申), 사화룡(蛇化龍/밤), 용화사(龍化蛇/낮).

□ **핵심** : 서로에게 재앙이 끝이 없다. 재성인 寅을 집착하면 귀살이 일간을 극하니 서민에게는 나쁘지만 공무원에게는 좋다.

□ **분석** : ❶ 일간 庚은 午로부터 극을 당하고 일지 子는 戊로부터 극을 당하니 주객 모두 재앙을 입는다.

→ 가령 가정을 정단하면 일간은 사람, 일지는 집이다. 가정 내외에서 재앙을 입는다.

❷ 말전의 寅은 일간의 재성으로서 초전의 午를 생해서 일간을 상하게 하니 이 재물을 집착하면 안 된다. 만약 공무원이 정단하면 관성을 생해서 승진하니 어찌 나쁘겠는가?

□ **정단** : ❶ 간전(間傳)이고 육의(六儀)가 발용이 되었다. 甲午가 발용이 되어 '순의(旬儀)'이고 子일에 午를 만나니 '지의(支儀)'이다. 순의와

지의가 동시에 있으니 길한 조짐이다.

❷ 돈을 지니고 귀인에게 가서 청탁하거나 혹은 곡식을 바쳐서 관직을 얻는 일에 매우 이롭지만 일반인에게는 화가 생긴다. 寅이 공망에 앉아 있으니 마음은 돕고 싶지만 돕지 못하고 원한과 증오만 생기는 상이다.

○ **날씨** : 낮에 정단하면 비가 온 뒤에 갠다. 밤에 정단하면 맑은 뒤에 비가 온다.

→ 등사는 맑음, 청룡은 강우를 뜻한다. 낮에 정단하면 초전에 청룡이 타고 말전에 등사가 타니 비가 온 뒤에 갠다. 밤에 정단하면 초전에 등사가 타고 말전에 청룡이 타니 맑은 뒤에 비가 온다.

○ **가정** : 주야 모두 현무가 가택을 극하니 도난을 당해 손실이 발생한다.

→ 현무는 도둑, 일지는 집이다. 현무가 지상의 戌에 타서 일지 子를 극하니 집에서 도난을 당한다. ● 낮에 정단하면 일록인 일지음신 申에 백호가 타니 직업과 재산을 잃을 우려가 있다. ● 일간은 사람이다. 일간 庚이 간상의 午로부터 극을 당하니 사람에게 재앙이 닥친다. 낮에는 청룡이 타니 재정난이 생기고, 밤에는 등사가 타니 괴이한 변을 당하는데, 인월(寅月)에 정단하면 午가 사기이니 대흉하다.

● 신년(申年)에 정단하면 지상의 戌과 간상의 午가 술년의 상문과 조객이니 가정에서 상을 당하는 일을 예방해야 한다. ● 삼전은 가운이다. 삼전이 퇴여(退茹)이니 가운이 쇠퇴하고, 중·말전이 공함되었으니 가운이 매우 나쁘다.

○ **혼인** : 낮에 정단하면 남자가 길하다. 여자는 주야 모두 좋지 않다.

→ 일간은 남자이다. 낮에 정단하면 청룡이 간상에 타고 있으니 남

자가 길하고, 밤에 정단하면 등사가 간상에 타고 있으니 흉하다. 일지는 여자이다. 지상이 괴강인 戌이니 드센 여자이다. 주야 모두 지상에 흉장인 현무가 타니 더욱 흉하다. ● 섭해과이니 혼담이나 연애에서 어려움이 많다. ● 궁합 : 일간(기궁) 申과 일지 子가 삼합하고 간상의 午와 지상의 戌이 삼합하니 대체로 좋다. ● 처재효는 아내이다. 남자가 정단하면 말전의 처재효 寅이 공망되었으니 결혼생활 말년에 상처한다.

○ **임신·출산** : 과전이 모두 양이니 딸이다.

※ 『육임직지』 원문에서는 "아들"이라고 하였다.

→ 양이 극에 이르면 음이 발생하니 딸이다. 그리고 섭해과이고 괴강이 지상에 가하니 난산이 우려되고, 일간(기궁) 申과 일지 子가 삼합하고 간상의 午와 지상의 戌이 삼합하니 더욱 더 난산이 우려된다.

○ **구관** : 매우 길하다.

→ 말전의 寅은 일간의 재성으로서 관성인 초전의 午화를 생하고, 다시 발용의 甲午가 갑오순의 '순의(旬儀)'와 子일의 지의(支儀)이니 승진하고 녹봉이 오른다. ● 다만 과체가 섭해이고, 삼전이 퇴여(退茹)이고, 다시 고향으로 가는 상의 '고조(顧祖)'이고, 다시 초전의 청룡이 지반을 극하니 관로가 어둡다.

○ **구재** : 재효가 공함되었다. 갑오순을 벗어난 뒤에 재물을 얻는다.

→ 말전의 寅이 재물이지만 갑오순의 공망이 되었으니, 공망을 벗어나는 다음 순에 재물을 득하거나 혹은 진년(辰年)이나 진월(辰月)이나 진월장(辰月將) 기간에 재물을 얻는다. 다만 섭해과이니 구재가 순단하지는 않다.

○ **질병** : 비위의 습증이다. 좋은 의사를 만나 머지않아 저절로 낫는다.

→ 오행의 토는 비위이다. 지상의 戌에 수의 천장인 현무가 타니 비위의 습증이다. 낮에 정단하면 백호가 申에 타서 오행의 목을 극하

니 간병이다. 간병은 申을 극하는 午 아래의 신방(申方)에서 양약과 양의를 구해서 치료하면 머지않아 저절로 낫는다. ● 신년(申年)에 정단하면 지상의 戌과 간상의 午가 술년의 상문과 조객이니 상을 당한다.

○ **출행**: 육로는 낮에 길하고, 수로는 좋지 않다.
　➔ 현대에서는 일간은 여행객, 일지는 여행지이다. 지상에 주야 모두 현무가 타니 여행지에서 도난을 예방해야 한다. ● 섭해과이니 여행에서 장애가 많다. ● 역마는 자동차이다. 말전의 역마가 공함되었으니 교통사고를 예방해야 한다.

○ **유실**: 집안 식구가 훔쳐갔다.
　➔ 일지는 집, 현무는 도둑이다. 현무가 지상에 타니 집안의 식구가 훔쳐갔다.

○ **모망**: 시작은 근면하고 나중은 나태하다.
　➔ 초전은 시작, 말전은 나중이다. 초전이 튼실하니 시작은 근면하고, 말전이 공함되었으니 나중에 결과가 없는 상이다.

○ **귀가**: 천강이 사중에 가했으니 길에 있다.
　➔ 천강(辰)은 동신(動神), 사중은 귀가의 중기이다. 천강이 사중의 하나인 午에 가했으니 길에 있다.

↑ **쟁송**: 모두 패소할 우려가 있다.
　➔ 일간 庚은 간상의 午로부터 극을 당하고 일지 子는 지상의 戌로부터 극을 당했으니 양측 모두 패소가 우려된다. ● 승패: 초전과 말전과 지상이 화국을 이루어서 일간을 극하니 내가 불리하다. ● 관재: 초전의 귀살이 중·말전에서 공함되었으니 관재가 점차 약해진다.

○ **전쟁**: 휴전이 가능하다.
　※『육임직지』원문에서는 "낮에 정단하면 매우 흉하고, 밤에 정단하면 길하다."고 하였다.

→ 일간은 아군, 일지는 적군이다. 일간과 일지가 상합하고 간상과 지상이 상합하니 휴전이 가능하다.
→ 본문의 쟁송 참조.
□ 『필법부』: 〈제63법〉 피차 모두 상하니 양쪽 모두 방비해야 한다.
→ □ 분석 ❶ 참조.
〈제82법〉 삼전이 전진하지 못하는 불행전(不行傳)은 초전을 살펴야 한다.
→ 매사 전진할 수 없으니 초전으로만 길흉을 정하면 된다.
□ 『육임지남』: 乙酉년의 7월에 월장 午를 점시 申에 가하여 육임식반을 조식한 뒤에 말없이 정단한다. 승광인 午가 천마(天馬)이니 온 뜻은 귀가에 관한 것이다. 달을 지나서 희망하는 丙辰일에 아내가 도착한다. 왜 그런가? 그 이유는 중전과 말전이 공망이니 한 달 안에 오지는 못하고, 달을 지나서 역마 寅이 일지에 임하고 있는 戌을 극하니 丙辰일에 온다.
본 과전으로 공명을 살피면, 복구하는 데에 부족함이 있지 않겠는가? 내가 말하기를 삼전이 고조(顧祖)이며 중전과 말전이 공망되었으니 처음은 있지만 끝이 없다. 용이 변하여 뱀이 되는 상이다. 초전이 용이고 말전이 이무기이므로 병헌직에 그치며, 청룡승신 午가 지반 申을 극하므로 관직자의 승진에 부족하여 재임한지 한 달 남짓 지나서 탄핵을 당하고 문초를 당했다.
→ 관직에 불리한 이유의 첫째, 초전의 관성이 중·말전에서 공망되었고, 둘째, 용이 변하여 등사가 되며, 셋째, 퇴간전과 고조격이다.

庚子일 제 4 국

공망 : 辰·巳
낮 : 왼쪽 천장, 밤 : 오른쪽 천장

甲	癸	庚
青 午 蛇	朱 卯 勾	后 子 白
酉	午	卯
○	壬	丁	甲
勾 巳 朱	蛇 寅 青	常 酉 陰	青 午 蛇
庚 申	巳 ○	子	酉

壬寅巳 蛇青朱	癸卯午 朱勾合	○辰未 合勾	○巳申 勾朱
辛丑辰 貴空○			甲午酉 青蛇
庚子卯 后白			乙未戌 空貴
己亥寅 陰常玄	戊戌丑 常玄	丁酉子 玄常陰	丙申亥 陰白后

□ **과체** : 지일(知一), 고개승헌(高蓋乘軒/軒蓋), 육의(六儀) // 삼기(三奇), 복덕(福德), 가귀(家鬼), 맥월(驀越), 명암이귀(明暗二鬼), 금일정신(金日丁神), 재폐구(財閉口), 장상재흉(장생공망), 간지상합(干支相合), 귀인입옥(貴人入獄), 상문조객(태세:未).

□ **핵심** : 장생은 공허하고 귀인은 상했다. 지상이 정마와 양인(羊刃)과 패기(敗氣)이니 여러 가지의 화를 입는다. 떠있는 재물이 무슨 소용이 있겠는가?

□ **분석** : ❶ 간상의 巳는 일간의 장생으로서 일간(기궁) 申과는 파(破)를 하고, 다시 귀살이 공함이 되었다. 발용의 午는 패기(敗氣)이며 일간의 귀살이다. 지상 酉의 둔간은 丁이고 다시 양인이어서 한 과에 여섯 개의 악이 함께 움직이니 많은 화를 입는다.

❷ 중전의 卯가 비록 재물이지만 탈기(脫氣)에 앉아 있다. 낮에는 주작이 타고서 卯를 탈기하여 재성의 기운이 약해서 떠있는 재물에 불과할 뿐이니 설령 득하더라도 쓸모가 없다.

□ **정단** : ❶ 삼전이 午卯子이니 고개승헌이다. 공무원에게 이롭다.

❷ 중전의 卯가 관귀효 午를 생하고 午가 일간을 극하여 가정의 처자식이 오히려 타인을 도와 나를 해치니 가정이 깨지고 내가 다친다. 말전의 子가 초전의 午를 충(沖)과 극(剋)을 함으로써 나중에 화를 풀 수 있으니, 길과 흉은 집의 식구에게 달려 있다.

○ **날씨** : 청룡이 승천하고 주작이 다시 날아오르니 날이 흐렸다가 개는 것이 일정하지 않다.

→ 청룡은 감우의 천장, 주작은 맑음의 천장이다. 낮에 정단하면 청룡은 초전에 있고 주작은 중전에 있으니, 흐리고 개는 것이 일정하지 않다.

○ **가정** : 정신(丁神)이 酉에 거주해서 파(破)를 당하니 가정이 깨지는 일이 발생한다.

→ 일지는 집, 정마는 이동, 파는 파산을 뜻한다. 지상의 둔간이 정마이니 이사나 여행이나 유학하는 일이 발생하고, 酉가 일지 子와 파(破)를 하니 가정이 깨지는 일이 발생한다. ● 일지음신의 午가 일간 庚을 극하니 가정에 우환이 발생한다. 낮에는 청룡이 타고 있으니 가계난이고, 밤에는 등사가 타고 있으니 놀라는 우환이다. 만약 인월에 정단하면 午가 인월의 사기이니 큰 우환이 발생한다. ● 미년(未年)에 정단하면 지상의 酉와 간상의 巳가 미년의 상문과 조객이니 가정에서 상을 당하는 일을 예방해야 한다.

○ **혼인** : 간상은 공망되고 지상은 양인(羊刃)이니 혼인이 불길하다.

→ 일간은 나, 일지는 배우자감이다. 일간이 공망되었으니 남자는 혼인할 형편이 되지 못하고, 지상 酉는 일지 子와 파(破)를 하고 다시 酉가 일간의 양인(羊刃)이니 불길한 배우자감이며, 지상의 酉가 일간의 양인이니 드센 성정의 소유자이다.

● 혼처 : 지일과이니 가까운 사람이나 장소에서 구하면 된다. ● 궁

합 : 비록 공망은 되었지만 일간(기궁) 申과 일지 子가 삼합하고 다시 간상의 巳와 지상의 酉가 삼합하니 좋은 편이다. 혼인을 원할 경우, 공망이 메워지는 사년(巳年)이나 사월(巳月)이나 사월장(巳月將)이 되면 혼인할 수 있다.

○ **임신·출산** : 삼전에서 두 양이 하나의 음을 감싸고 있으니 임신하면 딸이 된다.

※ 『육임직지』 원문에서는 "하는 강하고 상은 약하며, 두 양이 하나의 음을 감싸고 있으니 딸이 된다."고 하였다.

→ 양은 남자, 음은 여자이다. 초전과 말전의 두 양(午,子)이 중전의 하나의 음(卯)을 감싸고 있으니 임신하면 딸이고, 다시 일간의 음양에서 두 양(申,寅)이 하나의 음(巳)을 감싸고 있으니 딸이다.

○ **구관** : 격명이 고개승헌(高蓋乘軒)이니 관직을 정단하면 길하다.

→ 삼전의 午卯子는 고개승헌으로서 네 마리의 말이 끄는 수레를 타고서 양산을 받쳐 든 고위직공무원의 상이니 관직을 정단하면 길하다. 다만 밤에 정단하면 등사가 귀살 午에 타서 일간을 극하여 오니 그렇지 않고, 만약 가을에 정단하면 卯가 상여로 변하니 또한 그렇지 않다.

○ **구재** : 재성이 크게 왕성하지는 않지만 추구하면 얻을 수 있다.

→ 재성은 재물이다. 중전의 卯가 지반의 午와 파(破)를 하여 재물이 손상되었고 다시 폐구되었으니 작은 재물이거나 쓸 수 없는 재물이다.

○ **질병** : 폐병이다. 사월(巳月)에 정단하면 불길하다.

→ 귀살과 백호는 병을 일으키는 원인이다. 주야 모두 귀살 午가 금을 극하니 금에 해당하는 폐병이다. 만약 사월(巳月)에 정단하면 간상의 巳가 살아나서 일간을 극하니 불길하다. ● 밤에 정단하면 백호가 子에 타서 화를 극하니 화의 장부인 심장병이다. ● 폐병은 午를 극하는 子 아래의 묘방(卯方, 정동)에서 양의와 양약을 구해야 하

고, 심장병은 子를 극하는 戌 아래의 축방(丑方, 동북방)에서 양의와 양약을 구해야 한다. ● 미년(未年)에 정단하면 지상의 酉와 간상의 巳가 미년의 상문과 조객이니 상을 당한다. ● 부모의 질병을 정단하면 장생 巳가 공망되었고 다시 혼이 날아다니는 상의 헌개이니 위독하다.

○ **출행** : 육로는 이미 공함되었고, 수로는 불길하다.
→ 현대에서는 일간은 여행객, 일지는 여행지이다. 일간이 공망되었으니 출행할 수 없는 상황이고, 지상의 酉가 양인(羊刃)이니 여행지에서 사고가 날 가능성이 있다.

○ **유실** : 도난이 아니다.
→ 과전에 현무가 나타나지 않았으니 도난이 아니라 분실한 것이다.

○ **귀가** : 천강이 사계에 가했으니 바로 도착한다.
→ 천강(辰)은 동신(動神), 사계는 귀가의 말기이다. 천강이 사계의 하나인 未에 가했으니 바로 도착한다.

↑ **쟁송** : 불리하다.
→ 일간은 나, 일지는 상대이다. 일간은 공허하고 일지는 튼실하니, 나는 불리하고 상대는 유리하다. ● 관재 : 초전이 비록 일간의 귀살이지만 이것을 말전의 子가 제압하고 간상의 주작귀살과 구진귀살이 공망되었으니 나중에는 평안해진다.

○ **전쟁** : 흉한 기운 속에 길한 기운이 있다. 개선하여 돌아온다.
→ 초전의 귀살을 말전이 제압하니 흉한 가운데에서 길한 기운이 있다. 삼전의 午卯子가 헌개(軒蓋)이니 개선한다.

□ 『**필법부**』 : 〈제38-2법〉 재신이 폐구 또는 식신공망격.
→ 중전의 재성이 폐구(閉口)가 되었다. 임신을 정단하면 태아는 선

천성 언어장애자이고, 소송을 점단하면 나의 진실을 판사가 수용하지 않으니 불리한 판결을 받는다.

□ 『과경』: 巳가 일간에 가하고 酉가 일지에 가한다. 일간의 상신이 일간을 극하고 지상의 丁酉가 다시 일간을 극하니, 음과 양의 두 귀살이 힘을 합쳐서 일간을 극한다. 사람과 집 모두에 우환이 닥치니 사람과 집 모두 흉한 상이다.

□ 『요람(要覽)』: 간상의 巳가 일간의 생이기도 하고 극이기도 하니 양면의 칼이다. 다행히 말전의 子가 귀살을 제압한다.

| 갑오순 | 경자일 | 5국 |

庚子일   제 5국

공망 : 辰·巳
낮 : 왼쪽 천장, 밤 : 오른쪽 천장

庚	丙	○	
蛇子青	青申蛇	玄辰玄	
辰○	子	申	
○	庚	丙	○
玄辰玄	蛇子青	青申蛇	玄辰玄
庚申	辰○	子	申

辛貴丑巳	壬后寅午	癸陰卯未	○玄辰申
蛇庚子辰○ 青			○常巳酉陰
朱己亥卯 勾			白甲午戌后
合戊戌寅	丁勾酉丑朱	丙青申子蛇	乙空未亥貴

□ **과체** : 중심(重審), 윤하(潤下), 참관(斬關), 불비(不備) // 고진(孤辰), 덕경(德慶), 화미(和美), 전국(全局), 삼기(三奇), 권섭부정(權攝不正), 구생(俱生), 역허(歷虛), 복덕(福德), 회환(回還), 육양(六陽), 간지상합(干支相合), 상문조객(태세:午), 자손효현괘.

□ **핵심** : 삼전과 일진 그리고 주야의 천장이 모두 도둑신이다. 포기하기도 어렵고 취하기도 어렵다.

□ **분석** : ❶ 삼전의 모든 수가 일간을 뺏고, 주야의 천장인 청룡과 등사와 현무는 모두 물속의 신이니 십이신과 십이천장은 모두 일간의 기운을 빼앗는다.

❷ 辰을 싫어하면서도 한편으로는 辰의 생을 좋아하니 포기하기 어렵다. 만약 마음을 기울여서 辰을 따르면 도둑맞고 탈기당하는 것이 매우 심해서, 포기하기도 어렵고 취하기도 어려우니 진퇴양난이다.

□ **정단** : ❶ 삼전이 윤하(潤下)이다. 삼전이 사과를 떠나지 않아 속박되어 달리는 상이다. 윤하의 辰은 공망되었고 子는 공함이 되었다.

❷ 삼전에는 오직 申만 존재한다. 申은 일록이고 그 둔반은 귀살인

丙이다. 낮에 정단하면 관록이 홀로 존중을 받으니 그리 불길하지는 않지만 관직에서 손실을 면하기는 어렵다.

○ **날씨** : 삼전의 수가 공망되었으니 비가 오지 않는다.
   ➜ 오행의 수는 강우이다. 삼전의 수국이 공망되었으니 비가 오지 않는다. 갑오순을 벗어나면 비가 온다.
○ **가정** : 몸만 있다. 낭비와 지출이 지나치게 많다.
   ➜ 일간은 몸이다. 일지의 음양이 삼합해서 일간을 탈기하니 몸만 있고 가정에는 지출과 낭비가 많다. ● **가상** : 이 집으로 이사하면 낭비와 지출이 많은 가상이다. ● 중심과이니 손아래의 사람이 손위의 사람에게 무례하다. 일간음양과 일지음양과 삼전이 탈기국을 형성하여 일간을 탈기하니 손실이 지나치게 많은 가정이다. ● 오년(午年)에 정단하면 지상의 申과 간상의 辰이 오년의 상문과 조객이니 가정에서 상을 당하는 일을 예방해야 한다.
○ **혼인** : 좋지 않다.
   ➜ 일간은 나, 일지는 배우자감이다. 일지의 음양이 일간을 탈기하니 혼인이 좋지 않다. ● **궁합** : 일간은 나, 일지는 배우자감이다. 공망된 辰이 풀리는 시기(진년, 진월, 진월장)에 정단하면 궁합이 좋다. ● 기궁이 지상으로 갔으니, 내가 상대에게 가서 청혼하고 혼인하는 상이다. ● 중심과이니 여자의 성정이 드세다. 특히 지반의 辰이 왕성해지는 여름과 토왕절에 정단하면 더욱 더 이러한 성향이 강하다. ● 배우자감을 뜻하는 지상에 낮에는 길장인 청룡이 타고 있으니 선한 사람이고, 밤에는 흉장인 등사가 타고 있으니 악한 사람이다. 주야 모두 지상의 둔간이 관귀효이니 숨겨둔 남자가 있거나 혹은 여자로 임한 암해를 예방해야 한다.
○ **임신·출산** : 자식이 양에 속하니 임신하면 남자이다. 그러나 子가 공

함이 되었으니 임신부는 길하고 태아는 흉하다.

→ 자손효인 子는 자식이고 이것이 양에 속하니 남자이다. 그러나 자손효와 일간이 공망되었으니 태아에게 흉하다.

○ **구관** : 타인에 의해 모든 것을 잃었지만 오직 관록은 무방하다.

→ 일간의 음양과 일지의 음양과 삼전이 각각 삼합해서 일간을 탈기하니 타인에 의한 손실이 많지만, 관록을 뜻하는 일록 申이 공망되지 않았으니 관록은 무방하다. 일간과 일지와 삼전이 각각 삼합해서 관성을 극하니 관운이 약하다. ● 기궁이 지상으로 가서 '권섭부정(權攝不正)'이니 좌천되거나 지방으로 발령이 날 우려가 있다. ● 일간은 나, 초전은 현재, 박관살(剝官殺)은 관성을 훼손시키는 작용을 한다. 일간과 초전이 공망되었고 다시 과전에 박관살만 있으니 고시에 낙방하고 승진은 안 된다.

○ **구재** : 얻지 못한다.

→ 과전에 재성이 나타나지 않았으니 재물을 얻지 못한다. 일간과 일지와 삼전이 각각 삼합해서 일간을 설기하니 구재를 추구하면 오히려 큰 손실을 입는다. 다만 연명이 午이면 그 상신이 재성인 寅이니 구재를 하면 재물을 얻는다.

○ **질병** : 폐결핵과 허탈증이다. 낫기 어렵다.

→ 오행의 금에 속한 일간 庚이 공망되어 쇠하니 폐결핵이다. 일간의 음양과 일지의 음양과 삼전이 각각 삼합해서 일간을 탈기하니 허탈증이 지나치게 심하니 낫기 어렵다. ● 오년(午年)에 정단하면 지상의 申과 간상의 辰이 오년의 상문과 조객이니 상을 당한다.

↑ **출행** : 출행할 수 없다.

→ 일간은 여행객이다. 일간이 공망되었으니 출행할 수 없다. 공망된 辰이 다음 순에는 메워지니 다음 순에는 출행할 수 있다.

○ **귀가** : 일간이 지상에 가했으니 출행인이 스스로 귀가한다.

→ 일간은 사람, 일지는 집이다. 일간(기궁)이 지상으로 갔으니 출

행한 사람이 스스로 돌아온다.
- ⬆ **쟁송** : 내가 불리하다.
  - ➡ 일간은 나, 일지는 상대이다. 일간은 공허하고 일지는 튼실하니 나는 불리하고 상대는 유리하다. 그리고 일간 庚이 일간과 일지와 삼전에서 윤하인 子申辰으로 탈기(脫氣)되니 쟁송으로 인한 비용이 많이 든다.
- ⭕ **전쟁** : 튼튼하게 지켜야 한다.
  - ➡ 일간은 아군이다. 일간이 공망되어 아군이 공허하니 오로지 공격하지 않고 튼튼하게 지켜야 한다.

- ☐ 『**필법부**』: 〈제8법〉 일록이 일지에 임하면 임시직으로서 정당한 자리가 아니다.
  - ➡ 일간은 높고 일지는 낮다. 따라서 일록이 일지에 임하면 임시직이다. 이미 관직에 있는 사람이 점단하면 좌천될 우려가 있다.
- ☐ 『**정온**』: 월장 申을 점시 子에 가한 뒤에 육임식반을 조식하여 귀가 점단을 한다. 격이 참관(斬關)이며 자손효가 발용이 되었고 이 곳에 청룡이 타고 있으며 삼전의 현무는 공망되었으니, 자식이 만리를 도주한 뒤에 연락되지 않는다.

  출행인 행년상의 재성 寅이 왕지에 임했으니 나중에 경제적인 이익을 득한 뒤에 귀가한다. 행인의 본명은 午이다. 午 위에 보이는 寅은 곧 甲이다. 4월의 己巳에서 행년상신 甲은 4월의 월간인 己와 합하고 乙은 庚과 합한다. 그리고 寅은 역마로서 청색이고 타고 있는 천장인 백호의 오행이 흰색이니, 흰색 옷을 입고 청마를 탄 자식을 7년 후에 만날 수 있다. 그 기한이 오니 하나하나 모두 적중했다.

갑오순 | 경자일 | 6국

庚子일 제6국

공망 : 辰·巳 ○
낮 : 왼쪽 천장, 밤 : 오른쪽 천장

戊	○	庚
合 戌 合	常 巳 陰	蛇 子 靑
卯	戌	巳 ○
癸	戊	乙	壬
陰 卯 常	合 戌 合	空 未 貴	后 寅 白
庚 申	卯	子	未

庚 蛇 子 靑 巳	辛 貴 丑 空 午	壬 后 寅 白 未	癸 陰 卯 常 申
己 朱 亥 勾 辰 ○			○ 玄 辰 玄 酉
戊 合 戌 合 卯			○ 常 巳 陰 戌
丁 勾 酉 朱 寅	丙 靑 申 蛇 丑	乙 空 未 貴 子	甲 白 午 后 亥

- **과체** : 지일(知一), 비용(比用) // 형상(刑傷), 앙구(殃咎), 초전협극(初傳夾剋), 삼기(三奇), 복덕(福德), 인귀생신(引鬼生身), 불행전(不行傳), 태수극절(胎受剋絶), 간지상합(干支相合), 상문조객(태세:巳), 폐구(閉口).

- **핵심** : 巳가 무력하니 공무원은 파면된다. 재물은 구할 수 있다. 자식이 형을 선고받아 변방으로 귀양을 간다.

- **분석** : ❶ 중전의 巳는 庚의 관귀효로서 아래에 있는 戌에 의해 묘신을 당하고 위로는 子로부터 극을 당하니, 공무원은 안주하지 못하고 파면을 당한다.

  ❷ 간상의 卯는 일간의 재성이다. 일간을 탈기하는 일지 子를 형(刑)을 하고 戌을 제극하며 관성을 구원하니, 나의 재물을 취득하는 일이 긴징되지 않는다.

- **정단** : ❶ 비용과의 허리가 부러져서 모든 일의 중도에 장애가 생기고 지체되지만 다행히 생기를 만나니 부모의 은혜에 의지한다.

  → 중전이 공망되었으니 허리가 '부러졌다'고 하였다. 그리고 중전

의 巳가 일간의 장생이니 부모에 해당하지만 공망이 되었으니 부모의 은혜를 기대할 수 없다. 오히려 부모의 질병을 정단하면 장생이 공망되고 다시 묘지에 임하니 사망한다고 해석한다.
❷ 재성인 卯가 일간에 임하고 재물의 창고인 未가 일지에 임하니 부유는 더할 나위가 없다.
❸ 밤에 정단하면 지상에 있는 귀인승신 未가 가택 子를 극하니 집안이 편안하지 못하다.
→ 귀인은 관청과 공무원이다. 귀인승신 未가 일지 子를 제극하니 가정에서 관재가 우려된다. 만약 낮에 정단하면 천공승신 未가 일지 子를 극하니 사기를 예방해야 한다.

○ **날씨** : 천괴(戌)가 발용이 되었지만 천강(辰)이 酉를 가리킨다. 낮에 정단하면 맑고 밤에 정단하면 비가 온다.
→ 발용이 천괴(戌)이니 비를 몰아내지만, 대각성인 辰이 음의 12지 酉를 가리키니 비가 오는 상이다. 낮에 정단하면 말전에 화의 천장인 등사가 타고 있으니 맑고, 밤에 정단하면 말전에 비를 부르는 청룡이 타고 있으니 비가 오는 상이지만 공망되었으니 비가 오지 않는다.

○ **가정** : 밤 귀인이 지상에 임하여 가택을 극하니 서민의 집은 불리하다.
→ 밤에 정단하면 지상의 未에 귀인이 타서 일지 子를 극하니 관청으로부터 시비와 관재가 있고, 낮에 정단하면 지상의 未에 천공이 타서 일지 子를 극하니 타인으로부터 기만을 당한다. ● 화목 : 일간 庚(申)과 일지 子가 상합하고 간상의 卯와 지상의 未가 상합하니 가족이 화목하다. ● 일지음신 寅에 낮에는 천후가 타고 있으니 미혼 남자가 정단하면 처를 취하는 경사가 있고, 밤에 정단하면 처재효

에 백호가 타고 있으니 부인에게 병이 발생하는 것을 예방해야 한다. ● 사년(巳年)에 정단하면 지상의 未와 간상의 卯가 사년의 상문과 조객이니 가정에서 상을 당하는 일을 예방해야 한다.

○ **혼인** : 밤에 정단하면 매우 좋다.
→ 일지는 배우자감이다. 밤에 정단하면 지상에 길장인 귀인이 타고 있어서 고귀한 배우자감이니 매우 좋다. 그러나 낮에 정단하면 지상에 흉장인 천공이 타고 있으니 허언을 일삼는 배우자감이다. ● 궁합 : 일간 庚(申)과 일지 子가 상합하고 간상의 卯와 지상의 未가 상합하니 좋다. ● 혼처 : 지일과이니 가까운 사람이나 장소에서 구하면 된다. ● 혼담 : 초전이 협극되었고 중전과 말전이 공망되었으니 혼담이 순조롭지 못하다.

○ **임신·출산** : 딸을 낳는다. 난산이다.
→ 삼전은 태아가 생육되는 과정이다. 삼전의 두 양인 戌과 子가 하나의 음인 巳를 감싸고 있으니 딸을 낳는다. 그리고 초전이 협극(夾剋)되고, 다시 간지와 그 상신이 상합하여 태아가 어머니의 자궁을 떠나지 않는 상이니 난산이다. ● 임신을 정단하면 태신인 卯가 卯의 절지(絶地)인 申에 임하고 다시 극지(剋地)에 임하니 유산될 우려가 있고, 태신이 폐구(閉口)가 되었으니 선천성 언어장애자를 출산할 우려가 있다.

○ **구관** : 관성이 공망되었지만 공망이 메워지면 길하다.
→ 관성은 관직이다. 중전의 관성 巳가 공망되어 나쁘지만 사년이나 사월이나 사월장 기간에 정단하면 공망이 메워지니 관직에 길하다.

○ **구재** : 재물이 저절로 나를 따르니 재물을 추구하지 않더라도 재물이 저절로 온다.
→ 재신인 卯가 일간에 임하고 재물의 창고인 未가 일지에 임하니 재물을 추구하지 않더라도 재물이 저절로 나에게 오는 상이다. 다만 재성이 폐구되었으니 취하지 못하는 재물이다.

○ **질병** : 비위가 상했다. 의사의 도움을 받는다.

→ 일지는 병증이다. 지상이 未이니 비위가 상했고 밤에 정단하면 백호가 寅에 타서 토를 극하니 비위가 상했다. 일간의 귀살인 巳가 공망되었으니 우려할 정도의 병은 아니며 의사의 도움을 받아서 곧 낫는다. ● 위장병은 백호승신 寅을 제극하는 申의 아래가 丑이니 축방(丑方, 동북방)에서 명의와 명약을 구하면 된다. ● 사년(巳年)에 정단하면 지상의 未와 간상의 卯가 사년의 상문과 조객이니 상을 당한다.

○ **출행** : 육로는 무방하고 수로는 길하다.

→ 현대에서는 일간은 여행객, 일지는 여행지이다. 지상의 未가 일간 庚을 생하니 안전한 여행지이다. 삼전은 여정이다. 초전이 협극(夾剋)되었으니 출발이 지연되거나 혹은 장애가 발생한다. 만약 사업상의 여행이면 중전과 말전이 공망되었으니 목적을 달성하지 못한다.

○ **유실** : 유실물을 찾으면 득할 수 있다.

→ 현무가 과전에 나타나지 않아서 도난당한 것이 아니므로 유실물을 찾으면 득할 수 있다.

○ **귀가** : 천강이 사중에 가했으니 길에 있다.

→ 천강(辰)은 동신(動神), 사중은 귀가의 중도이다. 천강이 사중의 하나인 酉에 가했으니 길에 있다.

○ **쟁송** : 합의가 가능하다.

→ 지일과이니 합의가 가능하고, 간지와 그 상신이 상합하니 다시 합의가 가능하다. ● 승패 : 일간은 나, 일지는 상대이다. 간상의 卯가 지상의 未를 극하니 내가 유리하다.

○ **전쟁** : 시작은 있지만 결과는 없다. 이익이 드러나지 않는다.

→ 삼전은 전쟁의 과정이다. 중전과 말전이 공망되었으니 결과가 없고 이익이 드러나지 않는다.

□ 『필법부』: 〈제82법〉 삼전이 나아가지 못하는 불행전(不行傳)은 초전을 살펴야 한다. 불행전은 중·말전이 공망되는 것을 말한다.
→ 매사 전진할 수 없으니 초전으로만 길흉을 정하면 된다.
□ 『고감』: 癸酉년에 출생한 사람이 10월 25일에 월장 寅을 점시 未에 가하여 육임식반을 조식한 뒤에 가옥을 취하는 정단을 한다. 과명이 착륜(斲輪)이니 나중에 경쟁하게 된다. 지상의 未에 천공이 타고서 가택의 子와 서로 육해하니 소인(陰小)이 나를 속인다. 행년인 酉를 천라지망(天羅地網)인 辰이 휘감았고 다시 酉가 寅에 가했는데 寅은 酉의 절지이다. 말전에는 등사가 타고 子가 자손효이며 子가 절지 巳에 임했으니 좋은 가옥이 아니다. 나중에 과연 그러했다.
→ 일간에서 卯가 申에 가했으니 '착륜'이라고 하였다.
□ 『과경』: 태신인 卯가 申에 가한다. 태신이 일간에 가하여 절지(絶地)로부터 극을 받았으니 임신을 정단하면 지극히 위험하고, 출산을 정단하면 당일에 낳는다.

庚子일 제 7 국

공망 : 辰·巳 ○
낮 : 왼쪽 천장, 밤 : 오른쪽 천장

壬 后 寅 白	丙 青 申 蛇	壬 后 寅 白	
申		寅	申
壬 后 寅 白	丙 青 申 蛇	甲 白 午 后	庚 蛇 子 青
庚 申	寅	子	午

己 朱 亥 勾 巳 ○	庚 蛇 子 青 午 貴	辛 空 丑 后 未	壬 白 寅 陰 申
戊 合 戌 合 辰 ○			癸 陰 卯 常 酉
丁 勾 酉 朱 卯 丙			○ 玄 辰 玄 戌
青 蛇 申 寅 丙	乙 空 未 貴 丑	甲 白 午 后 子	○ 常 巳 陰 亥

- □ **과체** : 반음(返吟), 원태(元胎), 절태(絶胎) // 무의(無依), 앙구(怏咎), 회환(回還), 간지상합(干支相合), 초전협극(初傳夾剋/밤), 상문조객(태세:辰), 삼전외전(三傳外戰), 최관사자(催官使者).
- □ **핵심** : 재물 속에 丙이 있다. 왕래가 일정하지 않다. 곡식을 바치면 관직을 구할 수 있다. 공용(公用)으로 해야 한다.
- □ **분석** : ❶ 丙은 본래 寅에서 생기니 寅에는 丙이 들어 있다. 申의 둔간이 丙이고 삼전의 12신이 반복되니 모든 것이 일정하지 않은 상이다.

　❷ 지상의 午는 일간의 관성이다. 간상의 寅이 午를 생하여 왕성한 재성이 관성을 생하니 곡식을 바치면 관직을 얻는다.

　❸ 과전이 육양이니 공적인 일에서 매우 이롭다.
- □ **정단** : ❶ 반음과이며 일록 申과 역마 寅이 일간의 음양에 임하니 부귀를 희망할 수 있다. 밤에는 등사와 백호가 두 곳에 있지만 낮에는 이들이 없으니 곤란하지 않다.

　❷ 지상에 가한 甲午에 낮에 정단하면 백호가 일간을 극하니, 재물

로 인해 화가 닥치는 것을 예방해야 한다.
❸ 제2과와 중전의 申은 일간의 일덕과 일록이다. 이것이 절지(絕地)에 앉아 있으니 오로지 가을에 정단해야 길하다.
→ 申이 비록 절지인 寅에 가했지만 가을에는 申이 왕성하니 절지에 임한 해가 작다.

○ **날씨** : 수운이 위에 있고 청룡이 중전에 머물지만 비가 많이 오지는 않는다.
→ 초전과 말전의 둔간이 壬이고 수신인 청룡이 중전에 머물지만 비가 많이 오지는 않는다.
○ **가정** : 재·관·록·마를 온전히 갖췄지만 오랫동안 편한 상은 아니다.
→ 재성은 관성을 생하는 신, 관성은 관직, 일록은 관록, 역마는 승진의 신이다. 간상과 초전의 寅은 재성과 역마, 지상의 午는 관직, 중전의 申은 관록이다. 과전에서 이들을 모두 갖췄지만 천반의 여러 길신이 지반과 상충하여 길한 기운이 깨졌으니 오랫동안 편한 상은 아니다. ● 일지는 집이다. 낮에는 백호가 지상의 午에 타서 일간을 극하니 가족의 질병을 예방해야 하고, 밤에는 천후가 지상의 午에 타서 일간을 극하니 부인에 의한 해를 예방해야 한다. ● 진년(辰年)에 정단하면 지상의 午와 간상의 寅이 진년의 상문과 조객이니 가정에서 상을 당하는 일을 예방해야 한다.
○ **혼인** : 재성은 간상에 임했고 관성은 지상에 임했다. 양가 집안이 서로 혼인을 약속하지만 뒤집혀질 우려가 있다.
→ 일간은 남자이고 일지는 여자, 관성은 남자이고 재성은 여자이다. 재성이 간상에 임했으니 여자가 남자에게 시집오는 상이고, 관성이 지상에 임했으니 남자가 여자에게 장가드는 상이다. 재성과 관성이 모두 절지(絕地)에 임했으니 혼인이 뒤집혀질 우려가 있다.

● 밤에 정단하면 초전이 협극(夾剋) 되었으니 혼담이 중지되거나 막힐 우려가 있다. 즉 초전 천반의 寅목이 지반의 申금과 寅에 탄 백호의 오행인 申금으로부터 동시에 극을 당하니 협극(夾剋)이 되었다. 또한 삼전이 계속하여 외전(外戰)을 당하니 혼인에 장애가 많다.
● 일지는 배우자감이다. 낮에는 지상에 백호가 타고 있으니 드세며 병이 있는 사람이고, 밤에는 지상에 천후가 타고 있으니 여성적인 사람이다. ● 밤에 정단하면 지상이 육의이고 이곳에 길장인 천후가 타니 고귀한 여자이다.

○ **임신·출산** : 아래는 강하고 위는 약하니 딸이다.
→ 지반은 음과 여자, 천반은 양과 남자이다. 지반이 천반을 극하여 발용이 되었다는 것은 지반이 강하다는 뜻이니 딸이다. 과전의 천반과 지반이 모두 상충하는 반음과이니 유산을 예방해야 한다.

○ **구관** : 공명이 성사되지만 오래가지 못할 우려가 있다.
→ 초전과 말전의 寅은 재성과 역마, 중전의 申은 일덕과 일록, 중전의 둔반은 관성이다. 비록 재성과 관성과 일록과 역마를 삼전에서 모두 갖췄지만, 과전의 천반과 지반이 모두 상충하여 길한 기운이 깨졌으니 공명은 성사되지만 오래가지 못할 우려가 있다. ● 시험 : 낙방한다. ● 승진 : 안 된다.

○ **구재** : 얻은 뒤에 잃고 잃은 뒤에 다시 얻는다.
→ 재성은 재물이다. 비록 간상과 초전에 재성인 寅이 나타났지만 寅이 지반의 申과 상충하니 얻은 뒤에 잃고, 말전에 재성이 다시 나타났으니 잃은 뒤에 다시 얻는다.

○ **질병** : 심장질환과 혈증(血症)이다. 낫기 어렵다.
→ 일간은 환자, 일지는 병증이다. 지상이 午이니 심장질환과 혈증이다. 일간과 일지가 상합하고 간상과 지상이 상합하니 병이 오래가고 낫기 어렵다. ● 낮에 정단하면 백호가 申에 타서 목을 극하니 간병이다. 이 병을 고치는 방위는 申을 극하는 子 아래의 오방(午方,

정남)이다. ● 밤에 정단하면 백호가 寅에 타서 토를 극하니 위장병이다. 이 병을 고치는 방위는 寅을 극하는 申 아래의 인방(寅方,동북방)이다. ● 반음과는 두 가지 이상의 병증이 나타나며 또한 병이 재발하는 성질이 있으니 재발하지 않도록 치료해야 한다. ● 진년(辰年)에 정단하면 지상의 午와 간상의 寅이 진년의 상문과 조객이니 상을 당한다. ● 본명이 申인 사람은 본명이 귀호(鬼戶)인 寅에 임하니 사망한다.

○ **출행** : 육로로 갈 수 있다.

→ 역마는 자동차이다. 간상의 역마 寅이 발용이 되었으니 차를 타고 길을 떠나는 상이지만, 역마가 지반 및 중전과 상충하니 교통사고를 예방해야 한다. 특히 밤에 정단하면 백호가 역마에 타고 있으니 더욱 위험하다.

○ **유실** : 도로에서 잃었다.

→ 현무는 도둑, 寅申巳亥에는 역마와 도로의 뜻이 있다. 도둑을 뜻하는 현무가 과전에 나타나지 않았으니 도둑맞은 것이 아니고, 삼전이 寅申이니 도로에서 잃었다.

○ **귀가** : 천강이 사계에 가했으니 즉시 도착한다.

→ 천강(辰)은 동신(動神), 사계는 귀가의 말기이다. 천강이 사계의 하나인 戌에 가했으니 즉시 도착한다.

↑ **쟁송** : 뒤집히는 것을 예방해야 한다.

→ 삼전이 연이어서 상하좌우로 상충하니 승패가 뒤집히는 것을 예방해야 한다. ● 승패 : 일간 庚이 일지 子로 탈기되고 간상신 寅이 지상신 午로 탈기되니 내가 불리하다.

○ **전쟁** : 전황이 뒤집혀져서 불안하다. 득실이 반반이다.

→ 삼전이 연이어서 상하좌우로 상충하니 전황이 뒤집혀져서 불안하고 득과 실이 반반이다.

□ 『필법부』: 〈제41법〉 일진상에 일록과 역마를 만나면 부귀해진다.
　→ 간상의 寅은 일록과 역마이다. 다만 일록과 역마가 절지(絶地)와 충지(沖地)에 임했으니 부귀가 오래가지는 않는다.
　〈제48법〉 주야귀인이 서로 가하면 양 귀인에게서 구하면 된다.
　→ 아래의 『과경』 참조.
□ 『과경』: 주야의 두 귀인이 서로 가하면 두 귀인이 관여하여 내 뜻이 성취된다. 만약 서민이 귀인을 알현하는 정단을 하면 반드시 귀인이 다른 곳으로 갔으므로 귀인이 집에 있지 않은 경우가 많고, 만약 공무원이 상급의 공무원을 만나러 가면 만날 수 있다.
□ 『옥성가』: 천마와 역마가 발용이 되었고 '삼성(參星)'과 백호가 중전에서 동행하고 있다.
　→ '삼(參)'은 서방칠수의 별자리로서 여기에서는 申을 가리킨다. 『천문류초』에 의하면 삼은 7개의 별로 구성되어 있다.
□ 『심인부』: 寅이 庚酉辛 궁에 임해서 일상에 가하면 질병이 침범한다.
　→ 寅은 각종 재앙을 일으키는 귀호(鬼戶)로 쓰였다.

갑오순 | 경자일 | 8국

庚子일 제 8 국

공망 : 辰·巳 ○
낮 : 왼쪽 천장, 밤 : 오른쪽 천장

	○	戊	癸
	常 巳 陰	合 戌 合	陰 卯 常
	子	巳 ○	戌
辛	甲	○	戊
貴 丑 空	白 午 后	常 巳 陰	合 戌 合
庚 申	丑	子	巳 ○

戊 合 戌 巳 ○	己 朱 亥 午	庚 蛇 子 未	辛 貴 丑 申 空
勾 酉 辰	朱		后 寅 酉 白
丙 申 卯 青	蛇		癸 卯 戌 陰 常
空 未 寅	甲 貴 白 午 丑	○ 后 巳 子 常	○ 玄 辰 亥 玄

□ **과체** : 중심(重審), 주인(鑄印), 무음(蕪淫), 과수(寡宿) // 가귀(家鬼), 교차극합(交叉剋合), 태상지생(낮), 묘신부일(墓神覆日), 장생입묘(長生入墓), 간지상합(干支相合), 상문조객(태세:卯).

□ **핵심** : 일진이 교차상합과 교차상극을 하니 흉 속에 길이 있다. 원수와 화합하니 기쁨 속에 화가 생긴다.

□ **분석** : 일지 子는 간상의 丑과 상합하고 기궁 申은 지상의 巳와 상합하니 '교차상합(交叉相合)'을 하고, 丑토는 子수를 극하고 巳화는 庚금을 극하니 '교차상극(交叉相剋)'을 한다. 교차상극을 하니 원수이고 교차상합을 하니 좋다. 원수와 합을 하니 반드시 화합하게 되고, 좋은 것이 극을 만나니 반드시 재앙이 닥친다.

□ **정단** : ❶ 격명이 '주인(鑄印)'이고 말전이 초전의 관성을 도우니 공무원에게는 이롭고 서민에게는 이롭지 않다. 그리고 巳의 묘신인 戌이 관성 巳를 덮쳤으니 관직자에게는 길한 기운이 감소되고 일반인에게는 흉이 감소된다. 다만 만약 묘신을 깨트린 경우에는 이와 같이 판단하면 안 된다.

❷ 일간과 일지가 교차상극을 하여 '무음(蕪淫)'이어서 부부가 반목하지만 지상의 巳가 공망되었으니 이러한 나쁜 뜻이 사라진다.
❸ 일간의 묘신인 간상의 丑이 존재하니 혼미해지는 것을 면하기 어려운데, 관성인 초전의 巳가 공망되었으니 관직정단에서 가장 나쁘다. 다만 공망이 메워지는 사년(巳年)과 사월(巳月)과 사월장(巳月將) 기간에 관직을 정단하면 길하다.

○ **날씨** : 묘신인 丑이 일간을 덮고, 천강은 음을 가리키며, 수운은 위에 있으니 흐리고 비가 오는 상이다.
→ 묘신 丑토는 흐림, 천강(辰)은 대각성, 癸는 수운이다. 묘신 丑이 일간을 덮고 천강이 음의 12지인 亥에 임하며, 癸수가 말전에 있으니 흐리고 비가 오는 상이다.
○ **가정** : 좋다가도 부족하게 되고, 우환 속에 환희가 있다.
→ 일간은 사람, 일지는 집이다. 일간과 일지가 교차극합(交叉剋合)을 하니 좋다가도 부족하게 되고 우환 속에 환희가 있다. ● 중심과 이니 여자는 남자에게 불손하고, 자식은 부모에게 불효한다. ● 교차상극(交叉相剋)을 하여 '무음(蕪淫)'이니 부부의 불화로 인한 이별을 예방해야 한다.
● 일간이 묘신에 매장되었으니 사람이 하는 모든 일이 어둡다. ● 사년이나 사월이나 사월장 기간의 낮에 정단하면 태상이 일간의 장생인 巳에 타고 있으니 혼인의 경사가 있다. ● 묘년(卯年)에 정단하면 지상의 巳와 간상의 丑이 묘년의 상문과 조객이니 가정에서 상을 당하는 일을 예방해야 한다.
○ **혼인** : 이루지 못한다. 혼인을 포기하기 어렵다. 설령 성사가 되더라도 나중에 싫어하게 된다.
→ 일간은 나, 일지는 배우자감이다. 일지 子는 간상의 丑과 상합하

고 기궁 申은 지상의 巳와 상합하지만 丑토는 子수를 극하고 巳화는 庚금을 극하니 혼인을 하기도 어렵고 포기하기도 어렵다. 일진이 교차상극(交叉相剋)하니 설령 혼인을 하더라도 나중에 남녀가 서로 미워하게 된다. ● 배우자감을 뜻하는 지상과 신랑감을 뜻하는 관성이 공망되었고 다시 일간과 일지가 교차상극하니 혼인이 불성한다. ● 혼인시기 : 공망된 지상의 巳가 메워지는 사년이나 사월이나 사월장 기간이다.

○ **임신·출산** : 아래는 강하고 위는 약하니 딸이다. 자식은 튼실하고 어머니는 공허하니 출산을 정단하면 매우 길하다.

→ 천반은 양과 남자, 지반은 음과 여자이다. 아래가 위를 극하여 발용이 되었다는 것은 아래가 강하다는 뜻이니 임신하면 딸이다. ● 일간은 태아, 일지는 어머니이다. 일간이 튼실하고 일지가 공허한 것은, 어머니가 아기를 낳아 어머니의 배가 비어 있는 상이니 출산을 정단하면 길하다. 다만 말전에서 손을 뜻하는 卯가 발을 뜻하는 戌에 가했으니 역산(逆産)을 예방해야 한다.

○ **구관** : 관성과 귀인이 묘신에 든다. 관직을 정단하면 이롭지 않다.

→ 관성은 관직, 귀인은 공무원이다. 관성인 巳가 지반의 子로부터 극을 받아 손상되었고 다시 공망되었으며 巳가 중전과 말전의 묘지로 드니 관직을 정단하면 이롭지 않다. 비록 관직에 길한 '주인(鑄印)'이지만 초전과 중전이 공망되어 불성하니 더욱 이롭지 않다.

○ **구재** : 재효가 보이니 구하면 반드시 얻는다.

→ 재효는 재물이다. 일간의 재효인 卯가 말전에 보이니 구하면 재물을 얻지만 재효가 폐구(閉口)가 되었으니 약간의 재물만 얻는다. ● 창업: 장생인 초전의 巳가 공망되었고 다시 장생이 중·말전에서 묘신에 드니 실패한다. 만약 사년이나 사월이나 사월장 기간에 정단하면 공망된 巳가 메워진다. 낮에 정단하면 태상이 장생에 타고 있으니 옷과 음식에 관련된 업종으로 창업하면 되고, 밤에 정단하

면 태음이 장생에 타고 있으니 금은보석에 관련된 업종으로 창업하면 된다.

○ **질병** : 폐경락의 병이다. 약을 쓰지 않더라도 낫는다.

→ 낮에 정단하면 백호가 ㅜ에 타서 오행의 금을 극하니 폐병이다. 그러나 백호음신 亥가 백호승신 ㅜ를 제극하니 약을 쓰지 않더라도 저절로 낫는다. ● 주인격은 질병에 흉하지만 삼전의 주인격이 공망되어 불성하니 오히려 길하다. ● 말전에서 卯가 戌에 가했으니 중풍이 우려된다. ● 부모와 남편의 질병을 정단하면 그를 뜻하는 초전의 巳가 공망되었으니 위독하다. 만약 묘년(卯年)에 정단하면 지상의 巳와 간상의 丑이 묘년의 상문과 조객이니 상을 당한다.

○ **출행** : 천공과 묘신이 일간에 가하니 육로는 덜 이롭다.

→ 현대에서는 일간은 여행객, 일지는 여행지이다. 일간이 묘지에 묻혔으니 여행이 흉하다. 그리고 지상이 공망되었으니 공허한 여행지이거나 혹은 여행지에서 손실당하는 것을 예방해야 한다.

○ **귀가** : 천강이 사맹에 가했으니 아직 출발하지 않았다.

→ 천강(辰)은 동신(動神), 사맹은 초기이다. 천강이 사맹의 하나인 亥에 가했으니 아직 귀가하기 위한 길을 나서지 않았다.

↑ **쟁송** : 나는 유리하고 상대는 불리하다.

→ 일간은 나, 일지는 상대이다. 일간은 튼실하고 일지는 공허하니 나는 유리하고 상대는 불리하다. ● 관재: 관귀효가 공망되었으니 가벼워진다.

○ **전쟁** : 겉으로는 화해하는 척하지만 속으로는 간사한 속임수를 품고 있다.

→ 일진이 교차상합하니 겉으로는 화해하고, 일진이 교차상극(交叉相剋)하니 속으로는 간사한 속임수를 품고 있다.

○ **분묘** : 빈 혈(穴)일 우려가 있다.

→ 일지양신은 묘(墓), 일지음신은 혈(穴)이다. 일지의 음양이 공허

하니 빈 혈(穴)일 우려가 있다.

□ 『필법부』 : (제64법) 부부가 음란하여 각기 사통하는 일이 있다. 일간은 지상신의 극을 당하고, 일지는 간상신의 극을 당하면 무음(無淫)이다.

(제81법) 삼전이 묘신으로 전해지고 묘신에 들면 증오와 사랑으로 나눠진다.

→ 초전의 관귀효가 중전에서 묘신으로 드니 관직자에게는 나쁘고 서민에게는 좋다.

□ 『과경』 : 丑이 庚에 가하고 巳는 子에 가하니 꿀 속의 독이고 웃음 속의 칼이다. 그 사람은 원한을 숨기고 접근한 친구이니 위험한 사람이다.

→ 일간과 일지가 교차육합(交叉六合)하고 다시 교차상극(交叉相剋)하니 원한을 숨기고 접근한 친구이다.

□ 『요록(要錄)』 : 12월의 낮에 정단하면 태상이 사기(死氣)에 타고 있다. 이것이 가택에 들어 일간이나 일지를 극하면 집에서 상복을 입는 일이 생긴다.

→ 축월에는 귀살인 태상승신 巳가 사기이니 상을 당한다.

□ 『찬의』 : 말전이 초전을 도와서 일간을 극하는데, 만약 또다시 연명상신이 초전을 도와 일간을 극하면 스스로 화를 부른다. 이것을 방화로 인해 스스로 분신한다는 뜻의 '방화자분(放火自焚)'이라고 한다.

→ 연명이 酉戌이면 여기에 해당한다.

庚子일 제 9국

공망 : 辰·巳
낮 : 왼쪽 천장, 밤 : 오른쪽 천장

○	丙	庚
玄 辰 玄	青 申 蛇	蛇 子 青
子	辰 ○	申
庚	○	○	丙
蛇 子 青	玄 辰 玄	玄 辰 青	申 蛇
庚 申	子	子	辰 ○

丁酉巳 勾朱	戊戌午 合合	己亥未 朱勾	庚子申 蛇青
丙申辰 青蛇			辛丑酉 貴空
乙未卯 空貴			壬寅戌 后白
甲午寅 白后	○巳丑 常陰	○辰子 陰玄	癸卯亥 玄常

- □ **과체** : 원수(元首), 윤하(潤下), 참관(斬關), 여덕 // 과수(寡宿), 앙구(怏咎), 삼전내전(낮), 전국(全局), 화미(和美), 삼기(三奇), 귀총(歸寵), 복덕(福德), 회환(回還), 조간(朝干), 육양(六陽), 간지상합(干支相合), 상문조객(태세:寅), 자손효현괘, 불비(不備).

- □ **핵심** : 상대가 와서 나에게 손실을 입히고 무례하다. 도둑이 마을을 벗어나지 않았다.

- □ **분석** : ❶ 일간은 자신이고 일지는 상대이다. 일지가 일간에 가했으니 상대가 나에게 온 것이다. 일간은 존장이고 일지는 비유(卑幼)이다. 어린사람이 존장의 위에 가해서 일간을 탈기하니 낮고 어린 사람의 무례가 심하다.

  ❷ 발용의 현무가 삼합해서 말전으로 이어지고 삼전이 사과를 벗어나지 않았으니, 도둑정단을 하면 한 사람의 도둑이 아니며 그들은 마을을 벗어나지도 않았다.

- □ **정단** : ❶ 탈기(脫氣)가 간상에 임하고 밤에는 청룡이 타서 간상신을 탈기하여 일간이 거듭하여 탈기를 당하니, 모든 일에서 속임을 당하

며 반드시 허언과 망언이 된다.

❷ 사과삼전에 도탈(盜脫)의 신이 아닌 곳이 없으니 정신이 어지럽고 재물이 탕진되는 상이다.

○ **날씨** : 주야 모두 청룡이 승천하고 과전이 모두 수이니 흐리고 계속 비가 온다.

→ 청룡과 오행의 수는 강우의 신이다. 삼전이 모두 수이고 중전에는 청룡이 타고 있으니 계속해서 흐리고 비가 온다.

○ **가정** : 비어 있는 집에 도둑이 자주 나타난다.

→ 일지는 가정, 현무는 집이다. 일지의 음양이 공망되었고 이 곳에 현무가 타고 있으니, 비어 있는 집에 도둑이 자주 나타난다. ● 일간의 음양이 삼합하여 일간을 탈기하니 사람이 하는 일에서 큰 손실이 발생하고, 일지의 음양이 삼합하여 일간을 탈기하니 가정에 큰 손실이 발생하며, 삼전이 삼합하여 일간을 탈기하니 꾀하는 모든 일에서 큰 손실이 발생한다. ● 인년(寅年)에 정단하면 지상의 辰과 간상의 子가 인년의 상문과 조객이니 가정에서 상을 당하는 일을 예방해야 한다.

○ **혼인** : 처로 인해 손실을 입으니 길하지 않다.

→ 일간은 남자, 일지는 여자이다. 일간이 간상으로 온 일지 子로부터 탈기를 당하니 처로 인해 손실을 입는다. 또한 삼합한 일지음양의 수국이 일간을 탈기하니 처와 처가로 인해 큰 손실이 발생하고, 또한 지상에 현무가 타고 다시 공망이 되었으니 여자로 인한 해가 매우 크다. ● 집안 : 일간의 음양과 일지의 음양이 동일한 수국이니 엇비슷한 집안이다. ● 궁합 : 일간음양과 일지음양이 동일한 수국이니 좋은 편이다. 다만 공망된 辰이 메워지는 진년이나 진월이나 진월장 기간에 혼담이나 혼사가 맺어진다.

○ **임신·출산** : 머리를 숙여서 아기를 보살피는 상이니 출산이 반드시 쉽고 신속하게 출산한다.

→ 일간은 태아, 일지는 임신부이다. 일지 子가 간상으로 온 것은 어머니가 머리를 숙여 아기를 보살피는 상이니 출산이 쉽고 빠르다.

○ **구관** : 관성이 나타나지 않았고 청룡이 공망되었으니 공명을 정단하면 이롭지 않다.

→ 관성은 관직, 청룡은 문관 혹은 고위직 공무원이다. 일간의 관성인 巳午가 과전에 나타나지 않았고 청룡은 중전에서 공망되었으니 관직에 이롭지 않으며, 또한 일간과 일지와 삼전의 상관국이 관성을 강하게 제극하니 더욱 이롭지 않다.

○ **구재** : 재물의 기운이 전혀 없으니 추구하더라도 얻지 못한다.

→ 처재효는 재물이다. 일간의 처재효인 寅卯가 과전에 나타나지 않았으니 재물을 추구하더라도 얻지 못한다. 다만 연명이 戌亥이면 그 상신이 재성인 寅卯이니 재물을 추구하면 얻는다.

○ **질병** : 허탈로 인해 수척해진 증상이다. 질병은 공허하고 사람은 튼실하니 치료하면 낫는다.

→ 일간은 환자, 일지는 질병이다. 일간과 일지와 삼전이 각각 탈기국을 이루어서 일간을 탈기(脫氣)하니 허탈로 인해 수척해졌다. 일간은 튼실하고 일지는 공허하니 치료하면 병이 낫는다. ● 인년(寅年)에 정단하면 지상의 辰과 간상의 子가 인년의 상문과 조객이니 상을 당한다.

○ **출행** : 밤에 정단하면 육로로 갈 수 있다.

→ 현대에서는 일간은 여행객, 일지는 여행지이다. 일간이 간상으로 탈기되었으니 손실이 많고, 일지가 공망되었으니 여행지에서 건강과 재물이 손실되며, 현무가 지상에 타니 여행지에서 도난을 당한다.

○ **유실** : 현무가 공망되었으니 흔적이 없다.

→ 현무는 도둑이다. 현무가 공망되었으니 도둑의 흔적이 없다.

○ **귀가** : 머지않아 도착한다.

→ 삼전이 사과로 회환하고 다시 지상 辰 ⋯ 초전 辰 ⋯ 중전 申 ⋯ 말전 子 ⋯ 일지 子로 연결이 되었으니 머지않아 도착한다.

↑ **쟁송** : 손실이 많다.

→ 일간은 나, 일지는 상대이다. 일간이 수국으로 탈기되었으니 쟁송으로 인해 큰 손실이 발생한다. ● 승패: 조간격이니 내가 유리하다.

○ **전쟁** : 전적으로 허위이다.

→ 일간은 아군, 일지는 적군이다. 일지의 음양이 공망되었으니 전적으로 허위이다.

□ 『**필법부**』 : 〈제15법〉 (일간) 위에서 탈기하고 다시 탈기하면 헛된 속임을 예방해야 한다.

→ □ **정단** ❶ 참조.

〈제9법〉 옛 터전을 버리고 난을 피해 도망가서 산다.

→ 아래의 □ 『과경』 참조.

□ 『**과경**』 : 子가 申에 가했고 과전이 온통 수국이다. 열 두 천장인 청룡과 등사와 현무 등의 물짐승이 일간 庚금을 탈기하니 손실이 매우 많다. 다행히 일간 庚(申)이 辰토에 앉아서 생을 받고 子수는 장생 위에 앉아서 생을 받으니 난을 피해서 도망가서 산다는 뜻의 '피난도생격(避難逃生格)'이다.

→ 일간(申)이 辰에 가해서 辰의 생을 받지만 辰이 공망되었으니 생을 받지 못한다.

□ 『**대육임귀찰각(待六壬鬼撮脚)**』 : 발용이 공망되었다. 이곳에 현무가 타

니 반드시 손실이 발생하고, 子에 가한 辰에 현무가 타서 발용이 되었으니 '진짜 도둑'이다.

| 갑오순 | 경자일 | 10국 |

庚子일 제 10 국

공망 : 辰·巳
낮 : 왼쪽 천장, 밤 : 오른쪽 천장

甲	丁	庚
白 午 后	勾 酉 朱	蛇 子 靑
卯	午	酉

己	壬	癸	甲
朱 亥 勾	后 寅 白	陰 卯 常	白 午 后
庚申	亥	子	卯

丙申巳 靑蛇○	丁酉午 勾朱	戊戌未 合朱	己亥申 合勾
乙未辰○ 空貴			庚子酉 蛇靑
甲午卯 白后			辛丑戌 貴空
○巳寅 常陰	○辰丑 玄玄	癸卯子 陰常	壬寅亥 后白

- **과체** : 요극(遙尅), 호시(蒿矢), 육의(六儀), 삼교(三交), 용전(龍戰) // 충파(沖破), 삼기(三奇), 복덕(福德), 가귀(家鬼), 근단원소(根斷源消), 맥월(驀越), 금일정신(金日丁神), 간지상합(干支相合), 구탈(俱脫), 상문조객(태세:丑), 최관사자(催官使者/낮).
- **핵심** : 호시(蒿矢)와 삼교(三交)이다. 낮에는 백호가 午에 타고 있으니 도망치기 어렵다. 간상과 말전이 복덕신이니 백호로 인한 고통이 조금은 풀린다.
- **분석** : ❶ 午가 발용이 되어 일간을 극하며 호시(蒿矢)이다.
  ❷ 삼전이 모두 사중(午酉子)이니 삼교(三交)이다. 다만 교합하면서 생에 이르니 삼교가 이루지 못한다.
  ❸ 낮에는 백호가 초전의 午에 타서 일간을 쏘니 흉악한 어려움을 피하기 어렵다. 나행히 간상의 亥와 밀진의 子가 이깃을 제극하니 고통이 조금은 풀린다.
- **정단** : ❶ 네 곳의 위에서 그 아래를 탈기하여 '근단원갈(根斷源竭)'이니, 위의 사람에게는 이롭고 아래의 사람에게는 감당하기 어렵다.

❷ 초전의 午가 일지 子를 충(沖)하고 이 충(沖)이 파(破)에 타서 발용이 되어 '충파격(衝破格)'이니 남녀가 다투게 된다.

❸ 사신(死神)인 卯가 폐구되었으니 일체의 꾀하는 일에서 좋지 않고, 午가 卯에 가해서 발용이 되었으니 타인에게 부탁하는 일은 뜻을 이루기 어렵다.

○ **날씨** : 수운이 위에 있고 천강이 음을 가리키며 子가 午를 극하니 빨리 개지 않는다.

→ 일간은 하늘, 천강은 대각성이다. 간상에 亥가 보이니 하늘에서 비가 내리고, 천강이 음의 12지에 임하니 다시 비가 오며, 子수가 午화를 극하니 날이 빨리 개지 않는다.

○ **가정** : 날마다 파패(破敗)되니 손상되고 손실되는 것을 면하기 어렵다.

→ 일지는 가정이다. 초전의 午가 일지 子와는 충(沖)을 하고 지상의 卯와는 파(破)를 하니, 가정이 손상되고 손실되는 것을 면하기 어렵다. ● 사중일(子)의 지상이 다시 사중(卯)이고 삼전이 모두 사중전(午酉子)이어서 삼교(三交)이니, 가정에서 음란사가 발생하는 것을 예방해야 한다. 특히 낮에 정단하면 지상에 음란의 천장인 태음이 타고 있으니 음란이 더욱 심하다. ● 축년(丑年)에 정단하면 지상의 卯와 간상의 亥가 축년의 상문과 조객이니 가정에서 상을 당하는 일을 예방해야 한다.

○ **혼인** : 격명이 삼교(三交)이니 혼인에서 길하지 않다.

→ 사중일(子)의 지상이 다시 사중(卯)이고 삼전이 모두 사중(午酉子)의 삼교격이어서 음란이 발생하니 혼인이 길하지 않다. ● 일지양신은 여자, 일지음신은 여자집안이다. 일지음신 午가 발용이 되어 일간 庚을 극하여 오니, 처가로 인해 고통이 뒤따른다. ● 일간은 나

이다. 일간 庚이 간상의 亥로 탈기되니 남자에게 손실이 발생한다.
  ● 궁합 : 일간은 나, 일지는 배우자감이다. 일간(기궁) 申과 일지 子가 상합하고 간상의 亥와 지상의 卯가 상합하니 좋은 편이다. 다만 삼교격이니 여자의 음란을 예방해야 한다.
○ **임신·출산 :** 태신과 일지가 형(刑)을 하니 반드시 상한다.
  ➜ 태신은 태아, 일지는 임신부이다. 태신인 卯가 일지 子와 형을 하니 태아의 몸이 반드시 상한다.
○ **구관 :** 백호가 관성에 타고 있으니 머지않은 장래에 직위와 명예를 얻을 수 있다.
  ➜ 백호는 권력과 권위의 천장, 관성은 관직이다. 낮에 점단하면 백호가 관성 午에 타고 있어서 최관사자(催官使者)이니 권력과 권위가 있는 관직자가 된다.
○ **구재 :** 재효가 가택에 임하니 앉아만 있어도 재물이 온다.
  ➜ 재효는 재물, 일지는 가게이다. 재효인 卯가 지상에 임하니 가만히 있어도 재물이 가게로 온다. 다만 재성이 폐구(閉口) 되었으니 작은 재물이다.
○ **질병 :** 폐병이다. 중전의 酉금이 양인(羊刃)이며 그 위의 丁이 일간을 극하니 쇠나 칼에 의해 몸이 상한다. 겨울에 점단하면 바로 낫는다.
  ➜ 낮에는 백호가 午에 타서 금을 극하니 폐에 병이 들고, 중전의 酉가 쇠이고 그 위의 丁이 일간을 극하니 쇠나 칼에 의해 몸을 다친다. 겨울에 점단하면 왕성한 수가 백호승신 午를 극하니 폐병이 곧 낫는다. ● 축년(丑年)에 점단하면 지상의 卯와 간상의 亥가 축년의 상문과 조객이니 가정에서 상을 당한다.
○ **출행 :** 수로와 육로 모두 불길하다.
  ➜ 현대에서는 일간은 여행객, 일지는 여행지이다. 일지의 상하인 卯子가 도화의 기운이고 삼전의 午卯子가 다시 도화의 기운이니 여행에서 음란을 예방해야 한다.

○ **귀가** : 즉시 도착한다.
   ➔ 천강(天罡, 辰)이 사계인 丑에 임하니 즉시 도착한다.
⬆ **쟁송** : 불리하다.
   ➔ 일간은 나, 일지는 상대이다. 일간 庚이 일지 子로 탈기되고 간상신 亥가 지상신 卯로 탈기되니 내가 불리하다.
○ **전쟁** : 군사는 피로하고 재물은 부족하다. 이익이 보이지 않는다.
   ➔ 일간은 군사, 일지는 병영이다. 일간이 간상으로 탈기되었으니 군사가 피로하고, 지상에 폐구된 재성이 임하니 재물이 부족하다. 삼전이 삼교(三交)이니 이익이 보이지 않는다.

□ 『**필법부**』 : 〈제35법〉 사람과 가택이 실탈(失脫)을 당하니 두 곳 모두에서 도적을 초래한다.
   ➔ 일간 庚은 간상의 亥로 탈기되고 일지 子는 지상의 卯로 탈기된다. 가정을 점단하면 가정 내외에 손실이 발생한다.
□ 『**점험**』 : 甲申년의 5월에 월장 申을 점시 巳에 가한 뒤에 적군에게 포위되어 있는 아군을 점단한다. 성(城)은 반드시 무사하며, 수일 안에 포위가 풀린다. 일간인 庚과 일지인 子는 여름의 휴수기이고 왕기는 안에 있으며 발용과 점시가 동시에 일간을 극했으니 '천라지망(天羅地網)'이다. 초전은 노도(魯都)와 백호귀살이니 적군의 병사가 비록 흉하지만 무해한데, 그것은 말전의 유도장성(遊都將星)이 초전을 충극하여 흉을 흉으로써 제압하기 때문이다.
   ※ 유도, 노도

일간 신살	甲	乙	丙	丁	戊	己	庚	辛	壬	癸
유도 (遊都)	丑	子	寅	巳	申	丑	子	寅	巳	申
노도 (魯導)	未	午	申	亥	寅	未	午	申	亥	寅

갑오순 | 경자일 | 11국

庚子日　제 11 국

공망 : 辰·巳 ○
낮 : 왼쪽 천장, 밤 : 오른쪽 천장

○	甲	丙	
合辰合	青午蛇	白申后	
寅	辰 ○	午	
戌	庚	壬	○
玄戌玄	后子白	蛇寅青	合辰合
庚申	戌	子	寅

乙未巳 空貴	丙申午 白后	丁酉未 常陰	戊戌申 玄玄
甲午辰 青蛇 ○			己亥酉 陰常
○巳卯 勾朱			庚子戌 后白
○辰寅 合合	癸卯丑 朱勾	壬寅子 蛇青	辛丑亥 貴空

- **과체** : 섭해(涉害), 참관(斬關), 등삼천(登三天/辰午申), 과수(寡宿), 진간전(進間傳) // 앙구(昻夐), 초전협극(初傳夾剋), 육의(六儀), 록현탈격(祿玄脫格), 맥월(驀越), 육양(六陽), 강색귀호(罡塞鬼戶), 신장·살몰·귀등천문(神藏·殺沒·貴登天門/낮), 간지상합(干支相合), 명암이귀(明暗二鬼), 상문조객(태세:子).

- **핵심** : 사과삼전의 모든 곳이 육양이다. 낮에는 백호가 丙申에 타니 서민은 감당하기 어렵다.

- **분석** : ❶ 사과삼전에 음이 하나도 섞여있지 않으니 공적인 일에 가장 적합하다.
  ❷ 申 위의 둔간 丙은 일간의 귀살이다. 낮에는 백호가 타고 있으니 관직자는 승진하고, 서민은 관사를 면하기 어렵다.

- **정단** : ❶ 육양이 등삼천(登三天)이다. 귀인이 亥에 임하니 귀등천문(貴登天門), 辰이 寅에 임하면 강색귀호(罡塞鬼戶)이다. 귀등천문과 강색귀호이니 원행에 이롭다. 다만 초전과 중전이 공망되었으니 그 힘이 감소한다.

❷ 간상에 생이 타니 앉아서 기다려야 한다. 지상의 寅이 백호가 타고 있는 말전의 申으로부터 충(冲)을 당했으니 집에서 불안을 예방해야 한다.

○ 날씨 : 과전이 모두 양이고 천강이 寅에 가하며 청룡이 무기력하니 비가 오지 않을 우려가 있다.
→ 과전이 모두 양이고, 천강이 양의 12지인 寅에 임하며, 강우의 천장인 청룡이 공망되었으니 비가 오지 않는다.
○ 가정 : 재효가 집을 탈기하니 집안이 공허하고 결핍되어 부족한 상이다.
→ 재효는 재물, 일지는 집이다. 일지인 子가 지상의 寅으로 탈기되니 가정이 손실이 많아서 공허한 상이다. 낮에는 경공사가 발생하고, 밤에는 재물이 손실된다. ● 화목 : 일간은 나, 일지는 가족이다. 일간 申과 일지 子가 상합하고 간상의 戌과 지상의 寅이 상합하니 나와 가족이 화목하다. ● 자년(子年)에 정단하면 지상의 寅과 간상의 戌이 자년의 상문과 조객이니 가정에서 상을 당하는 일을 예방해야 한다.
○ 혼인 : 관성이 공망되었으니 남자를 정단하면 불길하다.
→ 관성은 남자이다. 관성인 午가 공망되어 여자가 신랑감을 잃는 상이니 혼인이 불길하고, 초전의 천반이 공망되어 '과수(寡宿)'이니 혼인이 더욱 더 불길하다. ● 섭해과이니 혼사가 순조롭지 못하고 지체된다. ● 궁합 : 일간은 나, 일지는 배우자감이다. 일간 申과 일지 子가 상합하고 간상의 戌과 지상의 寅이 상합하니 좋은 편이다.
○ 임신·출산 : 아래는 강하고 위는 약하며, 양이 극에 이르면 음이 되니 임신하면 딸이다.
→ 아래는 음과 여자, 위는 양과 남자이다. 아래가 위를 극하여 발

용이 되었다는 것은 아래는 강하고 위는 약하다는 뜻이니 딸이고, 육양이 극점에 이르면 음이 생기니 다시 딸이다.
○ **구관** : 관귀효가 공망되었지만 이것이 메워지면 길하다.
　➔ 관귀효는 관직이다. 이것이 중전에서 공망되어 지금은 길하지 않지만, 오년이나 오월이나 오월장이 되면 공망이 메워지니 관직을 희망할 수 있고, 특히 가을의 밤에 정단하면 일덕과 일록인 말전의 申이 완성하고 다시 그 둔반이 관성인 丙이니 관직을 얻는다.
○ **알현** : 귀인에게 차질이 생겼으니 반드시 귀인에게 부탁하는 일에서 차질이 생긴다.
　➔ 낮 귀인 丑이 밤의 12지인 亥에 임하고 밤 귀인 未가 낮의 12지 巳에 임해서 귀인에게 차질이 생겼으니 귀인에게 부탁하면 뜻을 이루지 못한다.
○ **구재** : 집안의 재물을 구할 수 있다.
　➔ 일지는 집안이다. 지상에 재성인 寅이 임했으니 집안의 재물을 구할 수 있다. 다만 말전의 申이 寅을 극상하니 재물을 얻은 뒤에 잃거나 혹은 얻지 못하거나 혹은 재성이 귀살을 생조하니 재앙이 닥친다. 만약 움직여서 삼전의 재물을 추구하면 삼전에 재성이 없고 초·중전이 공망되었으니 재물을 득하지 못한다. 그리고 낮에는 말전이 '록현탈격(祿玄脫格)'이니 나중에 직장이나 사업을 잃을 우려가 있다.
○ **질병** : 간경락에 병이 들었고, 낮에 정단하면 병환이 깊다.
　➔ 낮에 정단하면 백호가 申에 타서 목을 극하니 간경락에 병이 들었다. 다행히 백호의 음신이 일간의 생기이니 병이 낫는다. ● 자년(子年)에 성난하면 지상의 寅과 간상의 戌이 자년의 싱문과 조객이니 가정에서 상을 당한다.
○ **출행** : 수로로는 갈 수 있다.
　➔ 현대에서는 일간은 여행객, 일지는 여행지이다. 지상의 寅이 일

간 庚의 극을 받으니 대체로 안전한 여행지이다.
○ **유실** : 현무가 간상에 타고 있으니 밖에서 오는 도둑을 막기 어렵다. 격명이 참관(斬關)이니 도둑이 반드시 먼 곳으로 도망쳤다.
　→ 일간은 외사문, 일지는 내사문이다. 간상에 현무가 타고 있으니 도둑이 밖에서 온다. 戌이 간상에 임하니 참관이고 초전이 다시 辰이어서 참관이니 도둑이 반드시 먼 곳으로 도망쳤다.
○ **귀가** : 아직 출발하지 않았다.
　→ 천강(辰)은 동신, 사맹은 귀가의 초기이다. 천강이 사맹의 하나인 寅에 가했으니 아직 출발하지 않았다.
↑ **쟁송** : 합의하지 않으면 오래간다.
　→ 간지와 간지의 상신이 상합하니 합의가 가능하다. 만약 합의하지 않을 경우, 섭해과이니 쟁송이 오래 간다. ● **승패** : 일간은 나, 일지는 상대이다. 일간이 일지로 탈기되고 다시 지상의 寅이 간상의 戌을 극하니 내가 불리하다.
○ **전쟁** : 강색귀호(罡塞鬼戶)이니 반드시 여러 번 승전한다.
　→ 천강(辰)이 귀호(鬼戶)인 寅에 가하면 천강이 귀신의 출입문을 막는다는 뜻의 '강색귀호'라고 하여, 전쟁과 관재 등 모든 일에서 길하다.

□ **『필법부』** : 〈제52법〉 천강(辰)이 귀신문(寅)을 막으면 임의로 도모할 수 있다.
　→ 삼전에 있고 없고를 막론하고 재난을 피하는 일, 음모, 사적인 기도, 문상, 문병, 약 짓기, 부적 쓰기에 좋다. 만약 甲·戊·庚일이면 더욱 좋다.
〈제5법〉 육양수가 갖춰지면 모름지기 공적으로 써야 한다.
　→ 과전이 모두 양의 십이지이니 육양격이다. 구관(求官)에 특히 이

롭다.

〈제46법〉 귀인에게 차질이 생기면 나에게도 차질이 생긴다.

→ 낮 귀인 丑이 밤의 십이지인 亥에 가하고, 밤 귀인 未가 낮의 십이지인 巳에 가하면 귀인차질이다. 귀인에게 부탁하는 일은 뜻을 이루지 못한다.

〈제69법〉 백호가 둔간귀살에 타면 재앙이 얕지 않다.

→ 낮에 정단하면 백호가 둔간귀살 丙에 탄다.

□ 『과경』: 辰이 寅에 가하면 '강색귀호(罡塞鬼戶)'이다. 삼전에 있고 없고를 떠나 모든 귀신이 종적을 감추니 임의로 행하더라도 꾀하는 일에서 막힘이 없다. 만약 辰이 월장에 해당하면 더욱 묘하다.

□ 『삼재부(三才賦)』: 괴강(魁罡, 戌辰)이 나타나면 소송이 여러 번 발생하고, 申과 午가 나란히 보이면 늘 의혹이 많다.

→ 申은 백호를 뜻하고 午는 주작을 뜻하니 소송이 발생한다.

□ 『지장부』: 辰戌 위에 천공이나 현무가 타면 남종과 여종(奴婢)이 도망친다. 그리고 삼전의 辰午申 등삼천은 운우를 얻은 교룡이다.

→ 辰과 戌은 노비를 뜻한다. 이곳에 공허의 천장인 천공과 도망의 천장인 현무가 타면 노비가 도망친다.

庚子일 제 12 국

공망: 辰·巳
낮: 왼쪽 천장, 밤: 오른쪽 천장

壬	癸	○
蛇寅青	朱卯勾	合辰合
丑	寅	卯

丁	戊	辛	壬
常酉陰	玄戌玄	青丑空	蛇寅青
庚申	酉	子	丑

甲午蛇 巳	乙未貴 空午	丙申后 白未	丁酉陰 常申
勾巳朱 辰○			玄戌玄 酉
○合辰合 卯			己亥常 陰戌
朱卯勾 癸寅	蛇寅青 壬丑	貴丑空 辛子	白亥 庚后

- □ **과체**: 지일(知一), 진여(進茹) // 정화(正和/寅卯辰), 호생(互生), 교차상생, 맥월(驀越), 금일정신(金日丁神), 아괴성(亞魁星), 나거취재(懶去取財), 간지상합(干支相合), 상문조객(태세:亥), 천라지망(天羅地網), 아괴성(亞魁星).

- □ **핵심**: 돈과 재물을 말에 싣고 온다. 일간과 일지에 그물이 둘러쳐져 있으니, 집은 어둡고 사람에게는 재앙이 생긴다.

- □ **분석**: ❶ 초전의 寅은 역마이고 다시 일간의 재성이니 돈과 재물을 말에 싣고 오지만 반드시 움직여서 재물을 구해야만 얻을 수 있다.
  ❷ 일간과 일지에는 천라지망(天羅地網)이 둘러쳐져 있고, 지상의 丑은 일간의 묘신이며, 간상의 酉에는 丁이 타고 있으니, 집은 어둡고 사람에게는 재앙이 생긴다.

- □ **정단**: ❶ 연여(連茹)이다. 삼전의 목국이 일지의 기운을 탈기해서 일간의 재성이니, 많이 취하고 많이 탐하면 천라지망을 자각하지 못할 우려가 있다.
  ❷ 간상의 酉가 일지 子를 생하고 지상의 丑이 일간 庚을 생하지만

지상의 丑이 일간의 묘신이니, 이익을 취하는 것을 각성해야 나중에 과오가 없고, 이익을 취(取)하는 곳에서 절실히 반성해야 후회가 없다.

○ **날씨** : 필수(畢宿)가 천라(天羅)가 되어 일간에 임했으니 해가 가려져 있고, 풍백(風伯)이 발용이 되었으며, 밤에는 발용에 청룡이 타고 있으니 낮에는 바람이 불고 밤에는 비가 온다.
→ 일간은 하늘, 필수는 酉로서 비를 생하는 신, 풍백(風伯)은 寅으로서 바람을 부르는 신이다. 간상의 酉가 그물이 되어 하늘을 덮었고 寅이 발용이 되었다. 낮에는 寅에 등사가 타고 있으니 바람이 불고, 밤에는 寅에 청룡이 타고 있으니 비가 온다.

○ **가정** : 반드시 집에 먼지가 끼어 있고 어두우니 근신해야 한다.
→ 일지는 집, 묘신은 암흑의 신이다. 일지가 묘지 丑에 매장이 되었으니 집에 먼지가 끼어 있고 어두우니 근신해야 한다. ● 일간은 나, 일지는 가족이다. 일간 庚은 지상의 丑으로부터 생을 받고, 일지 子는 간상의 酉로부터 생을 받으니 나와 가족이 화목한데 다시 간지와 그 상신이 상합하니 더욱 화목하다. ● 해년(亥年)에 정단하면 지상의 丑과 간상의 酉가 해년의 상문과 조객이니 가정에서 상을 당하는 일을 예방해야 한다.

○ **혼인** : 낮에 정단하면 길하고, 밤에 정단하면 보통이다.
→ 일간은 나, 일지는 배우자감이다. 지상에 낮에는 청룡이 타고 있으니 길한 배우자이고, 지상에 밤에는 천공이 타고 있으니 허언을 일삼는 배우자감이다. ● 궁합 : 합에는 화합의 뜻이 있다. 일간 庚과 일지 子가 상합하고 다시 간상의 酉와 지상의 丑이 상합하니 좋은 궁합이다. ● 혼처 : 지일과이니 가까운 사람이나 장소에서 구하면 된다. 만약 혼담을 지체하면 간상의 酉가 형제효이니 배우자감을 놓

칠 우려가 있다.
○ **임신·출산** : 딸이다. 즉시 낳는다.
→ 삼전의 두 양인 寅과 辰이 하나의 음인 卯를 감싸고 있으니 딸이고, 일간 음양의 두 양인 庚과 戌이 하나의 음인 酉를 감싸고 있으니 다시 딸이다.
○ **구관** : 정신(丁神)이 관성이 되어 일간에 임하니 크게 이롭다.
→ 일간은 나, 관성은 관직이다. 관성인 丁이 일간에 임하여 관직이 나에게 오는 상이니 크게 이롭다. 다만 범법을 저지르면 정신이 양인을 데리고 오니 구속될 우려가 있다. 만약 봄이나 겨울에 정단하면 삼전이 왕상하니 관운이 순조롭다.
○ **알현** : 반드시 귀인의 이익을 얻는다.
→ 주야의 귀인 丑未가 일간 庚을 생하여 오니 반드시 귀인의 이익을 얻는다.
○ **모망** : 간지가 모두 천라지망(天羅地網)이니 모든 일을 이루기 어렵다.
→ 그물이 일간과 일지를 덮었으니 모든 일을 이루기 어렵다.
○ **구재** : 삼전의 재성이 매우 왕성하다. 봄에 정단하면 얻는 것이 없다.
→ 재성이 방국(方局)을 형성했으니 큰 재물이다. 만약 봄에 구재를 정단하면 일간은 약하고 재물은 극왕하니 재물을 득하지 못하고, 만약 가을에 정단하면 일간이 왕성하고 재성은 이미 왕성하니 큰 재물을 득할 수 있다. ● 간상의 酉가 일간의 양인이니 재물을 빼앗기는 것을 예방해야 한다.
○ **질병** : 비위에 병이 들었다. 부모의 병을 정단하면 길하지 않다.
→ 지극히 왕성한 삼전의 목국이 오행의 토를 극하니 비위에 병이 들었다. 인성은 부모이다. 만약 부모의 병을 정단하면 지극히 왕성한 재국이 인성을 극하니 부모의 건강이 나쁘다. ● 해년(亥年)에 정단하면 지상의 丑과 간상의 酉가 해년의 상문과 조객이니 상을 당한

다.
○ **출행** : 육로는 갈 수 있고, 수로는 이로움에 흠이 있다.
→ 현대에서는 일간은 여행객, 일지는 여행지이다. 지상의 丑이 일간 庚의 묘신이니 어두운 여행지이고, 지일과이니 가까운 곳으로 여행하는 것이 좋다.
○ **귀가** : 아직 길에 있다.
→ 천강(辰)은 동신(動神)이고 사중은 중도이다. 천강이 사중의 하나인 卯에 가했으니 아직 길에 있다.
↑ **쟁송** : 화해가 가능하다.
→ 일간은 나, 일지는 상대이다. 일간과 일지가 상합하고, 간상과 지상이 상합하니 화해가 가능하다. ● 승패 : 일지 子가 지상의 丑으로부터 극상을 당했으니 상대가 불리하다. ● 관재 : 양인과 정마가 일간에 임했으니 구속될 우려가 있다.
○ **전쟁** : 밤에 정단하면 길하고, 낮에 정단하면 흉하다.
→ 밤에 정단하면 삼전에 길장이 타니 길하고, 낮에 정단하면 삼전에 흉장이 타니 흉하다.
○ **분묘** : 낮에 정단하면 대길하다.
→ 일지는 분묘이다. 낮에 정단하면 지상에 길장이 타고 있으니 대길하다.

□ **『필법부』** : 〈제55법〉 천라지망(天羅地網)을 만나면 희망하는 일이 보잘 것 없게 된다.
→ 매일의 12국은 촘촘한 그물이 일간과 일지를 묶은 상의 천라지망에 해당한다.
〈제17법〉 진여(進茹)가 공망되면 후퇴해야 한다.
→ 진여의 말전이 공망되었다.

〈제14법〉 삼전의 재물이 태왕하면 오히려 재물이 훼손된다.
→ ○ 구재 참조.

□ 『과경』: 酉가 申에 가하고 丑이 子에 가한다. 간상의 酉가 일지 子를 생하고 지상의 丑이 일간 庚을 생하여 '호생격(互生格)'이니 서로에게 이익이 있고 서로에게 생의(生意)가 있다.
→ 庚의 묘신인 丑은 庚을 생하지 못한다. 다만 월장이 丑이거나, 생기가 되는 卯월이나, 토왕기에는 묘신을 벗어나니 생을 한다.

□ 『지장부』: ❶ 순연여(順連茹)가 공망되어 소리가 빈 골짜기로 퍼져나간다는 뜻의 '성전공곡(聲傳空谷)'이니 후퇴하면 길하고 전진하면 나쁘다.
→ 삼전이 순조롭게 이어졌으니 순연여이고, 말전이 공망되었으니 성전공곡이다. 백사에서 물러나는 것이 이롭다.
❷ 삼전이 모두 처재이니 부모가 해를 입는다.
→ 특히 부모의 질병을 정단하면 최흉하다.
❸ 삼전의 寅卯辰이 '정화(正和)'이니 은혜의 빛이 몸을 적신다.

□ 『찬의(纂義)』: 초전이 말전을 극하면 결국 이루지 못한다.
→ 초전은 일의 시작이고 말전은 끝이다. 초전의 寅이 말전의 辰을 극하니 결국 이루지 못한다.

신축일

辛丑日의 길신(구보)과 흉살(팔살)				
일덕	巳	형		
일록	酉	충		
역마	亥	파		
장생	巳	해		
제왕	酉	귀살	巳午	
순기	子	묘신	丑	
육의(六儀)	甲午	패신 / 도화	午 / 午	
귀인	주	寅	공망	辰巳
	야	午	탈(脫)	亥子
합(合)		사(死)	子	
태(胎)	卯	절(絶)	寅	

대육임직지

| 辛丑일 | 제 1 국 |

공망 : 辰·巳 ○
낮 : 왼쪽 천장, 밤 : 오른쪽 천장

辛	戊	乙
后 丑 青	常 戌 常	青 未 后
丑	戌	未
戊	戊	辛	辛
常 戌 常	常 戌 常	后 丑 青	后 丑 青
辛 戌	戌	丑	丑

○合巳巳 蛇	甲午午 勾貴	乙未未 青后	丙申申 空陰
朱辰辰 ○			白酉酉 玄
癸卯卯 蛇合			戊戌戌 常常
壬寅寅 貴	辛丑丑 勾后青	庚子子 陰空	己亥亥 玄白

□ **과체** : 복음(伏吟), 자신(自信), 가색(稼穡), 참관(斬關) // 유자(遊子/3·9월), 형상(刑傷), 전국(全局), 교차삼형(交叉三刑), 간지삼형(干支三刑).

□ **핵심** : 택상이 초전이 되었고, 묘신이 양쪽에 거주한다. 이것을 무시하고 움직이면 여러 곳에서 일간을 생한다.

□ **분석** : ❶ 丑은 일간의 묘신이다. 하나는 택상에 거주하고 하나는 초전에 거주하니 모든 일에서 혼미하고 지체된다.

❷ 묘신이 발용이 되었으니 길사는 막힌다. 이것을 무시하고 움직이면 중전의 戌과 말전의 未가 힘을 합쳐서 일간을 생하니 많이 돕는다고 한 것이다.

□ **정단** : ❶ 복음과의 자신(自信)이다. 일지 丑과 일간 辛(戌)이 서로 형(刑)을 하고 삼전이 계속하여 형을 하니, 처음부터 끝까지 화사한 기운이 전혀 없다.

❷ 비록 간상이 戌이어서 참관(斬關)이지만 정마가 없으니 결국은 엎드려서 숨는 상이다. 모든 정단에서 가만히 현재의 상황을 고수하

면 도움을 받는다.

○ **날씨** : 삼전이 모두 토이고 수기가 전혀 없으니 비가 오지 않는다.
→ 삼전의 모든 토가 수를 몰아내니 비가 오지 않는다.
○ **가정** : 과전이 모두 묘신이니 형통하지 않다.
→ 과전의 모든 곳이 묘신이니 사람과 집이 형통하지 않다. 특히 봄에 정단하면 지상의 丑은 일간의 묘신이고 봄의 관신이다. 지상에서 발용이 되었으니 가정이 무너진다.
● **화목** : 일간은 나, 일지는 가족이다. 기궁 戌과 일지 丑이 서로 형을 하고, 간상의 戌과 지상의 丑이 서로 형을 하며, 일간과 일지가 교차상형하니 나와 가족이 화목하지 않다. ● 과전이 부모국이니 자손에게 이롭지 않은 가상이다.
○ **혼인** : 일간과 일지가 서로 형을 하니 혼인이 불길하다.
→ 일간은 나, 일지는 배우자감이다. 기궁 戌과 일지 丑이 서로 형을 하고, 간상의 戌과 지상의 丑이 서로 형을 하며, 일간과 일지가 교차상형하니 혼인이 불길하다. ● 궁합 : 일간과 일지가 서로 형을 하니 나쁘다.
○ **임신·출산** : 아들이다. 순산한다.
→ 삼전은 태아가 생육되는 과정이다. 삼전의 두 음인 丑과 未가 하나의 양인 戌을 감싸고 있으니 임신하면 아들이다. 일간과 일지가 형을 하고 삼전이 형을 하니 인공분만을 할 우려가 있다.
○ **구관** : 관귀효가 나타나지 않았으니 이롭지 않다.
→ 관귀효는 관직이다. 관귀효가 과전에 나타나지 않았으니 이롭지 않다. 만약 연명이 巳午이면 연명상신이 관성인 巳午이니 관직을 득하며, 여름에 정단하면 관성이 왕성하니 구관에 최길하다.
○ **구재** : 재효는 비록 보이지 않지만 밤에 정단하면 청룡이 택상에 거

주하고 창고에 타고 있으니 집에 재물이 가득하다.

→ 재효는 재물이다. 재효인 乙이 말전에 나타났지만 작은 재물에 불과하다. 일지는 집이다. 밤에는 지상에 재물을 뜻하는 청룡이 부모효 丑에 타서 일간을 생하니 집에 재물이 가득하다. ● 과전이 토국의 인성국이니 부동산에 관련된 일로 생업을 영위하면 된다.

○ **질병**: 비위에 병이 들었다. 말전의 未토가 충을 하여 여는 것을 기대한다. 머지않아 낫는다.

→ 과전이 모두 토이어서 위장이 굳어진 상이니 비위에 병이 들었고, 순토가 수를 극하니 신방광에도 병이 들었다. 지상과 초전의 丑을 말전의 未가 충을 하여 굳은 위장을 푸니 머지않아 낫는다. ● 과전이 인성국이니 자식의 질병을 점단하면 쉽게 낫지 않을 우려가 있다.

○ **출행**: 격명이 참관(斬關)이니 육로로는 갈 수 있다.

→ 戌이 간상과 중전에 임하여 참관이니 여행이 순조롭다. 다만 일간과 일지가 서로 형(刑)을 하니 여행에서 사고가 나는 것을 예방해야 한다.

○ **유실**: 도둑이 물건을 훔쳐간 것이 아니므로 물건을 찾으면 취득할 수 있다.

→ 도둑을 뜻하는 현무가 과전에 나타나지 않아서 도둑이 훔쳐간 것이 아니므로 물건을 취득할 수 있다.

○ **도망**: 스스로 돌아온다.

→ 복음과는 가까운 곳으로 도망친 사람은 스스로 돌아오고, 먼 곳으로 도망친 사람은 귀가를 기약할 수 없다.

○ **귀가**: 가까운 곳으로 긴 사림은 바로 도착한다.

→ 복음과는 가까운 곳으로 출행한 사람은 바로 도착하고, 먼 곳으로 출행한 사람은 귀가를 기약할 수 없다.

↑ **쟁송**: 내가 유리하다.

→ 일간은 나, 일지는 상대이다. 일간 辛이 일지와 과전의 여러 토로부터 생을 받으니 내가 유리하다.
- **전쟁** : 낮에 정단하면 위엄이 없고, 밤에 정단하면 길하다.
  → 낮에 정단하면 초전에 천후가 타고 있으니 위엄이 없고, 밤에 정단하면 지상에 청룡이 타고 있으니 길하다.
- **분묘** : 辛에서 용(龍)이 내려오고 축방(丑方, 동북방)에서 물이 나오니 자손에게 이롭다.
  → 일지음신이 丑이니 丑 속의 신방(辛方)에서 용이 내려오고 축방에서 물이 나오니 자손에게 이롭다.

- □ 『**필법부**』: 〈제65법〉 일간의 묘신이 관신(關神)을 아우르면 사람과 가택이 황폐해지는 허물이 있다. 관신은 봄에는 丑, 여름에는 辰, 가을에는 未, 겨울에는 戌이다.
  → 봄에 정단하면 지상의 丑은 일간의 묘신이고 봄의 관신이다. 지상에서 발용이 되었으니 가정이 무너진다.
  〈제75법〉 손님과 주인이 다투지 않아도 형벌이 이미 있다.
  → 일간과 일지가 서로 형(刑)을 하니 나와 상대가 서로 싸운다. 주로 혼인, 매매, 동업, 교역, 교섭, 회담에서 쓰인다.
- □ 『**과경**』: 辛丑일의 복음과가 교차형을 한다. 만약 친구를 교제하면 화목한 가운데에서 갑자기 싸움이 생기고 서로 무례하다.
  → 일간은 나, 일지는 친구이다. 일진이 교차상형하니 친구와 싸우게 된다. 이외에도 남녀의 연애나 혼인 그리고 기업인의 교섭이 원만하지 못하다.
- □ 『**신응경**』: 辛丑일의 복음과에서 일간의 묘신인 丑이 발용이 되었으니 매사 어둡다. 다행히 말전의 未가 묘신 丑을 깨트리니, 어두운 사람은 밝아지고 혼미한 사람은 깨어나며, 질병을 정단하여 위독한 사

람은 반드시 기사회생을 한다.
- 『**비요(秘要)**』: 부모괘로 드러나면 자손으로 인한 걱정꺼리가 생긴다.
  → 과전이 모두 부모효이니 자손에게 불리해서 만약 자손의 질병을 정단하면 낫기 어렵다.

공망 : 辰·巳 ○
낮 : 왼쪽 천장, 밤 : 오른쪽 천장

辛丑일 제 2 국

	庚	己	戊	
陰 子 空	玄 亥 白	常 戌 常
	丑	子	亥	
	丁	丙	庚	己
白 酉 玄	空 申 陰	陰 子 空	玄 亥 白
	辛 戌	酉	丑	子

○朱辰巳	○朱合巳午	甲勾午貴未	乙青未后申
蛇癸卯合辰○			丙空申陰酉
壬貴寅勾卯			丁白酉玄戌
后辛青丑寅	庚陰子空丑	己玄亥白子	戊常戌常亥

- □ **과체** : 중심(重審), 퇴여(退茹), 여덕(勵德/낮) // 중음(重陰/子亥戌), 침해(侵害), 삼기(三奇), 왕록임신(旺祿臨身), 록현탈, 복덕(福德), 금일정신(金日丁神), 아괴성(亞魁星), 괴도천문(魁度天門).
- □ **핵심** : 낮에 정단하면 식록을 지키기 어렵다. 식록이 도둑에게 간다. 나 자신은 고통을 겪고 타인은 재물이 넉넉하다.
- □ **분석** : ❶ 식록 酉에 낮에는 백호가 타고 밤에는 현무가 타니 식록을 지키지 못한다.

  ❷ 삼전이 모두 탈기(脫氣)이니 도둑에게 가는 셈이다. 부득이하게 놀라고 손실되는 식록을 지키지만, 酉에는 丁이 타고 다시 기궁 戌과는 육해하니 자신이 반드시 고통을 겪는다.

  ❸ 일간은 자신이고 일지는 타인이다. 초전의 子는 일지인 丑과 육합하고 삼전이 모두 丑의 재물이니 타인에게 재물이 많다.

  ❹ 간지가 삼전을 끼고 있으니 일이 풀리기 어렵다.

  → 간상 酉 ⇢ 말전 戌 ⇢ 중전 亥 ⇢ 초전 子 ⇢ 지상 子로 이어졌다.
- □ **정단** : ❶ 퇴여(退茹)이니 경거망동하면 안 된다.

❷ 왕록이 일간에 임하고 낮에는 백호가 丁에 타서 일간을 극한다. 서민이 점단하면 반드시 재물로 인해 화가 닥치고, 공무원이 점단하면 관성으로 작용하니 길하다.

○ **날씨** : 필수(畢宿)가 일간에 임했고 삼전이 모두 수이니 비가 온다.
→ 일간은 하늘, 필수는 酉, 수는 강우이다. 간상에 비를 부르는 필수가 타니 비가 오고, 삼전의 오행이 수이니 다시 비가 온다.

○ **가정** : 처재가 매우 왕성하니 재물로 우환을 풀어야 한다.
→ 재성에는 일재(日財)가 있고 지재(支財)가 있다. 삼전은 모두 지재이다. 재성이 지나치게 왕성하면 귀살을 생하여 화가 닥치니 재물을 베풀어서 재앙을 예방해야 한다. ● 일간에 임한 왕록 酉에 백호와 현무가 타고 있으니, 직업에서 손실이 닥치는 것을 예방해야 한다. ● 화목 : 일간은 나, 일지는 가족이다. 기궁 戌과 일지 丑이 형(刑)을 하고 간상의 酉와 지상의 子가 파(破)를 하니 가족이 화목하지 않다. ● 일간 辛이 지상의 亥子로 탈기되니 지출이 많다.

○ **혼인** : 子가 丑에 가하여 발용이 되었으니 길하다.
→ 丑에는 견우, 子에는 직녀가 있다. 子가 丑에 가하면 견우와 직녀가 만나 혼인하는 상이니 혼인에 길하다. ● 궁합 : 일간은 나, 일지는 배우자감이다. 기궁 戌과 일지 丑이 형(刑)을 하고 간상의 酉와 지상의 子가 파(破)를 하니 나쁘다. ● 일간 辛이 지상의 子로 탈기되니 상대로 인해 손실을 입는다.

○ **임신·출산** : 딸이다. 난산이다.
→ 지반은 음과 여자, 천반은 양과 남지이디. 지반이 천반을 극하여 발용이 되었다는 것은 지반이 강하다는 뜻이니 딸이다. 만약 여름에 점단하면 초전의 지반이 왕성하니 반드시 딸이다. ● 삼전이 간지에 끼어 있으니 난산이다. 즉 간상 酉 ⋯ 말전 戌 ⋯ 중전 亥 ⋯

초전 子 ⋯ 지상 子로 이어졌으니 난산이다.

○ **구관** : 매우 빨리 관직을 얻는다.

→ 일간은 나, 일록은 관록이다. 왕성한 일록 酉가 일간에 임하고 다시 둔반에는 관성인 정마(丁馬)가 임하니 매우 빨리 관직을 얻는다. ● **직장인** : 왕록 酉가 일간에 임하고 다시 이곳에 백호와 현무가 타고 있다. 만약 경거망동하면 실직할 우려가 있으니 현재의 직장에 만족해야 한다.

○ **구재** : 자신의 재물도 지키기 어려운데, 어찌 타인에게서 재물을 구하겠는가?

→ 일간은 나이다. 일간에 임한 일록 酉에 백호와 현무가 타고 있으니 사업체를 잃거나, 사업에 실패하거나, 직장을 잃을 우려가 있다. 삼전에 재성이 없으니 사업을 하더라도 재물을 얻지 못한다.

○ **질병** : 신장경락에 병이 들었거나 혹은 심장이 허하고 폐가 건조한 증상이다. 나을 수 있다.

→ 지상은 병증이다. 지상이 子이니 신장경락에 병이 들었다. 그리고 밤에 정단하면 백호가 亥수에 타서 오행의 화를 극하니 심장이 허하다. ● 낮에 정단하면 백호가 귀살인 丁에 타서 일간을 극하니 병이 위중하지만 삼전의 의약신이 이것을 제압하니 병세가 호전되어 낫는다. ● 말전의 戌토가 지상의 子수를 극하니 신장병이 낫고, 말전의 戌토가 중전의 亥수를 극하니 심장병이 낫는다.

○ **출행** : 수로행을 하면 유실을 예방해야 한다.

→ 현대에서는 일간은 여행객, 일지는 여행지이다. 일간 辛이 지상의 子로 탈기되니 여행지에서 유실을 예방해야 한다.

○ **유실** : 여종이 훔쳐갔다.

→ 酉는 여종이다. 酉에 현무가 타고 있으니 여종이 훔쳐갔다.

○ **귀가** : 아직 출발하지 않았다.

→ 천강(辰)은 동신이고 사맹은 귀가의 초기이다. 천강이 사맹의 하

나인 巳에 가했으니 아직 출발하지 않았다.

↑ **쟁송** : 내가 불리하다.

→ 일간은 나, 일지는 상대이다. 일간의 천반에는 양인(羊刃)인 酉와 둔반에는 귀살인 丁이 임했으니 나에게 불리하다. ● **관재** : 일간의 천반에는 혈광의 신인 양인 酉와 둔반에는 귀살 丁이 임했으니 구속 당할 우려가 있다.

○ **전쟁** : 낮에는 멈춰야 하고 밤에는 행군해야 한다. 겨울에 정단하면 길하다.

→ 낮에는 간상에 혈광의 천장인 백호가 타고 있으니 멈춰야 하고, 밤에는 간상에 현무가 타고 있으니 근신하면서 행군해야 한다. 겨울에 정단하면 삼전의 수국이 왕성하니 길하다.

□ **『필법부』** : 〈제7법〉 왕록이 일간에 임하면 망령된 행동을 해서는 안 된다.

→ 간상의 酉는 제왕 겸 일록이다. 이직과 천직 모두 불가하다.

〈제69법〉 백호가 둔간귀살에 타면 재앙이 얕지 않다.

→ 간상에 백호가 타고 그 위의 둔반은 귀살인 丁이다. 둔반의 귀살은 천반의 귀살에 비해 흉이 크다.

〈제25법〉 금일(金日)에 정마를 만나면 흉화가 일어난다.

→ 일간이 辛이니 금일이고, 辛 위에는 정마가 있다. 정마에는 신속의 뜻이 있으니 흉히 속발한다. 간상이 '록현탈(록현탈)'이니 직업에서의 흉이 속히 닥친다.

□ **『육임지남』** : 己丑년의 2월에 월장 戌을 점시 亥에 가한 뒤에 출산정단을 한다. 태아는 태어나기 어렵고, 아기와 그의 엄마는 모두 죽는다. 친구가 말하기를, 한 손이 먼저 나오지 않겠는가? 그리고 과전에 근거하면 자식은 반드시 보호받기 어렵다. 내가 말하기를, 그렇지

않으면 먼저 엄마가 살고, 다른 때에 먼저 늦은 오후에 손이 나오고, 다음날 아침에 다리가 나오며, 임신부와 자식의 몸은 무탈하다. 이 과는 하괴(戌)가 亥를 건너므로 출산에 장애가 생기고, 천옥(天獄, 戌)을 충하지 못하므로 자식이 어찌 출생하겠는가?

 일상에는 호랑이가 있고 둔반의 귀살이 달려오고, 지상의 子에는 유혼이 타고 있다. 천후의 상은 임신부이다. 귀살과 겁살인 寅으로부터 천후승신인 未가 제극을 받으므로 자식과 임신부는 보호받지 못한다. 오래되지 않아서 자식이 나오지 못한 상태에서 임신부는 사망하였다. 나중에 그러하였다.

※ 유혼(=비혼)

월건 신살	寅	卯	辰	巳	午	未	申	酉	戌	亥	子	丑
遊魂= 飛魂	亥	子	丑	寅	卯	辰	巳	午	未	申	酉	戌

| 辛丑일 | | 제 3 국 |

공망 : 辰·巳
낮 : 왼쪽 천장, 밤 : 오른쪽 천장

己	丁	乙	
玄亥	白白酉	玄青未	后
丑		亥	酉
丙	甲	己	丁
空申陰	勾午貴	玄亥白	白酉玄
辛戌	申	丑	亥

癸卯巳 蛇合	○辰午 朱朱	合○巳未 蛇勾	甲午申 貴
壬寅辰 貴勾○			乙未酉 青后
辛丑卯 后青			丙申戌 空陰
庚子寅 陰空	己亥丑 玄白	戊戌子 常常	丁酉亥 白玄

□ **과체** : 중심(重審), 퇴간전(退間傳), 시둔(時遁, 亥酉未) // 침해(侵害), 록현탈격(祿玄脫格), 복덕(福德), 오음(五陰), 금일정신(金日丁神), 교차탈기(交叉脫氣), 명암이귀(明暗二鬼).

□ **핵심** : 초전이 역마이고 중전이 정마이니 멈출 수 없다. 흉사로 인해 움직인다. 낮에는 강도가 든다.

□ **분석** : ❶ 초전의 亥가 역마이고 중전의 酉에는 정마가 타고 있으니 잠시도 늦출 수 없다.

❷ 주야에 현무와 백호가 초전과 중전에 타고 금일(金日)에 일간의 귀살인 丁을 만났으니 반드시 흉사로 인해 움직인다.

❸ 낮에는 지상에 현무가 타서 일간을 탈기(脫氣)한다. 따라서 도난을 당할 우려가 있으니 도난을 예방해야 한다. 만약 도난을 예방하지 않으면 편안하게 잠을 잘 수 없다.

□ **정단** : ❶ 삼전이 亥酉未이니 시둔(時遁)이다. 은둔하고 싶지만 은둔할 수가 없다.

❷ 삼전의 격명이 간퇴(間退)이니 전진하고 싶지만 전진하여 완수하

지 못한다.

❸ 일지와 일간의 상신인 亥와 申이 육해(六害)이고 그 음신이 육파(六破)이니, 손위의 사람과 손아래의 사람이 의(義)를 잃고 주객은 서로 어긋난다.

❹ 제2과 위의 午는 드러난 귀살이다. 申의 둔간이 丙이고 酉의 둔간이 丁이니 암귀(暗鬼)이다. 辛금 하나를 여러 화가 에워싸서 녹이니 위험하다. 다행히 지상의 亥수가 충분히 귀살을 제압하니 큰 해가 되지는 않는다. 다만 현무와 백호가 길장이 아니므로 결국은 속임을 당하는 우환이 있다.

○ **날씨** : 수모(水母)가 일간에 임했고, 수신이 발용이 되었으며, 필수(畢宿)에 丁이 타니 반드시 갑자기 비가 온다.

→ 일간은 하늘, 수모는 수원(水源), 수신은 비, 필수는 비를 부르는 신, 정마는 신속을 뜻한다. 수모(申)가 일간에 임하고, 수신이 발용이 되었으며, 필수(酉)에 정마가 타니 갑자기 비가 온다.

○ **가정** : 자손효에 백호와 현무가 타고 있어서 비록 밖의 흉은 막지만 자손이 다치니 도둑을 예방해야 한다.

→ 일지는 가정, 자손효는 자손, 백호는 사고, 현무는 도둑이다. 자손효인 지상의 亥에 현무와 백호가 타고 있으니 귀살의 흉은 막지만 자손이 상하는 것을 예방해야 한다. 낮에는 현무가 타니 도난과 도망, 밤에는 백호가 타니 질병이나 사고를 예방해야 한다. ● 화목 : 일간은 나, 일지는 가족이다. 간상의 申과 지상의 亥가 육해하니 나와 가정이 화목하지 않은 것을 예방해야 한다.

○ **혼인** : 일간과 일지가 형(刑)과 해(害)를 하니 이루지 못한다.

→ 일간은 나, 일지는 배우자감, 형(刑)에는 싸우는 뜻이 있고 해(害)에는 해치는 뜻이 있다. 기궁 戌과 일지 丑이 형(刑)을 하고, 간상의

申과 지상의 亥가 해(害)를 하니 혼인을 이루지 못한다. ● 궁합 : 일간과 일지가 형을 하고, 간상과 지상이 해를 하니 나쁘다. 또한 일간이 지상으로 탈기되고 일지가 간상으로 탈기되어, 양쪽 모두에게 손실이 뒤따르니 다시 나쁜 궁합이다.

○ **임신·출산** : 딸이다. 난산이다.

→ 지반이 천반을 극하여 발용이 되었으니 딸이다. 만약 초전의 지반 丑이 왕성해지는 여름에 정단하면 딸이 확실하다. ● 일간은 태아, 일지는 임산부이다. 삼전이 뒤로 물러나는 퇴간전이니 출산이 지연된다.

○ **구관** : 관성이 매우 왕성하다. 정신이 일록인 酉에 타고 있으니 관직을 정단하면 매우 길하다.

→ 간상의 丙과 중전의 丁이 모두 관성이니 관성이 왕성하다. 특히 관록을 뜻하는 酉에 관성 겸 정마가 타고 있으니 매우 길하다. 다만 지상과 초전의 亥가 관성의 오행을 극상하니 관직을 얻은 뒤에 잃는 것을 예방해야 한다. ● 부임 : 관성이면서 정마인 丁이 중전에 임했으니 부임(발령)이 매우 빠르다. 다만 연명이 巳이면 巳 위의 卯가 丁酉를 충극하니 그렇지 않다.

○ **구재** : 가만히 현재의 상황을 유지해야 한다.

→ 비록 말전의 둔반에 암재 乙이 있지만 작은 재물일 뿐이고, 간상의 형제효 申이 이 재물을 노리고 있으니, 이 재물을 추구하지 않고 현재의 상황을 유지해야 한다.

○ **질병** : 심장경락에 병이 들었거나 혹은 신수(腎水)가 고갈되었다. 3월에 정단하면 불길하다.

→ 밤에 정단하면 백호승신 亥가 화를 극하니 심장경락에 병이 들었고, 낮에 정단하면 백호승신 酉가 목을 극하니 간경락에 병이 들었다. ● 심장경락의 병은 백호승신 亥를 극하는 未 아래의 유방(酉方, 정서)에서 약과 의사를 구하면 되고, 간경락의 병은 백호승신 酉

를 극하는 午 아래의 신방(申方, 남서간)에서 약과 의사를 구하면 된다. ● 申은 몸(身)이다. 3월에 정단하면 간상의 申이 3월의 사기이니 위독하다.

○ **귀가** : 역마가 택상에 임하니 즉시 도착한다.

→ 역마는 자동차, 일지는 가택이다. 역마 亥가 택상에 임하여 출행한 사람이 차를 타고 집으로 오는 상이니 즉시 도착한다.

○ **도망** : 현무가 입묘(入廟)하니 잡기 어렵다.

→ 현무는 도둑, 亥는 도둑의 본가이다. 현무가 현무의 본가인 亥에 타고 있어서 사당에 드니 잡기 어렵다.

↑ **쟁송** : 뒤로 물러나는 것이 이롭다. 나중이 길하다.

→ 삼전이 퇴간전(退間傳)이니 뒤로 물러나는 것이 이롭다. 중심과 이니 재심이 이롭다.

○ **전쟁** : 금일(金日)에 丁을 만나니 이익이 보이지 않는다.

→ 丁은 일간의 귀살이다. 금일에 정신을 만나면 재앙이 닥치는 상이니 전쟁에서 이익이 없다.

□ **『필법부』** : 〈제25법〉 금일(金日)에 정마를 만나면 흉화가 일어난다.

→ 신일(辛日)의 중전에서 정마를 만났다.

〈제69법〉 백호가 둔간귀살에 타면 재앙이 얕지 않다.

→ 낮에는 백호가 둔간귀살인 丁에 타고 있다. 정마에는 신속의 뜻이 있으니 흉히 속발한다. 간상이 '록현탈(록현탈)'이니 직업에서의 흉이 속히 닥친다.

〈제76법〉 서로 시기하여 모두에게 화가 미친다.

→ 간상의 申과 지상의 亥가 육해하니 혼인, 동업, 교제 등의 일에서 주객 모두에게 화가 미친다.

□ **『과경』** : 이 과는 관직자의 부임이 매우 빠르다. 연명상신이 육정(六

丁)이 타고 있는 신을 극하면 그렇지 않다.

→ 丁이 임한 酉를 극하는 십이지는 巳午이다. 巳午의 아래가 未와 申이니 연명이 未와 申이면 부임이 빠르지 않다.

□ 『**육임비요(六壬秘要)**』: 말전이 초전을 극하면 만리를 원행하고 병은 되살아나며 재앙은 멈춘다. 또한 '절봉(折疂)'이면 삼합의 가운데 글자를 기다려서 그것을 충(冲)하는 날에 작용이 일어난다.

→ 삼전 亥酉未에서 초전과 말전의 사이에 卯가 빠져 있으니 酉를 충하는 묘일(卯日)이나 묘월(卯月)에 작용이 일어난다. 매일의 제3국과 제11국에서 이러한 예가 많다.

辛丑일 제 4 국

공망 : 辰·巳 ○
낮 : 왼쪽 천장, 밤 : 오른쪽 천장

玄 巳 蛇	白 未 后	白 未 后	
○	乙	乙	
申	戌	戌	
乙	○	戊	乙
白未后 陰辰朱	勾戌常	白未后	
辛戌	未	丑	戌

壬寅巳 貴	癸卯午 勾 后	○辰未 合 陰 朱	○巳申 玄 蛇
辛丑辰 蛇 青 ○			甲午酉 常 貴
庚子卯 朱 空			乙未戌 白 后
己亥寅 合 白	戊戌丑 勾 常	丁酉子 青 玄	丙申亥 空 陰

- **과체** : 별책(別責), 참관(斬關), 불비(不備) // 과수(寡宿), 형상(刑傷), 덕경(德慶), 간전지(干傳支), 천을신기(天乙神祇/밤), 여덕(勵德/밤), 귀인공망(貴人空亡/낮), 오음(五陰).

- **핵심** : 밤에는 생에 의지하면 움직이지 않아도 된다. 관성과 일덕은 공망되었다. 낮에는 백호가 未에 타고 있으니 나쁘다.

- **분석** : ❶ 밤에 정단하면 길장인 천후가 未에 타서 일간을 생하니 생에 의지할 수 있다. 만약 未의 생을 유지하지 않고 경거망동하여 지상으로 가면 丑으로부터 묘(墓)를 당하니, 그 이름이 복을 받아들이지 못한다는 뜻의 '불수복(不受福)'이다.

  ❷ 초전의 巳는 일덕이고 또한 관성이지만 공망이 되었고, 이곳에 낮에는 현무가 타고 밤에는 등사가 타니 전혀 길한 기운이 없다. 그리고 未土가 비록 일간을 생하지만 낮에 정단하면 백호가 未에 타고 있으니 화와 우환이 동시에 나타난다.

- **정단** : ❶ 과명이 별책(別責)이다. 이른바 별도의 방법으로 하나의 신을 취해 발용이 되었고, 음양의 사과에 제극이 전혀 없다. 모든 일에

서 갖추지를 못했으니, 반드시 타인에게 의지하고 길을 안내받아서
한다. 자신의 의지와는 무관하게 길흉이 타인에 의해 결정되는 경우
가 많다.
❷ 만약 일간과 일지가 각자의 묘(墓)에 앉아있으니 잔재주를 피우
면 보잘 것이 없게 된다.

○ **날씨** : 풍백(風伯)이 일간에 임하니 흐리고 바람이 많이 분다.
→ 일간은 하늘, 풍백인 未는 바람이다. 풍백이 일간에 임하니 하늘
에 바람이 많이 불고, 중전과 말전이 未토이니 흐리다.
○ **가정** : 태상이 丑을 형(刑)하니 밤에 정단하면 상복을 입는다.
→ 태상은 옷, 일지는 가정이다. 5월의 밤에 정단하면 태상이 지상
의 戌에 타서 일지 丑을 형(刑)하니 가정에서 상(喪)을 당하여 상복
을 입을 우려가 있고, 낮에 정단하면 구진이 지상의 戌에 타서 일지
丑을 형하니 가정에서 관재가 발생할 우려가 있다. ● 일간은 나, 일
지는 가족이다. 기궁 戌과 일지 丑이 형을 하고 간상의 未와 지상의
戌이 형(刑)을 하니 나와 가족이 화목하지 않다.
○ **혼인** : 일간과 일지가 서로 형(刑)을 하여 여자가 사나우니 혼인이 불
길하다.
→ 일간은 나, 일지는 배우자감이다. 기궁 戌과 일지 丑이 형을 하고
간상의 未와 지상의 戌이 형을 하여 남녀가 싸우는 상이니 사나운
배우자이고 혼인이 불길하다. 과명이 별책(別責)이다. 따라서 상대
에게 별도의 음인이 있으니 최흉하다. ● **궁합** : 기궁과 일지가 형을
히고 간상과 지상이 형을 하니 나쁘다. 지상으로 간 기궁 戌이 일지
丑과 형을 하니 더욱 나쁘다.
○ **임신·출산** : 음불비(陰不備)이니 딸이고, 별책과이니 출산이 늦어진
다.

※ 『육임직지』 원문에서는 음불비이니 아들이라고 하였다.
→ 사과의 천반이 하나의 음(未)과 두 양(辰,戌)이니 딸이다. 별책과이니 출산이 지연되고, 칠삭동이나 팔삭동이 등의 미숙아를 출산할 우려가 있다. ● 일간은 태아, 일지는 임신부이다. 간지와 그 상신이 서로 형(刑)을 하니 출산이 흉하다.

○ **구관**: 관성과 일덕이 모두 공망되었으니 관직에 이롭지 않다.
→ 관성 巳는 관직, 일덕귀인 巳는 공무원이다. 이들이 모두 공망되었으니 관직에 이롭지 않다. ● 고시: 관성과 일덕이 공망되었으니 낙방한다. ● 승진: 안 된다.

○ **구재**: 未에 숨은 재물이 있다. 낮에 정단하여 재물을 취하면 반드시 화를 입고, 밤에 정단하면 득할 수 있다.
→ 중전과 말전의 未 위에 숨어 있는 재물인 乙이 있다. 낮에 정단하면 未에 백호가 타고 있으니 재물을 취한 뒤에 화를 입고, 밤에 정단하면 未에 천후가 타고 있으니 재물을 안전하게 취할 수 있다.

○ **질병**: 비위에 병이 들었거나 혹은 신수(腎水)가 부족하다. 의사나 약을 바꿔야 병이 낫는다.
→ 일지는 병증이다. 지상이 戌이니 비위에 병이 들었고, 낮에 정단하면 백호가 未土에 타서 수를 극하니 신수가 부족하다. 별책과에는 다른 방법이 숨어 있다. 따라서 약이나 의사를 바꿔야 병이 낫는다. ● 초전의 巳는 부모이며 또한 남편이다. 만약 부모나 남편의 질병을 정단하면 장생과 관성인 초전의 巳가 공망이 되었으니 낫기 어렵다.

○ **출행**: 밤에 정단하면 갈 수 있다.
→ 일간은 여행객, 일지는 여행지이다. 밤에 정단하면 간상에 길장인 천후가 타고 있으니 갈 수 있다. 다만 기궁과 일지가 서로 형을 하고 간상과 지상이 서로 형을 하니 안전하지 않은 여행지이다. ● 낮에는 간상에 백호가 타고 있으니 병을 예방해야 한다.

○ **유실** : 밤에 정단하면 반드시 잃은 것이다. 낮에 정단하면 현무가 공망되었으니 취득하기 어렵다.

→ 밤에 정단하면 현무가 과전에 나타나지 않았으니 반드시 잃은 것이다. 낮에 정단하면 현무승신 巳가 공망되었으니 도둑을 잡기 어렵고 물건을 취득하기도 어렵다.

○ **귀가** : 일간이 묘지에 앉아 있으니 즉시 온다.

→ 일간은 출행한 사람, 묘신은 귀가의 말기이다. 일간 辛(戌)이 일간의 묘지인 丑에 앉아 있으니 즉시 온다.

↑ **쟁송** : 방도(方道)를 써야 한다.

→ 별책과(別責課)이니 다른 방법으로 쟁송에 임해야 한다. ● 승패 : 일간은 나, 일지는 상대이다. 일간 辛이 과전의 여러 토로부터 생을 받으니 내가 유리하다.

○ **전쟁** : 변동이 많다. 결국 무익하다.

→ 별책(別責課)과는 다른 방도를 찾아야 하니 변동되는 일이 많다. 일간과 일지가 상형(相刑)하니 결국 무익하다.

□ 『**필법부**』 : 〈제87법〉 사람과 가택이 묘신에 앉으면 좋은 것이 불행을 부른다.

→ 일간 辛(戌)은 辛의 묘지인 丑에 앉아 있고, 일지 丑은 丑의 묘지인 辰에 앉아 있다. 수토동궁설을 적용하면 丑(수·토)의 묘신은 辰이다.

□ 『**과경**』 : 일지와 일간이 모두 지반 묘신 위에 앉아 있는 것은 마음을 수긍하고 뜻을 수긍한 것이니 어둠을 진정으로 받아들여야 한다. 평소 모든 일을 자초한 것이니 하늘을 원망하거나 타인을 원망하지 않아야 한다. 자신이 그 화를 달게 초래한 것이니 장차 자신의 집을 타인에게 진심으로 빌려줘서 타인이 사용하게 해야 한다.

→ 辛(戌)의 묘신은 丑이고 丑의 묘신은 辰이다. 辛(戌)은 丑에 앉아 있고 丑은 辰에 앉아 있다. 이것은 앙구격의 일종이다.

□ 『단험(斷驗)』: 기궁인 戌이 간상의 未를 형(刑)하고, 일지인 丑이 지상의 戌을 형(刑)을 하여 일지와 일간이 그의 상신을 형을 하니, 모든 정단에서 화목한 기운이 없다.

→ 일간과 일지는 나와 상대이다. 만약 혼인을 정단하면 혼인이 불성하고, 만약 매매를 정단하면 매매가 불성하며, 만약 거래를 정단하면 거래가 이루어지지 않는다.

| 갑오순 | 신축일 | 5국 |

辛丑일 제 5 국

공망 : 辰·巳
낮 : 왼쪽 천장, 밤 : 오른쪽 천장

○	辛	丁	
玄 巳 蛇	蛇 丑 靑	靑 酉 玄	
酉	巳 ○	丑	
甲	壬	丁	○
常 午 貴	貴 寅 勾	靑 酉 玄	玄 巳 蛇
辛 戌	午	丑	酉

辛蛇丑巳	壬貴寅午	癸后卯未	○陰辰申朱
庚朱子辰			○玄巳酉蛇
己合亥卯			甲常午戌貴
戊勾戌寅	丁常酉丑靑	丙玄申子空	乙陰未亥白后

□ **과체** : 지일(知一), 종혁(從革) 과수(寡宿), 천망(天網) // 덕경(德慶), 화미(和美), 합중범살(合中犯殺), 권섭부정(權攝不正), 가귀(家鬼), 교차육해(交叉六害), 구패(俱敗), 맥월(驀越), 오음(五陰), 명암작귀(明暗作鬼), 금일정신(金日丁神), 부귀육의(富貴六儀/밤), 귀인입옥(貴人入獄/밤), 천을신기(天乙神祇/밤), 막귀임간(幕貴臨干/낮), 록현탈격(祿玄脫格), 형제효현괘.

□ **핵심** : 빈 묘신과 丁이니 허명(虛名)이다. 낮에 정단하면 귀인에게 의지할 수 있고, 밤에 정단하면 사람과 집이 곤란하다.

□ **분석** : ❶ 발용의 관귀효 巳는 공망되었고, 중전의 묘신 丑은 공함되었으며, 말전의 酉에는 丁이 타고 있다. 일지 丑이 일록인 酉의 묘지이니 허명이 아닐 수 없다. 하물며 밤 귀인이 일간에 임하니 뭇 소인들이 스스로 물러난다.

❷ 낮에 정단하면 귀인이 이미 기울었다. 辛은 午로부터 상하고, 삼전의 금국은 일지를 탈기하고 丁화는 장난을 치니 나와 가정 모두 좌절을 당한다.

□ **정단** : ❶ 종혁(從革)이니 모든 일에서 반드시 대중의 뜻을 따라야 하고, 삼전이 동류이니 일간과 동일한 오행이다.

❷ 간지 위의 午酉가 서로 파(破)를 하니 관록이 상하고, 酉 위에 丁이 있으니 일록으로 인하여 화가 생긴다.

❸ 巳와 午는 드러난 귀살, 丁은 숨어 있는 귀살이다. 다섯 화가 하나의 辛금을 태우니 일간이 잿더미가 된다. 오직 관직정단에서만 길하다.

───────────────────────

○ **날씨** : 午화가 일간에 임하고 천강이 양을 가리키니 비가 오지 않는다.

→ 午는 음양의 양이며 오행의 화이니 비가 오지 않고, 천강이 양의 12지인 申에 임하니 다시 비가 오지 않는다.

○ **가정** : 택상에 丁이 타고 있으니 사람과 집이 불안하다.

→ 일지는 집, 丁은 동신(動神)이다. 지상에 丁이 타고 있으니 집에 이직, 이사, 이민, 여행 등의 이동수가 있다. 또한 정마의 아래가 직업과 식록을 뜻하는 일록이니 직업에 변동수가 있고, 일록인 酉가 酉의 묘지인 丑에 임하니 결과가 나쁘다. 만약 이사할 경우에는 지일과이니 가까운 곳으로 가는 것이 좋다.

● 간지가 교차육해하니 가족이 화목하지 않다. ● 밤에는 귀인이 귀살에 타고 있어서 '천을신기(天乙神祇)'이니 신에게 기도해야 한다.

● 인월의 낮에 정단하면 귀살인 간상의 午에 태상이 타고 있으니 부모상을 예방해야 한다.

○ **혼인** : 일간과 일지가 서로 해(害)를 한다. 밤에 정단하면 불결한 여자이다.

→ 일간은 나, 일지는 배우자감이다. 기궁인 戌과 지상의 酉가 상해(相害)하고, 일지인 丑과 간상의 午가 상해하니 혼인이 불성할 우려

가 높다. ● 궁합 : 간지가 교차육해하니 나쁘다. ● 지상의 酉에 낮에는 길장인 청룡이 타고 있으니 선한 사람이고, 밤에는 흉장인 현무가 타고 있으니 바르지 못한 사람이다.

● 혼처 : 지일과이니 가까운 사람이나 장소에서 구하면 된다. ● 종혁(從革)에는 구개신취의 뜻이 있다. 만약 현재의 혼처가 마음에 들지 않을 경우에는 삼전이 '종혁(從革)'이니 다른 혼처를 구하는 것이 좋다.

○ **임신·출산** : 위는 강하고 아래는 약하니 임신하면 남자이다.

→ 위는 양기이고 남자, 아래는 음기이고 여자이다. 위가 아래를 극하여 발용이 되었다는 것은 위가 강하다는 뜻이니 임신하면 남자이다. ● 일간은 태아, 일지는 임신부이다. 간상의 午가 지상의 酉를 극하니 임신부의 건강을 해칠 우려가 있다.

○ **구관** : 귀인이 일간에 임했고 일록이 가택에 임했으니 관직을 정단하면 매우 길하다.

→ 귀인은 공무원, 일록은 공무원이 국가로부터 받는 급여이다. 간상에 귀인이 타고 있으니 공무원이 되는 상이고, 지상에 일록이 타고 있어서 관청에서 급여를 받는 상이니 관직에 길하다. 특히 낮에는 관성인 丁에 길장인 청룡이 타니 관직을 속히 얻는다.

● 관로 : 삼전이 공망되어 관로가 막힌 상이니 관로가 밝지는 않다. 만약 사년(巳年)에 정단하면 공망된 巳가 메워지니 관로가 밝다. ● 일록이 지상으로 갔으니 지방으로 발령이 나거나 좌천될 우려가 있다. ● 고시 : 귀인과 염막귀인이 육의(六儀)에 타니 합격한다. ● 관직자 : 낮에는 간상에 염막귀인이 타고 밤에는 일록인 酉에 현무가 타고 있어서 '독현탈격(禄玄脫格)'이니 직장을 잃을 우려가 있다.

○ **구재** : 일록 위에 丁이 타니 이 재물을 취하면 우환이 생긴다.

→ 일록은 식록, 직업, 재물이다. 지상에 보이는 일록 酉를 취하면 그 위에 있는 귀살 丁이 일간을 극하니 우환이 생긴다. ● 영업장을

구할 경우에는 지일과이니 근처에서 구하면 되고, 사업품목을 고를 경우에는 지일과이니 가장 친숙한 종목을 선택하면 된다. ● 사업 : 삼전이 겁재국이니 실패한다. 밤에는 현무가 일록에 타고 있으니 실패할 가능성이 더욱 높다.

○ 질병 : 폐와 대장의 병이다. 연명상에 수신이 있으면 병이 낫는다.
→ 귀살이 午화이니 午화의 극을 받는 폐와 대장의 병이다. 의약신은 亥子이다. 연명이 卯辰이면 그 위의 亥子가 귀살을 제압하니 병이 낫는다. 亥와 子가 卯와 辰에 임하니 정동과 동남방에서 명약과 명의를 구하면 된다. ● 천을신기(天乙神祇) : 밤에 정단하면 천을귀인이 午에 타서 일간 辛을 극하여 귀수(鬼祟)가 있으니, 수법을 행사할 수 있는 법사의 도움을 받아야 병이 낫는다. ● 초전에서 巳가 酉에 가했으니 상(喪)을 예방해야 한다.

○ 출행 : 육로는 밤에 정단하면 가능하고, 수로는 매우 불길하다.
→ 현대에서는 일간은 여행객, 일지는 여행지이다. 지상의 일록 酉 위에 귀살 丁이 숨어서 일간 辛을 극하니 여행에서 예상하지 못했던 해를 예방해야 한다.

○ 귀가 : 천강이 사맹에 가했으니 아직 출발하지 않았다.
→ 천강(辰)은 동신, 사맹은 초기이다. 천강이 사맹의 하나인 申에 가했으니 아직 출발하지 않았다.

☂ 쟁송 : 내가 유리하다.
→ 일간은 나, 일지는 상대이다. 간상의 午가 지상의 酉를 극하고 다시 삼전의 금국이 일지를 탈기해서 일간의 동류가 되니 내가 유리하다. ● 관재 : 밤에 정단하면 귀인이 午에 타서 일간을 극하니 관재가 더욱 심하다. 다만 연명이 卯辰이면 그 상신이 자손효인 亥子이니 관재가 누그러진다.

○ 전쟁 : 삼합이 금을 얻었으니 많은 군사를 잃을 우려가 있다.
→ 삼전의 금국(巳丑酉)은 일간 辛과 동일한 오행이다. 삼전의 삼합

이 공망되었으니 많은 군사를 잃을 우려가 있다.
○ **분묘** : 좌수(左首)가 공망되었으니 불길하다.
→ 일지음신(제4과)은 산소의 왼쪽이다. 이곳이 공망되었으니 좌수가 불길하다.

□ 『**필법부**』: 〈제8법〉 일록이 일지에 임하면 임시직으로서 정당한 자리가 아니다.
→ 일간은 높고 일지는 낮다. 따라서 일록이 일지에 임하면 임시직이다. 이미 관직에 있는 사람이 정단하면 좌천될 우려가 있다.
〈제36법〉 간상과 지상이 모두 패신이면 기울고 무너진다.
→ 간상의 午는 일간의 패신이고 지상의 酉는 일지의 패신이니, 가정의 내외사 모두 실패한다.
〈제48법〉 귀살에 천을귀인이 타면 곧 하늘 귀신과 땅 귀신의 해가 있다.
□ 『**과경**』: 일간의 록신이 지상에 가한 뒤에 일지로부터 묘(墓)를 당하거나 혹은 일지로부터 극을 당하면, 반드시 집을 짓는 일로 인해 재산을 잃는다. 또는 일지로 탈기를 당하면 반드시 집을 짓는 일로 인해 재산이 손실된다.
→ 이 과전은 일록이 지상에 가한 뒤에 일지로부터 묘를 당한다.
□ 『**삼거일람**』: 간상의 午가 일간 辛을 극하고 지상에 丁이 타고 있으니 사람에게는 재앙이 생기고 집은 요동친다. 오직 공무원이 정단하면 부임이 매우 빠르다. 다만 낮에 정단하면 좋고, 밤에 정단하면 나쁘나.

辛丑일 제 6 국

공망 : 辰·巳
낮 : 왼쪽 천장, 밤 : 오른쪽 천장

	癸	戊	
后 卯 玄	勾 戌 勾	玄 巳 后	
	申	卯	戌
○	庚	丙	癸
玄 巳 后	朱 子 空	空 申 朱	后 卯 玄
	辛 戌	巳 ○	丑	申

庚子巳○	辛丑午	壬寅未	癸卯申
朱	空 蛇	白 貴	常 后 玄
己亥辰○			○辰酉
合 青			陰 陰
戊戌卯			○巳戌
勾 勾			玄 后
丁酉寅	丙申丑	乙未子	甲午亥
青 合	空 朱	白 蛇	常 貴

- **과체** : 중심(重審), 착륜(斲輪), 주인(鑄印) // 덕경(德慶/공망), 사절(四絶), 맥월(驀越), 명암이귀(明暗二鬼), 태수극절(胎受剋絶), 신장·귀등천문(神藏·貴登天門/밤), 형상(刑傷), 간지상형(干支相刑), 장생공망(長生空亡).

- **핵심** : 윗사람에게서 은혜를 입는다. 상대의 힘이 매우 약하다. 巳는 공망되었고 卯는 巳의 패신이다. 戌과 묘(墓)가 나란히 있다.

- **분석** : 巳는 일간의 장생이며 또한 辛의 덕신이다. 巳가 辛에 임하니 손위의 은덕을 입는다. 다만 巳는 공망되고, 발용의 卯는 덕신인 巳의 패기(敗氣)이며, 중전의 戌토는 덕신을 매장하는 묘(墓)이다. 마음은 있지만 실제로는 무력하니 무슨 소용이 있겠는가?

- **정단** : ❶ 卯가 申에 가했으니 착륜(斲輪)이다. 착륜은 본래 관직을 추구할 수는 있지만 巳는 장생·학당이고 또한 관성·덕신이지만 갑오순의 공망이 되었으니 한 해에 여러 번 승진할 수 없다. 오직 사년과 사월과 사월장(처서~추분) 기간에 관직을 정단하면 길하며, 부모를 정단하더라도 마찬가지이다.

❷ 모든 일에서 시작은 있지만 결과는 없고, 처음은 왕성하지만 끝은 부진하다.

○ **날씨** : 간상의 巳가 타서 공망되었다. 화가 공망되었으니 맑고 비가 오지 않는다.
  → 일간은 하늘이다. 간상의 巳화가 공망되었으니 맑고 비가 오지 않는다.
○ **가정** : 겁재(劫財)에 암귀(暗鬼)가 타서 일간을 극하니 형제가 재물을 다투는 상이다.
  → 일지는 가정이다. 겁재인 지상의 申 위에 숨어 있는 귀살 丙이 일간 辛을 극하니 형제가 재물을 다투는 일로 인해 나에게 화가 미친다. ● 낮에는 형제효인 지상의 申에 천공이 타고 있으니 형제나 친구로 인해 속임을 당하는 것을 예방해야 하고, 밤에는 형제효인 지상의 申에 주작이 타고 있으니 형제나 친구로 인해 문서를 잃는 것을 예방해야 한다. ● 일간은 나, 장생은 생업과 부모이다. 간상의 장생이 공망되었으니, 생업을 잃거나 부모가 생존할 경우에는 부모가 사망할 우려가 있다.
○ **혼인** : 관성이 공망되었으니 여자가 남자를 정단하면 불길하다.
  → 간상의 巳는 남편감이다. 여자가 남편감을 정단하여 관성이 공망되면 남편감이 죽거나 인연되지 않는 뜻이 되니 불길하다. ● 지반이 천반을 극하여 발용이 되었으니 여자의 성정이 드센데, 만약 토왕절과 가을에 정단하면 초전 지반의 申금이 왕성하니 더욱 드세다. ● 궁합 : 일간은 나, 일지는 배우자감이다. 기궁 戌은 일지 丑과 형을 하고 간상의 巳는 지상의 申과 형을 하니 나쁘다. ● 일지는 상대방이다. 낮에는 지상에 천공이 타고 있으니 허언을 일삼는 사람이고, 밤에는 지상에 주작이 타고 있으니 말이 많은 사람이다.

○ **임신·출산** : 사사롭게 임신된 태아이다. 태신이 절지에 임하고 다시 극을 받으니 임신과 출산 모두 흉하다.

→ 밤에 정단하면 태신인 卯에 현무가 타고 있으니 사사롭게 임신된 태아이다. ● 주야 모두 태신인 卯가 절지인 申에 임하고 다시 申으로부터 극을 받으며 다시 삼전이 주인격이니 유산될 우려가 있다. ● 태신인 卯가 폐구(閉口) 되었으니 선천성 언어장애가 우려된다.

○ **구관** : 관성과 일덕이 모두 공망되었으니 관직을 정단하면 이롭지 않다.

→ 관성은 관직, 일덕귀인은 공무원이다. 관직을 정단하면 간상의 관성 겸 일덕귀인 巳가 공망되었고 다시 초전의 착륜(斲輪)이 폐구 되었으며 다시 주인(鑄印)이 공망되어 불성하니 관직에 이롭지 않다. ● 귀등천문 : 연명이 亥인 사람이 밤에 정단하면 귀인이 천문에 오르니 승진되고 발탁된다.

○ **구재** : 비밀스러운 재물 혹은 숨겨진 재물 취득에 이롭다.

→ 재성인 卯가 癸에 가려져 있으니 비밀스러운 재물이나 숨겨진 재물 취득에 이롭다. 밤에는 卯에 현무가 타고 있으니 얻은 뒤에 잃는 것을 예방해야 한다.

○ **질병** : 폐경락에 병이 들었다. 바로 낫지는 않는다.

→ 귀살은 병의 원인을 제공한다. 귀살인 巳화가 오행의 금을 극하니 폐경락에 병이 들었다. 일간이 공망되었으니 구병(久病)은 낫기 어렵다. ● 부모의 질병을 정단하면 장생인 巳가 공망되었으니 낫지 않을 우려가 있고, 처의 질병을 정단하면 초전의 처재효가 절지(絶地)에 임했으니 낫지 않을 우려가 있다.

○ **출행** : 육로는 불길하고 수로는 흉하다.

→ 현대에서는 일간은 여행객, 일지는 여행지이다. 일간이 공망되었으니 출행할 수 없다. 만약 출행하면 지상의 둔반이 귀살 丙이니

여행지에서 화를 입는다. 낮에는 천공이 타고 있으니 공허한 일을 당하고, 밤에는 주작이 타고 있으니 문서로 인한 화를 입는다.

○ **유실** : 밤에 정단하면 동쪽에서 도난을 당한다. 도둑을 뒤쫓으면 붙잡을 수 있다.

→ 밤에 정단하면 현무가 동쪽을 뜻하는 卯에 타고 있으니 동쪽에서 도난을 당한다. 현무승신 卯목이 지반의 申금으로부터 극상(剋傷)을 당했으니 도둑을 붙잡을 수 있다.

○ **귀가** : 천강이 사중에 가했으니 아직 길에 있다.

→ 천강(辰)은 동신, 사중은 중도이다. 천강이 사중의 하나인 酉에 가했으니 아직 길에 있다.

↑ **쟁송** : 내가 패소한다.

→ 일간은 나, 일지는 상대이다. 일간은 공허하고 일지는 튼실하니 내가 패소한다. ● 중심과이니 장기전이 이롭고 또한 고등법원에 상고해서 재심하는 것이 이롭다. ● 지상의 申은 형제효이다. 이곳에 밤에는 주작이 타고 그 위의 丙이 일간의 귀살이니 형제나 친구나 동료나 지인으로 인해 관재가 발생하는 것을 예방해야 한다.

○ **전쟁** : 일간이 갑오순의 공망이 되었으니 적을 이기지 못한다.

→ 일간은 아군, 일지는 적군이다. 일간은 공허하고 일지는 튼실하니 적을 이기지 못한다.

○ **분묘** : 왕방(旺方)이 파(破)가 되었으니 불길하다.

→ 일지는 묘지, 일간은 후손이다. 지상의 申이 간상의 巳로부터 파를 당했으니 분묘가 불길하다.

□ **『필법부』** : 〈제82법〉 삼전이 나아가지 못하는 불행전(不行傳)은 초전을 살펴야 한다.

→ 말전의 巳가 갑오순의 공망이 되었으니 불행전이다. 전진할 수

없으니 초전으로만 길흉을 정하면 된다.

☐ 『과경』: 巳는 화로, 戌은 관인(官印), 卯는 나무틀이다. 戌 속의 辛금과 巳 속의 丙화가 합을 하여 철이 연단되어 戌이 되어 부인(符印)이 되니 '주인(鑄印)'이다. 다시 삼전에서 태상을 만나면 관인과 인끈을 모두 갖추게 되어, 관직자에게는 이롭고 서민에게는 이롭지 않다. 만약 주인격이 공망되면 주인격이 불성하니 관작을 이루는 과정에서 막히게 된다.

→ 이 과전의 말전이 공망되었으니 주인(鑄印)이 이루어지지 않는다. 따라서 관직에 이롭지 않다.

☐ 『조담비결』: 戌이 卯 위에 가하여 합을 하니 간지와 삼전에 사연이 많다. 丙辛과 戌癸는 비슷하다. 소식이 오고 사람도 돌아오니 복(福)이 창성한다.

→ 丙은 辛과 간합하고 戌는 癸와 간합한다. 두 경우 모두 간합하니 비슷하다고 하였다.

辛丑일 제 7국

공망 : 辰·巳 ○
낮 : 왼쪽 천장, 밤 : 오른쪽 천장

	己	乙	○
	合亥	青	白未蛇	陰辰陰
	巳○	丑	戌
	○	戊	乙	辛
	陰辰陰	勾戌勾	白未蛇	蛇丑白
	辛戌	辰○	丑	未

己亥巳 合	庚子午 朱	辛丑未 蛇	壬寅申 貴 常
戊戌辰○ 勾			癸卯酉 后 玄
丁酉卯 青 合			○辰戌 陰 陰
丙申寅 空 朱	乙未丑 白 蛇	甲午子 常 貴	○巳亥 玄 后

- □ **과체** : 반음(返吟), 참관(斬關), 고진(孤辰), 정란사(井欄射) // 무의(無依), 복덕(福德), 참관(斬關), 양귀수극(兩貴受剋).
- □ **핵심** : 천강인 辰이 나의 형체를 덮고 발이 다시 온다. 초전이 역마이지만 헛걸음을 한다.
- □ **분석** : 천강(辰)이 일간에 임했으니 움직이고, 말전은 발(足)인데 다시 辰을 만난다. 그리고 역마인 亥가 발용이 되었으니 그 움직임이 매우 빠르지만 천강(辰)은 공망되고 亥는 공망에 앉아 있으니 헛걸음을 한다.
  → 辰이 동신(動神)이니 발(足)로 쓰였다. 그리고 초전은 머리, 중전은 허리, 말전은 발에 배속된다.
- □ **정단** : ❶ 반음과의 천강(辰)과 역마가 모두 움직인다. 의지는 말(馬)이고 마음은 원숭이니 떠나려는 뜻이 진혀 없다.
  ❷ 사과 위에 다섯 묘신을 온전히 갖췄으니 생하는 것이 많지만 방해하는 것 또한 적지 않다.
  ❸ 삼전의 초·말전이 모두 공망되고 중전의 未에는 등사와 백호가

타서 일지 丑과 형(刑)과 충(沖)을 하니, 집의 처와 첩으로 인한 불안이 있다. 중전이 튼실하지만 초전과 말전이 공망되었으니 꾀하는 모든 일이 이롭지 않다.

○ **날씨** : 수운이 위에 있고 청룡과 육합이 발용이 되었으니 흐리고 비가 오는 상이다.
  → 청룡은 강우의 천장, 육합은 우사(雨師)이다. 청룡과 육합이 발용이 되었으니 흐리고 비가 오는 상이다.
○ **가정** : 집에서 형(刑)과 충(沖)이 반복되었으니 불안하다.
  → 집을 뜻하는 일지의 상하인 未와 丑이 형과 충을 하니 가정이 불안하고, 사람을 뜻하는 일간이 공망되었으니 사람이 하는 일이 공허하다. ● 일지의 상하와 일지의 음양이 형과 충을 하였으니 가족은 이별하고 집은 파손된다. ● 주야 모두 지상에 흉장이 타고 있으니 집에 우환이 발생한다. 낮에는 백호가 타니 질병, 밤에는 등사가 타니 놀랄 일이 발생한다.
○ **혼인** : 청룡과 일상이 모두 공망되었으니 혼인을 정단하면 불길하다.
  → 청룡과 일간은 남자이다. 이들이 모두 공망되었으니 여자가 남자를 정단하면 남자를 잃는 상이니 불길하다. ● 일간이 공망되었고 다시 초전의 상하가 巳亥이니 혼인의 가부를 갈등한다. 초전이 공망되었으니 혼인을 이루지 못한다.
○ **임신·출산** : 자손이 발용이 되었고 음에 속하니 임신하면 여아이다. 속히 출산한다.
  → 자손효인 亥가 음의 12지이니 여아이다. 과전의 모든 천반과 지반이 충을 하는 반음과이니 속히 출산한다.
○ **구관** : 청룡과 역마가 공망되고 귀인과 일록이 나타나지 않았으니 관직을 정단하면 불길하다.

→ 청룡은 문관, 역마는 승진의 신, 귀인은 공무원, 일록은 공무원이 받는 급여이다. 청룡과 역마는 공망되고 귀인과 일록은 나타나지 않았으니 승진과 공무원 임용고시 모두 불길하다. 삼전이 모두 공망되었으니 앞으로의 구관이 공허하다.

○ **구재**: 청룡이 이미 공망되었으니 재물을 구하더라도 이익이 없다.
→ 밤에 정단하면 청룡승신 亥가 공망되었으니 재물을 구하더라도 이익이 없고, 재성인 寅卯가 과전에 나타나지 않았으니 다시 이익이 없다. 다만 연명이 申酉이면 그 상신이 재성인 寅卯이니 재물을 취득할 수 있지만, 이 재성이 지반과 상충하니 수입이 쉽지 않고 설령 얻더라도 지출되는 재물이다.

○ **질병**: 비위에 병이 들었고, 뱃속에 덩어리(積塊)가 들어 있다. 바로 낫지 않는다.
→ 등사가 일간의 묘신인 丑에 타고 있어서 뱃속에 덩어리가 들어 있으니 바로 낫지는 않는다. ● 반음과이니 재발한 병이거나 혹은 나은 뒤에 재발할 우려가 있으며 또한 두 가지 이상의 합병증이다. ● 의약신인 子의 아래가 午이니 정남방에서 양의와 양약을 구하면 된다. ● 일간이 공망되었으니 구병(久病)을 정단하면 사망할 우려가 있다.

○ **출행**: 힘이 부족하다.
→ 일간은 여행객, 일지는 여행지이다. 일간이 공망되었으니 출행할 힘이 부족하다. 일지의 상하인 未丑과 일지의 음양인 丑未가 형과 충을 하니 안전한 여행지가 아니다.

○ **귀가**: 즉시 도착한다.
→ 초전은 도착지, 역마는 자동차이다. 억마가 초전에 있으니 즉시 도착한다.

↑ **쟁송**: 내가 불리하다.
→ 일간은 공허하고 일지는 튼실하니 내가 불리하다.

○ **전쟁** : 청룡과 육합이 발용이 되었으니 반드시 헛된 기쁨을 보게 된다.

→ 청룡과 육합이 발용이 되어 공망되었으니 반드시 헛된 기쁨을 보게 된다.

○ **분묘** : 삼전이 목국을 이루었다. 신을향(辛乙向)으로 묘를 쓰면 후손이 번창한다.

→ 삼전이 亥卯未를 갖추지는 못했지만 목국으로 보았다. 제3과는 묘지, 제4과는 시신이 들어가는 혈(穴) 곧 땅의 구멍이다. 제3과의 둔간이 乙이고 제4과의 둔간이 辛이니 辛乙 향으로 묘를 쓰면 후손이 번창한다.

□ 『**필법부**』 : 〈제49법〉 양 귀인이 극을 받으면 귀인에게 부탁하는 일에서 뜻을 성취하기 어렵다.

→ 이 과전에서는 낮 귀인 寅은 지반의 申으로부터 극을 받았고, 밤 귀인 午는 지반의 子로부터 극을 받았으니, 귀인에게 청탁하면 허락하지 않는다.

□ 『**과경**』 : 辛丑일에 辰을 戌에 가했으니 '정란사(井欄射)'이다. 중전은 지상으로 오고 말전은 일상으로 오니, 마치 우물 위에 얹은 나무가 쉽게 기울어져서 오래가지 못하는 상이다. 따라서 움직이면 좋고 가만히 있으면 어지러우며 모든 일에서 의지할 곳이 없다. 한 몸으로 두 가지의 일을 하려고 하며, 비록 길신을 만나더라도 반만 이룬다. 정도로 하면 궁지에 빠지고 편법을 쓰면 일을 성취한다. 군자는 도가 사라지는 상이고, 소인은 도가 자라는 상이다.

辛丑일 제8국

공망 : 辰·巳 ○
낮 : 왼쪽 천장, 밤 : 오른쪽 천장

	癸	丙	辛
后 卯 玄	空 申 朱	蛇 丑 白
	戌	卯	申

癸	丙	甲	己
后 卯 玄	空 申 朱	常 午 貴	合 亥 青
辛 戌	卯	丑	午

戌戌巳	己亥午	庚子未	辛丑申
勾 勾	合 朱	空	蛇 白
丁酉辰 青 合 ○			壬寅酉 貴 常
丙申卯 空 朱			癸卯戌 后 玄
乙未寅 白 蛇	甲午丑 常 貴	○巳子 玄 后 陰	○辰亥 陰

□ **과체** : 중심(重審), 여덕(勵德/낮), 무음(蕪淫), 교차상극(交叉相剋) //
침해(侵害), 일순주편(一旬週遍), 수미상견(首尾相見), 재폐구(財閉口),
천을신기(天乙神祇/밤), 육편판(六片板).

□ **핵심** : 일간에는 순미가 타고 일지에는 순수가 탄다. 주객이 서로 발목을 붙잡는다. 진퇴가 어렵다.

□ **분석** : ❶ 순미(旬尾)인 卯는 간상에 임하고, 순수(旬首)인 午는 지상에 임한다. 간상의 卯는 일지 丑을 극하고 지상의 午는 일간 辛을 극하니 서로 발목을 붙잡는다.

❷ 발용의 卯가 전진하면 중전 申의 극을 당하고 후퇴해서 본가로 돌아가면 다시 辛으로부터 극을 당하니 진퇴 모두 어렵다.

□ **정단** : ❶ 격명이 '일순주편(一旬週遍)'이니 시종 좋고 간지가 교차상극하여 '무음(蕪淫)'이니 부부가 불화한다.

❷ 지상에 패기(敗氣)인 午가 타서 일지 丑을 육해하니 반드시 유산되고, 태신이 일간에 임하여 극을 받으니 반드시 유산된다.

❸ 간상의 卯는 일간 戌과 육합하고 지상의 午는 일지 丑과 육해하

니, 타인에게는 우환이 있고 나에게는 기쁨이 있는 상이다.

○ **날씨** : 수운은 위에 있고, 천강은 亥를 가리키며, 여섯 마리의 용이 승천하니 며칠 안에 비가 온다.
→ 초전의 둔반에 癸수가 임하니 비가 오고, 천강(辰)인 대각성이 음지인 亥에 임하니 다시 비가 온다.

○ **가정** : 밤에는 귀인이 가택에 임하니, 조상이 반드시 관청에 있고 비관직자가 정단하면 관송을 면하기 어렵다.
→ 일지는 집이다. 밤에 정단하면 지상에 천을귀인이 관성에 타고 있으니 집에 공무원이 있고, 만약 공무원이 아닌 사람이 정단하면 집에 관송이 발생하는 것을 면하기 어렵다. ● 인월(寅月)의 낮에 정단하면 지상의 태상승신 午가 사기를 품고서 일간을 극하니 상을 예방해야 한다. ● 일진이 교차상극(交叉相剋)하니 부부가 음란하여 각기 사통하는 것을 예방해야 한다. ● 천을신기(天乙神祇) : 귀인이 지상의 귀살에 타서 일간을 극하니 '귀수(鬼祟)'가 있다. 조상과 신불에 기도해야 병이 낫는다.

○ **혼인** : 일지와 일간이 서로 파(破)를 한다. 간지가 서로 극(剋)을 하니 무음(蕪淫)이다. 따라서 혼인에서 가장 나쁘다.
→ 일간은 나, 일지는 배우자감이다. 간상의 卯가 지상의 午와 서로 파(破)를 하여 혼인이 깨지는 상인데, 다시 지상의 午가 일간 辛을 극하고 간상의 卯가 일지 丑을 극하여 교차상극(交叉相剋)하니 혼인에 가장 나쁘다. ● 궁합 : 최흉하다. ● 중심과이니 심사숙고해서 연애나 혼담이나 혼인을 결정해야 하고, 중심과이니 여자의 성정이 드세다.

○ **구관** : 귀인이 패기(敗氣)에 타고 있으니 매우 길하지 않다.
→ 귀인은 공무원, 패기에는 실패의 뜻이 있다. 밤에는 귀인이 일간

의 패신인 午에 타고 있으니 나쁘고, 또한 일진이 교차상극(交叉相剋)하여 체(體)가 상했으니 관직에 더욱 나쁘다.
○ **구재** : 음사(陰私)나 숨겨진 재물을 득해야 한다.
→ 낮에 정단하면 초전의 재성 卯에 천후가 타고 있으니 부녀자로부터 재물을 얻을 수 있고, 밤에 정단하면 초전의 재성 卯에 현무가 타고 있으니 바르지 못한 음사(陰私)의 재물을 얻을 수 있다. 또한 재성인 卯가 癸수에 숨겨져 있으니 숨겨져 있는 재물을 득할 수 있다.
○ **질병** : 밤에는 백호가 묘신에 타고 있으니 뱃속에 덩어리(積塊)가 있고, 두 호랑이가 묘신을 끼고 있으니 병이 쉽게 낫지 않는다.
→ 주야 모두 말전의 묘신 丑에 등사와 백호가 타고 있으니 뱃속에 덩어리(積塊)가 들어 있고, 주야 모두 등사와 백호가 묘지인 丑에 타니 병이 쉽게 낫지 않는다. 더군다나 진월(辰月)에 정단하면 죽은 몸(身)이 관(卯) 속으로 들어가는 상이니 사망한다. ● 卯는 손, 戌은 발이다. 초전의 상하가 卯와 戌이니 중풍이다. ● 천을신기(天乙神祇) : 밤에 정단하면 천을귀인이 午에 타서 일간 辛을 극하니 귀수(鬼祟)가 있다. 수법을 행사할 수 있는 법사의 도움을 받아야 병이 낫는다.
○ **출행** : 육로행은 길을 잃는 것을 예방해야 한다. 수로로 갈 수 있다.
→ 일간은 여행객, 일지는 여행지이다. 일간 辛이 지상의 午로부터 극을 받으니 흉지이다. 낮에 정단하면 태상승신 午가 일간을 극하니 음식으로 인한 해를 입고, 밤에 정단하면 귀인승신 午가 일간을 극하니 관청으로부터 해를 입는다.
○ **유실** : 밤에는 현무가 재성에 디고 있으니 반드시 도둑이 물건을 훔쳐갔다. 현무의 음양이신이 서로 극을 하니 쉽게 잡는다.
→ 밤에 정단하면 현무가 일간의 재성인 卯에 타고 있으니 도둑이 물건을 훔쳐갔다. 그러나 현무양신 卯가 현무음신 申으로부터 극을

당하니 쉽게 도둑이 잡힌다.
- ○ **귀가**: 천강이 사맹에 가했으니 아직 출발하지 않았다.
  - ➔ 천강(辰)은 동신(動神), 사맹(四孟)은 초기이다. 천강이 사맹의 하나인 亥에 가했으니 아직 출발하지 않았다.
- ↑ **쟁송**: 관청을 바꾸는 것이 좋다.
  - ➔ 간지상에 순수와 순미가 임하니 일순주편이다. 일순주편은 관청을 바꾸는 것이 좋다. ● **승패**: 일간은 폐구 되었고 일지는 午로부터 생을 받으니, 나는 불리하고 상대는 유리하다.
- ○ **전쟁**: 비록 진퇴가 어렵지만 나중에는 오히려 무해하다.
  - ➔ 일간은 아군, 일지는 적군이다. 일간 辛이 지상의 午로부터 극을 받으니 진퇴 모두 어렵지만, 午가 午의 음신인 亥로부터 제극을 받으니 나중은 오히려 무해하다.

- □ 『**필법부**』: 〈제2법〉 순수와 순미가 마주 보이면 처음부터 끝까지 좋다.
  - ➔ 순미인 癸는 간상에 있고 순수인 甲은 지상에 있다.
  - 〈제64법〉 부부가 음란하여 각기 사통하는 일이 있다.
  - ➔ 지상의 午가 일간 辛을 극하고 간상의 卯가 일지 丑을 극하여 교차상극하여 무음(蕪淫)이니, 부부가 음란하여 각기 사통하는 일이 있다.
  - 〈제48법〉 귀살에 천을귀인이 타면 곧 하늘 귀신과 땅 귀신의 해가 있다.
  - ➔ 밤에 정단하면 귀인이 지상의 귀살 午에 타고 있다. 따라서 귀수(鬼祟)가 있다.
- □ 『**육임지남**』: 戊寅년의 2월에 월장 戌을 점시 巳에 가한 뒤에 관직의 안부를 정단한다. 태사가 정단한 결과 외관직이 되지만 거듭하여 벌

을 받게 된다. 말하기를 어떻게 그것을 아는가? 그 이유는 일간 辛이 청룡승신 亥를 생하고, 다시 천반의 亥가 지반 午를 극하기 때문이다. 나의 형이 태평지부에 근무하는 동안에 돈과 곡식으로 인해 벌을 받고, 장애로 승진이 되지 않는 것을 헤아릴 수 있지 않겠는가? 또한 일지에는 순수가 보이고 일간에는 순미가 보여서 일순주편(一旬週遍)이니 어찌 승진을 의심할 수 있겠는가? 그럼 언제 되는가? 내가 말하기를 청룡이 일지로부터 여섯 자리 떨어져 있다. 초전이 월건 卯이므로 최고관리자이고, 중전이 천마이기도 한 전송(申)은 역관과 병마와 직부이다. 따라서 7월에 반드시 오(吳) 지역의 역전병헌으로 승진한다. 나중에 과연 가호(嘉湖)의 '역전병헌'이라는 관직을 누렸다.

辛丑일　제 9국

공망 : 辰·巳
낮 : 왼쪽 천장, 밤 : 오른쪽 천장

	丁	辛	○
青 酉 合	蛇 丑	白 玄 巳 后
	巳 ○	酉	丑
	壬	甲	○	丁
貴 寅 常	常 午 貴	玄 巳 后	青 酉 合
	辛 戌	寅	丑	巳 ○

丁 青 酉 巳 ○	戊 勾 戌 午	己 勾 合 亥 未	庚 朱 子 申 空
空 丙 朱 申 辰 ○			蛇 辛 丑 酉 白
白 乙 蛇 未 卯			貴 壬 寅 戌 常
常 甲 貴 午 寅	玄 ○ 巳 后 丑	陰 ○ 辰 陰 子	后 癸 玄 卯 亥

□ **과체** : 지일(知一), 종혁(從革), 무음(蕪淫), 음일(淫泆), 교동(狡童) // 고진(孤辰), 덕경(德慶), 화미(和美), 전국(全局), 맥월(驀越), 오음(五陰), 금일정신(金日丁神), 염막귀인(幕貴臨干/밤), 천을신기(天乙神祇/밤), 귀인상가(貴人相加), 형제효현괘, 교차상극(交叉相剋).

□ **핵심** : 일간과 일지가 교차상극을 한다. '일록과 정신(丁神)'을 집착하면 안 된다. 하늘이 친 그물은 눈이 성기지만 그래도 굉장히 넓어서 악인에게 벌을 주는 일을 빠뜨리지 않으니 길흉이 즉시 나타난다.

□ **분석** : ❶ 간상의 寅목은 일지 丑토를 극하고 지상의 巳화는 일간 辛금을 극하니 간지가 서로 극을 한다.

❷ 발용의 酉는 일록, 酉의 둔간은 丁이다. 酉가 공망에 떨어지고 酉를 극하는 지반 巳에 앉아 있다. 다시 밤에는 酉에 육합이 타니 酉와 내전(內戰)되고 중전에서 묘지로 드니 일록을 집착하면 안 된다.

→ 육합의 오행은 乙卯木이다. 밤에는 초전 천반의 酉(金)가 육합의 오행(木)을 극하니 내전이다.

❸ 지상의 巳는 일간의 장생이고 간상의 寅은 지상 巳의 장생이어서

길하지만, 간지가 교차상극을 하니 흉하다. 내가 상대를 해치려고 하면 상대도 나를 해치려고 하고, 내가 상대에게 선하게 대하면 상대도 나를 선하게 대하니, 하늘이 친 그물은 눈이 성기지만 그래도 굉장히 넓어서 악인에게 벌을 주는 일을 빠뜨리지 않으니 길흉이 즉시 나타난다.

□ **정단 :** ❶ 간지가 교차상극하니 무음(蕪淫)이다. 남녀가 서로 다른 마음을 품는다.

❷ 간지 위의 寅과 巳는 서로 형(刑)을 하고 음신 午와 酉도 서로 형(刑)을 하니 화목한 기운이 적다.

❸ 일록인 酉가 酉의 묘지인 丑으로 드니 관직을 정단하면 불길하고, 밤에 정단하면 염막귀인이 일간에 임하니 시험에서 가장 좋다.

○ **날씨 :** 필수(畢宿)가 발용이 되었지만 공함되었으니 비가 오지 않는다.

→ 필수(酉)는 비를 부르는 신이다. 필수가 발용이 되어 공함되었으니 비가 오지 않는다.

○ **가정 :** 격명이 '교동(狡童)'이니 가정이 부정(不正)한 상이다.

→ 밤에 정단하면 초전에 육합이 타고 말전에 천후가 타고 있어서 '교동'이니 음란사가 발생하는 것을 예방해야 한다. ● 일지는 집, 장생은 부모이다. 지상의 장생 巳가 공망되었으니 집에 부모가 생존할 경우, 부모가 사망하는 상이다. ● 일간은 남편, 일지는 아내이다. 간지가 교차상극(交叉相剋)하여 부부가 다른 마음을 품어 이별할 우려가 있으니 이별을 예방해야 한다.

○ **혼인 :** 무음(蕪淫)이니 혼인이 불길하다.

→ 지상의 巳는 일간 辛을 극하고 간상의 寅은 일지 丑을 극하여 '무

음'이니 혼인이 불길해서, 만약 약혼하면 파혼하게 되고 만약 혼인하면 이혼하게 된다. ● 지상의 巳가 공망되었으니 상대방은 혼인할 의사가 없거나 혼인할 형편이 되지 못한다. ● 궁합 : 일간은 나, 일지는 배우자감이다. 일진이 교차상극하고 다시 기궁 戌과 일지 丑이 형(刑)을 하며, 간상의 寅이 지상의 巳와 형(刑)을 하니 매우 나쁘다. ● 혼처 : 지일과이니 가까운 사람이나 장소에서 구하면 된다.

○ **임신·출산** : 여아이다. 낙태를 예방해야 한다.

→ 목과 화는 양이고 남자, 금과 수는 음과 여자이다. 삼전이 금국이니 여아이다. 또한 일간의 음양에서 하나의 음을 두 양이 감싸고 있으니 다시 여아이다.

○ **구관** : 귀인이 비록 일간에 임했지만 반드시 공망된 일덕과 일록이 메워져야 관직이 실현된다. 공망이 매워지지 않으면 공허하다.

→ 귀인과 일덕은 공무원, 일록은 공무원이 받는 급여이다. 낮에 정단하면 귀인이 일간에 임하여 공무원이 되는 상이지만, 일덕인 巳가 공망되었고 다시 일록인 酉도 공망되었으니 관직에 불리하다. 만약 사년(巳年)이나 사월(巳月)이나 사월장(巳月將) 기간에 정단하면 공망된 일덕과 일록이 메워지니 관직에 이롭다. ● 밤에 정단하면 염막귀인이 일간에 임하니 수험생은 합격하지만 임명직이나 명예직 공무원은 퇴임한다.

○ **구재** : 두 곳에 있는 귀인의 재물을 얻는다.

→ 간상의 寅은 천반의 재물, 甲은 둔반의 재물이다. 낮에 정단하면 귀인이 寅에 타고 있는 재물을 얻고, 밤에 정단하면 귀인이 甲에 타고 있는 재물을 얻는다. 만약 봄과 겨울에 정단하면 재성이 왕성하니 다른 계절에 비해 큰 재물을 얻는다. 여기에서의 귀인은 관청과 공무원을 뜻한다.

○ **질병** : 심장경락의 병이다. 명의와 명약을 만난다.

→ 밤에 정단하면 백호가 丑에 타서 수를 극하니 신장경락에 병이

든다. 백호승신 丑을 극하는 卯 아래의 해방(亥方, 서북방)이 양의와 양약이 있는 방위이다. ● 천을신기(天乙神祇) : 밤에 정단하면 천을귀인이 午에 타서 일간 辛을 극하여 귀수(鬼祟)가 있으니, 수법을 행사할 수 있는 법사의 도움을 받아야 병이 낫는다.

○ 출행 : 수로는 손재수를 예방해야 하고, 육로는 주야 모두 좋다.
→ 현대에서는 일간은 여행객, 일지는 여행지이다. 지상이 공망되었으니 안전한 여행지가 아니다. 특히 낮에는 지상에 현무가 타고 있으니 여행지에서 도난을 예방해야 한다.

○ 도난 : 도둑을 잡기 어렵다.
→ 낮에 정단하면 현무승신 巳가 공망되었으니 도둑을 잡지 못한다.

○ 귀가 : 동반자와 같이 온다.
→ 삼전의 酉丑巳는 일간과 동일한 기운이다. 이중의 巳가 지상으로 오니 동반자와 함께 온다.

↑ 쟁송 : 내가 유리하다.
→ 지일과이니 합의하는 것이 좋다. 일간은 나, 일지는 상대이다. ● 승패 : 일간은 튼실하고 일지는 공허하니 내가 유리하고, 다시 삼전의 금국이 일지를 탈기해서 일간과는 동류이니 내가 유리하다. ● 관재 : 귀살인 巳가 공망되었으니 관재가 가벼워진다.

○ 전쟁 : 발용에 청룡과 육합이 타니 출병하면 길하고 이롭다.
→ 발용은 출전의 초기이다. 발용에 길장인 청룡과 육합이 타고 있으니 길하고 이롭다.

□ 『필법부』 : 〈제47법〉 귀인이 감옥에 있더라도 일간에 임하면 좋다.
→ 낮에 정단하면 귀인이 감옥을 뜻하는 戌에 임하지만, 辛일에는 귀인입옥으로 논하지 않는다.
〈제76법〉 서로 시기하여 모두에게 화가 미친다.

→ 간상의 寅과 지상의 巳가 육해하니 주객이 서로 해를 입는다.
【제81법】 삼전이 묘신으로 전해지고 묘신에 들면 증오와 사랑으로 나눠진다.

→ 초전은 酉, 중전은 丑이다. 초전의 酉가 酉의 묘지인 丑에 든다. 초전이 일록이니 만약 식록사를 정단하면 식록이 매장되는 상이니 대흉하다.

【제84법】 합 속에 살을 범하면 꿀 속에 비상이 있다.

→ 삼전의 酉丑巳가 삼합을 한다. 말전의 巳와 간상의 寅이 형을 한다.

□ 『신응경』: ❶ 辛일의 초전에 丁酉가 보이니 반드시 형제나 자신의 식록사로 인해 움직인다.

❷ 午가 寅에 가하여 두 귀인이 서로 가하니 반드시 두 귀인의 도움을 받아 성취된다.

→ 이 과전에서는 일록의 지반이 공함되어 식록사가 흉하다. 만약 승진을 물으면 뜻을 이루지 못한다. 그러나 만약 관직 이 외의 것을 정단하면 둔반이 귀살이니 흉히 속히 발생한다.

□ 『정온』: 일간과 일지에 패기(敗氣)가 임하면 사람은 쇠하고 가택은 부서진다.

→ 이 과전은 여기에 해당하지 않는다.

□ 『요람』: 맹하(孟夏, 巳月)에 승진을 정단하면 대길하다.

→ 사월(巳月)에는 공망된 관성과 일덕인 巳가 메워지기 때문이다.

辛丑일 제 10 국

공망 : 辰·巳 ○
낮 : 왼쪽 천장, 밤 : 오른쪽 천장

○	辛	辛
合 巳 后	后 丑 白	后 丑 白
寅	戌	戌
辛	○	○	乙
后 丑 白	朱 辰 陰	朱 辰 陰	青 未 蛇
辛 戌	丑	丑	辰 ○

丙申 巳 空 ○朱	丁 酉 午 白	戊 戌 未 合 常	己 亥 申 勾 玄 青
乙未 辰 ○ 青 蛇			庚子 酉 陰 空
甲午 卯 勾 貴			辛丑 戌 后 白
○巳 寅 合 后	○朱 辰 丑 陰 蛇	癸卯 子 玄 貴	壬寅 亥 常

□ **과체** : 별책(別責), 참관(斬關), 과수(寡宿), 불비(不備) // 지전간(支傳干), 덕경(德慶), 왕래수생(往來受生), 여덕(勵德/밤). 묘신부일(墓神覆日), 절신가생(絕神加生), 간승묘호(干乘墓虎/밤), 신장·귀등천문(神藏·貴登天門/낮).

□ **핵심** : 밤에는 백호가 묘지를 현혹한다. 이것이 셋이니 깊은 어둠에 빠진다. 사람이 덕을 지녀야 한다.

□ **분석** : ❶ 일간의 묘신 丑에 밤에는 백호가 타고 있다. 하나는 일상에 보이고 둘은 중·말전에 있어서 셋이니 매우 놀라고 매우 위험하다.
❷ 간상과 지상에 묘신이 타니, 집은 반드시 황폐해지고 사람은 반드시 어둡다. 오로지 초전의 공덕을 받아야 조금이나마 편안하다.
→ 비록 초전 巳가 일간의 장생이지만 지금은 공망 되었으니 巳의 공덕을 받지 못한다.
❸ 만약 생기를 탐해서 앞으로 나가면 반드시 공망된 초전의 귀살로부터 극을 당하고, 중·말전의 묘신과 백호가 사람을 상하게 하니, 이러한 화환을 말로 표현할 수 없다.

□ **정단 :** ❶ 별책과(別責課)는 별도로 도모하는 것이 이롭고, 꾀하기 위해서는 반드시 구습을 고쳐야 한다.

❷ 발용의 덕신이 공망되었으니 헛된 명예와 명성에 불과하다.

❸ 상대와 나를 논하면 일지는 공허하고 일간은 튼실하니 진심으로 상대에게 의지하면 안 된다. 속담에서는 '밝은 달이 도랑을 비추는 것'이 이것에 해당한다.

○ **날씨 :** 일상에 묘신이 타고 발용의 화가 공망되었으니 짙게 흐릴 뿐이다.

→ 일간은 하늘, 묘신은 흐린 날씨, 화는 맑은 날씨이다. 간상에 묘신이 타니 흐리고, 발용의 화가 공망되었으니 흐리다.

○ **가정 :** 지상에 묘신이 타고 다시 이곳이 파(破)가 되니 가정이 어둡고 파탄이 나는 상이다.

→ 일지는 가정이다. 지상의 辰이 일지의 묘신이니 가정이 어둡고, 일지의 상하가 파(破)를 하니 가정이 파탄난다. ● 사과가 하나의 양에 두 음의 별책과이니 가정에서 음란을 예방해야 한다. ● 일간은 나이다. 일간이 묘지에 묻혔으니 모든 일이 어둡다. ● 일지 丑이 간상으로 와서 기궁 戌과 형(刑)을 하니 나와 가족이 불화하는 상이다. 낮에는 간상에 천후가 타고 있으니 부인과 다투는 상이고, 밤에는 간상에 백호가 타고 있으니 병을 예방해야 한다.

○ **혼인 :** 일간과 일지가 서로 파(破)를 하니 이롭지 않다.

→ 일간은 나, 일지는 상대이다. 간상의 丑과 지상의 辰이 서로 파(破)를 하니 혼인이 이롭지 않고, 일지 丑이 간상으로 와서 기궁 戌과 형(刑)을 하니 다시 혼인이 이롭지 않다. ● 일지 丑이 일간의 묘신이어서 상대가 내 인생을 어둡게 만드니 혼인하면 안 된다. ● 일지의 음양이 모두 공망되었으니 상대의 집안은 보잘 것이 없다.

○ **임신·출산** : 양이 불비(不備)이니 임신하면 아들이다. 일지와 일간이 서로 파(破)를 하니 임신이 흉하다.

→ 사과에서 두 음이 하나의 양을 감싸고 있는 상이니 아들이다. 일간은 태아, 일지는 임신부이다. 간상의 丑과 지상의 辰이 서로 파(破)를 하니 임신이 흉하다.

○ **구관** : 관성과 일덕이 발용이 되어 공망되었으니 관직을 정단하면 불길하다.

→ 관성은 관직, 일덕은 공무원이다. 관성 겸 일덕귀인 巳가 발용이 되었지만 공망되었으니 관직과 시험에 불리하며, 다시 나를 뜻하는 일간이 묘지에 매장되었으니 더욱 나쁘다. ● 만약 고시생이 정단하면 별책과이니 고시과목을 변경하는 것이 이롭다.

○ **구재** : 재성이 비록 암동하지만 낮에 정단하면 득할 수 있다.

→ 제4과 둔반의 乙은 숨어 있는 재물이다. 낮에 정단하면 이곳에 청룡이 타고 있으니 득재하고, 밤에 정단하면 등사가 타고 있으니 그렇지 않다.

○ **질병** : 복부에 반드시 적괴(암)가 있다. 만약 연명 위에 목신이 타면 목숨이 구해지니 비로소 살 수 있다.

→ 밤에 정단하면 백호가 묘신 丑에 타서 일간에 임하니 반드시 암이 생긴다. 만약 유월(酉月)에 정단하면 묘신이 사기와 결합하니 사망할 우려가 있다. ● 만약 연명이 亥子이면 그 위의 寅卯가 묘신 丑을 극하여 암을 파괴하니 살 수 있고, 또한 연명이 辰이면 그 위의 未가 묘신을 충하여 암을 파괴하니 살 수 있다. ● 의약방위 : 未 아래의 진방(辰方, 동남방)에서 양의와 양약을 구하면 된다.

○ **출행** : 육로는 매우 흉하다.

→ 현대에서는 일간은 나, 일지는 여행지이다. 일간이 묘지에 매장된 상이니 여행을 떠날 수 없다. 묘신 丑을 충하는 미일(未日)이나 미월(未月)에는 출행이 가능하다.

○ **귀가** : 즉시 도착한다.
→ 일지의 묘신 辰이 일지에 임하니 즉시 도착한다.

⚠ **쟁송** : 나와 상대 모두 이롭지 않다.
→ 일간은 나, 일지는 상대이다. 간상에는 일간의 묘신 丑이 임하고 지상에는 일지의 묘신 辰이 임하니, 나와 상대 모두 이롭지 않다. ● 과가 별책(別責)이니 변호사를 고용해야 그나마 이롭다. ● 관재 : 오행의 목이 왕성한 봄에 정단하면 과전의 여러 토를 제화하니 흉이 풀린다.

○ **전쟁** : 주객 모두 불길하다.
→ 일간은 아군, 일지는 적군이다. 간상에는 일간의 묘신인 丑이 임하고, 지상에는 일지의 묘신 辰이 임하니 주객 모두 불길하다.

□ 『**필법부**』 : 〈제61법〉 질병정단에서 일간 위에 묘신백호가 없어야 좋다.
→ 일간 辛 위에 밤에는 일간의 묘신 丑에 백호가 타고 있으니 나쁘다. 질병을 정단하면 사망하는 상이고, 관재를 정단하면 수감되는 상이다. 만약 유월에 질병을 정단하면 丑이 유월의 사기이니 사망한다.

〈제88법〉 일간과 일지에 묘신이 임하면 주객 모두 혼미해진다.
→ 辛의 묘신은 丑, 丑의 묘신은 辰이다. 간상이 丑이고 지상이 辰이니 일간과 일지에 묘신이 임한다. 앞의 ○ 가정과 ○ 혼인 참조.

□ 『**과경**』 : 여섯 신일(辛日)에 백호가 묘신에 타서 일간에 임한 경우에 질병을 정단하면 불길하며 또한 원수를 예방해야 한다. 만약 겨울에 정단하면 다른 계절에 정단하는 것에 비해 조금 낫다. 축월(丑月)이 되면 겨울기운이 왕성하니 창고가 되기 때문이다.

□ 『**비요**(秘要)』 : 화개가 공망되었으니 꿈에서 깨어난다.

→ 일지의 화개인 丑이 공망되었으니 흉이 사라진다.

※ 화개

신살＼일지	巳 酉 丑	申 子 辰	亥 卯 未	寅 午 戌
화개(華蓋)	丑	辰	未	戌

辛丑일 제 11 국

공망 : 辰·巳 ○
낮 : 왼쪽 천장, 밤 : 오른쪽 천장

癸	○	乙
蛇 卯 玄	合 巳 后	青 未 蛇
丑	卯	巳 ○
庚	壬	癸 ○
陰 子 空	貴 寅 常	蛇 卯 玄 合 巳 后
辛 戌	子	丑	卯

乙未 青 蛇 巳	丙午 空 朱	丁酉 白 合 未	戊申 常 勾 戌
甲辰 勾 貴 午 ○			己亥 玄 青 酉
○巳 合 后			庚戌 陰 空 子
朱辰 陰 蛇 寅 丑	癸丑 玄 貴	壬子 常 后 寅	辛亥 后 白 丑

- **과체** : 원수(元首), 무음(蕪淫), 교차상극(交叉相剋), 진간전(進間傳) //
  영양(迎陽/卯巳未), 주객형상(主客刑傷), 형통(亨通), 체생(遞生), 복덕(福德), 인귀생신(引鬼生身), 교차재합(交叉財合), 불행전(不行傳), 강색귀호(罡塞鬼戶), 구사(俱死), 오음(五陰), 귀인입옥(貴人入獄/밤), 귀인공망(貴人空亡/밤), 화귀살등사주작극택격(겨울/낮).

- **핵심** : 교제한 뒤에 다툰다. 상하 모두 형(刑)을 하니 웃음 속에 독이 들어 있다. 겨울의 낮에 정단하면 화재가 발생한다.

- **분석** : ❶ 간상의 子는 일지 丑과 상합하고 지상의 卯는 일간 戌과 상합하니 처음에는 교제하여 서로에게 좋다. 그러나 간지상에서는 子와 卯가 서로 형(刑)을 하고, 간지에서는 丑과 戌이 서로 형을 하며, 일간 辛은 지상의 卯를 극하고 일지 丑은 간상의 子를 극하니 나중에는 서로 다툰다. 이와 같이 합(合) 속에 형(刑)이 보이니 웃음 속에 독이 있다.

❷ 겨울에 정단하면 卯가 화귀(火鬼)이고 낮에 정단하면 등사가 타서 가택을 극하니, 집에 반드시 화재가 발생해서 놀란다.

□ **정단 :** ❶ 간상의 子가 일간을 탈기하고 이곳에 밤에는 천공이 탄다. 탈기와 천공이 같이 있어서 무(無) 속에 유(有)가 있는 상이니 믿기 어렵다. 그리고 일지는 집이다. 재성인 지상의 卯가 발용이 되었고 밤에는 현무가 타서 가택을 극하니 도둑을 막기 어렵다.
❷ 일간과 일지가 교차하여 상합(相合)하니 주객이 재물을 교섭하는 일에서 매우 좋다. 그러나 간지 위에 간지의 사신(死神)이 타니 모든 일을 멈추는 것이 좋다.
❸ 장생과 관성과 일덕인 巳가 공망되었으니, 서민에게는 이롭지만 공무원에게는 이롭지 않다.

○ **날씨 :** 삼전이 체생(遞生)해서 수를 극하며 천강(辰)이 양을 가리키니 비가 오지 않는다.
→ 초전의 卯가 중전의 巳를 생하고, 중전이 말전의 未를 생하며, 말전이 간상의 子를 극하여 오행의 수가 상했으니 비가 오지 않는다. 다시 대각성(辰)이 양지인 寅을 가리키니 비가 오지 않는다.

○ **가정 :** 가족이 불화한다. 도난을 예방해야 한다.
→ 일간은 나, 일지는 집이다. 간상의 子수는 일지 丑과 상합하고 지상의 卯목은 일간 戌과 상합하니 화목하다. 그러나 간지상에서는 子와 卯가 서로 형(刑)을 하고 간지에서는 丑과 戌이 서로 형(刑)을 하며, 일간 辛은 지상의 卯를 극(剋)하며 일지 丑은 간상의 子를 극(剋)하니 불화한다. ● 겨울의 낮에 정단하면 卯가 겨울의 화귀이고 여기에 등사가 타서 가택을 극하니 집에 화재가 발생하는 것을 예방해야 한다. ● 간지기 교차상극하여 무음(蕪陰)이니 부부가 각각 사통(私通)한다. ● 일간은 간상으로 탈기되고 일지는 지상의 卯로부터 극살을 받으니 사람은 쇠하고 집은 훼손되는 가상이다.

○ **혼인 :** 간지가 서로 형(刑)을 하니 불길하다.

→ 간상의 子는 일지 丑과 상합하고 지상의 卯는 일간(기궁) 戌과 상합하니 처음에는 서로 교제하여 좋다. 그러나 간지상에서는 子와 卯가 서로 형(刑)을 하고, 간지에서는 丑과 戌이 서로 형(刑)을 하며, 일간 辛은 지상의 卯를 극(剋)하고, 일지 丑은 간상의 子를 극(剋)하여 나중에는 서로 다투니 혼인이 불길하다.

○ **임신·출산** : 아래는 약하고 위는 강하니 임신하면 반드시 아들이 된다.

→ 천반은 남자, 지반은 여자이다. 천반이 지반을 극하여 발용이 되었다는 것은 천반이 강하다는 뜻이니 임신하면 아들이다.

○ **구관** : 귀인과 일록이 보이지 않으니 불리하다.

→ 귀인은 공무원, 일록은 공무원이 받는 급여이다. 주야의 귀인인 寅午와 일록인 酉가 과전에 보이지 않으니 불리하다.

○ **구재** : 암매한 재물과 경공의 재물을 얻어야 한다.

→ 재성인 초전의 卯에 癸가 임하니 암매한 재물이고, 낮에 정단하면 이곳에 등사가 타고 있으니 경공의 재물이다. 이러한 재물을 얻어야 한다. ● 지상의 卯는 일간 辛(戌)과 상합하며 일간의 재성이고 간상의 子는 일지 丑과 상합하며 일지의 재성이니 간지가 교차재합(交叉財合)을 한다. 따라서 동업에 매우 길하다.

○ **질병** : 간경에 병이 들었고 가슴에 풍(風)이 많다.

→ 낮에 정단하면 백호가 酉금에 타서 목을 극하니 간경에 병이 들었고, 지상이 卯이니 가슴과 옆구리에 풍이 들어 아프며, 간상의 子가 일간 辛을 탈기하니 허탈증이 있다. ● 치료방위 : 간경의 병은 백호승신 酉를 극하는 午 아래의 진방(辰方, 동남방)에서 약과 의사를 구하면 된다. ● 부모의 질병을 정단하면 장생인 巳가 공망되었으니 낫기 어렵다.

○ **출행** : 밤에 정단하면 잃는 것을 예방해야 한다. 수로행으로 갈 수 있다.

→ 일간은 여행객, 일지는 여행지이다. 밤에 정단하면 지상의 재성 卯에 현무가 타고 있으니 여행지에서 손재수를 예방해야 한다. 일간(기궁) 戌과 일지 丑이 서로 형(刑)을 하고, 간상의 子와 지상의 卯가 서로 형(刑)을 하니, 여행에서 다툼이나 불상사가 발생하는 것을 예방해야 한다.

○ **귀가** : 천강(辰)이 사맹에 가했으니 아직 출발하지 않았다.
→ 천강은 동신, 사맹은 초기이다. 천강이 사맹의 하나인 寅에 가했으니 아직 출발하지 않았다.

↑ **쟁송** : 나중에는 유리하다.
→ 사년이나 사월이나 사월장 기간에는 공망이 풀려서 삼전이 일간을 생하여 오니 나중에는 내가 유리하다. 또한 일지 丑이 지상의 卯로부터 극상을 당하니 상대가 불리하다.

○ **전쟁** : 속임수를 예방해야 한다. 이익이 보이지 않는다.
→ 비록 간지가 교차상합(交叉相合)을 하지만 간지와 그 상신이 서로 형(刑)을 하니 속임수를 예방해야 하며 또한 이익이 없다.

□ 『**필법부**』 : 〈제16법〉 천공 위에 공망이 타면 일을 이룰 수 없다.
→ 이 과전은 여기에 해당하지 않는다. 다만 일간 辛이 간상의 子로 탈기되고 다시 밤에는 천공이 타니 탈상봉공(脫上逢空)이다.
〈제64법〉 부부가 음란하여 각기 사통하는 일이 있다.
→ 앞의 ○ **가정** 참조.
〈제75법〉 손님과 주인이 다투지 않아도 형벌이 이미 있다.
→ ○ **가정**과 ○ **혼인** 참조.
〈제82법〉 삼전이 나아가지 못하니 초전을 살펴야 한다.
→ 중전의 巳와 말전의 未가 공망되었다. 매사 전진할 수 없으니 초전으로만 길흉을 정하면 된다.

〈제52법〉 천강(辰)이 귀신문(寅)을 막으면 임의로 도모할 수 있다.
→ 이것을 '강색귀호(罡塞鬼戶)'라고 한다. 강색귀호는 주로 관재와 여행에서 쓰인다. 삼전에 있고 없고를 막론하고 재난을 피하는 일, 음모, 사적인 기도, 문상, 문병, 약 짓기, 부적 쓰기에 좋다. 만약 甲·戊·庚일이면 더욱 좋다.

□ 『회함(匯函)』: 辛丑일에서 卯가 丑에 가한 뒤에, 초전 卯가 중전 巳를 생하고, 중전이 말전 未를 생하며, 말전이 일간 辛을 생하지만, 중전은 공망되고 말전은 공함되었으니 공허하게 될 우려가 있다. 만약 연월과 본명이 공망을 메우면 "삼전이 차례로 일간을 생해 오니 타인의 추천을 받는다."고 해석한다.
→ 체생(遞生)에 해당한다. 구관과 구재 등 모든 일에서 최길하다.

辛丑일 제 12 국

공망 : 辰·巳
낮 : 왼쪽 천장, 밤 : 오른쪽 천장

	壬	癸	○
	貴寅勾	蛇卯合	朱辰朱
	丑	寅	卯
	己	庚	壬	癸
	玄亥白	陰子空	貴寅勾	蛇卯合
	辛戌	亥	丑	寅

甲午巳 勾貴	乙未午 青	丙申未 后空	丁酉申 陰白 玄
○巳辰 合蛇 ○			戊戌酉 常 常
○辰卯 朱朱			己亥戌 玄 白
癸卯寅 蛇合	壬寅丑 貴勾	辛丑子 后青	庚子亥 陰空

□ **과체** : 원수(元首), // 정화(正和/寅卯辰), 복덕(福德), 천라지망(天羅地網), 무음(蕪淫), 교차상극(交叉相剋), 진연주(進連珠), 진여(進茹), 귀인공망(貴人空亡/밤).

□ **핵심** : 낮에는 탈기가 일간에 임하고 현무가 타니 손재수가 있다. 질병과 소송은 매우 두렵다. 재물을 취하는 일은 나쁘다.

□ **분석** : ❶ 간상의 亥가 일간의 기운을 훔치고 빼앗는다. 특히 낮에 정단하면 현무가 타니 반드시 잃는다.

❷ 밤에 정단하면 백호는 일간을 탈기하고 구진은 가택을 극하니, 나와 가족은 질병과 소송을 벗어나기 어렵다.

❸ 재성 寅이 일지에 임했으니 속히 재물을 취해야 한다. 만약 늦추면 丑토 묘지의 해를 입어 손을 쓸 수 없게 된다.

□ **정단** : ❶ 신여(進茹)가 공망되었으니 모든 일에서 전진하면 나쁘다. 일간에는 천라(天羅)가 타고 일지에는 지망(地網)이 탄다. 그리고 초전은 묘지로 들어가고 말전은 낙공이 되었다. 따라서 한발 물러나서 무엇이 이익인지를 생각해야만 싸움이 발생하는 것을 면할 수 있다.

❷ 삼전이 모두 재성이지만 말전이 공망되어 관성을 생하지 못한다. 공무원이 정단하면 반드시 부모상을 당한다.

○ **날씨** : 큰 바람이 불지만 비는 오지 않는다.
→ 목국은 큰바람이다. 삼전이 목국이니 큰 바람이 분다. 그러나 천반에 수 오행과 청룡이 없으니 비가 오지 않는다.

○ **가정** : 염막귀인이 가택을 극하니 퇴직한 공무원으로부터 업신여김을 당한다.
→ 귀인은 공무원, 일지는 가택이다. 밤에 정단하면 염막귀인이 寅에 타서 일지를 극하니 (퇴직한) 공무원으로부터 업신여김을 당하고, 밤에 정단하면 구진이 寅에 타서 일지를 극하니 관재를 당한다. ● 주야 모두 간지 위에 천라(天羅)와 지망(地網)이 둘러쳐져 있으니 매사 장애가 발생한다. ● 일간 辛이 지상의 寅을 극하고 일지 丑이 간상의 亥를 극하여 '무음'이니, 부부가 사통하는 것을 예방해야 한다.

○ **혼인** : 길 속에 흉이 있다. 낮에 정단하면 신부감은 좋지만 사위감은 좋지 않다.
※ 『육임직지』 원문에는 "寅과 亥가 상합하니 반드시 성사된다."고 하였다.
→ 일간은 남자, 일지는 여자이다. 간상의 亥와 지상의 寅이 서로 합을 하니 반드시 성사되는 상이다. 그러나 일간 辛은 지상의 寅을 극하고 일지 丑은 간상의 亥를 극하여 남녀가 이별하는 상이니 혼인이 길하지 않다. 낮에 정단하면 지상에 천을귀인이 타고 있으니 귀한 신부감이지만, 간상에는 흉장인 현무가 타고 있으니 좋지 않은 사윗감이다. ● 간지상에 천라와 지망이 둘러쳐져 있으니 혼인에 장애가 많다. ● 궁합 : 나쁘다.

○ **임신·출산** : 임신하면 반드시 여자이다. 태아는 길하고 출산은 늦어진다.

→ 삼전은 태아가 생육되는 과정이다. 초전과 말전의 두 양(寅,辰)이 중전의 하나의 음(卯)을 감싸고 있으니 임신하면 반드시 여자이다. 일간은 태아, 일지는 어머니이다. 간지상의 寅과 亥가 서로 합을 하니, 임신은 길하고 출산은 흉하다.

○ **구관** : 낮에 정단하면 귀인이 발용이 되었으니 조금 길하다. 다만 말전이 공망되었으니 시작은 있지만 결과가 없는 상이다.

→ 귀인은 공무원이다. 낮에 정단하면 귀인이 발용이 되었으니 조금은 길하다. 그러나 말전이 공망되었으니 유시무종이고 관로에서 장애가 생긴다.

○ **구재** : 소송으로 재물을 얻는다. 지체하면 탄식하게 된다.

→ 밤에 정단하면 구진이 초전의 재성 寅에 타고 있으니 소송으로 인해 재물을 얻고, 낮에 정단하면 귀인이 초전의 재성 寅에 타고 있으니 관청이나 귀인으로 인해 재물을 얻는다. 만약 지체하면 중전은 폐구되고 말전은 공망되어 얻지 못하니 탄식하게 된다. ● 가을에 정단하면 일간이 왕성하고 삼전의 재성도 왕성하니 큰 재물을 얻는다. 구진이 재성에 타면 부동산과 물류에 관련된 재물, 귀인이 재성에 타면 관청과 귀인에 관련된 재물이다.

○ **질병** : 심장경락이 상했다. 속히 치료하면 곧 낫는다.

※ 『육임직지』 원문에서는 "폐경락이 상했다."고 하였다.

→ 백호는 병의 원인이다. 밤에 정단하면 백호가 亥에 타서 화를 극하니 심장경락이 상했다. 백호승신 亥를 극하는 未 아래의 오방(午方, 성남)이나 丑 아래의 자방(子方, 징북)이 명의와 명약이 있는 방위이다.

○ **출행** : 육로로 가면 유실을 예방해야 한다. 수로로 갈 수 있다.

→ 현대에서는 일간은 여행객, 일지는 여행지이다. 낮에 정단하면

간상에 현무가 타고 있으니 도난을 당하고, 밤에 정단하면 간상에 백호가 타고 있으니 질병이 발생되어 몸이 허약해진다.

○ **귀가** : 간지가 서로 합을 한다. 근행한 사람은 해일(亥日)에 오고, 원행한 사람은 오일(午日)이나 술일(戌日)에 온다.

※ 『육임직지』 원문에서는 "未酉일에 도착한다."고 하였다.

→ 근행한 사람은 발용과의 육합일에 오니 해일(亥日)에 오고, 원행한 사람은 발용과의 삼합일에 오니 오일(午日)이나 술일(戌日)에 온다.

↑ **쟁송** : 화해하는 것이 이롭다.

→ 일간은 나, 일지는 상대이다. 간지의 상신이 서로 합을 하니 화해하는 것이 이롭고, 만약 화해하지 않으면 간지상에 천라지망이 임하고 삼전이 진여이니 쟁송이 오래갈 우려가 있다. 그리고 원수과이니 먼저 기소하는 것이 이롭고 소송의 초기에 유리하다. ● 승패 : 삼전의 목국이 일지를 극상하니 상대가 불리하다.

○ **전쟁** : 근신하면서 지켜야 한다. 경거망동하면 나쁘다.

→ 일간과 일지에 '천라'와 '지망'이라는 그물이 둘러쳐져 있으니 근신하면서 군영을 지켜야 한다. 그리고 말전이 공망되어 전진하면 장애가 발생하니 현재의 정황을 유지해야 한다.

□ 『**필법부**』 : 〈제55법〉 천라지망(天羅地網)을 만나면 모망사가 보잘 것 없다.

→ 매일의 제12국은 천라지망(天羅地網)이다.

〈제14법〉 삼전의 재물이 태왕하면 오히려 재물이 훼손된다.

→ 다만 가을에 정단하면 일간이 왕성하고 재성도 왕성하니 큰 재물을 얻는다.

〈제17법〉 진여가 공망되면 후퇴가 옳다.

- ➔ 삼전이 寅卯辰이니 진여이다. 그러나 말전이 공망되었으니 후퇴해야 한다.
- 『정온』: 과전에 나망(羅網)이 임하면 만사 형통하지 않다. 만약 연명상에 충하는 글자가 있어서 그물을 찢거나 혹은 나망이 공망되면 화를 면할 수 있다.
  - ➔ 만약 연명이 辰이면 연명상의 巳가 간상의 亥를 충하고, 만약 연명이 未이면 연명상의 申이 지상의 寅을 충하니 그물이 찢어진다.
- 『지장부』: 진연여가 공망되면 "소리가 빈 골짜기에 메아리친다."고 하여, 물러나면 길하고 전진하면 흉하다.
  - ➔ 『필법부』〈제17법〉 참조.
- 『천관론(天官論)』: 귀인이 寅에 타면 '빙기(憑幾)'라고 하여 집에서 귀인을 만난다.
  - ➔ 일지는 가택이다. 귀인이 가택으로 왔으니 집에서 귀인을 만난다.
- 『옥화략(玉華略)』: 구진은 나망에 의한 재앙이다.
  - ➔ 간지상에 천라지망(天羅地網)이 둘러쳐져 있으니 사람이 하는 모든 일에 장애가 있다. 밤에는 발용에 구진이 타고 있으니 소송의 의한 장애이다.

임인일

壬寅日의 길신(구보)과 흉살(팔살)

일덕	亥	형	
일록	亥	충	
역마	申	파	
장생	申	해	
제왕	子	귀살	辰戌丑未
순기	子	묘신	辰
육의(六儀)	甲午	패신 / 도화	酉 / 卯
귀인	주	卯	공망	辰巳
	야	巳	탈(脫)	寅卯
합(合)		사(死)	卯
태(胎)	午	절(絶)	巳

갑오순 | 임인일 | 1국

壬寅일 제 1국

공망 : 辰·巳 ○
낮 : 왼쪽 천장, 밤 : 오른쪽 천장

己	壬	○
常亥空	后寅合	朱巳貴
亥	寅	巳 ○
己	己	壬	壬
常亥空	常亥空	后寅合	后寅合
壬亥	亥	寅	寅

○朱巳巳	甲合午午	乙勾未未	丙玄申申 陰 青
蛇辰辰○ 蛇			空丁酉酉 常
貴癸卯卯 朱			白戊戌戌 白
后壬寅寅 合	陰辛丑丑 勾	玄庚子子 青	常己亥亥 空

□ **과체** : 복음(伏吟), 두전(杜傳), 원태(元胎), 여덕(勵德/낮) // 형상(刑傷), 재공(財空), 덕경(德慶), 덕입천문(德入天門), 왕록임신(旺祿臨身), 나거취재(懶去取財), 귀인공망(貴人空亡/밤), 인처치병(因妻致病).

□ **핵심** : 상합한다. 식록이 파(破)를 당했으니 지키지 못한다. 말전은 공망되고 중전은 일간을 탈기한다.

□ **분석** : ❶ 지상의 寅과 간상의 亥가 상합하고 간지의 상하가 교차상합을 한다.

❷ 일록인 亥가 발용이 되었고 밤에는 이곳에 천공이 타니 일록을 지키지 못한다. 중전으로 가면 寅이 일간을 탈기하고, 말전으로 가면 재성 巳가 공망되었으니 간상으로 돌아가는 것을 면할 수 없다.

➔ 움직이면 해로우니 가만히 있어야 한다.

□ **정단** : ❶ 삼전이 모두 사맹인 亥寅巳이니 원대(元胎)이다. 왕록이 일간에 임하니 가만히 일록을 지키되 경거망동하면 안 된다.

❷ 간지가 육합하고 간지의 상하도 육합하니, 자본금을 합쳐서 살 길을 도모하는 일에서 매우 좋다.

❸ 삼전이 계속해서 재물을 생하니, 비록 공망은 되었지만 실망하지 않아도 된다. 사년(巳年)과 사월(巳月)에 정단하면 재원이 저절로 왕성해지기 때문이다. 공망된 재성을 만나면 시작할 때에는 반드시 의기투합하지만 나중에는 손실이 끝이 없다.

○ **날씨** : 천지(天地)가 부동(不動)하니, 비가 오면 계속 오고 날이 맑으면 계속 맑다.
　→ 과전의 천반과 지반이 동일한 글자여서 천지가 부동한 상이니, 비가 오면 계속 오고 날이 맑으면 계속 맑다.
○ **가정** : 사람과 집이 서로 생하니 화목하고 편안한 상이다.
　→ 일간은 나, 일지는 가정이다. 일간(기궁) 亥와 일지 寅이 상합하고, 간상의 亥와 지상의 寅이 상합하며, 다시 간지가 교차하여 상합하니 화목하고 편안한 상이다. 다만 초전이 자형인 亥이고 중전의 寅과 말전의 巳가 삼형이니 가운이 순조롭지는 않다.
○ **혼인** : 일간과 일지가 서로 합을 하고 밤에는 지상에 육합이 타고 있으니 혼인이 맺어진다.
　→ 일간은 나, 일지는 배우자감이다. 일간(기궁) 亥와 일지 寅이 상합하고, 간상의 亥와 지상의 寅이 상합하며, 다시 간지가 교차하여 상합하니 혼인이 맺어진다. 다만 초전이 자형인 亥이어서 '두전(杜傳)'이니 혼인에 장애가 생길 수 있고, 또한 처를 뜻하는 재성 巳가 공망 되었으니 신부감을 잃는다.
○ **임신·출산** : 남자이다. 출산이 지연될 우려가 있다.
　→ 삼전의 두 음인 亥와 巳가 하나의 양인 寅을 감싸고 있으니 남자이다. 일간(기궁) 亥와 일지 寅이 상합하고, 간상의 亥와 지상의 寅이 상합하며, 다시 간지가 교차하여 상합하니 출산이 지연될 우려가 있다.

○ **구관** : 귀인이 낙공되고 일록이 천장으로부터 극을 당했으니 관직을 정단하면 이로움에 흠이 있다.

→ 귀인은 공무원, 일록은 공무원이 받는 급여이다. 밤에 정단하면 귀인승신 巳가 낙공되었고 다시 초전의 일덕이 외전되었으니 이로움에 흠이 있다. 낮에 정단하면 초전의 일록 겸 일덕인 亥가 태상의 오행인 未토로부터 극을 당했으니 이로움에 흠이 있다. ● 일록 亥가 일간에 임하니 경솔하게 직장을 옮기거나 개업하면 안 된다.

○ **구재** : 밤에 정단하면 귀인의 재물을 얻는다.

→ 천을귀인은 공무원과 귀인, 재성은 재물이다. 밤에는 재성인 巳에 귀인이 타고 있으니 귀인의 재물을 얻는다. 다만 공망된 巳가 메워지는 사년이나 사월이나 사월장 기간에 정단하거나 혹은 이 시기가 되어야 얻는다. 주작은 문학, 문서, 강의, 상담 등이다. 낮에는 재성에 주작이 타고 있으니 주작에 관련된 일로 재물을 얻는데, 얻는 시기는 앞과 같다. 앞에서 귀인이란 관청과 공무원을 뜻한다.

○ **질병** : 신장경락에 병이 들었고 허탈증이다. 즉시 낫는다.

→ 백호와 귀살은 병의 원인이다. 주야 모두 백호가 귀살인 戌토에 타고 있으니, 토의 극을 받는 신장경락에 병이 든다. ● 지상은 병증이다. 지상이 寅이니 복통과 안질이고 비위가 상한 병이다. 다행히 백호와 귀살이 과전에 나타나지 않았으니 즉시 낫는다.

○ **출행** : 일정에 차질이 생긴다.

→ 일간은 사람, 일지는 집이다. 일간과 일지가 상합하고 다시 간상과 지상이 상합하여 사람이 집을 떠나기 싫어하니 일정에 차질이 생긴다.

○ **귀가** : 가까운 곳에 있는 사람은 즉시 오고, 먼 곳에 있는 사람은 아직 오지 못한다.

→ 복음과는 산을 뜻하는 간괘(艮卦)에 해당하니, 가까운 곳에 있는 사람은 즉시 오고, 먼 곳에 있는 사람은 아직 오지 못한다.

↑ **쟁송** : 합의하지 않으면 장기화 된다.
　→ 일간과 일지가 상합하고 다시 그 상신이 상합하니 합의가 가능하지만 만약 합의하지 않으면 쟁송이 오래간다. ● 승패 : 일간이 일지로 탈기되고 간상신이 지상신으로 탈기되니 내가 불리하고, 일간 둔반의 귀살이니 더욱 불리하다.

○ **전쟁** : 주(主)에게는 유리하고 객(客)에게는 불리하다.
　→ 일간은 객, 일지는 주이다. 일간 壬이 일지 寅으로 탈기되니, 객에게는 불리하고 주에게는 유리하다. 여기에서의 객은 공격하는 군대, 주는 방어하는 군대이다. ● 천간은 하늘, 지지는 땅이다. 관측자의 입장에서 하늘은 움직이고 땅은 가만히 있으니, 일간은 객이고 일지는 주이다.

□ 『**필법부**』 : 〈제21법〉 교차상합은 왕래에 이롭다.
　→ 간지와 그 상신이 상합한다. 주로 교제, 혼인, 거래, 매매, 교섭, 교관 등 주객의 이해득실을 예측하는 일에서 활용된다.
〈제58법〉 용신이 일간을 깨트리면 돌아갈 곳이 없다.
　→ 초전의 亥와 간상의 亥는 자형(自刑)이다. 발용의 亥가 간상의 식록을 형(刑)을 하여 식록이 깨졌으니 돌아갈 곳이 없다.
〈제7법〉 왕록이 일간에 임하면 망령된 행동을 해서는 안 된다.
　→ 간상의 亥는 일간의 일록일 뿐이고 제왕에는 해당하지 않는다. 일록이 일간에 임하면 현재의 직업이나 직장에 만족해야 한다. 만약 전직하거나 신규투자를 하면 안 된다.
〈제22법〉 상하 모두 화합하면 서로의 마음이 같다.
　→ 일간과 일지가 상합하고 간상과 지상이 상합한다. 혼인, 매매, 계약, 동업 등의 교섭에서 주객의 뜻이 같다.

□ 『**비요**』 : 일덕이 亥에 가해서 발용이 되면 일덕이 천문에 든다는 뜻

의 '덕입천문(德入天門)'이니 시험을 정단하면 반드시 합격한다. 그 이유는 亥는 천문(天門)이고 덕에는 얻는다(得)는 뜻이 있기 때문이다.

→ 덕입천문은 전통시대의 조정으로서 곧 국무회의에 참석하는 고위직 공무원을 뜻하지만, 여기에서는 시험에 합격하는 것으로 쓰였다.

☐ 『찬의』: 겨울에 정단하면 왕록을 지키면서 스스로 만족해야 한다. 만약 경거망동하면 손실이 발생하여 고생한다.

→ 『필법부』(제7법) 참조.

壬寅일 제 2 국

공망 : 辰·巳 ○
낮 : 왼쪽 천장, 밤 : 오른쪽 천장

	庚	己	戊	
	玄子青	常亥空	白戌白	
	丑	子	亥	
	戊	丁	辛	庚
	白戌白	空酉常	陰丑勾	玄子青
	壬亥	戌	寅	丑

蛇辰巳巳○	朱巳午○貴	甲午合未后	乙未申勾陰
癸卯辰○貴朱			丙申酉青玄
壬寅卯后合			丁酉戌空常
辛丑寅陰勾	庚子丑玄青	己亥子常空	戊戌亥白白

- **과체** : 지일(知一), 퇴여(退茹), 참관(斬關) // 중음(重陰/子亥戌), 삼기(三奇), 맥월(驀越), 괴도천문(魁度天門), 최관사자(催官使者/밤), 형상(刑傷), 간지상형, 양귀공망(兩貴空亡), 귀인입옥(貴人入獄/낮), 우녀상회(牛女相會), 양사협묘(兩蛇夾墓/연명:巳).
- **핵심** : 戌戌에 타고 있는 백호가 내 옆에 있다. 동류(同類)가 서로 돕는다. 흉한 일이 여러 번 닥친다.
- **분석** : ❶ 戌의 둔간이 戊이고 戌에 주야 모두 백호가 타고 있다. 일간에 임한 백호가 귀살이 되어 일간을 극하니 壬이 비록 넓고 크지만 그것을 감당하기 어렵다.
  → 壬은 바다에 비유된다.
  ❷ 다행히 초전의 子는 왕(旺), 중전의 亥는 식록이다. 子와 亥가 모두 동류이니 그들이 나를 돕는다. 그러나 말전에서 다시 천괴인 戌을 만나니 그 흉이 세차다.
- **정단** : ❶ 삼전이 한 글자씩 물러나니 퇴여(退茹)이고, 戌이 亥에 가하니 괴도천문(魁度天門)이며, 일진이 삼전을 끼고 있다. 따라서 모든

정단에서 꽉 막혀서 목적지에 이르지 못하는 상이다. 만약 사람의 연명이 일진의 밖에 있으면 장애를 뚫는다는 뜻의 '투관격(透關格)'이 되어 막힌 것이 뚫리게 된다.

❷ 밤에는 청룡이 왕신인 子에 타서 발용이 되었고, 중전은 일록이며, 말전은 관성이어서 임명장이 오니 공무원이 정단하면 매우 길하다.

○ **날씨** : 일간이 방해를 당하니 태양이 반드시 가려지고 수(水)도 방해를 당하니 흐리고 비가 오지 않는다.

→ 일간은 하늘, 戌은 그물을 뜻한다. 그물이 일간을 덮었으니 태양이 가려지고, 지반의 壬수가 깨졌으니 흐리고 비가 오지 않는다.

○ **가정** : 지상과 초전에서 견우와 직녀가 만나니 '우녀상회(牛女相會)'이다. 여름에 정단하면 반드시 혼인의 기쁨이 있다.

→ 동양천문학 이십팔수에서 子에는 직녀가 있고 丑에는 견우가 있다. 일지와 초전에서 子와 丑이 서로 가하여 견우와 직녀가 만나니 혼인하는 기쁨이 있다. ● 천반의 子에 밤에는 길장인 청룡이 타고 있으니, 현무가 타고 있는 낮에 비해 혼인에 더욱 길하다. ● 일간은 사람이다. 주야 모두 일간에 백호귀살이 임하니 몸에 질병이 있다. 만약 연명이 卯辰이면 그 위의 寅卯가 백호귀살을 제극하니 질병을 물리칠 수 있다.

○ **혼인** : 일간과 일지가 서로 형(刑)을 하니 이롭지 않다.

→ 일간은 나, 일지는 배우자감이다. 간상의 戌과 지상의 丑이 형(刑)을 하니 궁합이 나쁘다. 그러나 일지와 초전에서 子와 丑이 서로 가하여 견우와 직녀가 만나니 혼인하는 기쁨이 있다. ● 성정 : 지상의 丑이 간상의 戌을 형(刑)을 하니 드센 배우자감이다. 주야 모두 지상에 흉장이 타고 있으니 더욱 나쁘다. ● 간상에 백호가 타고 있

으니 내 몸에 병이 있고, 백호가 일간을 극하여 오니 병이 중하다.
- ● 혼처 : 지일과이니 가까운 사람이나 장소에서 구하면 된다.

○ **임신·출산** : 딸을 임신한다. 출산은 지체된다.

※ 『육임직지』 원문에서는 "출산이 신속하다."고 하였다.

→ 아래는 음기와 여자, 위는 양기와 남자이다. 아래가 위를 극하여 발용이 되었다는 것은 아래가 강하다는 뜻이니 딸이고, 다시 삼전의 두 양인 子와 戌이 하나의 음인 亥를 감싸고 있으니 딸이다. ● 삼전이 퇴여이니 출산이 지체되고, 간지의 상신이 형을 하니 태아와 임신부의 몸이 상할 우려가 있다.

○ **구관** : 최관(催官)이 일간에 임하고 밤에는 일록과 인끈(綬)을 갖췄으니 최길하다.

→ 백호가 관성에 타면 공무원이 신속하게 발령을 받는다는 뜻이 있는 '최관(催官)'이다. 나를 뜻하는 일간에 최관이 임하고 다시 중전에 태상이 타서 인끈을 갖췄으니 최길하다.

○ **구재** : 청룡이 겁재(劫財)와 양인(羊刃)에 타고 있으니 재물을 취하려고 하면 반드시 해를 입는다.

→ 청룡은 재물, 겁재와 양인은 도난과 강탈(盜脫)의 신이다. 제4과와 초전에 청룡이 타고 있지만 子가 겁재와 양인이니 재물을 취하려고 하면 반드시 해를 입는다. 또한 과전에 형제효가 셋이나 모여 있으니 사업에 매우 불리하며, 간상에는 백호귀살 戌이 일간 壬을 극하니 오히려 병이 나서 건강이 크게 악화된다.

○ **질병** : 복부질환이거나 혹은 신수가 부족하다. 낫기 어렵다.

→ 지상은 병증이다. 지상이 丑이니 복부의 질환이고, 백호승신 戌이 수를 극하니 신수(腎水)가 부족하며, 하괴(戌)가 천문(亥)에 가해서 '괴도천문(魁度天門)'이니 위장과 인후와 갑상선 질환이다. ● 백호승신 戌을 극하는 寅 아래의 묘방(卯方, 정동)에 명의와 명약이 있다. ● 일간은 환자, 일지는 질병이다. 일간이 지상의 丑과 간상의

戌로부터 극을 당하니 병이 낫기 어렵다.
- **출행** : 육로는 최흉하다.
  → 일간은 여행객, 일지는 여행지이다. 일간이 간상의 백호귀살로부터 극을 받아 질병이 발생하니 출행할 수 없다. 그리고 일간 壬이 지상의 丑으로부터 극을 받으니 불안한 여행지이다.
- **도망** : 밤에는 현무가 子에 타고 있다. 현무가 일간과 일지에 의해 끼어져 있으니 잡으려고 노력하면 반드시 잡는다.
  → 현무가 간상 戌 ⋯ 말전 戌 ⋯ 중전 亥 ⋯ 초전 子 ⋯ 지상 丑으로 이어져서 초전의 현무가 쇠사슬에 묶여 있는 상이니 도둑을 잡을 수 있다.
- **귀가** : 천강이 사맹에 가했으니 아직 출발하지 않았다.
  → 천강(辰)은 동신, 사맹은 초기이다. 천강이 사맹의 하나인 巳에 임했으니 아직 출발하지 않았다.
- ↑ **쟁송** : 내가 불리하다.
  → 일간이 간상의 戌과 지상의 丑으로부터 극을 받았으니 내가 불리하다. ● 승패 : 일간은 나, 일지는 상대이다. 일간이 간상의 극을 받았으니 내가 불리하다. ● 관재 : 삼전이 퇴여(退茹)이니 관재가 점차 약해진다.
- **전쟁** : 격명이 관격(關格)이니 움직이지 못한다.
  → 戌은 땅을 덮을 만큼이나 큰 그물을 뜻한다. 그물이 일간을 묶고 있으니 움직이지 못한다.

- □ 『**필법부**』 : 〈제61법〉 질병 정단에서 일간 위에 묘신백호가 없어야 좋다.
  → 또한 관재정단에서도 크게 흉하다. 간상의 戌은 일지의 묘신이고 동시에 일간의 귀살이다.

〈제50법〉 두 귀인이 모두 공망되면 헛된 기쁨이 된다.

➜ 낮 귀인 卯는 낙공되었고, 밤 귀인 巳는 공망되었다. 주로 귀인과 공무원을 만나는 일에서 나쁘다.

〈제69법〉 백호가 둔간귀살에 타면 재앙이 얕지 않다.

➜ 주야 모두 백호가 암귀와 명귀인 戌戌에 탄다. 따라서 재앙이 중하다.

〈제91법〉 백호가 일간의 귀살에 타면 귀살의 흉이 빠르다.

➜ 특히 관재와 질병 정단에서 대흉하다. 만약 관직자가 정단하면 부임이나 승진이 매우 빠르다.

□ 『과경』: 辰이 巳에 가한 곳에 주야 모두 등사가 타고 있는데, 지반의 巳가 다시 등사의 자리이니 '양사협묘(兩蛇夾墓)'라고 하여, 질병을 정단하며 반드시 적괴가 뱃속에 있으니 환자의 생명을 구하지 못하며, 만약 행년상신이 辰이면 더욱 위급하다. 만약 연명이 亥이면 연명상신 戌에 백호가 타서 등사를 충(沖)하여 묘신을 깨트리니 생명을 조금은 연장할 수 있다.

➜ 이 과전에는 양사협묘가 나타나지 않았다. 만약 연명이 巳이면 이 이론에 해당한다.

□ 『지장부』: 삼전의 子亥戌은 '중음(重陰)'이다. 형체를 숨기는 일과 이(齒)를 숨기는 일에서 좋다.

➜ 매사 어둡다.

壬寅일 제3국

공망 : 辰·巳 ○
낮 : 왼쪽 천장, 밤 : 오른쪽 천장

戊	丙	甲
青戌 白	白申 玄	玄午 后
子	戌	申
丁	乙	庚	戊
空酉 常	常未 陰	合子 青	青戌 白
壬亥	酉	寅	子

癸卯巳 貴 朱	○ 后 辰午 蛇	○ 陰 巳未 貴	甲午申 玄 后
壬寅辰 蛇 合○			乙未酉 常 陰
辛丑卯 朱 勾			丙申戌 白 玄
庚子寅 合 青	己亥丑 勾 空	戊戌子 青 白	丁酉亥 空 常

□ **과체** : 원수(元首), 퇴간전(退間傳), 맥월(驀越) // 침해(侵害), 육의(六儀), 구생(俱生), 구패(俱敗), 가귀(家鬼), 패려(悖戾/戌申午), 오양(五陽), 수일정신(水日丁神), 아괴성(亞魁星), 양귀공망(兩貴空亡), 주작폐구(朱雀閉口), 최관사자(催官使者/밤).

□ **핵심** : 처음에는 생을 받고 나중에는 실패한다. 재성인 午를 포기해야 한다. 말전이 초전을 생하니 백호와 귀살의 해를 어찌할 도리가 없다.

□ **분석** : ❶ 간상의 酉는 일간 壬을 생하고 지상의 子는 일지 寅을 생하지만, 일간 壬의 패(敗)가 酉이고 일지 寅의 패(敗)가 子이니, 처음에는 생을 받지만 나중에는 실패한다.

❷ 말전의 午가 비록 일간의 재물이지만 초전의 백호귀살 戌을 생하여 일간을 극하니 일긴으로시는 이찌할 도리가 없다.

□ **정단** : ❶ 격명이 '맥월(驀越)'이니 갑자기 일이 발생한다.

❷ 戌은 드러난 귀살, 그 둔반의 戌는 숨어있는 귀살이다. 이와 같이 명암의 두 귀살이 병존하고 이곳에 밤에는 백호가 타니 지극히 흉하

고 지극히 위급하다. 오직 공무원이 정단하면 권세를 누리고 문무에 통달한다.

❸ 말전의 재성 수가 관성 戌을 생하니 높은 사람에게 곡식을 상납하는 일에서 매우 좋다. 만약 구재를 물으면 재물이 귀살로 변하니 반드시 화근이 생긴다.

○ **날씨** : 酉가 일간에 임하고 용과 호랑이가 발용이 되어 일간을 극하니 비가 온다.

→ 일간은 하늘, 酉는 비를 생하는 신, 청룡은 감우의 신, 백호는 바람을 부르는 신이다. 酉가 일간에 임하니 비가 오고, 발용에 있는 청룡과 백호가 일간을 극하니 바람이 불고 비가 온다.

○ **가정** : 청룡과 육합이 일지를 생하니 반드시 희경사가 많다.

→ 일지는 가정이다. 낮에는 일지가 지상의 육합승신 子로부터 생을 받으니 혼인의 희경사가 있고, 밤에는 일지가 지상의 청룡승신 子로부터 생을 받으니 재물이 생기는 희경사가 있다. 다만 주야 모두 간지상에 패기(敗氣)가 임하니 주색잡기를 삼가야 한다. ● 밤에는 백호가 일지음신의 귀살에 타고 있으니 가족의 질병을 예방해야 한다. ● 일간은 나이다. 간상의 酉는 패기이고 다시 파쇄이니, 반드시 날이 갈수록 쇠해진다.

○ **혼인** : 나쁘다.

※ 『육임직지』 원문에서는 "밤에 정단하면 자못 길해서 우환이 생기기 어렵다."고 하였다.

→ 일간은 나, 일지는 배우자감이다. 기궁과 일지가 상파(相破)하고 간상과 지상이 상파(相破)하니 혼인이 나쁘다. ● 궁합 : 기궁 亥와 일지 寅이 파(破)를 하니 나쁘고, 다시 간상의 酉와 지상의 子가 파(破)를 하니 나쁘며, 또다시 간상의 둔간 丁이 지상의 둔간 庚을 극

하니 더욱 나쁘다. ● 혼처 : 간상이 수일정신이니 먼 곳에서 신부감을 구하는 것이 이롭다.
○ **임신·출산** : 7월에 정단하면 처가 임신하고 7월 외의 낮에 정단하면 첩이 임신한다. 위는 강하고 아래는 약하니 임신하면 아들이다. 태아와 임신부가 서로 파(破)를 하니 임신정단을 하면 흉하다.
→ 7월에 정단하면 말전의 午가 처와 태신이며 7월의 생기이니 처가 임신한다. 다만 낮에 정단하면 말전에 현무가 타니 부정한 임신이다. ● 천반은 양기와 남자, 지반은 음기와 여자이다. 천반이 지반을 극하여 발용이 되었다는 것은 천반이 강하다는 뜻이고, 동시에 남자가 된다는 뜻이니 임신하면 아들이다. ● 간상의 酉와 지상의 子가 파(破)를 하니 임신을 정단하면 태아와 임신부가 상하는 것을 예방해야 한다.
○ **구관** : 최관(催官)이니 매우 신속하다. 관직을 정단하면 가장 이롭다.
→ 밤에 정단하면 초전의 관성 戌에 백호가 타고 있어서 최관사자(催官使者)이니 관직에 가장 이롭고, 원수과이니 더욱 이롭다. ● 낮에 정단하면 초전의 관성에 청룡이 타고 있으니 문관직에 이롭다. 게다가 말전의 午가 초전의 관성을 생하여 관성이 왕성하니 더욱 이롭다. ● 고시 : 초전이 최관사자이고 다시 아괴성(酉)이 일간을 생하니 합격한다.
○ **구재** : 부녀자나 음사(陰私)의 재물을 얻어야 한다.
→ 재성은 재물이다. 낮에는 말전의 午에 현무가 타고 있으니 성당하지 않은 재물을 얻고, 밤에는 천후가 타고 있으니 부녀자로부터 재물을 얻는다. ● 재성인 午가 申에 가했으니 申이 뜻하는 서남방에서 재물을 구하면 된다. ● 개업하면 재성이 말전에 있으니 나중에 재물을 얻는다.
○ **질병** : 신수가 고갈된 증상이다. 병세가 지극히 위독하다.
→ 백호승신 戌이 수를 극하니 신수(腎水)가 고갈된 증상이다. 간상

의 酉가 일간의 패기(敗氣)이고 다시 일지 寅의 파쇄(破碎)이니 위독하고, 말전의 午가 초전의 백호귀살을 생하니 더욱 위독하다. ● 백호승신 戌을 극하는 寅 아래의 진방(辰方, 동남방)에 명의와 명약이 있다. ● 일간은 환자, 일지는 질병이다. 간지가 서로 파(破)를 하고 다시 간상과 지상이 파(破)를 하니 나을 수 있다.

○ **출행** : 밤에 정단하면 수로와 육로 모두 좋다. 낮에 정단하면 육로가 덜 이롭다.

→ 현대에서는 일간은 여행객, 일지는 여행지이다. 간상에 일간의 패신인 酉가 임하고 다시 파쇄(破碎)가 임하니 출행이 매우 흉하다.

○ **도적** : 낮에 정단하면 진방(辰方)에서 잡고, 밤에 정단하면 오방(午方)에서 잡는다.

※ 『육임직지』 원문에서는 "낮에는 서남방 귀인의 집에서 잡고, 밤에는 동남방 귀인의 집에서 잡는다."고 하였다.

→ 낮에 정단하면 현무의 음신이 辰이니 진방(辰方)에서 잡고, 밤에 정단하면 현무의 음신이 午이니 오방(午方)에서 잡는다.

○ **귀가** : 천강이 사중에 가했으니 아직 길에 있다.

→ 천강(辰)은 동신, 사중은 중도이다. 천강이 사중의 하나인 午에 가했으니 중도이다.

↑ **쟁송** : 내가 불리하다.

→ 일간은 아군, 일지는 적군이다. 일간 壬이 일지 寅으로 탈기(脫氣)되고 간상의 酉가 지상의 子로 탈기되니 내가 불리하다. ● 관재 : 말전의 午가 초전의 귀살 戌을 생조해서 초전의 귀살이 일간 壬을 극하여오니 대흉하다. 비록 이것을 제압하는 목의 오행이 과전에 없지만 중전과 간상의 申酉금이 귀살을 제화하여 일간을 생하니 흉이 길로 변한다.

○ **전쟁** : 아군이 불리하다.

※ 『육임직지』 원문에서는 "주(主)에게는 유리하고 객(客)에게는 불

리하다."고 하였다.

→ 일간은 나, 일지는 상대이다. 일간 壬이 일지 寅으로 탈기(脫氣)되고 간상의 酉가 지상의 子로 탈기되니 아군이 불리하다.

□ 『필법부』 : 〈제50법〉 두 귀인이 모두 공망되면 헛된 기쁨이 된다.
→ 낮 귀인 卯는 공함, 밤 귀인 巳는 공망되었으니, 귀인에게 부탁하는 일에서 뜻을 이루기 어렵다.
〈제69법〉 백호가 둔반의 귀살에 타면 재앙이 얕지 않다.
→ 밤에는 백호가 명암이귀인 戌戌에 탄다. 질병과 소송 정단에는 최흉하고, 관직 정단에는 최길하다.
〈제37법〉 말전에서 초전을 생하는 이론에는 세 가지가 있다.
→ 이 과전에서는 말전 午가 초전 戌을 생해서 일간을 극한다. 구관 정단에는 길하고, 나머지 정단에는 불리하다.

□ 『과경』 : 壬寅일에 戌을 子에 가하여 발용이 되었다. 낮에 정단하면 청룡이 戌에 타서 일간을 극하니 다행 중 불행이고, 낮에 정단하면 중전의 申금에 백호가 타서 일간을 생하니 불행 중 다행이다. 이와 같으니 한 번은 기쁘고 한 번은 슬프다.

□ 『신정경』 : 간상의 酉는 패기(敗氣)와 파쇄(破碎)이니 반드시 집의 식구에게 이롭지 않아서 갈수록 쇠잔해진다.
→ 壬의 패기는 酉, 일지 寅의 파쇄는 酉이다. 간상이 패기와 파쇄이니 모든 일에서 나쁘다.

壬寅일 제4국

공망 : 辰·巳
낮 : 왼쪽 천장, 밤 : 오른쪽 천장

	壬	己
陰巳貴	蛇寅合	勾亥空
申	巳 ○	寅
丙	○	己	丙
白申玄	陰巳貴	勾亥空	白申玄
壬亥	申	寅	亥

蛇壬寅巳	合癸卯午	朱○辰未	貴○巳申
朱辛丑辰○			玄○甲午酉
合庚子卯			陰乙未戌
勾己亥寅	青戊戌丑	空丁酉子	玄丙申亥

□ **과체** : 원수(元首), 원태(元胎), 병태(病胎), 불비(不備), 무음(蕪淫), 과수(寡宿) // 형상(刑傷), 충파(沖破), 침해(侵害), 재공(財空), 덕경(德慶), 권섭부정(權攝不正), 부귀(富貴), 간지록마(干支祿馬), 구생(俱生), 역허(歷虛), 복덕(福德), 귀인공망(貴人空亡/밤).

□ **핵심** : 장생이 백호로부터 공격을 받고, 초전으로 가서 재물을 취하려고 하니 공망되었다. 이익을 포기하고 손실을 따르니 평생 곤궁하다.

□ **분석** : ❶ 간상의 申은 일간의 장생이다. 낮에는 이곳에 백호가 타니 장생을 지킬 수 없다.

❷ 초전에 있는 재성이 공망되었으니 이것을 취해본들 무익하다. 다시 중전의 寅으로 가니 寅이 일간을 탈기(脫氣)하고, 다시 말전으로 가면 말전의 亥가 일간의 본가이니 갈 곳이 없다.

❸ 유익한 申을 포기하고 손해가 나는 寅을 취하면 나를 생하는 것은 가버리고 나를 탈기하는 것은 남아 있으니 평생 빈곤하지 않을 수 없다. 따라서 현직을 유지해야 한다.

□ **정단** : 삼전이 모두 사맹이니 원태(元胎)이다. 일간에는 역마가 타고 일지에는 일록이 타니 부귀격(富貴格)이다. 다만 일지의 상하는 육합하고 일간의 상하는 육해하니, 나는 괴롭고 타인은 즐거운 상이다.

○ **날씨** : 비가 오지 않는다.
　➔ 일간은 하늘이다. 일간이 장생으로부터 생을 받으니 비가 오지 않고, 초전의 巳가 공망되었으니 비가 오지 않는다.

○ **가정** : 반드시 집을 짓는 일이 있다.
　➔ 일간은 사람, 일지는 집이다. 일간 壬(亥)이 지상으로 가서 일지 寅을 생하니 집을 짓거나 혹은 이집으로 이사한다. ● 사과가 하나의 양과 두 음이어서 '무음(蕪淫)'이니 음란사가 발생하는 것을 예방해야 한다. ● 일록은 직업이다. 낮에는 일록인 亥에 구진이 타고 있으니 가정에서 쟁투를 예방해야 하고, 밤에는 일록 亥에 천공이 타고 있으니 직장을 잃는 것을 예방해야 한다.

○ **혼인** : 아래에서는 화합하지만 위에서는 해(害)를 하니 이루지 못한다.
　➔ 합에는 화합, 해(害)에는 상해의 뜻이 있다. 나를 뜻하는 기궁 亥와 배우자감을 뜻하는 일지 寅이 서로 상합하지만 간상의 申과 지상의 亥가 육해를 하니 혼인을 이루지 못한다. ● 사과가 불비(不備)와 무음(蕪淫)이어서 남녀가 음란하니 혼인이 불길하다. ● 일간은 나, 일지는 배우자감이다. 기궁 亥가 지상으로 가서 일지 寅으로 탈기되니 혼인이 불길하다. 만약 남자가 정단하면 여자를 뜻하는 재성 巳가 공망되었으니 혼인이 불성하고, 설령 혼인을 하더리도 결국 처를 잃게 된다.

○ **임신·출산** : 아들이다. 병을 예방해야 한다.
　➔ 삼전은 태아의 생육과정이다. 삼전의 두 음인 巳와 亥가 중전에

있는 하나의 양인 寅을 감싸고 있으니 아들이다. 삼전이 병이 든 태아라는 뜻의 '병태격(病胎格)'이니, 태아가 병이 드는 것을 예방해야 한다. 병태격은 삼전 천반의 사맹이 병지에 앉은 것이다.

○ **구관** : 귀인이 타고 있는 재성이 비록 공망되었지만 체생(遞生)하니 두렵지 않고 지극히 길한 상이다.

→ 귀인이 타고 있는 초전의 재성 巳가 공망되었지만 초전이 말전과 중전으로부터 체생(遞生)되어 공망이 풀리니 두렵지 않고 또한 길한 상이다. 특히 공망이 메워지는 사년이나 사월이나 사월장 기간에 정단하면 최길하다. ● 원수과이니 더욱 이롭고, 간지상에 일록과 역마를 만나니 부귀해진다. ● 권섭부정(權攝不正)이니 공무원은 직위를 옮기거나 다른 곳으로 파견을 갈 가능성이 있다.

○ **구재** : 밤에 정단하면 귀인의 재물을 얻어야 하고, 낮에 정단하면 부녀자의 재물을 얻어야 한다.

→ 귀인은 공무원·관청·은인 등이다. 밤에 정단하면 재성 巳에 귀인이 타고 있으니 앞의 사람들로부터 재물을 얻을 수 있다. ● 태음은 아가씨·소녀·금은보석 등이다. 낮에 정단하면 재성인 巳에 태음이 타고 있으니 이러한 상품을 팔아서 돈을 벌면 된다. ● 공망된 초전의 재성이 메워지는 사년이나 사월이나 사월장 기간에 정단하거나 이 시기에 큰돈을 번다.

○ **질병** : 간과 신장 경락에 병이 들었다. 비록 몸에 크게 해롭지는 않지만 낫기 어렵다.

→ 낮에 정단하면 백호가 申에 타서 목을 극하니 간경락에 병이 들었다. 백호승신 申을 극하는 午 아래의 유방(酉方, 정서)으로 가서 양의와 양약을 구하면 된다. ● 격명이 병태(病胎)이다. 병으로 인해 몸이 쇠약해지는 것을 예방해야 한다. ● 처의 질병을 정단하면 처재효인 巳가 공망되었으니 병이 낫기 어렵다.

○ **출행** : 과체는 길하지만 출행은 이롭지 않다.

➜ 출행에 길한 원수과이다. 그러나 기궁이 지상으로 가는 것은, 사람이 출행하지 않고 집으로 들어가는 상이니 출행이 이롭지 않다. 설령 가더라도 일간이 일지로 탈기되니 손실이 많다.

O **귀가** : 일간과 일지가 서로 만나니 인일(寅日)이나 신일(申日)에 온다.
➜ 기궁은 출행한 사람, 일지는 집이다. 기궁인 亥가 지상으로 갔으니 곧 도착한다. 亥와 육합하는 인일(寅日)에 온다.

↑ **쟁송** : 불리하다.
➜ 일간은 나, 일지는 상대이다. 기궁 亥가 지상으로 가서 일지 寅으로 탈기되고 간상의 申이 지상의 亥로 탈기되니 내가 불리하다.

O **전쟁** : 현무와 백호가 일간을 생하니 불행 중 다행이다.
➜ 일간은 아군, 현무와 백호는 모두 악장이다. 이 악장이 일간에 임하여 일간을 생하니 불행중 다행이다.

O **분묘** : 갑용(甲龍)이 입수하니 건손(乾巽)이 길한 향(向)이다.
➜ 제4과의 지반은 묘지의 좌(坐)이다. 제4과 지반이 亥이니 건좌손향이 길한 좌향이다.

□ 『**필법부**』 : 〈제8법〉 일록이 일지에 임하면 임시직으로서 정당한 자리가 아니다.
➜ 일록 亥가 지상에 임하고 있다. 천간은 하늘을 상징하니 높고, 지지는 땅을 상징하니 낮다. 일록이 지상으로 갔으니 하위직 혹은 임시직이다.

〈제41법〉 간지상에 일록과 역마를 만나면 부귀해진다.
➜ 간상의 申은 역마이고 지상의 亥는 일록이니 부귀격이다. 따라서 부귀를 누린다.

〈제77법〉 호생(互生)과 구생(俱生)은 모든 일에서 유익하다.
➜ 간상의 申은 일간 壬을 생하고, 지상의 亥는 일지 寅을 생한다.

따라서 구생이다.

〈제76법〉 서로 시기하여 모두에게 화가 미친다.

→ 간상의 申과 지상의 亥는 육해이다. 주로 혼인, 매매, 계약, 동업 등의 교섭에서 모두에게 화가 미친다.

□ 『고감』 : 癸未년에 태어난 사람이 9월에 월장 辰을 점시 未에 가한 뒤에 전정을 정단한다. 일지와 일간이 모두 그 상신으로부터 생을 받고 귀인이 발용이 되었으니 공명을 취할 수 있다. 다만 귀인이 공망되었으니 나쁘고, 지체신인 현무가 간상에 타고 있으니 시험에 합격하지 못하는 상이지만 간지가 길하니 시험에 합격한다. 申의 오행이 금이고 巳는 용광로이다. 먼저 동철(銅鐵)에 임명된 뒤에 수운(水運)의 관직에 임명되는데, 그 이유는 寅에 타고 있는 육합이 선박이기 때문이고 亥는 강과 호수이기 때문이다.

壬寅일 제 5 국

공망 : 辰·巳 ○
낮 : 왼쪽 천장, 밤 : 오른쪽 천장

戊	甲	壬
青戌	白玄午后	蛇寅合
寅	戌	午

乙	癸	戊	甲
常未陰	貴卯朱	青戌白	玄午后
壬亥	未	寅	戌

辛丑 朱巳	勾	壬寅 蛇午合	癸卯 貴未朱	○ 后辰 申蛇
合	庚子 青辰○			○ 陰巳 酉貴
勾	己亥 卯空			甲 玄午 戌后
青	戊戌 白寅	丁酉 空丑常	丙申 白子玄	乙未 常亥陰

□ **과체** : 중심(重審), 염상(炎上), 참관(斬關), 여덕(勵德/밤) // 형상(刑傷), 앙구(怏咎), 초전협극(初傳夾剋), 화미(和美), 육의(六儀), 삼전재효태왕(三傳財爻太旺), 처재효현괴복덕(福德), 가귀(家鬼), 오양(五陽), 최관부(催官符/밤), 명암이귀(明暗二鬼), 환혼채(還魂債), 귀인공망(貴人空亡), 일녀(泆女/밤).

□ **핵심** : 재물이 귀살로 변하니 칼끝의 꿀을 핥으면 안 된다. 밤에는 백호가 戌에 타고 있으니 흉한 재앙이 심하다.

□ **분석** : 삼전의 화국(戌午寅)은 일간의 재성으로서 간상의 未를 생해서 재물이 귀살로 변하니 칼끝의 꿀을 핥으면 안 된다. 하물며 명암이귀(明暗二鬼)인 戌에 백호가 타서 일간을 극해서 재앙이 심하니 우환을 예방해야 한다.

□ **정단** : ❶ 삼전이 戌午寅이니 염상(炎上)이다. 간지의 아래에서는 합(合)을 하고 위에서는 형(刑)을 하니, 과전이 비록 삼합과 육합을 하지만 삼전의 재국이 귀살을 생하니 재물을 가지고 귀인에게 가서 돈을 주고 명예를 부탁하는 일에 이롭다. 다만 구재를 물으면 반드시

관재가 발생한다.

❷ 未에 태음이 타서 亥에 가하면 어린자식의 혼사가 있다.

→ 亥는 어린자식, 未는 희경사이다. 未가 亥에 가하니 어린자식의 혼사가 있다.

○ **날씨** : 삼전이 염상이고 천강이 양을 가리키니 매우 맑고 비가 오지 않는다.

→ 삼전이 화국이며 염상격이니 맑고, 천강(辰)이 양의 12지에 임하니 다시 맑다.

○ **가정** : 밤에 정단하면 관송이 매우 심하고, 낮에 정단하면 재물이 집으로 들어온다.

→ 일지는 집이다. 밤에 정단하면 지상의 귀살 戌에 백호가 타고 있으니 관송 혹은 병재가 있고, 낮에 정단하면 지상의 戌에 청룡이 타고 있으니 재물이 집으로 들어오거나 혹은 생활고가 있다. ● 화목 : 간상의 未와 지상의 戌이 형(刑)을 하니 가족이 화목하지 않다. ● 가업 : 겨울에는 일간이 왕성하고 재성도 왕성하니 개업하여 돈을 번다.

○ **혼인** : 밤에 정단하면 매우 좋지 않고, 낮에 정단하면 길하다.

→ 일지는 배우자감이다. 밤에는 지상에 흉장인 백호가 타고 있으니 매우 좋지 않고, 낮에는 지상에 길장인 청룡이 타고 있으니 좋다. 다만 주야 모두 지상이 귀살이고 다시 괴강이니 나에게 해를 입히는 사람이다. ● 성정 : 지반이 천반을 극하여 발용이 되었으니 드센 여자이다. 또한 일지의 음양과 삼전이 삼합, 재국을 형성하여 인성을 극하니 혼인한 뒤에 남자의 부모에게 불효한다. ● 궁합 : 간상의 未와 지상의 戌이 형을 하니 나쁘다.

○ **임신·출산** : 임신하면 딸이다. 임신은 길하고 출산은 흉하다.

→ 지반은 음기와 여자, 천반은 양기와 남자이다. 지반이 천반을 극하여 발용이 되었다는 것은 지반이 강하다는 뜻이니 임신하면 딸이다. ● 태신은 태아이다. 태신인 午가 삼합하니 임신은 길하고 출산은 흉하다.

○ **구관** : '최관(催官)'이 발용이 되었으니 관직을 정단하면 최길하다.

→ 백호가 관성에 타면 신속하게 공무원이 된다는 뜻의 '최관'이다. 밤에 정단하면 이것이 발용이 되었으니 최길하고, 낮에 정단하면 초전의 관성에 청룡이 타고 있으니 문관직에 매우 이롭다. 더군다나 삼전이 삼합해서 관성을 생하니 매우 길하고, 관성이 왕성해지는 여름이나 봄에 정단하면 더욱 길하다.

○ **구재** : 부녀자나 음사(陰私)의 재물을 얻어야 한다.

→ 천후는 부녀자이다. 밤에 정단하면 재성인 午에 천후가 타고 있으니 부녀자로부터 재물을 얻어야 한다. 가령 창업할 경우 부인용품으로 개업하면 된다. ● 현무는 음사의 천장이다. 낮에 정단하면 재성인 午에 현무가 타고 있으니 음사의 재물을 얻어야 한다. ● 주야 모두 일간이 왕성해지는 겨울이나 가을에 정단하면 재물이 왕성하고 일간도 왕성하니 큰 재물을 얻는다. 그러나 여름이나 봄에 정단하면 재물은 지극히 왕성하고 일간은 지극히 쇠약하니 구재는 불가하다.

● 위법성 혹은 위험성이 있는 사업을 할 경우에는 삼전의 재국이 간상의 귀살을 생하니 구재로 인해 재앙이 발생하는 것을 예방해야 한다. 낮에는 귀살에 태산이 타니 부모상을 예방해야 하고, 밤에는 귀살에 태음이 타니 음인에 의한 해를 예방해야 한다.

○ **실병** : 신수(腎水)가 크게 부족하다. 토를 제압하고 수를 보양해야 한다. 낫기 어렵다.

→ 밤에 정단하면 백호승신 戌이 수를 극하여 신수가 부족하니 토를 제압하고 수를 보양해야 한다. ● 일간의 음양과 일지의 음양과

삼전이 삼합하여 화국을 이루어서 오행의 금을 극하니 주야 모두 폐병이 들고, 일간과 일지와 삼전이 삼합국을 이루었으니 질병이 오래간다. ● 의약신 : 밖에는 백호승신 戌을 극하는 寅 아래에 양의와 양약이 있다.

○ **출행** : 육로는 불길하다. 수로는 더욱 흉하다.

→ 현대에서는 일간은 여행객, 일지는 여행지이다. 지상의 戌이 일간을 극하니 흉한 여행지이다. 특히 밤에 정단하면 지상에 백호가 타고 있으니 여행지에서 병이 생기는 것을 예방해야 하고, 낮에 정단하면 일지음신의 재성에 현무가 타고 있으니 여행지에서 도난이나 분실을 예방해야 한다.

○ **유실** : 낮에는 도둑이 훔쳐간다.

→ 낮에 정단하면 재성인 午에 현무가 타고 있으니 반드시 도둑이 훔쳐간다.

○ **귀가** : 천강이 사맹에 가했으니 아직 출발하지 않았다.

→ 천강(辰)은 동신, 사맹은 초기이다. 천강이 사맹의 하나인 申에 가했으니 아직 출발하지 않았다.

↑ **쟁송** : 불리하다.

→ 일간이 일지로 탈기되니 내가 불리하고, 다시 삼전 재국의 생을 받은 간상의 귀살이 일간을 극하니 내가 불리하다. ● 관재 : 삼전의 재국이 간상의 귀살을 생하니 매우 흉하다.

○ **전쟁** : 밤에 정단하면 흉하고, 낮에 정단하면 길하다.

→ 일간은 아군이다. 밤에 정단하면 간상에 흉장인 태음이 타고 있으니 흉하고, 낮에 정단하면 간상에 길장인 태상이 타고 있으니 길하다.

□ 『**필법부**』 : 〈제69법〉 백호가 둔간귀살에 타면 재앙이 얕지 않다.

➜ 밤에는 지상 둔반의 귀살 戌에 백호가 타고 있다. 둔간의 귀살은 천반의 귀살에 비해 재앙이 깊다.

〈제83법〉 삼합과 육합을 하면 만사 기쁘다.

➜ 주로 혼인, 임신, 매매, 동업 등에서 기쁘다. 그러나 질병, 관재, 출산을 정단하면 슬프다.

〈제75법〉 손님과 주인이 다투지 않아도 형벌이 이미 앞서 있다.

➜ 간상과 지상이 형(刑)을 하니 나와 상대가 다툰다. 주로 혼인, 매매, 동업, 교역, 교섭, 회담에서 쓰인다.

□ 『신응경』: 寅에 가한 戌에 청룡이 일간의 관성에 탄다. 만약 연명이 寅이면 관직을 옮기는 일에서 뜻을 이루며, 庚戌일에 이러한 작용이 나타난다.

➜ 관성은 관직, 청룡은 문관이다. 청룡이 관성인 戌에 타니 고시생은 문관직을 얻고 문관직자는 승진한다.

□ 『찬의』: 戌에 가한 午에 천후가 타면 여자에게 폐병이 들지만 결국 낫지 못한다.

➜ 午가 午의 지반 戌과 화국을 이루어서 금을 극하니 여자에게 폐병이 든다. 천후승신 午가 묘지인 戌로 드니 사망한다.

□ 『괘낭부』: 戌에 백호가 타니 개가 놀란다.

➜ 戌은 개, 백호는 호랑이다. 호랑이가 나타나니 개가 짖는 상이다. 주로 질병과 관재 정단에서 놀란다.

□ 『지장부』: 戌午寅은 건조하다. 화합 속에서 중용을 행해야 한다.

壬寅일 제 6 국

공망 : 辰·巳
낮 : 왼쪽 천장, 밤 : 오른쪽 천장

甲	辛	丙	
玄 午 后	朱 丑 勾	白 申 玄	
亥	午	丑	
甲	辛	丁	○
玄 午 后	朱 丑 勾	空 酉 常	后 辰 蛇
壬 亥	午	寅	酉

庚 合 子 巳	辛 朱 丑 午	壬 蛇 寅 未	癸 合 卯 申 朱
勾 己 空 亥 ○ 辰 ○			后 辰 蛇 酉
青 戌 白 卯			陰 巳 貴 戌
空 丁 常 酉 寅	丙 白 申 玄 丑	乙 常 未 陰 子	甲 玄 午 后 亥

□ **과체** : 중심(重審), 육의(六儀), 사절(死絶) // 형상(刑傷), 앙구(怏咎), 초전협극(初傳夾剋), 형통(亨通), 체생(遞生), 명암작재(明暗作財), 수일정신(水日丁神), 파패신임택(破敗神臨宅), 복태(腹胎), 귀인수극(貴人受剋/낮), 귀인공망(貴人空亡/밤), 귀인입옥(貴人入獄/밤), 백의식시(白蟻食尸/낮).

□ **핵심** : 재물로 이익을 추구하면 생계에 방해가 된다. 웃어른을 정단하면 흉하다. 매사 어두워진다.

□ **분석** : ❶ 일간의 재성 午가 일간에 임한 뒤에 발용이 되어 말전의 申까지를 생을 한다. 이 申이 壬의 장생이고 생기이니 壬에게 이롭다. 그러나 초전의 午화가 말전의 申을 극하고 다시 중전의 丑토가 말전 申의 묘지가 되어 결국 무용지물이니, 재물을 구하지만 오히려 생계에 방해가 된다. 만약 웃어른의 신상을 정단하면 흉하고, 만약 생계를 정단하면 생계에 지장이 생긴다.

➜ 부모의 건강을 정단하면 위독하다.

❷ 일지 寅은 未에 앉고 일간 亥는 辰에 앉아 있다. 일지와 일간 모

두 묘지에 앉아 있으니 혼미해진다.
→ 가정을 정단하면 가정 내외의 모든 일이 어둡다.

□ **정단 : ❶** 午가 亥에 가하니 사절격(四絶格)이다. 옛일을 끝맺는 일에서 좋다.
→ 만약 처의 질병을 정단하면 처를 뜻하는 午가 午의 절지에 임했으니 사망한다.
❷ 초전의 재성이 협극(夾剋)을 당했으니 구재가 뜻대로 되지 않는다.
→ 현무와 천후의 오행은 水이다. 초전 천반의 午가 午에 타고 있는 천장오행 水와 지반 亥수로 부터 협극을 당했다.
❸ 간지상의 午와 酉가 형(刑)을 하고 다시 사승살(四勝煞)이다. 자신의 주장을 고집피우는 뜻이 있다.
❹ 7월에 정단하면 처가 임신한다.
→ 초전의 午는 처재효이면서 태신이다. 7월에 정단하면 생기에 해당하니 처가 임신한다. 만약 1월에 정단하면 사기에 해당하니 사망한다.

○ **날씨 :** 午화가 발용이 되어 일간을 체생(遞生)하니 날이 맑다.
→ 午는 화로서 맑은 날씨를 주관하니 날이 맑다.
○ **가정 :** 파쇄(破碎)가 일지에 임한 뒤에 가택을 극하니 집에 손해가 있나.
→ 寅의 파쇄는 酉, 壬의 패기(敗氣)는 酉이다. 지상의 패신 겸 파쇄가 일지를 극하니 집에 손해가 있다. ● 간상과 초전의 午는 일간의 처재효 겸 태신이다. 만약 7월에 정단하면 午가 생기에 해당하니 처

가 임신한다. 밤에 정단하면 午에 길장이 타고 있으니 길하고, 낮에 정단하면 현무가 타고 있으니 부정한 임신이다. ● 중심과이니 가정에 예의가 없다. 특히 겨울과 가을에 정단하면 초전의 지반이 왕성하니 더욱 무례하다.

○ **혼인** : 일지와 일간이 서로 파(破)를 하니 불길하다.

→ 일간은 나, 일지는 배우자감이다. 일간(기궁) 亥와 일지 寅이 서로 파(破)를 하니 혼담이 깨질 우려가 있다. ● 궁합 : 기궁과 일지가 서로 파를 하고 다시 간상의 午가 지상의 酉를 극하니 나쁘다. ● 지상의 酉가 일간의 패기(敗氣)이면서 일지의 파쇄(破碎)이니 길하지 못한 배우자감이다. ● 중심과이니 여자의 성정이 드세다. 초전의 지반이 왕성해지는 겨울이나 가을에 정단하면 더욱 드센 여자이다.

○ **임신·출산** : 딸이다. 출산이 늦어진다.

→ 삼전은 생육과정이다. 초전과 말전의 두 양(午,申)이 중전의 음(丑)을 감싸니 딸이고, 하에서 상을 극하여 발용이 되었으니 다시 딸이다. ● 일간은 태아, 일지는 임신부이다. 기궁 亥와 일지 寅이 서로 합을 하니 출산이 늦어진다. ● 초전의 午는 처재효이면서 태신이다. 7월에 정단하면 생기에 해당하니 처가 임신한다. 다만 주야 모두 상하 협극되었으니 유산을 예방해야 한다.

○ **구관** : 삼전이 체생(遞生)하니 천거를 받는다.

→ 초전의 午화가 중전의 丑토를 생하고, 중전이 말전의 申금을 생하며, 말전이 일간 壬수를 생하니 여러 사람의 천거를 받는다. 주야 모두 초전이 협극(夾剋)되어 불길하지만, 만약 여름이나 봄에 정단하면 천반의 午가 왕성해져서 협극을 벗어나니 길하고, 다시 삼전이 일간을 체생하여 오니 더욱 길하다.

○ **구재** : 재효가 일간에 임하니, 구하지 않더라도 저절로 재물이 온다.

→ 일간은 나, 재성은 재물이다. 간상에 재효 午가 임하니, 구하지 않더라도 재물이 저절로 나에게 온다. 다만 낮에 정단하면 현무가

재물을 훔쳐가니 그렇지 않다. ● 일간이 壬이고 일지의 둔간이 丁이니 '수일의 정재'이다. 먼 곳으로 가서 구재하면 된다.
○ **질병** : 간경락과 폐경락에 병이 들었다. 치료하면 낫는다.
→ 백호는 병의 원인이다. 낮에 정단하면 백호가 申에 타서 목을 극하니 간경락에 병이 들었다. 백호승신 申을 제극하는 午 아래의 인방(寅方, 동북방)에서 양의와 양약을 구해서 치료하면 낫는다. ● 주야 모두 지상신이 酉이니 해수와 폐결핵 등 폐경락이 상했다. 이 병은 酉를 제극하는 午 아래의 해방(亥方, 서북방)에서 명의와 명약을 구해서 치료하면 낫는다.
○ **출행** : 낮에 정단하면 잃는 것을 예방해야 한다.
→ 일간은 여행객, 일지는 여행지이다. 낮에 정단하면 간상의 재성에 현무가 타고 있으니 분실이나 도난을 예방해야 한다. 지상의 酉가 패기(敗氣)와 파쇄(破碎)이니 안전한 여행지가 아니다.
○ **귀가** : 천강이 사중에 가했으니 중도이다.
→ 천강(辰)은 동신, 사중은 중도이다. 천강이 사중의 하나인 酉에 임했으니 중도이다.
↑ **쟁송** : 내가 유리하다.
→ 일간은 나, 일지는 상대이다. 지상의 酉가 간상의 수로부터 극을 받고, 다시 일지가 지상의 극을 받고 패기(敗氣)와 파쇄(破碎)이니 상대가 불리하다. ● **관재** : 삼전이 일간을 체생하여 오니 많은 사람들의 도움을 받아 관재가 가벼워지고 풀린다.
○ **전쟁** : 자신의 뜻대로 권위가 서지 않는다. 출병이 불안하다.
→ 천반은 장수, 지반은 군사이다. 지반이 천반을 극하여 발용이 되었으니 군 통수권자의 권위가 서지 않는디. 낮에 정단하면 현무가 재성에 타고 있어서 군수품을 잃을 우려가 있으니 출병이 불안하다.

□ 『필법부』: 〈제85법〉 초전이 협극(夾剋)되면 뜻대로 되지 않는다.
　→ 현무와 천후의 오행은 모두 수이다. 초전의 午화를 지반의 亥수와 천반에 타고 있는 현무와 천후의 천장오행인 수가 협극하고 있다.
　〈제75법〉 손님과 주인이 다투지 않아도 형벌이 이미 있다.
　→ 간상의 午와 지상의 酉가 모두 자형이니 주객이 서로 다툰다. 주로 혼인, 매매, 계약, 임신, 거래 등의 교섭사에서 주객이 서로 다툰다.

□ 『고감』: 월장 辰을 점시 酉에 가한 뒤에 전정을 정단한다.
　❶ 申은 壬의 아버지이다. 申이 丑에 임하니 아버지가 묘지 속에 있고, 그 위에 백호가 보이니 흰개미가 아버지의 뼈를 갉아먹는다.
　❷ 일상에 보이는 午는 처이며 눈(目)이다. 지반의 수로부터 극을 당하니 처에게 눈병이 있다.
　→ 午는 주역의 리괘에 속하고, 리괘는 눈(目)을 뜻한다.
　❸ 丑은 전(田)이고 午는 가옥인데, 午가 亥수로부터 극을 당하니 가옥이 반드시 부서진다. 丑이 午의 뒤에 있고 丑이 午의 생을 받으니 가옥을 헐고 밭을 만든다.
　→ 丑에는 밭(田)을 비롯한 각종 부동산의 뜻이 있다.
　❹ 택상의 酉는 패기(敗氣)이고 다시 파쇄(破碎)이니, 집의 남녀가 모두 술로 인해 패가망신한다. 나중에 과연 그러하였다.

壬寅일 제 7국

공망 : 辰·巳 ○
낮 : 왼쪽 천장, 밤 : 오른쪽 천장

	壬	丙	壬
	蛇寅玄	白申合	蛇寅玄
	申	寅	申
	○	己	丙	壬
陰巳貴	勾亥空	白申合	蛇寅玄
壬亥	巳○	寅	申

己亥巳 勾空	庚子午 合白	辛丑未 朱常	壬寅申 蛇玄
戊戌辰 青青○			癸卯酉 貴陰
丁酉卯 空勾			○辰戌 后后
丙申寅 白合	乙未丑 常朱	甲午子 玄蛇	○巳亥 陰貴

- □ **과체** : 반음(返吟), 원태(元胎), 절태(絕胎), 여덕(勵德/낮) // 무의(無依), 형상(刑傷), 침해(侵害), 재공(財空), 양귀수극(兩貴受剋), 복덕(福德), 구절(俱絕), 회환(回還), 맥월(驀越), 신장·귀등천문(神藏·貴登天門/밤).

- □ **핵심** : 돈과 재물이 낭비되고, 왕래하면서 도난을 당한다. 앞에서는 화합한다. 두 귀인을 기대하기 어렵다.

- □ **분석** : ❶ 공망된 일간의 재성 巳가 간상에 가하니 돈과 재물이 낭비된다. 이것은 일간의 기운을 寅이 초전과 말전을 왕래하면서 도둑질하기 때문이다.

  ❷ 일간과 일지인 亥와 寅이 상합(相合)하고 그 위의 巳와 申도 상합하니 앞에서는 화합한다. 그러나 寅과 巳가 서로 해(害)를 하고 亥와 申도 서로 해를 하니 보이지 않는 상잔이 실로 많다.

  ❸ 양 귀인 모두 귀인을 극하는 지반에 앉아 있으니, 귀인에게 청탁하거나 알현하는 일을 기대하기 어렵다.

- □ **정단** : ❶ 제4과가 발용이 되었으니 맥월격(驀越格)이다.

❷ 탈기(脫氣) 寅이 발용 되었으니 밤에 정단하면 유실과 도난을 면하기 어렵고, 낮에 정단하면 어린 사람에게 우환이 발생한다. 잃지 않고 그것을 지켜내면 초·말전이 공망된 간상의 재물을 생하니, 이것을 전생의 빚을 돌려받는다는 뜻의 '취환혼채(還魂債)'라고 한다.

○ **날씨** : 맑기를 원하는 정단을 하면 비가 오고, 비가 오기를 원하는 정단을 하면 맑다.

→ 반음과는 음은 양이 되고 양은 음이 되는 상이다. 따라서 맑기를 원하는 정단을 하면 비가 오고, 비가 오기를 원하는 정단을 하면 맑다.

○ **가정** : 밤에 정단하면 부모에게 화합사가 있고, 낮에 정단하면 부모에게 질병과 소송의 우려가 있다.

→ 장생은 부모, 일지는 가정이다. 낮에는 지상의 장생 申에 백호가 타니 부모의 질병이 우려되고, 밤에는 지상의 장생 申에 육합이 타니 부모에게 경사가 있다. ● 낮에는 간상의 재성 巳에 태음이 타고 다시 공망되었으니 가장에게 소인에 의한 손재수가 있고, 밤에는 간상의 재성 巳에 귀인이 타고 다시 공망되었으니 가장에게 공무원이나 귀인에 의한 손재수가 있다.

○ **혼인** : 밤에는 길하고 낮에는 이롭지 않다.

→ 길장은 길, 흉장은 흉을 뜻한다. 밤에는 간상과 지상에 길장인 귀인과 육합이 타고 있으니 대체로 길하고, 낮에는 간상과 지상에 흉장인 태음과 백호가 타고 있으니 대체로 흉하다. ● 궁합 : 일간은 나, 일지는 배우자감이다. 기궁 亥는 일지 寅과 파(破)를 하고, 간상의 巳와 지상의 申은 형(刑)·극(剋)·파(破)를 하니 나쁘다. ● 혼인 : 천반은 남자, 지반은 여자이다. 과전의 상하가 상충(相沖)하고 일간과 일지가 형·극·파를 하니, 혼인이 불성하며 또한 파혼하거나 이혼한

다. 더욱이 간상의 처재효가 공망되었으니 신부감을 놓칠 염려가 있다.

○ **임신·출산** : 아래는 강하고 위는 약하니 딸이다. 합(合)을 하면서 파를 하니 임신과 출산 모두 나쁘다.

→ 지반은 음기와 여자, 천반은 양기와 남자이다. 지반이 천반을 극하여 발용이 되었으니 딸이다. 간상의 巳와 지상의 申이 합을 하면서 형·극·파를 하니 임신과 출산 모두 나쁘다.

○ **구관** : 귀인과 일록이 모두 공망되었으니 불길하다.

→ 귀인은 공무원, 일록은 공무원이 받는 급여이다. 낮 귀인 卯는 폐구(閉口)되었고 밤 귀인 巳는 공망되었으니 주야 모두 불길하고, 일록인 亥가 공함되었으니 다시 불길하다. 시험과 승진의 신인 역마가 절지에 앉아 있으니 또다시 불길하다.

○ **구재** : 재성이 이미 공망되었으니 구재가 무익하다.

→ 재효는 재물이다. 재성인 간상의 巳가 이미 공망되었으니 재물을 구하더라도 얻지 못한다. 설령 공망되지 않았더라도 절지에 앉아 있으니 얻지 못한다. 만약 사년이나 사월이나 사월장 기간에 점단하면 공망된 巳가 풀리니 재물을 얻을 수 있다.

○ **질병** : 낮에는 백호가 申에 타고 있으니 간경락에 병이 들었다. 질병이 환자를 생하지만 바로 낫지는 않는다.

→ 백호는 병인(病因)이다. 낮에는 백호가 申에 타서 목을 극하니 간경락에 병이 들었다. 백호승신 申을 극하는 午 아래의 자방(子方, 정북)이 양의와 양약이 있는 방위이다. ● 일간은 환자, 일지는 질병이다. 지상의 申이 일간을 생하여 오지만 질병이 바로 낫지는 않는다. 그 이유는 반음과는 질병이 재발하는 특징이 있기 때문이다.

○ **출행** : 밤에는 수로로 갈 수 있고, 낮에는 수로와 육로 모두 불길하다.

→ 현대에서는 일간은 여행객, 일지는 여행지이다. 일간이 공망되

어 지금은 출행할 수 없지만 공망이 메워지는 다음 순이나 사월(巳月)에는 갈 수 있다. 낮에는 지상에 백호가 타고 있으니 여행지에서 병을 얻고, 밤에는 지상에 육합이 타고 있으니 여행지에서 화합사가 있다.

○ **귀가** : 천강이 사계에 가했으니 즉시 도착한다.

➔ 천강(辰)은 동신, 사계는 말기이다. 천강이 사계의 하나인 戌에 가했으니 즉시 도착한다.

○ **도난** : 마을의 요충지에 있거나 혹은 역의 객사나 마방에 있는데 집에는 금석장(金石匠)이 있다.

➔ 밤에는 도신(盜神)이 申이니, 申이 뜻하는 마을의 요충지에 있거나 혹은 역의 객사나 마방에 있는데 집에는 금석장(金石匠)이 있다.

↑ **쟁송** : 쟁송이나 관재가 속히 끝난다.

➔ 귀살은 관재이다. 귀살 亥가 절지 巳에 가하니 속히 끝난다. ●

승패 : 일간은 나, 일지는 상대이다. 일간은 공허하고 일지는 튼실하니 나는 패소하고 상대는 승소한다.

○ **전쟁** : 왕래하여 탈기(脫氣)되니 이익이 보이지 않는다.

➔ 삼전은 전쟁의 과정이다. 초전과 말전이 일간을 탈기하니 이익이 보이지 않고 오히려 손실이 많다.

□ **『필법부』** : 〈제22법〉 상하가 모두 화합하면 서로의 마음이 같다.

➔ 간지의 상신이 巳申이니 화합하고, 간지가 亥寅이니 화합한다. 그러나 기궁 亥와 지상의 申이 육해하고 일지 寅과 간상의 巳가 육해하니, 나중에는 주객의 마음이 어긋난다.

〈제49법〉 양 귀인이 극을 받으면 귀인에게 부탁하는 일에서 뜻을 성취하기 어렵다.

➔ 낮 귀인 卯는 지반의 酉로부터 극을 받고, 밤 귀인 巳는 지반의

亥로부터 극을 받는다.

〈제58법〉 용신이 일간을 깨트리면 돌아갈 곳이 없다.

→ 발용의 寅이 간상의 巳와 형(刑)을 하니 일간이 깨졌다.

□ 『요람(要覽)』: 壬寅일의 반음과에서 간지의 위에 간지의 절신이 임했으니 재물에 관련된 일이나 귀인에게 청탁하는 일을 결절(結絶)하는 일에서 좋다. 그러나 처의 질병을 정단하면 이롭지 않고, 처효가 공망과 절이 되었으니 병이 낫기 어렵다.

□ 『삼재부(三才賦)』: 백호와 전송(申)이 가택에 임하면 질병을 예방해야 한다.

→ 백호는 질병, 일지는 집이다. 백호가 申에 타서 일지에 임하니 집에 환자가 발생한다. 백호가 백호의 오행인 申에 타니 질병의 뜻이 강해진다.

□ 『천관부(天官賦)』: ❶ 현무가 寅에 타면 현무가 산림에 든다고 하여 뜻을 이룬다.

❷ 등사가 寅에 타면 '생각(生角)'이라고 하여 뿔이 없는 교룡이 뿔이 있는 용이 된다.

→ 등사는 용이 되기 전의 이무기, 寅은 용이다. 등사가 寅에 타면 이무기가 변하여 용이 되는 상이니 관직에 길하다.

壬寅일 제 8 국

공망 : 辰·巳
낮 : 왼쪽 천장, 밤 : 오른쪽 천장

庚	○	戊
合子白	陰巳貴	青戌青
未	子	巳 ○
○	丁	乙	庚
后辰后	空酉勾	常未朱	合子白
壬亥	辰○	寅	未

戊戌巳 青空	己亥午 勾空	庚子未 合白	辛丑申 朱常
丁酉辰 空勾			壬寅酉 蛇玄
丙申卯 白合			癸卯戌 貴陰
乙未寅 常朱	甲午丑 玄蛇	○巳子 陰貴	○辰亥 后后

□ **과체** : 지일(知一), 참관(斬關) // 삼기(三奇), 재공(財空), 맥월(驀越), 양후협묘(兩后夾墓), 묘신부일(墓神覆日), 간지구묘(干支俱墓), 가귀(家鬼), 불행전(不行傳), 묘공(墓空), 귀인입옥(貴人入獄/낮), 귀인공망(貴人空亡/밤), 연희치병(宴喜置病/낮).

□ **핵심** : 간상과 지상에 묘신이 임한다. 재물을 잃고 처도 잃는다. 밤에는 양인과 백호를 만나고, 巳는 子와 戌이 두렵다.

□ **분석** : ❶ 壬의 묘신 辰이 간상에 임하니 일간이 묘지에 묻히고, 寅의 묘신 未가 지상에 임하니 일지가 묘지에 묻힌다.

❷ 중전의 巳는 처재효이다. 巳가 巳 아래의 양인으로부터는 극을 당하고 巳 위의 戌토로부터는 묘지에 묻히며 다시 갑오순의 공망이 되어 재물을 잃고 처도 잃으니 巳는 子와 戌이 두렵다.

□ **정단** : ❶ 지일과이고 중·말전이 공함되었으니 시작은 있고 결과는 없는 상이다.

❷ 밤에는 백호가 子에 타니 재앙이 닥치고, 낮에는 태상이 未에 타서 일간을 극하니 반드시 연회로 인해 생긴 병이다.

❸ 낮에는 천후가 묘지에 타서 일간에 임하니 여색으로 인해 반드시 혼미해진다. 다행히 말전의 戌에 청룡이 타서 묘신 辰을 깨부수니, 부모와 존장이 나를 인도한다는 것을 깨달아야 한다.

○ **날씨** : 비가 온다.
→ 일간은 하늘이다. 일간의 묘신 辰이 일간을 덮고 초전이 수운인 子이며 비를 부르는 청룡이 일간을 극하니 비가 온다.

○ **가정** : 백호가 子에 타서 일지에 임하니 집에 흰 개미가 생긴다.
→ 일지의 음양은 집이다. 밤에는 제4과 위에 백호가 타고 있으니 집에 흰개미가 생긴다. ● 지상의 未는 일간의 귀살과 일지의 묘신이다. 낮에 정단하면 태상이 타니 의식에 문제가 생기거나 혹은 환자가 생기는데, 만약 묘월(卯月)에 정단하면 지상의 未가 사기이니 집에서 상(喪) 당하는 것을 예방해야 한다. 밤에는 주작이 타고 있으니 관재와 구설수를 예방해야 한다. ● 간상의 辰은 일간의 묘신과 귀살이다. 주야 모두 천후가 타고 있으니 부녀자에게 화가 닥친다. 만약 자월(子月)에 정단하면 간상의 辰이 사기이니 부녀자가 위독하다.

○ **혼인** : 간지에 각각의 묘신이 임하니 불길하다.
→ 묘신에는 혼미와 지체의 뜻이 있다. 간상에는 일간의 묘신 辰, 지상에는 일지의 묘신 未가 임하여 남녀 모두 매우 어려운 상황에 놓여 있으니 혼인이 불길하다. ● 일간은 남자. 일지는 여자이다. 일간이 공망되었으니 남자에게 혼인할 의사가 없다. ● 궁합 : 비록 간상과 시상이 동일한 오행이어서 좋아 보이지만, 간지의 상신이 간지의 묘신이니 나쁘다. ● 혼처 : 지일과이니 가까운 사람이나 장소에서 구하고 선택하면 된다. ● 낮에는 화합의 천장인 육합이 귀살에 타서 일간을 극하니 혼인을 이루지 못한다. 또한 남자를 뜻하는

관귀효와 여자를 뜻하는 재성이 공망되었으니 더욱 혼인을 이루지 못한다.

○ **임신·출산** : 아래는 강하고 위는 약하니 딸이다.

→ 지반은 음기와 여자, 천반은 양기와 남자이다. 지반이 천반을 극하여 발용이 되었으니 딸인데, 만약 여름에 정단하면 초전의 지반 未가 매우 왕성하니 반드시 딸이다. 또한 삼전의 두 양인 子와 戌이 하나의 음인 巳를 감싸니 다시 딸이다.

○ **구관** : 낙공된 말전의 청룡승신 戌이 메워지고 공망된 귀인승신이 메워져야 관직을 구할 수 있다.

→ 청룡은 문관, 귀인은 공무원이다. 공망된 귀인승신 巳와 낙공된 말전의 청룡승신이 메워져야 관직이 구해진다. 巳가 메워지는 시기는 사년(巳年)과 사월(巳月)과 사월장(巳月將) 기간이다. ● 일간이 묘지에 매장되었고 다시 공망되었으니 공무원의 승진과 공무원 임용고시 모두 나쁘다. ● 말전의 관성이 공망되었으니 만임하지 못한다.

○ **구재** : 재효가 공망되었으니 구하더라도 무익하다.

→ 재효와 청룡은 재물이다. 재효인 巳가 공망되었으니 구하더라도 무익하다. 다만 공망된 재성 巳가 메워지는 시기에는 재물을 얻는다. 그리고 말전에 있는 청룡이 공망되었고 다시 일간을 극하여 오니 무익하다.

○ **질병** : 심장병이고 정신이 혼미하다. '육편흉판(六片凶板)'이니 낫기 어렵다.

→ 백호는 병인이다. 밤에 정단하면 백호가 子에 타서 화를 극하니 심장병이 생겨서 정신이 혼미하다. ● 환자의 연명이 卯이면 위독하다. 육합은 칠성판, 申은 몸(身), 卯는 분묘문이다. 육합이 申에 타서 卯에 임하면 시신이 칠성판에 뉘어져서 관(棺)으로 들어가는 상이니 나쁘다. 만약 진월(辰月)에 정단하면 申이 사기이니 필사한다. ● 사

람을 뜻하는 일간이 묘지에 묻힌 상이니 위험하고 일간이 공망되었으니 구병(久病)을 정단하면 사망한다.

○ **출행** : 수로는 불길하고 육로는 더욱 흉하다.
→ 현대에서는 일간은 여행객, 일지는 여행지이다. 일간이 공망되었으니 가지 못하고, 지상이 일지의 묘신이니 안전하지 않은 여행지이다. 출행이 가능한 때는 묘신이 메워지는 다음 순(旬) 혹은 진년(辰年)이나 진월(辰月)이나 진월장(辰月將) 기간이다.

○ **귀가** : 천강이 사맹에 가했으니 아직 출발하지 않았다.
→ 천강(辰)은 동신, 사맹은 초기이다. 천강이 사맹의 하나인 亥에 가했으니 아직 출발하지 않았다.

↑ **쟁송** : 모두 불리하다.
→ 일간은 나, 일지는 상대이다. 일간과 일지에 묘신이 임했으니 나와 상대 모두 불리하다. ● **관재** : 간상의 묘신 辰을 말전의 戌이 충하니 나중에는 길하다.

○ **전쟁** : 처음에는 어렵고 나중에는 얻는다.
→ 일간은 아군이다. 처음에는 간상에 묘신이 임하니 어렵지만, 간상에 임한 묘신을 말전에서 충을 하니 나중에는 얻는다.

□ 『**필법부**』 : 〈제88법〉 간지에 묘신이 타면 모두 혼미해진다.
→ 일간에는 일간의 묘신인 辰이 임하고, 일지에는 일지의 묘신인 未가 임한다. 가정을 정단하면 가정의 내외사 모두 혼미하다.

□ 『**고감**』 : 庚午년에 출생한 사람이 5월의 壬寅일에 월장 丑을 점시 申에 가한 뒤에 가택을 정단한다. 사람과 집이 묘지에 앉아 있으니 무력하고 반드시 여종과 첩이 다툰 뒤에 여종을 쫓아낸다. 酉는 여종, 제2과는 집밖이다. 酉가 제2과에 머무니 집밖으로 쫓겨나지만 酉와 辰이 상합(相合)하니 甲辰일에 들어간다. 그리고 형제가 자주 어려움

을 겪는데, 그것은 형제효인 子가 子와의 육해인 未에 가하고 子에 백호가 탔기 때문이다.

□ 『**찬요**』: 신후(子)가 未에 가한다. 낮에 정단하면 子에 육합이 타고 있으니 사특한 악마가 부녀자에게 행패를 부린다.

→ 子는 부녀자이다. 子가 지반의 未와 육해하고 다시 未가 子를 극하니 부녀자가 해를 입는다.

| 甲午순 | 임인일 | 9국 |

壬寅일 제 9 국

공망 : 辰·巳
낮 : 왼쪽 천장, 밤 : 오른쪽 천장

乙	己		癸
勾 未 朱	常 亥 空		貴 卯 陰
卯	未		亥
癸	乙	甲	戊
貴 卯 陰	勾 未 朱	合 午 蛇	白 戌 靑
壬 亥	卯	寅	午

丁空酉巳○	勾戊戌午 靑	己常亥未 空	庚白子申 ○
靑丙申辰○ 合			辛陰丑酉 常
勾乙未卯 朱			壬后寅戌 玄
合甲午寅 蛇	朱○巳丑 貴	蛇○辰子 后	癸貴卯亥 陰

- □ **과체** : 중심(重審), 곡직(曲直) // 멸덕(滅德), 화미(和美), 전국(全局), 복덕(福德), 가중사거(家中死去), 일순주편(一旬週遍), 수미상견(首尾相見), 오음(五陰), 귀등천문(貴登天門/낮), 귀인공망(貴人空亡/밤), 구사(俱死), 명암이귀(明暗二鬼), 자손효현괘.
- □ **핵심** : 지상에는 순수가 임하고 간상에는 순미가 임한다. 일반인은 좋고 관직자는 나쁘다.
- □ **분석** : ❶ 지상의 午는 순수(旬首)이고 간상의 卯는 순미(旬尾)이다. 순수와 순미가 서로 마주하니 시종 좋다.

❷ 삼전의 모든 목이 지상의 재성 午를 생하니 재물은 왕성하고 관성은 제지된다. 일반인에게는 좋지만 공무원에게는 자손효가 관직에 불리해서 공무원은 자손효를 몹시 싫어한다.
- □ **정단** : ❶ 삼전이 未亥卯이니 곡직(曲直)이다. 곡직격은 한 가지의 일이 아니다.

❷ 일간 기준 12운성의 사기(死氣)가 간상에 임하여 일간을 탈기(脫氣)하고 다시 일지 기준 12운성의 사기가 지상에 임하여 일지를 탈

기하니, 반드시 상(喪)과 장례의 일로 인해 가정 내외에 손실이 생기니, 모든 정단에서 멈춰야 하고 움직여서 꾀하면 안 된다.

❸ 삼전의 목국이 일간을 탈기(脫氣)하고 일지의 상신을 생하지만 지상의 午가 일지 寅을 탈기하니 손실을 막아야 한다.

○ **날씨** : 비는 오지 않고 바람만 분다.
→ 곡직은 바람이다. 삼전이 곡직이니 비는 오지 않고 바람만 분다.
○ **가정** : 재효가 가택에 임하고 장생에 앉아 있으니 '부(富)'라는 말이 불필요하다.
→ 일지는 가택, 재효는 재물이다. 지상에 재성인 午가 임하니 집에 재물이 있고 이 午가 午의 장생인 寅으로부터 생을 받으니 매우 부유하다. ● 사기에는 사상(死喪)의 뜻이 있다. 일간의 사기인 卯가 간상에 임하여 일간을 탈기하고, 다시 일지의 사기인 午가 지상에 임하여 일지를 탈기하니, 반드시 상(喪)과 장례의 일로 인해 가정 내외에 지출이 생긴다. 모든 가정사에서 휴식하는 것이 이롭고 움직여서 꾀하면 안 된다. ● 가상 : 간지의 상신이 간지의 사기이고 간지의 상신이 간지를 탈기하니 나쁘다.
○ **혼인** : 일간과 일지가 서로 파(破)를 하니 나쁘다.
※ 『육임직지』 원문에서는 "일간과 일지가 서로 파(破)를 하니 우환이 생기지 않는다."고 하였다.
→ 일간은 나, 일지는 배우자감이다. 일간(기궁) 亥와 일지 寅이 서로 파를 하고, 다시 간상의 卯와 지상의 午가 서로 파를 하니 혼인을 이루지 못한다. 일간의 사기인 卯가 간상에 임하고 다시 일간을 탈기하며, 일지의 사기인 午가 지상에 임하고 다시 일지를 탈기하니 혼담과 교제를 멈춰야 한다. ● 중심과이니 드센 여자이다. 만약 봄이나 겨울에 정단하면 발용의 지반 卯가 극왕해지니 더욱 드센 여

자이고, 중심과이니 혼인을 심사숙고해야 한다. ● 육의는 귀인의 상이다. 지상이 육의이니 상대는 품격이 있는 사람이다. 낮에는 지상에 길장이 타고 있으니 밤에 비해 더욱 품격이 있는 사람이다.

○ **임신·출산** : 아래가 강하고 위는 약하니 딸이다. 태아가 장생에 앉아 있으니, 태아를 정단하면 길하고 출산을 정단하면 매우 흉하다.

→ 지반은 여자, 천반은 남자이다. 지반이 천반을 극하여 발용이 되었다는 것은 지반이 왕성하다는 뜻이니 여자가 된다. ● 태신은 태아이다. 태신인 수가 생지인 寅에 앉아 있어서 어머니의 배속에서 태아가 성장하는 상이니, 임신을 정단하면 길하고 출산을 정단하면 흉하다.

○ **구관** : 관성을 극하여 제거하니 불길하다.

→ 관성은 관직, 자손효는 관직을 극하여 제거하는 효이다. 일간의 음양 및 삼전의 未亥卯가 삼합, 자손국을 형성하여 관성인 戌을 극하여 제거하니 불길하다. ● 고시 : 낙방한다. ● 승진 : 안 된다.

○ **구재** : 집안에 재물이 있다. 밖에서 찾지 않아도 된다.

→ 일지는 집안과 가게, 재성은 재물이다. 지상에 재성인 수가 임하여 집안이나 가게에 재물이 있으니 밖으로 가서 재물을 찾지 않아도 된다. ● 창업 : 일간의 음양 및 삼전의 未亥卯가 삼합하여 자손국을 형성해서 지상의 재성을 생하니 투자하여 돈을 번다. 일간이 왕성해지는 가을과 겨울에 정단하면 일간이 왕성하고 재성도 왕성하니 이때가 적기이다.

○ **질병** : 심장경락에 병이 들었거나 혹은 신수가 고갈된 증상이다.

→ 사(死)에는 사망의 뜻이 있다. 간상의 卯는 일간 壬의 사기이고, 시상의 수는 일지 寅의 사기이니 사망할 우려가 있다. ● 일간이 일간의 음양과 삼전의 탈기국으로 크게 탈기되니 신수가 고갈된 증상이다. 낮에 정단하면 백호가 戌에 타서 수를 극하니 신장과 방광의 병이고, 또한 일간 壬이 일간의 음양과 삼전의 탈기국으로 크게 탈

기되니 신장이 매우 허하다. ● 지상은 병증이다. 지상이 午이니 심장경락에 병이 들었다. ● 치료방위 : 백호승신 戌을 극하는 寅 아래의 술방(戌方, 서북방)이 명의와 명약이 있는 방위이다.

○ **출행** : 밤에 정단하면 불길하고, 낮에 정단하면 수로와 육로 모두 가능하다.

→ 현대에서는 일간은 여행객, 일지는 여행지이다. 일간의 사기인 卯가 일간에 임하여 일간을 탈기하며, 일지의 사기인 午가 일지에 임하여 일지를 탈기하니 출행이 흉하다. 출행하면 사망할 우려가 있다.

○ **귀가** : 천강이 사중에 가했으니 중도(中途)이다.

→ 천강(辰)은 동신(動神), 사중은 중도이다. 천강이 사중의 하나인 子에 가했으니 중도이다.

↑ **쟁송** : 양측 모두 불리하다.

→ 일간의 사기인 卯가 일간에 가해서 일간을 탈기하고, 일지의 사기인 午가 지상에 가해서 일지를 탈기하니 양측 모두 불리하다. 삼전의 목국이 일간을 탈기하고 일지와는 동류이니 내가 불리하다. ● 승패 : 일간을 탈기한 삼전의 목국이 일지와 비화(比和)하니 내가 불리하다.

○ **도난** : 낮에 정단하면 동남방에 있고, 밤에 정단하면 정남에 있다.

→ 도둑이 있는 방위는 현무의 음신으로 알 수 있다. 낮에 정단하면 현무의 음신이 辰이니 진방(辰方, 동남방)에 있고, 밤에 정단하면 현무의 음신이 午이니 오방(午方, 정남)에 있다. ※『육임직지』원문에는 "낮에는 정남에 있고, 밤에는 동방에 있다."고 하였다.

○ **전쟁** : 주(主)에게는 이롭고 객(客)에게는 불리하다.

→ 일간은 객, 일지는 주이다. 일간 壬이 일지 寅을 생하고 다시 간상의 卯가 지상의 午를 생하니 객에게는 불리하고 주에게는 유리하다.

□ 『필법부』: (제2법) 순수와 순미가 마주 보이면 처음부터 끝까지 좋다.
→ 지상의 甲午은 순수, 지상의 癸卯는 순미이다. 순의 첫 자와 끝 자가 간지상에 모두 임하는 것은 어떠한 일에서 연속성이 있으니 시종 좋다.
(제80법) 사람과 가택이 모두 사신이면 사람과 가택이 쇠해지고 파리해진다.
→ 간상의 卯는 일간 壬의 사신, 지상의 午는 일지 寅의 사신이다. 따라서 가정의 내외사 모두 쇠잔해진다.

□ 『과경』: 辛巳년의 12월에 월장 丑을 점시 酉에 가한 뒤에 허씨가 어디로 갈 것인지를 정단한다. 간지에서 사기(死氣)를 만나면 "소위 사람과 가택이 모두 사신(死神)이면 사람과 가택이 쇠해지고 파리해진다."에 해당하니 어찌 거주할 수 있겠는가? 북에서 돌아온 뒤에 오늘이 지나 도적이 오고 성이 함락되었다.

□ 『찬요』: 寅에 가한 午에 등사가 타면 본가와 이웃집의 화재를 예방해야 한다. 봄에 정단하면 더욱 확실하다.
→ 午는 화, 등사의 오행은 丁巳, 寅은 午를 생하는 오행이다. 불을 뜻하는 등사가 불을 뜻하는 午에 타서 기름을 뜻하는 寅의 생을 받으니 화재가 발생한다.

□ 『지장부』: 삼전의 未亥卯가 '종길(從吉)'이니 때를 기다렸다가 움직여야 한다.
→ 초전은 목국의 묘고인 未이고 중전은 장생, 초전은 현재이고 중전은 미래이다. 초전의 묘고가 장생이 되는 때에 도모하면 길하다.

□ 『운소부』: 천문(亥)과 목호(木戶, 卯)가 서로 만나니 화목하고, 맛이 좋은 술(未)과 원액(亥)이 조화로우니 더욱 좋다.

➔ 천문은 亥, 목호는 卯, 술은 未, 술의 원액은 亥이다. 未의 장생이 亥이니 亥가 술의 원액이다.

| 壬寅일 | 제 10 국 |

공망 : 辰·巳 ○
낮 : 왼쪽 천장, 밤 : 오른쪽 천장

丙	己		壬
青 申 合	常 亥 空		后 寅 玄
巳 ○	申		亥
壬	○	○	丙
后 寅 玄	朱 巳 貴	朱 巳 貴	青 申 合
壬 亥	寅	寅	巳 ○

丙青 申 巳 合	丁空 酉 午	戊勾 戌 未 白	己常 亥 申 空
乙勾 未 辰 甲 合 午 卯 朱 蛇			庚玄 子 酉 白 辛陰 丑 戌 常
朱 巳 寅 貴	○ 蛇 辰 丑 后 貴	癸 卯 子 陰	壬后 寅 亥 玄

□ **과체** : 중심(重審), 원태(元胎), 불비(不備), 무음(蕪淫), 췌서(贅壻) //
고진(孤辰), 형상(刑傷), 침해(侵害), 재공(財空), 귀총(歸寵), 복덕(福德), 원태(元胎), 생태(生胎), 무음(蕪淫), 맥월(驀越), 절신가생(絶神加生/일지), 근단원소(根斷源消), 귀인공망(貴人空亡/밤), 탈도(脫盜).

□ **핵심** : 상대가 나에게 가하고 말전에서 다시 상대가 나에게 가한다. 비록 격명이 '삼회(三會)'이지만 정단하면 무익하다.

□ **분석** : ❶ 일지 寅이 일간에 가한 뒤에 일간을 탈기(脫氣)하고 말전이 다시 탈기인 寅이니 많은 사람들이 나에게 손해를 끼친다. 寅이 壬에 가했으니 한번 만났고, 일지인 寅의 둔간이 壬이니 두 번 만났고, 말전이 다시 壬寅이니 세 번 만났다.
❷ 재성인 지상의 巳가 공망되었고, 장생인 발용의 申은 공망과 극(剋)을 낭했으며, 중전의 일록에 巳에는 친공이 디고 있어서 세 번 흉을 만났으니 어찌 이익이 있겠는가?

□ **정단** : ❶ 일지가 간상으로 왔으니 췌서(贅壻)이다. 격명이 '췌서'이니 아래가 위를 업신여기고, 발용의 申이 공함되었으니 비록 생을 만났

지만 일간을 생하지 못해서 공허는 많고 실속은 적다.
❷ 원태(元胎)의 사과에서 네 개의 장생이 차례로 탈기(脫氣)를 당하고, 격명이 '불비(不備)'여서 빈틈으로 빠져 나가는 것이 많으니 변경되는 것을 예방해야 한다.

○ **날씨** : 비가 오지 않는다.
→ 수모(水母)인 申과 우사(雨師)인 청룡이 모두 공망되었으니 비가 오지 않는다.
○ **가정** : 밤 귀인이 가택에 임했으니 공무원에게는 길하고 일반인에게는 관송이 우려된다.
→ 귀인은 공무원, 일지는 집, 삼형은 관재이다. 밤에 정단하면 지상의 귀인승신 巳가 일지 寅과 삼형이니 공무원이 아닌 일반인의 가정에 관재가 발생할 우려가 있다. 만약 공무원이 있는 가정이면 공무원이 나의 집에 놀러오는 상이여서 길해 보이지만 공망이 되었으니 무익하다.
● 일간 壬수가 간상으로 온 일지 寅목으로 설기되니 가정사로 인한 손실이 많다. 낮에는 천후가 타고 있으니 부인으로 인한 손실이고, 밤에는 현무가 타고 있으니 도난과 사기로 인한 손실이다. ● 중심과이니 자녀는 부모에게 무례하고 아내는 남편에게 드세다. ● 사과가 하나의 음(巳)에 두 양(寅,申)이어서 한 여자에 두 남자의 상이니 부부의 음란을 예방해야 한다. ● 재성인 巳가 공망되었고 사과의 지반이 그 천반으로 모두 탈기되어 근단원소(根斷源消)이니 쟁송으로 인해 재산이 거덜나는 것을 예방해야 한다.
○ **혼인** : 지상의 재효가 공망되었으니 불길하다.
→ 일간은 나, 재효와 일지는 신부감이다. 지상의 재효가 공망되어 신부감을 잃는 상인데, 다시 일지가 공망되었으니 다시 신부감을

잃는다. ● 궁합 : 일지 寅이 간상으로 와서 일간(기궁) 亥와 파(破)를 하니 나쁘고, 간상으로 온 일지가 일간을 설기하니 배우자감으로 인한 손실이 크다. ● 성정 : 사과가 하나의 음과 두 양이어서 '무음(蕪淫)'이니 음란하다.

○ **임신·출산** : 아래는 강하고 위는 약하니 딸이다. 어머니는 공허하고 태아는 튼실하니 출산이 길하다.

→ 지반은 여자, 천반은 남자이다. 지반이 천반을 극하여 발용이 되었으니 딸이다. 만약 발용의 지반이 왕성해지는 여름과 봄에 정단하면 초전의 지반이 더욱 왕성하니 반드시 딸이다. ● 일간은 태아, 일지는 어머니이다. 일간은 튼실하고 일지는 공허하니, 출산을 정단하면 출산한 뒤 어머니의 배가 비어있는 상이니 길하다. 또한 일지가 간상으로 와서 아기를 보살피는 상이니 다시 출산이 길하다. ● 임신을 정단하면 육합승신 申이 육합오행 乙卯를 극해서 내전되었으니 태아가 손상될 우려가 있다.

○ **구관** : 청룡과 귀인이 모두 공망되었으니 불리하다.

→ 청룡은 문관, 귀인은 공무원이다. 낮에는 청룡승신 申이 공망되었으니 관직에 불리하고, 밤에는 귀인승신 巳가 공망되었으니 관직에 불리하다.

○ **구재** : 청룡이 공망되고 재효는 불비(不備)이니 재물을 구하더라도 무익하다.

→ 청룡과 재효는 재물이다. 청룡승신은 초전에서 공망되었고 재효인 巳는 지상에서 공망되었으니 재물을 구하더라도 얻지 못한다. 일간이 간상으로 온 寅으로 탈기(脫氣)되니 타인으로 인한 손실을 예방해야 하며, 특히 밤에는 산상에 현무가 타고 있으니 그 해가 더욱 심하다.

○ **질병** : 오늘 낫는다.

→ 지상은 병증이다. 지상이 巳이니 치통과 토혈하는 증상이다. 과

전에 귀살과 백호가 없고 의약신이 말전에 있으니 오늘 낫는다. ● 申은 백호, 巳는 상여이다. 초전에서 申이 巳에 가했으니 상(喪)을 예방해야 한다. ● 처의 질병을 정단하면 처재효인 巳가 공망되었으니 위독하고, 부모의 질병을 정단하면 장생인 申이 공망되었으니 위독하다.

○ **출행** : 육로행을 하면 유실을 예방해야 하고, 수로행을 하면 갈 수 있다.

→ 현대에서는 일간은 여행객, 일지는 여행지이다. 일간 壬이 간상의 寅으로 탈기되니 손실이 많고, 지상에 있는 재성 巳가 공망되었으니 여행지에서 손재수를 예방해야 한다.

○ **귀가** : 간지가 세 번 만나니 먼 곳과 가까운 곳에 있는 사람 모두 돌아온다.

→ 일간은 출행인, 일지는 집이다. 일지 寅이 壬에 가했으니 한번 만났고, 일지인 寅의 둔간이 壬이니 두 번 만났고, 말전이 다시 壬寅이니 세 번 만났다. 따라서 먼 곳에 있는 사람과 가까운 곳에 있는 사람 모두 돌아온다.

☂ **쟁송** : 내가 불리하다.

→ 일간은 나, 일지는 상대이다. 일간 壬수가 간상으로 온 일지 寅목으로 탈기되니 내가 불리하다. 재성인 巳가 공망되었고 사과의 지반이 그 천반으로 모두 탈기되어 근단원소(根斷源消)이니 쟁송으로 인해 재산이 거덜나는 것을 예방해야 한다.

○ **도난** : 도둑은 동방의 귀인의 집에 있다.

→ 도둑은 현무의 음신에 있다. 낮에는 현무의 음신이 卯이니 동방에 도둑이 있고, 卯에 귀인이 타니 귀인의 집에 숨어 있다. 밤에는 현무가 일지음신에 임하니 도둑이 집에 있다.

○ **전쟁** : 오히려 적의 속임수에 당한다.

→ 일간은 아군, 일지는 적군이다. 일간 壬수가 간상으로 온 일지

寅목으로 탈기되니 적의 속임수에 당하니 불리하다.

□ 『**필법부**』: 〈제76법〉 서로 시기하여 모두에게 화가 미친다.
→ 간상의 寅과 지상의 巳가 육해여서 서로 해치니 모두에게 화가 미친다. 주로 혼인, 매매, 계약, 동업 등의 교섭에서 나쁘다.
〈제86법〉 내전을 만나면 도모하는 일에서 장차 재앙이 생긴다.
→ 초전과 중전은 모두 내전 혹은 외전한다.
〈제92법〉 청룡이 생기에 타면 길한 작용이 늦게 나타난다.
→ 낮에 정단하면 청룡이 일간의 생기인 申에 타고 있다. 만약 9월에 정단하면 청룡승신 申이 9월의 생기이니 더욱 좋다.

□ 『**과경**』: 간상의 寅이 일간 壬을 탈기하고 다시 현무(癸亥水)와 천후(壬子水)가 寅을 탈기하여 탈기 위에 다시 탈기를 만나니 '탈도격(脫盜格)'이다. 모든 일에서 속임과 유실과 도난이 발생한다.
→ 천후와 현무의 오행은 수이다. 두 천장의 오행이 일간 壬수나 천반의 寅목을 탈기하지 않는다.

□ 『**신장론**』: 巳에 가한 申에 육합이 타고 있으니 내전이다. 주로 자손에게 재앙이 생긴다.
→ 육합은 자손의 류신이다. 육합승신 乙卯가 申으로부터 내전되어 상하니 자손이 상한다. 특히 임신과 자식의 질병정단에서 나쁘다.

□ 『**조담비결**』: 도둑(현무)이 청룡(寅)에 타면 도둑을 예방해야 한다.
→ 밤에 정단하면 현무가 청룡의 본가인 寅에 날아드니 도둑을 예방해야 한다.

壬寅일 제 11국

공망 : 辰·巳
낮 : 왼쪽 천장, 밤 : 오른쪽 천장

	○	甲	丙
	蛇 辰 后	合 午 蛇	靑 申 合
	寅	辰 ○	午
	辛	癸 ○	甲
	陰 丑 常	貴 卯 陰	蛇 辰 后 合 午 蛇
	壬 亥	丑	寅 辰 ○

乙未巳 勾朱	丙申午 朱青	丁酉未 空合	戊戌申 勾白 青
甲午辰 合蛇 ○			己亥酉 常 空
朱 巳卯 貴 ○			庚子戌 玄 白
蛇 辰寅 后	貴 卯丑 陰	后 寅子 玄 壬	陰 丑亥 常 辛

□ **과체** : 중심(重審), 참관(斬關), 진간전(進間傳), 등삼천(登三天/辰午申), 일녀(泆女/밤), 과수(寡宿), 천망(天網) // 귀묘(鬼墓), 육의(六儀), 여덕(勵德/밤), 가귀(家鬼), 오양(五陽), 강색귀호(罡塞鬼戶), 귀인공망(貴人空亡/밤).

□ **핵심** : 삼전이 묘신에서 장생으로 이어지니 처음에는 혼미하고 나중에는 밝다. 卯가 연명이면 양 귀인의 도움을 받아 성사된다.

□ **분석** : ❶ 일간의 묘신인 辰이 초전이고 일간의 장생인 申이 말전이다. 묘신이 장생으로 이어졌으니 처음에는 혼미하고 나중에는 밝다. ❷ 巳는 밤 귀인이고 卯는 낮 귀인이다. 巳가 卯에 가했으니 주야의 귀인이 서로 가한다. 연명이 卯이면 반드시 두 곳에 있는 귀인의 도움을 받아 귀인에게 부탁하는 일이 성사된다.
→ 낮 귀인 巳가 공망되었으니 귀인의 도움을 받지 못한다. 다만 공망이 메워지면 귀인의 도움을 받는다.

□ **정단** : ❶ 격명이 참관(斬關)이다. 다만 발용이 공망되었으니 모든 일에서 근거가 없다.

❷ 귀살 겸 묘신이 지상에 임했고 낮에는 이곳에 등사가 타고 있으니 집안에 복시(伏屍)가 있어서 놀란다.

❸ 이 과전은 처음은 어렵고 나중은 쉬우며, 처음은 고통이고 나중은 행복하다.

→ □ 분석 ❶ 참조.

○ **날씨** : 청룡이 승천(昇天)하고 수모(水母)가 함께 하니 반드시 비가 온다.

→ 청룡은 감우의 신, 수모(申)는 수원(水源)이다. 청룡과 수모가 말전에 함께하니 반드시 비가 온다.

○ **가정** : 묘신이 가택에 임하니 가택이 어둡다.

→ 묘신은 복몰(伏沒)의 신으로서 어둠을 뜻한다. 지상에 일간의 묘신인 辰이 임하니 가택이 어둡다. 자월(子月)의 낮에 정단하면 묘신인 辰이 사기이고 여기에 등사가 타고 있으니, 집안에서 상을 당하는 일을 예방해야 한다. 만약 밤에 정단하면 묘신 辰에 부인을 뜻하는 천후가 타고 있으니 부녀자의 생명이 위험하다.

● 일간은 나, 귀살은 재앙이다. 낮에는 간상의 귀살 丑에 태음이 타고 있으니 음인에 의한 피해를 예방해야 하고, 밤에는 간상의 귀살 丑에 태상이 타고 있으니 마약 및 주색으로 인한 해와 부모상을 예방해야 한다.

○ **혼인** : 지상이 공망과 묘신이니 여자를 정단하면 나쁘다.

→ 일간은 남자, 일지는 여자이다. 지상의 辰이 일간의 묘신이니 나쁘고, 지상이 공망되었으니 더시 나쁘다. 특히 낮에는 등사가 묘신에 타고 있으니 여자는 암(癌) 검진을 해야 한다. ● 일지음신(제4과)은 여자집안이다. 이곳의 재성 午가 공망되었으니 여자집안은 빈한하다. ● 일간은 남자이다. 부동산을 뜻하는 丑이 일간 壬을 극살

하니 부동산으로 인한 고통이 있다. ● 과수격 : 초전의 천반이 공망
되어 과수격이니 혼인이 불성할 우려가 있다. ● 중심과이니 드센
여자이다.

○ **임신·출산** : 태신이 낙공되었으니 태아를 정단하면 불길하다.

→ 태신은 태아이다. 태신인 午가 낙공되었으니 유산을 예방해야 한
다. ● 지반이 천반을 극하여 발용이 되었으니 딸이다. 만약 초전의
지반이 왕성해지는 봄과 겨울에 정단하면 반드시 딸이다.

○ **구관** : 관성이 일간에 임하고 청룡과 일덕과 일록과 역마가 병존하니
관직을 정단하면 대길하다.

→ 일간은 나, 관성은 관직, 청룡은 문관 혹은 고위직공무원, 일덕
은 공무원, 역마는 승진의 신이다. 관성이 일간에 임하니 관직을 누
리는 상이고, 청룡과 역마가 말전에 임하니 관직에 대길하다. 다만
초전이 공망되었으니 이번의 승진시험은 낙방하고, 이번의 공무원
임용고시는 낙방한다. 그러나 다음에는 구관에 길하다.

○ **구재** : 재성이 낙공되었으니 재물을 구하더라도 경제적인 이익이 없
다.

→ 재성은 돈이다. 중전에 보이는 재성 午가 낙공되었으니 장사를
하더라도 돈을 벌지 못한다. 돈을 버는 시기는 공망된 辰이 메워지
는 진년이나 진월이나 진월장 기간이다.

○ **질병** : 비장과 위장이 상했고 신수가 부족하다. 사람은 튼실하고 질
병은 공허하니 머지않아 저절로 낫는다.

→ 지상은 병증이다. 지상이 辰이니 신수가 부족하다. 특히 낮에 정
단하면 백호가 戌에 타서 수를 극하니 더욱 더 신수가 부족하다. ●
그리고 일간은 사람, 일지는 질병이다. 일간은 튼실하고 일지는 공
허하니 머지않아 저절로 병이 낫는다. ● 밤에 처의 질병을 정단하
면 천후가 묘신에 타니 위독하고 다시 공망되었으니 더욱 위독하며
또다시 처재효인 午가 공망되었으니 매우 위독하다. ● 밤에 부모의

질병을 정단하면 태상이 귀살에 타니 위독하다. 특히 유월에 정단하면 丑이 유월의 사기이니 부모상이 우려된다.

○ **출행** : 참관(斬關)은 도망과 출행에 이롭다.
→ 辰이 지상과 초전에 임하니 참관(斬關)이다. 그러나 辰이 공망되어 참관(斬關)이 불성하니 출행이 이롭지 않다. 다만 공망이 메워지는 갑진순 혹은 진월(辰月)이나 진월장(辰月將) 기간에는 이롭다.

○ **귀가** : 장차 도착하지만 귀가에서 장애가 있다.
→ 중전과 초전이 공망되었으니 귀가에 장애가 있다.

↑ **쟁송** : 승소한다.
→ 일간은 나, 일지는 상대이다. 일간은 튼실하고 일지는 공허하니, 나는 승소하고 상대는 패소한다. ● 관재 : 관귀효인 辰은 초전에서 공망되었고, 관귀효를 생하는 재성 午는 중전에서 공망되었으며, 장생인 말전의 申은 일간 壬을 생하여 오니 관재가 점차 사라진다.

○ **도난** : 정동에 있다. 분묘나 저수지 근처에 숨어 있다.
→ 도둑이 간 방위와 숨어 있는 장소는 현무의 음신으로 알 수 있다. 낮에 정단하면 현무의 음신이 寅이니 동방으로 갔고, 숨어있는 장소는 寅이 뜻하는 숲이나 제방 인근이다. 밤에 정단하면 현무의 음신이 辰이니 동남방으로 갔고, 숨어있는 장소는 辰이 뜻하는 공동묘지나 저수지 인근이다.

○ **전쟁** : 강색귀호(罡塞鬼戶)는 군사가 많은 쪽이 승전한다.
→ 辰이 寅에 가하면 강색귀호이다. 군사가 많은 쪽이 승전한다.

□ 『**필법부**』 : 〈세52법〉 천강(辰)이 귀신문(寅)을 막으면 임의로 도모할 수 있다. 삼전에 있고 없고를 막론하고 재난을 피하는 일, 음모, 사적인 기도, 문상, 문병, 약 짓기, 부적 쓰기에 좋다. 만약 甲·戊·庚일이면 더욱 좋다.

〈제65법〉 일간의 묘신이 관신을 아우르면 사람과 가택이 황폐해지는 허물이 있다. 관신은 봄에는 丑, 여름에는 辰, 가을에는 未, 겨울에는 戌이다.

→ 여름에 정단하면 지상의 辰은 일간의 묘신이면서 동시에 여름의 관신이다. 지상에 있는 묘신을 겸한 관신이 발용이 되었으니 가택이 황폐해진다.

□ 『점험(占驗)』: 丁丑년 8월의 밤에 정단한다. 이 사람은 '음귀인(陰貴人)'이다. 태상이 태세인 丑에 타서 관성이고 그것이 일간에 임하며 그 음신의 위에는 밤 귀인이 나타나서 태세의 자리에 거주하니 반드시 공주가 임금에게 특별히 음관(蔭官)을 임명해 달라고 조르는데, 그것은 말전이 황조(皇詔)와 장생과 육합이기 때문이다. 윤허하겠는지를 물었더니 대답하기를, 초·중전이 공망되었으니 반드시 두 번 부탁해야 음관을 윤허한다. 나중에 과연 말과 같았다.

※ 황조(皇詔) : '황서(皇書)'라고도 한다. 봄에는 寅, 여름에는 巳, 가을에는 申, 겨울에는 亥이다.

壬寅일 제 12국

공망 : 辰·巳 ○
낮 : 왼쪽 천장, 밤 : 오른쪽 천장

○	○	甲
蛇辰后	朱巳貴	合午蛇
卯	辰○	巳○
庚	辛	癸 ○
玄子白	陰丑常	貴卯陰 蛇辰后
壬亥	子	寅 卯

甲午合巳 ○	乙未勾午	丙申青未	丁酉空申 勾
朱巳貴辰 ○			白戌青酉
蛇辰后卯			常亥空戌 己亥戌
貴卯陰寅 癸卯寅	后寅玄丑 壬寅丑	陰丑常子 辛丑子	玄子白亥 庚子亥

- □ **과체** : 중심(重審), 진여(進茹), 과수(寡宿) // 승계(升階/辰巳午), 침해(侵害), 귀묘(鬼墓), 재공(財空), 가귀(家鬼), 삼전개공(三傳皆空), 천라지망(天羅地網), 육의(六儀), 구왕(俱旺), 개왕(皆旺), 복덕(福德), 귀인입옥(貴人入獄/밤), 귀인공망(貴人空亡/밤).

- □ **핵심** : 앞에서는 공망을 만나고 뒤에서는 탈기와 도둑을 만난다. 서로 무례하다. 핍박을 당하니 지키기 어렵다.

- □ **분석** : 삼전의 辰巳午가 모두 공망되었으니 전진할 수 없고, 뒤로 한 걸음 물러나면 寅卯를 만나 일간이 탈기되고 귀살인 丑을 만난다. 일간의 왕(旺)인 간상의 子를 지키면 지상의 卯가 와서 형(刑)하여 서로 무례하고 앞뒤에서 핍박을 당하니 진퇴가 어렵다.

- □ **정단** : 삼전이 진여(進茹)이지만 나망(羅網)이 앞에 있으니 경거망동하면 안 된다. 간상에는 일간의 제왕인 子가 있고 지상에는 일지의 제왕인 卯가 있으니, 서로 왕성하고 모두 왕성하여 서로 유익해서 모든 꾀하는 일이 순조롭다. 다만 간상에 밤에는 백호가 타고 있으니 모든 일에서 심사숙고해야 한다. 재신인 午가 공망된 땅으로 들

어가니 사방 각지로 가서 장사를 하더라도 흡족하지 않다.

→ 이와 같으니 구관과 구재를 비롯하여 모든 일에서 흉하다고 해석할 수 있다.

○ **날씨** : 흐린 구름이 끼어 있는 상이다.

→ 일간은 하늘, 천라지망은 그물이다. 그물이 하늘에 가려져 있는 것은 흐린 구름이 하늘을 가리는 것이니 구름이 끼어 있는 상이다. 간상이 일간의 전일위, 지상이 일지의 전일위이면 천라지망이다.

○ **가정** : 사람과 집이 서로 형(刑)을 하니 불안한 상이다. 낮 귀인이 가택에 임하니 서민은 감당하기 어렵고 천라지망이 간지를 감쌌으니 흉을 피하기 어렵다.

→ 일간은 사람, 일지는 집, 형(刑)에는 '상잔(相殘)'의 뜻이 있다. 간상의 子와 지상의 卯가 서로 형을 하니 가족이 불안하고 화목하지 않다. ● 중심과이니 자녀는 부모에게 불효하고 아내는 남편에게 드세다. 그리고 가택에 천을귀인이 타고 있으니 서민에게 관재가 있는 상이고 다시 그물이 집을 덮었으니 어려움을 피하기 어려운 상이지만 공무원 가정은 그렇지 않다. ● 지상의 卯가 일지의 도화이고 밤에는 음란의 천장인 태음이 타고 있으니, 밤에 정단하면 가정에 음란사가 발생한다.

○ **혼인** : 일간과 일지가 서로 형(刑)을 하니 혼인이 불길하다.

→ 일간은 나, 일지는 배우자감이다. 간상의 子와 지상의 卯가 서로 형(刑)을 하니 불길하다. ● 재성은 신부감, 관성은 남편감이다. 재성인 巳午가 공망되어 신부감을 잃는 상이니 불길하고, 관성인 辰이 공망되어 신랑감을 잃는 상이니 다시 불길하다. ● 궁합 : 간지의 상신이 서로 형(刑)을 하니 나쁘다.

● 중심과 : 드센 여자이다. 봄과 겨울에 정단하면 발용의 지반 卯가

왕성하니 더욱 드센 여자이다. ● 낮에는 지상에 길장인 귀인이 타고 있으니 귀한 여자이고, 밤에는 지상의 도화에 음란의 천장인 태음이 타고 있으니 음란한 여자이다.

○ **임신·출산** : 딸이다. 태아와 임신부 모두 몸을 상한다.

→ 삼전은 태아의 생육과정이다. 초전과 말전의 두 양(辰午)이 중전에 있는 하나의 음(巳)을 감싸고 있으니 임신하면 딸이다. ● 일간은 태아, 일지는 임신부이다. 간상의 子와 지상의 卯가 서로 형(刑)을 하니 태아와 임신부 모두 상한다. ● 양인에는 상하는 뜻이 있다. 간상의 子는 일간의 양인이고 지상의 卯는 일지의 양인이니 태아와 임신부의 몸이 모두 상하고, 간상과 지상에 그물이 쳐져 있으니 출산을 정단하면 난산이다.

○ **구관** : 전혀 쓸모가 없다.

→ 삼전이 모두 공망되었으니 관직에 전혀 쓸모가 없고 또한 공무원의 미래가 밝지 못하다. ● 오히려 간상의 子는 일간의 양인이고 지상의 卯는 일지의 양인이니 관재를 예방해야 하고, 간상과 지상이 천라지망(天羅地網)이니 공무원의 전정에 장애가 많다. ● 청탁 : 낮에 정단하면 지상에 귀인이 보이지만 폐구(閉口) 되었으니 무용지물이고, 밤에 정단하면 귀인승신 巳가 공망되었으니 귀인에게 청탁하는 일은 뜻을 이루지 못한다.

○ **구재** : 두 재성이 모두 공망되었으니 재물을 추구하여 어떤 이익이 있겠는가?

→ 중전의 巳와 말전의 午는 재물이다. 모두 공망이 되었으니 재물을 구하더라도 이익이 없다. 다만 사년(巳年)이나 사월(巳月)이나 사월상(巳月將) 기간에 정단하거나 이 시기기 되면 공망이 메워지니 재물을 얻는다.

○ **질병** : 밤에 정단하면 심장병이다.

※ 『육임직지』 원문에서는 "간담질환이거나 혹은 신허증"이라고 하

였다.
→ 밤에 정단하면 백호가 子에 타서 오행의 화를 극하니 심장병이다. 의약신 寅이 丑에 가했으니 축방(丑方, 동북방)에서 명의와 명약을 구하면 되고, 가벼운 병증이면 삼전이 모두 공망되었으니 곧 낫는다. 그리고 간상이 양인이니 수술수가 있다.

○ **출행**: 육로는 매우 흉하고 수로는 유실을 예방해야 한다.
→ 현대에서는 일간은 여행객, 일지는 여행지이다. 간상의 子와 지상의 卯가 서로 형(刑)을 하니 여행이 안전하지 않고, 간상과 지상에 그물이 쳐져 있으니 여행에서 장애가 많다.

○ **귀가**: 천강이 사중에 가했으니 중도이다.
→ 천강(辰)은 동신, 사중은 중도이다. 천강이 사중의 하나인 卯에 가했으니 중도이다.

☂ **쟁송**: 다시 심리해야 이롭다.
→ 중심과는 다시 심리해야 이롭다. ● 승패: 일간 壬이 일지 寅으로 탈기되고 간상의 子가 지상의 卯로 탈기되니 내가 불리하다. ● 관재: 사과가 천라지망이니 관재가 빨리 해소되지는 않지만 초전에 있는 귀살이 공망되었으니 지은 죄에 비해 형량이 가벼워진다.

○ **전쟁**: 앞뒤로부터 핍박을 당하니 헛수고를 하고 전공이 없다.
→ 삼전의 辰巳午가 모두 공망되어 전진할 수 없고, 뒤로 한걸음 물러나면 寅卯를 만나 탈기되고 귀살 丑을 만난다. 이와 같이 앞뒤로부터 핍박을 당하니 전공이 없다.

□ 『**필법부**』: 〈제17법〉 진여(進茹)가 공망되면 후퇴가 옳다.
→ 삼전이 辰巳午이니 진여이다. 삼전이 모두 공망되었으니 후퇴가 옳다.
〈제55법〉 천라지망(天羅地網)을 만나면 모망사가 보잘 것 없게 된다.

→ 매일의 제12국은 여기에 해당한다.

〈제78법〉 호왕(互旺)과 개왕(皆旺)은 앉아서 도모하는 것이 좋다.

→ 이 과전은 어느 것에도 해당하지 않는다.

〈제73법〉 전후에서 핍박하면 전진과 후퇴 모두 어렵다.

→ 삼전이 모두 공망되었으니 전진하지 못한다. 그래서 뒤로 한 발 물러나려고 하지만 지하의 지반 寅목을 만나서 기운을 도난당하고, 다시 뒤로 한 발 물러나려고 하지만 일간의 귀살 丑을 만나니, 나아가지도 못하고 물러나지도 못한다.

□ 『과경』: 가만히 지키면 간지에 제왕이 타고, 움직이면 간상과 지상에 천라와 양인이 임하니 다친다. 만약 흉장이 타면 우환이 더욱 심하다.

□ 『찬의』: 공망은 되었지만 귀살 辰이 발용이 되었으니 이것을 취하면 타인의 원망만 사고 공명을 이루지 못한다. 이것은 마치 닭을 안고서는 싸울 수 없는 것과 같다.

□ 『지장부』: 순연여(順連茹)가 공망되면 "소리가 빈 골짜기에 울려 퍼진다."고 하여, 물러나면 길하고 전진하면 흉하다.

계묘일

癸卯日의 길신(구보)과 흉살(팔살)				
일덕	巳		형	
일록	子		충	
역마	巳		파	
장생	申		해	
제왕	子		귀살	辰戌丑未
순기	子		묘신	辰
육의(六儀)	甲午		패신 / 도화	酉 / 子
귀인	주	巳	공망	辰巳
	야	卯	탈(脫)	寅卯
합(合)			사(死)	卯
태(胎)	午		절(絶)	巳

갑오순 | 계묘일 | 1국

癸卯일 제1국

공망 : 辰·巳 ○
낮 : 왼쪽 천장, 밤 : 오른쪽 천장

辛	戊	乙	
勾 丑 陰	白 戌 白	陰 未 勾	
丑	戌	未	
辛	辛	癸	癸
勾 丑 陰	勾 丑 陰	朱 卯 貴	朱 卯 貴
癸 丑	丑	卯	卯

○貴 巳 朱 巳○	甲 后 午 合 午	乙 陰 未 勾 未	丙 玄 申 青 申
蛇 ○辰 蛇 辰○			丁 常 酉 空 酉
癸 朱 卯 貴 卯			戊 白 戌 白 戌
壬 合 寅 后 寅	辛 勾 丑 陰 丑	庚 青 子 玄 子	己 空 亥 常 亥

- □ **과체** : 복음(伏吟), 자신(自信), 가색(稼穡), 여덕(勵德/밤) // 유자(遊子/3·9월), 형상(刑傷), 귀살만반(鬼殺滿盤), 귀인공망(貴人空亡/낮), 최관사자(催官使者/밤), 주작폐구(朱雀閉口).
- □ **핵심** : 과전에 여덟 토가 있으니 일간이 고통을 받는다. 가정에 밤 귀인이 있으니 외부의 침략을 막을 수 있다.
- □ **분석** : 삼전에는 세 토가 보이고 사과에도 세 토가 보인다. 간상의 丑에 낮에는 구진이 타고, 말전의 未에 밤에는 구진이 타서 모두 여덟 토가 일간을 극하여 오니, 하나의 癸수가 이것을 어찌 감당할 수 있겠는가? 다행히 택상의 卯에 밤 귀인이 타서 적의 침략을 막으니, 소위 "비록 귀살이 무리를 짓더라도 전혀 두렵지 않은 것"에 해당한다.
- □ **정단** : ❶ 과명이 복음(伏吟)과 가색(稼穡)이니 가만히 지켜야 하고 움직여서 도모하면 불리하다.

❷ 자손효에 귀인이 타고 있어서 반드시 집안을 꾸려나가는 자식이 있으니 집이 안전하다. 다만 연명상에서 申酉를 만나는 것을 꺼리는

데, 그 이유는 구신인 卯를 오히려 제극하기 때문이다.
❸ 백호가 중전의 관성에 타니 공무원은 부임이 매우 빠르다.
→ 복음과는 산이 앞을 가로막고 있는 상이고 다시 과전이 토로만 구성되어 있는 '가색'이니 가만히 있어야 한다.

○ **날씨** : 천지가 부동하니 맑은 날씨에 정단하면 맑고, 비 오는 날씨에 정단하면 비가 온다.
→ 복음과는 천반과 지반이 동일하여 하늘과 땅이 움직이지 않으니, 현재의 날씨가 오랫동안 지속되는 특징이 있다.
○ **가정** : 가정에 손재수가 있다.
※ 『육임직지』 원문에서는 "귀인이 가택에 임하여 모든 귀살이 재물로 변하니 부귀의 상"이라고 하였다.
→ 일간은 사람, 일지는 집이다. 일간이 지상의 卯로 탈기되니 집에 손재수가 있다. 낮에 정단하면 주작이 타고 있으니 문서에 의한 손재수이고, 밤에 정단하면 귀인이 타고 있으니 공무원이나 귀인으로 인한 손재수이다. ● 일간은 사람이다. 간상의 丑이 삼전과 합세하여 일간을 극하니 재앙이 발생한다. 낮에는 간상에 구진이 타고 있으니 관재가 발생하고, 밤에는 간상에 태음이 타고 있으니 소인으로 인해 재앙이 발생한다.
○ **혼인** : 매우 좋지 않은 사윗감이다. 밤에 정단하면 길한 여자이다.
→ 일간은 사윗감이다. 간상에 귀살이 타고 있으니 매우 좋지 않은 사윗감인데, 주야 모두 흉장이 타고 있으니 더욱 나쁘다. ● 일지는 신부감이다. 밤에 정단하면 지상에 귀인이 타고 있으니 고귀한 신부감이고, 낮에 정단하면 지상에 주작이 타고 있으니 수다스러운 신부감이다. ● 일지의 음양이 일간을 설기하니 남자에게 손실을 입히는 여자이다.

○ **임신·출산** : 출산이 늦어진다.

→ 복음과는 천반의 모든 신이 지반에 엎드려 있는 상이니 출산이 늦어진다. 자손효인 卯가 폐구되었으니 선천성 언어장애가 우려된다.

○ **구관** : 관성은 있고 일록은 없다. 관직을 재촉하는 달에 부임할 수 있다.

→ 백호가 관성에 타면 관직을 재촉하는 뜻이 있다. 백호가 관성인 戌에 타고 있으니 술월(戌月)에 부임한다. ● 고시 : 낮에 정단하면 주작이 폐구되었으니 낙방한다. ● 관직을 구할 경우, 과전이 토국이니 땅을 지키는 군경직을 구하는 것이 이롭다. 특히 낮에는 관성인 丑에 구진이 타고 있으니 더욱 확실하다.

○ **구재** : 재효가 보이지 않으니 구하더라도 무익하다.

→ 재효와 청룡은 재물이다. 과전에 巳午가 보이지 않으니 재물을 얻지 못한다. 연명이 午인 사람은 그 상신이 재성이 午이니 재물을 얻는데, 낮에는 이곳에 천후가 타고 있으니 부녀자를 통한 재물이고, 밤에는 이곳에 육합이 타고 있으니 상업에 의한 재물이다. 또한 연명이 申인 사람 또한 그 위의 申에 청룡이 타서 일간을 생하니 재물을 얻는다.

○ **질병** : 간과 신장질환이다. 집에 유능한 의사가 있으니 치료하면 낫는다.

→ 백호는 병인이다. 백호가 戌에 타서 수를 극하니 토의 극을 받은 신장과 방광 질환이다. 백호승신 戌을 극하는 卯 아래의 묘방(卯方, 정동)으로 가서 명의와 명약을 구하여 치료하면 낫는다.

○ **출행** : 이롭지 않다.

→ 일간은 여행객, 일지는 여행지, 삼전은 여정이다. 간상의 丑이 일간을 극하니 화가 닥치고, 지상의 卯가 일간 癸를 설기하니 여행지에서 손실이 발생하며, 삼전이 삼형이니 각종 사고가 발생하는 상

이니 이롭지 않다.
- ○ **유실** : 유실물을 찾으면 얻는다.
  - → 현무가 과전에 보이지 않아서 도난이 아니므로 유실물을 얻는다.
- ○ **귀가** : 가까운 곳에 있는 사람은 즉시 오고, 먼 곳에 사람은 조용하다.
  - → 복음과는 하늘과 땅이 맞닿아 있는 상이니 산(山)에 비유된다. 따라서 가까운 곳에 있는 사람은 즉시 오고, 먼 곳에 사람은 귀가를 기약할 수 없다.
- ↑ **쟁송** : 내가 패소한다.
  - → 일간은 나, 일지는 상대이다. 간상의 丑이 지상의 卯로부터 제극을 당했고 다시 일간 癸를 과전의 여러 토가 극하니 내가 패소한다.
  - ● 관재 : 일간의 음양과 삼전의 많은 토가 일간 癸를 극하니 중형이 불가피하지만, 지상의 卯가 귀살을 제극하니 조금은 형량이 감해진다.
- ○ **전쟁** : 아군이 패전한다.
  - → 일간은 아군, 일지는 적군이다. 간상의 丑을 지상의 卯가 극살하니 아군이 패전한다. ※『육임직지』에서는 "객이 이긴다."고 하였다.
- ○ **분묘** : 양 귀인이 묘신을 끼고 있으니 소가 길지에서 잠을 잔다.
  - → 양 귀인은 卯와 巳이고 묘신은 辰이다. 卯와 巳가 辰을 끼고 있으니 소가 길지에서 잠을 잔다고 하였다.

□ 『**필법부**』 : 〈제68법〉 귀살을 제압하는 자리가 곧 훌륭한 의사가 있는 방위이다.
  - → 지상의 卯가 귀살을 제극하니 卯 아래의 묘방(卯方, 정동)이 훌륭

한 의사가 있는 방위이다.

(제95법) 육효가 괘로 드러나면 극을 예방해야 된다.

→ 삼전이 삼합하여 귀살국이니 이것의 극을 받는 일간인 나와 나의 형제에게 흉이 발생한다.

□ 『과경』: 낮 귀인 卯가 가택에 임하여 일간을 탈기하니, 모든 정단에서 귀인으로부터 속임을 당하거나 혹은 신(神)으로 인한 손실이 발생한다.

→ 귀인은 공무원과 사회의 저명인 그리고 신이다. 밤에 정단하면 귀인이 卯에 타서 일간 癸를 탈기하니 귀인과 신으로 인한 손실이 발생한다.

□ 『신정경』: 삼전의 辰戌丑未가 스스로 형(刑)과 충(沖)을 하는 경우에 도둑을 잡는 정단을 하면 도둑이 도망치지 못한다. 그 이유는 흉을 흉으로 제극을 함으로써 도둑을 이용해서 도둑을 잡기 때문이다. 이것은 네 개의 토에 네 개의 금이 들어 있어서 귀살로 변했기 때문이다.

□ 『비요(秘要)』: 연명상에 만약 금신이 있으면 고생 끝에 낙이 오고 집의 식구가 화를 구한다.

→ 연명이 申酉이면 그 위의 申酉금이 삼전에 있는 귀살오행인 토의 기운을 설기하여 일간을 생하니 고생 끝에 낙이 오고 또한 택상의 卯가 귀살을 제극하니 가정의 식구가 흉을 구한다.

癸卯일 제 2 국

공망 : 辰·巳 ○
낮 : 왼쪽 천장, 밤 : 오른쪽 천장

	辛	庚	己	
勾丑陰		青子玄	空亥常	
	寅	丑		子
	庚	己	壬	辛
青子玄	空亥常	合寅后	勾丑陰	
	癸丑	子	卯	寅

○蛇辰巳	○蛇貴巳○	甲午朱后午未	乙未合陰申勾
癸朱卯貴辰○壬合寅后卯			丙玄申青酉丁常酉戌空戌亥
辛勾丑陰寅	庚青子玄丑	己空亥常子	戊白戊白亥

□ **과체** : 중심(重審), 퇴여(退茹), 연주삼기(連珠三奇) // 수장(收藏/ 丑子亥), 왕록임신(旺祿臨身), 록현탈(祿玄脫/밤), 복덕(福德), 가귀(家鬼), 회환(回還), 인종(引從), 맥월(驀越), 수장(收藏/丑子亥), 귀인공망(貴人空亡), 귀인입옥(貴人入獄/밤).

□ **핵심** : 밤에는 식록을 지키기 어렵다. 서민이 정단하면 재앙과 화가 닥친다. 밤에는 간상에 현무가 타고, 낮에는 丑에 구진이 탄다.

□ **분석** : ❶ 子는 일록이다. 낮에는 청룡이 타니 길하며 경사스럽고, 밤에는 현무가 타니 식록을 지키기 어렵다.

❷ 초전에서 관성이 발동한다. 서민에게는 관송과 질병이 발생하니 허물이 있다.

❸ 발용의 丑은 관성인데 이곳에 토의 천장인 구진이 타고, 천문인 亥에는 천공이 타며 그 위의 둔간이 己이니, 관성이 많아서 공무원은 승진하지 않을 수 없다.

□ **정단** : ❶ 연주(連珠)이고 삼기(三奇)이니 꾀꼬리의 울음소리가 듣기 좋은 상으로서, 공무원은 매우 좋고 서민은 흉이 길로 바뀐다.

❷ 일간과 일지가 삼전을 끼고 있지만 말전에서 일간과 일지의 밖으로 나오니 '투관격(透關格)'이다. 내사에는 이롭지 않고 외사에는 이로우며, 모든 일에서 먼저는 어렵고 나중은 쉽다.

○ **날씨** : 청룡이 일간에 임하고, 삼전은 모두 수이며, 천강이 음을 가리키니 반드시 날이 맑지 않은 상이다.

→ 일간은 하늘, 청룡은 감우의 신, 수는 강우, 천강(辰)은 대각성이다. 청룡이 간상에 타고 있으니 하늘에서 비가 내리고, 삼전이 모두 수이니 비가 내리며, 대각성인 辰이 음지인 巳를 가리키니 비가 온다.

○ **가정** : 寅은 癸의 병지(病地)이고 다시 탈기(脫氣)인데 이것이 지상에 임하니 가족에게 질병이 많다.

→ 일지는 가정이다. 지상의 寅은 12운성으로 일간의 병(病)이면서 다시 일간 癸를 탈기하니, 가족에게 질병이 발생하여 의료비가 많이 든다. 낮에는 육합이 타고 있으니 자식으로 인한 손실이고, 밤에는 천후가 타고 있으니 부녀자로 인한 손실이다.

● 일지음신(제4과)의 丑이 일간을 극하니 가정에 우환이 발생한다. 낮에는 구진이 타고 있으니 쟁송이나 부동산으로 인한 우환이고, 밤에는 태음이 타고 있으니 음인에 의한 우환이다. ● 일간의 음양과 삼전이 모두 형제효이니 가정 내외에 지출이 많다. ● 중심과이니 가정에 예의가 없다.

○ **혼인** : 낮에 남자를 정단하면 좋은 사위이다. 여자를 정단하면 불길하나.

→ 일간은 남자, 일지는 여자이다. 낮에 정단하면 간상에 길장인 청룡이 타고 있으니 좋은 사위이다. 여자를 정단하면 지상의 寅이 12운성의 병이며 다시 일간을 설기하니 불길한 여자이다. ● 궁합 : 일

간 癸가 일지 卯를 생하고 간상의 子가 지상의 寅을 생하니 좋은 편이다. 만약 겨울에 정단하면 간상의 子와 지상의 寅이 모두 왕상하니 더욱 좋은 궁합이다. ● 중심과이니 성정이 드센 여자이다. 만약 봄과 겨울에 정단하면 발용 지반의 寅이 더욱 왕성하니 더욱 드센 여자이다. ● 일지의 상하가 일간을 설기하니 나에게 무익한 여자이다.

○ **임신·출산** : 남아를 임신한다. 아직 출산하지 않는다.

→ 삼전은 태아가 생육되는 과정, 일간은 태아이다. 삼전의 두 음이 하나의 양을 감싸고 있으니 남아를 임신한다. 퇴여격이니 아직 출산하지 않는다.

○ **구관** : 우러러 존경을 받는 상이다.

→ 삼전에서 삼기(三奇)를 모두 갖췄으니 우러러 존경을 받는 상이다. 만약 겨울이나 가을에 정단하면 丑子亥 삼기가 왕성하니 더욱 좋다. ● 밤에 정단하면 간상의 일록에 현무가 타고 있으니 고시와 승진에 불리하다. ● 왕록 子가 일간에 임했으니 전직과 이직을 하면 불리한 결과를 초래한다.

○ **구재** : 자신의 왕성한 재물을 지켜야 하고 터무니없이 추구하면 안 된다.

→ 일록은 식록이고 직업이다. 간상에 일간의 일록 겸 제왕이 임하니 왕성한 재물을 지키는 것이 가장 안전하다. 만약 지금의 직업이나 직장을 버리고 다른 직업이나 직장을 함부로 추구하면 재물을 득하지 못할 뿐만 아니라 현재 자신의 식록조차도 잃게 되니 경거망동하면 안 된다.

○ **질병** : 신장경락에 병이 들었고 신수(腎水)가 고갈된 증상이다. (집에) 병을 고치는 양의가 있다.

※ 『육임직지』 원문에서는 "간경에 병이 들었다."고 하였다.

→ 백호가 戌토에 타서 수를 극하니 신장경락에 병이 들었고 신수

가 고갈된 증상이다. 백호승신 戌을 극하는 寅 아래의 묘방(卯方, 정동)에서 명의와 명약을 구하면 된다. 다행히 백호승신이 과전에 나타나지 않았으니 병이 쉽게 낫지만, 만약 연명이 亥이면 그 상신이 백호귀살이니 중병이다.

○ **출행** : 낮에 정단하면 육로가 매우 길하고, 수로는 주야 모두 손실을 예방해야 한다.

→ 현대에서는 일간은 여행객, 일지는 여행지이다. 간상의 子가 일간의 양인이니 여행에서 강도를 만날 우려가 있다. 지상의 寅이 일간 癸를 탈기하니 여행지에서 손실이 많은데, 낮에는 육합이 타고 있으니 자녀나 상인에 의한 손실이고, 밤에는 천후가 타고 있으니 부녀자로 인한 손실이다.

○ **귀가** : 천강이 사맹에 가했으니 아직 출발하지 못한다.

→ 천강(辰)은 동신(動神), 사맹은 초기이다. 천강이 사맹의 하나인 巳에 가했으니 아직 출발하지 못한다.

↑ **쟁송** : 내가 불리하다.

→ 일간은 나, 일지는 상대이다. 일간 癸가 일지 卯로 탈기되고 간상의 子가 지상의 寅으로 탈기되며 다시 삼전의 수국이 일지를 생하니 내가 불리하다.

○ **도둑** : 북쪽에 있다.

→ 도둑이 있는 방위는 현무의 음신으로 알 수 있다. 낮에는 현무의 음신이 未이니 서남방에 있고, 밤에는 현무의 음신이 亥이니 서북방에 있다.

○ **전쟁** : 삼전에서 삼기(三奇)를 만난다. 낮에는 더욱 이롭다.

→ 삼기는 행운의 신이나. 삼전이 丑子亥 삼기이니 매우 이롭다.

□ 『**필법부**』 : 〈제50법〉 두 귀인이 모두 공망되면 헛된 기쁨이 된다.

→ 낮 귀인은 천반이 공망되었고 밤 귀인은 지반이 공망되었다. 귀인에게 부탁하는 모든 일에서 뜻을 이루기 어렵다.

⟨제42법⟩ 삼전에서 삼기(三奇)를 만나면 명에가 높아진다.

→ 간상과 중전의 子는 갑오순의 삼기이다. 이 과전의 삼전에서 亥子丑을 모두 갖춰서 연주삼기이니 더욱 좋다.

□ 『과경』: 戌이 亥에 가하면 '괴도천문(魁度天門)'으로서 주야 모두 백호가 타고 있으니 꾀하는 모든 일이 가로막힌다. 巳에 가한 辰에 주야 모두 등사가 타고 있고 지반의 巳가 등사의 자리이니 '양사협묘(兩蛇夾墓)'이다. 암이니 생명을 구하지 못한다.

→ 괴도천문은 연명 亥에만 해당하고, 양사협묘는 연명 巳에만 해당한다.

□ 『정온』: '투관격(透關格)'이다. 당시에는 적절한 때가 아니라고 여기고 때를 놓친다. 사고력이 부족하여 거의 성사된 일이 사람의 실수로 깨진다.

→ 삼전이 일진에 의해 끼어 있으니 투관격이다. 그러나 이 과전은 그것이 이루어지지 않는다.

癸卯일 제3국

공망 : 辰·巳 ○
낮 : 왼쪽 천장, 밤 : 오른쪽 천장

己	丁	乙
空亥勾	常酉空	陰未常
丑	亥	酉

己	丁	辛	己
空亥勾	常酉空	勾丑朱	空亥勾
癸丑	亥	卯	丑

癸卯巳 朱貴	○巳午 蛇后	○巳未 貴陰	甲午申 玄后
壬寅辰 合蛇 ○			乙未酉 陰常
辛丑卯 勾朱			丙申戌 玄白
庚子寅 青合	己亥丑 空勾	戊戌子 白青	丁酉亥 常空

□ **과체** : 섭해(涉害), 시둔(時遁/亥酉未), 퇴간전(退間傳), 회권(迴圈/회환)
// 형상(刑傷), 자취난수(自取難首), 앙구(怏咎), 초전협극(初傳夾剋), 간지공일록(干支拱日錄), 불비(不備), 무음(無淫), 맥월(驀越), 육음(六陰), 양귀공망(兩貴空亡), 나거취재(懶去取財).

→ 『대육임입성대전검』·『육임직지』·『육임요결』 등에는 계묘일 제3국의 삼전이 丑亥酉이다. 사과의 제3과는 두 번의 수극이고 제4과는 여섯 번의 수극이다. 섭해법을 따르면 극의 수가 많은 제4과가 발용이 된다. 따라서 삼전은 亥酉未이다.

□ **핵심** : 밤에는 천장의 오행이 모두 토이니 신의 저주를 받아 실패한다. 과전이 순환하니 재앙이 빠져나갈 수 없다.

□ **분석** : ❶ 구진과 천공과 태상은 모두 토의 천장으로서 이들이 삼전에 타서 일간을 극하니 반드시 재앙과 우환이 빌생하고, 다시 말전의 귀살 未가 일간을 저주하니 귀신의 화를 입는다.

❷ 일간 癸(丑)가 일지 卯에 가한 뒤에 일지로부터 극을 당하고 사과와 삼전이 회환(回還)하니, 재앙을 피하려고 애쓰지만 재앙

을 피할 수 없다.
→ 삼전의 모든 십이신이 사과로 되돌아오면 '회환(回還)'이다. 다만 지금은 초전의 亥와 중전의 酉만 사과로 되돌아왔다.
□ **정단** : 삼전이 亥酉未이니 시둔(時遁)이다. 亥는 酉로 숨고 酉는 未로 숨어서 은둔의 뜻이 있으니, 군자는 길하고 소인은 흉하다. 가만히 있으면 편안하고 움직이면 장애가 생기는 상이다.

○ **날씨** : 비가 오지 않는다.
→ 오행의 토는 비를 쫓는 작용을 한다. 초전에는 토의 천장이 타서 수를 협극하고, 말전은 未토이며, 삼전의 천장오행이 모두 토이니, 흐리고 비가 오지 않는다.
○ **가정** : 구진이 귀살에 타서 가택에 임하니 가정에서 쟁송을 면하기 어렵다.
→ 구진과 주작은 모두 관재를 뜻한다. 주야에 이 천장이 귀살 丑에 타서 일간을 극하니 가정에 쟁송이 발생한다. ● 일간은 사람이다. 간상에 형제효가 임하니 손재수가 있다. 낮에는 천공이 타고 있으니 속임과 사기에 의한 손재수, 밤에는 구진이 타고 있으니 부동산이나 쟁송에 의한 손재수이다. ● 섭해과이니 가정에 막힘이 많고 삼전이 캄캄한 밤에 해당하니 가정이 어둡다. ● 일간은 가장, 일지는 가족이다. 일간(기궁)이 지상으로 가서 일지로부터 극을 받으니 가장이 가족으로부터 무례를 당한다.
○ **혼인** : 이루지 못한다. 불길하다.
→ 일간은 나, 일지는 배우자감이다. 지상의 丑이 간상의 亥를 극하니 불성하고, 기궁이 지상으로 가서 일지로부터 극을 받으니 불길하다. ● '상문난수'이다. 기궁 丑이 지상으로 가서 일지 卯로부터 극을 받는다는 것은, 남자가 여자에게 장가든 뒤에 고통을 받는다는

뜻이니 혼인이 불길하다. 또한 사과가 불비(不備)이고 무음(蕪淫)이며 다시 삼전이 극음(極陰)이며 또 다시 과전이 모두 음의 기운이어서 음란한 상이니 매우 불길하다. ● 궁합 : 상문난수이니 나쁘고, 지상의 丑이 간상의 亥를 극하니 더욱 나쁘다.

○ **임신·출산** : 아들을 임신한다. 순산하지 못한다.
  ※ 『육임직지』 원문에서는 "딸을 임신한다. 순산한다."고 하였다.
  ➜ 음이 극에 이르면 양으로 변하니 아들을 임신한다. 기궁 丑이 지상으로 갔다. 이것은 태아가 어머니를 떠나지 않으려고 하는 상이니 순산하지 못하고 출산이 늦어진다.

○ **구관** : 불길하다.
  ➜ 섭해과는 풍파가 많은 상이니 불길하고, 삼전이 시둔(時遁)이니 불길하며, 과전이 육음이어서 공적인 일에 불리하니 불길하고, 기궁이 지상으로 가서 일지로부터 극을 받으니 다시 불길하다. ● 간상의 亥와 지상의 丑이 일록 子를 인종하니 자년(子年)이나 자월(子月)에 취업사가 있거나 혹은 승진수가 있다.

○ **구재** : 재물을 구하더라도 무익하다.
  ➜ 처재효와 청룡은 재물이다. 이들이 과전에 나타나지 않았으니 재물을 구하더라도 무익하다. 다만 연명이 申이면 그 상신이 재성인 午이니 재물을 얻는다. 낮에 정단하면 천후가 재성에 타고 있으니 부녀에 관련된 재물을 얻고, 밤에 정단하면 재성에 현무가 타고 있으니 전혀 재물을 얻지 못한다.

○ **질병** : 뱃속에 질병이 있거나 혹은 신허증이다. 낫기 어렵다.
  ➜ 丑은 배, 卯는 丑의 귀살이다. 丑 아래에 癸를 극하는 卯가 숨어 있으니 배 안에 질병이 있다. ● 지상은 병증이다. 지상이 丑이니 신허증이다. ● 섭해과이니 오래된 병이다. 삼전이 시둔이니 사망하는 상이고, 사람을 뜻하는 기궁 丑이 질병을 뜻하는 지상으로 가서 일지 卯로부터 극을 받았으니 병이 낫기 어렵다.

○ **출행** : 수로와 육로 모두 불길하다.
  → 현대에서는 일간은 나, 일지는 집이다. 기궁이 지상으로 간 것은 사람이 집을 그리워하여 집으로 들어가는 상이니 출행하지 않는다.
○ **귀가** : 일간이 일지에 가했으니 즉시 도착한다.
  → 일간은 출행한 가족, 일지는 가정이다. 일간 丑이 일지에 가했으니 식구가 즉시 도착한다.
↑ **쟁송** : 내가 불리하다.
  → 일간은 나, 일지는 상대이다. 기궁이 지상으로 가서 일지로부터 극상을 받았으니 내가 불리하다. ● **관재** : 삼전이 밤의 시간인 '시둔(時遁)'이니 불리하고, 과전이 모두 음이니 다시 불리하다.
○ **전쟁** : 격명이 '도발사(倒拔蛇)'이니 힘만 들고 이익이 보이지 않는다.
  → 삼전이 亥酉未이니 퇴간전이다. 전쟁에서 힘만 들고 이익이 보이지 않는다. 오히려 삼전이 밤의 시간대로 흐르니 점점 어둠에 빠진다.

□ **『필법부』** : 〈제50법〉 두 귀인이 모두 공망되면 헛된 기쁨이 된다.
  → 낮 귀인 巳는 천반이 공망되었고 밤 귀인 卯는 지반이 공망되었으니, 귀인에게 부탁하는 일은 뜻을 이루지 못한다.
□ **『육임지남』** : 庚寅년의 卯월에 월장 戌을 점시 子에 가한 뒤에 두 귀인이 오는지를 정단한다. 4월에 반드시 '인부(引部)'로 부임을 가지만 관직에 오래 머물지는 못한다. 양 귀인이 왕상하고 천을귀인 巳가 비었지만 삼전이 합을 하여 국을 만드니 4월에 부임하는 것을 알 수 있다. 다만 꺼리는 것은 태세인 寅이 극전하고 양 귀인이 공함되었으니 헛된 기쁨이 될 뿐이다. 하물며 삼전의 12신이 극음으로 물러나고, 회환격(回還格)을 만들어서 반드시 왔다가는 다시 가니 오랫동안 재임하지 못하는 것을 알 수 있다. 그리고 일간(기궁)이 일지에

임하여 지반으로부터 극을 당하니 근무지로 가서 뜻을 잃는 상이다. 과연 5월에 임금의 명령을 받들어 철회되었고, 6월에는 역마가 未에 가하므로 떠나갔다.

□ 『고감』: 월장 寅을 점시 辰에 가한 뒤에 도망친 죄인을 정단한다. 일간 癸(丑)가 지상으로 가서 卯에 가하고 다시 스스로 卯 위에서 삼전으로 가서 서북방으로 물러나니, 그 죄인은 장사하는 사람의 집 돈사에 숨어있다. 亥는 4이고 酉는 6이다. 곱하면 24리이거나 혹은 64리에 한 여종이 상복을 입고서는 집 앞에서 술그릇을 씻는데, 그녀에게 돼지우리의 위치를 물으면 알 수 있다. 이와 같이 보는 이유는 酉는 여종이고 酉에 태상이 보이니 상복, 酉가 亥에 가하면 술그릇이 되기 때문이다. 나중에 과연 그러하였다.

癸卯일 제 4 국

공망 : 辰·巳 ○
낮 : 왼쪽 천장, 밤 : 오른쪽 천장

戊	乙	○	
白 戊	青 陰 未 常	蛇 辰 后	
丑	戌	未	
戊	乙	庚	丁
白 戊	青 陰 未 常	青 子 合	常 酉 空
癸 丑	戊	卯	子

壬寅巳 合	癸卯午 蛇朱 貴	○辰未 蛇 后 貴	○巳申 陰
辛丑辰 勾 朱 ○			甲午酉 后 玄
庚子卯 青 合			乙未戌 陰 常
己亥寅 空 勾	戊戌丑 白 青	丁酉子 常 空	丙申亥 玄 白

- □ **과체** : 원수(元首), 가색(稼穡), 참관(斬關) // 유자(遊子/3·6·9·12월), 권섭부정(權攝不正), 최관사자(催官使者/낮), 백화사(白化蛇), 수일정신(水日丁神), 귀인공망(貴人空亡/낮), 간지형합(干支刑合).

- □ **핵심** : 일진이 상합한다. 묘신을 벗어나기 어렵다. 일록을 취하면 가정이 점차 왕성해진다.

- □ **분석** : ❶ 일지 卯와 간상의 戊이 상합하고 지상의 子와 일간(기궁) 丑이 상합한다.

  ❷ 백호가 낮 귀살에 타서 발용이 되어 일간을 극하고, 중전이 다시 일간의 귀살이지만 다행히 범의 아가리를 벗어났다. 말전에 이르면 다시 일간의 묘신을 만나니 매우 어둡다.

  ❸ 왕록인 子가 지상에 임하니 기쁘다. 낮에는 길장인 청룡이 타니 모든 토를 포기하고 지상의 일록을 취할 수 있고, 子가 일지 卯를 생하니 반드시 가정이 점차 흥하고 왕성해진다.

- □ **정단** : ❶ 일록이 일지에 임하여 '권섭부정(權攝不正)'이니 '좌이(佐貳)'가 되고, 백호가 귀살인 戊에 타서 '최관(催官)'이 되어 발용이 되

없으니 관직자에게 가장 좋지만, 말전이 공망되었으니 나중에는 결실이 없다.
→ 좌이(佐貳) : 보조직 혹은 임시직이다.
❷ 일간과 일지의 상하가 서로 교차합을 하면서 서로 형을 하니 겉으로는 비록 온순하지만 속으로는 가시가 있는 것을 예방해야 한다.
→ 삼전과 일간음양의 귀살에 흉장이 타고 있지만 일지음신 酉가 이들을 인도하여 일간을 생하니, 처음에는 흉하지만 나중에는 길하다.

○ **날씨** : 흐리고 비가 오지 않는다.
→ 삼전이 모두 토이고 청룡이 일간을 극하니 흐리고 비가 오지 않는다.
○ **가정** : 청룡과 육합이 일지를 생하니 집에 반드시 경사가 있다.
→ 일지는 가정, 청룡은 재물, 육합에는 혼인과 자식의 뜻이 있다. 낮에는 청룡승신 子가 일지를 생하니 공무원은 승진하고, 일반인 가정은 재물이 모여 발복하고, 밤에는 육합승신 子가 일지를 생하니 자식이 생기거나 혹은 자식이 발달한다. ● 일간은 나, 일지는 가정이다. 일간과 일지가 교차상합하니 가족이 화목해 보이지만, 일간과 일지의 상하가 각각 형을 하고 다시 간상신이 지상신을 극하니 속으로는 불화한다. ● 낮에는 백호가 간상의 戌에 타서 일간을 극하니 몸에 병이 있다. 오월에 정단하면 백호승신 戌이 오월의 사기이니 중증이다.
○ **혼인** : 낮에 정단하면 여자가 길하고, 밤에 정단하면 남자가 길하다.
→ 일간은 남자, 일지는 여자이다. 낮에 정단하면 지상에 길장인 청룡이 타고 있으니 여자가 길하고, 밤에 정단하면 간상에 길장인 청룡이 타고 있으니 남자가 길하다. ● 궁합 : 보통이다. 일지 卯와 간

상의 戌이 상합하고 일간(기궁) 丑과 지상의 子가 상합하니 궁합이 좋아 보인다. 그러나 간상의 戌이 지상의 子를 극하고 다시 일간과 일지의 상하가 각각 형을 하니 속으로는 나쁘다. 따라서 보통이다.
● 성정 : 낮에는 지상의 子에 길장인 청룡이 타고 있으니 선하고, 밤에는 도화인 지상의 子에 육합이 있으니 정숙하지 못하다.

○ **임신·출산** : 위는 강하고 아래는 약하니 임신하면 아들이 된다.
→ 천반은 양과 남자, 지반은 음과 여자이다. 초전의 천반 戌이 그 지반 癸(丑)를 극하여 발용이 되어, 위는 강하고 아래는 약하니 임신하면 아들이 된다. ● 일간은 태아, 일지는 임신부이다. 간상의 戌이 지상의 子를 극하니 임신부의 몸이 상할 우려가 있다.

○ **구관** : 백호관성이 일간에 임하고 청룡이 일록에 타고 있으니 명예를 정단하면 가장 이롭다.
→ 일간은 나, 백호는 권위의 천장, 관성은 관직이다. 낮에는 백호관성이 일간에 임하여서 권력을 거머쥐는 상이니 관직에 가장 이롭다. 또한 낮에는 고위직공무원을 뜻하는 청룡이 일록인 子에 타고 있으니 관직에 매우 이롭고, 밤에는 간상에 고위직공무원을 뜻하는 청룡이 관성에 타고 있으니 역시 관직에 매우 이롭다. ● 고시 : 고시를 준비할 경우에는 삼전이 가색이니 국토와 지역을 지키는 군경직이 좋다.

○ **구재** : 본가에서 구해야 한다.
→ 일지는 영업장이다. 지상에 이미 일록이 있으니 영업장에서 재물을 구해야 한다. 삼전에는 재성이 없으니 개업하면 돈을 벌지 못한다. 다만 연명이 酉인 사람이 낮에 정단하면 그 상신이 재성인 子이니 밖에서 영업하여 돈을 번다.

○ **질병** : 신장과 방광에 병이 들었다. 약을 먹으면 낫는다.
→ 낮에 정단하면 백호가 戌에 타서 수를 극하니 신장과 방광에 병이 들었고, 병증을 뜻하는 지상이 子이니 신수가 고갈되었다. 백호

승신 戌을 극하는 寅 아래의 사방(巳方, 동남방)에서 명의와 명약을 구하여 치료하면 낫는다.
○ **출행**: 낮에 정단하면 수로가 매우 길하다.
→ 현대에서는 일간은 여행객, 일지는 여행지, 삼전은 여정이다. 간상에 귀살이 임했으니 신상이 안전하지 않은데, 낮에는 백호가 타고 있으니 병이 들고, 밤에는 청룡이 타고 있으니 여비가 부족해진다. 그리고 일지의 상하인 子와 卯가 서로 형(刑)을 하니 안전한 여행지가 아니다.
○ **귀가**: 말전이 묘신이니 장차 도착한다.
→ 말전은 목적지, 묘신 곧 사계는 끝이다. 이곳이 일간의 묘신이어서 여정을 모두 마쳤으니 장차 집에 도착한다.
↑ **쟁송**: 내가 불리하다.
→ 일간은 나, 일지는 상대이다. 일간이 일간음양과 삼전의 토국으로부터 극상을 당하니 내가 불리하다. ● **관재**: 백호가 낮 귀살에 타서 발용이 되어 일간을 극하고, 중전이 다시 일간의 귀살이며, 말전이 일간의 묘신이니 흉하다. 만약 연명이 巳이면 그 위의 寅이 귀살을 제극하니 지은 죄에 비해 형이 가벼워진다.
○ **전쟁**: 아군이 유리하다.
※ 『육임직지』 원문에서는 "주에게 유리하고 객에게 불리하다."고 하였다.
→ 일간은 아군, 일지는 적군이다. 간상의 戌이 지상의 子를 극하니 아군이 유리하다.

□ **『필법부』**: 〈제8법〉 일록이 일지에 임하면 임시직으로서 정당한 자리가 아니다.
→ 일록 子가 지상에 임한다. 일간은 높고 일지는 낮다. 따라서 일

록이 일지에 임하면 임시직이다. 이미 관직에 있는 사람이 정단하면 좌천될 우려가 있다.

〈제61법〉 질병정단에서 일간 위에 묘신백호가 없어야 좋다.

→ 이 과전은 여기에 해당하지 않는다. 다만 낮에는 간상에 백호귀살이 가했으니 대흉하다.

〈제91법〉 백호가 일간의 귀살에 타면 귀살의 흉이 대단히 빠르다.

→ 질병과 관재 정단에서 주로 적용된다. 만약 관직을 정단하면 오히려 권력을 거머쥐게 된다.

□ 『과경』: 간상의 戌에 백호가 타서 일간을 극하고, 말전의 辰에 낮에는 등사가 타서 백호를 충(沖)하니 흉으로 흉을 제거한다. 우환사를 정단하면 반드시 타인이 나의 우환을 풀어준다.

□ 『요람』: 일록인 子가 卯에 임했으니 집으로 인한 지출이 있다. 반드시 가옥건축이 시작되어 가정의 돈이 지출된다.

→ 일록은 돈을 비롯한 재산, 일지는 집이다. 일록인 子가 일지에 임했으니 내 돈이 집으로 지출된다. 가옥건축이나 수리 혹은 자녀의 양육을 위해 지출된다.

| 갑오순 | 계묘일 | 5국 |

癸卯일 제 5 국

공망 : 辰·巳 ○
낮 : 왼쪽 천장, 밤 : 오른쪽 천장

乙	癸	己
陰未常	朱卯貴	空亥勾
亥	未	卯
丁	○己	乙
常酉空	貴巳陰	空亥勾 陰未常
癸丑	酉	卯	亥

辛丑巳 勾朱合	壬寅午 合蛇	癸卯未 朱貴	○辰申 蛇后
庚子辰 青合○			○巳酉 貴陰
己亥卯 空勾			甲午戌 后玄
戊戌寅 白青	丁酉丑 常空	丙申子 玄白	乙未亥 陰常

- **과체** : 섭해(涉害), 곡직(曲直), 여덕(勵德/낮) // 화미(和美), 전국(全局), 구생(俱生), 복덕(福德), 가귀(家鬼), 맥월(驀越), 육음(六陰), 아괴성(亞魁星), 수일정신(水日丁神), 합중범살(合中犯殺), 귀인공망(貴人空亡/낮), 자손효현괘.

- **핵심** : 간상의 둔간이 丁이니 도적이 왕래하여 도둑의 소굴로 인도한다. 삼전에서 밤의 천장이 모두 토이지만 누명과 미움이 풀린다.

- **분석** : ❶ 간상이 丁酉이니 수일에 정재(丁財)가 움직인다. 만약 이 재물을 탐하여 경솔하면 삼전이 모두 일간 癸를 탈기하니 손실과 도난을 당한다.

❷ 삼전 밤 천장의 모든 토가 일간을 극하고 해롭게 하지만 삼전의 곡직이 귀살을 구하니 누명과 미움이 풀린다.

- **정단** : ❶ 심진이 곡직(曲直)이니 도둑기운이 많다. 다행히 간상의 酉가 목국을 극하고 일간을 생하니 반드시 집의 엄한 어머니가 자손에게 도움을 준다.

❷ 과전이 육음(六陰)이고 삼전이 낮에서 밤으로 전해진다. 음사에

는 이롭지만 꾀하는 일에서는 지체를 예방해야 하고, 관직자에게는 이롭지 않고 서민에게는 이로움이 있다. 가을에 정단하면 간상의 酉가 왕성하니 더욱 길하다.

○ **날씨** : 바람이 불고 비가 온다.
→ 음은 흐리거나 비 오는 날씨, 酉는 수를 생하는 오행이다. 과전이 모두 음이고 필수(畢宿)인 酉가 일간에 임하니 바람이 불고 비가 온다.
○ **가정** : 일간과 동일한 오행인 亥가 일지에 가하여 일지를 생하니 반드시 형제의 도움으로 가문이 크게 번성한다.
→ 亥는 형제효, 일지는 가문이다. 형제효인 亥가 일지를 생하니 반드시 형제의 도움으로 가문이 크게 번성한다. 다만 지상의 둔귀 己가 일간을 극하니 가정사로 인한 화를 입는다. 낮에는 천공이 타고 있으니 거짓과 속임에 의한 화이고, 밤에는 구진이 타고 있으니 관재로 인한 화이다.
○ **혼인** : 여자와 남자에게 이롭지 않다.
※『육임직지』원문에서는 "처에게는 이롭고 남편에게는 이롭지 않다."고 하였다.
→ 자손효는 '극부살(剋夫殺)'이다. 극부살이 삼전과 일지음양에서 지나치게 왕성하다. 남자가 처를 구하는 정단을 하면 남자 스스로 요사하는 뜻이니 나쁘고, 여자가 남편을 구하는 정단을 하면 상부(喪夫)하는 뜻이니 역시 이롭지 않다.
● 지상의 둔반에 귀살이 임하니 여자로 인한 재앙이 생기거나 혹은 숨겨둔 남자가 있다. ● 궁합 : 일간의 음양과 일지의 음양과 삼전이 각각 합을 하고 다시 간상의 酉가 지상의 亥를 생하니 좋다. 다만 상부살이 왕성하니 혼인하면 안 된다. ● 섭해과 : 혼담이나 혼인에

장애가 많다. 과전이 모두 음이니 혼인이 길하지 않고, 지상에 흉장이 타니 다시 길하지 않다. ● 성정 : 낮에는 지상에 천공이 타고 있으니 허언을 하는 사람이고, 밤에는 지상에 구진이 타고 있으니 쟁투를 일삼는 사람이다.

○ **임신·출산** : 위는 강하고 아래는 약하며, 음이 극점에 이르면 양이 되는 이치에 의해 임신하면 아들을 낳는다.

→ 천반은 양이고 남자, 지반은 음이고 여자이다. 천반이 지반을 극하여 발용이 되었다는 것은 양기가 강하다는 뜻이 되니 임신하면 아들이 되고, 과전이 모두 음이니 음극양의 이치에 의해 아들이 된다. 섭해과이니 임신과 출산 모두 지체된다.

○ **구관** : 관직에서 가장 나쁘다.

→ 귀인은 공무원, 삼전의 목국은 '상관살(傷官殺)'이다. 비록 귀인이 과전에 임하지만 삼전이 모두 '상관살'이어서 관성을 극하니 관직에서 가장 나쁘다. ● 고시 : 종괴인 간상의 酉가 일간을 생하니 합격한다. 가을에 정단하면 酉가 왕성하니 더욱 길하다.

○ **구재** : 재물의 기운이 왕성하니 귀인과 여종·첩의 재물을 얻어야 한다.

→ 간상의 酉는 재성이다. 낮에는 귀인이 타고 있으니 귀인과 관청과 은인을 통해 득재하고, 밤에는 태음이 타고 있으니 아가씨와 금은보석과 술(酒)을 통해 재물을 얻는다. 만약 연명이 戌이면 그 상신이 재성인 午이니 구재에 가장 이로운데, 그것은 삼전의 자손효가 재성을 생하기 때문이다.

○ **질병** : 신수가 훼손된 질병이거나 혹은 비장경락의 병이다. 반드시 병을 고치는 훌륭한 의사를 만난다.

→ 섭해과이니 구병(久病)이다. 일간 癸수가 삼전의 목국으로 탈기되니 신장의 수기가 크게 훼손된 질병이거나 혹은 토가 삼전의 목국으로부터 극을 당했으니 비장경락의 병이다. 삼전이 의약신이니

반드시 병을 고치는 훌륭한 의사를 만난다.
- ○ **출행** : 육로로 갈 수 있다. 수로는 조금 덜 이롭다.
  - → 현대에서는 일간은 여행객, 일지는 여행지이다. 간상에 정마가 타고 있으니 출행이 매우 빠르다. ● 낮에는 천공이 지상의 겁재에 타고 있으니 속임에 의한 손재수를 예방해야 하고, 밤에는 지상에 구진이 겁재에 타고 있으니 쟁투에 의한 손재수를 예방해야 한다.
- ○ **유실** : 도둑이 훔쳐간 것이 아니다.
  - → 도둑을 뜻하는 현무가 과전에 나타나지 않았으니 도둑이 훔쳐간 것이 아니라 분실한 것이다.
- ○ **귀가** : 아직 출발하지 않았다.
  - → 천강(辰)은 동신, 사맹은 초기이다. 천강이 사맹의 하나인 申에 가했으니 아직 출발하지 않았다.
- ○ **도난** : 낮에 정단하면 도둑이 동쪽에 있고, 밤에 정단하면 도둑이 정남쪽에 있다.
  - → 도둑은 현무의 음신에 숨어 있다. 낮에 정단하면 현무의 음신이 辰이니 진방(辰方, 동남방)에 숨어 있고, 밤에 정단하면 현무의 음신이 寅이니 인방(寅方, 동북방)에 숨어 있다.
- ↑ **쟁송** : 합의가 가능하다.
  - → 일간의 음양과 일지의 음양과 삼전이 삼합하였으니 합의가 가능하다. 만약 합의하지 않을 경우에는 세 곳이 각각 삼합하여 국을 형성하고 다시 섭해과이니 쟁송이 오래간다. ● 승패 : 일간이 삼전의 목국으로 탈기되고 일지와는 동류이니 내가 불리하다. ● 관재 : 주야 모두 일간이 삼전으로 탈기되니 손실이 많다. 비록 삼전의 밤 천장오행이 일간을 극하지만, 삼전의 구제신이 밤 천장오행을 제압하니, 관재가 가벼워진다.
- ○ **전쟁** : 적의 속임수를 예방해야 한다.
  - → 일지의 음양이 탈기국을 형성해서 일간을 탈기하니 적의 속임수

에 의한 손실을 예방해야 한다.

───────────────

□ 『필법부』: 〈제84법〉 합 속에 살을 범하면 꿀 속에 비상이 있다.
  〈제11법〉 비록 귀살이 무리를 짓더라도 전혀 두렵지 않다.
  → 밤에 정단하면 삼전의 모든 천장오행 토가 일간을 극하지만 삼전의 자손효가 귀살을 제압하니 무방하다.
□ 『과경』: 격명이 '탈기(脫氣)해서 구하는 격'이다. 이것은 삼전의 목국이 자손효이니 일간의 귀살이 있더라도 '귀살이 무리를 지은 것이 전혀 두렵지 않은 것'에 해당한다. 그리고 삼전의 모든 천장이 힘을 합쳐서 일간을 극하지만 오히려 삼전의 목국이 토의 천장의 흉을 제거하니 이 격에 해당한다. 이 과전에서는 삼전의 목국을 구신으로 논해야지 탈기로 논해서는 안 된다.

癸卯일 제 6 국

공망 : 辰·巳 ○
낮 : 왼쪽 천장, 밤 : 오른쪽 천장

	癸	戌	○
朱 卯 貴	白 戌 青	貴 巳 陰
	申	卯	戌
丙	癸	戌 ○
玄 申	朱 卯 貴	白 戌 青	貴 巳 陰
癸丑	申	卯	戌

| 庚子
青 合
巳
己亥
空 勾
辰
戌
白 青
卯
丁
常 酉
寅 | 辛
合 丑
午
空 | 壬
勾 寅
朱 合
未
丙
玄 申
丑 | 癸卯
蛇 朱 貴
申
○
蛇 辰 后
酉
○
貴 巳 陰
戌
乙未 甲
陰 常 后 午 玄
子 亥 |

- **과체** : 지일(知一), 참관(斬關), 착륜(斲輪), 무음(蕪淫) // 교차상극(交叉相剋), 주인(鑄印), 재공(財空), 덕경(德慶/공망), 복덕(福德), 사절(死絶), 용전(龍戰), 회환(回還), 주작폐구(朱雀閉口), 귀인공망(貴人空亡), 귀인입옥(貴人入獄/낮), 귀인수극(貴人受克/밤), 백의식시(白蟻食尸/밤).

- **핵심** : 일간과 일지가 상극한다. 복덕을 받지 못한다. 밤에는 백호가 일간에 임하고, 귀적은 탈공(脫空)한다.

- **분석** : ❶ 간상의 申금이 일지 卯를 극하고 지상의 戌이 일간 癸를 극하니 일간과 일지가 서로 교전(交戰)한다.

  ❷ 말전의 巳는 일덕이고 낮 귀인이다. 공망을 만나고 묘신에 들어 무기력이 극에 이르니 귀인의 도움을 받지 못한다.

  ❸ 간상의 申이 비록 일간의 장생이지만 밤에는 백호가 타고 낮에는 현무가 타니 장생을 지키지 못한다.

  ❹ 삼전으로 가면 卯가 일간을 탈기하고, 戌은 일간의 귀살이며, 巳는 공망되니 좋은 것이 하나도 없다. 삼전을 포기하고 일간이 임한

곳으로 되돌아오면 癸(丑) 아래의 午가 일간의 재성이니 〈경〉에서 말하는 '난을 피해서 재물을 구하는 격'에 해당한다.

□ **정단**: ❶ 卯가 申에 가하니 착륜(斲輪)이다. 착륜격이 본래는 관직정단에 이롭지만 발용의 자손이 관성을 제극하니 관직에 완전히 이롭지는 않다.

❷ 일간의 장생인 申에 현무와 백호가 타고 있으니 부모에게 질병이 발생하거나 유실을 당하는 일이 발생한다.

❸ 사과가 교차상극을 하여 '무음(蕪淫)'이니 금슬이 좋지 않고, 서민은 관사(官事)가 문 앞에 닥치는 것을 예방해야 한다.

○ **날씨**: 주작이 발용이 되었으니 비가 오지 않는다.
→ 주작의 오행은 丙午화이다. 주작이 발용이 되었으니 비가 오지 않는다.

○ **가정**: 낮에 정단하면 관사(官事)가 닥치고, 밤에 정단하면 길경사가 가정으로 들어온다.

→ 일지는 가정, 귀살은 재앙이다. 낮에 정단하면 백호가 지상의 귀살에 타니 가정에 질병과 관사가 닥치고, 밤에 정단하면 청룡이 지상의 귀살에 타서 일간을 극하니 가정에 가계난이 닥친다. 만약 오월(午月)의 낮에 정단하면 백호귀살이 사기에 해당하니 가정에 발생한 환자의 생명이 위험하다.

● 장생은 부모이다. 밤에 정단하면 장생인 간상의 申에 백호가 타고 있으니 부모의 질병을 예방해야 하고, 밤에 정단하면 간상의 장생에 현무기 타고 있으니 부모가 가출하는 것을 예방해야 한다. ● 일지음신의 巳는 일간의 재성이다. 재성이 공망되었으니 가정에서 손재수를 예방해야 한다. ● 지상의 戌은 일간 癸를 극하고 간상의 申은 일지 卯를 극하여서 간지가 '교차상극(交叉相剋)'하니 부부가 화

목하지 않아서 이별하는 것을 예방해야 한다.

○ **혼인** : 주야 모두 지상에 백호가 타고 있으니 불길하다.

→ 일간은 나, 일지는 상대이다. 지상의 戌이 괴강이니 상대방의 성정이 드세다. 낮에 정단하면 지상에 백호가 타고 있으니 더욱 드세고 병이 있는 사람이며, 밤에 정단하면 지상에 길장인 청룡이 타고 있으니 무방한 편이다. ● 일간은 나이다. 밤에는 간상에 백호가 타고 있으니 남자의 건강이 나쁘고, 낮에는 현무가 타고 있으니 바르지 못한 사람이다. ● 지상의 戌은 일간 癸를 극하고 간상의 申은 일지 卯를 극하여서 간지가 '교차상극'하니 혼인이 성사되지 않는다. ● 일간과 일지가 교차상극(交叉相剋)을 하니 혼인이 불성하고 궁합은 최흉하다.

○ **임신·출산** : 아들이다. 신속하게 출산한다.

→ 일간은 태아, 삼전은 태아가 생육되는 과정이다. 일간의 음양 및 삼전의 두 음이 하나의 양을 감싸고 있으니 아들이다. 간상의 申이 지상의 戌을 탈기하니 신속하게 출산한다. ● 임신의 안전을 정단하면 초전이 착륜(斮輪)이니 유산을 예방해야 하고, 초전이 폐구되었으니 선천성 언어장애를 예방해야 한다.

○ **구관** : '주인(鑄印)'과 '최관(催官)'이니 공명이 매우 신속하다.

→ 삼전이 巳戌卯이니 '주인격'인데 낮에는 백호가 관성에 타서 중전에 나타났으니 공명이 신속하게 나타나고, 발용이 '착륜(斮輪)'이니 직위가 높아지고 천거·발탁된다. 그러나 삼전의 주인이 불성하니 현재는 나쁘지만 사년이나 사월이나 사월장 기간이 오면 주인격이 완성되니 승진·발탁된다.

○ **구재** : 귀인이나 첩이나 부녀자의 재물을 얻는다. 사년(巳年)과 사월(巳月)에 이롭다.

→ 귀인은 공무원·관청·은인, 태음은 첩·부녀자·금은보석이다. 낮에 정단하면 재성인 巳에 귀인이 타고 있으니 공무원이나 관청이나

은인에 의한 재물을 얻고, 밤에 점단하면 재성인 巳에 태음이 타고 있으니 첩이나 부녀자나 금은보석에 의한 재물을 얻는다. 이 재물은 공망된 재성이 메워지는 사년이나 사월이나 사월장 기간에 점단하면 얻거나 혹은 이 시기가 되면 얻는다.

○ **질병** : 신허증이다. 나중에 예상하지 못했던 우환을 예방해야 한다.
→ 착륜격이니 흉하다. 낮에 점단하면 백호귀살 戌이 오행의 수를 극하니 신장이 허한 증상이다. 이 戌을 극하는 寅 아래의 미방(未方, 서남방)으로 가서 명의와 명약을 구해서 치료하면 낫는다.

○ **출행** : 수로와 육로 모두 흉하다.
→ 현대에서는 일간은 여행객, 일지는 여행지이다. 지상의 戌이 귀살이니 안전한 여행지가 아니다. 낮에는 백호가 타고 있으니 여행지에서 병이 발생하고, 밤에는 청룡이 타고 있으니 여행지에서 경비에 문제가 생긴다.

○ **귀가** : 천강이 사중에 가했으니 중도이다.
→ 천강(辰)은 동신, 사중은 중도이다. 천강이 사중의 하나인 酉에 가했으니 중도이다.

↑ **쟁송** : 합의가 가능하다.
→ 지일과는 빗물이 땅속에 스며드는 상이니 합의가 가능하다. 만약 합의하지 않으면 '주인격'이니 쟁송이 깊어진다. 낮에는 초전의 주작이 폐구되어 판사가 나의 주장을 수용하지 않으니 불리하다.

○ **전쟁** : 시작은 있고 결과는 없으니 근신해야 한다.
→ 초전은 시작, 말전은 결과이다. 비록 초전이 튼실하여 전쟁을 시작하더라도 말전이 공망되어 결과가 없으니 근신해야 한다.

☐ **『필법부』** : 〈제64법〉 부부가 음란하여 각기 사통하는 일이 있다.
→ 간상의 申금이 일지 卯를 극하고 지상의 戌토가 일간 癸를 극하

여서 일간과 일지가 서로 교전하니 부부가 싸우고 각각 사통한다.

□ 『육임지남』: 庚寅년의 亥월 癸卯일에 卯를 申에 가하여 잃어버린 말을 정단한다. 정단하여 어느 방향으로 가서 말을 찾아야 하고 언제 득할 수 있는지를 정단한다. 이 말은 흑청색이고 서북쪽의 언덕에 있는데 3일 안에 반드시 잡는다.

말하기를 왜 잡는다고 하는가? 그것은 말전이 역마이고 갑오순의 공망이지만 반드시 순이 지나기를 기다렸다가 乙巳일에 공망이 메워지므로 말을 득하게 된다.

말의 색이 청흑인지를 어떻게 알았는가? 그것은 말의 음신인 子수에 청룡이 타기 때문에 청흑색인지를 안 것이다. 어떻게 말이 서북의 산언덕에 있는지를 알았는가? 그 이유는 말이 戌의 지반 戌에 앉아 있기 때문이다. 과연 3일 뒤에 스스로 유씨 집에 말이 도착했으므로 말을 획득하였다.

癸卯일 제7국

공망 : 辰·巳 ○
낮 : 왼쪽 천장, 밤 : 오른쪽 천장

癸	丁	癸
陰卯貴	勾酉空	陰卯貴
酉	卯	酉
乙	辛	丁	癸
朱未常	常丑朱	勾酉空	陰卯貴
癸丑	未	卯	酉

己亥空勾巳○	庚子白合午	辛丑常玄未	壬寅玄蛇申
戊戌青青辰○			癸卯陰貴酉
丁酉勾空卯			○辰后后戌
丙寅合白寅	乙丑朱常丑	甲子蛇玄子	○巳陰貴亥

□ **과체** : 반음(返吟), 여덕(勵德/밤), 용전(龍戰) // 무의(無依), 앙구(怏咎), 삼교(三交), 복덕(福德), 인귀생신(引鬼生身), 회환(回還), 맥월(驀越), 착륜(斲輪), 육음(六陰), 양귀수극(兩貴受剋), 두괴상가(斗魁相加), 수일정신(水日丁神), 구극(俱剋), 신장·귀등천문(神藏·貴登天門/낮/공망).

□ **핵심** : 밤 귀인은 폐구되었고, 집에는 丁酉가 탄다. 움직이면 무재(無財)이고 가만히 있더라도 지킬 수 없다.

□ **분석** : ❶ 밤에는 귀인에게 부탁하면 안 된다. 왜냐하면 귀인이 폐구(閉口)되어 나의 진실을 들으려고 하지 않기 때문이다.

❷ 정신(丁神)이 가택에 임하니 집이 안녕하지 못하고, 수일(壬癸)에 丁을 만나면 본래는 재물이 움직이지만 酉가 일간의 패기(敗氣)이니 재물을 얻을 수 없을 뿐만 아니라 오히려 재물이 낭비되고 지출된다.

❸ 물러나서 간상으로 오면 未를 만나 드러난 귀살과 숨어있는 탈기(脫氣)가 있으니 지키지 못하는 것이 매우 확실하다.

□ **정단 :** ❶ 반음과이다. 일간 癸가 간상의 未로부터 극을 당하고 일지 卯가 지상의 酉로부터 극을 당하니 사람과 집이 모두 상한다.
  ❷ 초·말전의 卯는 일간을 탈기(脫氣)하고 중전 酉는 일간의 패기(敗氣)이며, 삼전의 모든 천장이 토이니 우환이 중첩되어 하나로 끝나지 않는다.
  ❸ 낮에는 주작귀살이 일간에 임하니 관청의 공무원은 탄핵을 예방해야 한다.
  ❹ 왕래하면서 핍박을 받아 진퇴하기 어렵고, 언행이 일정하지 않고 여러 가지의 곤란이 생긴다.

○ **날씨 :** 맑은 날씨를 원하면 비가 오고 비를 원하면 맑다.
  → 반음과는 지상의 변화가 심하니, 맑은 날씨를 원하면 비가 오고 비를 원하면 맑다.
○ **가정 :** 반드시 여종과 첩으로 인해 집이 편안하지 않다.
  → 일간은 사람, 일지는 집이다. 일간 癸가 간상의 未로부터 극을 당하고 일지 卯가 지상의 酉로부터 극을 당하니 사람과 집이 모두 상한다. ● 일지는 집, 酉는 여종과 첩이다. 일지인 卯가 지상의 酉로부터 극을 당하니 여종과 첩으로 인해 집이 불안하다. ● 사람을 뜻하는 간상의 未에 낮에는 주작이 타고 있으니 관재·탄핵·구설수를 예방해야 한다. 밤에는 간상의 未에 태상이 타니 부모의 건강이 우려된다. 묘월(卯月)에는 간상의 未가 사기이니 부모상을 예방해야 한다.
○ **혼인 :** 일간과 일지가 모두 상했으니 불길하다.
  → 일간은 나, 일지는 배우자감이다. 일간 癸는 간상의 未로부터 극을 당하고 일지 卯는 지상의 酉로부터 극을 당했으니 나와 배우자감 모두 불길하다. ● 반음과는 연애가 깨지고, 약혼을 했다면 파혼하

며, 혼인을 했다면 이혼한다. ● 수일정신(水日丁神)이니 배우자감을 구할 경우 원방에서 구해야 한다. ● 궁합 : 천반은 남자, 지반은 여자이다. 과전의 천지반이 상충하니 나쁘다. ● 성정 : 주야 모두 지상에 흉장이 타고 있으니 나쁘다.

○ **임신·출산** : 딸이다. 임신부와 태아 모두 불길하다.

→ 지반은 음과 여자, 천반은 양과 남자이다. 지반이 천반을 극하여 발용이 되었으니 딸이다. ● 일간은 태아, 일지는 임신부이다. 일간과 일지의 상하가 모두 상충하여 임신부와 태아의 몸이 상할 우려가 있으니 불길하다.

○ **구관** : 주작귀살이 일간에 가했으니 관청으로부터의 탄핵을 예방해야 한다.

→ 주작은 문서, 귀살은 재앙이다. 낮에 정단하면 주작이 귀살 未에 타서 일간 癸를 극하여 오니 관청으로부터의 탄핵과 관재를 예방해야 한다. 만약 승진을 정단하면 승진하지 못하고, 시험을 정단하면 낙방한다. ● 귀인에게 부탁하면 주야의 귀인이 모두 지반으로부터 극을 받아 손상되었으니 주야 모두 뜻대로 되지 않는다.

○ **구재** : 여자의 재물을 얻어야 한다.

→ 수일정신(水日丁神)이다. 지상과 중전의 酉는 여자이고 그 위의 丁이 재성이니 여자의 재물을 얻어야 한다. 장사를 할 경우에는 酉가 금은보석을 뜻하니 이것을 매매하여 돈을 벌면 된다. 그러나 酉가 일간의 패기이니 손재수를 예방해야 한다. 특히 밤에 정단하면 酉에 공허의 천장인 천공이 타고 있으니 이익이 없다.

○ **질병** : 폐경락에 병이 들었다. 병이 재발하는 것을 예방해야 한다.

→ 지상은 병승이다. 지상이 酉이니 폐경락에 병이 들었고, 빈음과이니 나은 뒤에 병이 재발하는 것을 예방해야 한다. ● 만약 유년(酉年)의 2월에 정단하면 조객과 사기인 간상의 未가 일간을 극하니 사망을 예방해야 한다.

○ **출행** : 중도에 되돌아온다.
  → 반음과에는 산이 계곡이 되고 계곡이 산이 되는 뜻이 있으니 중도에 되돌아온다.
○ **귀가** : 즉시 도착한다.
  → 천강(辰)은 동신이고 사계는 말기이다. 천강이 사계인 戌에 가했으니 즉시 도착한다.
↑ **쟁송** : 나와 상대 모두 불리하다.
  → 일간은 나, 일지는 상대이다. 일간은 간상의 未로부터 극을 받고 일지는 지상의 酉로부터 극을 받으니 나와 상대 모두 불리하다.
○ **전쟁** : 반복하여 불안하다. 주객 모두 상한다.
  → 반음과에는 반복의 뜻이 있다. 일간의 상하와 일지의 상하가 모두 상충하니 주객 모두 불안하다.

□ 『**필법부**』 : 〈제49법〉 양 귀인이 극을 받으면 귀인에게 부탁하는 일에서 뜻을 성취하기 어렵다.
  → 낮 귀인 巳는 지반의 亥로부터 극을 받고, 밤 귀인 卯는 지반의 酉로부터 극을 받는다. 귀인이 지반으로부터 극을 받아 손상되었으니 남의 부탁을 들어줄 형편이 되지 않는다.
  〈제63법〉 피차 모두 상하니 양쪽 모두 방비해야 한다.
  → 일간은 간상의 未로부터 극을 받고, 일지는 지상의 酉로부터 극을 받는다. 쟁송에서는 원고와 피고 모두 불리한 판결을 받는 것을 예방해야 한다.

□ 『**정온**』 : 未를 丑에 가하여서 유년(酉年)의 2월에 부인이 남편의 질병을 정단한다. 남편의 본명은 丑이고, 처의 연명인 寅 위에 화개인 未가 임한다. 未에 태상이 타고 이 未는 일간의 귀살로서 월건신살로는 사기이고 태세신살로는 조객이다. 상복이 처의 머리에 덮어씌워

졌으니 반드시 남편이 사망한다. 만약 8월에 정단하면 未가 생기이니 상복으로 해석하지 않는다. 나중에 과연 그러하였다.

→ 부인 연명상의 未는 남편을 뜻하는 관성이자 일지의 화개이며 酉년의 조객이고 2월의 사기인데, 未에 타고 있는 태상이 '상(喪)'을 뜻하니 처가 상을 당한다.

→ 일지 삼합의 끝 글자는 화개, 태세의 후3위는 조객이다. 가령 癸卯일에 정단하면 未는 화개, 己亥년에 정단하면 酉가 조객이다.

※ 사기, 생기

월건 신살	寅	卯	辰	巳	午	未	申	酉	戌	亥	子	丑
사기 (死氣)	午	未	申	酉	戌	亥	子	丑	寅	卯	辰	巳
생기 (生氣)	子	丑	寅	卯	辰	巳	午	未	申	酉	戌	亥

癸卯일 제 8국

공망 : 辰·巳 ○
낮 : 왼쪽 천장, 밤 : 오른쪽 천장

甲	己	○
蛇 午 玄	空 亥 勾	后 辰 后
丑	午	亥
甲	己	丙	辛
蛇 午 玄	空 亥 勾	合 申 白	常 丑 朱
癸 丑	午	卯	申

戊 青 青 戌 巳 ○	己 空 空 亥 午	庚 白 白 子 未	辛 常 合 丑 朱 申
勾 空 丁 ○ 酉 辰			玄 蛇 壬 寅 酉
合 白 丙 申 卯			陰 貴 癸 卯 戌
朱 常 乙 未 寅	蛇 玄 甲 午 丑	貴 陰 ○ 巳 子	后 后 ○ 辰 亥

□ **과체** : 중심(重審), 육의(六儀) // 형상(刑傷), 침해(侵害), 덕경(德慶), 진퇴양난, 귀인공망(貴人空亡/낮), 귀인입옥(貴人入獄/밤), 육편판(六片板/낮).

□ **핵심** : 중전은 지상과 육해하고 말전은 일간의 묘신이다. 재신인 午를 생각하지 말고 오직 일간의 장생에 의지해야 한다. 밤에 정단하면 집에서 백호를 만난다.

□ **분석** : ❶ 중전 亥의 둔간은 己이고, 말전의 辰은 일간의 묘신이다.
❷ 초전의 재성 午가 말전으로부터 차례차례 극을 당하고 간상으로 되돌아와서도 다시 차례차례 극을 당한다.
❸ 밤에 정단하면 지상의 장생 申에 백호가 타니 어찌 이 장생을 생각할 수 있겠는가?
❹ 삼전을 취할 수 없으니 지상에 있는 일간의 장생인 申에 의지한다. 만약 밤에 정단하면 백호가 지상에 타고 있으니 가정이 편안하지 못하다.

□ **정단** : ❶ 중심과이고 다시 삼전이 모두 자형(自刑)이니 순조롭지 못한 일이 많다.

❷ 육의(六儀)인 甲午가 발용이 되었다. 간상에는 재신인 午가 임하고 지상에는 일간의 장생인 申이 임하니, 사람과 집이 번창하는 상이다.

❸ 낮에는 초전의 午와 말전의 辰이 귀인승신 巳를 공협하고, 밤에는 간상의 午와 지상의 申이 태상승신 未를 공협하니, 만약 연명이 寅과 子이면 꾀하는 모든 일을 이루지 못할 것이 없다.

❹ 처재효인 간상과 초전의 午가 극을 받는다. 밤에는 현무가 타니 처에게 병이 생기거나 말(馬)을 도둑맞는 것을 예방해야 한다.

○ **날씨** : 오행의 午가 발용이 되었고 수가 창고에 숨었으니 비가 오지 않는다.

→ 화는 맑은 날씨, 수는 비 오는 날씨이다. 초전이 화의 오행인 午이니 맑고, 수의 오행인 중전의 亥가 말전의 辰으로 숨었으니 비가 오지 않는다.

○ **가정** : 장생이 가택에 임했다. 밤에 정단하면 백호가 타고 있으니 부모의 재앙을 예방해야 한다.

→ 장생은 부모, 백호는 질병이다. 일간의 장생인 지상의 申에 낮에 정단하면 백호가 타니 부모에게 병이 생기는 것을 예방해야 한다. 만약 진월(辰月)에 정단하면 몸을 뜻하는 申이 진월의 사기이니 시신이고, 이것이 관(棺)을 뜻하는 卯에 임하여서 시신이 관으로 들어가는 상이니 필사한다.

● 일지는 집, 육합은 자식이다. 낮에 정단하면 육합이 申에 타서 일시 卯를 극하니 자식으로 인한 화기 닥친다. 만약 진월에 정단하면 몸을 뜻하는 申(身)이 사기이니 사망할 우려가 있다. ● 낮에는 간상의 午가 일간의 처이며 또한 12운성의 태아이니 처에게 임신의 기쁨이 있다. 만약 신월(申月)에 정단하면 午가 생기이니 임신된 뒤에

잘 자란다.

○ **혼인** : 남자에게 유익한 여자이다.

➔ 일간은 남자, 일지는 여자이다. 지상의 申이 일간 癸를 생하니 남자에게 유익한 여자이다. 만약 가을에 정단하면 지상의 申이 왕성하니 더욱 유익한 여자이다. 다만 밤에는 지상의 申에 백호가 타고 있으니 상대의 몸에 병이 있다. 만약 진월에 정단하면 상대가 사망할 우려가 있다. ● 궁합 : 간상의 午가 지상의 申을 극하니 좋지 않다. 또한 지반이 천반을 극하여 발용이 된 중심과이니 드센 여자이다.

○ **임신·출산** : 태신이 극(剋)을 받았으니 태아가 불길하다.

➔ 태신은 태아, 극은 살상이다. 태신인 午가 지반의 癸로부터 극을 받아 태아가 상하는 상이니 유산을 예방해야 한다. 만약 인월(寅月)에 정단하면 午가 사기이니 유산된다.

○ **구관** : 본명이 寅과 子인 사람은 길하다.

➔ 천을귀인은 일반 공무원, 태상은 문관직 공무원이다. 낮에는 초전의 午와 말전의 辰이 귀인승신 巳를 공협하고, 밤에는 간상의 午와 지상의 申이 태상승신 未를 공협하니, 만약 연명이 寅과 子이면 이루지 못할 것이 없다.

○ **구재** : 재성이 일간에 임했으니 쉽게 얻는다. 다만 놀라고 두려운 일이 발생하는 것을 예방해야 한다.

➔ 재성은 재물, 일간은 나이다. 재성인 午가 일간에 임했으니 재물을 쉽게 얻는다. 낮에 정단하면 재성에 등사가 타고 있으니 놀라는 일을 예방해야 하고, 밤에 정단하면 재성에 현무가 타고 있으니 재물을 잃는 것을 예방해야 한다.

○ **질병** : 간병이거나 혹은 종기로 인해 머리가 아프다. 머지않아 병이 낫는다.

➔ 백호의 극을 받는 오행의 장부에 병이 든다. 밤에 정단하면 백호가 申에 타서 오행의 목을 극하였으니 간병이다. ● 지상은 병증이

다. 지상이 申이니 종기로 인해 머리가 아프거나 심한 경우에는 전신이 아프다. ● 백호승신 申이 간상의 午로부터 제압을 당하니 머지않아 병이 낫는 상이다. 다만 진월(辰月)에 정단하면 죽은 몸(身)이 관 속으로 들어가는 상이니 사망한다. ● 치료방위 : 백호를 극하는 午가 丑에 임했으니 축방(丑方, 동북방)에 명의와 명약이 있다.

○ **출행** : 낮에 정단하면 길하다.

→ 일간은 여행객, 일지는 여행지이다. 낮에는 지상에 길장인 육합이 타고 있으니 길하고, 밤에는 지상에 흉장인 백호가 타고 있어서 여행지에서 병이 생기니 흉하다.

○ **귀가** : 초전이 사중(四仲)이니 중도이다.

※『육임직지』원문에서는 "말전이 묘신이니 곧 도착한다."고 하였다.

→ 말전은 귀가의 말기, 중전은 귀가의 중기, 초전은 귀가의 초기이다. 초전이 사중인 午이니 중도이다.

↑ **쟁송** : 내가 승소한다.

→ 일간은 나, 일지는 상대이다. 간상의 午가 지상의 申을 극하니 내가 유리하고, 다시 일지 卯가 지상의 申으로부터 극상을 당하니 내가 유리하다.

○ **전쟁** : 객(客)이 주(主)에게 승전한다.

→ 일간은 객, 일지는 주이다. 간상의 午가 지상의 申을 극하니 객이 승전한다. 여기에서의 객은 공격하는 군, 주는 수비하는 군이다. 그리고 중심과이니 수비 곧 수성하는 전술이 이롭다.

□ 『**필법부**』: 〈제62법〉 묘신백호가 일지에 임하면 엎드린 시신인 복시가 있다.

→ 이 과전은 이 법에 부합하지 않는다. 다만 지상에 백호가 타니

가족에게 질병이 발생한다.

□ 『과경』: 육합이 申에 타서 卯에 가하면 '육편판격(六片板格)'이다. 申은 몸(身)이다. 申에 육합이 타고 그 아래에 卯목이 있는 것은 몸이 관(棺)을 취하는 상이므로 질병을 정단하면 불길한데, 만약 3월에 정단하면 불길한 것이 더욱 확실하다. 설령 육합이 타지 않더라도 9월에 질병을 정단하면 환자가 병상에 누워있고 질병이 낫지 않는다. 그것은 申이 9월의 생기이고 卯가 병상이기 때문이다. 만약 부모나 존장의 질병을 정단하면 더욱 불길한데, 그 이유는 부모가 관(棺)으로 들어가기 때문이다.

→ 일지는 집이다. 지상의 申은 몸(身)이고 육합(乙卯목)은 칠성판이며 지반의 卯는 관(棺)이다. 육합이 申에 타서 卯에 가하는 것은 칠성판에 뉘어져 있는 시신이 관으로 들어가는 상이다. 특히 지상의 申이 부모를 뜻하는 일간의 장생이니 부모가 사망할 확률이 높다.

癸卯일 제 9국

공망 : 辰·巳
낮 : 왼쪽 천장, 밤 : 오른쪽 천장

丁	辛	○	
勾酉空	常丑陰	貴巳朱	
巳○	酉	丑	
○	丁	乙	己
貴巳朱	勾酉空	朱未勾	空亥常
癸丑	巳○	卯	未

丁勾酉巳	戊空戌午	己亥未常	庚白子申玄
丙合申辰青○			辛常丑酉陰
乙朱未卯勾			壬玄寅戌后
甲蛇午寅	○貴巳丑朱	○后辰子蛇	癸陰卯亥貴

□ **과체** : 섭해(涉害), 종혁(從革) 고진(孤辰) // 재공(財空), 덕경(德慶), 화미(和美), 전국(全局), 형통(亨通), 체생(遞生), 귀덕인신(貴德臨身/낮/공망), 무록(無祿), 육음(六陰), 수일정신(水日丁神), 인왕쇠택(人旺衰宅), 신장·귀등천문(神藏·貴登天門/밤).

□ **핵심** : 사과가 모두 지반으로부터 적(賊)을 당하니 대가 끊기고 가문이 망한다. 삼전의 낮 천장이 삼전의 십이지를 도와서 화를 없애고 복을 부른다.

□ **분석** : ❶ 사과의 상신이 하신으로부터 모두 적(賊)을 당하니 자손의 대가 끊어진다.

→ 육임의 여러 고전에서는 사과의 상신이 하신으로부터 모두 적을 당하는 것을 '무록(無祿)'이라고도 한다.

❷ 삼전의 낮 천장(구진, 태상, 귀인)의 모든 토기 일간을 극하지만 다행히 삼전의 금국이 삼전의 순토를 탈기하여 일간을 도우니 화를 물리치고 복을 부른다.

□ **정단** : ❶ 삼전이 酉丑巳이니 종혁(從革)이다. 삼전의 금국이 일지 卯

를 극하고 일간 癸를 생하니, 사람은 비록 풍족하지만 거주할 집이 없거나 혹은 부동산과 가택을 버리고 타향으로 도망간다.

❷ 오음(五陰)이 이어지니 모든 일이 혼미하다. 특히 일지 卯가 일지의 묘지인 未에 의해 매장되었으니 집안이 밝지도 않고 넓지도 않다. 만약 관직자가 정단하면 관직과 관인(官印)을 모두 만나 묵은 것을 버리고 새 것을 창조하는 상이다.

→ 낮에 정단하면 삼전의 천장오행이 모두 토이니 일간의 관성이고, 삼전의 酉丑巳가 일간의 인성이어서 관직과 관인을 모두 갖추니 좋다. 다만 초전의 지반이 공망되었으니 이것이 풀리는 사년이나 사월이나 사월장 기간이 되어야 대길하다.

○ **날씨** : 천강이 양을 가리키고 삼전이 일간을 생하니 날씨가 맑고 비가 오지 않는다.

→ 천강(天罡)은 辰이고 辰은 대각성(大角星)이다. 대각성이 양의 십이지인 子를 가리키니 맑고, 삼전의 인성국이 일간을 생하니 다시 맑다.

○ **가정** : 지상에 일지 기준의 묘신이 타고 있으니 집이 편안하지 않다.

→ 일지는 집, 묘신에는 어둠과 암매와 지체의 뜻이 있다. 지상의 未가 일간의 묘신이니 가정이 어두운데, 특히 未가 일지의 묘신이면서 일간의 귀살이니 더욱 어둡다. 낮에는 未에 주작이 타고 있으니 가정에 구설수가 발생하고, 밤에는 未에 구진이 타고 있으니 가정에 관재가 발생한다.

● **가상** : 나쁘다. 일간은 사람, 일지는 집이다. 삼전의 금국이 일간 癸를 생하지만 일지 卯를 극하니 이 집에 거주하면 안 된다. ● 사과의 지반이 그 천반을 모두 극하니, 자식은 부모에게 불효하고 아내는 남편에게 드세다. 다시 삼전이 '구개신취'하는 뜻이 있는 종혁이

니 가족과의 이별을 예방해야 한다.
- ○ **혼인** : 우둔하고 말이 많은 여자이다. 이롭지 않다.
  → 일간은 남자, 일지는 여자이다. 지상의 未가 일간의 묘신이니 우둔한 여자이다. 그리고 낮에 정단하면 지상에 주작이 타고 있으니 말이 많은 여자이고, 밤에 정단하면 지상에 구진이 타고 있으니 쟁투를 일삼는 여자이다. 일지의 음양이 삼합하여 '극부살(尅夫殺)'이니 이롭지 않다. ● 섭해과이니 연애 혹은 혼담에 장애가 많다. ● 궁합 : 일간음양의 금국과 일지음양의 목국이 서로 다투니 궁합이 좋지 않다. ● 초전이 '고진(孤辰)'이니 혼인이 불성하는 상이다. ● 사과의 지반이 그 천반을 모두 극하니 드센 여자이다.
- ○ **임신·출산** : 아들을 낳는다.
  → 음이 극에 이르면 양이 발생하니 아들을 낳는다. ● 일간은 태아, 일지는 임신부이다. 일간이 공망되었으니 임신의 길흉을 정단하면 유산될 우려가 있다. ● 출산 : 섭해과이니 난산이다.
- ○ **구관** : 공망된 귀인이 메워지면 길하다.
  → 귀인은 공무원이다. 낮에 정단하면 공망된 귀인승신 巳가 메워지는 사년이나 사월이나 사월장 기간에 길하며 또한 이 기간에는 삼전의 인성국이 완성되니 더욱 길하다. ● 고시 : 삼전이 금국이니 군경직에 응시하는 것이 좋다.
- ○ **구재** : 재성이 공망되었으니 불길하다.
  → 재성은 재물이다. 재성인 巳가 공망되었으니 불길하다. 사년이나 사월이나 사월장 기간에 정단하면 공망된 재성이 메워지니 재물을 얻을 수 있다. ● 낮에 정단하면 재성 巳에 귀인이 타니 관청과 공무원에게서 구새하면 되고, 밤에 징단하면 재성 巳에 주작이 타니 학문, 광고, 상담을 통해 구재하면 된다.
- ○ **질병** : 비장에 병이 들었다. 2월에 정단하면 불길하다.
  → 지상은 병증이다. 지상이 未이니 비장에 병이 들었다. 2월에 정

단하면 지상의 未가 사기이니 위중하다. 만약 처의 질병을 정단하면 처재효인 巳가 공망되었으니 낫기 어렵다.
- ○ 출행 : 수로와 육로 모두 매우 나쁘다.
  - → 현대에서는 일간은 여행객, 일지는 여행지이다. 일간이 공망되었으니 기일에 떠나지 못하고, 지상의 未가 일간의 귀살이니 여행지에서 재액이 발생하는 것을 예방해야 한다.
- ○ 귀가 : 말전이 공망되었으니 아직 도착하지 않는다.
  - → 말전은 출행인이 있는 곳이다. 말전이 공망되어 귀가하기 위한 출발을 하지 못했으니 아직 도착하지 않는다.
- ↑ 쟁송 : 나는 불리하고 상대는 유리하다.
  - → 일간은 나, 일지는 상대이다. 삼전의 금국이 일간은 생하고 일지는 극하니 내가 유리하다. ● 섭해과이니 쟁송이 오래간다. ● 천반은 부모이고 지반은 자식, 천반은 남편이고 지반은 아내이다. 사과의 지반이 그 천반을 모두 극하니 부자간의 쟁송에서는 자식에게 유리하고, 부부간의 쟁송에서는 아내에게 유리하다.
- ○ 전쟁 : 아군은 불리하고 적군은 유리하다.
  - ※ 『육임직지』 원문에서는 "객에게는 이롭고 주에게는 불리하다."고 하였다.
  - → 일간은 공허하고 일지는 튼실하니, 아군은 불리하고 적군은 유리하다.

- □ 『필법부』 : 〈제81법〉 삼전이 묘신으로 전해지고 묘신에 들면 증오와 사랑으로 나눠진다.
  - → 초전 酉의 묘신은 중전의 丑과 말전 지반의 丑이다. 초전의 酉는 부모효와 생업을 뜻한다. 부모의 질병을 정단하면 사망하고, 생업을 정단하면 생계가 사라지니 흉하다.

〈제26법〉 수일(水日)에 정신을 만나면 재물이 빠르게 움직인다.

→ 초전이 丁이니 수일의 정신을 만난다. 천반의 酉가 부모효이니 부모가 나에게 송금하는 상이다.

□ 『육임지남』: 辛未년 6월에 월장 未를 점시 卯에 가한 뒤에 대신이 상소를 올리는 정단을 한다. 삼전의 12신이 계속하여 역으로 생을 하니 천거하는 사람에 의한 상소가 있겠는가? 대답하기를 그렇지 않다. 오히려 탄핵하는 사람에 의한 상소가 있다.

내가 말하기를 비록 삼전이 계속하여 생하지만 초전과 말전에서 공망을 만났으므로 나쁘고, 홀로 있는 중전의 세파는 귀살이다. 그리고 주작이 태세에 타서 일간을 극하는데 태세는 임금이고 세파는 재상이다. 우려되는 것은 임금과 재상에 의해 죄를 추궁받아서 공에게 불리하다. 나중에 과연 글을 올려서 타인의 추천을 받지만 하옥된 뒤에 귀양을 갔다.

□ 『찬의』: 酉에 천공이 타서 巳에 가하면 여종이나 첩이 재물을 훔쳐서 도망치는 것을 예방해야 한다.

→ 酉는 여종과 첩, 천공은 종업원, 巳는 역마이니 이러한 해석이 가능하다.

癸卯일 제 10 국

공망 : 辰·巳
낮 : 왼쪽 천장, 밤 : 오른쪽 천장

丁	庚	辛
勾酉空	白子玄	陰卯貴
午	酉	子
○	乙	甲	丁
后辰蛇	朱未勾	蛇午合	勾酉空
癸丑	辰○	卯	午

丙申巳 合青 ○	丁酉午 勾空	戊戌未 青白	己亥申 空常
乙未辰 朱勾 ○			庚子酉 白玄
甲午卯 蛇合			辛丑戌 常陰
○巳寅 貴朱	○辰丑 后蛇	癸卯子 陰貴	壬寅亥 玄后

□ **과체** : 중심(重審), 참관(斬關), 삼교(三交) // 삼기(三奇), 록현탈격(祿玄脫格), 복덕(福德), 인귀생신(引鬼生身), 간지공귀인(干支拱貴人), 무음(蕪淫), 교차상극(交叉相剋), 맥월(驀越), 수일정신(水日丁神), 묘신부일(墓神覆日), 묘공(墓空), 절신가생(絶神加生/연명:寅), 귀인공망(貴人空亡/낮).

□ **핵심** : 일록과 귀인과 정재가 묘신을 만난다. 이것을 지키면 어둡고 움직이면 형통하다.

□ **분석** : 일간의 묘신인 辰이 일간에 임했으니 이 묘신을 지키면 자연히 어둡다. 이것을 버리고 삼전으로 가면, 酉 위에 있는 丁은 일간의 재신이고, 중전의 子는 일간의 식록이며, 말전의 卯는 일간의 밤 귀인이다. 세 가지를 모두 만났으니 형통하다. 만약 움직이지 않으면 어찌 이것을 얻을 수 있겠는가?

□ **정단** : ❶ 子午卯酉는 패기(敗氣)이다. 또한 일지가 卯이고 지상이 午이며 삼전이 酉子卯이니 삼교(三交)이다. 간상과 지상이 각각 자형인데, 일지 卯는 간상의 辰을 극하고 일간 癸는 지상의 午를 극하여 번

갈아가면서 극을 하니 일간과 일지의 감정이 좋지 못하다. 만약 부부의 행년상신이 다시 辰이나 午이면 인연의 고리가 풀려서 이별한다는 뜻의 '해리(解離)'가 되어 배우자를 잃거나 반드시 반목한다. 좋은 것은 지상의 午가 튼실하고 간상의 辰이 공허하다는 것이다.

❷ 삼전이 헌개(軒蓋)이니 관직정단에서 좋다.

→ 삼전이 午卯子가 아니므로 헌개가 아니다.

○ **날씨** : 묘신이 일간을 덮고 천강이 음을 가리키니 흐리고 비가 오는 상이다.

→ 묘신은 흐리고 비 오는 날씨, 일간은 하늘이다. 묘신이 일간을 덮고 천강이 음의 12지인 丑을 가리키니 비가 오는 상이다.

○ **가정** : 패기가 발용이 되어 일지를 극하니 가정이 화목하지 않고 쇠패해지는 상이다.

→ 패기는 패가망신, 일지는 가정이다. 일간의 패기인 酉가 발용이 되었고 다시 일지 卯를 극하니 가정이 쇠패해지는 상이다. 또한 지상의 午가 일지 卯를 탈기하니 가정에 손실이 많다. ● 일지 卯는 간상의 辰을 극하고 일간 癸는 지상의 午를 극하니, 가족은 화목하지 않고 부부는 음란하다.

● 지상의 午가 일간의 처이고 다시 태아이니 신혼인 경우에는 집에 임신의 기쁨이 있다. 만약 신월(申月)에 정단하면 지상의 午가 생기이니 임신하면 태아가 잘 자란다. ● 일간은 집에 거주하는 사람이다. 간상의 辰이 일간의 묘신이고 다시 귀살이니 사람이 하는 모든 일이 혼미하다.

○ **혼인** : 형상(刑傷)을 당할 우려가 있다.

→ 일지 卯는 간상의 辰을 극하고 일간 癸는 지상의 午를 극하여서 남녀가 서로 다투는 일이 발생하는 것을 예방해야 한다. ● 궁합 :

간지가 교차상극(交叉相剋)하니 매우 나쁘다. ● 성정 : 낮에는 지상에 등사가 타고 있으니 음흉하고, 밤에는 지상에 육합이 타고 있으니 사교성이 있다.

○ **임신·출산** : 딸을 임신한다. 어머니가 놀라며 자식을 키우기 어렵다.
→ 지반은 음과 여자, 천반은 양과 남자의 상이다. 지반이 천반을 극하여 발용이 되었으니 딸을 임신한다. 낮에 정단하면 지상의 午에 등사가 타고 있으니 어머니가 놀라며 자식을 키우기 어렵다.

○ **구관** : 귀인과 일록이 모두 나타났으니 매우 길하다.
→ 귀인은 공무원, 일록은 공무원이 받는 급여이다. 밤 귀인이 말전에 나타났고 일록 子는 중전에 나타났으니, 관직을 정단하면 매우 길하다.

○ **구재** : 수일(水日)에 丁이 나타난 경우에 재물을 구하면 반드시 얻는다.
→ 수일에 정단하여 초전의 천반이 재성인 丁이니 재물을 구하면 반드시 얻는다. 다만 수일의 정재는 원방에서 재물을 구해야 한다.

○ **질병** : 심장경락에 병이 들었고 신수(腎水)가 훼손되었다. 질병은 튼실하고 사람은 공허하니 낫기 어렵다.
→ 지상으로 병증을 알 수 있다. 지상이 午이니 심장에 병이 들었고, 수의 오행인 일간 癸가 공망되었으니 신수(腎水)가 훼손되었다. 질병은 공망되지 않아 튼실하고 사람은 공망되어 공허하니 병이 낫기 어렵다. ● 치료방위 : 의약신 卯가 子에 임했으니 자방(子方, 정북)에 명의와 명약이 있다.

○ **출행** : 육로행은 불길하고 수로행은 재물을 얻는다.
→ 현대에서는 일간은 여행객, 일지는 여행지이다. 일간에 묘신이 임하니 출행할 수 없지만 이것을 충하는 술월(戌月)이나 술일(戌日)에는 출행할 수 있다. 지상의 午가 일간의 재성이니 여행지에서 재물이나 여자를 얻는다.

○ **귀가** : 갑오순을 벗어나면 도착한다.
　→ 공망을 벗어나는 갑진순에 출행한 가족이 도착한다.
○ **도난** : 낮에 정단하면 아궁이에 있고, 밤에 정단하면 대나무 숲 안에 있다.
　→ 도둑은 현무의 음신에 있으며, 巳는 아궁이고 卯는 대나무 숲이다. 낮에 정단하면 현무의 음신이 巳이니 아궁이에 있고, 밤에 정단하면 현무의 음신이 卯이니 대나무 숲 안에 있다.
☂ **쟁송** : 내가 좀 더 불리하다.
　→ 일간은 나, 일지는 상대이다. 일간은 공허하고 일지는 튼실하며, 다시 일간이 간상으로부터 극상을 당하며 또다시 일간이 묘지에 묻혔으니 내가 불리하다. ● **관재** : 삼전이 삼교(三交)이니 형을 살고, 일간이 공망되었으니 교도소에 들어간다.
○ **전쟁** : 양쪽 모두 해를 입는다. 밤에 정단하면 적군을 잡는다.
　→ 일간은 아군이고 일지는 적군, 극에는 살상(殺傷)의 뜻이 있다. 일간 癸는 지상의 午를 극하고, 일지 卯는 간상의 辰을 극하여서 간상과 지상이 모두 극을 당했으니, 아군과 적군 모두 해를 입는다. 구진은 아군, 현무는 적군이다. 밤에 정단하면 구진승신 未가 현무승신 子를 극하니 적군을 잡는다.

□ **『필법부』** : 〈제64법〉 부부가 음란하여 각기 사통하는 일이 있다.
　→ 일간과 일지가 교차상극하여 무음(蕪淫)이니 부부가 사통한다.
〈제75법〉 손님과 주인이 다투지 않아도 형벌이 이미 있다.
　→ 간상의 辰과 지상의 午는 모두 지형이다. 주로 혼인, 매매, 계약, 임신, 거래 등의 교섭사에서 주객이 서로 다툰다.
〈제26법〉 수일(水日)에 정신을 만나면 재물이 빠르게 움직인다.
　→ 초전이 丁이니 수일의 정신을 만난다. 천반의 酉가 부모효이니

부모가 나에게 송금하는 상이다.

□ 『과경』: 봄의 酉 월장 기간(곡우~소만)의 癸卯일에 酉가 午에 가한 것이 발용이 되었고 辰이 丑이나 未에 가하면 '이번격(二煩格)'이다.

→ 일수(월장)가 중신(子·午·卯·酉)이면서 태양이 사중(子·午·卯·酉)에 가하고 두강인 辰이 丑이나 未에 강림하여 丑이나 未를 묶으면 천번격이다.

□ 『비요』: 酉와 午가 서로 가한 곳에 구진이 타면 집의 임신부가 인일(寅日)에 놀란다.

□ 『지장부』: ❶ 현무가 寅에 타고 다시 巳가 보이면 연단하는 도인이다.

❷ 酉가 午에 가하면 하녀가 마루에 올라 선 뒤에 방으로 들어오고 육합이 타면 반드시 음란하다.

→ 酉는 하녀, 午는 마루이다. 酉가 午에 가하면 하녀가 마루에 서 있는 상이다. 만약 음란의 천장인 육합·태음·천후·현무가 타면 음란한 하녀이다.

❸ 육합이 申에 타면 '의인(醫人)'이다.

癸卯일 제 11 국

공망 : 辰·巳
낮 : 왼쪽 천장, 밤 : 오른쪽 천장

	乙	丁	己
	朱未勾	勾酉空	空亥常
	巳	未	酉
	癸	○	乙
陰卯貴	貴巳朱	貴巳朱	朱未勾
	癸丑	卯	卯	巳

乙未巳 朱	丙申午 勾	丁酉未 空	戊戌申 白
甲午辰 蛇			己亥酉 常
○巳卯 貴			庚子戌 玄
○辰寅 后	癸卯丑 蛇 陰貴	壬寅子 玄 后	辛丑亥 常 陰

□ **과체** : 요극(遙剋), 호시(蒿矢), 여덕(勵德/낮), 불비(不備) // 과수(寡宿), 재공(財空), 덕경(德慶), 귀총(歸寵), 복덕(福德), 가귀(家鬼), 인귀생신(引鬼生身), 근단원소(根斷源消), 맥월(驀越), 진간전(進間傳), 육음(六陰), 입명(入冥/未酉亥), 강색귀호(罡塞鬼戶), 막귀임간(幕貴臨干/낮), 귀인공망(貴人空亡/낮), 귀인상가(貴人相加).

□ **핵심** : 삼전과 간지가 계속하여 일간을 생하여 온다. 근단원소(根斷源消)이다. 질병과 소송 정단에서 흉하다.

□ **분석** : 삼전의 하가 상으로 탈기(脫氣)되고 사과의 하가 상으로 탈기되니 물의 근원이 마르고 나무의 뿌리가 잘린다. 병으로 인해 음식을 먹지 못해서 몸이 허하고 상했으니 치료하기 어렵다. 소송이 저절로 발생하니 이른바 가정이 악의 소굴이 된다.

□ **정단** : ❶ 사과가 불비(不備)이고 과선이 육음(六陰)이니, 마음속으로 바라던 일은 어둡고 공적인 일은 불리하다.

❷ 호시(蒿矢)가 발용이 되었으니 경박하고 다시 초전의 지반이 공망되었으니 티끌만한 실적도 존재하지 않는다. 만약 연명이 寅이면

그 위에 천강(辰)이 임하여 주야의 귀인이 공협(拱夾)하니 고시생은 반드시 높은 성적을 얻는다.

○ **날씨** : 천강은 양을 가리키고, 주작은 발용이 되었으며, 중전과 말전에는 주야 모두 토의 천장이 타고 있으니 비가 오지 않는다.
→ 천강(辰)은 대각성으로서 양의 12지에 임하니 비가 오지 않고, 화의 천장(丙午)인 주작이 초전에 타고 있으니 비가 오지 않으며, 토의 천장인 천공(戊辰)과 구진(戊辰)과 태상(己未)이 중전과 말전에 타고 있으니 비가 오지 않는다.

○ **가정** : 주야의 귀인이 각각 간지의 기운을 빼앗으니 반드시 귀인으로 인해 재물이 손실된다.
→ 일간은 나, 일지는 가정이다. 밤에는 밤 귀인이 간상의 卯에 타서 일간 癸의 기운을 빼앗고, 낮에는 낮 귀인이 지상의 巳에 타서 일지 卯의 기운을 빼앗으니, 나와 가정 모두 귀인으로 인해 재물이 손실된다. ● 제4과는 가정이다. 낮에는 주작이 타고 있으니 가정에서 구설수를 예방해야 하고, 밤에는 구진이 타고 있으니 가정에서 관재를 예방해야 한다. ● 귀총격(歸寵格)이다. 일간이 간상으로 온 일지 卯로 기운을 빼앗기니 가정으로의 지출이 많다. ● 근단원소(根斷源消)이다. 사과의 지반이 그 천반으로 탈기되니 가정의 손실이 매우 심하다.

○ **혼인** : 간상과 지상에 귀인이 타고 있으니 양가의 집안이 걸맞다.
→ 천을귀인은 공무원이나 귀인이다. 간상과 지상에 귀인이 타고 있으니 양가 모두 귀한 집안이다. 다만 지상의 귀인이 공망되었으니 현재 상대의 집안은 쇠락한 집안이다. ● 혼인 : 요극과의 초전이 공망되었으니 불성할 우려가 있다. ● 손익 : 일간은 남자, 일지는 여자이다. 일지 卯가 간상으로 와서 일간을 탈기하니 나에게 손실을

입히는 사람이다. ● 궁합 : 지상이 공망되었고 다시 간상으로 온 일지 卯가 기궁 丑을 극하니 좋은 편이 아니다. ● 성정 : 과전이 육음이고 다시 사과가 불비(不備)이니 음란하다.

○ **임신·출산** : 낮에 정단하면 육합이 지반으로부터 극을 받는다. 남자를 임신한다. 출산하여 기르지 못할 우려가 있다.

→ 육합은 태아이다. 낮에 정단하면 육합승신 申이 지반의 午로부터 극을 받으니 유산될 우려가 있다. ● 육음격이다. 음이 극에 이르면 양이 되니 남아를 임신한다. ● 일간은 태아, 일지는 임신부이다. 일지 卯가 간상으로 와서 기궁 丑을 극하고 다시 사과의 지반이 그 천반으로 모두 설기되어 '근단원소(根斷源消)'이니 아기를 기르지 못할 우려가 있다.

○ **구관** : 상급자에게 청탁하면 뜻을 이룬다.

※『육임직지』원문에서는 "양 귀인이 서로 가하여 주야에 서로 만나니 높은 성적으로 합격한다."고 하였다.

→ 귀인은 공무원이다. 주야 귀인인 巳와 卯가 일지에서 서로 가하니 상급자에게 청탁하면 뜻을 이루는 상이지만, 巳가 공망되어 무력하니 뜻을 이루지 못한다. ● 고시 : 사과가 '근단원소'이고 초전이 공망되었으니 낙방한다. ● 승진 : 과전이 육음이고 다시 사과가 '근단원소'이며 또다시 초전이 공망되었으니 승진하지 못한다.

○ **구재** : 택상의 재성이 공망되었으니 갑오순을 벗어나면 얻을 수 있다.

→ 재성은 재물이다. 택상의 재성 巳가 공망되었으니 지금은 재물을 얻을 수 없다. 작은 재물은 공망을 벗어나는 갑진순에 얻을 수 있고, 큰 재물은 사년이나 사월이나 사월장이 되어아 읻는다. ● 개업 : 사과가 근단원소와 불비이고 다시 재성이 공망되었으니 실패한다.

○ **질병** : 낫기 어렵다.

※『육임직지』원문에서는 "심경에 병이 들었지만 머지않은 장래에 나을 수 있다."고 하였다.

→ 과전이 '육음'이니 질병이 끊어지기 어렵고, 사과가 '근단원소'이니 원기가 크게 훼손되어 낫기 어렵다.

O **출행** : 낮 정단은 수로로 갈 수 있고, 밤 정단은 육로로 갈 수 있다. 잃고 소비되는 것을 면할 수 없다.

→ 현대에서는 일간은 여행객, 일지는 여행지이다. 사과가 '근단원소'이니 여행에서의 지출이 매우 지나치며 또한 몸이 지극히 쇠약해지는 것을 예방해야 한다.

O **귀가** : 역마가 집으로 들어오니 갑오순을 벗어나면 도착한다.

→ 지상의 巳는 일지의 역마로서 곧 자동차이다. 일지의 역마가 지상에 임하니 출행한 사람이 자동차를 타고 집으로 들어오는 상이다. 공망된 巳가 풀리는 다음 순에 도착한다.

↑ **쟁송** : 내가 유리하다.

→ 일간은 튼실하고 일지는 공허하니, 나는 유리하고 상대는 불리하다. ● 관재 : 일간이 폐구 되었으니 나의 진실을 판사가 수용하지 않으니 불리하다. 그러나 귀살이 공망되었으니 풀린다.

O **전쟁** : 재성이 불비(不備)이니 군의 자금이 부족하다.

→ 재성인 지상의 巳가 공망되었으니 군의 자금이 부족하다.

O **분묘** : 조산(朝山)이 아름답다. 재운(財運)이 일어난다.

→ 일지는 묘지와 조산이다. 낮에 정단하면 지상의 巳가 재성이고 이곳에 귀인이 타니 재운이 일어나는 상이지만 안타깝게도 지상이 공망되었으니 재운이 일어나는 것이 불발한다.

□ 『**필법부**』 : 〈제45법〉 주야귀인이 서로 가하면 양 귀인에게서 구하면 된다. 공무원이 귀인에게 요청하여 일을 구하는 정단에서는 반드시

양 귀인이 참견하여 성취한다. 그러나 서민이 귀인을 알현하는 정단에서는 반드시 귀인을 만나지 못한다.

□ 『육임지남』: 甲子년 巳월 癸卯일에 월장 申을 점시 午시 가했더니, 점시가 일간의 태신이므로 반드시 임신정단이다. 내가 말하기를 그럼 남자인가? 예쁜 여자인가? 말하기를 간상의 卯가 진(震)에 속하므로 장남의 상이고, 염막귀인이며, 삼전사과가 순음이니 음이 극화되면 양을 생하여서 귀한 아들을 낳는 것이 틀림없다.

그리고 일지가 일간에 가하므로 머리를 치켜들어서 자식을 돌아보는 상이므로 출산이 반드시 순조롭다. 다만 사과가 불비(不備)이므로 달을 채울 수는 없다.

언제 낳는가? 대답하기를 6월에 낳는다. 나중에 과연 모두 정단과 같았다. 나머지를 다시 자세하게 살폈더니 子가 태신 午를 충을 하고 子의 위에 寅이 보이므로 子일의 寅시에 낳는다.

癸卯일 제 12 국

공망 : 辰·巳 ○
낮 : 왼쪽 천장, 밤 : 오른쪽 천장

	○	○	甲
后辰蛇	貴巳朱	蛇午合	
	卯	辰 ○	巳 ○
	壬	癸	○	○
玄寅后	陰卯貴	后辰蛇	貴巳朱
癸丑	寅	卯	辰 ○

甲午蛇巳	乙未合午	丙申勾未	丁酉勾申 空
貴巳辰朱 ○			戌戌青 戌酉白
后辰卯蛇 ○			己亥空 亥戌常
癸卯陰寅貴	壬寅玄丑后	辛丑常子陰	庚子白亥玄

- **과체** : 중심(重審), 진여(進茹), 용전(龍戰), 참관(斬關), 과수(寡宿) // 승계(升階/辰巳午), 침해(侵害), 귀묘(鬼墓), 재공(財空), 육의(六儀), 복덕(福德), 가귀(家鬼), 천라지망(天羅地網), 삼전개공(三傳皆空), 귀인공망(貴人空亡/낮), 묘문개(墓門開/밤).

- **핵심** : 앞이 모두 공허하여 모든 일에서 종적이 없다. 공연히 움직이는 것을 면하지 못한다. 질병과 소송이 닥친다.

- **분석** : ❶ 삼전의 辰巳午가 모두 공망되어 모든 일에서 종적이 없으니 매사 공허할 뿐이다.

  ❷ 12운성의 병인 간상의 寅이 일간을 탈기하고, 지상과 초전의 천강(辰)에 밤에는 등사가 탄다. 이러한 천강이 일간의 귀살 겸 묘신이니 질병과 소송의 재앙을 반드시 면하지 못한다.

- **정단** : ❶ 지상과 초전이 辰이니 '참관(斬關)'이다. 그러나 辰이 상하로 협극(夾剋)을 받으니 모든 일이 자신의 뜻대로 되지 않는다. 초전이 핍박받고 지망(地網)과 양인(羊刃)이 앞에 있으니 행동에 이롭지 않다.

➜ 간상이 일간의 전일위이고 지상이 일지의 전일위이니 천라지망이다. 일간의 양인은 子이다. 이것이 과전에 보이지 않으니 양인이 앞에 있지 않다.

❷ 간상의 寅이 일간을 탈기하고 이곳에 현무가 타고 있으니, 낮에 정단하면 손실을 면하기 어렵다. 밤에 정단하면 지상에 등사가 묘신에 타서 일간을 극하니 놀라고 두려운 일을 면하기 어렵다. 만약 물러나서 간상의 寅을 지키면 비록 寅이 일간을 탈기하지만 귀살을 대적하니, 가난 속에서도 편안한 마음으로 지낼 수 있다.

○ **날씨** : 간상과 지상에 '천라지망(天羅地網)'이 타고 다시 묘신이 발용이 되었으니 흐리고 구름이 끼며 비가 오지 않는다.

➜ 간상이 일간의 전1위이고 지상이 일지의 전1위여서 '천라지망'이고, 비를 몰아내는 토가 발용이 되었으니, 흐리고 구름이 끼며 비가 오지 않는다.

○ **가정** : 묘신인 지상의 辰이 일간을 극하니 사람에게는 재앙이 닥치고 집은 어둡다.

➜ 일간은 사람, 일지는 집, 묘신은 어둠, 극은 재앙이다. 지상의 辰이 일간 癸를 극하니 사람에게는 재앙이 닥치고 집은 어둡다. ● 낮에는 지상에 천후가 타니 부인에게 재앙이 닥치는 상이고, 밤에는 지상에 등사가 타니 사고나 질병이 생기는 상이다. 다행히 간상의 寅이 지상의 귀살 겸 묘신을 대적하니 큰 화는 면하지만, 만약 자월(子月)이나 축월(丑月)에 정단하면 지상의 辰이 각각 사기와 사신이니 가정에서 상(喪)을 당할 우려가 있다.

○ **혼인** : 지상은 묘신이고 간상은 탈기이니 양쪽 모두 불길하다.

➜ 일간은 남자, 일지는 여자이다. 지상의 辰이 묘신이니 여자는 매우 어두운 상황에 놓여 있고, 일간이 간상의 寅으로 탈기되니 남자

또한 손실이 많은 상황에 놓여 있으니 양쪽 모두 불길하다. ● 중심과이니 드센 여자이다. ● 간상의 寅과 지상의 辰이 간지의 천라지망이니 혼담에서 장애가 많고, 신부를 뜻하는 재성이 공망되었으니 결국 혼인하지 못하며, 만약 혼인하면 나중에 상처한다. ● 궁합 : 간상의 寅이 지상의 辰을 극하니 나쁘다.

○ **임신·출산** : 태신이 공망되고 절신이니 태아를 정단하면 불길하다.
→ 일간의 태신인 午가 공망되었으니 불길하고, 태신이 일간의 절신인 巳에 임했으니 더욱 더 불길하다.

○ **구관** : 일덕과 귀인과 역마가 모두 공망되었으니 관직을 정단하면 이롭지 않다.
→ 일덕귀인과 천을귀인은 공무원, 역마는 승진의 신이다. 이들이 모두 공망되었으니 관직을 정단하면 이롭지 않다. 또한 초전이 일간의 묘신이니 고시와 승진 모두 이롭지 않고, 간상의 寅이 관성을 극하니 더욱 더 이롭지 않다.

○ **구재** : 모든 재성이 공망되었으니 구하더라도 소득이 없다.
→ 중전의 巳와 말전의 午가 일간의 재성이지만 공망이 되었으니 장사를 하여 돈을 벌지 못한다. 다만 사년이나 사월이나 사월장 기간에 정단하거나 이 시기가 되면 공망이 메워지니 돈을 벌 수 있다.

○ **질병** : 비위가 상했지만 질병이 공허하니 나을 수 있다.
→ 일간의 음양인 寅卯가 목국을 형성하여 오행의 토를 극하니 비위가 상했다. 일간은 사람, 일지는 질병이다. 일간은 튼실하고 일지는 공허하니 병이 나을 수 있다.

○ **출행** : 수로행을 하면 놀라는 일이 생기고, 육로행을 하면 손실을 예방해야 한다.
→ 현대에서는 일간은 사람, 일지는 여행지, 삼전은 여정이다. 간상의 寅이 일간을 탈기하니 손실이 생기고, 지상의 辰이 일간의 묘신이니 안전한 여행지가 아니다.

○ **귀가** : 삼전이 공망되었으니 아직 귀가하지 않는다.
→ 말전은 출발지, 중전은 중도, 초전은 도착지이다. 삼전이 모두 공망되었으니 아직은 귀가하지 않는다.

↑ **쟁송** : 내가 유리하다.
→ 일간은 나, 일지는 적군이다. 일간은 튼실하고 일지는 공허하니 내가 유리하고, 또한 간상의 寅이 지상의 辰을 극하여 이기니 내가 유리하다. ● **관재** : 간상의 寅이 지상의 귀살 겸 묘신을 극하니 나중에는 길하다.

○ **전쟁** : 현무가 일간에 임했으니 군영을 습격당하는 것을 예방해야 한다.
→ 현무는 적군이다. 낮에 정단하면 현무가 간상에 타고 있으니, 아군이 적군으로부터 습격당하는 것을 예방해야 한다.

□ 『**필법부**』 : 〈제17법〉 진여(進茹)가 공망되면 후퇴가 옳다.
→ 삼전이 辰巳午이니 진여이다. 진여는 전진하는 상이지만 삼전이 공망되었으니 후퇴가 옳다.
〈제55법〉 천라지망(天羅地網)을 만나면 모망사가 보잘 것이 없게 된다.
→ 간상의 寅은 일간 癸의 천라, 지상의 辰은 일지 卯의 나망이다. 그물이 사람을 묶은 상이니 장애가 많다.
〈제65법〉 일간의 묘신이 관신을 아우르면 사람과 가택이 황폐해지는 허물이 있다. 관신은 봄에는 丑, 여름에는 辰, 가을에는 未, 겨울에는 戌이다.
→ 지상과 초전의 辰은 일간의 묘신이며 여름에 정단하면 여름의 관신이다. 지상의 묘신 겸 관신이 발용이 되었으니 가택이 황폐해진다.

〈제90법〉 삼전이 모두 공망되었으니 어찌 움직이는 것이 옳겠는가?
→ 초전의 辰은 공(空), 중전의 巳는 공함(空陷), 말전의 午는 함(陷)이다.

□ 『고감』: 戊申년의 9월에 월장 卯를 점시 寅에 가하여 육임식반을 조식한 뒤에 매장할 땅을 정단한다. 일간과 일지가 모두 귀인이니 묏자리가 매우 좋아 보인다. 丑은 분묘로서 일간 癸의 자리이다. 일간의 묘신인 辰이 공망되었으니 비어있는 묏자리이고, 酉에 천공이 타고 있으니 다시 비어있는 묏자리이다.

이 두 곳으로 가서 매장하면 나중에 귀(貴, 관직)가 일어난다. 그 이유는 申酉가 일간의 수모(水母)이고 그 대충이 寅인데 수(水)와 성신(星辰)이 상합하기 때문이다. 그리고 巳에는 쌍(双)의 뜻이 있다. 주작이 巳에 타서 일지음신에 가했으니 쌍의 봉우리이고, 주작이 문장의 별이니 자식을 낳아 그 아들이 과거에 급제한다. 나중에 과연 그러하였다.

→ 일지는 혈(穴)이다. 밤에는 卯에 귀인이 타고 있으니 묘좌유향(卯坐酉向)이다. 亥는 목의 장생으로서 수수(收水)이고 未는 방수(放水)인데, 그 상신 申에 문관을 뜻하는 청룡이 타고 있고 합수(合水)하니 과거에 급제한다.

끝맺는 말

이 책은 『육임입성대전검』·『육임직지』·『육임요결』을 위주로 '육임의 720과 고전'을 번역·주석한 책이다. 이 책의 특징은 다음과 같다.

첫째, 누구나 활용이 가능하다.
인사(人事)의 길흉(吉凶)과 성부(成否)에 관심이 있는 분이라면 누구나 활용이 가능하다. 그 이유는 육임 문헌에서의 정답을 제시했기 때문이다. 만약 육임의 기초 이론을 숙지한 분이라면 이 책을 더욱 더 잘 활용할 수 있을 것이다.

둘째, 정답을 제시했다.
각 사안별로 고전에서의 정답 및 현대인에게 필요하다고 생각되는 사안에 대해 정답을 제시했다.

셋째, 정답이 도출된 이유를 적었다.
이를 통해 독학이 가능하고 육임의 이치를 연구할 수 있다.

육임 고전을 번역한지 17년이 되었지만 번역·주석하는 일이 결코 쉬운 일만은 아니었다. 첫째, 한자 조합의 한문을 번역하되 행간에 숨어 있는 속뜻을 파악해야 하기 때문이고, 둘째, 동양의 사상과 민속을 이해하고 있어야 완전한 번역이 되기 때문이며, 셋째, 뭐니 뭐니 해도 가장 어려웠던 것은 시간이다. 10여 년 전에 완간하고 싶었지만 지금 완간하는 것은 시간이 없었기 때문이다.

고전을 번역함에 있어서 두 가지를 주의하였다.

첫째, 고전을 가급적 현대 한국어로 번역하였다. 이 목적을 달성하기 위해 국어사전, 옥편, 중국어사전을 무척 애용하였다.

둘째, 책 출간 뒤 십 수 년이 지나면, 다음 세대가 현대 한국어를 이해하기 어려울 수 있다. 특히 육임 전문 용어에는 현대 한국어에 한자어를 병기(倂記) 하였다.

세상은 빠르게 변하고 있다. 지식을 전달하는 방법 또한 빠르게 변하고 있다. 책을 통해 지식을 전달하던 시대에서, 앱(애플리케이션)과 프로그램을 활용해서 지식을 전달하고 활용하는 시대로 빠르게 변하고 있다. 따라서 본 저자는 『대육임직지』를 재구성해서 앱과 프로그램을 개발하여 독자가 편리하게 육임을 활용할 수 있도록 할 것이고, 또한 틈틈이 육임 720과 강의를 녹화하여 유튜브에서 공감의 장을 만들 구상을 하고 있다.

끝으로 많은 분량의 원고를 편집, 출판해 주신 대유학당의 여러분께 감사의 말씀을 드리면서, 이 책이 독자께 작은 도움이 되길 기원한다.

서기 2019년 맹하에
빛고을 광명에서 이수동 적음

참고문헌

1. 고서(古書)

- 삼국시대 촉나라, 諸葛孔明(?), 『六壬直指』.
- 시대, 작자 미상, 『六壬立成大全鈴』〈고금도서집성에 수록〉.
- 명나라, 黃賓廷, 『六壬集應鈴』(전60권).
- 청나라, 吳師靑, 『六壬要訣』.

2. 근대

- 阿部熹作[아부태산], 『鑑定祕鍵』, 京都書員(일본).

3. 현대

1) 대만

- 林相如, 『大六壬總覽』, 武陵出版公司, 대만, 1995.
- 阿部熹作[아부태산], 『鑑定祕鍵』, 武陵出版公司, 대만, 1995.

2) 국내

- 아부희작, 정민현 번역, 『六壬天文易720課鑑定祕鍵』, 삼원문화사, 1998.
- 신육천, 『육임정단법』, 상지사, 1987.
- 소담, 『六壬直指註解)』, 2007.

대유학당 출판물 안내

- 자세한 사항은 대유학당으로 문의해 주십시오.
- 전화 : 02-2249-5630 / 팩스 : 02-22449-5631
- 입금계좌 : 국민은행 807-21-0290-497   예금주-윤상철
- 블로그 https://blog.naver.com/daeyoudang
- 서적구입 : www.daeyou.or.kr

분류	도서명	저자	가격
주역	주역입문(2019)	윤상철 지음	16,000원
	대산주역강해(전3권)	김석진 지음	60,000원
	주역전의대전역해(상/하)	김석진 번역	70,000원
	주역인해	김수길·윤상철 번역	20,000원
주역 시사	시의적절 주역이야기	윤상철 지음	15,000원
	대산석과(대산의 주역인생 60년)	김석진 지음	20,000원
	우리의 미래(대산선생이 바라본)	김석진 지음	10,000원
주역점 운세	황극경세(전5권) 2011년 개정	윤상철 번역	200,000원
	초씨역림(상/하) 2017년	윤상철 번역	180,000원
	하락리수(전3권) 2009개정	김수길·윤상철 번역	90,000원
	하락리수 전문가용 CD	윤상철 총괄	550,000원
	대산주역점해	김석진 지음	30,000원
	매화역수(2014년판)	김수길·윤상철 번역	25,000원
	주역점비결 2019 신간	윤상철 지음	25,000원
	육효 증산복역(전2권)	김선호 지음	50,000원
음양 오행학	오행대의(전2권)	김수길·윤상철 번역	44,000원
	연해자평(번역본)	오청식 번역	50,000원
	작명연의	최인영 편저	22,000원
	운명 사실은 나도 그게 궁금했어	윤여진 지음	20,000원
	팔자의 시크릿	윤상철 지음	16,000원
	풍수유람(전2권)	박영진 지음	43,000원
	어디 역학공부 좀 해 볼까?	이연실 지음	20,000원

분류	도서명	저자	가격
기문 육임	기문둔갑신수결	류래웅 지음	16,000원
	이것이 홍국기문이다 1, 2	정혜승 지음	53,000원
	육임입문123(전3권)	이우산 지음	70,000원
	육임입문 720과 CD	이우산 감수	150,000원
	육임필법부	이우산 지음	35,000원
	대육임직지(전6권)	이우산 지음	192,000원
	육임을 알면 미래가 보인다	이우산 지음	25,000원
자미 두수	별자리로 운명 읽기 1,2	이연실 지음	45,000원
	자미두수 입문	김선호 번역	20,000원
	자미두수 전서(상/하)	김선호 지음	100,000원
	실전 자미두수(전2권)	김선호 지음	50,000원
	자미두수 전문가용 CD	김선호/김재윤	500,000원
	중급자미두수(전3권)	김선호 지음	60,000원
	자미심전 1,2	박상준 지음	55,000원
불교 미학	마음이 평안해지는 천수경	윤상철 편저	10,000원
	마음의 달(전2권)	만행스님 지음	20,000원
	항복기심(전3권) 2018년 신간	만행스님 지음	60,000원
	선용기심	만행스님 지음	30,000원
	동양미학과 미적시전	손형우 지음	20,000원
	겸재 정선 연구	손형우 지음	23,000원
동양고전	집주완역 대학	김수길 번역	25,000원
	집주완역 중용(상/하)	김수길 번역	50,000원
	동이 음부경 강해	김수길·윤상철 번역	20,000원
	당시산책	김병각 편저	25,000원
천문	천문류초	윤상철 지음	30,000원
	천상열차분야지도 그 비밀을 밝히다	윤상철 지음	25,000원
	태을천문도 9종(개정판)	윤상철 총괄	100,000원
	세종대왕이 만난 우리별자리(전3권)	윤상철 지음	36,000원

손에 잡히는 경전

① 주역점
② 주역인해(원문+정음+해석)
③ 대학 중용(원문+정음+해석)
④ 경전주석 인물사전
⑤ 도덕경/음부경
⑥ 논어(원문+정음+해석)
⑦ 절기체조
⑧~⑨ 맹자(원문+정음+해석)
⑩ 주역신기묘산
⑪ 자미두수
⑫ 관세음보살
⑬ 사자소학 추구
⑭~⑯ 시경(1~3)

각권 288~336p 10,000원

족자 & 블라인드

① 천상열차분야지도
② 태을천문도(라일락/블랙베리)
③ 42수 진언
④ 신묘장구대다라니

족자(가정용) 120,000
족자(사찰용) 150,000
블라인드(120×180cm) 250,000원
블라인드(150×230cm) 300,000원

태을천문도   천상열차분야지도

육임의 기초 이해

【1】천지반도 조식 순서

점시 위에 월장을 올린 뒤에 ⋯ 12지 순포 ⋯ 10둔간(공망)
⋯ 귀인 접지 ⋯ 12천장 접지

【2】과전도 조식 순서

1) 정단하는 날의 일진 ⋯ 기궁 ⋯ 12지 ⋯ 12천장 ⋯ 10둔간(공망)
2) 사과에서 발용(초전) ⋯ 중전 ⋯ 말전

【3】월장 적용기간

월장	기간	월장	기간	월장	기간	월장	기간
亥 :	우수~춘분	申 :	소만~하지	巳 :	처서~추분	寅 :	소설~동지
戌 :	춘분~곡우	未 :	하지~대서	辰 :	추분~상강	丑 :	동지~대한
酉 :	곡우~소만	午 :	대서~처서	卯 :	상강~소설	子 :	대한~우수

【4】10일의 귀인 접지

각일 귀인	甲	戊·庚	乙	己	丙	丁	辛	壬	癸
낮 귀인	未	丑	申	子	酉	亥	寅	卯	巳
밤 귀인	丑	未	子	申	亥	酉	午	巳	卯

【5】12천장 순서

貴 ⋯ 蛇 ⋯ 朱 ⋯ 合 ⋯ 勾 ⋯ 靑 ⋯ 空 ⋯ 白 ⋯ 常 ⋯ 玄 ⋯ 陰 ⋯ 后

【6】10일의 기궁

10간 기궁	甲	乙	丙	丁	戊	己	庚	辛	壬	癸
기궁	寅	辰	巳	未	巳	未	申	戌	亥	丑

【7】 12천장

천반 12지에 붙는 12천장으로 구체적인 뜻을 알 수 있다.

12천장	약자	천장 고유오행	의미	길흉장
귀인(貴人) ➡	귀	己丑 土	국가원수, 관청, 관리(공무원), 은인, 존장	길장
등사(螣蛇) ➡	사	丁巳 火	사고, 혈광사, 놀람, 괴이, 향과 촛불	흉장
주작(朱雀) ➡	주	丙午 火	문서, 소식, 구설수, 공소장(公訴狀)	흉장
육합(六合) ➡	합	乙卯 木	혼인, 자손, 매매, 계약, 중개사, 중매인	길장
구진(勾陳) ➡	구	戊辰 土	부동산, 싸움, 소송, 경찰, 군인, 아군	흉장
청룡(靑龍) ➡	청	甲寅 木	돈(재백), 남편(夫), 문관, 희경사	길장
천공(天空) ➡	공	戊戌 土	종업원, 문서(시험), 사기, 기만	흉장
백호(白虎) ➡	백	庚申 金	질병, 혈광, 형륙, 도로, 위엄, 권위	흉장
태상(太常) ➡	상	己未 土	의식(衣食), 의관(衣冠), 연회, 재백	길장
현무(玄武) ➡	현	癸亥 水	도적, 도난, 적군, 도망, 가출, 속임	흉장
태음(太陰) ➡	음	辛酉 金	여종업원, 자매, 아가씨, 정부(情婦)	길장
천후(天后) ➡	후	壬子 水	여자친구, 신부, 아내(婦), 부인	길장

【8】 육임의 길신과 흉살

육임 길신	장생	제왕	일덕	일록	역마	삼기	육의	지합	천을
육임 흉살	형	충	파	해	관귀	日墓	支墓	패신	공망
기타 요소	死神	絶神	태신	脫泄	정마	괴강 戌辰	遁財	遁鬼	겁살

대유학당 도서목록 **주역** ▮ 주역입문, 대산주역강의, 대산주역강해, 주역전의대전역해, 주역인해 **주역활용** ▮ 황극경세, 하락리수, 매화역수, 대산주역점해, 육효증산복역, 주역신기묘산, 대산석과, 우리의 미래, 후천을 연 대한민국, 시의적절 주역이야기 **자미두수** ▮ 자미두수입문, 자미두수전서, 중급자미두수123, 실전자미두수 **육임** ▮ 육임입문123, 육임실전1, 육임실전2, 육임필법부, 대육임직지 **음양오행** ▮ 오행대의, 연해자평, 기문둔갑신수결, 동이음부경강해 **전문가용 프로그램** ▮ 하락리수, 자미두수, 육임

○ 서적구매 www.daeyou.or.kr
○ 계좌번호 **국민** 807-21-0290-497(윤상철) ○ 연락처 02-2249-5630
○ 프로그램 다운 받는 곳 www.webhard.co.kr 아이디 daeyoudang 패스워드 9966699

육임 720과 삼전

대유학당 도서목록 육임▮육임입문(123),
육임을 알면 미래가 보인다, 대육임필법부,
대육임직지(1~6), 육임전문가용 CD,

제1순	제1국	제2국	제3국	제4국	제5국	제6국	제7국	제8국	제9국	10국	11국	12국
갑자	寅巳申	子亥戌	戌申午	午卯子	戌午寅	寅酉辰	寅申寅	子巳戌	辰申子	申亥寅	辰午申	辰巳午
을축	辰丑戌	子亥戌	亥酉未	丑戌未	巳丑酉	卯戌巳	戌辰戌	寅未子	酉丑巳	未戌丑	申戌子	寅卯辰
병인	巳申寅	子亥戌	丑亥酉	亥申午	戌午寅	子未寅	寅申寅	子巳戌	酉丑巳	申亥寅	辰午申	辰巳午
정묘	卯子午	丑子亥	亥酉未	子酉午	卯亥未	戌巳子	卯酉卯	巳戌卯	亥卯未	酉子卯	酉丑巳	辰巳午
무진	巳申寅	卯寅丑	丑亥酉	寅亥申	子申辰	子未寅	亥巳亥	寅未子	子辰申	亥寅巳	申戌子	寅午申
기사	巳寅寅	卯寅丑	丑亥酉	寅亥申	卯亥未	酉辰亥	巳亥巳	巳戌卯	酉丑巳	申亥寅	亥丑卯	申申申
경오	申寅巳	午巳辰	寅子戌	巳寅亥	子申辰	戌巳子	寅申寅	辰酉寅	辰申子	酉丑巳	申戌子	戌未全
신미	未丑戌	巳辰卯	午辰寅	亥未未	卯亥未	酉辰巳	巳丑酉	巳戌卯	亥卯未	亥丑巳	寅辰午	申亥申
임신	亥寅申	戌酉申	午辰寅	巳寅亥	子申辰	午丑申	寅申寅	酉辰寅	未亥卯	巳申亥	子寅辰	丑寅卯
계유	丑戌未	未午巳	未巳卯	午卯子	巳丑酉	亥午丑	卯酉卯	未子巳	酉丑巳	辰未戌	丑卯巳	亥子丑

제2순	제1국	제2국	제3국	제4국	제5국	제6국	제7국	제8국	제9국	10국	11국	12국
갑술	寅巳申	子亥戌	午辰寅	申巳寅	戌午寅	子未寅	寅申寅	子巳戌	寅午戌	申亥寅	辰午申	辰巳午
을해	辰亥戌	戌酉申	酉未巳	丑戌未	未卯亥	午丑申	巳亥巳	寅未子	未亥卯	未戌丑	申戌子	丑寅卯
병자	巳申寅	戌酉申	丑亥酉	午卯子	申辰子	子未寅	午子午	巳戌卯	酉丑巳	午戌辰	辰午申	寅卯辰
정축	丑戌未	子亥戌	亥酉未	子辰戌	丑丑酉	卯戌巳	亥未丑	巳戌卯	酉丑巳	午戌辰	亥戌丑	申酉戌
무인	巳寅寅	子亥戌	丑亥酉	寅亥申	午卯寅	子未寅	寅申寅	子巳戌	丑午酉	申亥寅	辰午申	辰巳午
기묘	卯子午	丑子亥	亥酉未	子酉午	未卯亥	戌巳子	卯酉卯	巳戌卯	亥卯未	酉子卯	亥丑卯	辰巳午
경진	申寅巳	卯寅丑	寅子戌	巳寅亥	子申辰	午丑申	寅申寅	寅未子	辰申子	寅巳申	申戌子	午未申
신사	巳寅寅	卯寅丑	丑亥酉	寅亥申	午寅戌	未寅酉	巳亥巳	卯申丑	酉丑巳	申亥寅	寅辰午	午未申
임오	亥午寅	戌酉申	寅子戌	巳寅亥	戌午寅	午丑申	午子午	辰酉寅	未亥卯	酉子卯	申戌子	丑寅卯
계미	丑戌未	巳辰卯	巳卯丑	戌未辰	卯亥未	卯戌巳	未丑未	巳戌卯	酉丑巳	辰未戌	巳未酉	申寅申

제3순	제1국	제2국	제3국	제4국	제5국	제6국	제7국	제8국	제9국	10국	11국	12국
갑신	寅巳申	子亥戌	午辰寅	巳寅亥	子辰辰	戌巳子	寅申寅	子巳戌	辰申子	申亥寅	辰午申	辰巳午
을유	辰酉卯	申未午	未巳卯	丑戌未	巳丑酉	亥午丑	卯酉卯	未子巳	申子辰	未戌丑	申戌子	亥子丑
병술	巳申寅	卯寅丑	丑亥酉	亥申午	酉丑巳	子未寅	巳亥巳	申丑午	酉丑巳	申亥寅	子寅辰	亥子丑
정해	亥未丑	戌酉申	酉未巳	巳寅亥	未卯亥	巳亥巳	巳亥巳	巳戌卯	未亥卯	午戌寅	酉亥丑	申酉戌
무자	巳寅寅	戌酉申	丑亥酉	寅亥申	巳申丑	子未寅	午子午	巳戌卯	辰申子	卯午酉	辰午申	寅卯辰
기축	丑戌未	子亥戌	亥酉未	子辰戌	卯亥未	卯戌巳	亥未丑	巳戌卯	酉丑巳	午戌辰	卯巳未	寅卯辰
경인	申寅巳	子亥戌	午辰寅	巳寅亥	子申辰	戌巳子	寅申寅	子巳戌	辰申子	申亥寅	辰午申	辰巳午
신묘	卯子午	丑子亥	亥酉未	子未子	未卯亥	戌巳子	卯酉卯	卯申丑	亥卯未	酉子卯	巳未酉	辰巳午
임진	亥辰戌	戌酉申	寅子戌	巳寅亥	子申辰	午丑申	巳亥巳	未子子	未亥卯	戌丑辰	申戌子	丑寅卯
계사	丑戌未	卯寅丑	丑亥酉	戌未辰	巳丑酉	卯戌巳	巳亥巳	午亥辰	酉丑巳	申亥寅	未酉亥	未申巳

○대유학당 블로그 https://blog.naver.com/daeyoudang
○서적구매 www.daeyou.or.kr ○계좌번호 국민 807-21-0290-497(윤상철)
○연락처 02-2249-5630

제4순	제1국	제2국	제3국	제4국	제5국	제6국	제7국	제8국	제9국	10국	11국	12국
갑오	寅巳申	子亥戌	寅子戌	申巳寅	戌午寅	酉辰亥	寅申寅	子巳戌	寅午戌	申寅寅	辰午申	辰巳午
을미	辰未丑	戌卯午	亥寅巳	丑戌未	卯亥未	午申申	戌辰戌	巳戌卯	亥卯未	未戌丑	申戌子	酉戌亥
병신	巳寅亥	卯寅丑	丑亥酉	巳寅亥	子申辰	戌巳子	寅申寅	卯申丑	酉丑巳	申亥寅	子寅辰	酉戌亥
정유	酉未丑	申未午	丑巳巳	午卯子	巳丑酉	亥午丑	卯酉卯	未子巳	亥卯未	子卯午	酉亥丑	亥子丑
무술	巳申寅	卯寅丑	丑亥酉	寅亥申	寅戌午	子未寅	亥巳亥	申丑午	寅戌午	寅戌巳	子寅辰	亥子丑
기해	亥未丑	戌酉申	卯丑亥	巳寅亥	卯卯亥	午丑申	巳亥巳	巳戌卯	亥卯未	寅申巳	丑卯巳	丑寅卯
경자	申寅巳	戌酉申	午辰寅	午卯子	子申辰	戌巳子	寅申寅	巳戌卯	辰申子	午酉子	辰午申	寅卯巳
신축	丑戌未	子亥戌	亥酉未	巳未未	巳丑酉	卯戌巳	亥未辰	卯申丑	酉丑巳	巳丑丑	卯巳未	寅卯辰
임인	亥寅巳	亥戌戌	戌申午	戌午寅	午丑申	寅申寅	子巳戌	未亥卯	申亥申	辰巳午
계묘	戌戌未	丑子亥	亥未午	戌未辰	未卯亥	卯巳巳	卯酉卯	午亥辰	酉丑巳	酉子卯	未酉亥	辰巳午

제5순	제1국	제2국	제3국	제4국	제5국	제6국	제7국	제8국	제9국	10국	11국	12국
갑진	寅巳申	子亥戌	寅子戌	申巳寅	子申辰	午丑申	寅申寅	子巳戌	申子辰	申亥寅	辰午申	辰巳午
을사	辰未丑	卯寅丑	丑亥酉	丑戌未	酉巳丑	午丑申	巳亥巳	寅未子	酉丑巳	未戌丑	申戌子	未申酉
병오	巳申寅	卯寅丑	丑亥酉	子酉午	戌午寅	子未寅	午子午	辰酉寅	酉丑巳	申亥寅	申戌子	申酉戌
정미	未戌丑	卯午午	丑巳巳	辰亥辰	卯亥未	酉辰亥	丑丑未	巳戌卯	亥卯未	亥戌戌	酉亥丑	申酉戌
무신	巳申寅	卯寅丑	丑亥酉	寅亥申	子申辰	子未寅	寅申寅	卯申丑	辰申子	寅巳申	子寅辰	戌酉戌
기유	酉未丑	戌午申	卯丑亥	午卯子	卯亥未	亥午巳	卯酉卯	未子巳	亥卯未	卯午酉	丑卯巳	亥子丑
경술	申寅巳	午巳辰	午辰寅	巳寅亥	子申辰	戌巳子	寅申寅	申丑午	辰申子	申寅巳	子寅辰	亥子丑
신해	亥戌未	戌酉申	午辰寅	巳寅亥	未卯亥	午丑申	巳亥巳	卯申丑	未亥卯	巳申亥	丑卯巳	丑寅卯
임자	亥子卯	戌酉申	戌申午	午卯子	未卯亥	午丑申	午子午	巳戌卯	未亥卯	午酉子	辰午申	寅卯辰
계축	丑戌未	子亥戌	亥酉未	戌未辰	巳丑酉	卯戌巳	未丑未	午亥辰	酉丑巳	辰未戌	卯巳未	寅卯辰

제6순	제1국	제2국	제3국	제4국	제5국	제6국	제7국	제8국	제9국	10국	11국	12국
갑인	寅巳申	子亥戌	戌午午	丑亥戌	戌午寅	酉辰亥	寅申寅	子巳戌	申午午	申亥寅	辰午申	辰巳午
을묘	辰卯子	丑子亥	亥酉未	丑戌未	未卯亥	午丑申	卯酉卯	寅未子	亥卯未	酉子卯	申戌子	辰巳午
병진	巳申寅	卯寅丑	丑亥酉	亥申巳	子申辰	午丑申	巳亥巳	寅未子	酉丑巳	申亥寅	申戌子	亥午午
정사	巳寅亥	卯寅丑	丑亥酉	亥申巳	亥未卯	酉辰亥	巳亥巳	巳戌卯	酉丑巳	申亥寅	酉亥丑	申酉戌
무오	巳寅亥	卯寅丑	丑亥酉	寅亥申	戌午寅	子未寅	午子午	辰酉寅	寅午戌	酉子卯	申戌子	寅午午
기미	未丑戌	卯午午	丑巳巳	亥辰辰	卯亥未	酉辰亥	巳丑丑	巳卯未	亥戌戌	酉酉酉	未申申
경신	申寅巳	酉未未	午寅寅	巳寅亥	子申辰	戌巳子	寅申寅	卯丑丑	辰申子	丑亥亥	子寅辰	亥酉酉
신유	酉戌未	丑酉酉	午辰寅	午卯子	午丑酉	亥午丑	卯酉卯	未子巳	寅午戌	卯午酉	卯巳未	亥子丑
임술	亥戌未	戌酉申	午巳寅	巳寅亥	未卯亥	午丑申	巳亥巳	辰酉寅	未亥卯	辰未戌	子寅辰	亥子丑
계해	丑戌未	戌酉申	未巳卯	巳寅亥	未卯亥	卯戌巳	巳亥巳	午亥辰	酉丑巳	辰未戌	丑卯巳	丑寅卯

즉문즉답
대육임직지 갑오순 [이 책의 활용법]

◆ **2019년 6월 26일 낮 11시 30분~1시 30분** 사이에 정단할 경우
→ ① 일진 ② 점시 ③ 월장이 필요하다. 육임은 정확한 시간을 생명으로 여기므로 지역까지 넣어서 보려면 육임책력을 활용하면 좋겠다.

① 달력(만세력)을 보니, 일진이 甲午이다.

② 낮 11시 30분~1시 30분의 점시가 午이다. 본문 12쪽 〈표 2〉 참조

시간	23:30 ~1:30	1:30 ~3:30	3:30 ~5:30	5:30 ~7:30	7:30 ~9:30	9:30 ~11:30	11:30 ~13:30	13:30 ~15:30	15:30 ~17:30	17:30 ~19:30	19:30 ~21:30	21:30 ~23:30
점시	자	축	인	묘	진	사	오	미	신	유	술	해

③ 6월 26일의 월장이 未이다. 본문 13쪽 〈표 3〉 참조

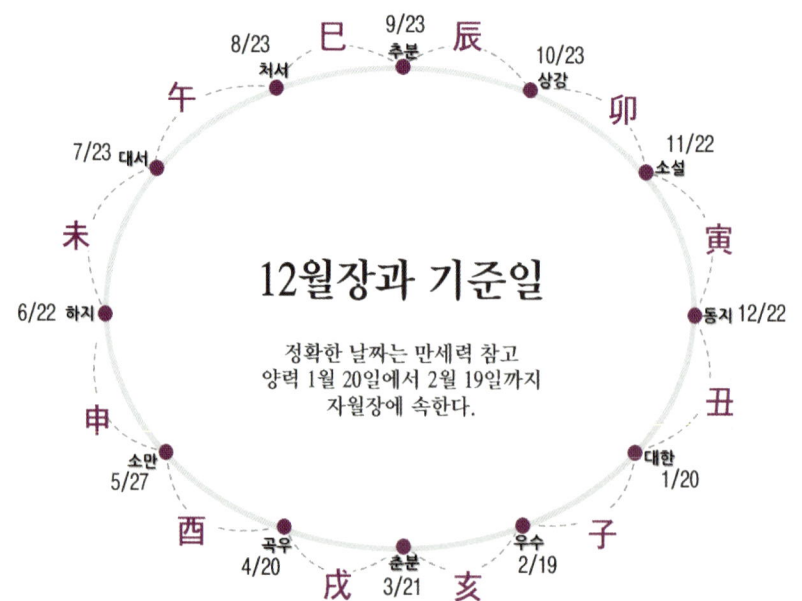

12월장과 기준일

정확한 날짜는 만세력 참고
양력 1월 20일에서 2월 19일까지
자월장에 속한다.